U0934140

## 编委会

主　编：王　平

副主编：邱兴亮

编　委：（以姓氏笔画排列）

叶佳昌　杨少勇　杨式敏

陈　莹　邵建新　洪月琴

黄　煌　龚泽旭

DUXING XINSHI
LIUTANG DE GE

王平　主编

# 笃行信实 流淌的歌

## —— 信实成立30周年纪念文集

厦门大学出版社
XIAMEN UNIVERSITY PRESS
国家一级出版社
全国百佳图书出版单位

**图书在版编目(CIP)数据**

笃行信实　流淌的歌：信实成立 30 周年纪念文集 / 王平主编.—厦门：厦门大学出版社，2019.12

ISBN 978-7-5615-6880-4

Ⅰ. ①笃…　Ⅱ. ①王…　Ⅲ. ①律师事务所—厦门—纪念文集　Ⅳ. ①D926.5-53

中国版本图书馆 CIP 数据核字(2019)第 241683 号

**出 版 人**　郑文礼
**责任编辑**　李　宁
**封面设计**　李嘉彬
**技术编辑**　许克华

**出版发行**　厦门大学出版社
**社　　址**　厦门市软件园二期望海路 39 号
**邮政编码**　361008
**总 编 办**　0592-2182177　0592-2181406(传真)
**营销中心**　0592-2184458　0592-2181365
**网　　址**　http://www.xmupress.com
**邮　　箱**　xmup@xmupress.com
**印　　刷**　厦门集大印刷厂

**开本**　787 mm×1 092 mm　1/16
**印张**　31
**插页**　7
**字数**　756 千字
**版次**　2019 年 12 月第 1 版
**印次**　2019 年 12 月第 1 次印刷
**定价**　198.00 元

本书如有印装质量问题请直接寄承印厂调换

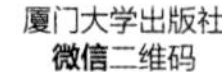

厦门大学出版社
微信二维码

厦门大学出版社
微博二维码

·福建联合信实律师事务所全家福

·中共福建联合信实律师事务所委员会和纪律检查委员会成立大会合影

中华人民共和国司法部

部级文明律师事务所

二000年十月

· 福建联合信实律师事务所获得“司法部部级文明律师事务所”殊荣

全国优秀律师事务所

中华全国律师协会
二０一一年

· 福建联合信实律师事务所获得“全国优秀律师事务所”殊荣

·2016 年 9 月，福建联合信实律师事务所与霍金路伟国际律师事务所合作在中国（上海）自由贸易试验区设立联营办公室，信实律所成为福建省首家、中国第三家与外国律师事务所联营的律师事务所

·2019 年 2 月，福建联合信实律师事务所与台湾广和两岸律师事务所在中国（福建）自由贸易试验区厦门片区成立福建省联营办公室。该办公室是福建省首家陆台律师事务所联营办公室，也是自《司法部关于放宽扩大台湾地区律师事务所在大陆设立代表处地域范围等三项开放措施的通知》颁布实施后，全国首家获批设立的大陆与台湾地区律师事务所联营办公室

·“厦大信实论坛”（迄今已举办36期）

·厦门大学法学院教学实习基地

華僑大學法學院

福建联合信实律师事务所

法律实务讲堂

· 信实律所在华侨大学法学院开设“法律实务讲堂”

· 华侨大学法学院教学科研基地

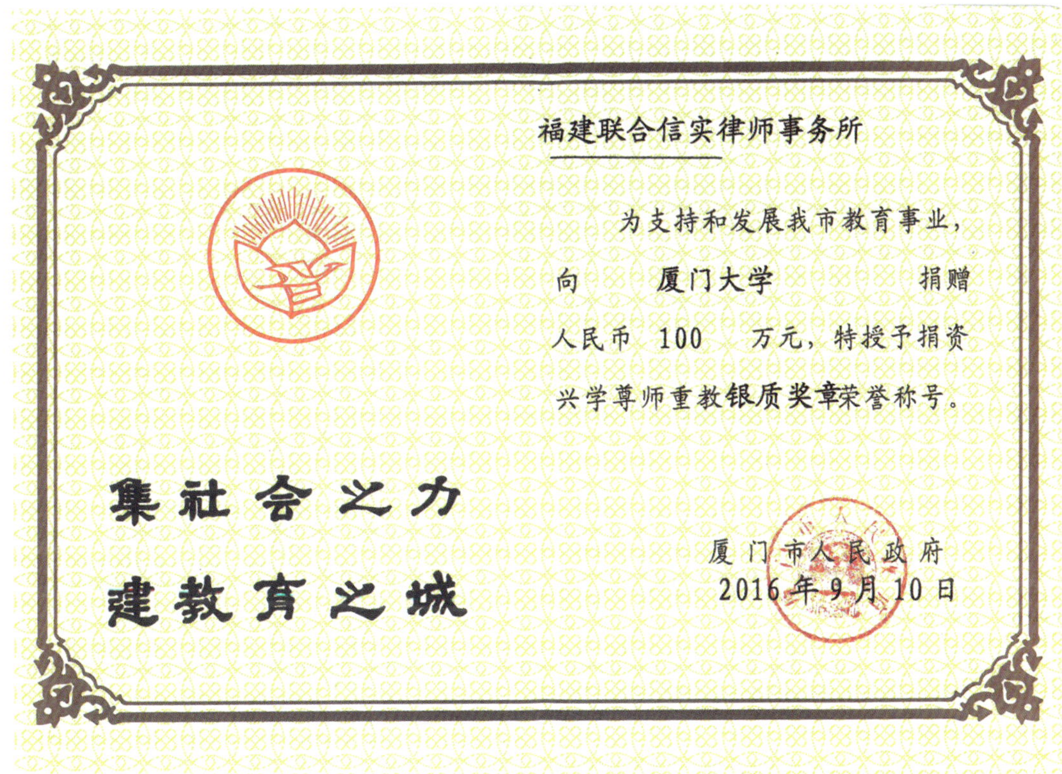

福建联合信实律师事务所

为支持和发展我市教育事业，

向　厦门大学　捐赠

人民币　100　万元，特授予捐资

兴学尊师重教**银质奖章**荣誉称号。

集社会之力

建教育之城

厦门市人民政府

2016年9月10日

·2016 年 9 月，福建联合信实律师事务所荣获厦门市人民政府颁发的“ 捐资兴学尊师重教银质奖章“

# 捐赠证书

*Endowment Acknowledgement Certificate*

福建联合信实律师事务所:

承蒙捐赠人民币1000000元整襄助厦门大学法学教育发展基金，至为铭感。

谨呈证书，以兹永志。

*This is to certify as commemoration for your generous donation to School of Law, Xiamen University.*

厦门大学法学院

编号：XMU1AW90-2016002

2016年10月15日

· 福建联合信实律师事务所向厦门大学法学教育发展基金捐赠人民币 1000000 元

◀ · 信实荣获“2012 年度福建律师实务研讨会”论文组织奖

▲ · 信实荣获“2013 年度福建律师实务研讨会”论文组织奖

▲ · 信实荣获“2014 年度福建律师实务研讨会”论文组织奖

▼ · 信实荣获“2015 年度福建律师实务研讨会”论文组织奖

◀ · 信实荣获“2016 年度福建律师实务研讨会”论文组织奖

· 福建联合信实律师事务所厦门总部

· 以“分享、交流、共赢”为宗旨提供内外培训的信实律师学院

·高度重视青年律师的培养，悉心传授律师职业伦理与业务技能

# 序

若将记忆尘封，那绝对会留下遗憾。

2019年是信实的而立之年，三十年里信实攒下了许多文稿，散落各处，早就想将其编辑成集，激活记忆并分享给大家。恰好又喜逢新中国七十周年华诞和律师制度恢复四十周年，在这注定不平凡的2019年来完成这个心愿，自然是极有意义的。

全书共分八个栏目，六十四篇文章，每一篇文章都记载着信实律师对当年法律前沿问题的探索。信手翻开，书中的文字好像一粒粒金色的沙子铺就在洒满阳光的希望之路上，又仿佛一串串跳跃的音符谱写着信实三十年的华章。

读文集，就是在读信实。读信实以诚信为本，三十年始终坚守，初心不改。

读文集，就是在读信实。读信实推崇专业精神，三十年始终追求，孜孜不倦。

读文集，就是在读信实。读信实高效、优质、务实的服务理念，三十年不变，一以贯之。

我读文集，读到的不仅仅是信实律师对法律理论和实务问题的探究，读到的更多的是每一位信实律师文章背后的故事，读到的是他们指点江山、激扬文字的万丈豪情，读到的是他们在法庭上的慷慨陈词、攻防有度，读到的是他们挑灯夜战，辛勤劳作，呕心沥血。

撷取片段，读不出波澜壮阔，有的只是静水深流，但三十年回眸一望，却也是浩浩荡荡。这是一个伟大的时代，一个改革开放四十年、律师制度恢复四十年的恢宏时代，信实与时代相生相伴，感恩时代。

笃行致远，三十年信实好似一首流淌的歌，缓缓地流向前方，前方是星辰大海。

是为序！

福建联合信实律师事务所主任

2019.11.12

# 目　录

## ■ 知识产权



## ■ 不良资产、破产



## ■ 刑事



## ■ 涉外、"一带一路"

## ■ 争议解决



## ■ 家事、劳动、合同



## ■ 公司、证券、金融

## ■ 新型业务及其他



## ■ 附表

■ 知识产权

# "临时禁令"——知识产权保护的"及时雨"

陈　莹*

## 引　子

为了更好地切入本文的主题,笔者以两个实例作为文章的引子。

实例之一:近几年来,佛山陶瓷行业发生了佛陶所技术泄密案、彩蝶商标案、三水市"欧神诺"的"雨花石"专利纠纷案。部分陶业人士在接受记者的采访时说,佛山陶业内之所以仿制之风严重,主要原因是许多企业发现所拥有的专利被侵权后,从起诉到法院调查、取证、判决要经历一段颇长的时间,在这期间侵权行为没有得到有效的制止,损失进一步扩大,加上陶瓷产品的市场更新换代快,就算企业依法讨回公道,到时这种产品也差不多过了生命期。

实例之二:两年前,南京天地高科技股份有限公司起诉江苏省天行电力车辆有限公司侵犯其"大陆鸽"电动自行车设计专利的侵权官司审理终结,原告考虑到难以对损害金额提出证据加以证明,所以只要求被告停止侵权,并没有提出损害赔偿的诉讼请求。原告虽然赢了官司,却无法完全挽回损失,真的是"欲哭无泪"。①

"大陆鸽"拥有那么多的专利,却对侵权者无可奈何,这当然是他们的悲哀。但是,这仅仅是他们的悲哀吗？佛山陶业的被侵权者明知自己的权益受到侵害,却不愿打官司,这就不仅仅是被侵权者的悲哀了。幸运的是"临时禁令"制度的建立给知识产权保护领域带来了一场"及时雨",这样的悲哀正在远离我们。

## 一、"临时禁令"制度的建立及其立法原因探析

2000 年 8 月 25 日,第九届全国人大常委会通过了专利法修改决定;2001 年 10 月 27 日,商标法和著作权法的修改决定也相继通过。这三部新修订的法律都增加了"临时禁令"的规定。《中华人民共和国专利法》第 61 条规定:"专利权人或者利害关系人有证据证明他人正在实施或者即将实施侵犯其专利权的行为,如不及时制止将会使其合法权益受到难以弥补的损害的,可以在起诉前向法院申请采取责令停止有关行为和财产保全的措施。"随后修订的商标法和著作权法也分别在第 57 条和第 49 条作了类似的规定。最高人民法院在 2001 年 6 月 5 日通过的《关于对诉前停止侵犯专利权行为适用法律问题的若干规定》(以下

---

* 陈莹,福建联合信实律师事务所高级合伙人,电邮:cyy@lhxs.com。

① 蒋德:《欲哭无泪的"大陆鸽"》,载《法制日报》2001 年 12 月 6 日第 8 版。

简称《诉前停止侵犯专利权规定》）和2001年12月25日通过的《关于诉前停止侵犯注册商标专用权行为和保全证据适用法律问题的解释》（以下简称《诉前停止侵犯商标专用权解释》）中对“临时禁令”的具体适用问题作了较为详细的规定。

我国新修订的知识产权法只规定了诉前申请“临时禁令”，《诉前停止侵犯专利权规定》第19条进一步规定：专利权人或利害关系人向人民法院提起侵权诉讼时，同时提出先行停止侵犯专利权行为请求的，人民法院可以先行作出裁定。这就是说，起诉前和提起诉讼的同时均可申请“临时禁令”，那么在诉讼过程中能否提出“临时禁令”的申请？嗣后颁布的《诉前停止侵犯商标专用权解释》第16条规定：商标注册人或者利害关系人向人民法院提起商标侵权诉讼时或者诉讼中，提出先行停止侵犯注册商标专用权请求的，人民法院可以先行作出裁定。由此可以看出，立法者对于诉讼中能否申请“临时禁令”这一问题持肯定的态度。据此，我国在知识产权保护领域已经初步建立起了可以在诉讼前和诉讼中责令侵权人停止侵权行为的“临时禁令”制度。自2001年11月江苏省南京市中级人民法院受理了我国第一例诉前停止侵犯专利权行为的申请，并成功地启动“临时禁令”①之后，上海、佛山等地的法院也纷纷受理了“临时禁令”的申请。近日，无锡市中级人民法院召开听证会，依法对马鞍山市联农胶带厂状告同行业无锡某公司侵犯注册商标权一案进行听证。这起看似平常的知识产权案件，却因该合议庭首次核发“临时禁令”而成为司法界主动面对WTO规则的一个重要标志。②

在注重法治文明的现代社会，一项法律制度的存废往往是立法者针对社会管理的需要而作出的抉择，当然这个抉择的结果必定在一定程度上体现了立法者的价值取向。因此对法律制度存废原因的探讨将有助于解读该项法律制度的社会效应（包括正面效应和负面效应），从而多角度地对该法律制度进行研讨。笔者认为，“临时禁令”在我国知识产权保护领域的出现主要基于以下原因：

1.进一步和TRIPs协议相一致，为加入WTO做准备是我国设立“临时禁令”的直接原因。从我国知识产权法律修改的时间看，它是以中国即将加入WTO为时代背景的。在WTO的框架内，知识产权保护被视为WTO的三大支柱之一，在本届多哈会议最后通过的文件中就有关于知识产权的内容。《与贸易有关的知识产权协议》，即TRIPs协议第50条明确要求成员方应授权司法当局为了防止侵权发生，尤其是防止侵权商品进入商业渠道以及保存与被控侵权行为有关的证据，有权采取及时的、有效的临时措施。这种临时措施分为两种：一是临时禁令，二是证据保全措施。TRIPs协议所规定的内容是WTO各成员方必须采取的对知识产权保护的最低要求，各国可以在此基础上对知识产权提供进一步的保护，但不能低于这一要求。我国执法程序中原无这种诉前可以责令停止有关行为的制度，为了履行国际法律义务，为知识产权与贸易提供安全、有效和优质的法律服务，“临时禁令”制度在我国知识产权领域应运而生。

2.知识产权价值的特性是我国设立“临时禁令”的重要原因。知识产权保护的是人类的创造和创新精神，而创造和创新是科学，是经济，也是社会发展的动力；因此知识产权作为一

① 一言：《南京知产审判启动“临时禁令”》，载《人民法院报》2001年12月10日第1版。

② 《主动接轨WTO规则中院合议庭首发“临时禁令”》，载《江南时报》2003年3月13日第6版。

种无形财产,其价值越来越受到重视。知识产权的价值具有时间性的特点,任何对其保护的拖延都会给权利人带来重大甚至是难以弥补的损失。这突出表现在以下两个方面:第一,各国对知识产权的保护都有期限规定,因此当权利人历经数月甚至数年的诉讼最终取得胜诉判决时,知识产权的期限可能已经届满。即使该权利仍在法律保护期限内,但在科技日新月异的今天,历经漫长的诉讼后原有的专利技术极可能已经被更先进的技术所取代,佛山陶业的悲哀正是如此。第二,知识产权的价值是通过物化为商品或者服务来体现的,这就存在一个消费习惯的问题。当侵权产品在诉前及诉讼过程中大量充斥市场时,消费者已逐渐认可了侵权产品,形成消费习惯。消费者不会因为法院的一纸判决而在一夜之间改变自己的消费习惯,尤其是在侵权产品或服务本身的质量并不低于权利人的产品或服务的情况下。这种潜在的市场争夺不是用金钱上的损失赔偿就可以补救的。因此知识产权侵权案件不同于一般的民事侵权案件,它不能过分强调损害结果的实际发生,如果只对已经发生的损害给予法律救济,就可能造成无法挽回的后果。

3.法律观念的转变是我国设立"临时禁令"的根本原因。现行的法律规范基本上是行为模式和法律后果的结合。现行的公式纠纷处理机制是由专门的司法机关依据法律就双方当事人纠纷的事实作出公权性判断,并通过强制执行制度将法律判断现实化,使当事人的实体权利得以实现。① 我们习惯于把法律定位为解决纠纷的依据,并侧重依靠事后救济及事后救济的威慑力来保护主体权利的实现。随着中国改革开放深度的推进,外国许多先进的法律制度和法律观念得以引进,人们的视野更加开阔,市场经济所要求的及时性和效益性也使人们逐渐意识到事前防范比起事后救济更具优越性。这是因为:第一,司法机关的事后救济成本过高,法律上的"胜诉"并不等于经济利益损失得到补偿。第二,给付金钱以外的某些权利难以通过事后救济的损害赔偿得以完全实现,知识产权就是其中典型的一类。这种从事后救济为主到重视事前防范的法律观念的转变,正是针对"即发侵权"和"正在侵权"的"临时禁令"制度得以产生的根本原因。

## 二、他山之石:国外相关制度简介

"临时禁令"并非我国首创,英美法系和大陆法系的主要国家都有规范"即发侵权"和"正在侵权"的制度,虽然它们的名称可能各不相同。本文选取美国和日本这两个国家的相关制度作一简单的评述,希望能对完善我国新兴的"临时禁令"制度有所启发。

### (一)美国

美国的"中间禁令"与我国的"临时禁令"具有相似的功能。中间禁令是相对于在案件审理终结后作出判决或者裁决的最后禁令而言的,它通过要求被申请人为一定行为或不为一定行为以避免申请人遭受不可避免的损失。中间禁令广泛适用于有关侵犯"商业秘密"、知识产权和劳动权益等争议的民事诉讼中。美国《联邦民事诉讼规则》第 65 条将中间禁令区分为诉前禁令(temporary restraining order)和初步禁止令(preliminary injunction)。前者一般是指在起诉前依单方申请,效力维持到法官确定的某一临近期日的临时禁令,它在特定情形下可以未经书面或口头通知对方当事人或其律师而直接作出,其有效时间通常很短(一

① 徐静村、刘荣军:《纠纷解决与法》,载《现代法学》1999 年第 3 期。

般不超过 10 天)。后者则是在诉讼期间经过初步的听证和辩论之后,在案件实体事实裁判之前发布的临时禁令,其效力维持到案件最终裁判生效时止,初步禁止令不同于诉前禁令,它只有在已经通知对方当事人时才可以发布。美国法院在决定是否准予颁发临时禁令时,一般只要求侵权行为的存在是"清楚的"或是"合理的清楚的",但是对当事人临时禁令请求的提交时间却要求"苛刻",如果原告没有正当理由过迟地提交了申请,即使其有充分的实质性理由,法院也很难批准。因为在美国人看来,或者至少在美国法官看来,延误本身就说明原告不是很需要这个临时禁令,顺理成章也就暗示着不会构成不可弥补的损害。①

(二)日本

与我国"临时禁令"制度相类似的是为确定民事诉讼的本案权利关系临时地位的假处分,根据日本《民事保全法》第 23 条第 2 款的规定,确定民事诉讼的本案权利关系临时地位的假处分适用于为避免所争执的权利关系给债权人造成显著的损失或紧迫的危险。日本的民事保全制度有专门的法规,规定更为全面、具体,并具有如下特点:第一,把假处分进一步区分为两种:一是应保全的权利足以接受金钱支付作为达到其权利行使之目的为限;二是应保全的权利不足以接受金钱支付作为达到其权利行使之目的,对于前者法院允许债务人提存一定的金额停止执行假处分或撤销已执行的假处分。第二,对保全提出异议时,原因很明确或释明由于保全执行而有可能产生无法补偿的损失的,在申请期间可以停止执行。第三,对保全申请不服的实行双重救济,即可以提出保全异议或撤销保全的申请,对保全异议或撤销保全的申请的裁判不服的还可以进一步提出保全抗告。②

## 三、"临时禁令"的适用范围

我国的"临时禁令"与美国、日本等国家的相关制度最突出的不同之处在于:它是知识产权领域的特有制度,不适用于其他领域的案件。根据我国专利法、商标法和著作权法的规定,申请"临时禁令"须具备如下要件:(1)申请人有请求权。(2)侵权行为正在发生或即将发生。(3)如不适用"临时禁令"将会给申请人带来难以弥补的损害。由此可见,"临时禁令"是着眼于对那些无法用损害赔偿救济的利益的保障。前文所述的全国首例适用"临时禁令"案件法院之所以决定授予申请人"临时禁令"的一个主要原因是:该专利产品是一次性使用损耗的产品,如不及时制止,将给申请人的利益带来难以弥补的损失。

美国传统的中间禁令理论也要求原告在申请中间禁令时证明若不发布禁令其将受到不可挽回的损失,但近年来在处理反对就业歧视的案件中,一些法院已发现要求原告证明"不可挽回的损失"如果不是不可能的,也是相当困难的,因此少数法院正试图否定传统的标准。日本在这一问题上则采取较妥善的做法,日本法将假处分区分为两种:一是针对当事人的权利可以通过相对方当事人支付金钱完全实现的假处分,二是针对相对方当事人支付金钱不足以实现当事人权利的假处分。也就是说,假处分的目的不仅包括保障无法以金钱赔偿进行救济的利益,还包括避免损失的扩大。日本的做法值得借鉴,因为行为之债的债权人的权利或许可以通过审理终结后的损害赔偿来救济,但这样一来债权人就承担了对损害金额的

① 余涛:《时间的节约》,载《中国知识产权报》2002 年 8 月 1 日。

② 本文涉及的日本民事保全法条文参阅《日本新民事诉讼法》,白绿铉编译,中国法制出版社 2000 年版。

举证责任,增加了诉讼的难度。我们不能忘记欲哭无泪的"大陆鸽"的悲哀。况且,与财产保全旨在避免判决不能执行或难以执行相比,避免损失的扩大应是行为保全的本意所在。① 因此,笔者认为"临时禁令"宜放宽条件,像海事强制令一样,②在申请人提供担保的前提下,不仅适用于避免造成难以弥补的损害,而且适用于避免造成损害或者使损害扩大的情形。

## 四、"临时禁令"的司法审查

根据《诉前停止侵权规定》第 9 条的规定,对"临时禁令"的申请主要由法院依职权审查,只有在法院认为有必要对有关事实进行核对时才会传唤单方或双方当事人进行询问。也就是说"临时禁令"裁定的作出原则上无须经双方当事人的口头辩论程序,这与美国和日本只在特殊情况下才允许不经口头辩论作出裁定的做法不同。"临时禁令"既然是知识产权保护的"及时雨",及时、快捷、有效地制止侵权行为应是其内在要求,所以跳过当事人之间的辩论而由法院依职权审查"临时禁令"的申请,可以避免因时间上的延误而使"临时禁令"失去意义。但是现代社会的诉讼是以公平与效率的统一为目标的,因此由法院单方审查固然能保证效率,但应该有配套制度保障公平,尤其是对被申请人的公平,防止申请人滥用该项诉讼权利。

首先,法律应该明文规定法院审查"临时禁令"申请的标准。美国法院在决定是否要发布初步禁止令时,通常会进行传统的"四步测试法"(four-part test),即审查以下四个要素:第一,原告无法从成文法中得到充分的救济或者如果不发布禁令原告将会受到不可挽回的损失。第二,对原告的损害威胁必须比禁止令可能给被告带来的损害更大。第三,原告至少应有就案件实体内容胜诉的合理可能性。第四,发布该初步禁止令不会违反公共利益。由于法官以各种不同的方式对这四个要素进行解释,因此其适用结果相差甚远。在 American Hospital Supply Corp. v. Hospital Products Ltd.一案中,Richard Posner 法官提出一个衡量初步禁止令是否应发布的公式,③即如果不发布禁令对原告造成的损害×原告胜诉的可能性大于发布禁令给被告造成的损害×错误发布该禁令的概率,法院才应该发布初步禁止令。美国法学界对这一公式褒贬各异,赞成者认为它有利于统一法官的适用标准,反对者则认为诉讼中的可变因素是无法用数字来衡量的。

我国《诉前停止侵犯专利权规定》对"临时禁令"的司法审查标准未作任何规定。笔者认为,法院授予申请人"临时禁令"应符合以下原则:(1)现有的证据表明申请人胜诉的可能性很大。"胜诉可能性"是一个盖然性范畴,对可能性程度的理解与把握还是有分寸的。参照国外司法实践经验,法官认定胜诉可能性要素一般是通过审查申请人权利的有效性及被控行为侵权的可能性两方面因素来实现的。④ 前文提及的全国首例适用"诉前停止侵犯专利权行为"规定的案件,南京中级人民法院正是依据申请人的专利权有效,被申请人正在组织

---

① 金正佳、翁子明:《论建立行为保全制度》,载《人民司法》1997 年第 1 期。

② 《中华人民共和国海事诉讼特别程序法》第 56 条第 3 款。

③ 780 F. 2d 589(7th cir.1985)。

④ 江苏省高级人民法院民三庭:《临时禁令适用若干问题研究》,http://www.jscourt.gov.cn/fykw/spyj2002/11/11-02htm。

生产、准备向用户发货、存在侵权的可能而作出授予“临时禁令”的裁定的。(2)不适用“临时禁令”将给申请人造成难以弥补的损害或者重大的经济损失。外国的司法实践形成了如下的推定规则:凡申请人的权利受到侵害的事实得以证明或申请人已就有效的权利受到侵害的事实具备胜诉的可能性者,给申请人造成无法挽回的损害即得以推定。在美国,几乎所有的著作权案件都无须对无可挽回之损害作详细证明。从我国“临时禁令”的短期实践看,法院对“难以弥补的损害”这一申请要求也是相对弱化的。正如前文所述,笔者认为“临时禁令”宜扩大适用范围,在申请人提供担保的前提下,不仅适用于避免造成难以弥补的损害,而且适用于避免造成损害或者使损害扩大的情形。所以,笔者赞成上述推定规则的适用。(3)不存在不适宜适用“临时禁令”的情形,如采取“临时禁令”会损害公共利益或第三人的合法利益。

其次,在“临时禁令”裁定的复议阶段设置听证程序。考虑到“临时禁令”应该及时作出,在对“临时禁令”申请的审理过程中未给被申请人申辩的机会。当其对裁定提出异议时不能再只由法院单方审查,而应该设置听证程序,让双方当事人围绕适用“临时禁令”是否正确充分举证、质证和辩论。这样的程序设置一方面可以及时适用“临时禁令”,且在复议期间不停止执行,从而保护申请人的权利;另一方面在复议阶段给予被申请人充分申辩的机会,一旦发现裁定有误可以尽早撤销。

从司法实践反馈的情况来看,“临时禁令”制度就像是知识产权保护领域的一场“及时雨”,“未上公堂先维权”,有效地保护知识产权人的权益、鼓励社会的创造与创新精神。“大陆鸽”一案如果发生在拥有“临时禁令”的今天,也许就不是“欲哭无泪”,而是“喜极而泣”了!我们在感叹“大陆鸽”生不逢时的同时,也完全有理由相信佛山陶业会迎来一个全新的春天。当然,新修订的知识产权法和相关的司法解释只是初步搭起了“临时禁令”制度的法律框架,“临时禁令”的适用范围、司法审查标准等问题还有待进一步完善。重庆高级人民法院已经出台了《关于诉前停止侵犯知识产权行为的具体实施意见(试行)》,为审理相关案件提供了统一的执法标准,也进一步保护了知识产权当事人的利益。① 但是,要制定完善的执法标准并在全国范围内统一适用,我们要走的路还很长。

---

① 《重庆高院依法规范临时禁令积极保护知识产权》,载《人民法院报》2002年8月29日。

# 实用艺术品著作权保护的原则

丁丽瑛*

目前,侵犯实用艺术品的著作权纠纷案件在各地法院受理的著作权纠纷案件中所占的比例越来越大。实用艺术品的可版权性、权利保护条件及侵权认定等问题往往成为工艺品生产企业经常面对的具有普遍性的法律问题。在处理此类争议时,人民法院或著作权行政管理部门就相关法律条文的适用也常表现得认识不一。因而,从理论上对相关法律实务进行理性分析,提出解决问题的基本原则,是具有理论价值和实践意义的。

## 一、实用艺术品著作权保护范畴的界定原则

### (一)实用艺术品兼具实用性和艺术性,其艺术性表达符合作品属性

实用艺术品是指兼具实用性与艺术性的产品。纳入著作权对象的是实用艺术品中的符合作品条件的实用艺术作品,它同时兼具实用性、艺术性、独创性和可复制性。受著作权法保护的作品包括美术作品,美术作品包括的范围很广,一般可以分成两种:一种是纯美术作品,即纯粹为表现个性与美感而创作的美术作品,它们一般专供陈设、欣赏、收藏使用;另一种为实用艺术作品,即不仅为表现艺术美感,还为满足生产或生活需要,并投入产业制作、销售的艺术产品。一项创作可以是一件艺术品,也可以在一个有形物体中起实用性或装饰性作用。世界知识产权组织编写的《著作权和邻接权法律词汇》对"实用艺术作品"的定义为:"具有实际用途的艺术作品,无论这种作品是手工艺品还是工业生产的产品。"从该定义中可以看出,只有同时具备了实用性和艺术性两个方面的特征,才属于实用艺术作品。就艺术性而言,实用艺术作品满足了美术作品的"有审美意义"的要求,具备以线条、色彩或者其他方式构成的平面或者立体造型的表现形式。因而,从理论上理解,美术作品的定义是足以涵盖实用艺术作品的。

实用艺术品既有艺术作品具有审美功能的特点,即艺术性;又具有物质产品实用功能的属性,即实用性,这使它与工业品外观设计之间存在概念上的相似。无论在理论上还是在实践中,实用艺术品与工业品外观设计在一定程度上是可能为同一体的。"在实用艺术作品保护领域中存在著作权保护和外观设计专利权保护的重叠。这种重叠可能性的存在是因为:从定义上看,外观设计专利权和著作权理论都可以适用于保护实用艺术品的美的外观。"①在世界知识产权组织范围内,也普遍认为工业品设计所具有的功能性和艺术创造性的双重

---

* 丁丽瑛,厦门大学法学院教授,福建联合信实律师事务所兼职律师。

① Valerie v. Flugge. Works of Applied Art: An Expansion of Copyright Protection, *Southern California Law Review*, November, 1982.

属性至少允许存在两种权利保护模式，即著作权保护和特别法保护。① 但是，作为权利的对象，实用艺术品中的实用艺术作品是著作权的对象，工业品外观设计在我国属于专利权的对象。工业品外观设计专利权保护具有新颖性和适于实用的装饰性的发明创造，“富有美感”条件中的审美标准以及创作程度要求较低，且专利权须依法定程序而享有。实用艺术品著作权保护并不赋予被披露的艺术以专有权，仅是保护其艺术性的表达，其保护条件强调艺术性表达的独创性，且著作权自创作完成时起产生并受法律保护。

我国 1990 年颁布的《中华人民共和国著作权法》(以下简称《著作权法》)对实用艺术作品未置一词，2001 年修订的著作权法仍然没有出现“实用艺术作品”一词。对此，多数学者指出，修改后的著作权法及其实施条例虽然未明确涉及实用艺术作品，但是可以理解为实用艺术作品可以作为美术作品在我国受到著作权法保护。② 也有学者认为，美术作品的载体是工艺美术品的，该工艺美术品为专利法调整，不受著作权之保护；绘画、书法、摄影、影视、图形等作品首次用于工业品外观设计的，受著作权之保护；在同类产品上再次使用该作品的，则由专利法调整，不为著作权保护。③ 还有学者认为，实用艺术作品是作品的一个特殊类别，不能简单地归入美术作品，更不能将实用艺术作品的重叠保护理解为美术作品在工商业领域的利用。④

从各国的立法和司法实践来看，对实用艺术品提供法律保护的立法技术并不完全相同。其中，《法国知识产权法典》第 L.112-2 条将实用艺术作品单独列为“被视为本法典意义上的智力作品”，以此区分于绘画、油画、建筑、雕塑、雕刻、拓印作品。1976 年的《美国版权法》第 101 条关于“绘画、图形和雕塑作品”的定义规定，绘画、图形和雕塑作品包括美术、图形、实用艺术品、印刷字体、艺术复制品、地图、地球仪、图表、示意图、模型及技术图纸(含建筑规划)等平面或立体作品。就其形式而非机械或实用功能而言，此类作品包括工艺品。本条所定义的实用物品设计应视为绘画、图形或雕塑作品，但只有且仅以该设计中所含之绘画、图形或雕塑的特征可使其区别于且能独立于物品的实用功能而存在者为限。以英国为代表的一些国家则是对美术作品给予普通的著作权保护，而对于用于工业产品的美术作品和实用艺术作品给予一种较低水平的保护，即一件艺术作品一旦用于工业生产，其版权保护期就降为 25 年，而不按作者终身加 70 年计算。⑤

综观国内外关于实用艺术品与著作权对象的关系，笔者认为：第一，多数国家立法在正

---

① Standing Committee On The Law of Trademarks, Industrial Designs And Geographical Indications WIPO: Industrial Designs And Their Relation With Works Of Applied Art And Three-Dimensional Marks. October 1, 2002.

② 李顺德、周祥：《中华人民共和国著作权法修改导读》，知识产权出版社 2002 年版，第 47 页。刘波林、许超、孙建红：《实用著作权知识问答》，中国水利水电出版社 1996 年版，第 32 页。

③ 何山：《著作权与外观设计专利权、商标权的区别与联系》，载中国社会科学院知识产权中心、北京市高级人民法院民事审判第三庭主编：《知识产权办案参考》(第 6 辑)，中国方正出版社 2003 年版，第 26～30 页。

④ 龙文：《实用艺术作品的认定及法律保护》，载中国社会科学院知识产权中心、北京市高级人民法院民事审判庭第三庭主编：《知识产权办案参考》(第 6 辑)，中国方正出版社 2003 年版，第 55 页。

⑤ 许超：《著作权同专利权的关系》，载中国社会科学院知识产权中心、北京市高级人民法院民事审判第三庭主编：《知识产权办案参考》(第 6 辑)，中国方正出版社 2003 年版，第 33 页。

视实用艺术品与工业品外观设计可能归为同一客体之事实上，明确地将实用艺术作品与工业品外观设计规定为两个独立的法律概念，并提供两种可供援引的法律保护模式。实用艺术品不应因其所具有的实用性而被必然地排除在著作权对象之外，其具有艺术性表达的成分，只要具备作品的条件，同样可以获得著作权保护。第二，由于各国法律传统及司法实践要求的不同，各国著作权法对受著作权法保护的作品种类的列举方式不同，影响了实用艺术品在著作权对象范围内的定位，并透示出立法对实用艺术品市场发展中权利保护要求的反映。从各国相关法律条文的比较中可以看出，英国法更多的是将法律视为一种技术，追求务实地解决争议；法国法更多地将法律视为对维护正义的一种标榜，追求对实用艺术品与纯美术作品享有平等权利的确认；美国法是在经济刺激理论基础上构建起著作权保护制度的，其以著作权法保护实用艺术品虽有一个逐步演变的过程，①但均表现为以尽可能宽泛的概念和列举来包容实用艺术品在内的以任何现在已知的或以后出现的可感知、复制并传播的物质表达。第三，就我国的著作权法规定而言，立体造型艺术以“美术、建筑作品”进行列举，其中美术作品采广义解释而包括实用艺术作品。因而依现行法，我们只能从美术作品的著作权保护中去寻找实用艺术品著作权保护的法律依据。但笔者认为，随着实用艺术品市场的发展，有必要进一步明晰实用艺术品著作权保护，因而建议在立法上对美术作品进行狭义界定而限指纯美术作品，并将该项列举修改为“美术、建筑、实用艺术作品”。

### （二）实用艺术品的著作权对象为与实用性分离的具有独创性的艺术表达

实用艺术品纳入著作权对象的是体现为物质产品的艺术性表达部分，纯实用物品是不受著作权保护的。物质存在决定了物质产品本身所具有的可感知形式，但并非所有的产品均具有“艺术性”。艺术性，是指通过形象反映生活，表现思想感情所达到的准确、鲜明、生动以及形式、结构、表现技巧的完美程度。② 实用艺术品一般体现为造型艺术，它是反映现实、体现生活、表达情感的结果。以可感知形式存在并得以复制的具有产品功能属性的物质，若未有意识反映而不具有艺术性，则不应视为实用艺术品。

实用艺术品得以作为一种作品纳入著作权保护，其艺术性表达还必须是一种创作行为，必须符合作品独创性要求。按照古典自然法学派的财产权劳动理论，只要作者使任何东西脱离自然所提供的和那个东西所处的状态，掺进了他的劳动，才能使它成为他的财产，从而排斥了其他人的共同权利。在实用艺术品的著作权保护领域，这种劳动体现为“创作”。“创作”不仅意味着从无到有的作品形成过程，而且包含这种劳动成果的艺术表达个性。在著作权保护领域，实用艺术品的独创性要求使用“原创”而不是“创造”之词来描述似乎更为恰当和准确，因为独创性仅是要求实用艺术品的艺术表达符合作者独立完成并具有最低限度的个性特征。形象艺术表达的完美程度及其与产品实用功能的结合程度并不是实用艺术品获得著作权保护的条件。

实用艺术品的艺术性表达还必须能够与产品的实用性功能分离而独立形成作品。首先，实用艺术品中的思想与表达的合并部分不能获得著作权保护。著作权保护的合理性在于提供排他、垄断的专有权的产权界定规则。思想与表达合并存在而排除著作权保护之可

---

① 李明德：《美国知识产权法》，法律出版社 2003 年版，第 380 页。

② 辞海编辑委员会：《辞海（上）》，上海辞书出版社 1979 年版，第 1259 页。

能，正是这种产权界定的结果。“人们在取得财产权时必须留有足够多的同样的好东西给他人共有，同时以不造成浪费为限。”①就一件包括体现为实用艺术品的产品而言，当该产品上服务于实用功能的“思想”与富有美感的外形“表达”密不可分时，或者当这种功能或思想仅有一种或极具有限的几种表达可供选择时，若以著作权保护这一唯一或有限的表达，则等于在事实上保护了该产品的功能或思想，而这将不符合著作权保护的理论基础及立法宗旨。因此，当实用艺术品的思想或功能与表达重叠合并时，著作权法不仅不保护思想或功能，也不保护表达。其次，实用艺术品的艺术性表达必须能够与产品的实用性分离而存在。从产品设计上看，实用艺术产品开发往往以兼具实用功能与审美艺术于一体为设计理念；从产品整体外形上看，其实用成分和艺术成分也往往浑然一体。在肯定实用艺术品足以因其艺术表达而符合“以线条、色彩或者其他方式构成的有审美意义的平面或者立体的造型艺术作品”②之前提下还应当明确著作权对象既不是产生这种艺术表达的创意或工艺手法，也不是直接构成产品实用功能的设计，而是其具有艺术性的表达，并且该艺术性是可以与该产品的实用性功能分离而独立存在的。

在美国，联邦最高法院在“梅泽”一案③中确立了“分离特性与独立存在”的原则作为判断工业品外观设计是否得以纳入版权保护的标准。但事实证明，运用“分离特性和独立存在”的标准尤其是“概念上的分离特性与独立存在”而寻求可获得版权保护的实用艺术品与不可获得版权保护的工业品外观设计之间的清楚界线，并不是一件十分容易的事。“布兰德”一案④就是一个典型的说明。在该案的判决中，奥柯斯（Oakes）法官采纳了邓尼考拉（Denicola）教授的观点，认为以“产品外观设计的形状和外观直接体现了艺术家的本意”做实用艺术品可版权性的法定界线，如果具备了这种意图，则这些外部特征就不仅是外观设计产品。“邓尼考拉教授的概念上的分离特性可以表述为：如果外观设计的因素体现了美学的考虑和功能的考虑的混合，作品的艺术部分就不能被认为可以与实用因素在概念上分离。相反的，如果外观设计的因素可以被认为体现了设计者的艺术判断，并且设计者在进行艺术判断时未受功能性因素的影响，则存在概念上的分离特性。”⑤笔者认为，在评判一件“富有美感”的实用品是否具备可版权性时，我们在承认该物品的独特的具有美感的外部特征值得赞美的同时，更应当考虑该具有美感的外部特征是否与物品所应有的功能不可分离地混合在一起。若实用物品的最终的设计更多的是体现或满足实用的功能要求，而非艺术上的创作或选择，则该实用品的艺术表达应当被认为不能与产品的实用性分离而独立存在，因而不

---

① Peter. Drahos，*A Philosophy of Intellectual Property*，Published by Dartmouth Publishing Company Ltd，1996，p.43.

② 《中华人民共和国著作权法实施条例》第4条关于美术作品的含义解释。

③ Mazer v. Stein，347 U.S.201，100USPQ325(1954).该案涉及的是关于以女性人体舞蹈造型雕像作为台灯底座是否可以获得著作权保护的争议。

④ Brandir International Inc. v. Cascade Pacific Lumber Co. 834 F.2d 1142(2d Cir. 1987).该案涉及的是关于用管形物制作的彩虹雕塑形状的自行车支架是否受著作权保护的争议。

⑤ Julie E. Cohen，Lydia Pallas Loren，Ruth Gana Okediji，and Maureen A. O'Rourke，*Copyright in a Global Information Economy*，published by Aspen Law & Business，A Division of Aspen Publishers，Inc，2002，p.226.

属于著作权的保护对象。

## 二、实用艺术品独创性的认定原则

实用艺术品受著作权保护的实质性条件符合作品独创性要求。“应当允许认为自己的作品的著作权被侵害的权利人就侵权行为提起诉讼。在这一阶段,法官应当就实用艺术品的著作权的有效性做出决定。该决定的做出,与其说是基于实用艺术品是否具备‘分离特性’和‘独立存在’,不如说是基于作品是否具备原创性。”①因此,独创性的认定是实用艺术品著作权保护的重要基石和逻辑起点。

### (一)作品表达的独立完成和个性特征是衡量判断对象是否符合独创性要求的一般标的

独创性是作品著作权保护的核心,同样也是判断实用艺术品是否受著作权保护的重要标准。独创性认定是针对判断对象的表达是否达到作品著作权保护最低标准的判断活动,而不是学术上的肯定与否定。“作品的质量不能成为区分受保护和不受保护的作品的标准”②,因此,该判断对象是如何完成的、完成后又得到如何的评价,对于独创性的认定都不重要。笔者认为,作品表达的独立完成和个性特征是衡量判断对象是否符合独创性要求的一般标准。

首先,独立完成是产生实用艺术品独创性的基础。以美国法为代表的版权体系国家和以德国法为代表的作者权体系国家在长期的司法实践中已逐渐形成了较为完整的独创性判断规则。尽管两大体系国家在独创性的认定标准上存在不完全一致,甚至存在质的差异,但是,作品为作者独立完成却被一致认为是主张著作权保护的最低要求。独立完成,意味着作品必须是作者自己独立创作的结果,即作者对作品的整体构思和具体的表达经过自己的独立思考,运用了自己的聪明才智和技巧,付出了创造性劳动,并获得了创作成果,而不是直接从他人那里复制、剽窃或抄袭而来的。独立完成之条件落实到创作行为的构成条件,即一个完整的创作行为包括阶段性的创作行为,应当包括创作意图、创作行为和创作结果。③ 就实用艺术品而言,独立完成要求该产品是原创设计的结果。而具体到诉讼中的举证时,作品从构思到表达过程中留下的平面设计草图、修改、定稿以及立体雕模说明等证据当是最具说服力的。

其次,个性特征是构成实用艺术品独创性的必要内容。作品是内容与形式的结合,而表达形式上的鲜明个性特征是判断实用艺术品是否具备独创性的重要指针。“作品应体现创作者的个性,打上作者个性智力的烙印。”④个性特征是实用艺术品设计者的主观见之于客观的设计活动的最终结果。因此,相同的主题产品由不同的人设计,会有不同的设计结果,

---

① Valeric V. Flugge: Works of Applied Art: An Expansion of Copyright Protection, Southern California Law Review, November, 1982.

② [法]克洛德科隆贝:《世界各国著作权和邻接权的基本原则比较法研究》,高凌翰译,上海外语教育出版社 1995 年版,第 9 页。

③ 孟祥娟:《版权侵权认定》,法律出版社 2001 年版,第 150 页。

④ [德]乌尔里希·勒文海姆:《作品的概念》,郑冲译,载《著作权》1991 年第 3 期。

而这不同的设计结果恰恰是实用艺术品的个性特征所在，也是其独创性的重要表现。实践中，识别作为判断对象的实用艺术品是否具备个性特征应当注意以下方面：第一，实用艺术品的描述对象本身并不构成独创性判断的内容；第二，应当以实用艺术品整体作为判断对象；第三，作品的“创作”并不包含绝对的从“无”到“有”的要求。在作品的创作过程中，参考、借鉴、吸收现有的素材和他人已有的作品是十分正常的，在某种情形下甚至是必要的。在知识的生产过程中包含知识消费的公共性与知识生产的个体性的矛盾，有关独创性判断标准的制度设计或法律适用应当有助于这一矛盾的解决。运用于实用艺术品独创性合格条件的判断，需要剔除的仅是，判断对象是对已有作品的完全复制或实质性复制，或者其表达根本不存在任何个性发挥之余地。

（二）独创性判断是一个应当结合具体实际加以考虑的问题，区分纯美术作品与实用艺术作品独创性标准具有现实意义

首先，实用艺术品创作时受到的限制影响了作品创作的自由度，从而决定了作品个性表达的程度。作品创作是一个从思维到表达的过程，多数的作品创作都允许作者运用虚构或夸张的手法来表达其构思或主题。在不违反法律禁止性规定的前提下，纯美术作品创作允许作者“尽情地发挥”而无任何的限制，而实用艺术品的设计则首先应当考虑的是产品的功用，作品的创作必须服从于产品的实用性要求以及产品制造的技术性指标。因此，实用艺术品设计中的创作自由度相对较低。创作自由度低，这就意味着实用艺术品设计中的艺术创作机会和个性表达形式在客观上是有限的。而这应当是实用艺术品独创性判断中应当考虑的一个重要因素。

其次，实用艺术品的独创性的个性要求应低于纯美术作品而定位于“具有一定的审美个性”。独创性的出现是以客观上存在创作机会为前提条件的。所谓的创作机会是指表达个性的余地。① 实用艺术品的艺术性决定了产品设计中毫无疑问地存在艺术创作机会，但其实用性同时限制和影响了艺术创作的发挥，这就决定了实用艺术品独创性的判断标准应当适当低于纯美术作品。那么，一件实用艺术品应当达到怎样的创作高度才算具有独创性？有学者认为，实用艺术品视为美术作品进行著作权保护，是不应当考虑其艺术质量的。不考虑作品的艺术质量，就意味着一个非常简单的绘画也将受到著作权法的保护，只要它是原创的。② 笔者认为，实用艺术品的独创性可以定位为“具有一定的审美个性”。这种审美个性可以体现于产品设计中的外观形状、空间结构、色彩搭配、人物或动物的脸部或动作造型等诸多方面。同时，在许多具体案件的处理上，对实用艺术品是否符合独创性标准的评估，是应当根据权利人主张构成侵犯著作权的他人行为涉及的是属于未经授权的、具有商业制造和销售规模的复制或实质性复制，还是纯艺术的抄袭、剽窃而有所不同，即对独创性掌握的判断标准应当灵活。在第一种情况（海盗行为）下，如果有人声称有关作品没有独创性因而不受保护，这时对独创性的评估应该放宽，即使有关作品的个性极不明显，也应认为其已符合独创性条件。在第二种情况下，对独创性的理解则必须十分严格，必须确定在两部作品之

① 韦之：《著作权法原理》，北京大学出版社1998年版，第16页。

② Tina Hart & Linda Fazzani, *Intellectual Property Law*, Law Press reprinted by permission of Palgrave Publishers Ltd. 2003, p.148.

间是否存在某种可以识别的同一种表达方式,是否两部作品基本上是同一种表现形式。①

最后,实用艺术品独创性的判断应当有利于以著作权法鼓励产品创新和市场公平竞争。著作权保护源于作品创作后所产生的利用价值及其利益。"财产是劳动的结果,智力劳动的结果即知识产品当然也是财产。"②财产在法律制度安排上体现为专有权保护,而这种专有权保护在著作权上是以作品的"公有"或"私有"界定为基础的。比较一般财产法与著作权法对劳动成果的保护规则,只有著作权才能为实用艺术品提供禁止他人未经许可地行使合法物权下的复制、仿制等产品生产及成品销售行为的保护。著作权保护的这一特性表明了它具有不可替代的功用,但需以符合独创性要求为条件,那么在具体的制度安排和运作中,应当以什么为权利保护的价值取向和独创性的认定原则就成了问题的关键。笔者认为,任何法律制度的安排事实上都是一种利益选择的结果,并以实现社会资源的效率最大化为追求目标。在利益对等的条件下,如果不减少一方的经济利益,就不能改善另一方的经济利益,而这种改善又显然是有助于维护市场公平竞争秩序、保护符合社会正义的劳动成果和鼓励产品创新精神,则应当以实现这种改善作为实际认定独创性的价值取向尺码。换言之,为了实现这种改善,有必要以扩展的目光审视著作权对象的范围。这种保护对象范围的扩展,相对于纯美术作品而言,就是降低实用艺术品独创性的判断标准。最终,"原创性,仅要求实用艺术品不是直接复制其他任何作品这一结果"③。从这一意义上说,在不能从整体上肯定实用艺术品为复制他人或已有作品之结果的前提下,实用艺术品的独立完成成为作品独创性判断的重要核心。并且,降低实用艺术品独创性的判断标准的目的在于使更多的实用艺术品能够纳入著作权的保护范围,这也是我国在市场经济条件下规范实用艺术品市场发展的需要。

## 三、相近似实用艺术品的侵权判定原则

### (一)作品创作差异的必然性与作品表达近似的可能性存在辩证统一关系

独创性并不意味着具有新颖性。原告主张版权保护的作品与被告为主张否定之抗辩而提供的对比材料之间的差异与近似以及因之而得出的结论往往是侵犯著作权纠纷案件中当事人争议的焦点问题。作品创作差异的必然性与作品表达近似的可能性之间的关系是我们在证据质证、审核和认定中必须重视的。

作品创作差异的必然性与作品表达近似的可能性的关系是相对辩证统一的,而不是绝对矛盾对立的。一方面,作品的创作属性决定了作品表达上的差异性的必然存在。作品独创性要求的独立完成和个性特征决定了作品的创作表达应当具有区别于其他作品的独特内容,必须排除复制的可能性。因而,对于作品的表达结果而言,享有著作权的作品与其他作品在表达上存在差异性,这是客观上应当存在的结果。另一方面,作品独创性认定的低标准

---

① [西班牙]德利娅·利普希克:《著作权与邻接权》,联合国教科文组织译,联合国教科文组织、中国对外翻译出版公司2000年版,第44页。

② 吴汉东、胡开忠:《走向知识经济时代的知识产权法》,法律出版社2002年版,第23页。

③ Valerie v. Flugge, Works of Applied Art: An Expansion of Copyright Protection, *Southern California Law Review*, November, 1982.

导致了作品表达上近似可能的合理存在。作品的独创性体现于产生作品的创作行为本身，而不在于对作品的内容或表达形式的评价。因此，反映同一题材、同一思想内容的相近甚至是相同的作品，只要是它们的作者各自创作，排除非创造性劳动的复制、抄袭行为的存在，那么都可以主张著作权保护，作者对各自完成的作品分别享有著作权。作品著作权自作品创作完成时起产生并受法律保护的原则决定了偶同创作下可能产生的近似作品的分别著作权的合理、合法存在。

（二）接触可能、实质相似及未能为独立创作抗辩是侵权成立的重要因素

在许多的纠纷处理中，案件证据所直接表明的往往并不简单。差异性与相似性的同时存在，往往使案件的事实认定变得十分复杂，这时合法偶同的独立创作与非法复制、抄袭之间的界线并不清晰。在这种情形下，笔者认为，认定侵犯著作权行为是否成立，应当注意以下几方面：

首先，擅于运用“两步侵权判定法”。在美国的司法实践中，确认一部作品是否侵犯另一部作品的著作权，普遍使用“两步侵权判定法”（简称“两步法”）。“两步法”的判断步骤如下：在有关侵权事实的审理中，必须先确定被告是否在事实上“复制”[①]了原告的作品；再看这种复制是否已经达到“非法占用”的程度，即两部作品之间是否存在表述上的相同或实质性相似。[②] “两步法”中的侵权判断标准可以借鉴地适用于明晰实用艺术品侵权纠纷中的合理近似与侵权复制或剽窃之间的界线。当原告诉称被告复制或者剽窃了原告享有著作权的实用艺术品，并就该实用艺术品的创作和权利归属提供了证据时，被告可能有三种答辩：一是自行直接承认复制或剽窃了原告的产品；二是以缺乏独创性或著作权归属于他人而否认原告对该产品享有著作权；三是主张自己的产品为自己独立创作，仅是在结果上与原告产品存在偶同，从而作出否定其行为侵犯原告著作权的抗辩。在第三种情形下，被告是否存在接触原告产品的合理可能性，以及被告产品与原告产品是否显著相似应当是解决争议的重要判断标准。若原告提供的证据证明被告的产品与原告主张著作权保护的产品存在相同或者显著相似，且被告有合理的可能性接触自己的产品，则原告完成了自己的证明责任，证明义务转移至被告。被告必须承担提供证据和说服的证明责任，证明其不可能接触到原告的产品并且该产品为其自行独立完成。如果被告不能就其创作行为完成说服的证明责任，则应当承担对其不利的判决。

其次，以接触可能为侵权成立的先决条件。接触，是指被告有机会看到、了解到或感受到原告享有著作权的作品。依美国联邦法院之见解，接触不限于以直接证据证明实际阅读（actual viewing），凡依社会通常情况，被告应有“合理机会”或“合理之可能性”阅读（see or view）或听闻（hear）原告之著作，即足以构成接触。[③] 被告存在接触原告产品的可能性是认定被告行为构成侵犯原告著作权的先决条件。该“接触可能”之可能性必须是由证据加以证

---

① 这里的“复制”的英文表述为 copy 而非 reproduce。后者意即我国《著作权法》第 9 条规定的复制，即以印刷、复印、拓印、录音、录像、翻录、翻拍等方式将作品制作一份或者多份的行为；前者采广义解释，不仅包括复制，还包括抄袭、改编、演绎等使用作品的行为。

② 李明德：《知识产权法》，法律出版社 2003 年版，第 207 页。

③ 罗明通：《著作权法论（Ⅱ）》，台湾台英国际商务法律事务所 2002 年第 4 版，第 303 页。

明的，而不是任意猜测或者推想的，并且该证明责任应当由原告负担。原告可以以其产品的广告、宣传、实际销售、参展等事实证据来证明被告有可能直接或者间接地接触原告的产品，并且这种可能性从常理上分析具有合理性。如果没有证据表明被告存在接触原告产品的合理可能性，因而可以排除被告对原告产品的接触，则即使被告的产品与原告的产品相同或者相近似，也较难以认定被告的行为构成侵权。

再次，以“实质性相似”或“非法挪用”作为划分合法与非法的重要界线。在比较被告的产品与原告的产品并得出足以肯定接触可能和客观相似之结论后，该相似部分是否达到“非法挪用”或“实质性相似”就成为案件审理的关键。只有经过分析后，确定被告产品与原告产品的相似部分为“实质性相似”或被告的产品“非法挪用”了原告享有著作权保护的产品，才可以最终判定被告实施了侵权行为。事实上，在侵犯著作权纠纷诉讼中，判定侵权与否的标准中的“非法挪用”与“实质性相似”是一个问题的两个方面，均是在比较两部作品的相似后作出的质的判断。“非法挪用”是基于相似部分使用他人作品的程度和合理与否而得出的定性判断。“实质性相似”是对两部作品进行比较后而做出的概括性的判断，其判断前提是首先应当明确是否存在确定的接触可能。如果没有接触的可能性，则构成侵权往往需要十分惊人的相似，并且是绝对个性化表达部分上的相似。值得注意的是，在比较两部作品之间的相似之处时，应当使用一般观察者的标准来感受两部作品之间的相同与差异。实用艺术品的消费对象一般为普通的社会公众，因而无论是适用“一般读者”之检验标准或是“作品所针对读者”之检验标准，“实质性相似”均应当以一般公众的观察标准来界定。换言之，如果以一个可能购买该实用艺术品的普通的、非专业的消费者的目光，将对比产品各自作为不可分割的整体进行评判，除非你主动地去寻找差异性，否则你会认为二者是相似的，则就可以认定二者达到了实质性相似的程度。

最后，以独立创作为免于承担侵权责任之合理抗辩。在不能否认原告产品的独创性及受著作权保护的前提下，被告对其产品的自行独立设计往往成为其主张侵权不能成立的抗辩。如果说，“接触可能”“实质性相似”是原告发动的攻击并因此由原告承担证明责任，那么，“独立创作”则为被告进行的防御并因此由被告承担证明责任。被告得以提供产品研发、设计过程中所留下之完整记录而主张仅“接触”原告产品的创作思想、理念或市场潮流，仍以“独立创作”完成自己产品之设计而为免责之合理抗辩。应当注意到，在侵权诉讼中，无论是原告的创作或是被告的偶同“独立创作”均是需以证据加以证明的，而这种创作的证据又是同样可以迅速复制的。因而，笔者建议，应当为包括著作权在内的知识产权案件设计特别的证据交换规则。除原告在起诉时提交的证据外，在双方举证期限届满前，①除对方当事人同意外，法院应当严格限制一方当事人及其委托代理人查阅、复制和获取对方当事人提交的证据材料，并严格审查举证期限届满后新证据的适格性，以防止一方当事人利用对方当事人提交的证据制造“独立创作”之证据而增加案件审理的难度。

---

① 除当事人申请延长举证期限外，一般原告的举证期限比被告的举证期限更早届满。

# 律师如何为两岸网络游戏法律保护提供服务

邵建新*　庄甘露**

## 前　言

自 20 世纪 80 年代初大陆向中国台湾地区企业开放市场以来，台商赴大陆投资十分踊跃，近年来投资热情不断高涨，台商在大陆投资占外商直接投资总额的比重也在不断增加。为赴大陆投资的台商提供法律服务已由原来大陆律师事务所的新型业务成长为传统业务。两岸合作的不断发展，台湾地区也必将逐步开放陆资赴台投资。《海峡两岸经济合作框架协议》第 6 条明确将"知识产权保护与合作"作为经济合作的重要组成部分给予了明确规定。

鉴于网络的无地域性，使得以网络游戏保护为代表的知识产权保护率先成为两岸知识产权保护与合作的主要内容。律师如何为两岸网络游戏法律保护提供服务已经成为两岸律师关注的焦点。律师要为两岸网络游戏法律保护提供服务，其前提应该是先了解什么是网络游戏，可采取的法律保护措施有哪些，只有这样，才能提供专业的高质量的法律服务。

## 一、网络游戏保护的法律分析

### （一）网络游戏的定义

一般来讲，网络游戏是指利用 TCP/IP、IPX、UDP 等协议，通过直接电缆、局域网及（有线、无线）广域网等网络中介进行的，显示于不同终端的、供单人或多人同时或者同步进行的计算机游戏，包括该游戏著作权人发布的游戏补丁、相关数据资料等。

### （二）网络游戏保护的法律客体分析

要充分分析网络游戏的法律客体，不仅要理解网络游戏的定义，还需要充分了解网络游戏的创作过程。网络游戏是计算机程序运行后在屏幕上产生的结果，因此，计算机软件程序是网络游戏产生的基础也是关键，在屏幕上显示的游戏作品是计算机程序运行的结果。对于网络游戏，显而易见应采取著作权的法律保护，其属性应归类到著作权。我们不仅可以保护网络游戏软件程序的著作权，同时也可以保护作为图像音像制品的输出，如具体输出的图形、声音、动画以及与之有关的衍生品。

### （三）基于著作权保护模式下的合作法律基础

1.两岸著作权法律具有相同性和相似性

大陆现行著作权法于 1990 年 9 月 7 日第七届全国人民代表大会常务委员会第十五次会议上通过，在 2001 年 10 月 27 日第九届全国人民代表大会常务委员会第二十四次会议

*　邵建新，福建联合信实律师事务所高级合伙人，电邮：sjx@lhxs.com。

**　庄甘露，福建联合信实律师事务所高级合伙人，电邮：zgl@lhxs.com。

《关于修改〈中华人民共和国著作权法〉的决定》中进行了修正，现行《著作权法》包括六章六十条。台湾地区现行"著作权法"包括八章一百七十条。

鉴于大陆与台湾地区均属大陆法系，法律渊源基本相同且适用保护知识产权的一些国际协议，如受 TRIPs 协议约束等，两岸在著作权法律规定方面具有相同性和相似性。比如著作权的保护客体，大陆《著作权法》第 3 条规定，"本法所称的作品，包括以下列形式创作的文学、艺术和自然科学、社会科学、工程技术等作品：(一)文字作品；(二)口述作品；(三)音乐、戏剧、曲艺、舞蹈作品；(四)美术、摄影作品；(五)电影、电视、录像作品；(六)工程设计、产品设计图纸及其说明；(七)地图、示意图等图形作品；(八)计算机软件；(九)法律、行政法规规定的其他作品"①。台湾地区"著作权法"第 5 条规定，"本法所称著作，例示如下：一语文著作。二音乐著作。三戏剧、舞蹈著作。四美术著作。五摄影著作。六图形著作。七视听著作。八录影音著作。九建筑著作。十电脑程式著作"②。两岸著作权的保护客体基本相同。此外，在侵权救济方面，两岸著作权法的救济手段方法也基本相同，都可采取行政救济、民事诉讼、刑事控告等方式。

2.两岸同胞著作权可相互保护

(1)大陆同胞的著作在台湾地区受保护

根据"台湾地区与大陆人民关系条例"第 78 条的规定，"大陆人民之著作权或其他权利在台湾地区受侵害者，其告诉或自诉之权利，以台湾地区人民得以在大陆享有同等诉讼权利为限"③。2002 年 1 月 1 日起，大陆与台湾地区均属 WTO 成员，台湾地区保护大陆人民的著作权，应依照台湾地区有关规定实施。

(2)台湾地区同胞的著作在大陆受保护

根据《国家版权局关于出版台湾同胞作品著作权问题的暂行规定》，依照《中华人民共和国民法通则》第 94 条关于"公民、法人享有著作权(版权)，依法有署名、发表、出版、获得报酬等权利"的规定，为保护台湾同胞作品的著作权，促进大陆与台湾地区之间的文化交流，对大陆出版台湾同胞作品的著作权问题，特作如下暂行规定"一、台湾同胞对其创作的作品，依我国现行有关法律、规章，享有与大陆作者同样的著作权……"④，自此，确立了台湾地区同胞著作在大陆受保护的原则。

## 二、网络游戏的法律保护模式

根据前面对网络游戏法律客体的分析，网络游戏可采取如下几种保护模式：

### (一)网络游戏作为计算机软件的著作权保护

大陆《计算机软件保护条例》(以下简称《条例》)第 2 条规定，该条例所保护的客体为计算机软件，亦即计算机程序和文档。同时，第 4 条、第 6 条还提出了软件保护的条件，即软件必须是由开发者独立开发的，具有原创性，且该软件必须已经固定在某种有形物体上；软件

---

① 《中华人民共和国著作权法》(2001 年修正)第 3 条。

② 中国台湾地区 2004 年"著作权法"第 5 条。

③ 萧雄淋：《著作权法论》，台湾五南图书出版股份有限公司 2004 年版。

④ 确立了台湾地区同胞著作在大陆受保护的原则，目前该规定已失效，已被现行著作权法替代。

的保护不能扩大到开发软件所用的思想、数学概念、发现、原理、算法、处理过程和运行方法上。

同时,《条例》第 3 条还对计算机程序作了定义,规定同一计算机程序的源程序和目标程序为同一作品。因此,可以认为《条例》将源代码和目标代码视为程序的文字部分,对源程序和目标程序采取同样的著作权保护。

（二）网络游戏作为艺术类作品的著作权保护

大陆最高人民法院《关于审理涉及计算机网络著作权纠纷案件适用法律若干问题的解释》第 2 条"受著作权法保护的作品,包括著作权法第三条规定的各类作品的数字化形式。在网络环境下无法归于著作权法第三条列举的作品范围,但在文学、艺术和科学领域内具有独创性并能以某种有形形式复制的其他智力创作成果,人民法院应当予以保护"。因此,大陆的该司法解释明确了各类作品的数字化形式受保护的法律依据,网络游戏作品的绘图、图画、图像部分(如游戏界面的视觉设计)应当受到著作权保护。因为网络游戏的界面设计及实现往往需要大量投资,需要投入大量的智力创造,其图画、绘图、图像成分、人物造型反映了游戏作品相关元素的独创性,属于影像类艺术作品的数字化形式。对于网络游戏的其他衍生品,如因网络游戏创作产生的人物衍生而开发的公仔、玩偶等也可适用艺术类作品的保护模式。

（三）网络游戏的其他保护模式

在网络游戏创作过程中,如游戏名称可能衍生出商标的保护、游戏场景、道具等可能在编程过程中就需要绘制或者渲染出相关的图像,也可采取单独的著作权作品保护。

## 三、律师如何为两岸网络游戏法律保护提供服务

（一）两岸网络游戏非诉讼事务法律服务

1.律师网络游戏非诉讼事务法律服务主要包括代理委托人办理著作权登记、转让、许可使用等法律事务。可以通过指定的承担各类网络游戏作品著作权登记。权利人可将已登记的事项作为拥有网络游戏权利的初步证明,在人民法院或著作权行政管理部门处理著作权纠纷案件时,登记证书可作为证据使用。

2.在著作权贸易中提供代理服务,两岸律师也可以加强合作。代理洽谈、签订网络作品的著作权转让和许可使用合同,即代理引进和输出网络游戏著作权,代理解决各类作品使用方式,动漫卡通衍生产品、信息网络传播(互联网、手机增值服务等)等的授权许可使用问题。代理收取和转付著作权使用报酬,代理追讨版税等。在这个领域,两岸律师的合作空间正不断扩大,如台湾地区网络游戏作品在大陆出版,可以受到大陆著作权法的保护,大陆律师也可以为其提供全面的法律服务。

3.协助客户建立网络游戏著作权管理制度。两岸律师可以合作为两岸企业提供著作权相关法律法规的咨询,对网络游戏著作权进行全面的权利检索与分析;审查与起草相关合同,并且协助当事人签订合同进行版权交易;加强客户的网络游戏著作权行政维权意识,逐渐建立起一套较完善的网络游戏著作权管理制度。

4.对网络游戏著作权相关法律法规的咨询服务。两岸有关规定虽然相似,却不尽相同,不一定能够全面了解对方的法律,两岸律师在日常的著作权相关法律法规的咨询服务中,特

别需要对方的协助和配合，合作更尤为重要。

### （二）两岸网络游戏著作权诉讼事务法律服务

根据《取得国家法律职业资格的台湾居民在大陆从事律师职业管理办法》的相关规定，台湾地区居民获准在大陆律师事务所执业，可以担任法律顾问、代理、咨询、代书等方式从事大陆非诉讼法律事务，也可以担任诉讼代理人的方式从事涉台婚姻、继承的诉讼法律事务。台湾居民在大陆从事著作权领域的民事代理服务，尚不能担任诉讼代理人，大陆律师也不能在台湾地区作为代理人参加诉讼，鉴于此，台湾地区律师与大陆律师在网络游戏著作权事务法律服务方面的合作就显得尤为重要，可以发挥各自的优点，提高服务质量。

1.个案案源共享，逐步建立起长期的合作关系

两岸律师在个案中，对于不便办理或无法办理的案件，可以将案件委托对方处理，在个案合作的基础上，两岸的律师事务所就可能建立起长期的合作伙伴关系。这样的合作，可以使得个案的处理更为快捷和顺畅，也加强了两岸律所的合作。

2.在调查取证中的相互协作

针对网络游戏著作权案件的特点，权利人与代理律师与侵权发生地或证据所在地不在同一个地方，委托当地的律师代办，共同办案变得十分必要。

综上所述，针对网络游戏的特点，律师为两岸网络游戏法律保护提供服务正越来越具有现实意义，律师应该为两岸网络游戏法律保护提供优质的法律服务，同时也应根据服务过程中产生的实际问题，积极提出相应的解决方案，甚至为立法部门提供建议，从而反过来更好地为两岸网络游戏法律保护提供服务。

# 网络技术与民法典中的“网络条款”

周敏超*

2017年10月1日起施行的《中华人民共和国民法总则》(以下简称《民法总则》)顺应时代发展,部分条款的设计重点考量网络技术的发展并直接规制互联网领域突出的法律问题。鉴于个人网络信息的安全和保护,《民法总则》第111条明确规定,自然人的个人信息受法律保护,任何组织和个人需要获取他人个人信息的,应当依法获取个人信息并确保信息安全。数据已经成为各大互联网公司重要的商业资产,成为商业竞争的资源;在网络世界中,虚拟财产与现实世界中的财产有着相似的价值;《民法总则》第127条明确规定,法律对数据、网络虚拟财产的保护。基于《民法总则》中“网络条款”的原则性规定,个人信息保护、数据、网络虚拟财产等网络法律问题,仍有待在民法分则或者单行法中进一步细化。网络法律问题缘起于网络技术的发展,网络技术在改变人类的生产、生活方式的同时,也在网络领域催生了新型的社会关系,立法不得不正视这些新型的社会关系。

本文拟以深度链接的侵权认定为视角,展示网络技术发展对著作权法中信息网络传播权的法律界定提出的挑战。深度链接并不是一个法律概念,而是一个技术概念,区别于普通链接,设链网站提供的链接服务使得网络用户在未脱离设链网站页面的情况下,即可获得被链接网站上的内容,且该内容仍存储于被链接网站。① 近年来随着互联网内容产业的蓬勃发展,深度链接技术被广泛地商业化应用。② 通过深度链接,设链网站可以近乎免费获得被链接网站的内容,以较低的成本导入用户流量,获得商业利益,提升竞争优势。技术的创新催生出前所未有的商业模式,创新带来了发展,打破了既有的利益格局,也对现行法律规则的理解和适用提出了挑战。以腾讯、乐视、爱奇艺等为代表的互联网内容提供商纷纷疾呼对深度链接的法律规制。当下,无论在理论界还是实务界,关于深度链接的侵权认定均存在广泛争议。

## 一、深度链接行为性质的认定

深度链接的侵权认定首要核心问题是认定深度链接行为的法律性质:行为类型的界定、

---

* 周敏超,福建联合信实律师事务所律师,电邮:zmc@lhxs.com。

① 维基百科关于深度链接(Deep Linking)的英文定义:In the context of the World Wide Web, deep linking is the use of a hyperlink that links to a specific, generally searchable or indexed, piece of web content on a website (e.g., http://example.com/path/page), rather than the website's home page (e.g., http://example.com/).

② 近期深度链接问题在我国引发了广泛的关注,而对国际著作权理论发展具有重大影响的美国也发生了很多相似案件,典型案件如2006年的Perfect 10诉Google案。Perfect 10 v. Google, 2007 U.S. App. LEXIS 11420(2007).

合法与非法的判断等。言及深度链接行为的法律性质，争议焦点在于深度链接是否属于信息网络传播行为。《中华人民共和国著作权法》（以下简称《著作权法》）第10条第12项规定了信息网络传播权的含义，即“以有线或者无线方式向公众提供作品，使公众可以在其个人选定的时间和地点获得作品的权利”。第48条规定“未经著作权人许可，通过信息网络向公众传播其作品的”属于侵权行为。在网络环境下的著作权保护中，信息网络传播行为的界定是一个基本问题，理论界和实务界相继发展出如下适用标准。

（一）服务器标准

信息网络传播行为仅限于在信息网络环境下提供作品的行为，而“提供”则是将作品等上传至或者以其他方式置于向公众开放的网络服务器中。除此之外的提供服务行为均不属于信息网络传播行为。此处的“服务器”系广义概念，泛指一切可存储信息的硬件介质，既包括网站服务器，亦包括个人电脑、手机等。依此标准，深度链接的作品仍存储于被链接网站服务器中，深度链接不构成直接提供作品的行为，应适用“避风港原则”①。只有当深度链接服务提供者明知或者应知被链接作品内容构成侵权的情况下才可以认定为间接侵权。② 服务器标准本质上是客观技术标准。司法实践中，原告提供初步证据证明被告网站的内容来源于原告，被告承担证明作品内容仍存储于原告服务器的举证责任。被告一旦证明不能，则应承担侵权责任，反之则不承担侵权责任。

（二）用户感知标准

不管作品实际由谁上传，只要作品传播时的外部表现形式使得用户认为系被诉网站或软件的经营者直接提供了该作品，就可以被认定构成提供行为。③ 依此标准，深度链接不仅可以适用普通链接行为的归责原则，而且可能以用户感知作为标准，被认定为直接提供作品行为构成直接侵权。用户感知标准本质上是一种主观标准，链接行为侵权与否有赖于法官的自由裁量，这无疑给司法遗留了巨大的不确定性。也有学者提出，以主观标准来评价客观行为的性质是没有法律依据的。④

在一起涉及深度链接侵害作品信息网络传播权纠纷案中，北京知识产权法院回溯信息网络传播权的立法渊源《世界知识产权组织版权公约》（以下简称 WCT）的“基础提案”中指出，构成向公众提供作品的行为是提供作品的“初始行为”，而不是单纯提供服务器空间、通信连接或为信号的传输或路由器提供便利的行为。北京知识产权法院认为，《著作权法》第10条第12项所规定的信息网络传播行为亦应指向的是最初将作品置于服务器中的行为，

---

① 我国《信息网络传播权保护条例》为网络服务提供者规定了免予承担赔偿责任的情形，即“避风港”。

② 有学者认为，认定网络环境中对“信息网络传播权”直接侵权的法律标准，应当是服务器标准，即只有将作品上传或以其他方式置于向公众开放的服务器的行为，才是受“信息网络传播权”控制的“网络传播行为”，也才有可能构成对“信息网络传播权”的直接侵权。王迁：《网络环境中的著作权保护研究》，法律出版社2011年版，第338～339页。

③ 在泛亚诉百度案中，泛亚认为百度网站在音乐盒中显示歌词内容时未载明歌词来源，容易使用户误以为歌词来自百度网站；最高人民法院肯定了服务器标准，驳回了泛亚的诉讼请求。参见（2009）民三终字第2号。

④ 王迁：《网络环境中的著作权保护研究》，法律出版社2011年版，第339页。

我国著作权法中信息网络传播行为的确定标准应是服务器标准，而非用户的感知标准，且北京市高级人民法院自始至终采用的均为服务器标准。①

北京市海淀区人民法院近期审理的腾讯公司诉易联伟达公司侵害作品信息网络传播权纠纷一案，易联伟达公司在其经营的"快看影视"手机端，通过信息网络非法向公众提供电视剧《宫锁连城》的在线播放。法院认为，对视频聚合平台经营者易联伟达公司的相关行为是否构成侵害著作权的法律判断，需要综合考虑独家信息网络传播权人分销授权的商业逻辑、影视聚合平台经营获利的商业逻辑、影视聚合平台是否仅提供单纯链接服务、影视聚合平台盗链行为的非法性及主观过错、盗链行为不属于合理使用等因素。在技术飞速发展的背景下，不能将"提供"行为仅限于"上传到网络服务器"一种行为方式，还必须合理认定技术发展所带来的其他"向公众提供作品"的行为方式，科学界定聚合平台提供服务的性质。本案中易联伟达公司对乐视网上的涉案电视剧采取了盗链措施，其盗链行为实质打破了原网站、权利人对作品播出范围的控制，改变了作品的目标用户群体和传播范围，违背了权利人对作品进行控制的意志，使得被链网站中的作品突破网站自身域名、客户端等限制范围而扩散传播，导致权利人丧失了对作品网络传播渠道、入口的控制力，不合理损害了权利人对作品的合法权益。故海淀法院认为易联伟达公司并非仅在其聚合平台快看影视 App 上提供了设链服务，易联伟达公司的一系列行为相互结合，实现了在其聚合平台上向公众提供涉案作品播放等服务的实质性替代效果，对涉案作品超出授权渠道、范围传播具有一定控制、管理能力，导致独家信息网络传播权人本应获取的授权利益在一定范围内落空，不属于合理使用，给腾讯公司造成了损害，构成侵权，应承担相应的民事赔偿责任。最后，法院判决被告易联伟达公司赔偿原告腾讯公司 3.5 万元。②

北京市朝阳区人民法院近期审理的乐视公司诉千杉公司著作权侵权及不正当竞争纠纷案，③千杉公司经营的电视猫视频软件以"盗链"的形式通过互联网向公众传播乐视公司享有著作权的作品。法院认为，"上传到网络服务器"的行为不是唯一的作品提供行为。千杉公司的涉案行为，没有将涉案作品存储在其服务器上，但其行为显然是将他人的服务器作为其向用户提供视频资源的存储来源，达到了向用户提供视频资源的目的。千杉公司的行为，构成了对乐视公司涉案作品信息网络传播权的直接侵权，即属直接侵权。

对于信息网络传播行为的认定标准，《著作权法》、最高人民法院《关于审理侵害信息网络传播权民事纠纷案件适用法律若干问题的规定》(以下简称《信息网络传播权司法解释》)、《著作权法实施条例》、《信息网络传播权保护条例》均未作出明确的规定。2016 年 4 月 13 日，北京市高级人民法院发布的《关于涉及网络知识产权案件的审理指南》规定"被告能够举证证明存在以下情形之一的，可以认定其提供的是链接服务……涉案作品、表演、录音录像制品的播放虽在被告网站进行，但其提供的证据足以证明涉案作品、表演、录音录像制品置于第三方网站的"，采用的是服务器标准。

① (2015)京知民终字第 559 号。

② http://bjhdfy.chinacourt.org/public/detail.php? id=3983，最后访问日期：2018 年 7 月 15 日。

③ (2015)朝民(知)初字第 44290 号。

## 二、直接侵权与间接侵权的认定

在著作权法理论中，一直存在“直接侵权”与“间接侵权”的划分，间接侵权以直接侵权的存在为前提。直接侵权是指对著作权各项专有权能的直接侵害，如未经许可修改他人作品直接侵害著作权中的“修改权”。行为人即使没有直接实施受著作权专有控制的行为，但只要其引诱、教唆或者帮助他人进行“直接侵权”，其行为被认为构成“间接侵权”，应当承担侵权责任。

假定适用服务器标准认定深度链接行为的法律性质，则深度链接不可能构成直接侵权，但可能构成间接侵权。最高人民法院《信息网络传播权司法解释》明确指出，网络服务提供行为区别于网络作品提供行为。在两类行为的区分基础之上，首先产生了直接侵权与间接侵权责任的分野，直接侵权责任认定对应网络作品提供行为，间接侵权责任认定对应网络服务提供行为。

网络作品提供行为直接替代作品权利人行使信息网络传播权，构成直接侵权；网络服务提供行为虽未直接提供作品，但是促成了作品的网络传播，仍可能构成间接侵权。按照服务器标准，深度链接可以被认定为网络服务提供行为，与直接侵权者构成共同侵权，如教唆、引诱或者帮助侵权等。深度链接可能被认定为帮助侵权，帮助侵权是为了适当加强对著作权的保护，将本身不受专有权能控制的行为认定为帮助侵权的前提是该行为有可责性，也即行为人具有主观过错。① 但是在追究深度链接的间接侵权责任时，应适用“避风港原则”“红旗标准”等，合理配置深度链接者的注意义务。网络服务提供者对他人利用网络服务传播作品、表演、录音录像作品是否侵权一般不负有事先进行主动审查、监控的义务。②

## 三、规避技术措施的认定

WCT 第 11 条规定：缔约各方应规定适当的法律保护和有效的法律补救办法，制止规避由作者为行使本条约或《伯尔尼公约》所规定的权利而使用的、对就其作品进行未经该有关作者许可或未由法律准许的行为加以约束的有效技术措施。《世界知识产权组织表演和录音制品条约》（以下简称 WPPT）第 18 条规定：缔约各方应规定适当的法律保护和有效的法律补救办法，制止规避由表演者或录音制品制作者为行使本条约所规定的权利而使用的、对就其表演或录音制品进行未经该有关表演者或录音制品制作者许可，或未由法律准许的行为加以约束的有效技术措施。

《信息网络传播权保护条例》第 26 条第 2 款规定“技术措施，是指用于防止、限制未经权利人许可浏览、欣赏作品、表演、录音录像制品的或者通过信息网络向公众提供作品、表演、录音录像制品的有效技术、装置或者部件”。“为了保护信息网络传播权，权利人可以采取技

---

① 王迁、王凌红：《知识产权间接侵权研究》，中国人民大学出版社 2008 年版，第 41 页。

② 北京市高级人民法院 2010 年 5 月颁布的《关于审理涉及网络环境下著作权纠纷案件若干问题的指导意见（一）（试行）》第 17 条规定：“提供信息存储空间、搜索、链接、P2P（点对点）等服务的网络服务提供者对他人利用其服务传播作品、表演、录音录像制品是否侵权一般不负有事先进行主动审查、监控的义务。”

术措施。""任何组织或者个人不得故意避开或者破坏技术措施,不得故意制造、进口或者向公众提供主要用于避开或者破坏技术措施的装置或者部件,不得故意为他人避开或者破坏技术措施提供技术服务。"《著作权法》第48条也明确规定"未经著作权人或者与著作权有关的权利人许可,故意避开或者破坏权利人为其作品、录音录像制品等采取的保护著作权或者与著作权有关的权利的技术措施的"应当认定为侵权。规避权利人的技术措施作为深度链接行为的一部分,深度链接网站通过链接技术故意规避权利人的技术措施,实现接触作品的目的。深度链接者规避技术措施的行为破坏了权利人对作品的保护,具有一定的非法性,应当认定为侵权,但侵权行为的性质仍有待澄清。

《著作权法》意义上的"技术措施"区别于纯粹技术性手段,必须用于作品、表演和录音录像制品等著作权法中的特定客体,并防止未经许可以复制、传播等方式加以利用,或者防止未经许可以阅读、欣赏或运行等方式加以"接触"。① 关于技术措施的法律性质,有学者认为,技术措施是著作权的一项权能,技术措施权应属于著作权人享有的一项特别权利;也有学者认为,技术措施本身并不是著作权的一项权能,技术措施不是基于作品的创作或传播而产生的,因而不属于著作权和邻接权的范畴,也没有技术措施权。② 技术措施是著作权保护下的利益,在性质上属于法益。技术措施就其本质而言是著作权为其作品设置的一道围墙,意在迟滞或者阻却侵权人的侵权行为。《著作权法》肯定了对权利人技术措施的保护,承认技术措施作为一项法益,其实是对法定著作权的间接保护,对权利的尊重。技术措施的目的在于更好地实现对著作权的保护,而非创设一项新的著作权权能。鉴于技术措施并不是一项法定的著作权权能,单纯的规避技术措施行为不应认定为侵害著作权。但是以规避技术措施为手段,以网络作品的非法传播为目的的行为,应当认定为侵害信息网络传播权。

无论是适用服务器标准还是用户感知标准,规避技术措施行为都不应当被认定为直接侵害信息网络传播权,特殊情况下,规避技术措施行为可以被认定为间接侵权中的帮助侵权。技术措施作为一项法益,法律应当为技术措施的保护配置必要、合法、有效的救济途径。在著作权法无法提供有效救济的前提下,权利人可以寻求侵权责任法或者反不正当竞争法的救济。《侵权责任法》第2条第1款规定:侵害民事权益,应当依照本法承担侵权责任。民事权益包括民事权利和民事利益,技术措施可以作为一类民事利益受到保护。鉴于《中华人民共和国反不正当竞争法》(以下简称《反不正当竞争法》)对规避技术措施行为没有明确列举,权利人可以适用作为一般条款的《反不正当竞争法》第2条作为请求权的规范基础。规避技术措施的行为违反了诚实信用原则和公认的商业道德,损害了经营者的合法权益,涉嫌构成不正当竞争。

---

① 王迁:《"技术措施"概念四辩》,载《华东政法大学学报》2015年第2期。

② 民事权利系民事主体为实现特定民事利益而由法律给予其的保护。归结民事权利的判断标准有三项要素:一是确定的民事主体;二是特定利益的实现;三是基于法律的规定。就技术措施来说,设置其的主体可以是版权人、相关权利人;就实现特定利益来说,设置技术措施的目的是保护作品而非技术措施本身,故版权人及相关权利人所要实现的利益是确保作品不受侵犯,而不是单纯地保护技术措施。从这个角度来看,技术措施并不符合民事权利的构成要素。谷川:《法理学视域下技术措施法律保护研究》,载《河北法学》2014年第3期。

## 四、案由的选择:侵害作品信息网络传播权纠纷还是不正当竞争纠纷

2016年4月26日,全国首例深度链接(亦可称为“聚合盗链”)案尘埃落定,深圳聚网视科技有限公司(以下简称“聚网视公司”)的深度链接行为被判构成不正当竞争行为。① 分析此案有如下发现:第一,原告爱奇艺公司选择的案由是不正当竞争纠纷而非侵害作品信息网络传播权纠纷,请求权的规范基础是《反不正当竞争法》第2条而非《著作权法》;第二,案件审理内容未涉及信息网络传播权侵权认定,而在于认定被告通过破解原告作品密钥,绕开广告直接播放原告视频的行为是否构成不正当竞争。

针对此案,原告爱奇艺公司的代理律师马远超指出,网络内容提供者与深度链接者为了争夺网络传播控制权,在技术与法律上早已展开了一场“道”“魔”之争。在技术上,网络内容提供者采用技术保护措施,防止链接者未经许可轻易获取正版资源。“道高一尺,魔高一丈”,深度链接者总能突破内容提供者的技术措施。在法律上,网络内容提供者首先想到的反击武器是信息网络传播权,但是这个武器存在致命的缺陷:(1)深度链接者并不直接提供作品,依据“服务器标准”不应认定为侵害信息网络传播权;(2)深度链接者会在一定程度上提供网络内容提供者的标识,也不符合“用户感知标准”下的侵权认定;(3)信息网络传播权不保护普通性被许可信息网络传播权,如要主张聚合者侵权,维权主体必须是原始权利人、独占性被许可权利人或者排他性被许可权利人;(4)即使网络内容提供者并非普通性被许可权利人,聚合者实施“二次”网络传播,网络内容提供者如要实现“控制”,必须采用“杀敌一千自损八百”的“自杀模式”,即自己也必须停止向网络用户提供正版作品;(5)信息网络传播权保护的是作品个体,而聚合者往往将网络内容提供者的成千上万的全部作品进行聚合,如需主张信息网络传播权侵权,取证的工作量和维权成本可想而知。②

无奈之下,爱奇艺公司只能另辟蹊径,以被告规避技术保护措施涉嫌不正当竞争为由,寻求反不正当竞争法的保护。③ 原告爱奇艺公司必须通过一系列复杂的技术取证手段证明被告规避了爱奇艺正片的技术保护措施,同时证明规避行为具有不正当性。相比信息网络传播权,诉诸反不正当竞争法的保护,无疑大大加重了权利人的举证责任、维权成本。爱奇艺公司诉聚网视公司案凸显出当下网络内容提供商的维权困境:正版的作品资源被盗用,却难以获得司法强有力的保护。网络内容提供商的著作权值得尊重,网络内容提供商的商业投入值得保护,或许司法裁判的天平可以适当向权利人倾斜。

---

① (2015)沪知民终字第728号。

② http://www.iprlawyers.com/ipr_Html/31_04/2016-1/26/20160126150202601.html,最后访问日期:2016年7月10日。

③ 反不正当竞争法与知识产权法(包括著作权法)的关系是知识产权法学界一个津津乐道的话题。多数学者认为,知识产权法与反不正当竞争法形成了相辅相成的互动关系,反不正当竞争法为知识产权提供了“兜底”保护。吴汉东:《论反不正当竞争中的知识产权问题》,载《现代法学》2013年第1期。

## 五、技术中立原则

深度链接涉及法律与技术的边界问题，在案件庭审中，被告往往以技术中立原则抗辩。[①] 技术中立原则，也被称为“实质性非侵权用途”原则，是由美国最高法院在1984年的“索尼案”[②]中提出的一个与主观过错推定有关的标准。

20世纪70年代，日本索尼公司开始在美国销售名为Betamax的录像机。该录像机既可以通过连接电视机连接正在播放的电视节目，也可以通过自带的接受器在观众观看一个频道时录制另一个频道的节目，还可以通过定时器在观众不在家时自动按预先设定的时间对某一指定频道的节目进行录制。此外，Betamax录像机还有“暂停”和“快进”功能，观众在边观看边录制时可以通过按下快进键跳过广告。美国环球电影制片公司和迪斯尼制片公司于1976年向加利福尼亚州中区联邦地区法院起诉索尼公司，认为消费者未经许可使用Betamax录像机录制其享有版权的电影构成版权侵权；而索尼公司制造和销售这种录像机的唯一目的就是引诱购买者录制电视节目，包括其拍摄的电影。作为帮助侵权者，索尼公司应为消费者的侵权行为承担责任。美国最高法院多数派法官认为，判断索尼公司是否侵权的标准是产品是否“具有实质性非侵权用途”。多数派法官特别强调：判断本案中Betamax录像机是否具有这种用途，无须研究它具有的不同潜在用途，以及哪些用途构成侵权、哪些用途具有商业意义，而只需考虑它是否具有相当数量的非侵权用途。最终，多数派法官判决索尼公司向公众出售录像机的行为并不构成“帮助侵权”。

根据这一标准，只要一种产品具有“实质性非侵权用途”，即使产品提供者知道有人可能会使用该产品去侵权，也不能仅以有用户确实使用该产品侵权为由，推定产品提供者具有主观过错并构成“间接侵权”。技术本身并无善恶之分，一项技术被用于合法用途或者非法用途，不是技术提供者所能控制或者预料的。一旦一项技术成为侵权工具，不能要求技术的合法提供者为侵权行为负责。技术中立原则是指技术本身的中立，而非指任何使用技术的行为都是中立的。在使用中立的技术时，使用者仍然应当严守法律的规定，尊重他人的合法权利，不得以技术中立为名，损害他人的合法权益。

深度链接技术是一项客观中立的技术，这项技术本身不应当受到谴责。但对技术的使用应限制在法律的框架之内，以毋害他人为底线。深度链接者非法攫取他人的合法利益，其行为已超出了法律的合法边界，技术中立原则作为其抗辩理由不能成立。

## 六、回归原点的思考

在法律的视野下，深度链接技术不仅仅是一项中立的技术，一旦这项技术作为商业性使用，会直接涉及侵权与否的认定等法律问题。深度链接的侵权认定作为一个法律问题的存在，源于深度链接技术的应用。在互联网领域，网络技术的发展与迭代，在成就一批商业创

---

① 法律人对技术中立原则应该不陌生，在“快播案”中，快播公司就以之为盾对抗公诉方。爱奇艺公司诉聚网视公司案中，聚网视公司辩称，技术本身是创新、中立的，不应限制这种技术的发展，也不应剥夺用户享受新技术的权利。

② Sony Corporation of America v. Universal City Studios，Inc.，464 U.S. 417，at 442(1984).

新模式与创新企业的同时，也附带产生了新型的网络法律问题。以网约车为例，网约车司机与平台的法律关系，是劳动关系还是劳务关系；网约车运营中发生交通事故，能否获得私家车商业保险理赔；网约车发生交通事故，责任人的确定与责任承担等。

个人网络信息、数据、网络虚拟财产等法律客体伴随着网络技术的发展而产生，《民法总则》中的“网络条款”对这些新型法律客体的保护也作出原则性的规定。但是《民法总则》并没有对权利的内涵与外延等作出进一步的规定，问题并没有解决，一切才刚刚开始。以数据保护为例，鉴于目前国内关于数据保护的立法几乎处于空白状态，实践中法院倾向于以不正当竞争为由，适用《反不正当竞争法》第 2 条，就互联网企业之间关于数据使用方面的纠纷作出判决。在上海汉涛公司诉百度不正当竞争纠纷一案①中，大众点评网的点评信息是汉涛公司的核心竞争资源之一，用户点评等内容已经成为广大消费者选择相关商家和服务的重要参考资料。法院适用反不正当竞争法的一般条款即第二条，认定百度使用涉案点评信息的行为违反了公认的商业道德和诚实信用原则，具有不正当性。在淘友技术公司等与微梦公司不正当竞争上诉案②中，微梦公司是新浪微博的经营人，淘友技术公司是脉脉的经营人。法院认为，用户信息是社交软件提升企业竞争力的基础及核心，新浪微博作为社交媒体平台，庞大的新浪微博用户的数据信息是其拥有的重要商业资源。淘友技术等公司非法获取并使用新浪微博信息的行为违反了《反不正当竞争法》第 2 条规定的诚实信用原则和商业道德。

不可否认，《民法总则》吸收“网络条款”入典，顺应了网络技术的发展，体现了鲜明的时代特征。然而“网络条款”的细化和完善工作仍然任重道远，条款的原则性规定可以指明法律保护和司法裁判的方向，但是在司法实务和律师实务中缺少相对明确的法律规范指引。个人信息权、数据权、网络虚拟财产权等如何在个案中得到有效的保护，希冀在民法分则或者单行法的立法中，以《民法总则》中的“网络条款”为基础，进一步完善网络法律问题的相关规定。

---

① (2015)浦民三(知)初字第 528 号。

② (2016)京 73 民终 588 号。

■ 不良资产、破产

# 破产程序中股权类资产处置探析

## ——兼论《企业破产法》破产财产处置制度之完善

刘加桓*　王　平**

《中华人民共和国企业破产法》(以下简称《企业破产法》)自2006年颁布实施以来,步履蹒跚地走过了十余个春秋。在近年供给侧结构性改革的浪潮中,《企业破产法》凸显其市场经济宪法地位,①发挥着重要的作用,但其构建的破产财产处置制度在实际运行中日益引起人们的反思。破产财产处置是管理人的一项重要工作,如何高效率地处置破产财产是管理人面临的一个难题。而在破产财产中,破产企业持有的股权类资产是一种十分常见而又特殊的财产,它不仅体现为一种出资人或股东的财产权利,同时也蕴含着出资人或股东的义务和责任,这给其处置带来诸多的障碍。因此,有必要对破产程序中股权类资产乃至所有破产财产处置进行探析,一方面,从理论层面理清各种处置安排的可能性、正当性、合理性及内在的逻辑性;另一方面,在立法层面解决制度的供给问题,确保实务操作的规则性、可行性和标准化。

## 一、股权类资产定义及分类

### (一)股权类资产定义

股权类资产是拥有某企业资产的凭证,并随着企业业绩的变化收取股息。股权类资产作为一种财产权益,在商法领域,被称为出资人权益、股权或股份;持有相关权益的主体称为出资人或股东。《中华人民共和国公司法》(以下简称《公司法》)第14条第2款规定:"公司可以设立子公司,子公司具有法人资格,依法独立承担民事责任。"第15条规定:"公司可以向其他企业投资;但是,除法律另有规定外,不得成为对所投资企业的债务承担连带责任的出资人。"公司因对外投资设立子公司或参股公司而以股东身份持有被投资公司的股权或股份。股权类资产在会计学上又称为"长期股权投资",财会〔2014〕14号《企业会计准则第2号一股权类资产》第2条第1款定义:"本准则所称长期股权投资,是指投资方对被投资单位实施控制、重大影响的权益性投资,以及对其合营企业的权益性投资。"②出资人权益、股权、

* 刘加桓,福建联合信实律师事务所高级合伙人,电邮:ljh@lhxs.com。

** 王平,福建联合信实律师事务所主任、高级合伙人,电邮:wp@lhxs.com。

① 李曙光、郑志斌主编:《围困企业并购艺术》(第1辑),法律出版社2017年版,第9~11页。

② 中华人民共和国财政部制定:《企业会计准则》,经济科学出版社2017年版,第11页。

股份、长期股权投资经常被交替使用，本质上并没有区别。

(二)股权类资产分类

股权类资产可以分为直接投资和间接投资两类。直接投资即以货币资金、无形资产和其他实物资产等资产直接投资于其他企业，从而成为被投资企业的股东；间接投资是指在证券市场上以货币资金购买其他企业的股票，以成为被投资企业的股东。① 前者被投资企业一般是封闭性的人合企业，如《公司法》上的有限责任公司；后者被投资企业一般为开放性的公众公司，如《公司法》上的股份有限公司。

## 二、《企业破产法》及配套司法解释对破产财产处置的规制

破产财产处置是管理人的重要职责之一。破产财产处置亦称债务人财产处分、债务人资产处置，系指管理人对债务人的财产在法律规定的范围内决定其在法律上或事实上的命运，包括使用、出售、出租、报损、报废、放弃、改变财产性质或用途、实物分配等一应行为。

(一)《企业破产法》及配套司法解释对破产财产处置规制基本内容

1.《企业破产法》对破产财产处置规制基本内容

(1)赋予管理人处置破产财产的职责

《企业破产法》第 25 条第 1 款规定，管理人履行管理和处分债务人的财产的职责。该规定赋予管理人在破产程序中处置破产财产的职责。

(2)确立破产财产处置以变现为原则

《企业破产法》第 111 条规定，管理人应当及时拟订破产财产变价方案，提交债权人会议讨论；管理人应当按照债权人会议通过的或者人民法院依照破产法规定裁定的破产财产变价方案，适时变价出售破产财产。第 114 条规定，除非债权人会议另有决议，破产财产的分配应当以货币分配方式进行。该规定明确破产财产处置以变现为原则，即破产财产处置首选是将其变现为货币资金。

(3)确立破产财产变现的方式以拍卖为原则，其他变现方式为例外

《企业破产法》第 112 条规定，除非债权人会议另有决议，变价出售破产财产应当通过拍卖进行。

(4)赋予债权人对管理人处置财产的监督权

《企业破产法》第 61 条第 1 款规定，破产财产的变价方案应提交债权人会议审议表决。《企业破产法》第 69 条规定，管理人实施涉及土地、房屋等不动产权益的转让；探矿权、采矿权、知识产权等财产权的转让；全部库存或者营业的转让；借款；设定财产担保；债权和有价证券的转让；履行债务人和对方当事人均未履行完毕的合同；放弃权利；担保物的取回；对债权人利益有重大影响的其他财产处分行为，应当及时报告债权人委员会。这些规定均体现了破产法赋予债权人对管理人处置破产财产的监督权。

(5)赋予法院对破产财产处置的司法监督权及司法审查权

《企业破产法》第 69 条规定，管理人实施涉及土地、房屋等不动产权益的转让，探矿权、采矿权、知识产权等财产权的转让，全部库存或者营业的转让，借款，设定财产担保，债权和

① 李光洲、徐爱农编著：《资产评估教程》，立信会计出版社 2010 年版，第 237 页。

有价证券的转让，履行债务人和对方当事人均未履行完毕的合同，放弃权利，担保物的取回，其他对债权人利益有重大影响的财产处分行为，如未设立债权人委员会的，管理人应当及时报告人民法院。《企业破产法》第65条第1款规定，债务人财产的管理方案、破产财产的变价方案经债权人会议表决未通过的，由人民法院裁定；第2款规定，破产财产的分配方案经债权人会议二次表决仍未通过的，由人民法院裁定。这些规定体现了破产法赋予司法机关对管理人处置破产财产的司法监督权及司法审查权。

2.《企业破产法》配套司法解释对破产财产处置规制的补充

《企业破产法》自2006年颁布实施以来，最高人民法院先后颁布了一系列配套司法解释，但至今未对破产财产处置做过专门、系统的解释，仅有个别零星的解释出现于相关司法解释中：

(1)共有财产分割

法释〔2013〕22号最高人民法院《关于适用〈中华人民共和国企业破产法〉若干问题的规定(二)》第4条第2款、第3款对共有人破产情况下共有财产分割作出明确：法院宣告债务人破产清算，属于共有财产分割的法定事由；法院裁定债务人重整或者和解的，共有财产的分割应当依据《中华人民共和国物权法》第99条的规定进行；①基于重整或者和解的需要必须分割共有财产，管理人有权请求分割；因分割共有财产导致其他共有人损害产生的债务，按共益债务清偿。

(2)质物、留置物处置

法释〔2013〕22号第25条明确，对管理人拟通过清偿债务或者提供担保取回质物、留置物，或者与质权人、留置权人协议以质物、留置物折价清偿债务等方式，进行对债权人利益有重大影响的财产处分行为的，应当及时报告债权人委员会。未设立债权人委员会的，管理人应当及时报告法院。

(3)不易保管的破产财产处置

法释〔2013〕22号第29条对不易保管的破产财产处置作出明确，对债务人占有的权属不清的鲜活易腐等不易保管的财产或者不及时变现价值将严重贬损的财产，管理人及时变价并提存变价款后，有关权利人就该变价款行使取回权的，法院应予支持。

**(二)《企业破产法》及配套司法解释对破产财产处置规制存在的缺陷**

《企业破产法》关于破产财产处置散见于第61条、第65条、第69条、第111条、第112条，可以说这寥寥几条规定几乎就是《企业破产法》关于破产财产处置的全部；而迄今为止，《企业破产法》配套司法解释关于破产财产处置部分亦是鲜有触及。显然，这种简单化、碎片化的破产财产处置制度缺乏系统性、完整性，存在诸多缺陷：

1.破产财产处置前提片面化

《企业破产法》区别使用债务人财产和破产财产两个概念："破产财产的概念，适用于债

---

① 《中华人民共和国物权法》第99条规定："共有人约定不得分割共有的不动产或者动产，以维持共有关系的，应当按照约定，但共有人有重大理由需要分割的，可以请求分割；没有约定或者约定不明确的，按份共有人可以随时请求分割，共同共有人在共有的基础丧失或者有重大理由需要分割时可以请求分割。因分割对其他共有人造成损害的，应当给予赔偿。"

务人被宣告破产后对其财产的称谓;债务人财产的概念,则适用于债务人的破产案件受理后至破产宣告之前对其财产的称谓,债务人财产在破产宣告后便改称为破产财产。”[①]也有学者对这种区别提出质疑,认为我国破产法采取广义破产概念,债务人财产和破产财产除了阶段上称谓不同外,并无本质区别;区分债务人财产和破产财产无实际意义,并导致自相矛盾。[②] 笔者认为,广义的破产程序包括破产重整程序、破产和解程序和破产清算程序,《企业破产法》对破产财产变现规定放置于第十章破产清算部分的第二节,似乎只有在破产清算程序前提下才有破产财产变价问题;但事实上,变价不仅仅在破产清算程序才发生,在破产重整程序、破产和解程序都可能存在破产财产处置的问题。当然,可以辩解说,第十章破产清算部分的第二节财产变现同样适用于破产重整程序、破产和解程序的财产处置;这种辩解确实也可以被接受;但从法律文件内部的逻辑结构及语言学的角度来说,这种安排缺乏应有的规范性、严谨性,会人为地造成破产财产处置前提解释的片面化,或引发毫无意义的争论,并给实务操作造成不良影响。

2.破产财产处置方式狭隘化

财产处置是指财产占用主体部分或全部转移、变更和核销其占有、使用的财产的所有权、使用权,以及改变财产性质或用途的行为。破产财产变价仅是破产财产处置的一种方式,破产财产处置远不止变现,还包括更为广泛的内容,如使用、报损、报废、放弃、改变财产性质或用途、实物分配等等;这些显然不能完全交由管理人率性而为,作出明确的法律规制是必需的;而《企业破产法》并没有给予足够的关注。进一步说,在拯救企业的破产重整程序、破产和解程序中,债务人财产的使用、报损、报废、放弃等处置方式有时显得比变价更为突出,如不进行规制将严重影响企业拯救行动。《企业破产法》关于破产财产处置完全偏向于对变价的规制而忽略其他处置方式显然是不妥的。

3.缺乏对不同性质的破产财产处置的类型化规制

《企业破产法》没有区分不同性质的破产财产处置存在差异性的问题,简单地适用统一规定,把处置的差异性留给管理人自由裁量。该做法极不科学、不合理,也是管理人不可承受之重,并造成破产法运行效率低下。众所周知,破产法与物权法、合同法、公司法等其他民商法存在很大的不同,特别是物权法、合同法、公司法等其他民商法不遗余力维护的意思自治原则、合同相对性原则等在破产法领域常常被无情的摧毁;为了实现破产法社会整体利益最大化的价值追求,摆脱破产程序对物权法、合同法、公司法等其他民商法的过度依赖而在破产法领域里创设新的规则是必需的。否则,破产法将寸步难行。《联合国贸易法委员会破产法立法指南》第二部分之二破产程序启动时的资产处理部分即对不同性质和类型的破产财产处置作出不同的立法指南,如对于抵押资产,“无论采取哪一种做法,破产法都应要求将任何拟议的处分通知担保债权人,而担保债权人则应有机会提出异议。如果担保债权超过了资产的价值或资产不为程序的进行所必需,则可允许破产管理人未经通知将抵押资产让与担保债权人”;[③]对于共有财产,肯定“在满足某些条件的情况下,破产管理人既可以出售

---

① 王欣新:《破产法》,中国人民大学出版社 2011 年第 3 版,第 107 页。

② 范健、王建文:《破产法》,法律出版社 2009 年版,第 123 页。

③ 《联合国贸易法委员会破产法立法指南》第二部分之二破产程序启动时的资产处理第 83 条。

破产财产上的权益，也可以出售共有人的权益”的立法；①对于应收款，肯定“允许破产管理人转让收款权”“破产程序的启动即宣告不可转让条款无效”的立法。②

4.累赘资产、无价值资产和难以变现资产放弃规则不完善

管理人处置破产财产，首要及核心目标在于将非货币性财产变现为货币资金，以便于破产财产分配。当然，非货币性财产能够顺利地通过拍卖、变卖予以变现，对于管理人而言，是非常庆幸的事，他可以省去很多麻烦。但事实上，在破产程序中，并非所有的非货币性破产财产都能变现为货币资金，管理人遇到破产财产变现难甚至无法变现的情况屡见不鲜；因此，破产法在确立变现原则的同时，有必要进一步规制非货币性破产财产在变现难或无法变现的情形下，应如何以变现之外的其他方式加以处置，确保破产程序正常推进。果断放弃累赘资产、无价值资产和难以变现资产是一项理性的选择，与破产法价值追求是一致的，为诸多立法例所采纳；然《企业破产法》对累赘资产、无价值资产和难以变现资产放弃的规制存在严重不足：

第一，累赘资产、无价值资产和难以变现资产界定标准缺失。《企业破产法》第69条仅提及放弃权利，并未使用放弃资产或财产的概念。如果把权利扩张解释包含财产，可以认为《企业破产法》已经承认累赘资产、无价值资产和难以变现资产放弃规则；但作为被放弃的标的，累赘资产、无价值资产和难以变现资产如何认定，包含哪些类型的资产，《企业破产法》并没有给出明确答案。

第二，放弃累赘资产、无价值资产和难以变现资产应履行的程序缺失。财产的放弃无疑牵涉债权人、债务人等各利害关系人的利益，并非可以任意行事，设置完整、严密的程序条件是必需的；但是，《企业破产法》第69条仅笼统规定，管理人实施放弃权利行为应当及时报告债权人委员会；未设立债权人委员会的，应当及时报告人民法院。管理人放弃相关财产的决定应以什么样的方式作出；是否需要通知财产持有人、债权人、债务人等利害关系人；管理人报告债权人委员会或人民法院是仅仅备案，还是需要批准；债权人委员会、个别债权人或人民法院如反对怎么办；放弃涉及登记的财产，是否需要通知负责登记的部门；等等，《企业破产法》均未加规范，造成实务操作无所适从，或未履行任何程序地简单处理。

第三，债权人、债务人等利害关系人救济途径缺失。管理人决定放弃累赘资产、无价值资产和难以变现资产，债权人、债务人等利害关系人是否可以提出异议，债权人、债务人等利害关系人提出的异议应循着什么样的路径解决，异议人是否有权自行追索，《企业破产法》第69条虽然规定管理人实施放弃权利行为应当报告债权人委员会，但并未明确债权人、债务人等利害关系人的救济途径。

第四，累赘资产、无价值资产和难以变现资产被放弃的法律后果缺失。财产被放弃后，谁有权取得，即有没有承接人，还是沦为无主财产，如果有当然的承接人，他如何取得财产权利及取得什么样的财产权利；放弃对债权人债权会产生怎样的影响；是否应当作相应消减；按什么标准消减；等等，《企业破产法》均未作出安排，严重影响放弃规则的运行。比如，管理人放弃被债权人留置的财产，留置权人无法搞清楚自己是取得留置财产的所有权，还是取得

---

① 《联合国贸易法委员会破产法立法指南》第二部分之二破产程序启动时的资产处理第87条。

② 《联合国贸易法委员会破产法立法指南》第二部分之二破产程序启动时的资产处理第89条。

留置财产的处分权;如果被放弃的财产是车辆,留置权人既无法取得车辆所有权,也无法取得车辆的处分权,留置权人也因此陷于尴尬处境。

## 三、股权类资产处置

由于现行破产财产处置法律制度缺乏具体、系统的规则,解决现实破产财产处置问题不得不寻求以下两个路径:其一,在理论层面探讨可能的选项及内在的法律逻辑;其二,通过对现行法律规范的解释,导出可应用的规则和标准。

### (一)向第三方转让股权类资产

在各种破产财产处置方式中,变现具有重要的意义,即破产财产处置以变现为原则。之所以如此安排,一方面,可以通过市场化处置变现破产财产实现破产财产价值最大化,确保债权人整体利益最大化,平衡各顺位债权人利益;另一方面,出于程序效率考虑,避免破产财产变现久拖不决,增加程序成本,例外的允许对那些无法变现的破产财产采取实物分配方式。破产企业持有的股权类资产如果有合适的、自愿的受让方,通过拍卖、变卖等方式转让变现,是股权类资产处置当然的、首先的选择。

股权类资产对外转让,如果被投资的企业的其他出资人或股东以外的第三方愿意受让,应依照公司法等相关法律规定,保护被投资的企业的其他出资人或股东对该项股权类资产的优先受让权。

### (二)变现难或无法变现的股权类资产处置

股权类资产变现难或无法变现,即指股权类资产无自愿的受让方。所谓股权类资产无自愿的受让方,首先指在通过公开市场竞价方式及通过协议变卖方式,均没有愿意受让破产企业持有的股权类资产的第三方;同时,也包含被投资的企业的其他出资人或股东也不愿意受让破产企业持有的股权类资产。股权类资产变现难或无法变现产生的原因通常有以下几个方面:其一,被投资企业财务、法律风险缺乏透明性,潜在投资者望而却步;其二,被投资的企业已经出现严重的财务问题,甚至倒闭、破产,对应的股权类资产不仅没有价值,还可能存在潜在的出资人或股东责任;其三,市场因素,如相关企业缺乏投资价值;其四,产业政策问题,如相关产业不被投资人看好等。破产程序作为一个司法程序,即使某些破产财产在合理的时间内无法变现,也不可能因此无限期地拖延,无限期地等待买家显然不符合效率原则,这就要求管理人应在合理的时间内将无法变现的破产财产以其他方式加以处置。当股权类资产遇到变现难或无法变现时,管理人亦应采取其他方式对其加以处置,以保证破产程序推进不因此被延宕。

#### 1.分配给债权人

管理人是否可以将无法变现的股权类资产分配给债权人?或者,分配给债权人是否需要得到债权人同意?笔者认为,作为无法变现的股权类资产,管理人可以将其分配给债权人,但应得到债权人的同意,并适用破产财产分配方案债权人会议表决机制;债权人有权声明放弃分配。《企业破产法》第114条规定:“破产财产的分配应当以货币分配方式进行。但是,债权人会议另有决议的除外。”该规定确立了破产财产分配规则是以货币分配为原则,以实物资产分配为例外。破产财产是债权清偿的概括保证,债权人对无法变现的破产财产首先享有以物抵债之权利;当股权类资产无法变现而债权人又能够接受实物分配时,将相应的股权类资产作价分配给债权人并无不妥。

当然，在将股权类资产作价分配给债权人的同时，应依照公司法等相关法律规定，保护被投资的企业的其他出资人或股东对该项股权类资产的优先受让权。

2.强制退出被投资企业

投资退出一般有三个路径：其一，出资人权益或股权转让，包括转让给被投资企业的其他出资人或股东及(或)转让给被投资企业的其他出资人或股东外的其他第三方；其二，被投资企业收购投资企业持有的出资人权益或股份，即减资；其三，清算被投资企业。破产企业退出被投资的企业，在无法通过出资人权益或股权转让方式实现时，能否主张强制减资或清算被投资企业呢？

(1)强制减资

减资一般有两种情况：其一，自愿减资，即企业经股东会等权利机构依照相关法律及内部章程的规定作出决定而进行的减资。其二，非自愿减资，指企业由于出现股东争议、僵局等事由，在非自愿的情况下，为求得部分股东退出而不得不进行的减资。开放性的公众公司一般不会出现股份转让难的问题，当然也不存在股东退出难的问题。股东退出难大都存在于有限责任公司中，此时强制减资作为一种退出方式就有适用的空间。《公司法》第74条对强制减资作出安排，该条规定，有下列情形之一的，对股东会该项决议投反对票的股东可以请求公司按照合理的价格收购其股权：公司连续五年不向股东分配利润，而公司该五年连续盈利，并且符合公司法规定的分配利润条件的；公司合并、分立、转让主要财产的；公司章程规定的营业期限届满或者章程规定的其他解散事由出现，股东会会议通过决议修改章程使公司存续的。法释〔2014〕2号最高人民法院《关于适用〈中华人民共和国公司法〉若干问题的规定(二)》第5条第1款确定："人民法院审理解散公司诉讼案件，应当注重调解。当事人协商同意由公司或者股东收购股份，或者以减资等方式使公司存续，且不违反法律、行政法规强制性规定的，人民法院应予支持。当事人不能协商一致使公司存续的，人民法院应当及时判决。"此种减资情形虽然最终以调解形式解决，但存在很大的被迫成分，可视为介于自愿与非自愿之间的半强制减资。

在股东进行破产清算条件下，股东持有的股权类资产如无法转让，管理人经与被投资企业其他出资人或股东协商，通过减资收回投资退出被投资企业并无不可；但在无法协商一致的情形下，是否可以主张强制减资退出呢？笔者认为，应当有条件允许破产的出资人或股东通过强制减资退出被投资企业。具体而言，强制减资退出应同时具备以下几个条件：1)出资人或股东已经破产；2)破产的出资人或股东持有的股权具有一定的价值；3)破产的出资人或股东持有的股权无人以合理的价格受让，包括被投资企业的其他出资人或股东及被投资企业的其他出资人或股东之外的其他第三人。之所以做此安排，主要基于以下几个方面的考虑：第一，被投资企业的其他出资人或股东外的其他第三人难以获得被投资企业全面、准确的信息，特别是股权无法变现的被投资企业往往是封闭式企业，潜在的财务、法律风险总是让投资者退避三舍。第二，破产的出资人或股东持有的股权具有一定的价值，管理人没有放弃之理由，无法变现，又不允许减资退出，不符合公平原则。第三，破产的出资人或股东与被投资企业的其他出资人或股东之于被投资企业存在一种类似于共有的关系，即被投资企业系其出资人或股东之间的共有财产；共有人破产是共有物分割的正当理由。第四，封闭性企业以人合为基础，当人合的基础不存在时，一方的退出换得企业的存续可能是解决纠纷成本最低的选择；拒绝减资退出，将导致公司僵局，结局仍可能引发解散清算；与其如此，不如承认强制减资退出的合理性。

(2)清算被投资企业

被投资企业如果已经出现清算事由，就管理人通过清算被投资企业收回投资存在两方面的争议：其一，管理人是否可以通过清算被投资企业收回投资；其二，管理人是否应当通过清算被投资企业收回投资。

对于第一个问题，在实务操作中，一种观点认为，管理人是破产企业管理人，而非被投资的企业的管理人；其职责是解决破产企业清算问题，并不包含被投资企业的清算；因此，除非人格混同的情形下的合并破产，管理人不能去清算被投资的企业；同时，清算被投资企业要耗费大量成本，有损债务人财产，并会造成破产程序延宕及不可控。笔者认为，上述理由不能成立，管理人可以通过清算被投资企业收回投资。首先，管理人在破产清算过程中是破产企业的法定代表机构，破产企业作为被投资企业的出资人或股东，享有出资人或股东权利，管理人代为行使该项权利并无不妥；换言之，当被投资企业出现清算事由时，管理人代表投资企业介入被投资企业清算已属理所当然。其次，清算被投资企业收回投资只是资产回收或追索的一种手段、方式，破产法赋予管理人追索债务人财产的职责，并没有限制合法的追索的手段及方式。

对于第二个问题，在实务操作中，一种观点认为，管理人在破产清算过程中是破产企业的法定代表机构，破产企业作为被投资企业的出资人、股东，对其投资的企业负有清算义务，管理人亦当然应代表破产企业履行该义务；反之，如果管理人对破产企业投资的、已出现清算事由的企业不予清算，属管理人未尽勤勉之职，应承担管理人责任。笔者认为，管理人对无法变现的股权类资产，如果其对应的企业是已出现清算事由的非正常企业，可以但不必须代表破产企业以股东身份对所投资的企业进行清算。之所以不是必须之举，理由在于：

第一，基于管理人的法律地位，管理人有决定是否清算被投资企业的裁量权。管理人作为破产程序中的重要机构之一，承担着破产程序中全部的事务性工作；管理人法律地位的界定是评价管理人行为选择正当性、合理性的基础标准。关于管理人的法律地位主要有如下三种学说：其一，代理说。该学说认为管理人系代理人，以他人的名义行使破产程序中的职务权限。根据主张的代理人对象不同，可细分为破产人代理说、债权人代理说、破产人和债权人共同代理说、破产财团代理说。其二，职务说。该学说认为，破产程序在法律上为全体债权人对破产人所进行的强制执行程序，强调破产程序中国家强制执行机关与破产人、债权人之间的公法关系。其三，破产财团代表说。该学说认为，债务人的财产因破产宣告而成为以破产清算为目的独立存在的财产，这些财产整体人格化则形成破产财团，管理人是这种人格化财产的代表机关。虽然我国破产法立法并未确立破产财团代表说，但是由于破产财团代表说较好地解释管理人在破产程序中的实际作用和功能，成为管理人法律地位理论的通说。① 笔者认为，在破产财团代表说语境下，除非涉及损害社会公共利益或国家利益，管理人追求的目标是破产财团价值最大化，并以此为标准决定管理人行为的选择和取舍；递言

① 王欣新：《破产法》，中国人民大学出版社 2011 年第 3 版，第 64～65 页。

之，管理人可以从基于代理说理论下的代理人义务，及基于职务说理论下的强制性职责中解脱出来，免于实施那些不能实现破产财团价值最大化的无意义行为而不被追责。

第二，管理人面临的股权类资产可能存在复杂的多层投资，被投资企业对外还有投资，被投资企业对外投资的企业可能又有对外投资，等等，层层延伸；如果清算被投资企业成为管理人必须履行的义务或职责，必将造成破产清算障碍及破产程序不可控。

第三，部分股权类资产可能毫无价值，或者价值低微，管理人耗费大量人力物力，最后一无所获，或者回收之少较投入之多严重不成比例，影响破产程序的效率。

第四，破产企业拥有的股权类资产按照持股比例，可以分为100%持股的全资子企业和部分持股的参股企业；对于前者，管理人能够全盘掌控，启动清算尚不难；但对于后者，管理人可能陷入旷日持久的股东纠纷，有时介入清算存在不可预测的风险。

第五，在经济活动日益国际化的今天，企业如果进行跨境投资，相关的被投资企业可能存在于境外，管理人很多时候是鞭长莫及的。

3.放弃

为了减少破产程序费用支出，实现债权人整体利益最大化，为了确保破产程序的正常推进，免受个别事项耽搁，破产法在立法层面应当尽可能为管理人提供在破产财产无法变现情形下可采取的其他处置措施。累赘资产、无价值资产和难以变现的资产放弃即是一项解决破产财产无法变现问题的不可或缺的规则，众多地区、国家立法多有规定，如我国香港地区的《公司条例》第32章第268条规定对负有烦琐条件的财产卸弃规则；①《联合国贸易法委员会破产法立法指南》第二部分之二破产程序启动时的资产处理第88条对累赘资产、无价值资产和难以变现的资产放弃规则予以肯定。② 我国《企业破产法》并没有对管理人可以放弃某些破产财产作出明确规定，该法第69条只规定，管理人实施放弃权利行为应当及时报告债权人委员会，未设立债权人委员会的应当及时报告人民法院。该条款规定放弃的标的

---

① 香港《公司条例》第32章第268条之(1)："凡正进行清盘的公司的财产中，有任何部分包括属任何保有形式的土地，而该土地负有责任繁苛的契诺，或包括公司股份或股额，或包括无利可图的合约，或包括任何其他财产，而该财产因对其管有人有约束力，规定管有人须作出责任繁苛的作为，或须支付款项，以致不能出售或不能随时出售，则公司的清盘人即使已尽力出售或已取得该财产的管有，或已就该财产作出行使拥有权的作为，仍可在法院的许可下，在清盘开始后12个月内或在法院容许延展的期间内的任何时间，以书面并加以签署而卸弃该财产。"

② 《联合国贸易法委员会破产法立法指南》第二部分之二破产程序启动时的资产处理第88条："允许破产管理人放弃破产财产在某些资产上的权益，包括在土地、股份、设有有效担保权益的资产、合同和其他财产上的权益，可能符合实现价值最大化和减少程序费用这一目标。在这种情况下，破产管理人须确定这种放弃是否符合破产财产的利益，另外，担保债权人得救济而免于中止措施。行使这种权利可能必须得到法院的批准并符合某些条件，例如，这种放弃不违反可能存在的任何强制性公共利益，举例说，资产有可能危及环境或威胁到公共健康和安全。破产法可能还需要解决谁可有资格收取所放弃资产的问题。似应采取这种做法的情形包括：资产对于破产财产来说毫无价值或者价值微不足道(例如，担保权益超过抵押资产的价值)；资产是一种负担，保留这种资产将要求过度支出，超出这种资产变现的收益，或者会产生繁重的义务或支付资金的责任；在资产十分独特或没有现成明显的市场或市场价值时破产管理人无法出售或者不易出售这种资产。对于担保债权人收到破产管理人放弃的资产的情况，破产法可规定担保债权人的债权按所放弃的该资产的价值相应扣减。应将破产管理人提出的放弃资产的任何建议通知债权人并向其提供表示异议的机会。"

是权利，如作扩大解释，似乎也包含管理人有权决定放弃某些财产权利；但权利和财产毕竟是两个概念，权利不能等同于财产。笔者认为，基于管理人的法律地位，在不损害社会公共利益及国家利益的前提下，为维护破产财团价值最大化，管理人有权拒绝实施追索那些毫无价值或者回收甚微而较投入之多严重不成比例的、负有烦琐条件的财产。就无价值、无法转让变现的股权类资产，管理人同样可以在履行一定程序的基础上，予以放弃。

需要进一步探讨的一个问题是，被管理人放弃的股权类资产，是无主财产呢，还是有当然的承接者呢？笔者认为，可以考虑设定破产企业原出资人或股东承接。按照股东权利一般理论，股东依法享有公司资产收益的权利、参加重大决策的权利和选择管理者的权利，这就是股东的三项基本权利。股东享有公司资产收益的权利，主要体现为盈余分配请求权和剩余财产分配请求权；而所谓公司剩余财产分配请求权，即公司在清算后的剩余财产，股东有权要求按照出资比例或章程约定的比例进行分配。破产企业被清算后，依法注销，原破产企业无人受让的财产由破产企业原出资人或股东承继在法律逻辑上并没有问题。

## 四、破产程序中股权类资产及其他破产财产处置制度之完善

### （一）取消债务人财产与破产财产概念区别

区分债务人财产与破产财产两概念确实无意义，且无必要；更重要的是，将人为地制造毫无价值的争论，并导致法律规范的解释出现逻辑混乱。破产法修订应摒弃债务人财产与破产财产所谓的阶段性区别，把破产财产概念含义扩张到破产受理时，即债务人进入破产程序至破产程序终结前债务人取得的财产，皆称为破产财产。

### （二）设破产财产处置专门章节，规范破产财产处置

破产财产处置是破产法中的重要组成部分，是管理人的核心工作之一，也是与债权人、债务人有着重大利益影响的事项，破产法应设立专门章节予以规范，这也是构建具有系统性、完整性的破产财产处置制度的内在要求。

### （三）对破产财产处置进行类型化规制

对破产财产处置进行类型化规制包括区别不同财产类型的处置及区别不同的破产财产处置方式：

1.破产财产类型

破产财产存在的状态及存在的形式对破产财产的处置会产生内在的影响，破产法应区别担保财产与无担保财产、单独所有财产与共有财产、货币性财产与非货币性财产等，设置不同的处置规则。

2.处置方式

破产财产处置涉及破产财产的所有权、使用权，以及财产性质或用途等诸多方面的改变，涵括部分或者全部破产财产的使用、出售、出租、报损、报废、放弃、改变财产性质或用途、实物分配等各种处置方式，破产法亦应对处置方式进行类型化规制。

### （四）完善累赘资产、无价值资产和难以变现的资产放弃规则

借鉴《联合国贸易法委员会破产法立法指南》第二部分之二破产程序启动时的资产处理第 88 条，完善累赘资产、无价值资产和难以变现的资产放弃规则，并明确将股权类资产等纳入其中。

1.放弃的条件

不当地放弃财产权利无疑是损害债权人、债务人等利害关系人的利益。为避免这种情况的发生，对管理人放弃财产应设定实体条件和程序条件：

(1)实体条件

放弃一项破产财产，通常应同时具备以下实体条件：第一，被放弃之财产应是无价值财产，或者实现的价值低微，或者追索成本高而结果极端不确定；第二，管理人已尽最大努力，仍无法出售该项财产；第三，放弃不致损害社会公共利益、国家利益。

(2)程序条件

放弃一项破产财产，通常应履行以下程序：第一，管理人应作出书面放弃决定；第二，应报经法院许可；第三，应以书面方式通知债权人、债务人、财产持有人等利害关系人，并告知放弃的法律效力，以及告知相关利害关系人有权提出异议及异议期；第四，如果放弃的是应办理登记的财产，如不动产、车辆、船舶、股权类资产等，还应书面知会相关登记部门，并同时告知放弃的法律效力。

2.债权人、债务人及其他利害关系人救济途径

债权人、债务人及其他利害关系人在知悉管理人放弃决定的一定期限内有权提出异议，甚至有权自行追索。

3.放弃的法律效力

破产财产被放弃，一般产生以下法律效力：对管理人，可以不必追索放弃之财产，并免于承担管理人未尽勤勉义务之责任；对于担保债权人，可以取得相应财产处分权或所有权，并就放弃财产在公允价值范围内消减相应的债权；对于财产持有人及其他利害关系人，亦可能取得相应的财产权利；对于登记机关等国家机关，应承认财产放弃效力，并允许依法办理财产权属变更登记。

(五)完善企业强制减资规则

完善公司法等企业法与破产法的衔接，在公司法等企业法的减资规则中，明确规定在出资人或股东出现破产情形下，其持有的股权类资产如具有一定的价值，在管理人作出最大努力仍无法出售的情况下，管理人有权要求被投资企业回购股权或者要求减资退出。当然，也可以考虑在破产法中直接设定强制减资的条件。

# 论破产程序中债务重组所得税应设定为劣后债权

刘加桓[*] 王 平[**]

## 一、问题提出

在破产重整或破产和解程序中，往往会涉及对债权人享有的债权进行调整，《中华人民共和国企业破产法》（以下简称《企业破产法》）第94条及第106条规定，按照重整计划或和解协议减免的债务，自重整计划或和解协议执行完毕时起，债务人不再承担清偿责任；在破产清算程序中，破产财产变现分配后，仍有大量余债得不到清偿而依破产法予以免除；此外，在破产程序中，还可能出现债权人放弃受偿，或者超过诉讼时效，或者债权人主体已经不存在等原因而导致债务免于清偿。无论是重整计划或和解协议对债权（从债务人角度即为债务）作出免于清偿的调整，还是破产清算后的余债免除，抑或其他原因导致的债务免于清偿，都会产生债务重组所得。那么，破产程序中债务重组所得具有什么样的经济和法律属性？应否按照所得税法征缴债务重组所得税？如果应当征缴债务重组所得税，那么它在破产程序中应当处于什么样的法律地位？这一系列问题由于破产法和税法均未作出明确界定，严重困扰着当前破产法的司法实践，亟待在理论上作出更为深入的解析。

## 二、破产程序中债务重组所得的收入属性

有一种观点认为，破产程序中的债务减免不属于会计意义上的债务重组，不适用债务重组会计准则，免于清偿的债务也不应确认为收入及征缴所得税。笔者认为，该观点缺乏说服力。从经济实质上分析，债务人负债一般是债权人向债务人提供商业信用的结果，即在以往交易中，债务人先从债权人那里取得相应的财产，而债务的清偿滞后；当债务被免除后，债务人原取得的财产相当于免于支付对价的受赠。从法律实质上分析，债权作为一种财产权利，本质上是一种货币性资产，无论是债权人主动放弃相应债权，还是因某种原因免于清偿或被强制免除清偿，都等同于无偿给予债务人相应的财产，即债务人获取财产性权收入。由此可见，债务重组或债务减免无论从经济实质上分析，还是从法律实质上评判，都是一种获取财产性收入的经济行为和法律行为。正因如此，《中华人民共和国企业所得税法实施条例》（以下简称《企业所得部法实施条例》）对企业收入作出明确界定，该条例第12条规定，企业所得税法所称企业取得收入的货币形式，包括现金、存款、应收账款、应收票据、准备持有至到期的债券投资以及债务的豁免等；企业所得税法所称企业取得收入的非货币形式，包括固定资

---

[*] 刘加桓，福建联合信实律师事务所高级合伙人，电邮：ljh@lhxs.com。

[**] 王平，福建联合信实律师事务所主任、高级合伙人，电邮：wp@lhxs.com。

产、生物资产、无形资产、股权投资、存货、不准备持有至到期的债券投资、劳务以及有关权益等。《企业会计准则第 12 号——债务重组》第 2 条也明确界定，债务重组是指在债务人发生财务困难的情况下，债权人按照其与债务人达成的协议或者法院的裁定作出让步的事项。需要注意的是，该定义并未将司法程序中的债务重组排除在外，即无论是在司法程序之外，还是在司法程序之内，对债务作出减免调整，均应适用债务重组会计准则，同时也应按照所得税法确认收入及征缴所得税。

## 三、破产程序中的债务重组所得税在现行税法及破产法中的地位

### （一）现行破产法中债务重组所得税的法律地位

破产程序中的债务重组或债务减免所得是否需要征收所得税完全取决于立法。现行破产法并没有对破产程序中债务重组或债务减免所得是否征缴所得税作出明确规定，更没有被纳入不征税收入或免税收入范围内；相反的，债务重组所得税在实践中基本上是被当作进入破产程序后的新生税收，并全额征缴。

### （二）现行税法中债务重组所得税在破产程序中的法律地位

根据《中华人民共和国企业所得税法》第 5 条的规定，企业应纳税所得额为，企业每一纳税年度的收入总额，减除不征税收入、免税收入、各项扣除以及允许弥补的以前年度亏损后的余额。计算公式为：应纳税所得额＝收入总额－不征税收入－免税收入－各项扣除－允许弥补的以前年度亏损。所谓不征税收入是本身不需要交税的公益性经济活动，如财政拨款、行政事业性收费、政府基金等。所谓免税收入本身已构成应税收入，属于税收优惠项目，是国家优惠政策，对于某些该交税的经营活动准予其不交税或免除缴税义务，目的在于通过税收手段鼓励相关的经济活动，如国债利息收入等。扣除项目指企业发生的与其生产经营有相关性和合理性的支出，并由所得税法规定允许从收入总额中扣除，主要包括成本、费用、税金、损失和其他支出。① 债务重组或债务减免所得既不属于不征税收入，也不属于免税收入，更不属于扣除项目；而根据《企业所得税法实施条例》第 12 条及《企业会计准则第 12 号——债务重组》第 2 条等的规定，债务重组或债务减免所得应当纳入破产程序当期收入，计收所得税。第 4 条、第 5 条、第 6 条、第 7 条对各种形式的债务重组会计处理分别作出规定：(1)以现金清偿债务的，债务人应当将重组债务的账面价值与实际支付现金之间的差额，计入当期损益。(2)以非现金资产清偿债务的，债务人应当将重组债务的账面价值与转让的非现金资产公允价值之间的差额，计入当期损益；转让的非现金资产公允价值与其账面价值之间的差额，计入当期损益。(3)将债务转为资本的，债务人应当将债权人放弃债权而享有股份的面值总额确认为股本(或者实收资本)，股份的公允价值总额与股本(或者实收资本)之间的差额确认为资本公积；重组债务的账面价值与股份的公允价值总额之间的差额，计入当期损益。(4)修改其他债务条件的，债务人应当将修改其他债务条件后债务的公允价值作为重组后债务的入账价值；重组债务的账面价值与重组后债务的入账价值之间的差额，计入当期损益。据此，任何形式的债务重组或债务减免均应按照上述会计准则确认为债务人的收入，即所谓的营业外收入；而作为一种收入，根据会计准则及所得税法，就应当确认所得，

---

① 张守文：《税法原理》，北京大学出版社 2016 年第 7 版，第 219～221 页。

征缴所得税。由此可见，现行税法也没有区别对待破产程序中债务重组或债务减免所得税与一般债务重组所得税，同样也没有将破产程序中债务重组或债务减免所得税纳入不征税收入或免税收入范围内，并全额征缴。

当然，为了鼓励兼并重组，立法和政策上也给予一定的优惠。比如，财政部、国家税务总局财税〔2009〕59 号《关于企业重组业务企业所得税处理若干问题的通知》第 6 条即规定，企业债务重组确认的应纳税所得额占该企业当年应纳税所得额 50%以上，可以在 5 个纳税年度的期间内，均匀计入各年度的应纳税所得额。企业发生债权转股权业务，对债务清偿和股权投资两项业务暂不确认有关债务清偿所得或损失，股权投资的计税基础以原债权的计税基础确定。企业的其他相关所得税事项保持不变。

## 四、债务重组所得税法律地位重新界定——劣后债权

### （一）债务重组所得税不属破产受理后新生的负债，它具有破产债权属性

破产企业的负债包括破产程序启动前发生的负债和破产程序启动后至破产程序终结前发生的负债。前者从债权人角度即为破产债权，《企业破产法》将破产债权细分为四类：其一，担保债权，即《企业破产法》第 109 条规定的，对破产人的特定财产享有担保权的权利人，对该特定财产享有优先受偿的权利，包括法定优先权、法定担保物权和意定担保物权；其二，劳动债权，即《企业破产法》第 113 条第 1 项规定的，破产人所欠职工的工资和医疗、伤残补助、抚恤费用，所欠的应当划入职工个人账户的基本养老保险、基本医疗保险费用，以及法律、行政法规规定应当支付给职工的补偿金；其三，税收债权，即《企业破产法》第 113 条第 2 项规定的，破产人欠缴的除前项规定以外的社会保险费用和破产人所欠税款；其四，普通债权即《企业破产法》第 113 条第 3 项规定的，不属于上述三类的其他破产债权。后者可分为破产费用和共益债务。就税收而言，也同样可以分为破产程序启动前发生的税收和破产程序启动后至破产程序终结前发生的税收，前者即为税收债权，后者一般应作为破产费用或共益债务。破产重整、破产和解程序中债务重组及破产清算程序中的债务减免产生的所得税是否属于破产债权似乎并没有什么争议。目前普遍认为，债务重组或债务减免产生的所得税属破产程序启动后新生的负债，不属于破产税收债权。① 理由是：债务重组所得是基于法院批准重整计划或认可破产和解协议而发生的，是进入破产程序后新生的负债；至于破产清算中的余债免除根本不需要缴交所得税。该观点一直未受到过质疑。果真如此吗？笔者认为，该观点并非如人们认为的那样天经地义，债务重组或债务减免所得税形成于破产受理之前，本质上具有破产债权的属性，属破产债权。第一，造成债务重组或债务减免的原因和法律事实发生于破产受理前。在破产债权理论上，有学者认为破产债权是在破产程序启动前成立的，经依法申报确认，并得由破产财产中获得清偿的可强制执行的财产请求权。② 也有学者从程序意义和实体意义两个角度界定了破产债权。③ 虽然学者在研究破产债权时，站的角度不同，给其下的定义体现了某些区别，归纳的特征也存在一定的差异，但破产债权最

---

① 徐阳光：《破产程序中的税法问题研究》，载《中国法学》2018 年第 2 期。

② 王欣新：《破产法》，中国人民大学出版社 2011 年第 3 版，第 169 页。

③ 李永军：《破产法——理论与规范研究》，中国政法大学出版社 2013 年版，第 189 页。

为本质的特征是形成于破产程序启动之前，这可以说是无一例外的一致；换言之，“在破产程序启动之后，债务人企业即丧失对财产的管理、处分权，其财产由管理人接管，任何其他人再以债务人名义进行民事活动，所发生的债务都不属于破产债权，应由行为人自由负责清偿”①。我国《企业破产法》第44条也规定：“人民法院受理破产申请时对债务人享有债权的债权人，依照本法规定的程序行使权利。”破产债权形成于破产程序启动前虽无争议，但何谓形成于破产程序启动之前呢？理论上又存在两种学说：其一，全部完备说，即主张构成债权发生之一切要见，于破产程序启动前必须全部具备，债权应当已经发生法律效力，不存在附期限、附条件及其他或然性限制；其二，一部完备说，即认为构成债权发生之基础主要要件，于破产程序启动时具备即可，无须一切要件。后者为通说。② 笔者亦采纳后者。根据“一部完备说”，构成债务重组或债务减免的法律事实——企业破产这一主要要件于破产程序启动时既已发生和存在；相应的，债务不能清偿的客观事实也已经发生和存在，即债务重组或债务减免所得税也应认为已经发生和存在；因此，债务重组所得税具备破产债权的构成要件，本质上就是破产债权。当然，与一般正常经营条件下通过庭外协商进行债务重组不同的是，破产程序中的债务重组或债务减免是在债务重组或债务减免的基础事实已经发生的条件下，基于破产法规定，被迫发生债务重组或债务减免的法律后果；而这种法律后果一般又是通过法院批准重整计划、和解协议或破产财产分配方案加以确定的。因此，需要强调的是，重整计划、和解协议或破产财产分配方案并非造成债务重组或债务减免发生的原因和法律事实，而是对债务人财产分配及债务重组或债务减免争议进行司法解决。第二，如上文所述，债务人负债一般是债权人向债务人提供商业信用的结果，当债务被免除后，债务人原取得的财产相当于免于支付对价的受赠，该财产取得可以追溯至交易当时。第三，根据会计学权责发生制原则，债务重组或债务减免所得在破产受理时已经实际发生。权责发生制也称“应计制”，采用权责发生制原则就是要求对各项收入和费用以实际发生而不是以款项实际收付作为记账的基础。具体地说，凡是当期已经实现的收入和应当负担的费用，不论款项是否收入或付出，都应当作为当期的收入和费用处理；凡是不属于当期的收入和费用，即使款项已经收入或付出，都不应当作为当期的收入和费用处理。③ 实行权责发生制有利于正确反映各期的费用水平和盈亏状况。财会〔2006〕3号《企业会计准则第18号——所得税》第4条规定，企业在取得资产、负债时应当确定其计税基础。《企业所得税法实施条例》第9条也明确规定，企业应纳税所得额的计算，以权责发生制为原则。债务重组或债务减免虽然最终的确认是通过重整计划草案、和解协议草案或破产财产分配方案完成的，但造成债务重组或债务减免的原因及基础事实在破产受理时既已发生；换言之，债务重组或债务减免所得的产生形成应追溯至破产受理前，债务重组所得税亦应认为既往收入形成的税收。第四，破产清算无须确认余债免除所得及缴交所得税是一种误解。破产企业大多是资不抵债的，因此，破产财产按照破产法变价分配后，企业也就终结破产清算程序并予以注销，当然不会涉及清算所得税汇算问题。但如果在资可抵债的条件下进行破产清算，虽不存在余债免除问题，却仍

---

① 王欣新：《破产法》，中国人民大学出版社2011年第3版，第170页。

② 王欣新：《破产法》，中国人民大学出版社2011年第3版，第170页

③ 徐文彬主编：《会计学原理（新编）》，立信会计出版社1993年版，第275页。

有可能出现部分无须清偿的债务而被确认为收入，体现在清算损益中，并纳入所得税汇算。事实上，我们如果仔细考察一下多年以来的破产清算实践，就不难发现，其实我们从始至终就是将余债免除所得税当作劣后债权对待，只是一直没有意识到而已。

### （二）破产程序中的债务重组所得税法律地位重构——劣后债权

破产程序中的债务重组或债务减免所得税在破产程序中的法律地位存在如下立法例：其一，破产程序中债务重组所得征税与非破产程序中债务重组所得征税适用同一规则。我国目前即采取这种做法，所得税法和破产法对破产程序中债务重组所得征税问题均无特别规定，即不区分破产程序中的债务重组所得税与非破产程序中的债务重组所得税；换言之，破产程序中债务重组所得征税无异于非破产程序中的债务重组所得征税。其二，列为免征。美国《国内收入法》第108条(a)规定："纳税人的总所得不得包括由于纳税人的债务被免除（全部或部分）而获得的数额，前提是下列条件之一得以满足：(A)该债务免除发生在《美国法典》第11篇（破产法）中所指的案件中；(B)该债务的免除发生在纳税人破产时；(C)……"①笔者认为，破产程序中的债务重组所得作为企业收入按照一般正常企业课征所得税或简单排除在征税范围之外都不合理。之所以不能按照一般正常企业课征所得税，理由在于：第一，债务重组或债务减免产生的收入属于消极财产取得，具有不可转让性和不可变现性，并不能实际增加破产企业可分配财产或偿债财产，按照一般收入征收所得税显然不合理。第二，违背税收能力原则。税收征收应根据纳税人的纳税能力来判定其应纳税额的多少和税负是否公平，纳税能力强者多纳税，反之则相反。② 作为破产企业，纳税能力必然大大低于正常企业，甚至已经丧失纳税能力，按照正常企业征收债务重组所得税显然不现实。而之所以不能简单排除在征税范围之外，理由在于：第一，违背尊重非破产法规范原则。所谓尊重非破产法规范原则，即"除非基于特殊的政策考量，原则上不应对非破产法规范进行变动，除非法律做了特殊规定，原则上应遵守实体法上的有关规范"③。根据该原则，债权人依据其他法律取得的权利，破产程序不应随意剥夺，税收债权亦然。虽然破产法可以借助破产债权清偿顺位排序、除斥债权、管理人挑拣履行权、破产撤销权等制度安排实现实质公平，但对债务重组或债务减免所得一概不征税难免有矫枉过正之嫌，扰乱正常的所得税征收秩序，损害国家基于税法设定的征税权利。第二，过分强调破产程序中债务重组或债务减免所得与一般债务重组所得区别不符合逻辑。无论是破产程序中债务重组或债务减免，还是一般的债务重组，大都是在企业出现财务问题的情况下才发生的，即发生债务重组的原因或者条件是相同的；换言之，所谓的区别是不存在的。第三，破产企业作为市场主体，并不能赋予优于其他市场主体的地位和权利，即使基于对破产企业并购重组的鼓励给予一定的税收优惠亦应有一定的限度，不能造成市场地位的严重失衡。第四，有些破产企业并非完全丧失纳税能力，甚至某些破产企业破产原因并非资不抵债，而是没有流动性，明显缺乏清偿能力，这些企业如进行破产清算，不仅可以100%清偿债务，甚至还有剩余财产可供出资人分配；如果一概将债务减免所得排除在征税范围之外，意味着税务机关对破产企业那些债务减免

---

① 徐阳光：《破产程序中税法问题研究》，载《中国法学》2018年第2期。

② 张守文：《税法原理》，北京大学出版社2016年第7版，第24页。

③ 许德峰：《破产法论——解释与功能比较的视角》，北京大学出版社2015年版，第76～83页。

所得也不能征税；而相反，破产企业股东却可以取得剩余财产分配，这显然不合理，也不公平。

债务重组或债务减免所得既不能按照一般正常企业课征所得税，又不宜简单排除在征税范围之外，那么最佳定位是什么呢？笔者认为，债务重组或债务减免所得税在立法上的最佳定位是劣后债权。所谓劣后债权又称“后顺位破产债权”，即指在全部普通债权获得全部清偿后，破产财团仍有剩余时才得以受偿的债权。我国现行《企业破产法》破产债权分类体系中并没有劣后债权，这不能不说是一个严重缺陷。在学理上，常见的劣后债权有股东债权、主债权在破产程序期间的利息、侵权损害赔偿的惩罚性部分、债权人自愿放弃在先的债权及行政和司法机关对破产企业的罚款、罚金、滞纳金等，①将债务重组或债务减免所得税定位为劣后债权，至少有以下几个理由：其一，符合尊重非破产法规范的破产法原则。将债务重组所得税界定为劣后债权，在承认债务重组所得税的破产债权地位的同时，也灵活地解决了债务重组所得税征收的条件，体现破产法对国家基于税法取得的征税权利的尊重，及对税法的尊重。其二，符合公平原则。债务重组或债务减免所得仅仅是免除债务人债务偿还义务，并未增益债务人可分配财产；将其设定为劣后债权，仅在普通债权能够获得全部清偿并有结余的条件下才征缴，较好地平衡了各类债权人的利益。其三，有利于推进破产重整，实现破产法在优化资源配置及促进经济发展方面的保障功能。债务重组大多发生在破产重整程序中，而巨额的债务豁免往往产生巨额的所得税，按照正常企业征收就会阻碍有再生可能的企业重整；将债务重组或债务减免所得税设定为劣后债权，根据破产企业实际的纳税能力征收，有利于推动破产企业的并购重组。其四，将债务重组所得税设定为劣后债权，体现破产法在解决权利冲突时让利于民的人文主义情怀。

## 结　语

妥善解决破产程序中的税收征收是破产程序必须面对的一个重要问题。由于《企业破产法》自身关于破产程序中的税收征收调整存在疏漏，加之税法的自我封闭，缺乏与破产法应有的对话，不可避免地造成破产法与税法在破产程序中税收征收冲突不断，甚至剑拔弩张，在很大程度上阻碍了破产制度，特别是重整制度的运行。基于债务重组所得系无法增益债务人可分配财产的消极收入的经济属性，并从征税的公平原则出发，破产程序中的债务重组所得税应设定为劣后债权，并在破产法和所得税法立法中予以协调明确。

---

① 许德峰：《破产法论——解释与功能比较的视角》，北京大学出版社2015年版，第183～189页。

# 厦门市破产管理人业务操作指引(试行)*

## 目　　录



* 本文由厦门市破产管理人协会编撰,执笔人:王平、刘加桓、陈宇峰、叶佳昌、李秀琴、翁肖楠、钟桦;厦门市中级人民法院叶炳坤法官指导并审核。

## 第一章　总则

第一条　宗旨

为指导厦门市破产管理人（下称“管理人”）业务，规范管理人执业行为，提高管理人服务质量和水平，依据《中华人民共和国企业破产法》及其他相关法律、行政法规和司法解释的规定，制定本指引。

指引为指导性意见，如与相关法律、行政法规及司法解释有抵触的，以相关法律、行政法规及司法解释的规定为准。

第二条　适用

进入厦门市中级人民法院公布的机构管理人名册的律师事务所、会计师事务所和清算事务所（以下简称“中介机构”），以及进入厦门市中级人民法院公布的个人管理人名册的个人，接受人民法院指定担任破产案件管理人并依法履行管理人职责的，适用本指引；人民法院指定清算组为管理人的，作为清算组成员的机构管理人或个人管理人依法履行管理人职责的，适用本指引。

第三条　管理人工作原则

勤勉尽责、忠实执行职务原则。管理人应当勤勉尽责、尽到审慎注意义务；并忠实执行职务，不损害债权人、债务人利益。

亲自履行职责原则。管理人一经指定，不得以任何形式将管理人应当履行的职责全部或者部分转给其他中介机构或者个人。

效率原则。管理人执行职务应当注重工作效率，并厉行节约，减少破产费用、共益债务支出。

接受监督原则。管理人执行职务，应当依法向人民法院报告工作，并依法接受债权人会议和债权人委员会的监督。

保密原则。管理人应当严格履行保密义务，对于在执业中知悉的有关债务人、债权人和其他利害关系人的商业秘密、个人隐私以及其他不能对外披露的事项，管理人应当予以保密。

第四条　管理人团队及制度建设

进入厦门市中级人民法院公布的机构管理人名册的中介机构，应当结合本单位的实际情况，制定担任管理人的相关制度。相关制度包括但不限于：

（一）管理人团队组成及分工负责制度；

（二）管理人业务培训制度；

（三）管理人消极资格审查和报告制度；

（四）管理人业务操作流程制度；

（五）管理人工作底稿和档案管理制度；

（六）管理人报酬分配与风险承担制度等。

进入人民法院公布的个人管理人名册中的个人，除应当配合本单位制定前款规定的相关制度外，还应当配合本单位制定个人担任管理人业务的相关制度。

第五条　执业责任保险

进入厦门市中级人民法院公布的管理人名册中的中介机构和个人,应当依法参加执业责任保险。

## 第二章　管理人回避、更换

第六条　管理人回避情形

进入人民法院公布的管理人名册中的中介机构及个人,应当接受人民法院关于破产案件管理人的指定。管理人无正当理由,不得拒绝人民法院的指定。有下列情形之一的,不得担任管理人:

(一)因故意犯罪受过刑事处罚;

(二)曾被吊销相关专业执业证书;

(三)与本案有利害关系;

(四)有重大债务纠纷或者因涉嫌违法行为正被相关部门调查;

(五)人民法院认为不宜担任管理人的其他情形。

第七条　利害关系认定

中介机构、清算组成员有下列情形之一,可能影响其忠实履行管理人职责的,应认定为与破产案件有利害关系,并不得担任管理人:

(一)与债务人、债权人有未了结的债权债务关系;

(二)在人民法院受理破产申请前三年内,曾为债务人提供相对固定的中介服务;

(三)现在是或者在人民法院受理破产申请前三年内曾经是债务人、债权人的控股股东或者实际控制人;

(四)现在担任或者在人民法院受理破产申请前三年内曾经担任债务人、债权人的财务顾问、法律顾问;

(五)人民法院认为可能影响其忠实履行管理人职责的其他情形。

清算组成员的派出人员、中介机构的派出人员、个人管理人有下列情形之一,可能影响其忠实履行管理人职责的,可以认定为与破产案件有利害关系:

(一)具有本指引第六条所述情形;

(二)现在担任或者在人民法院受理破产申请前三年内曾经担任债务人、债权人的董事、监事、高级管理人员;

(三)与债权人或者债务人的控股股东、董事、监事、高级管理人员存在夫妻、直系血亲、三代以内旁系血亲或者近姻亲关系;

(四)人民法院认为可能影响其公正履行管理人职责的其他情形。

第八条　回避事由披露

在进入指定管理人程序后,中介机构或者个人发现与本案有利害关系的,应主动申请回避并向人民法院书面说明情况。中介机构或个人接受人民法院指定为破产案件管理人后,发现自己与本案有利害关系及(或)有不宜担任管理人的其他情形的,应当向人民法院提出书面回避申请,并说明情况;在人民法院批准回避前,被指定为本案管理人的中介机构或个人应当继续履行管理人职责。

第九条 管理人的更换

中介机构管理人有下列情形之一的，人民法院可以根据债权人会议的申请或者依职权径行决定更换管理人：

(一)执业许可证或者营业执照被吊销或者注销；

(二)出现解散、破产事由或者丧失承担执业责任风险的能力；

(三)与本案有利害关系；

(四)履行职务时，因故意或者重大过失导致债权人利益受到损害；

(五)有重大债务纠纷或者因涉嫌违法行为正被相关部门调查的。

个人管理人有下列情形之一的，人民法院可以根据债权人会议的申请或者依职权迳行决定更换管理人：

(一)执业资格被取消、吊销；

(二)与本案有利害关系；

(三)履行职务时，因故意或者重大过失导致债权人利益受到损害；

(四)失踪、死亡或者丧失民事行为能力；

(五)因健康原因无法履行职务；

(六)执业责任保险失效；

(七)有重大债务纠纷或者因涉嫌违法行为正被相关部门调查的。

人民法院决定更换管理人的，原管理人应当自收到决定书之次日起，在人民法院监督下向新任管理人移交全部资料、财产、营业事务及管理人印章，并及时向新任管理人书面说明工作进展情况。原管理人不能履行上述职责的，新任管理人可以直接接管相关事务。在破产程序终结前，原管理人应当随时接受新任管理人、债权人会议、人民法院关于其履行管理人职责情况的询问。

## 第三章 重整、和解及破产清算管理人一般职责

### 第一节 履行职责准备

第十条 成立管理人项目工作组

接受人民法院指定担任具体破产案件管理人的中介机构或个人，应及时组建管理人项目工作组履行管理人职责。管理人项目工作组成员的组成及分工，由中介机构或个人根据破产案件实际需要及管理人职责履行的实际情况予以确定和调整，并报备人民法院。管理人项目工作组的组成人员应保持稳定，避免因人员频繁流动影响工作效率和工作质量。

参与人民法院采取竞争性选任方式进行管理人选任的中介机构或个人被指定为管理人的，管理人成立的项目工作组应当符合其竞争方案作出的承诺。人民法院根据案件审理要求对管理人项目工作组提出要求的，担任破产案件管理人的中介机构或个人应当按人民法院的要求办理。

管理人项目工作组实行组长负责制。中介机构所指定的管理人项目工作组的组长，应当是该中介机构的人员；个人管理人指定的管理人项目工作组的组长，应当是该个人管理人本人。组长对外代表管理人，对内领导项目工作组成员开展履行管理人职务工作。

第十一条　制订项目工作计划

中介机构或个人接受人民法院指定担任管理人后，应安排人员到人民法院阅卷，了解破产案件的基本情况，并指派人员进行必要调查，与债务人法定代表人、财务负责人及人民法院决定的有关人员等进行沟通，根据案件具体情况，在人民法院的指导下，制定管理人工作计划。管理人工作计划的内容包括但不限于：

(一)工作原则；

(二)管理人项目工作组组长、成员及内部分工；

(三)工作开展步骤；

(四)日程表；

(五)处理突发事件应急预案；

(六)其他事项。

管理人工作计划随着破产程序的推进，根据实际情况进行必要调整。

第十二条　印章刻制和使用

管理人接受人民法院指定后，应当凭人民法院受理破产申请裁定书、人民法院指定管理人的决定书和人民法院致公安机关刻制管理人印章的函件等材料，按照国家有关规定向公安机关申请刻制管理人印章。管理人印章刻制后，管理人应当向人民法院封样备案，并在封样备案后开始使用。

管理人印章只能限于管理人履行职责时使用。管理人应当制定管理人印章管理规定，并按规定使用印章。

第十三条　开立管理人账户

管理人印章刻制后，管理人应当持人民法院受理破产申请裁定书、指定管理人的决定书和管理人开立账户的协助函及身份证明等文件材料，到银行申请开立管理人账户。

管理人账户开立后，管理人可以将债务人的银行存款划入管理人账户；管理人依法履行职责时发生的所有资金收支，均应当通过管理人账户进行。

管理人应当制定管理人账户管理规定，并按规定使用账户。

第十四条　拟订管理人报酬方案

受人民法院指定的管理人，应当对债务人最终可供清偿的无担保财产的价值总额进行预估，并根据破产案件所需要的管理人工作量进行预测，拟订破产案件管理人报酬方案，报人民法院确定。

人民法院确定管理人报酬方案后，管理人应当在第一次债权人会议上报告管理人报酬方案内容。

管理人、债权人会议对管理人报酬方案有意见的，可以进行协商；双方就调整管理人报酬方案内容协商一致的，管理人应向人民法院书面提出具体的请求和理由，并附相应的债权人会议决议。

管理人可以根据破产案件和管理人履行职责的实际情况请求人民法院予以调整；人民法院作出调整管理人报酬方案，并送达管理人之日起三日内，管理人应向债权人委员会或者债权人会议主席报告管理人报酬方案调整内容。

第十五条　聘用必要的工作人员

管理人认为有必要聘用管理人团队以外的机构、工作人员协助管理人履行管理人职责的，经人民法院许可，管理人可以聘用。管理人提请人民法院许可时，应当将管理人拟聘用的机构名称、人员姓名、工作时间、工作内容和费用等，一并告知人民法院。管理人要求债务人的有关人员进行连续性工作的，可以将债务人的有关人员作为必要的工作人员进行聘用。

## 第二节　接管债务人财产及营业事务

第十六条　制定接管预案

管理人接受人民法院指定后，应指派人员进驻债务人企业，与债务人法定代表人、财务负责人及人民法院决定的有关人员等进行沟通，制定债务人财产及营业事务接管预案。

管理人应当将拟接管的内容和范围告知债务人的法定代表人、财务负责人及人民法院决定的有关人员，要求其做好交接准备，并告知其违反交接义务应当承担的法律责任；管理人根据实际需要，可以同时将接管事项通知债务人内部相关人员和已知的债务人外部有关人员，并要求其做好交接准备或予以协助。管理人应当就前述事项制作询问笔录。管理人认为有必要，还可以提请人民法院召集债务人的法定代表人、财务负责人及人民法院决定的有关人员召开接管协调会，对接管事项作出安排部署。

第十七条　接管债务人财产、印章和账簿、文书等资料

管理人对债务人的财产、印章和账簿、文书等资料情况有基本了解后，应对债务人的财产、印章和账簿、文书等资料进行全面接管，并可以根据实际情况分期、分批接管。管理人接管的债务人的财产、印章和账簿、文书等资料，包括但不限于：

（一）债务人的包括动产和不动产在内的实物财产及其权利凭证；

（二）债务人的现金、有价证券、银行账户印鉴、银行票据；

（三）债务人的知识产权、对外投资、特许权等无形资产的权利凭证；

（四）债务人的公章、财务专用章、合同专用章、海关报关章、法定代表人人名章及其他印章；

（五）债务人的法人营业执照、外汇登记证、海关登记证明、经营资质文件等与债务人经营业务相关的批准、许可或授权文件；

（六）债务人的总账、明细账、台账、日记账、会计凭证、重要空白凭证、会计报表等财务账簿及债务人审计、评估等资料；

（七）债务人的批准设立文件、章程、管理制度、股东名册、股东会决议、董事会决议、监事会决议以及债务人内部会议记录等档案文件；

（八）债务人的各类合同协议及相关债权、债务等文件资料；

（九）债务人诉讼、仲裁案件及其案件材料；

（十）债务人的人事档案文件；

（十一）债务人的电脑数据和授权密码及相应控制权限的硬件介质，电子银行授权密码和相应硬件介质；

（十二）不属于债务人所有但由债务人占有或者管理的财产、印章和账簿、文书等资料，管理人应当一并接管；

(十三)债务人有分支机构的,分支机构的财产、印章和账簿、文书等资料,管理人应当一并接管;

(十四)债务人的其他重要资料。

管理人接管债务人的财产、印章和账簿、文书等资料,应当与债务人的有关人员办理交接手续,并由管理人和债务人的有关人员在交接清单上共同签字确认。

管理人对于接管的电子数据,可以根据需要进行备份或固化。

管理人接管债务人财产时,发现债务人财产在人民法院受理破产申请前被依法采取保全措施且人民法院受理破产申请后仍未解除的,或者发现债务人财产在人民法院受理破产申请前被依法采取执行措施但在人民法院受理破产申请后仍未中止的,管理人应当通知有关部门解除保全措施或者中止执行措施,以便管理人有效地接管该项财产。管理人认为有必要申请受理破产申请的人民法院通知及(或)协调有关部门予以解除保全措施或者中止执行措施的,管理人应当向受理破产申请的人民法院提出申请。

第十八条　管理债务人的内部事务

管理人接管债务人财产和营业事务后,债务人的内部事务由管理人管理。为了有效地规范债务人的内部事务管理,管理人应制定债务人内部事务管理规定,并要求相关人员遵照执行。

第十九条　决定债务人的日常开支和其他必要开支

管理人接管债务人财产和营业事务后,债务人的所有日常开支和其他必要开支由管理人决定。为有效地规范债务人的日常开支和其他必要开支,管理人可以制定债务人日常开支和其他必要开支管理规定,并要求相关人员遵照执行。

第二十条　决定继续或者停止债务人的营业

管理人接管债务人财产和营业事务后,应根据是否有利于提高债务人财产价值及债权人清偿比例标准,及时对继续或者停止债务人的营业作出安排。

在第一次债权人会议召开之前,管理人决定债务人营业继续或者停止的,应当将债务人营业的实际状况以及继续或者停止营业的决定及其理由,书面报告人民法院并取得人民法院的许可。

在第一次债权人会议召开之后,管理人对于债务人继续或者停止营业事务可以作出建议,并将建议及其理由报告给债权人会议,由债权人会议决定债务人继续或者停止营业事务。管理人建议债务人继续营业的,应当同时就债务人继续营业事务的管理作出方案,一并报告给债权人会议讨论决定。

第二十一条　决定合同的解除或者继续履行

管理人接管债务人财产和营业事务后,应根据是否有利于提高债务人财产价值及债权人清偿比例标准,及时对于债务人与对方当事人在破产申请受理前成立而均未履行完毕的合同,作出解除或者继续履行的决定。

第一次债权人会议召开之前,对于债务人与对方当事人在破产申请受理前成立而双方均未履行完毕的合同,管理人认为有必要继续履行的,应当书面报经人民法院许可。

第一次债权人会议召开之后,对于债务人与对方当事人在破产申请受理前成立而双方均未履行完毕的合同,管理人认为有必要继续履行的,管理人应当作出继续履行合同的决定，并及时报告债权人委员会；未设立债权人委员会的，管理人应当及时书面报告人民法院。

自人民法院受理破产申请之日起二个月内，无论管理人是否已接管债务人财产，对于债务人与对方当事人在破产申请受理前成立而双方均未履行完毕的合同，管理人未通知对方当事人解除或者继续履行的，或者自收到对方当事人催告之日起三十日内未答复的，视为解除合同。

对于管理人依法决定并已通知对方当事人继续履行的合同，如果对方当事人要求管理人提供继续履行合同的担保，管理人可以提供担保；管理人无法提供担保的，视为合同解除。

决定解除或者继续履行均未履行完毕合同的事项，如果与决定停止或者继续债务人营业的事项直接相关，则决定解除或者继续履行均未履行完毕合同的事项，视同于决定停止或者继续债务人营业的事项，管理人应当按照决定停止或者继续债务人营业的法定程序报告人民法院或债权人会议许可或批准。

对方当事人因合同解除而产生的对债务人的损害赔偿请求权，对方当事人可以申报债权。因合同解除而产生的对方当事人对债务人的债务的，或者因合同解除对方当事人应当向债务人交付财产的，管理人应当在合同解除后要求对方当事人清偿债务或者交付财产。

第二十二条　管理和处分债务人的财产

管理人对其接管的债务人财产依法负有谨慎管理职责，包括但不限于：

（一）债务人的财产权属关系存在争议或者尚未确定的，管理人应当依法确权或者明确；

（二）为了提高债务人财产的价值，需要对债务人财产进行保管、维护或者维修的，管理人应当安排保管、维护或者维修；

（三）债务人的财产易损、易腐、价值明显减少、不适合保管的，管理人应当依法变卖；

（四）债务人对外有出资的，管理人应当及时通知被出资企业，并依法行使出资人权利；

（五）债务人的财产如不依法登记或者及时行使权利将丧失全部或者部分财产权利的，管理人应当依法登记或者及时行使权利；

（六）债务人的财产需要办理保险的，管理人应当办理保险手续。

管理人对其接管的债务人财产依法负有谨慎处分的职责。管理人处分下列债务人财产的，在第一次债权人会议召开之前，应当事先取得人民法院许可；在第一次债权人会议召开之后，应当及时报告债权人委员会，未设立债权人委员会的，应当及时报告人民法院：

（一）涉及土地、房屋等不动产权益的转让；

（二）探矿权、采矿权、知识产权等财产权的转让；

（三）全部库存或者营业的转让；

（四）借款；

（五）设定财产担保；

（六）债权和有价证券的转让；

（七）履行债务人和对方当事人均未履行完毕的合同；

（八）放弃权利；

（九）担保物的取回；

（十）对债务人利益有重大影响的其他财产处分行为。

债务人的财产闲置并具备对外出租条件的，经债权人会议同意，管理人可以对外出租，债权人会议召开前,应当书面报经人民法院许可;出租期限应当采取不定期租赁方式,租金不得低于市场价格并应当全额支付至管理人账户,出租方式以有利于资产将来价值最大化为原则;合同中应当包括如下条款:

(一)不允许租赁人对租赁房产或财产进行改造、重大装修;

(二)出租人对租赁期中承租人的装修、添附等不承担赔偿义务;

(三)承租人必须在财产、房产变价成交后立即无条件交付买受人;

(四)其他保护债权人及债务人利益、保障破产程序不受阻碍的条款等。

管理人接管债务人财产和营业事务后,应拟订债务人的财产管理方案,并应当提交债权人会议审议表决。债权人会议表决通过的财产管理方案,管理人应当执行;债权人会议表决没有通过的财产管理方案,管理人可以请求人民法院裁定认可,并在人民法院裁定认可后执行。

第二十三条　代表债务人参加诉讼、仲裁或者其他法律程序

管理人接管债务人财产后,可以要求人民法院或者仲裁机构对已中止的诉讼或者仲裁案件恢复审理。管理人代表债务人参加诉讼、仲裁或者其他法律程序的,可以委托代理人。

第二十四条　强制接管

债务人的有关人员或与破产案件有利害关系的人员不协助或阻碍管理人接管的,管理人应当报告人民法院,并在人民法院的指导下对债务人进行强制接管。

强制接管应事先作出预案,并根据实际需要请求人民法院协调当地基层组织、公安机关予以协助;强制接管过程应全程录像或拍照,录像或拍照的内容作为清算档案存档。

## 第三节　调查债务人财产状况、制作财产状况报告

第二十五条　调查债务人财产状况

管理人应当对债务人财产状况进行调查。调查的范围包括但不限于:

(一)债务人的出资情况:出资人名册、出资协议、公司章程、验资报告及实际出资情况、非货币财产出资的批准文件、财产权属证明文件、权属变更登记文件、历次资本变动情况及相应的验资报告;

(二)债务人的货币财产状况:库存现金、银行存款及其他货币资金;

(三)债务人的债权状况:债权的形成原因、形成时间、具体债权内容、债务人的债务人实际状况、债权催收情况、债权是否涉及诉讼或仲裁、债权是否已过诉讼时效、已诉讼或仲裁的债权的履行期限等;

(四)债务人的存货状况:存货的存放地点、数量、状态、性质及相关凭证;

(五)债务人的设备状况:设备权属、债务人有关海关免税的设备情况;

(六)债务人的不动产状况:土地使用权、房屋所有权、在建工程的立项文件、相关许可、工程进度、施工状况及相关技术资料;

(七)债务人的对外投资状况:各种投资证券、全资企业、参股企业等资产情况;

(八)债务人分支机构的资产状况:无法人资格的分公司、无法人资格的工厂、办事处等分支机构的资产情况;

(九)债务人的无形资产状况:专利权、商标权、著作权、许可或特许经营权情况;

（十）债务人的营业事务状况；

（十一）债务人与相对人均未履行完毕的合同情况；

（十二）债务人财产被其他人占有的状况。

管理人认为有必要时，可以要求债务人的有关人员协助管理人对债务人财产状况进行调查；债务人的有关人员拒绝协助的，管理人可以请求人民法院强制有关人员协助。

管理人认为有必要并经人民法院许可，可以聘请有资质的专业机构对债务人财产进行专项审计和评估。专业机构对债务人财产的专项审计和评估报告，可以作为管理人调查财产状况和制作债务人财产状况报告的财务依据。

第二十六条　制作财产状况报告

管理人调查债务人财产状况后，应当根据调查内容制作债务人财产状况报告。债务人财产状况报告应当能反映债务人各项财产的权属状况、账面价值、评估价值和实际现状等基本情况。管理人非因自身原因无法全面调查债务人财产状况的，应当就无法调查的情况在债务人财产状况报告中作出说明。

管理人制作债务人财产状况报告后，应当及时提交给人民法院及债权人委员会，并向债权人会议报告，作为人民法院、债权人会议及债权人委员会决定相关事项时的参考依据。

## 第四节　债权审查确认

第二十七条　指导债权人申报债权

根据《中华人民共和国破产法》第82条的规定，债权分为：对债务人的特定财产享有担保权的债权（下称“担保债权”）；债务人所欠职工的工资和医疗、伤残补助、抚恤费用，所欠的应当划入职工个人账户的基本养老保险、基本医疗保险费用，以及法律、行政法规规定应当支付给职工的补偿金（下称“劳动债权”）；债务人所欠税款（下称“税收债权”）；前述三类除外的债权（下称“普通债权”）。管理人接管债务人财产及营业事务后，应主动指导债权人申报债权，要求申报人明确债权的类别、金额、事实及法律依据，并向债权人提供推荐的统一格式债权申报文本。

第二十八条　接收债权申报材料

管理人应当在人民法院公告的申报债权的期限和地点，接收债权人的债权申报材料。管理人接收债权人申报债权原则上应当采用书面形式，管理人对债权人以口头、电话、电子信息等非书面形式申报的，应要求其提供书面文件。管理人接收债权人申报债权和证据材料，应当给申报人出具回执。

管理人应当将债权申报书及有关证据的电子文档上传至最高人民法院全国企业破产重整信息网。管理人也可以根据案件的实际情况，引导债权人在最高人民法院全国企业破产重整信息网实名注册后申报债权并提交有关证据的电子文档，网上申报债权与其他方式申报债权具有同等法律效力。

管理人接收债权人的债权申报材料时，应当要求：

（一）申报人提供企业法人营业执照或者个人合法有效的身份证明，代理申报的还应提交委托人签名盖章的授权委托书和受托人的身份证明；

（二）申报人书面说明债权金额、性质和有无财产担保，并提交有关证据材料。

第二十九条　登记造册

管理人接收债权申报材料后,应当根据申报人提交的债权申报材料登记造册。登记造册的项目包括但不限于:债权人基本情况(单位名称或个人姓名、单位法定代表人或负责人的姓名职务与住所)、债权发生原因、申报债权数额(原始债权、孳息债权等)、债权到期日、有无财产担保、是否为连带债权、有无连带债务人、是否为求偿权或将来求偿权、是否附有条件和期限、债权存在的证据、申报时间、联系方式,以及其他必要的事项。有代理人的还应记明代理人的姓名、住址、联系方式及代理权限等事项。

第三十条　审查申报的债权

管理人对所有申报债权的真实性、合法性和时效性等内容进行实质审查。具体审查过程中,应对包括但不限于以下事项进行审查:

(一)申报债权附有利息、罚息、违约金、滞纳金的,则破产申请受理后的利息、罚息、违约金、滞纳金停止计算。

(二)行政、司法机关对债务人的罚款、罚金,不作为破产债权。

(三)没有到期的债权在破产申请受理时视为到期,可以申报。

(四)在破产申请受理时未成就的附条件或者附期限的债权,可以申报。

(五)在破产申请受理时诉讼、仲裁未决的债权,可以申报。

(六)对债务人享有连带债权的任何一个连带债权人,可以经其他连带债权人授权共同向管理人申报连带债权,也可以未经其他连带债权人授权而向管理人申报连带债权。部分连带债权人分别申报连带债权并且没有达成共同协议的,该连带债权可以由该部分连带债权申报人共同享有。

(七)债务人的保证人或者其他连带债务人已经代替债务人清偿全部或者部分债务的,可以就其对债务人已清偿部分的求偿权向管理人申报债权。

(八)债务人的保证人或者其他连带债务人尚未代替债务人清偿债务的,可以就其对债务人尚未清偿部分的将来求偿权向管理人申报债权。但是,债权人已经向管理人申报全部债权的除外。

(九)债务人是连带债务人时,债权人可以向管理人申报债权。债务人和其他连带债务人都被人民法院裁定受理破产申请的,债权人可以分别地向债务人和其他连带债务人的管理人申报其全部债权。

(十)管理人在人民法院受理破产申请后依法解除合同的,合同相对人可以就合同解除所造成合同相对人的实际损失金额向管理人申报债权。

(十一)债务人是委托合同的委托人,受托人在人民法院受理破产申请后,不知债务人破产事实而继续处理委托事务的,受托人可以就其继续处理事务所产生的请求权向管理人申报债权;受托人在人民法院受理破产申请后,知道债务人破产事实而继续处理委托事务的,受托人就其继续处理事务所产生的请求权,不可以向管理人申报债权。

(十二)在停止处理委托事务将损害债务人利益的情形下,无论受托人是否知道债务人破产的事实,受托人在人民法院受理破产申请后为债务人利益而继续处理事务所产生的请求权,可以视为共益债务,由管理人随时清偿。

(十三)债务人是票据的出票人,该票据的付款人不知债务人破产的事实而付款或者承兑所产生的请求权，付款人或者承兑人可以向管理人申报债权。

（十四）对于债权人申报的对债务人特定财产享有担保权的债权，管理人的审查内容包括但不限于：担保权的法律效力，同一担保财产有多项担保权存在的受偿顺序，提供担保是否具有依法可以撤销的情形，担保权的受偿范围等。

管理人原则上应在第一次债权人会议召开前，对申报的债权作出审查结论，并出具审查意见书。管理人对申报债权进行审查后，应按照下列情形，分别处理：

（一）事实清楚、证据确凿、法律依据充分，依法作出审查结论，并出具书面的审查意见书；

（二）事实不清及（或）证据不足，经书面通知债权人、债务人相关人员就相关事项作出书面补充说明及补充提供证据，债权人、债务人相关人员作出书面补充说明及补充提供证据后，均明确表示已无法再行提供证据，而案件仍事实不清及（或）证据不足，管理人可以依据举证责任分配的规则作出审查结论，并出具书面的审查意见书；

（三）债权人申报的债权处于诉讼或仲裁中，生效裁决尚未作出，债权人又不愿撤回诉讼或仲裁的，管理人可以作出暂缓审查处理，待诉讼或仲裁生效裁决作出后，依据该生效裁决确认债权；

（四）民事法律关系存在无效或可撤销情形，管理人可以作出暂缓审查处理，并告知债权人提起诉讼或仲裁，管理人亦可代表债务人提起诉讼或仲裁，待诉讼或仲裁生效裁决作出后，依据该生效裁决确认债权；

（五）债权人、债务人相关人员无法在第一次债权人会议召开前全面提供证据，导致案件事实不清及（或）证据不足的，管理人可以作出暂缓审查处理，待债权人、债务人相关人员全面提供证据后再作出审查结论，出具审查意见书；

（六）管理人对申报债权进行审查后，认为本案必须以另一案的处理结果为依据，而另一案在第一次债权人会议召开前尚未作出处理的，管理人可以作出暂缓审查处理，待另一案处理完毕后再作出审查结论，出具审查意见书。

第三十一条　调查劳动债权

劳动债权由管理人调查后列出清单并予以公示，职工不必申报。债务人所欠的董事、监事和高级管理人员的工资，高于职工平均工资的，按照平均工资计算；低于平均工资的，按照实际工资计算。

职工对清单记载有异议的，可以书面向管理人提出并要求更正。管理人对职工异议审查后，应当作出予以更正或不予更正的决定，并告知职工。对于管理人不予更正的决定，职工可以向人民法院提起诉讼。

第三十二条　编制债权表

管理人根据债权申报审查的结果及劳动债权调查结果，编制债权表。管理人编制的债权表可以按担保债权、劳动债权、税款债权、普通债权等分类记载，并在各类债权下分别记载各项债权的债权人名称、债权申报金额、债权原因、债权审查金额、附条件和附期限债权、尚未确定债权等。有财产担保的债权应当同时列明担保财产的名称。

暂缓审查的申报债权，暂缓事由消除后，管理人应及时作出审查结论，出具审查意见书，并编制债权表。

管理人编制的债权表,由管理人保存,供利害关系人查阅。

第三十三条　债权核查

管理人编制的债权表应提交第一次债权人会议核查。

债务人、债权人对债权表记载的债权无异议的,由人民法院裁定确认。

债务人、债权人对债权表中记载的债权有异议的,管理人经复核,认为异议成立,作出变更原审查结论的复核意见,并修正债权表,提交债权人会议核查。管理人经复核,认为异议不成立,作出维持原审查结论的复核意见,并告知其对复核意见不服有权在合理的期限内向受理破产申请的人民法院提起诉讼;提出异议的债务人、债权人未在合理期限内起诉的,视为该债务人、债权人无异议。

第一次债权人会议后,债权人会议核查债权可以采取下列方式:

(一)在下一次债权人会议召开时,提交债权人会议核查;

(二)通过函件、电子邮件、现场送达等方式将需核查的债权表提供给全体债权人核查,并同时确定提出异议的期限;

(三)通过上传指定网站,并提供下载,将需核查的债权表提供给全体债权人核查,并同时确定提出异议的期限;

(四)其他法律允许的方式。

第三十四条　补充申报债权登记、审查及编制补充申报债权表

管理人对补充申报予以登记造册。补充申报债权经管理人审查后,编制补充申报债权表,并按照本指引第三十三条规定提交给此后的债权人会议核查。

债权人补充申报债权的,应当承担因审查和确认补充申报债权的费用。

管理人编制的补充申报债权表,由管理人保存,利害关系人可以查阅。

## 第五节　财产追索

第三十五条　接收债务清偿或者财产交付

债务人的债务人在人民法院受理破产申请后向管理人清偿债务的,或者债务人的财产持有人在人民法院受理破产申请后向管理人交付财产的,如果管理人已接管债务人财产的,管理人应当及时接收;如果管理人还未接管债务人财产,同时又不具备接受债务清偿或者财产交付条件的,管理人可以要求债务人接收。

管理人接管债务人财产后,应当书面通知债务人的债务人及时向管理人清偿债务;书面通知的内容应当载明:人民法院受理破产申请的时间,债务人的债务人应当清偿的债务金额,限定清偿债务的时间和方式,不清偿债务的法律责任等。管理人接管债务人财产后,应当书面通知债务人的财产持有人及时向管理人交付财产;书面通知的内容应当载明:人民法院受理破产申请的时间,债务人的财产持有人应当交付的财产品名、规格、数量及状况,限定交付财产的时间和方式,不交付财产的法律责任等。

债务人的债务人拒绝向管理人清偿债务或者故意向债务人清偿债务,使债权人受到损失的;债务人的财产持有人拒绝向管理人交付财产或故意向债务人交付财产,使债权人受到损失的,管理人应当代表债务人及时向人民法院起诉。

第三十六条　行使管理人撤销权

人民法院受理破产申请前一年内，涉及债务人财产的下列行为，管理人应予以撤销：

（一）无偿转让财产的；

（二）以明显不合理价格进行交易的；

（三）对没有财产担保的债务提供财产担保的；

（四）对未到期的债务提前清偿的；

（五）放弃债权的。

管理人发现债务人在人民法院受理破产申请前六个月内，已经不能清偿到期债务，并且资产不足以清偿全部债务或者明显缺乏清偿能力，但债务人仍对个别债权人进行清偿的，管理人应书面通知因该个别清偿行为而取得财产的债权人返还财产。但是，个别清偿使债务人财产受益的除外。管理人通知相对人返还财产或者清偿债务，相对人拒绝返还或者清偿债务的，管理人应当及时向人民法院提起诉讼。

可撤销行为损害债权人利益的，管理人应当要求债务人的法定代表人和其他直接责任人承担赔偿责任；债务人的法定代表人和其他直接责任人拒绝承担赔偿责任的，管理人应当及时向人民法院提起诉讼。

第三十七条　追回无效行为涉及的财产

管理人发现债务人为逃避债务而隐匿、转移财产的，或者有虚构债务或者承认不真实债务的情形的，管理人应当要求因该行为而取得财产的相对人返还财产。相对人拒绝返还或者对管理人要求有异议的，管理人应当及时向人民法院提起诉讼。

破产申请受理前六个月内，债务人已经不能清偿到期债务，并且资产不足以清偿全部债务或者明显缺乏清偿能力，但债务人仍与个别债权人以抵销方式对个别债权人清偿，其抵销的债权债务属于下列情形之一的，管理人应在破产申请受理之日起三个月内向人民法院提起诉讼，主张该抵销无效：

（一）债权人已知债务人有不能清偿到期债务或者破产申请的事实，对债务人负担债务的；但是，债权人因为法律规定或者有破产申请一年前所发生的原因而负担债务的除外。

（二）债务人的债务人已知债务人有不能清偿到期债务或者破产申请的事实，对债务人取得债权的；但是，债务人的债务人因为法律规定或者有破产申请一年前所发生的原因而取得债权的除外。

因无效行为损害债权人利益的，管理人应当要求债务人的法定代表人和其他直接责任人承担赔偿责任；债务人的法定代表人和其他直接责任人拒绝承担赔偿责任的，管理人应当及时向人民法院提起诉讼。

第三十八条　追究出资瑕疵民事责任

管理人发现债务人的出资人尚未完全履行出资义务的，管理人应当要求该出资人缴纳应缴纳而尚未缴纳的出资，而不受出资期限的限制；债务人的出资人拒绝缴纳的，管理人应当及时向人民法院提起诉讼。

债务人的出资人出资后又抽逃出资的，管理人应当要求该出资人将抽逃的出资返还；债务人的出资人拒绝返还的，管理人应当及时向人民法院提起诉讼。

第三十九条　追究董事、监事和高级管理人员损害公司利益民事责任

管理人发现债务人的董事、监事和高级管理人员利用职权从债务人处获取非正常收入或者侵占债务人财产的，管理人应当要求该债务人的董事、监事和高级管理人员返还财产或者赔偿损失；债务人的董事、监事和高级管理人员拒绝返还财产或者赔偿损失的，管理人应当及时向人民法院提起诉讼。

第四十条　取回质物、留置物

管理人接管债务人财产后，为了提高债务人财产价值及债权人清偿比例，可以通过清偿债务或者提供为债权人接受的担保的方式，取回质物、留置物。管理人为取回质物、留置物而进行的清偿债务或者提供为债权人接受的替代担保，在质物、留置物的价值低于被担保的债权额时，以该质物、留置物当时的市场价值为限。

第一次债权人会议召开之前，管理人认为有必要通过清偿债务或者提供为债权人接受的担保的方式取回质物、留置物的，管理人应当事先取得人民法院的许可。

第一次债权人会议召开之后，管理人认为有必要取回质物、留置物的，可以通过清偿债务或者提供为债权人接受的担保的方式，取回质物、留置物。管理人应当将相关情况报告债权人委员会；未设立债权人委员会的，管理人应当将相关情况报告人民法院。

第四十一条　将债务人占有的不属于债务人的财产返还权利人

管理人接管债务人财产后，权利人要求管理人返还债务人占有的不属于债务人的财产，管理人经审查确认权利人的要求成立的，应当将该财产返还给权利人。权利人要求取回的财产是债务人合法占有的，管理人有权要求权利人清偿因其取回财产而可能产生的债务。

权利人可以取回的财产在人民法院受理破产申请后因管理人或者相关人员执行职务造成财产灭失或者毁损并构成共益债务的，管理人可以随时清偿权利人的该项债务。

第四十二条　决定在运途中的标的物的交付

人民法院受理破产申请时，出卖人已将买卖标的物向作为买受人的债务人发运，债务人尚未收到且没有付清全部价款的，出卖人可以取回在运途中的标的物；对于出卖人可以取回的在运途中的标的物，管理人认为有必要实际取得的，有权在支付全部价款的条件下要求出卖人交付标的物。

第四十三条　处理抵销权行使

债权人在破产申请受理前对债务人负有债务的，可以向管理人主张抵销。但是，有下列情形之一的，不得抵销：

(一)债务人的债务人在破产申请受理后取得他人对债务人的债权。

(二)债权人已知债务人有不能清偿到期债务或者破产申请的事实，对债务人负担债务的；但是，债权人因为法律规定或者有破产申请一年前所发生的原因而负担债务的除外。

(三)债务人的债务人已知债务人有不能清偿到期债务或者破产申请的事实，对债务人取得的债权，但债务人的债务人因为法律规定或者有破产申请一年前所发生的原因而取得债权的除外。

管理人不得主动抵销债务人与债权人的互负债务，但抵销使债务人财产受益的除外。债权人向管理人提出债权、债务抵销主张的，管理人应当对债权人提出的抵销主张和材料进行审查；经审查对抵销主张有异议的，管理人应当在约定的异议期限内或者自收到主张债务

抵销的通知之日起三个月内向人民法院提起诉讼。

### 第六节　组织债权人会议

第四十四条　制定债权人会议预案

管理人应当协助人民法院做好债权人会议组织工作，并及时制定债权人会议预案。债权人会议预案应包括以下内容：

（一）会议召开时间、地点；

（二）会议主题及议程；

（三）会议召开形式；

（四）与会人员预测；

（五）会场纪律；

（六）维稳、应急方案；

（七）会议筹办机构及分工；

（八）其他事项。

第四十五条　会议召开形式

债权人会议可以采用现场集体讨论的形式，也可以采用非现场书面表决的形式，或采用非现场在最高人民法院全国企业破产重整信息网召集债权人会议进行网上投票表决形式，亦可采用现场集体讨论与非现场书面、在最高人民法院全国企业破产重整信息网进行网上投票表决相结合形式。

第四十六条　债权人会议召开

自债权申报期限届满之日起十五日内应召开第一次债权人会议。管理人应在第一次债权人会议召开前，通过函件、传真、电子邮件、现场送达等方式事先将相关决议事项告知债权人。第一次债权人会议主题及议程如下：

（一）法院案件审理报告；

（二）管理人工作报告；

（三）债务人财产状况报告；

（四）债权人委员会选举；

（五）债权表及债权核查；

（六）债务人财产管理方案审议；

（七）管理人报酬方案通报；

（八）其他事项。

第一次债权人会议后，出现下列情形的，管理人可以向债权人会议主席提议召开债权人会议：

（一）需要债权人会议核查债权表；

（二）需要债权人会议审查通过债务人财产的管理方案；

（三）需要债权人会议决定继续或者停止债务人的营业；

（四）需要债权人会议审查通过破产财产的变价方案；

（五）需要债权人会议审查通过破产财产的分配方案；

(六)需要召开债权人会议讨论决定的其他事项。

第一次债权人会议以后的债权人会议的召开,无论是否由管理人提议召开,均由管理人通知。管理人应当将债权人会议召开的时间、地点、讨论议题和参加会议所需手续材料等,提前十五天通知已知的债权人。会议通知可以采取函件、传真、电子信件、现场送达等安全有效的方式。管理人应当保留相关的会议通知记录。

管理人应当列席债权人会议,向债权人会议报告职务执行情况,回答债权人会议成员的询问。

### 第七节　信息公开

第四十七条　信息公开范围

破产案件信息公开以公开为原则,以不公开为例外。凡是不涉及国家秘密、个人隐私的信息均应依法公开。涉及商业秘密的债务人信息,在不损害债权人和债务人合法权益的情况下,管理人可以通过与重整战略投资人的协议向重整战略投资人公开。

管理人应依法公开破产案件的以下信息:

(一)债务人信息;

(二)征集、招募重整战略投资人的公告;

(三)管理人工作节点信息;

(四)破产程序中管理人发布的其他公告;

(五)管理人制作的破产程序法律文书;

(六)人民法院裁定批准的重整计划、认可的破产财产分配方案、和解协议;

(七)管理人认为应当公开,并经人民法院批准可以公开的其他信息。

第四十八条　全国企业破产重整信息网平台使用

管理人应当通过最高人民法院全国企业破产重整信息网及时公开下列债务人信息:

(一)工商登记信息;

(二)最近一年的年度报告;

(三)最近一年的资产负债表;

(四)涉及的诉讼、仲裁案件的基本信息。

第四十九条　全国企业破产重整信息网公告效力

管理人可以在最高人民法院全国企业破产重整信息网发布破产程序有关公告;管理人在其他媒体发布公告的,同时应在最高人民法院全国企业破产重整信息网发布公告。管理人在最高人民法院全国企业破产重整信息网发布的公告具有法律效力。

## 第四章　重整管理人特殊职责

### 第一节　债务人财产和营业事务管理与监督

第五十条　重整期间

自人民法院裁定债务人重整之日起至人民法院裁定重整程序终止,为重整期间。

第五十一条　重整期间财产和营业事务管理

重整期间，管理人为管理财产和营业事务，可以聘任债务人的经营管理人员负责营业事务。

重整期间，人民法院批准由债务人自行管理财产和营业事务的，已接管债务人财产和营业事务的管理人应当向债务人移交财产和营业事务；没有接管债务人财产和营业事务的管理人应当停止接管债务人的财产和营业事务。债务人自行管理财产和营业事务，管理人应履行对债务人自行管理财产和营业事务的行为进行监督的职责。

第五十二条　财产权利的限制

重整期间，债权人对债务人的特定财产享有的担保权暂停行使；但是，因担保物有损坏或者价值明显减少的可能，足以危害担保权人权利的，担保权人可以向人民法院请求恢复行使担保权。

重整期间，债务人合法占有的他人的财产，该财产的权利人在重整期间要求取回的，应当符合事先约定的条件。

重整期间，债务人的出资人不得请求投资收益分配。重整期间，债务人的董事、监事、高级管理人员不得向第三人转让其持有的债务人的股份，但经人民法院同意的除外。

第五十三条　提请人民法院裁定终止重整程序并宣告破产

重整期间，无论债务人财产和营业事务是否由管理人管理，有下列情形之一的，管理人均可请求人民法院裁定终止重整程序，并宣告债务人破产：

（一）债务人的经营状况和财产状况继续恶化，缺乏挽救的可能性；

（二）债务人有欺诈、恶意减少债务人财产或者其他显著不利于债权人的行为；

（三）由于债务人的行为致使管理人无法执行职务。

## 第二节　战略投资人引入

第五十四条　招募意向战略投资人

管理人可以根据债务人企业的实际情况，决定是否公开招募意向战略投资人。管理人认为有必要，可以通过报纸、网络等媒体公开发布招募意向战略投资人信息。

第五十五条　选定战略投资人

意向战略投资人有两家以上，管理人可以根据战略投资人自身实力、提供的重组条件等因素，合理确定战略投资人，并签订战略投资协议；如果意向战略投资人自身实力、提供的重组条件相当，可以通过竞争性方式选定战略投资人，并签订战略投资协议。

第五十六条　全国企业破产重整信息网重整信息披露

重整战略投资人可以通过最高人民法院全国企业破产重整信息网与管理人互动交流。管理人可以根据与重整战略投资人的协议向重整战略投资人公开下列债务人信息：

（一）资产、经营状况信息；

（二）涉及的诉讼、仲裁案件的详细信息；

（三）重整战略投资人需要的其他信息。

## 第三节　重整计划的制定、通过与批准

第五十七条　提交重整计划草案主体及期限

管理人负责管理债务人财产和营业事务的,自人民法院裁定重整之日起六个月内,管理人应制作重整计划草案并提交人民法院;有正当理由不能在六个月内提交的,管理人可以请求人民法院延期三个月。

债务人负责管理债务人财产和营业事务的,由债务人制作并提交重整计划草案;管理人应对债务人制作重整计划草案提供必要的指导。

第五十八条　重整计划草案的内容

重整计划草案的内容包括但不限于:债务人的经营方案、债权分类、债权调整方案、债权受偿方案、重整计划的执行期限、重整计划执行的监督期限、有利于债务人重整的其他方案、管理人报酬及支付方案,以及可能发生的出资人权益的调整方案等。

第五十九条　沟通谈判

重整计划草案制作过程中,管理人应当充分听取债权人、战略投资人、出资人等相关方的意见和建议,必要时可以召集相关方进行座谈、沟通和讨论,并进行协商谈判。

第六十条　提交人民法院及债权人会议

重整计划草案确定后,应在法定期限内提交人民法院、债权人委员会审查,并按照人民法院要求进行调整、修正。

重整计划草案在提交债权人会议表决前,管理人应通过信件、传真、电子邮件、最高人民法院全国企业破产重整信息网发布、当面递交或其他有效的方式向债权人、战略投资人、出资人及其他利害关系人送达。

管理人应当向债权人会议就其制作的重整计划草案作出书面或者口头说明,并回答债权人的询问。

第六十一条　重整计划表决

债权人会议对重整计划草案的表决,按照担保权债权组、劳动债权组、税收债权组、普通债权组分组进行;经人民法院决定,普通债权组中可以分设大额债权组和小额债权组,对重整计划草案分别进行表决。出席债权人会议的同一表决组的债权人过半数同意重整计划草案,并且其所代表的债权额占该组债权总额的三分之二以上的,即为该表决组通过重整计划草案。

重整计划草案涉及债务人的出资人权益调整的,应当设出资人组,对重整计划草案进行表决;债务人出资人组按照相关法律规定及债务人章程中规定的表决程序对重整计划草案进行表决。

部分表决组通过重整计划草案的,管理人可以同未通过重整计划草案的表决组协商,也可以对重整计划草案中的相关内容进行调整,但此项调整不得损害其他表决组债权人的利益。无论管理人是否对草案中的相关内容进行调整,未通过重整计划草案的表决组在协商后可以再表决一次。

第六十二条　重整计划批准

各表决组均通过重整计划草案的,重整计划即为通过。管理人应当在重整计划通过后

的十日内，向人民法院提出批准重整计划的申请。

部分未通过重整计划草案的表决组拒绝再次表决，或者再次表决后仍未通过重整计划草案的，只要重整计划草案符合下列各项条件，管理人就可以申请人民法院直接批准重整计划草案：

（一）按照重整计划草案，对债务人的特定财产享有担保权的债权，就该特定财产将获得全额清偿，其因延期清偿所受的损失将得到公平补偿，并且其担保权未受到实质性损害，或者该表决组已经通过重整计划草案；

（二）按照重整计划草案，劳动债权、税款债权将获得全额清偿，或者相应表决组已经通过重整计划草案；

（三）按照重整计划草案，普通债权所获得的清偿比例，不低于其在重整计划草案被提请批准时依照破产清算程序所能获得的清偿比例，或者该表决组已经通过重整计划草案；

（四）重整计划草案对出资人权益的调整公平、公正，或者出资人组已经通过重整计划草案；

（五）重整计划草案公平对待同一表决组的成员，并且所规定的债权清偿顺序，符合《中华人民共和国企业破产法》第113条有关债权清偿顺序和同一顺序债权按比例清偿的规定；

（六）债务人的经营方案具有可行性；

（七）重整计划草案涉及行政许可事项的，债务人或管理人已取得相关行政机关的书面许可意见。

## 第四节　重整计划执行监督

第六十三条　财产和营业事务移交

已接管债务人财产和营业事务的，管理人应当在人民法院裁定批准重整计划后十日内，向债务人移交财产和营业事务。

第六十四条　重整计划执行监督

重整计划由债务人负责执行。重整计划执行中需要人民法院协助执行的必要事项，管理人可以向人民法院提出申请，请求人民法院裁定予以协助执行。

管理人在重整计划期间应履行监督职责，管理人的监督职责主要包括：

（一）制定监督计划并提交人民法院。监督计划应明确债务人的报告事项、报告时间和管理人的监督方式、监督事项。

（二）按监督计划要求债务人报告重整计划的执行情况和债务人的财产状况。

（三）发现债务人有违法或不当情形时，及时加以纠正。

（四）需要延长重整计划执行监督期限时，申请人民法院予以延长。

（五）监督期限届满时，向人民法院提交监督报告。

重整计划执行完毕后，管理人终止执行职务。

第六十五条　终止重整计划执行

债务人不能执行或者不执行重整计划的，管理人应当及时请求人民法院裁定终止重整计划的执行，并宣告债务人破产。

人民法院因债务人不能执行或者不执行重整计划而裁定终止重整计划执行的，债权人在重整计划中作出的债权调整的承诺失去效力;债权人因重整计划所受的清偿仍然有效,债权未受偿部分作为破产债权,但该债权人只有在其他同顺位债权人同自己所受的清偿达到同一比例时,才能继续接受分配;为重整计划的执行提供的担保继续有效。

第六十六条　重整计划执行变更

重整计划执行中发生变更的,涉及债权人清偿比例调整和债务人投资及经营管理等重大事项时,管理人应当提请召开债权人会议,就变更事项进行表决。

## 第五章　和解管理人特殊职责

第六十七条　和解协议认可与财产及营业事务移交

人民法院裁定认可和解协议后,管理人应当将已接管的财产和营业事务移交给债务人,并向人民法院提交执行职务的报告。

人民法院裁定认可的和解协议执行完毕后,管理人终止执行职务。

第六十八条　终止和解协议

债务人不能执行或者不执行和解协议的,人民法院经和解债权人请求,应当裁定终止和解协议的执行,并宣告债务人破产。

人民法院裁定终止和解协议执行的,和解债权人在和解协议中作出的债权调整的承诺失去效力。

人民法院裁定终止和解协议执行的,债权人已受清偿的部分仍然有效,未受清偿部分作为破产债权;但该债权人只有在其他同顺位债权人同自己所受的清偿达到同一比例时,才能继续接受分配。

人民法院裁定终止和解协议执行的,为和解协议的执行提供的担保继续有效。

## 第六章　破产清算管理人特殊职责

### 第一节　破产财产变价

第六十九条　破产财产变价方案制定

人民法院裁定宣告破产后,管理人应当根据财产性质、状况等及时拟订破产财产的变价方案。破产财产变价方案应兼顾如下原则:

(一)处置价值最大化原则;

(二)降低交易成本原则;

(三)公平、公正、公开,杜绝权力寻租原则;

(四)提高处置效率原则。

破产企业可以全部或者部分变价出售;企业变价出售时,可以将其中的无形资产和其他财产单独变价出售;按照国家规定不能拍卖或者限制转让的财产,应当按照国家规定的方式处理。

除非债权人会议另有决议,财产变价应当依据《中华人民共和国企业破产法》的规定采用公开拍卖的方式,并依据《厦门市中级人民法院关于破产程序中委托审计、评估、拍卖等中介机构的规范(试行)》的规定,通过人民法院网络拍卖平台公开拍卖;拍卖中的有关事项,依据有关网络拍卖的规定执行。

第七十条　破产财产变价方案表决

管理人拟订的破产财产变价方案,应当提交给债权人会议讨论。出席债权人会议的有表决权的债权人过半数通过,并且其所代表的债权额占无财产担保债权总额的二分之一以上的,破产财产变价方案即为通过。债权人会议没有通过的,管理人可以提请人民法院裁定认可。

第七十一条　破产财产变价方案实施

管理人应当根据债权人会议通过或者人民法院裁定认可的破产财产变价方案,适时变价出售破产财产。

## 第二节　破产财产分配

第七十二条　破产财产分配方案制定

破产财产的分配应当以货币分配方式进行,但债权人会议另有决议的除外。管理人应当根据破产财产变价的实际情况及时拟订破产财产分配方案。破产财产分配方案的内容包括但不限于下列事项:

(一)参加破产财产分配的债权人名称或者姓名、住所;

(二)参加破产财产分配的债权额;

(三)可供分配的破产财产数额;

(四)破产财产分配的顺序、比例及数额;

(五)实施破产财产分配的方法。

第七十三条　担保债权清偿

对特定破产财产享有担保权的债权的分配,不列入破产财产分配方案。设定担保的破产财产的变价所得,直接优先用于对该财产享有担保权的债权的受偿。

设定担保的破产财产的变价所得,大于该财产上担保债权金额的,大于部分用于无财产担保债权的分配。

设定担保的破产财产的变价所得,小于该财产上担保债权金额的,不足受偿的债权作为无财产担保债权参加分配。

对特定财产享有担保权的债权的债权人放弃其优先受偿权利的,其债权作为无财产担保债权参加分配。

第七十四条　破产财产分配方案表决

管理人拟订的破产财产分配方案,应当提交债权人会议讨论通过。出席债权人会议的有表决权的债权人过半数通过,并且其所代表的债权额占无财产担保债权总额的二分之一以上的,破产财产分配方案即为通过。

债权人会议通过破产财产分配方案的,管理人应当提请人民法院认可;债权人会议没有通过的,管理人可以提交债权人会议二次表决,债权人会议二次表决仍不通过或者拒绝表决的,管理人可以提请人民法院裁定认可破产财产分配方案。

第七十五条　破产财产分配方案执行

债权人会议通过或者人民法院裁定认可的破产财产分配方案,由管理人执行。

管理人按照破产财产分配方案实施多次分配的,应当公告本次分配的财产额和债权额。管理人实施最后分配的,应当在公告中指明,并载明所提存分配额在最后分配公告日的交付或者分配情况。

破产财产分配时,对于诉讼或者仲裁未决的债权,管理人应当将其分配额提存。自破产程序终结之日起满二年仍不能受领分配的,由人民法院将提存的分配额分配给其他债权人。

附生效条件或者解除条件的债权,管理人应当将其分配额提存。在最后分配公告日,债权生效条件未成就或者解除条件成就的,管理人应当将提存的分配额分配给其他债权人;在最后分配公告日,债权生效条件成就或者解除条件未成就的,管理人应当将提存的分配额交付给债权人。

债权人未受领的破产财产分配额,管理人应当提存。债权人自最后分配公告之日起满二个月仍不领取的,视为债权人放弃受领分配的权利。管理人或者人民法院应当将提存的分配额分配给其他债权人。

### 第三节　终结破产程序及注销登记

第七十六条　终结破产程序

破产人无财产可供分配的,管理人应当提请人民法院裁定终结破产程序。

管理人在破产财产最后分配完结后,应当及时向人民法院提交破产财产分配报告,并提请人民法院裁定终结破产程序。

第七十七条　注销登记

管理人应当自破产程序终结之日起十日内,持人民法院终结破产程序的裁定,向破产人的原登记机关办理注销登记;必要时可以请求人民法院向破产人的原登记机关发出协助执行通知书,办理注销登记。

## 第七章　管理人终止执行职务

第七十八条　管理人终止执行职务情形

破产程序出现下列情形,管理人可以终止执行职务:

(一)重整案件人民法院裁定批准的重整计划执行完毕;

(二)和解案件人民法院裁定认可和解协议,并终止和解程序;

(三)破产清算案件因债务人财产不足以清偿破产费用,或者因破产人无财产可供分配,或者因破产财产分配完结,人民法院裁定终结破产程序的,管理人已在人民法院裁定终结破产程序的十日内,持人民法院终结破产程序的裁定,向债务人或者破产人的原登记机关办理注销登记,但存在诉讼或者仲裁未决情况的除外;

(四)人民法院受理破产清算申请后、宣告破产前,因第三人为债务人提供足额担保或者为债务人清偿全部到期债务的,或者因债务人已清偿全部到期债务的,或者债务人与全体债权人就债权债务的处理自行达成协议的,人民法院裁定终结破产程序;

(五)人民法院受理破产申请后,债务人与全体债权人就债权债务处理自行达成协议并经人民法院裁定认可。

第七十九条　终止执行职务及审计

管理人具备终止执行职务情形，应向人民法院提交管理人执行职务报告或重整计划执行监督报告，并对未了事项作出详细说明；如人民法院认为需进行管理人离任审计的，管理人应予以配合。

第八十条　管理人账户销户、印章销毁

管理人终止执行职务后，管理人应当及时办理管理人银行账户的销户手续；并应当将管理人印章交公安机关销毁，同时将销毁的证明送交人民法院。

## 第八章　附则

第八十一条　档案管理

管理人应建立并完善破产案件档案管理制度，对破产案件办理过程中形成的或接管的文件、资料等进行妥善保管。

第八十二条　档案保管费用

如果管理人接管的债务人或者破产人的账簿、文书等档案资料，在管理人终止执行职务后无法移交而仍需要保管的，管理人可以预留相应的破产费用，以支付债务人或者破产人的账簿、文书等档案资料的保管费用。

第八十三条　管理人责任

管理人没有勤勉尽责、忠实执行职务，给债权人、债务人或者第三人造成损失的，管理人依法承担赔偿责任。

第八十四条　强制清算程序准用

企业强制清算案件中的有关工作参照本指引执行。

第八十五条　试行时间

本指引自二〇一六年十二月十七日发布之日起试行。

# 以破产法思维推动金融不良资产的创新处置

叶佳昌* 林志佳**

## 引 言

从2017年7月召开的全国金融工作会议到党的十九大报告，再到2018年年初的中央经济工作会议以及7月初新一届国务院金融稳定发展委员会成立并召开会议，“如何打好防范化解系统性金融风险攻坚战”、实现“三个良性循环”已被作为中央与地方各级政府及金融业重点研究部署、加强监管治理的核心议题之一。

在“严监管、去(稳)杠杆”的金融风险防控高压政策下，包括银行业、保险业、证券业、信托业等在内的金融行业罚单频传，一系列市场乱象被加以整治，国家金融形势和风险实现总体稳定、可控；然而，随之爆发和衍生出来的就是大量的国有“僵尸企业”和民营危困企业通过破产清算或破产重整等程序予以处置，形成所谓的“破产倒闭潮”，金融机构不良贷款率和不良资产供给数量和规模也由此继续升高。

根据最高人民法院通报破产审判工作情况的统计数据，2016年度和2017年度全国法院系统新收企业破产申请审查、破产案件数量约为5665件和9542件，较上一年度同比上升53.8%①和68.4%②，增幅明显。

而从近年来公布的国内商业银行不良贷款情况来分析，商业银行不良贷款余额从2015年末的12744.00亿元，到2016年年末、2017年年末及2018年5月末分别增至15123.00亿元、1.71万亿元和1.90万亿元，增长近50%；不良贷款率也从2015年年末的1.67%，增至2017年年末的1.74%和2018年5月末的1.90%。此外，根据监管层的最新要求，商业银行通过原有的理财、资管、信托、平台包受托处置等多层嵌套或通道隐藏不良贷款及虚假出表等问题，也被监管层严查和禁止；同时，商业银行对逾90天以上的贷款也被要求在贷款五级分类中至少计入不良贷款的次级类，而非此前划归关注类。由此可见，监管层对不良贷款口径确认趋严，整治力度加大，商业银行的不良贷款数额加速上升，贷款损失准备计提比例也大幅提高，最终也迫使银行业金融机构将下决心和资源投放加大不良贷款的处置力度和模式创新。

---

* 叶佳昌，福建联合信实律师事务所高级合伙人，电邮：yjc@lhxs.com。

** 林志佳，福建联合信实律师事务所律师，电邮：lzj@lhxs.com。

① 详见最高人民法院官网：《最高人民法院通报破产审判工作情况》，2017年2月25日，http://www.court.gov.cn/zixun-xiangqing-36762.html。

② 详见法制网：《全国法院审结破产案件增长逾七成》，2018年3月7日，http://www.legaldaily.com.cn/index/content/2018-03/07/content_7489665.htm? node=20908。

## 一、银行业金融机构的地位与作用

金融是国家重要的核心竞争力，是现代经济的核心。我国的金融机构，特别是银行业金融机构，在经济贸易全球化、改革开放和市场经济发展过程中一直发挥着重要和主导的作用，推动一大批实体企业，特别是优质民营企业做大做强，助力其健康发展。

银行业金融机构对企业部门和实业经济的促进作用，是实现资源有效配置的重要支撑。在政府、企业和居民住房个人这三大国民经济基本部门中，实体企业发展对银行信贷支持的依赖度和需求最为强烈。实体经济是金融发展的根基，服务实体经济是金融的根本。银行业金融机构通过优质的金融服务，协助企业补足融资短板，助力经营发展和投资并购，高效对接资本市场。实体企业在获得信贷支持而高速发展的同时，也为银行业金融机构带来了较高的收益和回报。

而在困境企业债务危机中，金融机构往往都是处于最为核心和主要的地位，在股权融资路径和规模不足的情况下，无论是源于抵押或质押的担保贷款，抑或其他给予流动性支持的信用贷款或者保证贷款，金融债权的数额在正常企业或困境企业的整体负债中占比都相对较高。杠杆水平的提高使得企业进入信贷市场变得更加容易，反过来也造就了整体信用度的恶化①。银行业金融机构虽然较早介入实体企业的创业发展，为实体企业的快速扩张和经营效益起到了重要的作用，但同时也是困境企业在市场环境恶化、经济刺激萎缩、信贷支持回紧、担保条件调整等变化之后形成“短贷长投、过度投融资、交叉互保”等病症的主要成因。

让金融回归本源，服务好实体经济，服从服务于经济社会发展，是当前做好金融工作的重要原则。金融杠杆率或企业杠杆率，都要有一定的可持续性，金融去杠杆要有一定的破产率，应当面对和接受杠杆率的“破产法思维”。我国经济学家李稻葵在2017年6月大连达沃斯论坛上曾表示，“经营不善的高杠杆率企业该退出的要退出，该资产重组的企业要尽快重组，该破产的尽快破产，这是最关键的；金融去杠杆拿捏好度，最关键是要有一定的破产率，多了不成，多了肯定不合适，引起资金供应链的连锁反应，会引起恐慌，少了也不灵”。② 因此，我国的银行业金融机构确实有必要思考，如何在新时期下确定和落实金融信贷领域的“结构性去杠杆”要求，如何优化金融不良资产的处置模式，以及如何运用破产法思维。

## 二、破产法市场化、法治化实施的大趋势

破产法是信用经济的基础，并为经济发展提供了风险分担的基本法律规则③。2015年的中央经济工作会议公报指出，“中国要依法为实施市场化破产程序创造条件，加快破产清算案件审理”。《中华人民共和国企业破产法》自2007年施行至今也已十年有余，最高人民

---

① 杨芳：《李稻葵：金融去杠杆要有一定破产率，多了不成少了不灵》，http://finance.ifeng.com/a/20170628/15492443_0.shtml。

② ［美］马丁·J.惠特曼、费尔南多·迪茨：《不良资产投资：理论与方法》，郑磊译，上海财经大学出版社2017年版，第6页。

③ 贺丹：《市场化的破产法与破产法的市场化》，载《人民法治》2017年第11期。

法院多次发文强调，各级法院要积极受理破产案件，不得在法律之外设置破产案件受理条件；同时要努力解决破产案件受理与审理中的难题，如继续全面建立破产专业审判庭、解决审判力量不足和专业能力提高问题，解决破产案件审判人员工作业绩的合理考核问题，解决破产费用保障问题，等等①。同时，破产重整制度在司法实践中不断得到应用，成为挽救危困企业、促进企业再生的重要制度选择，在维护市场经济秩序健康发展和推动供给侧结构性改革方面发挥了重要作用。

可以说，我国的破产法实践，已经从原来的政策性破产，政策指令、行政干预居多，法院既当裁判员又做运动员的复合功能，逐步发展到现在的破产法普遍实施，并朝着破产法“市场化、法治化”的全面实施有序发展。与此同时，各级政府也更加重视依法依规开展破产和防控处置，通过“府院联动协作”推动行政权与司法权的衔接，力求在破产法之外更好地发挥其社会维稳、调整和辅助作用。近年来，国内的强制清算和破产案件无论在数量上还是在质量上都在不断刷新纪录，破产法的市场化、法治化、常态化实施进程不断提速，破产机制所产生的经济社会效果和破产法价值，尤其是破产清算制度的出清功能和破产重整制度的拯救功能，也随之不断凸显和被诸多债权人、债务人、投资人及地方政府所接受。

随着破产审判专业化水平和队伍建设的推进，管理人履职能力和素养的提高，以及政府和法院的主要管理者对破产法认识和践行力度的加大，破产审判、破产管理及破产协作逐步迈向专业化和常态化；而随着通信科技、互联网技术在破产审判规范、信息共享、破产项目管控、债权人会议召开、表决统计、破产财产处置等方面的大量应用，破产法实践的信息化也在逐步完善和提质。《企业破产法》对维护公平与效率、保障知情权与参与权、支持监督与制衡等也随之发生了质的飞跃。

同样，在破产法市场化、法治化、常态化实施的进程中，银行业金融机构已经不可避免地面临和应对大量的清算案件或破产案件。因此，银行业金融机构既有必要充分了解破产重整或和解的拯救功能，识别到好司法重整区别于庭外债务重组的优势，适时关注困境企业或困境资产潜在的重整或有效营运价值，针对困境企业债务危机的发生或资产困境寻找真正的“病因”及“解困”良策，同时也引导困境企业做好“加减乘除”和有效治理，集法律、金融、治理及行业等资源助力实体企业的再造和重生。

同时，银行业金融机构也应当重视破产清算的出清功能，发挥破产相对于诉讼执行的优势，解决债权清偿的公平分配和效率，执行难和周期长等问题，依法实现及时清偿和债权回收，并且推动土地厂房、技术、信贷、劳动力等生产要素或资源的合理配置，实现我国当前金融信贷领域去产能、去库存和“结构性”去杠杆，有效推进供给侧结构性改革的治理目标。

## 三、金融不良资产的创新处置

考虑到金融不良资产处置的现实需求，银行业金融机构在新时期下也不断在优化和更新处置模式。如何提高金融不良资产处置的效果和效率，如何从成本中心转化为利润中心，如何通过金融科技、资源整合等方法解决处置难题，都是金融机构处置部门或资产（保全）管理中心的关注重点。

---

① 王欣新：《论破产法的市场化实施》，载《人民法院报》2017年12月6日。

金融不良资产的处置模式，实际上从传统上主要关注诉讼执行、批量转让的处置清收，如业界俗称"打折、打官司、打包"的三打模式，逐渐转换到债务或资产重组、租赁、资产置换、受托处置，再到目前流行的市场化债转股、不良资产证券化、银政企合作和破产重整或和解等新型模式或组合，都体现出本轮经济逆周期的市场环境、金融严监管、乱象治理政策给金融不良资产风险管理带来的巨大压力和处置要求。

在破产浪潮下，银行业金融机构应当摒弃"谈破色变"的思维，正确意识到"破产法市场化、法治化实施"的大趋势，将破产清算或重整等作为解决金融不良资产处置的有效工具，而非作为被动面对的障碍和困难，主动参与、积极应对和适时优化。有鉴于此，笔者认为以破产法思维推动金融不良资产的创新处置，尤显必要。具体而言，笔者结合在金融不良资产处置和破产实务中的法律服务经验和理解，提出如下几点建议：

1.就破产程序与执行程序比较而言，资产的整体处置往往可以获得更优的对价，破产程序往往可以相对简易且合法地排除债务人、债权人及其他第三方对诉讼或执行程序造成的不当干扰和障碍，改变轮后查封、异地查封难、执行难的劣势和困境。要充分理解和运用破产法思维来解决诉讼执行难给金融不良资产处置带来的问题，转换跑道加快金融不良资产的处置和回收。因此，银行业金融机构要敢于及时启动和推动直接向破产受理法院提出针对困境企业的破产清算或破产重整申请，或通过强制清算申请、强制清算转破产、执行转破产等方式，来加速推动困境企业的资产债务整体处理和金融不良资产处置。

同时，考虑到《破产法》第31条和第32条的规定，银行业金融机构还应充分重视管理人行使撤销权的界限，避免无法针对债务人企业在破产申请受理前的法定除斥期间内的欺诈性转让行为、提前清偿、个别清偿等偏颇清偿行为或不当行为①及时采取法律救济。对于最高人民法院"会议纪要"及各地破产实践关注和出现的关联企业破产问题，银行业金融机构有必要结合相关法律规定研究论证是否构成适用实质合并规则以及合并破产后的效果，以保障包括银行业金融机构享有的金融债权在内的整体债权回收实效的最大化。例如，在广东嘉粤集团有限公司等34家公司破产重整一案中，中国信达资产管理股份有限公司广东省分公司就主动参与论证，最终选择通过破产重整加合并破产的方式，以36.65亿元接盘嘉粤集团等企业及资产，并作为嘉粤集团全资母公司和债权人，继续开发嘉粤集团名下的土地，避免嘉粤集团陷入破产清算境地，纾解了地方金融困局②。

2.对于已经参与破产程序的银行业金融机构而言，笔者建议其可以更加主动参与其中和行使权利。除了目前较多金融机构普遍提出争取担任债权人会议主席或债权人委员会委员的要求，也有必要对债权人委员会的设立与有效运作，还可以对是否设立债委会、债委会的议事规则、授权范围和人员组成是否具有代表性、前瞻性、管理人工作的报告和问询、继续营业事务的判断、债务人财产管理方案、变价方案及破产财产分配方案的制订、更换管理人或审计评估机构、困境企业的重整价值与可行性评估、重整计划草案或和解协议设计的论证、对债务清偿及经营方案、公司治理架构等进行论证与博弈。再如，中国长城资产管理公

① 齐明：《中国破产法原理与适用》，法律出版社2017年版，第86～90页。

② 段莹：《并购重组技术在不良资产盘活领域的选择与运用》，载中国东方资产管理股份有限公司编：《特殊机会投资之道——金融资产管理公司法律实务精要》，北京大学出版社2018年版，第60页。

司于2014年在收购多家银行不良资产包的过程中，发现传统的诉讼追偿、债务重组、追加投资等方式均难以适用，经主动参与和研究论证，最终设计出通过"整体破产重整及资产重组"的司法路径和行业整合方案来实现超日公司债务危机的解决，保障了中小投资者及银行债权，成功整合了光伏行业资源，获得国内外广大投资者的高度认可，这也是国内金融资产管理公司第一次系统性介入上市公司的破产重整，实现了债务人、重组方、投资者、债权银行等各方多赢的良好效果。①

在权利行使方面，对于法律赋予的知情权、异议权、表决权和监督权，银行业金融机构应当同样重视。如前所述，关于破产申请受理后管理人针对债务人企业的资产调查、债权核查、审计评估、资产追索等方面的进展，银行业金融机构可以与管理人或债权人委员会的成员或代表沟通了解，对存疑的债权申报或权益主张要及时与管理人沟通、提供线索或依法提出异议；同时，对于需要债权人商讨、决策和审议表决的事项，银行业金融机构也要及时和善于投票，并重视投票表决前的协商和汇报，避免最终影响、不当阻碍破产审理进程和债权回收；最后，在权益保护方面，银行业金融机构也可以结合法律规定和实际情况，对于应当及时实现的抵（质）押权的优先受偿、破产抵销权、取回权等自益权利，或者在管理人履行撤销权、确认无效、资产调查和追回等方面涉及整体债权人的共益环节，也应充分关注和督促管理人依法妥善处理和履职。在2017年的东北特钢破产重整一案中，中国银行牵头的金融机构债权人委员会就创新性地聘请律师事务所担任专项法律顾问，建立联合工作组机制，就破产重整中的金融债权权益维护、重整计划的制定、重整投资人的遴选和协商谈判等方面全面参与和介入，维护包括金融债权在内的广大债权人的权益，推动了破产重整程序的顺利进行，起到了良好的示范效果。

3.建议银行业金融机构可以尽可能提前介入关注类信贷业务的管理和处置，建立和健全分类评估、预警处置等处理机制，在涉及重大项目、重点企业的金融不良贷款处置时，多与政府、法院沟通汇报，寻求合法可行的应急措施或解决方案，协助企业提前就重组架构及后续经营方案进行论证或测算，积极引入有经济实力和行业经验资源的战略投资者或重组方，避免该部分风险企业或风险资产在危机解决后发生"二次"不良。必要时，笔者建议银行业金融机构或银行业协会，和当地的律师协会破产重组委员会或破产管理人协会等机构或法律、财务从业人员，研究会商符合法律规定和当地司法实践的重组重整方案和协作机制。此外，还可以尝试与上市公司、从事不良资产处置的资产管理公司、关注产业链布局或行业细分的产业投资基金等开展创新性的银企协作，或充分运用法院系统"立审执破全覆盖"的司法政策，在立案、审理、执行等环节支持和推动符合实质破产条件和要求的系列案件或重大案件直接通过破产程序加速解决，优化金融不良资产处置。

4.建议银行业金融机构适时选择和优化处置方式，对于近年来逐步被接受、认可和推行的"预重整"制度或庭外重组与司法程序的有序衔接，应当给予重点关注和政策支持。通过在庭外对债务人企业的资产债务等状况进行清理调查，论证重整价值和经营方案的可行性，将债权债务清理、恢复经营及招募战投等工作同时开展，在结合推动并购贷款、引入优质资

① 段莹：《并购重组技术在不良资产盘活领域的选择与运用》，载中国东方资产管理股份有限公司编：《特殊机会投资之道——金融资产管理公司法律实务精要》，北京大学出版社2018年版，第64页。

产、完善资源整合、加强公司治理等行业解决方案和管理措施，适时对接重整或和解等司法程序，保障债务企业在通过重整拯救后能够快速复苏和稳健发展。在处置方式上，还可以有效结合投行思维和互联网科技，综合运用系统的资本经营意识、信贷支持和产业资源，促进资金端和资本段的优势互补，推动资源整合；同时运用现代化的科技发展在困境企业或困境资产的价值评估、招商、高效处置等方面的优势，实现良好的资产营运效果和债权回收效益。

## 结　语

总体而言，在“严监管、去（稳）杠杆”的金融风险防控高压政策背景下，金融不良资产处置面临创新处置的现实需求和巨大压力。在新时期下，如何有效运用破产法思维，并结合互联网科技与投行思维，推动盘活困境资产、揭示和挖掘资产价值，最终实现资产营运效果和债权回收效益双提升的目标，值得银行业金融机构和法律从业者深思。因此，银行业金融机构应把握正确心态和市场趋势，克服层层困难和机制障碍，敢于创新，与时俱进，让金融债权在经济结构调整和司法改革进程中发挥其应有的支持和引领作用，让金融回归本源，服务实体经济健康发展，实现良性循环。

# 致破产程序中银行业金融机构的建议函

叶佳昌 *

**尊敬的银行业金融机构：**

很感谢能够有此机会，通过本文与国内相关银行业金融机构对破产程序中的金融债权保护、限制和处置等相关问题进行沟通交流。

实证分析表明，金融贷款一直以来都是企业融资，特别是中小型企业融资的主要渠道。改革开放以来，我国的银行业金融机构，通过信贷支持、财务顾问以及其他综合性金融服务方案等方式，为广大企业的发展壮大做出诸多贡献，这点大家是有目共睹的。但在近年来经济新常态的环境下，国内许多企业，特别是制造业，因为产能过剩、过度融资、过度竞争、成本税赋增加、互保联保、管理失控等问题陷入困境和财务危机。许多企业难以为继，面临停产裁员、倒闭破产，全国各地"倒闭潮""破产潮"正在形成并有扩大之势。

在此态势下，银行往往成为困境企业的最大债权人或主要债权人，很多情况下还拥有对困境企业具有较大价值资产的优先权，在企业整体债权或者担保债权组中占有较大比重，在债权结构中具有举足轻重的作用，乃至拥有对重整计划草案一票否决的权利。许多困境企业最终能否得以涅槃重生，与困境企业金融债权方的参与和配合、理解与支持息息相关。

目前，无论是地方政府、人民法院还是破产管理人，基本上都会通过金融债权协调会、债权人会议、座谈会等方式，多形式多渠道与金融债权方进行积极的沟通，寻求依法稳妥保障其正当的债权利益。在破产程序中，对于困境企业是否涉嫌恶意逃废银行债务以及申报债权涉及的资金去向等问题，实际上已经纳入破产管理人的核查要点当中。对于困境企业或其股东、实际控制人恶意逃废银行债务的行为，依法移交公安机关，严厉打击和防范。笔者任职的福建联合信实律师事务所，在担任破产管理人或提供清算及破产法律服务时，也都在一直寻求与各地金融债权方保持良性的沟通和交流，尽力争取相关方案建议能够获得金融债权方的支持和理解，希冀能够与金融债权方共同商定困境企业的处置策略、重整重组计划以及重整后的融资支持方案等。

通过破产程序中不同角色之间的沟通和交流，金融债权方进一步获悉破产程序和实务的具体情况，理解地方政府、人民法院、破产管理人、债权人等在破产程序中的各自角色、职责和作用，更加了解困境企业的财务状况和债权债务状况，为其判断困境企业是否具备再生价值以及重整计划草案等是否符合保障金融债权之要求提供了考察和审议依据，最终引导金融债权方理解和支持困境企业的重整重组方案。

虽然我们确实看到，银行近年来已经积极参与困境企业的破产程序，如参与核查债权、主动要求担任债权人委员会委员或债权人会议主席，对清产核资专项审计与评估报告进行

---

* 叶佳昌，福建联合信实律师事务所高级合伙人，电邮：yjc@lhxs.com。

审查、对破产财产变价分配方案或重整计划草案提出表决意见等;但实际上许多银行限于对破产法和破产程序的理解和认识程度等问题,并未主动推进和深入研究。比如,主动提起清算重整申请,协同完善破产财产的管理和追索,进一步发挥债权人委员会的议事和监督功能以及持续参与破产管理、重整计划的监督等,但仍有诸多可以提升改进之处。

同时,在工作开展和研讨交流的过程中,仍然感到,许多基层银行维权部门较为分散,信贷部门、法务部门、资产管理或处置部门均有不同程度参与,缺乏协同机制;部分银行人员乃至主管对破产法的认识和运用还存在一定的误区和不足,仍未能妥善行使相应的权利。部分银行受个人意志结效考核、决策体制、授权不足、自利主义等因素制约,无法或者不愿迅速、有效解决和推进破产程序中相关事项的审议和表决问题。对于涉及金融债权的清偿调整方案以及重整经营方案的设计等部分,许多银行与管理人、原出资人或战略投资人仍然缺乏良好的沟通协调,表决权无法得到有效行使,导致破产管理人提出的相关重整重组方案和建议在沟通、汇我以及意见征集等方面不通不畅,无形中延缓乃至扼杀了困境企业重生的时机与机会。

为了维护经济金融秩序,推进破产实务工作的开展,支持实体经济发展,结合笔者在清算及破产领域的工作经验和粗浅理解,笔者在此大胆向破产程序中相关银行业金融机构提出以下建议:

(1)建议银行业金融机构及时组织决策层及相关部门,积极学习和理解破产法律法规和实务操作,重点研究金融债权在破产潮中如何寻求有效保障和积极应对。加强学习的针对性,是提升解决问题能力的基本方法。破产程序中依法保障金融债权,对破产法理论与实践的学习和研讨必不可少。建议银行业金融机构邀请优秀和富有处理经验的学者、律师、会计师或法官开展培训和交流,或者积极参与相关论坛与研讨会。值得赞许的是,笔者在此前参加的国内破产法培训以及新近举办的厦门第一届破产法研讨会上,都能见到许多银行、资产管理公司人员的身影。他们除了关注基础破产法律知识和实操问题以外,还积极与专家学者、从事破产管理的律师、会计师以及相关审判人员交流,甚至参与到破产法理论与实践的发展趋势研讨当中。

随着本轮破产潮在未来几年的持续扩大以及后续大量“执转破”案件的推进,银行势必面临数量更多、更为频繁的清算与破产案件的处理。如果无法正确理解和运用破产法律知识和应对策略,银行更多的还只是被动参与,而非主动推进。中国银行业协会首席法律顾问卜祥瑞先生在《破产程序中的银行债权保护问题》一文中,强调了银行如何维权和规则如何改进等实质问题,提出善于运用破产申请权、充分运用异议权、明确行使优先受偿权、主动学会撤销权等各项权利,也提出“银行需要有效行使表决权”的意见,可资借鉴和学习。

(2)建议银行业金融机构正确面对金融债权的保护与限制的平衡问题,综合各种金融工具支持具有再生价值的困难企业走出困境。我们已经注意到,许多破产学者以及破产管理人都十分关注破产程序中的金融债权或者担保债权的保护与限制问题。在笔者看来,对于困境企业金融债权的保护,应当结合企业的实际财务状况和重生价值来看,不能仅从自利主义出发一味要求完整保护金融债权而损害整体债权利益。对金融债权或担保债权进行必要限制和调整,实际上是对金融债权秩序的保护,更是银行业金融机构响应支持实体经济发展、践行社会责任的体现。对普通债权中的金融债权,应结合困境企业的财务状况以及清算状态下的清偿率预测分析等因素综合判断重整方案是否公平合理。笔者建议，金融债权方在重整重组方案的设计中，应当积极沟通，对重整重组方案中的清偿办法、补偿条件和救济措施等提出合理可行的要求，在面临金融债权协调乃至强制批准时积极参与，及时提出意见或推动异议听证，综合平衡金融债权的保护与限制等现实问题。

同时，金融债权方还可以因企施策、善用时间换空间战略，积极参与困境企业的重整重组，如协商债权分期延期偿还、引入替代性担保或保证、与资产管理公司或地方政府投资机构协商债权转让或配合处置不良资产、为战略投资人提供并购贷款、债转股、资产证券化、组建银团贷款、建立联合授信机制或封闭式融资等，依法有序保障金融债权、化解金融风险和缓解困境企业的债务压力。

(3)建议银行业金融机构积极参与两个“债委会”，寻求金融债权各方的保障和协调。破产程序中的金融债权之间，既有担保债权与普通债权之分，也有新旧融资形成的金融债权之分。如何寻求金融债权各方的权益平衡与协调，应当也是值得银行业金融机构重视的问题。除了此前我们建议银行业金融机构积极参与的《企业破产法》项下债权人会议制度中的“债权人委员会”发挥议事监督功能以外，还可以大胆运用中国银监会于 2016 年 9 月创新设立的“银行业金融机构债权人委员会”来指导困境企业的金融债务重组，积极争取企业发展的有利条件，实现银企共赢。

具体而言，困境企业的全体银行业金融机构，可以结合《关于做好银行业金融机构债权人委员会有关工作的通知》(银监办便函〔2016〕1196 号)的意见，在企业所在地银监部门以及银行业协会的组织、参与和指导下，通过“市场化、法治化、公平公正”的原则，按照“一企一策”的方针各方协商确定的议事规则和决策办法，集体研究增贷、稳贷、减贷、重组等措施，通过协议重组或协议并司法重组等方式有序开展债务重组、资产保全等相关工作，确保银行业金融机构形成合力。这点希望未来可以在银监部门的组织下尽快开展起来，有效解决金融债权之间、金融债权方与困境企业之间的利益协调与保护。

(4)笔者希望能与国内银行业金融机构就如何有效保障金融债权进行深入交流，更希望银行业金融机构能够结合“多重整重组、少破产清算”的政策导向，更为积极和主动地参与和应对破产浪潮，共同推进拯救具有再生价值的困境企业，力促金融支持实体经济发展。

顺颂业祺！

叶佳昌

2017 年 2 月 15 日

# 民办非企业单位的破产适用及若干建议

林志佳[*]　叶佳昌[**]

我国的企业法人破产制度，无论在理论研究上，还是在生效立法上，乃至在司法实践中，均已较为成熟。然而，我们在实务中却遇到一家民办艺术馆拟通过破产程序来解决棘手的债权债务问题，而民办艺术馆在法律性质上属于民办非企业单位，并非《中华人民共和国企业破产法》(以下简称《企业破产法》)规定的企业法人。其是否能够适用破产程序来摆脱财务危机，引起了我们浓厚的研究兴趣。根据《民办非企业单位登记管理暂行条例》的规定，民办非企业单位，是指企业事业单位、社会团体和其他社会力量以及公民个人利用非国有资产举办的，从事非营利性社会服务活动的社会组织。2016 年 5 月 26 日，民政部发布了《社会服务机构登记管理条例》(《民办非企业单位登记管理暂行条例》修订草案征求意见稿)，将"民办非企业单位"名称改为"社会服务机构"，并定义为"自然人、法人或者其他组织为了提供社会服务，主要利用非国有资产设立的非营利性法人"。我们认为相较于民办非企业单位，社会服务机构这一命名更能准确反映此类组织的社会组织性质和社会服务功能。① 由此我们也应注意到，无论基于何种定义，民办非企业单位均具有社会性、民间性、非营利性等特征，但随着社会的不断变化发展，民办非企业单位的社会职能也在悄然发生变化，同时面临着十分激烈的竞争，部分机构亦可能因服务无法满足社会需求、资不抵债等原因需退出历史舞台。但现行的《民办非企业单位登记管理暂行条例》并未明确规定民办非企业单位的破产适用制度。虽然在《社会服务机构登记管理条例》中规定了民办非企业单位破产清算的相关制度，但该条例目前仅处于征求意见阶段，并未正式实施，且仍只规定可适用破产清算程序，故我们认为我国民办非企业单位破产制度的构建，仍然有待完善。

## 一、我国民办非企业单位破产制度的立法现状

由于各种原因，民办非企业单位在我国社会中大量存在，但对此的立法一直处于滞后的状态，关于其破产适用的立法更是长期处于空白状态。虽然早在 1998 年时，针对全民所有制企业颁布了《企业破产法(试行)》。随后在 2006 年时对该部法律进行了修改，将破产程序的适用主体范围扩大为所有的企业法人，但遗憾的是，仍然并未明确将民办非企业单位直接纳入破产程序的适用范围。关于民办非企业单位的破产适用的相关问题，目前的立法现状如下：

---

* 林志佳，福建联合信实律师事务所律师，电邮：lzj@lhxs.com。

** 叶佳昌，福建联合信实律师事务所高级合伙人，电邮：yjc@lhxs.com。

① 因《社会服务机构登记管理条例》(《民办非企业单位登记管理暂行条例》修订草案征求意见稿)仍未正式颁布实施，故本文仍统一采用"民办非企业单位"的表述。

### (一)《企业破产法》的规定

《企业破产法》规定[①],只有企业法人具有破产能力,非企业的公法人和公益法人无破产能力。同时,《企业破产法》第 2 条直接限定,破产法直接适用范围为所有的企业法人。另外,《企业破产法》第 135 条规定:"其他法律规定企业法人以外的组织的清算,属于破产清算的,参照适用本法规定的程序。"前述规定限制了民办非企业单位的破产适用,导致民办艺术馆、民办学校、民办医院等机构的破产无明确的法律依据可供遵循。

### (二)《民办非企业单位登记管理暂行条例》的规定

根据《民办非企业单位登记管理暂行条例》第 16 条[②]的规定,民办非企业单位可自行解散并向登记管理机关办理注销登记。在办理注销登记前,应当在业务主管单位和其他有关机关的指导下,成立清算组织,完成清算工作,并向业务主管单位提交清算报告。[③] 可见,民办非企业单位仅可在业务主管机关的指导下自行清算。我们也应注意到,《民办非企业单位登记管理暂行条例》颁布于 1998 年,彼时实施的是仅适用于全民所有制企业的《企业破产法(试行)》(旧破产法),目前施行的《企业破产法》(新破产法)[④]尚未颁布施行。因此,《民办非企业单位登记管理暂行条例》规定的民办非企业单位在进行自行清算时,如果清算组发现存在资产不足以抵偿债务、出现破产原因这一情形时,这种自行清算是否属于破产清算,是否符合《企业破产法》第 135 条的规定"……属于破产清算……",是否可以参照适用破产法规定的破产清算程序,我们认为是存在一定的争议的。

### (三)《社会服务机构登记管理条例》(《民办非企业单位登记管理暂行条例》修订草案征求意见稿)的规定

在《社会服务机构登记管理条例》(《民办非企业单位登记管理暂行条例》修订草案征求意见稿)中第 20 条、第 21 条规定,社会服务机构不能清偿到期债务,且资产不足以清偿全部债务或者明显缺乏清偿能力的,参照适用《企业破产法》的相关程序。根据该规定,民办非企业单位可以参照破产法的规定进行清算,仅仅局限于破产清算程序,并未规定可以适用和解及重整程序。再者,该规定仍处于征求意见的阶段,并未正式实施。

因此,关于民办非企业单位的破产适用,我们认为从我国现行法律体系中无法找寻完整且行之有效的法律依据,导致在实务中无法可依,遭遇了制度瓶颈。根据现有法律法规的规定,如果要适用破产法的规定程序,就应当扩大化地解释《民办非企业单位登记管理暂行条例》所规定的自行清算包括出现破产原因时转为破产清算这一情形,但能否扩大这一解释,

---

① 《企业破产法》第 2 条:"企业法人不能清偿到期债务,并且资产不足以清偿全部债务或者明显缺乏清偿能力的,依照本法规定清理债务。"

② 《民办非企业单位登记管理暂行条例》第 16 条:"民办非企业单位自行解散的,分立、合并的,或者由于其他原因需要注销登记的,应当向登记管理机关办理注销登记。民办非企业单位在办理注销登记前,应当在业务主管单位和其他有关机关的指导下,成立清算组织,完成清算工作。清算期间,民办非企业单位不得开展清算以外的活动。"

③ 《民办非企业单位登记管理暂行条例》第 17 条:"民办非企业单位法定代表人或者负责人应当自完成清算之日起 15 日内,向登记管理机关办理注销登记。办理注销登记,须提交注销登记申请书、业务主管单位的审查文件和清算报告。"

④ 除特别说明外,本文所陈述的破产法均指新破产法。

理论界及实务界均存有争议。《社会服务机构登记管理条例》(《民办非企业单位登记管理暂行条例》修订草案征求意见稿)即便正式颁布实施,其适用范围仅限定于破产清算范围,是否能够适用现实的需要,我们认为仍有待研究。

## 二、民办非企业单位的破产适用

### (一)破产制度及其功能概述

从破产法理论上来说,破产预防制度主要包括和解、重整、破产清算等制度,也有部分国家的法律另行规定了公司整理制度①。在我国破产法中规定了和解、重整、破产清算三大破产程序,这三大破产程序可独立适用,也可相互转换,构成了我国比较完整的破产制度体系。各程序所具有的功能以及达到的社会效果均不一致,三大破产程序可实现互补,以满足不同现实情况的需要。有些观点认为,民办学校等类似的民办非企业单位不宜适用破产和解或重整程序,一是因为民办学校资金基础薄弱、筹资渠道单一,采用破产重整或和解方式难以实现重生的目的;二是因为民办学校破产的受理以被终止办学为前提,已不具备重整与和解的条件②。但我们认为,各类民办非企业单位所面临的问题并非千篇一律,部分民办非企业单位凭借政策及资金扶持可重新发挥相应的社会功能,而民办学校在被终止办学后并未注销的情况下,其主体仍然存在,其仍可通过和解或重整程序来重整旗鼓。因此,在民办非企业单位的破产适用上,我们认为也应当赋予其选择适用前述三种不同的破产制度的权利,以解决不同民办非企业单位的不同需求。

1.和解程序

破产和解制度是指为避免破产清算,由债务人提出和解申请并提出和解协议草案,经债权人会议讨论通过并经法院许可的关于解决债权债务问题的一系列制度。和解制度首创于 1883 年比利时的《预防破产之和解制度》,后来其他部分国家也据此建立了能够预防破产的和解制度。③ 和解程序能够以较小的成本清理债务问题,化解债务危机。其不仅有利于维护债权人的利益,也有利于债务人本身的复苏和再生,更有利于维护社会经济秩序的稳定。具体到民办非企业单位而言,和解制度的实施可让该社会组织与服务对象及债权人等经过协商并签订相关协议,妥善处理各方债务问题,让该社会组织渡过难关,利用和解的机遇继续实现为社会服务的价值。

2.重整程序

重整是指对可能或已经发生破产原因但又有挽救希望的法人型企业,通过对各方利害关系人的利益协调,强制进行营业重组与债务清理,以使企业避免破产,获得重生的法律制度。④ 重整制度最早萌芽于英美法国家,后传播至各国,我国也在《企业破产法》中设立了重

---

① 公司整理,一般认为源于 1929 年英国公司法规定的管理人制度,是在企业已经陷入经济危机,可能出现破产原因时适用,在适用时机上要早于和解制度。王欣新:《破产法》,中国人民大学出版社 2011 年第 3 版,第 227 页。

② 张利国:《民办学校破产退出的若干法律问题》,载《现代教育管理》2011 年第 11 期。

③ 王欣新:《破产法》,中国人民大学出版社 2011 年第 3 版,第 226 页。

④ 王欣新:《破产法》,中国人民大学出版社 2011 年第 3 版,第 243 页。

整制度，目前人们公认重整制度是预防企业破产最为积极、有效的法律措施。① 重整制度的设立，对于债务人而言，可以挽救恶劣的财务状况，给予债务人起死回生的机会；对于债权人而言，若债务人重整成功，可提高清偿比例，也可最大限度地挽回损失；从社会整体利益而言，有利于社会经济的稳定和发展。具体到民办非企业单位，在法院组织下实施重整可让该社会组织恢复生机、重新起航，有效预防其因破产而过早退出市场，避免造成社会资源的极大浪费。

3.破产清算

破产清算是我国《企业破产法》规定的与重整、和解并列的三大破产程序之一，市场主体依法被法院宣告破产后，即依据相关规定对该主体进行破产清算以清偿全部债务。设立破产清算制度，可让无力恢复生机的社会主体尽快退出市场，让债权人获得一定比例的清偿，从而解决各方的债权债务纠纷，将可能出现的社会矛盾消于无形。具体到民办非企业单位，部分机构可能因社会的发展已丧失了相应的社会功能，而必然退出历史舞台，利用破产清算制度，可以依法公平解决各方的债权债务问题。

（二）将民办非企业单位纳入破产适用范围的必要性

从民办非企业单位的自身属性及社会属性来看，与企业法人一样，民办非企业单位同为复杂社会组织的不可或缺的一个分子，在其成立之后可能承担了巨大的社会责任。当社会发生转变时，部分单位无须再扮演同样的角色，而必须退出历史舞台；部分单位因客观情况暂时出现危机，但仍具有相当的社会价值，仍有存在的必要。因此，应赋予民办非企业单位自动退出市场或重获生机的选择权。如前所述，启动和解或重整程序，可让民办非企业单位恢复生机，重新担负起服务社会的重任；而启动破产清算程序，则可让履行完社会责任的民办非企业单位及时退出市场，有利于整个社会的和谐稳定。总体而言，将民办非企业单位纳入破产适用的范围，既是其自身原因所致，也是社会大环境的需要。至于破产程序的适用，我们认为应赋予其与企业法人同样的选择权，不仅能够适用破产清算程序，也能够适用和解或重整程序。

（三）将民办非企业单位纳入破产适用范围的可行性

1.从立法宗旨看

破产法的立法宗旨从债权人本位、债权人与债务人的利益平衡本位发展到目前的社会利益本位。破产法在维护全体债权人和债务人的合法权益的同时，保障在债务人丧失清偿能力时，债务关系的有序、公平实现，并进而维护社会利益与正常经济秩序，维护市场经济正常运转。

民办非企业单位是企业事业单位、社会团体和其他社会力量以及公民个人利用非国有资产举办的，从事非营利性社会服务活动的社会组织，也是社会主义市场经济中重要的一员。在其发生债务危机并进而影响社会利益和经济秩序时，理应将其纳入破产法规范的范畴，利用破产法的程序规定，解决多数债权人之间因债务人有限财产不足以清偿全部债权而发生的冲突和清偿问题，保证对债权人的公平清偿和对债务人正当权益的合理保护，赋予债务人根据其自身价值定位而选择退出或重生的权利，并进而实现对社会整体利益的维护。

---

① 王欣新：《破产法》，中国人民大学出版社 2011 年第 3 版，第 228 页。

2.从立法沿革看

世界各国对破产制度的立法主义，已从最初的商人破产主义发展到了目前的普遍持一般破产主义的观点，即各国立法不再仅仅主张在债务人不能清偿债务时，只对从事商事活动、以营利为目的的商人适用破产程序解决，而是主张对所有市场主体不能清偿债务时均能适用破产程序解决。体现在具体域外立法中，大多数国家都承认非营利性质的组织具有破产能力，当其不能清偿债务时适用破产程序。破产立法随之开始由单纯的债权人利益向兼顾债务人利益方面转变，立法功能开始由消极走向积极、从一元走向多元化。①

3.从立法实践看

目前立法实践对于非企业法人的合伙企业②、农民专业合作社③、民办学校（民办非企业单位的形式之一）④等组织，均以明确的法律规定或相应的司法解释，将这些组织纳入破产法调整的范畴。当其不能清偿债务时，参照适用破产法规定的程序。民政部发布的《社会服务机构登记管理条例》（《民办非企业单位登记管理暂行条例》修订草案征求意见稿）中，也将民办非企业单位纳入了破产适用的范围。虽然前述所列条款，均将破产适用的范围限定于破产清算程序，但随着社会的发展以及立法的完善，我们认为，将民办非企业单位的破产适用范围扩大到和解或重整，并非完全不可实现，至少可允许部分民办非企业单位通过改制成企业法人的方式来实现和解或重整。

## 三、民办非企业单位适用破产程序的若干建议

### （一）通过修改或制定相应法律法规，将民办非企业单位纳入破产程序的适用范围，赋予民办非企业单位适格的破产能力

前已述及，在我国现行的法律体系下，能够全部适用和解、重整或破产清算三大破产程序的仅仅限定于企业法人，并未将民办非企业单位纳入全部破产程序的适用范围。即便扩大解释可以参照适用破产清算程序或《社会服务机构登记管理条例》（《民办非企业单位登记管理暂行条例》修订草案征求意见稿）正式颁布实施，对于民办非企业单位是否可以适用和解或重整程序，仍然未予明确。我们认为，应当将民办非企业单位纳入所有破产程序的适用范围，不仅包括破产清算程序，也包括和解及重整程序。在法律体系上，我们认为，基于民办非企业单位的特殊性，可针对该特殊的情形修改或制定特别的法律或行政法规，如在《社会服务机构登记管理条例》正式稿中可进一步明确民办非企业单位除了可适用破产清算程序之外，在特别情况下也可适用和解或重整程序；同时，与企业法人破产能够通行的规则，则可

---

① 范健、王建文：《破产法》，法律出版社2009年版，第4页。

② 《中华人民共和国合伙企业法》第92条："合伙企业不能清偿到期债务的，债权人可以依法向人民法院提出破产清算申请，也可以要求普通合伙人清偿。"

③ 《中华人民共和国农民专业合作社法》第48条："农民专业合作社破产适用企业破产法的有关规定。但是，破产财产在清偿破产费用和共益债务后，应当优先清偿破产前与农民成员已发生交易但尚未结清的款项。"

④ 《中华人民共和国民办教育促进法》第58条："民办学校终止时，应当依法进行财务清算。民办学校自己要求终止的，由民办学校组织清算；被审批机关依法撤销的，由审批机关组织清算；因资不抵债无法继续办学而被终止的，由人民法院组织清算。"

直接规定适用破产法中的有关规定。在此情况下,我们认为可基本建构一套比较完整并行之有效的民办非企业单位的破产法律体系。

（二）确定民办非企业单位的破产原因

破产原因是指认定债务人丧失清偿能力,当事人得以提出破产申请,法院据以启动破产程序的法律事实,即引起破产程序发生的原因。① 目前各国对破产原因的立法通例以债务人不能清偿到期债务为唯一原因,即采用单一规定。单一规定是指企业法人不能清偿到期债务且明显缺乏清偿能力。除单一规定外还有复合规定,即企业法人不能清偿到期债务并且资产不足以清偿全部债务,此处资产不足以清偿全部债务指的就是资不抵债。② 我国《企业破产法》第 2 条采用了复合规定和单一规定并存的方式,规定了企业法人的破产原因为企业法人不能清偿到期债务,并且资产不足以清偿全部债务或者明显缺乏清偿能力的,或者有明显丧失清偿能力可能的。③ 我们认为民办非企业单位的破产原因应与企业法人的破产原因保持一致,即确定民办非企业单位的破产原因为不能清偿到期债务并且资产不足以清偿全部债务。

（三）确立民办非企业单位破产的申请主体

企业法人破产的申请主体包括债务人和债权人,故民办非企业单位自身及其债权人,均应赋予其提起破产程序的权利。但民办非企业单位又有特殊性,在《社会服务机构登记管理条例》(《民办非企业单位登记管理暂行条例》修订草案征求意见稿)第 21 条规定了社会服务机构可在业务主管单位、登记管理机关和其他有关机关的指导下成立清算组织,并开始清算;若社会服务机构未在规定期限内提起程序,债权人可以向人民法院申请清算;注销事由出现之日起 1 年内无债权人提出申请的,经业务主管单位审查设立的社会服务机构的业务主管单位,或者直接登记的社会服务机构的登记管理机关,可以向人民法院提出申请。根据该规定,我们认为民办非企业单位的破产申请主体应当予以适当扩大,针对可能涉及特定的服务对象,如民办的文化艺术馆可能涉及特定的文化艺术家,民办学校可能涉及的学校学生及教师等,对于该服务对象,当社会服务机构出现破产事由时,也应赋予其提起破产申请以维护自身合法权益的权利,才能符合法律的公平精神。

（四）特别制定民办非企业单位中相关人员的处置方案

由于民办非企业单位的特殊属性,其在破产程序中相关人员的处理不仅包括自身员工的安置,还包括服务对象、客户的安置,如民办学校开办过程中出现破产,学校学生如何妥善安置是破产程序进行应当考虑的重要因素。我们认为针对该情况,在启动破产程序时应当制定特殊的人员处理方案。例如,针对民办学校的学生,可采用附条件的转校或优先退学费等方式来处理;在学历认证上,对于已清算完毕并注销的学校,应当对已完成学业的学生,根据国家有关规定颁发学历证书等证明文件。

---

① 王欣新:《破产法》,中国人民大学出版社 2011 年第 3 版,第 31 页。

② 马莉:《我国民办学校破产法律问题研究》,西南财经大学 2012 年硕士学位论文。

③ 《企业破产法》第 2 条:“企业法人不能清偿到期债务,并且资产不足以清偿全部债务或者明显缺乏清偿能力的,依照本法规定清理债务。”企业法人有前款规定情形,或者有明显丧失清偿能力可能的,可以依照本法规定进行重整。

（五）债务清偿顺序应有别于企业法人的破产

《企业破产法》第137条规定："破产财产在优先清偿破产费用和共益债务后，依照下列顺序清偿：（一）破产人所欠职工工资和欠缴的社会保险费用，以及法律、行政法规规定应当支付给职工的补偿金等其他费用；（二）破产人所欠税款；（三）普通破产债权。破产财产不足以清偿同一顺序的清偿要求的，按照比例分配。本条第一款第（一）项所称职工工资不包括破产企业的董事、经理和其他负责人的工资。"但民办非企业单位的资产组成则较为复杂，它除前述债务外，还可能包括服务对象支付的费用，也可能包括国家划拨的土地、举办者自行投入的财产、国家政策性扶持发放的拨款、社会赠予捐助财产、经营过程中的经济回报等等，因此企业破产关于债务清偿顺序并不能完全符合民办非企业单位的破产要求。

民政部颁布的《社会服务机构登记管理条例》（《民办非企业单位登记管理暂行条例》修订草案征求意见稿）对此进一步进行了明确，该条例第20条规定，"社会服务机构财产在优先支付清算费用后，按照下列顺序进行：（一）支付所欠服务对象费用；（二）给付职工工资；（三）社会保险费用和法定补偿金；（四）缴纳所欠税款；（五）偿还其他债务。社会服务机构清偿债务后的剩余财产，应当依照章程的规定用于特定的社会服务和公益目的；无法按照章程规定处理的，由登记管理机关组织捐赠给予该社会服务机构性质、宗旨相同的非营利组织，并向社会公布"。该规定考虑了民办非企业单位的特殊情况，对于服务对象所欠的费用最优先清偿，但对于社会捐赠等其他类型的财产如何清偿并未作出详细的规定。因此，我们认为，对于诸如国家划拨的土地、社会捐赠等资产如何处置，在破产程序进行时，应当有别于企业法人的破产，对此《社会服务机构登记管理条例》可进一步明确规定。

（六）破产程序的转换以及变更制度的适用

基于民办非企业单位所具有的特殊社会功能，若仅规定民办非企业单位可适用破产清算程序，而不能适用和解或重整程序，明显限制了其继续服务社会或退出市场的选择权。因此，我们认为应当根据实际情况，规定民办非企业可由破产清算转为重整或和解，或在重整或和解不能时，再转换为破产清算。

同时，也可借鉴英国社会组织的退出制度，或可考虑将民办非企业单位通过改制的方式进行重整。英国社会组织主要通过变更和解散的方式退出社会，其中慈善机构的变更制度虽然历史悠久，但至今仍觉尤为新颖。英国最先的非公司形式的慈善组织本身不具有法人资格，但如果理事会认为通过将其改制成公司形式可以改变慈善组织的困境，可由理事会通过表决的方式进行改制。通过改制方案后，可将慈善组织的财产转移到新成立的公司名下。① 同样，我国的民办非企业单位在不具备法人资格的情况下，也可通过改制成有限责任公司的方式，以获得重整的资格，从而解决债权债务问题，让该单位获得重生，并继续发挥相应的社会功能。

## 结　语

民办非企业单位作为我国社会的特有组织形式，我们不应忽视其存在的客观原因。当其出现债务危机，急需走出困境或退出市场时，即应赋予其与企业法人选择适用和解、重整、

① 参见易继明：《社会组织退出机制研究》，载《法律科学》（西北政法大学学报）2012年第6期。

破产清算乃至变更改制的权利，这样方能彰显破产制度的社会本位价值。因此，我们认为破产制度的一般理论及通用规则，应当具有普世的适用价值，除适用企业法人外，同样可适用民办非企业单位；当然民办非企业单位本身所具有的特殊性，决定了其破产制度应当有别于企业法人，这一点在构建民办非企业单位的破产制度时，也不应当忽视。

# 关于完善我国破产程序的若干问题

齐树洁 *

破产作为一种经济现象，是商品经济条件下信用关系建立和发展的产物；而作为法律现象，则是对这种信用关系的特殊调节手段，是在体现对债务人救济的同时，为贯彻债权人平等原则而设立的一种司法上的特殊偿债程序。

1986 年全国人大常委会审议通过的《中华人民共和国企业破产法》(以下简称《企业破产法》)和 1991 年修订《中华人民共和国民事诉讼法》(以下简称《民事诉讼法》)时增设的第十九章“企业法人破产还债程序”，将我国境内的所有企业法人破产纳入了法制轨道。实践证明，《企业破产法》的颁布实施，对改变国有企业不能破产的旧观念功不可没，使企业法人破产开始有法可依，对建立企业优胜劣汰的竞争机制起了促进作用。据最高人民法院统计，1989 年至 1994 年，各级人民法院共受理企业破产案件 3010 件，其中 1989 年 98 件，1990 年 32 件，1991 年 117 件，1992 年 428 件，1993 年 710 件，1994 年 1625 件，呈逐年大幅度上升趋势①。1998 年，全国法院共审结国有企业破产案件 3380 件②。

破产制度的实施虽然遇到了许多困难，但是经过几年来的破产实践与探索，特别是我国 1992 年确立社会主义市场经济的改革目标后，破产制度实施的宏观环境已逐步具备，并获得了前所未有的发展。

1994 年，国务院决定在上海、天津、沈阳、武汉、青岛、重庆等 18 个城市进行“优化资本结构、增强企业活力”的试点，破产被列为试点的主要内容。1994 年 10 月 25 日，国务院发出《关于在若干城市试行国有企业破产有关问题的通知》。这份文件对破产企业职工的安置、破产企业土地使用权的处置、银行因企业破产而受到的贷款损失的处理、濒临破产企业的重组等问题作了详细规定，以推动 18 个城市的破产试点工作。为推动破产制度的实施，国家鼓励和支持优势企业兼并困难的大中型企业，并加快金融体制改革步伐，在财政、企业、银行三者之间进行债权债务重组。1994 年国家拿出 70 亿元呆账准备金，银行因企业破产受到的损失可以在适当的比例内予以冲销。1995 年这笔呆账准备金追加到 150 亿元，在 1996 年达到 200 亿元③。1997 年 4 月，国务院下发《关于在若干城市试行国有企业兼并破产和职工再就业有关问题的补充通知》，提出“规范破产，鼓励兼并，大力实施再就业工程”的

---

* 齐树洁，厦门大学法学院教授，福建联合信实律师事务所兼职律师。

① 全国人大财经委员会编：《经济立法工作简报》1995 年增刊第 8 期。

② 肖扬：《最高人民法院工作报告》，载《法制日报》1999 年 3 月 21 日第 3 版。

③ 中华人民共和国国务院：《关于在若干城市试行国有企业破产有关问题的通知》，载《法制日报》1996 年 12 月 17 日第 3 版。

指导方针。①

近年来,与破产法相关的法律制度正在逐步完善。国家先后制定了《中华人民共和国公司法》(以下简称《公司法》)、《中华人民共和国劳动法》、《全民所有制企业转换经营机制条例》、《国有企业职工待业保险规定》、《中华人民共和国商业银行法》(以下简称《商业银行法》)、《中华人民共和国保险法》(以下简称《保险法》)、《中华人民共和国担保法》等一系列重要的法律法规,社会保障制度也初步建立。据统计,参加待业保险的国有企业已有 47 万户,职工 7400 万人,全国 80%的企业开展了不同形式的医疗保险改革。②

我国《企业破产法》制定于计划经济时期,本身已存在条文过于简单、不便实务操作等不足,与市场经济体制的要求差距更大,难以适应经济体制改革的需要。因此,八届人大常委会将制定新的统一的破产法列入其立法规则,并于 1994 年 2 月开始起草工作。破产法的内容主要包括破产程序规范、破产实体规范和破产罚则。本文仅就完善我国破产程序的若干问题作一些探讨。

## 一、破产能力和破产原因的界定

各国对破产程序开始条件的规定不尽相同,在学理上也存在争议。多数学者认为,破产程序的开始必须具备两个要件:(1)债务人有破产能力;(2)存在破产原因。

破产能力是指债务人得以被宣告破产的资格,这种资格来源于法律的特别规定。无破产能力的债务人,法院不得宣告其破产。在实行一般破产主义的国家,自然人和法人(公法人除外)均有破产能力,都可以成为破产人。在实行商人破产主义的国家,只有商人才具有破产能力;对其他人的财产清算通过民事执行程序进行。依《中华人民共和国民法通则》第 45 条、《企业破产法》第 2 条、《民事诉讼法》第 199 条的规定,自然人不具有破产能力,唯有企业法人才可以被宣告破产。

对于企业法人的破产能力,《企业破产法》第 3 条作了限制性的规定,即对公用企业和与国计民生有重大关系的企业,政府有关部门给予资助或者采取其他措施帮助清偿债务的,不予宣告破产。这一规定曾被学者解释为:"对于特种行业的企业法人,如从事银行业、信托业、证券交易、保险业、铁路交通、邮政通信、城市公共交通、公用事业等行业的法人,由于它们事关国计民生和整个国民经济的稳定,不宜适用破产程序。"③上述规定和见解已明显落后于近年我国市场经济法制建设的发展。例如,1995 年 5 月 10 日颁布,7 月 1 日起施行的《商业银行法》第 71 条明确规定:"商业银行不能支付到期债务,经中国人民银行同意,由人民法院依法宣告其破产。"又如,1995 年 6 月 30 日颁布、10 月 1 日起施行的《保险法》第 86 条规定:"保险公司不能支付到期债务,经金融监督管理部门同意,由人民法院依法宣告破产。"因此,制定新《破产法》时,应删去上述限制性规定。

破产原因并非导致债务人陷入经济困境而不能清偿债务的原因,而是指法院宣告债务

---

① 中华人民共和国国务院:《关于在若干城市试行国有企业兼并破产和职工再就业有关问题的补充通知》,载《法制日报》1997 年 4 月 21 日第 1 版。

② 载《法制日报》1996 年 11 月 21 日第 6 版。

③ 邹海林:《破产程序和破产法实体制度比较研究》,法律出版社 1995 年版,第 54 页。

人破产的标准和条件。破产原因决定着债务人是否确已处于破产境地的界限,故又称“破产界限”。各国破产法对破产原因的规定虽有差异,但大体上可以归纳为两种立法例:(1)破产原因概括主义。大陆法系各国大多以不能清偿、债务超过和停止支付等术语概括债务人的破产原因。这种立法例便于法院灵活处理各种复杂情形下的破产案件,赋予法院宣告债务人破产以较大的自由裁量权。(2)破产原因列举主义。英美法系各国对破产原因大多采取列举规定的方式。列举主义适用简便,但不够灵活,因此,美国1978年修订联邦破产法时,对破产原因的规定放弃列举主义,改采概括主义。

我国《企业破产法》第3条规定的破产原因为“企业因经营管理不善造成严重亏损,无力清偿到期债务”。《民事诉讼法》第199条规定,破产原因为“企业法人因严重亏损,无力清偿到期债务”。近年颁布的法律,如《公司法》第189条、《商业银行法》第71条、《保险法》第86条都将“不能清偿(支付)到期债务”作为唯一的破产原因。可见,我国法律对破产原因的规定,正从过去的多元化逐渐转变为一元化。笔者认为,在市场经济条件下,企业是平等的市场主体,也是平等的竞争者。法院是否宣告债务人破产,只应取决于一项事实,即债务人不能清偿到期债务,至于债务人不能清偿到期债务的原因及其具体表现形态,则应在所不问。因此,制定新《破产法》时,对破产原因的规定应实现一元化;同时,借鉴外国立法例,还应规定:“债务人停止支付到期债务的,推定为不能清偿。”

## 二、增设临时接管人制度

各国破产法都规定了破产程序中的财产管理人制度。以法国、德国为代表的大陆法系国家,实行破产程序宣告开始主义。法院宣告破产前,破产程序并未开始,债务人的民事主体地位未发生任何变化,其财产当然不受约束。破产程序开始于破产宣告,破产财产在破产宣告时当然构成,并受破产程序约束,破产人失去对其财产的管理处分权。因此,法院在宣告债务人破产时,应当指定破产管理人,负责破产财产的管理。以英国、美国为代表的英美法系国家,实行破产程序受理开始主义。法院受理破产案件后至破产宣告前,债务人虽然尚未被宣告破产,但是破产程序已经开始,破产程序对债务人的普遍约束力及于债务人的全部财产。为了保护债权人的受偿利益,防止债务人不当处分财产,债务人不能再对其财产进行管理和处分,应当依法将财产移交法定的临时接管人(Official Receiver),由临时接管人负责对债务人财产的全面管理。在破产宣告后,临时接管人应将破产财产移交破产管理人。可见,临时接管人制度实现了破产程序对债务财产的全面约束,从根本上保障了债权人团体的受偿利益。

我国《企业破产法》实行破产程序受理开始主义,但我国并没有建立完整的债务人财产管理机制,对债权人利益的保护不够周详。《企业破产法》只规定对破产财产的管理人制度,即“清算组”,但却没有类似英美法“临时接管人”的制度。人民法院受理破产申请后,破产程序即告开始。债务人受已经开始的破产程序的约束,不能为个别债务的清偿,不能对债务人的财产进行个别的民事执行。但是,这里恰恰忽视了对债务人财产的概括管理。债务人在破产程序开始后至破产宣告前,仍然享有对其财产的管理和处分权。这种状况不符合破产程序进行的要求,可能有害于债权人的团体受偿利益。同样,人民法院宣告债务人破产后,在清算组成立之前,也存在对债务人财产管理监督的问题。笔者认为,破产程序开始后,不对债务人的财产实施有效的控制，有悖于破产程序的宗旨。为此，有必要借鉴英美法系国家破产立法经验，增设临时接管人制度，以弥补现行破产程序上的欠缺。人民法院在受理破产案件时，即应指定临时接管人。临时接管人接管债务人财产的日常管理和经营事务，对人民法院负责并报告工作，直到人民法院宣告债务人破产并指定破产管理人为止为有效监管债务人的财产，临时接管人应行使下列职权：(1)接管债务人的全部财产、账册、文书、资料、印章和其他物品；(2)调查债务人的财产状况和民事活动；(3)制作债务人的财产清册；(4)决定债务人的日常开支和其他必要开支；(5)请求决定债务人是否继续营业；(6)管理处分债务人的财产；(7)接受第三人对债务人的财产给付；(8)决定债务人的内部管理事务；(9)聘用必要的管理人员、专业技术人员及其他工作人员；(10)要求召集债权人会议；(11)破产宣告后，向破产管理人办理破产事务的移交，并向人民法院提交执行职务的报告；(12)就债务人的财产纠纷，代表债务人参加诉讼或者仲裁；(13)人民法院认为应当由临时接管人行使的其他职权。

## 三、增设监督人制度

监督人又称"监查人"，是代表债权人会议，维护债权人的共同利益，监督破产程序进行的常设机构。各国破产法普遍设置了债权人会议，用以表达所有债权人的意思，并对破产程序的重大问题作出决议。但债权人会议并非常设机构，在闭会期间不可能对破产程序中随时发生的问题进行监督。因此，外国破产法一般都设置监督人，代为行使债权人会议的某些职权，代表债权人监督破产程序的进行①。

监督人由债权人会议选任产生，通常不以债权人为限；除债务人或破产人外，任何有行为能力、具备专业知识的人均可被选任为监督人。其人数视破产事务的难易繁简程度而定，或为一人，或为数人。债权人会议以决议选任的监督人，在报请法院批准后，方可执行职务。

监督人对破产程序进行日常监督，享有以下职权：(1)监督临时接管人管理、处分债务人的财产；(2)监督债务人执行和解协议；(3)监督破产管理人管理、处分破产财产；(4)审查、同意处分财产的具体行为，包括转让不动产所有权及土地使用权、借款、设定财产担保、承认别除权、取回权及破产费用、放弃权利、有关债务人财产的仲裁，或诉讼等；(5)监督破产分配；(6)提请召开债权人会议。监督人执行职务时，有权要求临时接管人或破产管理人就其职权范围内的事务作出说明或提供有关文件。

监督人应以善良管理人的注意执行其职务。监督人为一人时，对其职权范围内的事项可自行决定，无须征得债权人会议的同意。监督人为数人时，执行职务应以决议为之，以全体监督人过半数通过形成决议。监督人执行职务所需费用和报酬，经法院核定后，列入破产费用，由破产财产优先拨付。如监督人执行职务违反善良管理人的注意义务，有损于破产财产及利害关系人的利益，应对利害关系人负赔偿责任；如监督人利用职务上的便利或地位，收受贿赂或其他不正当利益，情节严重者应追究其刑事责任，以破产贿赂罪论处。

我国《企业破产法》和《民事诉讼法》均未设置监督人制度，破产实践表明这是一个缺陷。

---

① 在英国，这种机构被称为 Creditors's Committee，见英国《破产法》(*Insolvency Act* 1986)，第301条。

笔者建议今后修改破产法时，借鉴外国的立法例，增设监督人制度。

## 四、完善破产和解制度

我国《企业破产法》规定和解制度由和解和整顿两方面组成。和解，是指人民法院受理债权人提出的破产申请后的三个月内，债务人的上级主管部门申请整顿，经债务人与债权人会议达成和解协议，由人民法院裁定认可，中止破产程序。整顿，是指和解协议生效后，由债务人的上级主管部门主持并采取措施，力求使濒临破产的企业复苏并能够执行和解协议。

和解制度的目的在于克服破产程序的弊端，避免破产宣告或破产分配，减少债权人的损失。和解制度既是对有复苏希望的债务人的一种挽救，也是对破产可能引起的某些消极效应的预防。基于这一目的，外国破产法中所称和解，通常包括破产程序开始前的和解与破产程序开始后的和解。①

破产程序开始前的和解，是指债务人有破产原因，在有破产申请前主动向法院申请和解，待法院许可后，同债权人会议谈判成立和解协议。这种和解，可以有效地避免债权人向法院申请债务人破产。债务人提出和解申请，经法院许可，全体债权人必须参加和解程序。但是，和解申请必须先于破产申请提出，否则不能进行。对于这种和解，日本、德国、韩国等国家以《和解法》或《和议法》作了规定。我国《企业破产法》未规定破产程序开始前的和解。

破产程序开始后的和解，可分为两种：(1)破产程序开始后至破产宣告前进行和解。破产程序开始后，法院宣告债务人破产前，债务人经向法院申请，同债权人会议达成和解协议，由法院裁定认可，中止或终结破产程序。英美法系各国实行和解前置主义，普遍规定这种和解。我国破产和解制度即属这一类型，但《企业破产法》第17条将债务人申请和解的时间严格限定在破产程序开始后的三个月内。(2)破产宣告后和解。债务人被宣告破产后，为了避免通过破产分配处分债务人的财产，防止债权人受破产分配的不利损失，法律允许破产人同债权人达成清偿债务的和解协议。但是，破产宣告后，破产人请求和解的，应当在破产财产分配方案实施前提出，否则和解不能成立。德、日破产法称此种和解为“强制和解”。我国现行破产法对此种和解未作规定。②

从总体上看，我国现行破产和解制度存在两方面的缺陷：一是和解与整顿制度专门适用于国有企业，对非国有企业的破产预防不具有普遍的推广价值。国有企业的上级主管部门掌握着债务人申请和解的权利，并积极参与企业的整顿，从而使这一制度带有计划经济的鲜明色彩，不符合国家对市场经济主体的活动实施宏观调控的改革要求。二是忽视和解制度对避免破产分配的积极作用，对于破产宣告后的和解未作任何规定。而对于破产宣告前的和解，法律也附加了诸多不应有的限制。

完善我国的破产和解制度，首先必须消除现行和解制度的上述弊端，其次应当健全各项具体的和解程度，包括破产程序开始后至破产分配前，债务人均可向法院申请和解；申请和

---

① 我国台湾地区“破产法”规定的两种和解程序(法院之和解与商会之和解)，均属于破产程序开始前的和解。

② 我国台湾地区“破产法”称此种和解为“调协”。其第129条规定：“破产人于破产财团分配未认可前，得提出调协计划。”第136条规定：“调协经法院认可后，对于一切破产债权人均有效力。”

解时应提交的文件;法院对和解申请的审查;和解的成立及效力;和解协议执行的监督;和解为终止;和解清偿的效力等。

破产制度的实施和完善对于深化经济体制改革尤其是企业改革,增强社会的风险意识和法律意识,促进市场竞争和企业的优胜劣汰,完善市场经济法律制度具有深远的影响和重大的法律意义。为此,我们热切期待一部体系完整、内容全面、借鉴外国经验又符合中国国情的新《破产法》的诞生。

# 破产重整案之心得体会

邱兴亮*

## 前　言

2008年年底至今，笔者连续接触了数起破产重整案（文中常熟A公司重整案、海沧B公司重整案、C上市公司重整案即是著例），或作为债权人的代理人参与其中，或作为管理人的团队成员“管理”重整企业，对破产重整案有不少切身的心得体会。

笔者最大的体验是，破产重整千头万绪，关涉各方利益至巨，“牵一发而动全身”，而提交重整计划草案的最长期限仅9个月，律所担任管理人，必须统筹兼顾，必须善于借力，既要面面俱到，更要抓住重点，做到纲举目张，确保重整有条不紊地顺利进行。

## 一、妥善接管、管理、处分债务人财产并使之最大化是前提

之所以裁定重整，在于债务人仍有发展前景，尚有挽救希望，可能是因为资金链断裂；也有可能是因为下游企业破产受到波及，经营面临困难。这些债务人都还有一定的家底，这些家底是重整的基础。

### （一）接管债务人的财产（现有财产）、印章和账簿、文书等资料，调查债务人财产状况，摸清家底，制作财产状况报告（接管财产通常在法院裁定债务人重整之日起最短时间内完成，财产状况报告应快马加鞭在尽量短的时间内完成）

不少债务人在被接管之前停工停产，场面混乱，或资料遗失，或设备受到不同程度的损毁，或安全保卫措施松懈、部分财物不翼而飞，或人员远走高飞。接管财产是管理人的第一项重要法定职责，目的在于即时全面掌控和支配债务人的财产，接管后，债务人的财产即由管理人负责管理和处分。管理人必须与债务人及时办妥财产、印章、资料的接管手续，签署《接管清单》等各类接管文件，接管的内容包括：固定资产和实物资产，无形资产，有价证券，尚未履行完毕的合同，债务人的诉讼、仲裁案件材料，权属证书，印章、证照，财务账册、银行存款凭证等财务资料，债务人银行账户，人事档案，文书档案，其他接管的财产。未接管的债务人财产、资料应当列明清单以及未接管的原因。

管理人应当及时制定有关接管财产、印章和资料的管理、处分、使用等方面的规章制度，切实采取安全保卫等措施，竭力保证其安全。

如果债务人怠于或者拒绝交出财产、印章和资料，管理人有权申请法院强制执行。

* 邱兴亮，福建联合信实律师事务所高级合伙人，电邮：qxl@lhxs.com。

（二）妥善管理、处分债务人财产

管理人一方面要尽职尽责妥善管理债务人的现有财产，保证其安全；另一方面，也是较为重要的，管理人应勤勉尽责地依据法律规定，利用各种合法手段，努力查找和追收债务人财产，使债务人的财产最大化，最大限度地保护债权人的利益。

1.依法最大化债务人财产，管理人可以从以下方面着手：(1)及时要求债务人的债务人或者财产持有人清偿债务或者交付财产；(2)按照有利于使债务人财产最大化的原则，对破产申请受理前成立而债务人和对方当事人均未履行完毕的合同及时作出解除或者继续履行的决定；(3)对于无偿转让财产、以明显不合理的价格进行交易、放弃债权等损害全体债权人利益的欺诈行为和对个别债权人的偏袒性清偿行为，以及为逃避债务而隐匿、转移财产或者虚构债务或承认不真实的债务等破产无效行为，及时请求法院撤销和否定其效力，追回有关行为人因此而非法取得的债务人的财产或者恢复被处分的权利；(4)债务人有可撤销行为或者破产无效行为，损害债权人利益的，管理人应当依法追究债务人的法定代表人和其他直接责任人员的赔偿责任；(5)债务人的出资人应缴而未缴的出资或者抽逃的出资；(6)债务人的董事、监事和高级管理人员利用职权从企业获取的非正常收入和侵占的企业财产；(7)债务人的董事、监事和高级管理人员执行公司职务违反法律、行政法规或者公司章程的规定，给公司造成的损失。这个过程中，可能涉及大量的破产衍生诉讼，如对外追收债权诉讼、请求交付财产诉讼、解除合同诉讼、破产撤销权诉讼、破产取回权诉讼、破产抵销权诉讼。在破产衍生诉讼中，究竟是以管理人抑或债务人为原告或被告，学界争议颇大，实务上也存在诸多困扰。笔者认为，此没有一定之规，需视具体的诉而定，如破产撤销权诉讼，原告为管理人[原告：×××(机构名称或自然人姓名、身份)，×××(债务人名称)管理人]，被告列债务人行为的相对人，不列债务人；破产抵销权诉讼，原告为要求行使抵销权的债权人，被告列债务人，同时列诉讼代表人(债务人管理人负责人)。

特别值得强调的是，根据最高人民法院《关于人民法院民事调解工作若干问题的规定》第 2 条“适用特别程序、督促程序、公示催告程序、破产还债程序的案件，婚姻关系、身份关系确认案件以及其他依案件性质不能进行调解的民事案件，人民法院不予调解”的规定，管理人参加的诉讼、仲裁案件，法院不予调解，以维护全体债权人的利益。

2.值得特别关注的是银行的单方扣款行为。债务人债务风险显现、资金链断裂的时候，银行通常是先下手为强，宣布贷款提前到期，扣划债务人银行账户资金，如常熟 A 公司重整案中，银行扣划债务人银行存款及其他货币资金达人民币 4 亿元之巨。银行单方扣款行为，是否需要申请撤销以及能否得到法院支持，不无争议，而管理人未请求撤销的理由通常是该等扣款可以在贷款合同、担保合同或其他相关文件找到法律依据。

3.依照法律规定，法院受理破产申请后，对债务人财产采取的所有保全措施应当解除，执行程序应当中止，管理人应当及时提出申请。

4.停工容易复工难，管理人接管后，根据债务人的具体情况，要想方设法维持或恢复生产，以稳定员工，留住客户，维持市场份额，为重整创造有利条件。

（三）管理和处分债务人的财产需自觉接受债权人委员会的监督

管理人实施的对债权人利益有重大影响的管理、处分行为，应及时向债权人委员会报告，债权人委员依法行使监督职权，有权要求管理人对其职权范围内的事务作出说明或者提供有关文件,管理人应当接受监督;拒绝接受的,债权人委员会有权就监督事项请求法院作出决定。

(四)重整期间,需要注意债务人财产方面"与众不同"的法律规定

"与众不同"之处见之于《中华人民共和国企业破产法》(以下简称《企业破产法》)第 75 条、第 76 条、第 77 条。依据该等规定,破产重整程序具有中止破产别除权行使的效力(但在特定情况下可以恢复行使);与别除权必须成立于破产申请受理前 1 年之前不同,允许重整期间债务人或者管理人为继续营业所需的借款设定担保,成立新的别除权;破产取回权的行使受到了更为严格的限制("应当符合事先约定的条件");出资人不得请求投资收益分配;禁止债务人的董事、监事和高级管理人员向第三人转让其持有的债务人的股权。

## 二、债权申报、审查及债权确认是关键

(一)债权申报期限有越来越短的趋势

债权申报期限,自法院发布受理破产申请公告之日起计算,最短不得少于 30 日,最长不得超过 3 个月。鉴于《企业破产法》第 57 条规定的管理人编制的债权表应提交第一次债权人会议核查,鉴于提交重整计划草案的最长期限仅 9 个月,故目前法院确定的债权申报期限有越来越短的趋势,以提高重整案件的效率,如 C 上市公司重整案为 45 日。再如,"五谷道场"破产重整案从立案受理到裁定批准公司重整计划,历时仅 106 天,其债权申报期限仅为 40 日。

(二)特别值得注意的几类债权

1.职工债权。依照《企业破产法》第 48 条第 2 款之规定,职工债权不必申报,属于免申报的特殊债权。

2.提出重整申请的债权人的债权。因债权人已在申请时提出债权清偿要求和相应证据,无须再申报债权。

3.税收债权。税收债权是否申报,《企业破产法》未作规定,有待立法或者司法解释解决。有学者认为应当申报,有学者主张可以不予申报,"可以考虑由管理人根据破产企业会计账目直接列入债权表,并向债权人公布。利害关系人无异议时,债权即得到确认,有异议时则通过债权确认之诉解决"①。海沧 B 公司重整案中,在重整计划草案表决前夕,突然半路杀出一个程咬金,税务机关此时通知管理人税收债权数额达人民币 600 万元之巨,要求补充申报,管理人措手不及,重整几乎因之夭折。笔者以为,法律未像对职工债权那样明确规定税收债权不必申报,税务机关应当按照要求申报债权。管理人亦应与税收机关加强沟通,以便对税收债权心中有数。

4.工程类债权。债务人如有在建工程,或工程竣工但尚未验收、结算,承包人通常会申报工程债权,对待该债权,必须注意以下两点:(1)债权申报数额通常较大,必须慎重对待,通常以工程量审计结果厘定的工程价款,作为债权数额审查依据,存在争议的,以债权确认诉讼的方式解决。(2)依照《中华人民共和国合同法》、最高人民法院《关于建设工程价款优先受偿权问题的批复》及《关于装修装饰工程款是否享有合同法第二百八十六条规定的优先受

---

① 王欣新主编:《破产法学》,中国人民大学出版社 2008 年第 2 版,第 171 页。

偿权的函复》等规定，严格审查工程竣工时间、优先权的行使、工程价款的范围，以厘定是否享有优先受偿权；存在疑义的，以债权确认诉讼的方式厘清。

5.诉讼、仲裁未决的债权。大多数债务人被法院裁定重整之际，已是官司缠身，大量诉讼或仲裁案件尚未判决或裁决，债权人可以依据其向法院或者仲裁机构主张的债权数额进行申报。因债权尚未确定，依照法律规定，除法院能够为其行使表决权而临时确定债权额的外，不得行使表决权。

6.连带债权。债权人申报的债权是连带债权的，应当说明；连带债权人可以由其中一人代表全体连带债权人申报债权，也可以作为一个整体共同申报，但各连带债权人不能分别申报债权全额，以防造成重复申报、重复清偿。

（三）管理人审查债权应当尽最大注意义务

有学者认为，破产管理人对债权申报的真实性的审查仅为初步审查，即主要审查债权证明材料的真实性以及判断债权申报是否具备法律所规定的实体和形式要件等，但既无权利也无能力对债权的真实性进行实质审查。① 也有学者主张，管理人的审查程序包括形式审查与实质审查，实质审查包括审查债权是否真实存在、是否超过诉讼时效期间、债权数额是否正确等。② 笔者认为，衡诸《企业破产法》第 57 条“管理人收到债权申报材料后，应当登记造册，对申报的债权进行审查，并编制债权表”之规定以及当下实务上的普遍做法，债权形式审查与实质审查的重担当仁不让地落在管理人的身上，债权人会议核查债权乃至法院确认通常只是走过场。

债权人成百上千，债权种类五花八门，管理人受理债权申报和审核债权是一项非常繁重、难度很大的工作，但管理人必须勤勉尽责，一丝不苟，切实维护债权人、债务人的利益。

“谁主张，谁举证”，债权人申报债权，应当提交证据，管理人必须严格审查债权的真实性、合法性、时效性，必须特别注意以下几个方面：(1)对重复申报的债权，要认真甄别，加以剔除。(2)就债权人提出的异议，应当认真复查，或调整，或维持原审查金额。(3)因债务人财务管理混乱、财务资料缺失或债权人提交的证据不充分等原因，致使债权是否真实存在或债权数额无法确定的，告知申报债权人及时提起债权确认诉讼通过诉讼方式确认。(4)就未决诉讼、仲裁案件的债权，其数额与管理人审查债权数额相符的，管理人尽量动员债权人撤诉或者撤回仲裁请求；数额不符的，最终依据生效法律文书确定其数额。

## 三、寻觅重整方，制定、执行重整计划草案是核心

重整制度之目的旨在通过债务调整，恢复债务人的经营能力，使之摆脱困境，获得重生，因此，复兴企业始终居于重整的主导地位。

依据《企业破产法》的规定，管理人提交重整计划草案的最长期限为 9 个月。如果未在上述期限内提交，法院应当依法裁定终止重整程序，并宣告债务人破产。职是之故，重整的核心在于重整计划草案，重整计划草案的核心又在于重整方的寻觅、抉择和确定。相应地，管理人重中之重的职责，就是争分夺秒寻觅、选择、确定重整方，进而制定重整计划草案。

---

① 范健、王建文：《破产法》，法律出版社 2009 年版，第 181 页。

② 王欣新主编：《破产法学》，中国人民大学出版社 2008 年第 2 版，第 187 页。

(一)寻觅重整方

重整方不外乎以下四类:一是债务人自身;二是债权人之一部分或全部;三是第三人;四是前三类的任意组合。常熟A公司重整案的最终重整方是主要债权人联合第三人;C上市公司重整案是债务人引入本地第三人作为重组方,开展资产重组工作;海沧B公司重整案无第三人问津,债务人自行重整。不难看出,除非对债务人情况相当稔熟,否则第三人对斥巨资参与重整通常持比较谨慎的态度,不愿贸然从事。

寻觅重整方的历程大致可以归纳为如下几种情形:(1)寻寻觅觅,“众里寻他千百度,蓦然回首,那人却在灯火阑珊处”;(2)得来全不费功夫,尤其是国有企业重整;(3)山重水复疑无路,柳暗花明又一村;(4)门前冷落鞍马稀,乏人问津。据了解,无人出面重整的情形尚未出现。

无论用什么方式,重整方都必须遵循公开、公平、公正、透明的原则选择、确定。

(二)重整计划是最重要的法律文件

重整计划,也称“重整方案”,是指由债务人或者管理人制定的——以维持债务人继续营业、谋求债务人复兴为目的,以理清债权债务关系为主要内容——经债权人会议表决通过并经法院批准的多方协议。

“重整计划主要包括两部分内容:其一是对企业重整措施的规定;其二是对债权债务关系的解决。其中需重点研究的是重整措施问题。为了达到企业再生之目的,各国立法要求在重整计划中全面规定重整措施,如允许无偿或有偿转让全部或部分股权(如向重组者转让),减少或增加注册资本,向特定对象定向发行新股或债券,将债权转为股份,变更、转让营业或资产,进行业务与资产重组等方法。由于重整之目的在于维持公司之事业,而不限于公司本身,故必要时还可采取解散原有公司,设立第二公司,或公司分立、与其他公司合并等方法。”①重整措施如此多种多样,管理人应该努力选择最契合债务人的重整措施。

我国《企业破产法》规定重整计划草案主要包括(但不限于)下列内容:债务人的经营方案(简述经营团队组成、经营计划、经营计划的可行性分析、经营目标等)、债权分类和债权调整方案(简述经法院裁定确认的债权核查情况,并按债权类别介绍各类债权的金额和调整方案,说明债权调整的理由和实施途径)、出资人权益调整方案(简述出资人情况及出资比例,介绍出资人权益调整方案,说明调整的理由和实施途径)、债权受偿方案(简述各类债权的受偿途径和比例,并须特别说明如果不重整,直接进行破产清算,债权的可能受偿比例)、重整计划的执行期限(说明确定重整计划执行期限的理由)、重整计划执行的监督期限(说明确定重整计划执行的监督期限的理由)、有利于债务人重整的其他方案。此外,还应当就一些重要问题,如债权调整、出资人利益调整、重整后的经营方案等作出说明。

需要特别注意的是,重整计划草案中债务人的经营方案不得违反法律、行政法规的强制性规定,草案涉及国家行政许可事项的应当获得许可;否则,法院将不予批准该重整计划草案。

制定重整计划草案是一项非常艰巨的工作,从篇幅看,前述3个重整案的草案,多的有50来页,少的也有10来页。海沧B公司重整案之重整计划草案,管理人字斟句酌,数易其

---

① 王欣新主编:《破产法学》,中国人民大学出版社2008年第2版,第233页。

稿，其中艰辛，外人难以体会。

（三）制定重整计划草案不能闭门造车

重整计划关涉各方利益至巨，因此制定重整计划草案，千万不能闭门造车，不切实际，而应充分考量草案是否能够得到债权人会议的通过和法院的批准。海沧B公司重整案中，管理人即召开多场座谈会，面对面与普通债权人交流，倾听他们的意见和建议。常熟A公司重整案中，管理人注重主要债权人的沟通解释工作，并将草案征求意见稿递交当地银监局，以便其组织相关债权银行讨论。这些举措都为重整计划草案的顺利通过打下了良好的基础。

（四）制定重整计划草案需要特别考量的几个问题

1.债权分类分组需考量是否设立小额债权组

按照《企业破产法》第82条等的规定，债权人依照债权分类，分为有别除权债权组（担保债权组）、劳动债权组、税收债权组、普通债权组对重整计划草案进行表决。此外，还可设小额债权组和出资人组。此外，有学者认为，“除法律列举的上述组别划分外，人民法院可以根据案件具体情况决定设置其他组别，如公司债债权人组、次级债债权人组”①。

鉴于重整计划草案的表决规则采用双重标准，即出席会议的同一表决组的债权人过半数同意及所代表的债权额占该组债权总额的2/3以上，鉴于设立小额债权组通常意味着在不损害债权人总体利益的情况下，为小额债权人设定较其他普通债权人更高的清偿比例甚或100%清偿，以利重整计划草案通过。所以，是否申请法院在普通债权组中另设小额债权组进行表决以及小额债权的界定，值得仔细思量。笔者以为，是否设立，取决于债务人的负债结构以及是否有利于重整计划草案的通过，管理人必须对债权表上的债权人数量和各自的债权数额进行认真的分析，进而作出明智的决定，不能因小失大。

常熟A公司重整案中，鉴于人民币10万元以下债权额的债权人人数超过50%，而债权额占债务人负债总额的比重尚不足5%，从而将10万元以下的债权列为小额债权，列入小额债权组表决，清偿比例为50%；海沧B公司重整案、C上市公司重整案，也针对小额债权设定了更高的清偿比例，最终重整计划草案得到了绝大多数小额债权人的赞成。

2.如果享有担保权或者法定优先权的债权数额超过作为担保权或法定优先权的财产价值的，其未受清偿部分，得作为普通破产债权，债权人得以未受优先清偿的债权数额为限在债权人会议上行使完全的表决权。

3.依照破产清算程序所能获得的清偿比例与破产重整程序所获得的清偿比例之比较，以及对债务人的特定财产享有担保权的债权的变现金额等问题，是债权人至为关注的问题，计算方法必须公允、科学，经得起检验和推敲。实务上，管理人通常是聘请会计师事务所或资产评估公司出具资产负债财务分析报告或偿债能力分析报告，对债务人在特定时点（所谓报告基准日）的清算与重整清偿比例进行“模拟”对比分析。债务人设定担保的特定财产的变现金额也通常是按照资产评估公司在特定时点的评估价值确定。

这里需要注意的是，法院一再宣示其在审查重整计划草案的上述内容时，将充分考虑会计师事务所或资产评估公司采用的计算方法是否科学、客观、准确，是否充分保护了债权人

① 王欣新主编：《破产法学》，中国人民大学出版社2008年第2版，第235页。

的利益，而不会简单地以破产重整程序所获得的清偿比例高于破产清算程序所能获得的清偿比例而草率批准重整计划草案。

4.债权调整及债务受偿方案最为债权人关注

债权调整方案是指每类债权的具体调整计划，包括债权的减少、免除、延期、债权性质的转换（例如，有无担保债权之间的转换）等。债务受偿方案是指对调整后的债权的具体清偿方案，包括清偿债权的时间、地点、方式等。举例来说，常熟A公司重整案中，担保债权就特定财产获得全额清偿、职工债权、税务债权均获得全额清偿、小额普通债权（10万元以下）按50.00%清偿；其他普通债权10万元以下部分，按50.00%清偿，超过10万元部分按16.94%清偿。债务受偿期限方面，职工债权、税务债权、小额债权在重整计划生效之日起3个月内一次性清偿完毕，担保债权及普通债权直至2013年年底方能清偿完毕。

## 四、管理人独立、中立，重整过程透明、公开，充分保障债权人利益是主线

1.管理人必须独立、中立。依照《企业破产法》的规定，管理人可以是有关部门、机构的人员组成的清算组，也可以是律师事务所、会计师事务所、破产清算事务所，还可以是社会中介机构中具备相关专业知识并取得执业资格的人员。比如，常熟A公司重整案的管理人是律师事务所，海沧B公司重整案是律师事务所和会计师事务所担任联合管理人，C上市公司重整案是债务人重整清算组担任管理人。不论谁担任管理人，其受法院指定后，就具有独立性，其虽然应当向法院报告工作及接受债权人会议和债权人委员会的监督，但不隶属于法院，也不依附于债权人或债务人，而是必须依法独立履行职责。管理人必须恪守中立，不偏不倚，不为特定利害关系人谋取利益，不屈从于债务人、债权人、重整方甚或政府的压力。唯有如此，才能均衡考量和保护各利害关系人的利益，重整程序方能在公正、公平和高效的基础上顺利进行。

2.重整全过程必须公开、透明，不能暗箱操作，信息必须及时披露，充分保障各利害关系人的知情权。例如，应当以公开、公平、公正、透明的方式确定重整方，应当以公允的方式确定债权调整方案；聘请公证人员对债权人会议表决重整计划草案的全过程进行公证，全程摄像，等等。

3.充分保障债权人利益。在涉及债权人利益的重大事项上，如核查债权、监督管理人、决定继续或者停止债务人的营业、通过重整计划、通过债务人财产的管理方案，必须切实保障债权人的参与权和话语权，在不违背法律强制性规定的前提下，尽可能地充分尊重债权人的意志。举例来说，依照《破产企业法》第84条的规定，债权人会议表决重整计划草案时，债务人或者管理人应当向债权人会议就重整计划草案作出说明，并回答询问。显然，询问是债权人的权利，回答询问是管理人的义务，固然有些债权人的问题尖锐，造成债权人会议气氛紧张甚或影响其他债权人对重整计划草案的态度，但债权人该项权利应予切实保障，不能忽视，更不能故意省略。海沧B公司重整案、C上市公司重整案均给予债权人充分的询问时间，管理人详细解答，消除了债权人的疑虑。

## 五、分工协作、各司其职是保障

分工协作、各司其职主要体现在管理人内部以及管理人与聘请的非本专业的其他社会

中介机构和人员两个层面。

1.重整工作千头万绪，工作周期长，短则三四个月，长则八九个月，管理人必须集合精兵强将，投入大量人力，始终保持高昂的士气，做好打持久战的准备；必须合理分工，根据需要设立债权申报审查团队，案件起诉、应诉团队，财务管理团队，生产管理团队等多个团队，以高效因应纷繁的事务，并由专人统筹、协调各团队的工作，确保重整工作井然有序、忙而不乱。

2.“让专业的人士做专业的事，是现代社会职业分工的一个基本原则。有分工，有合作，这样有各种专业技能的人才能在组织中发挥出水平，工作质量和效率才比较高。”①债务人重整，涉及重大资产重组、经营模式选择、引入新出资人等商业运作内容，涉及诸多专业性问题，而担任管理人的律所，通常不具备管理方面的专业知识和经验，也不擅长商业运作，力所未逮，心有余而力不足，不可能大包大揽，必须善于借力，在管理人管理营业事务的情况下，应当尽量聘任稔熟情况的债务人的经营管理人员负责营业事务。另一方面，视情况聘用工作人员和聘请非本专业的其他社会中介机构和人员，在自己的有力统御下，各司其职，通力合作。否则，当下，本应由管理人自行依法处理的事务，事无巨细都请示法院，处处依赖法院，法院也是苦不堪言、怨声载道。

举例来说，常熟 A 公司重整案中，管理人（为律所）聘请的非本专业的社会中介机构有会计师事务所、税务师事务所、评估师事务所、财务咨询公司、工程项目管理咨询公司、建设咨询公司、工程造价咨询公司、拍卖公司等。此外，管理人还聘用其他律师事务所来因应大量的异地诉讼或仲裁案件。

## 六、“开弓没有回头箭”及其他

### （一）开弓真的没有回头箭

重整过程中，管理人最常用来说服债权人赞成重整计划草案的一句话就是“开弓没有回头箭”，如果重整计划草案未获得通过，导致法院依法宣告债务人破产，届时损失最惨重的通常莫过于普通债权人，极有可能血本无归。此并非危言耸听，盖因无论是依照《企业破产法》的规定，抑或当下最乐观的学界观点，自破产重整程序进入破产清算程序后，真的就没有回转余地了。

就破产程序的转换，学者提出《美国破产法典》的规定可资借镜，“在美国，破产清算程序可自由转换为破产重整程序与破产和解程序，但若破产清算程序是从破产重整程序或破产和解程序转换而来则不适用该规则；破产重整程序与破产和解程序也可自由转换为破产清算程序，但二者之间则不能相互转换”②。但若破产清算程序中债务人已被宣告破产，则不能将破产程序转换为破产重整程序或破产和解程序。

可见，提出破产重整申请——尤其是债务人自行申请——必须对重整成功有相当的底气，否则可能会“弄巧成拙”，一旦法院裁定终止重整程序，宣告债务人破产，就走上不归路了。

① 高建华：《笑着离开惠普》，商务印书馆 2006 年版，第 252 页。

② 范健、王建文：《破产法》，法律出版社 2009 年版，第 213 页。

（二）重整不可只许成功不许失败

破产重整制度在我国是一项崭新的制度，它为尚有挽救希望的困难企业，提供了避免破产清算死亡、获得重生的机会，既有利于债务人、债权人、出资人、职工、关联企业等各方主体实现共赢，又有利于社会资源的充分利用。但是，不可能也不应当通过破产重整制度企图使所有经营失败的企业都避免破产清算。政府、法院、管理人、债务人等竭尽全力，全力以赴，力图促成重整成功，无可厚非，但绝不能因之而违反法律规定，绝不能以牺牲债权人利益为代价来挽救债务人，对不符合强制批准条件的绝不能借挽救企业之名违法审批，必须坚决防止基于地方保护主义的利益驱动，利用重整程序在法律允许的范围之外损害债权人利益，必须坚决防止产生借重整逃废债务的不良后果。一言以蔽之，必须时刻警惕，以免破产重整制度沦为债务人逃废债务的工具。

（三）管理人在重整程序中具有极高的地位，但来自方方面面的压力很大，责任亦重于泰山，需要有充分的心理准备

管理人的压力主要体现在：(1)工作周期长，通常有数月之久，需要投入大量人力，并要做到专心致志，心无二用。因为管理人报酬只能分期或最后一次性收取，律所先行支付律师的报酬在所难免，甚至有时还要为陷于财务困境、入不敷出的债务人垫付资金，解其燃眉之急。(2)重整时间最长仅9个月，从被指定为管理人的那一天起，就必须惜时如金，认真掐算时间，必须全程持之以恒，全力以赴，不能虎头蛇尾。(3)破产重整涉及众多利害关系人的利益，各方矛盾极为集中和突出，处理不当，极易引发群体性、突发性事件，影响社会稳定。管理人既要承受来自债权人等利害关系人的压力，有时无可避免也承受着重整只许成功的压力，真是战战兢兢，如履薄冰，如临深渊。(4)细节决定成败，管理人的各项工作，事无巨细，都必须认真细致。(5)管理人还面临法律责任的压力。若管理人违反勤勉义务和忠实义务，依法须承担罚款与民事赔偿的法律责任。

（四）管理人工作能力亟须提高

目前，我国管理人队伍刚刚建立，尚不成熟，能够胜任管理人职责的律所屈指可数，具备条件的律所应当抓紧时机，加强业务知识和各种能力的培养，把自己锻造成适格的管理人，如此才能很好地履行管理人职责，在企业破产程序中发挥重要的、积极的作用。

■ 刑事

# 对非法证据排除规则的思考

## ——以新《刑事诉讼法》为视角

王 坚*

## 前 言

非法证据排除规则(本文出现的非法证据排除规则均仅指刑事非法证据排除规则)对于遏制非法取证以及保障人权均具有重大意义。该规则在西方发达国家早已确立并得到有效实施。2012 年 3 月,我国新《刑事诉讼法》首次在法律层面上确立了非法证据排除规则。随后,《人民检察院刑事诉讼规则(试行)》(以下简称《高检规则》)和《最高人民法院关于适用〈中华人民共和国刑事诉讼法〉的解释》(以下简称《高院解释》)也相继出台,对非法证据排除规则进一步地作了详细的规定。我国确立非法证据排除规则的时间相对较晚,其必然存在某些不足之处,这可能导致无法完全实现立法者的立法意图或者实施效果难尽如人意。笔者期望通过本文对非法证据规则作深入的研究,准确地理解其目的与价值,对我国非法证据排除规则的实施现状作进一步的思考,提出相应的完善建议,以促进我国非法证据排除规则的有效实施。

## 一、非法证据排除规则的主要内容

非法证据排除规则于 20 世纪初产生于美国,该规则在保障人权、遏制非法取证行为和维护司法权威等方面均具有重要意义。我国新《刑事诉讼法》的出台,首次在立法层面确立了非法证据排除规则。新《刑事诉讼法》吸收了 2010 年《关于办理死刑案件审查判断证据若干问题的规定》和《关于办理刑事案件排除非法证据若干问题的规定》(以下简称"两个证据规定")的主要内容,形成了具有中国特色的非法证据排除规则。

在我国,非法证据排除规则是指公安司法机关及其工作人员在刑事诉讼活动中,通过非法程序或者非法行为所取得的证据,原则上不得被法庭采纳为定案依据的规则。①

关于非法证据排除规则,新《刑事诉讼法》规定了如下主要内容:

### (一)非法证据排除的范围

非法证据的认定标准是非法证据排除规则的关键,新《刑事诉讼法》将非法证据区分为

---

* 王坚,福建联合信实律师事务所高级合伙人,电邮:wj@lhxs.com。

① 彭维美、李镇炎:《非法证据排除规则的理解与适用》,载《法制与社会》2012 年第 22 期。

非法言词证据和非法实物证据，分别确定了不同的认定标准。

新《刑事诉讼法》第 54 条规定：采用刑讯逼供等非法方法收集的犯罪嫌疑人、被告人供述和采用暴力、威胁等非法方法收集的证人证言、被害人陈述，应当予以排除。收集物证、书证不符合法定程序，可能严重影响司法公正的，应当予以补正或者作出合理解释；不能补正或者作出合理解释的，对该证据应当予以排除。

1.非法言词证据

根据上述规定，非法言词证据是指采用刑讯逼供等非法方法收集的犯罪嫌疑人、被告人供述和采用暴力、威胁等非法方法收集的证人证言、被害人陈述。在实践中，冤假错案的产生往往与刑讯逼供等非法取证方法联系在一起，如近年来的佘祥林、杜培武、聂树斌、赵作海等冤案都存在刑讯逼供等违法取证行为。此外，有时候侦查机关为了尽早破案或完成任务，还会威逼、利诱证人，以致其作出虚假证言，这类现象都屡见不鲜。该规定明确了非法言词证据排除的范围，即对刑讯逼供、暴力、威胁等违法获取的言词证据坚决予以排除，这能够有效地防止违法取证行为的发生，保证证据的合法性。

2.非法实物证据

根据上述规定，非法实物证据是指不符合法定程序，可能严重影响司法公正的，又不能补正或者不能作出合理解释的实物证据，包括物证、书证等。在实践中，非法实物证据一般是由于违反法定程序造成的，如侦查人员在勘验、检查时没有人民检察院或者公安机关的证明文件，搜查时没有向被搜查人出示搜查证等。这主要是受传统文化的影响，导致重实体、轻程序的观念在我国根深蒂固。侦查人员在取证中往往会忽略程序合法的重要性，导致非法实物证据的产生，侵犯当事人的合法权益。非法证据排除规则的出台能够有效地遏制这类行为，实现取证的程序正义，保障证据的合法性。

与非法言词证据的绝对排除相比，我国对非法实物证据的排除有所宽容，持相对排除态度。若相关人员能够对非法取得的实物证据予以补正或者作出合理解释，这些证据仍可以被采纳，作为定案的依据。两者的差异主要在于：非法手段获取言词证据往往会直接侵害当事人的基本权利，甚至危害其人身安全；而实物证据具有不以人们的主观意志为转移的客观真实性，取证方法和程序上的瑕疵并不会改变其真实性，且一般来说，其侵犯权利的严重程度较之非法获取言词证据时为轻。

（二）非法证据排除的程序

新《刑事诉讼法》对非法证据排除的程序规定比较详细，从程序启动、证据合法性的审查、控辩双方质证、法庭裁判等一系列程序均有较为明确的规定。程序的启动是其他程序开展的前提，证据合法性是非法证据排除规则的核心，因此，程序的启动和证据合法性的审查成为非法证据排除规则的两个重要环节。

1.程序的启动

根据新《刑事诉讼法》第 54 条的规定：在侦查、审查起诉、审判时发现有应当排除的证据的，应当依法予以排除，不得作为起诉意见、起诉决定和判决的依据。因此，我国非法证据的排除时间可以在侦查、审查起诉、审判阶段，相应的非法证据的排除主体可以是侦查机关、检察机关、审判机关。另外，新《刑事诉讼法》第 56 条规定，在审判时，当事人及其辩护人、诉讼代理人有权申请人民法院对以非法方法收集的证据予以排除。因此，非法证据排除规则程序的启动主体有四类:侦查机关,检察机关,审判机关,当事人及其辩护人、诉讼代理人。

这次《刑事诉讼法》的修改规定了非法证据排除程序的启动主体和时间,与之前的“两个证据规定”相比有很大的进步。而且西方发达国家在证据排除的时间和主体仅限于审判阶段和法官,相比而言我国关于证据排除显得更加灵活,可操作性更强。

2.证据合法性的审查

侦查机关不仅是取证的主体,而且是非法证据排除的主体。在侦查过程中,侦查机关不仅应当严格规范自己的取证行为,按照法定程序获取证据;而且一旦发现非法言词证据应当主动排除,至于非法实物证据则应当予以补正或者作出合理解释后移交检察机关,否则也应当予以排除。虽然期待侦查机关在实践中排除自己收集的证据不太可能,但这种立法意图还是值得肯定的,也有利于非法证据的排除。

根据新《刑事诉讼法》第 55 条的规定,人民检察院接到报案、控告、举报或者发现侦查人员以非法方法收集证据的,应当进行调查核实。因此,检察机关有义务和权力核查纠正侦查机关的非法取证行为。这是根据我国司法权力配置情况,赋予具有法律监督地位的检察机关相应的权力。检察机关在侦查、审查起诉阶段就可以审查证据的合法性,有效地避免非法证据进入审判阶段,消除其对事实认定的影响。

审判机关是非法证据排除的最后一道关卡,也是非法证据排除的主要主体。根据新《刑事诉讼法》第 56 条的规定,法庭审理过程中,审判人员认为可能存在本法第 54 条规定的以非法方法收集证据情形的,应当对证据收集的合法性进行法庭调查。由此可知,审判机关有权利主动审查证据的合法性,审查后若确认或不能排除是非法证据,则应当予以排除。另外,当事人及其辩护人、诉讼代理人在有一定的线索或材料的情况下,提出排除非法证据的请求,审判机关也应当启动非法证据排除程序,必要时可以通知侦查人员到庭进行询问,要求其作出合理解释。因此审判机关可以通过依职权和依申请两种方式启动非法证据排除程序,审查证据的合法性。

(三)证明责任及证明标准

在新《刑事诉讼法》颁布之前,我国学者在非法证据证明责任方式上存在分歧,普遍的观点是实行举证责任倒置,而有些人认为应当坚持“谁主张,谁举证”的责任分配原则。新《刑事诉讼法》并未采取以上观点,而是实行“两步式的证明责任分配规则”,确立了不完全的“证明责任倒置原则”。① 因此,笔者认为可以将证明责任分为初步责任和举证责任两部分。

1.初步责任

《高院解释》第 96 条规定:当事人及其辩护人、诉讼代理人申请人民法院排除以非法方法收集的证据的,应当提供涉嫌非法取证的人员、时间、地点、方式、内容等相关线索或者材料。根据上述规定可知当事人及其辩护人、诉讼代理人申请启动非法证据排除规则并不是无条件的,必须提供线索或材料,这种简单的证明责任我们可以称为初步责任。

2.举证责任

根据新《刑事诉讼法》第 57 条的规定:在对证据收集的合法性进行法庭调查的过程中,人民检察院应当对证据收集的合法性加以证明。因此启动非法证据排除的程序后,在法庭

---

① 吴宪国:《非法证据排除规则下检察机关的证明标准》,载《中国刑事法杂志》2012 年第 12 期。

调查过程中，证据是否合法的证明责任由检察机关来承担，也就是说检察机关承担举证责任。

3.证明标准

证明责任既然区分为初步责任和举证责任，正是因为两者对应不同的证明标准。

初步责任的证明标准相对较低，只需要“引起审判人员对证据的合法性产生合理怀疑”即可。在实践中，一般只需要当事人及其辩护人、诉讼代理人提供非法行为存在的线索或材料，并不要求他们证明提供的线索或材料的合法性。因为当事人及其辩护人、诉讼代理人在诉讼活动中本身就处于弱势一方，要让他们提供确实、充分的证据是不切合实际的，但同时也要对该项权利进行限制，防止他们恶意请求启动非法证据排除规则，拖延诉讼时间，达到自己的非法目的。所以当事人及其辩护人、诉讼代理人承担初步责任的规定符合我国的基本国情，也有利于非法证据排除规则的有效实施。

而举证责任的证明标准为“确实、充分”并能“排除合理怀疑”。检察机关的起诉行为牵涉公民的基本权利，检察机关应当保证其提供的证据合法。当审判人员存在合理怀疑时，检察机关应举出“确实、充分”的证据，消除审判人员的合理怀疑，若不能则应当予以排除。而且，从双方的诉讼地位来看，检察机关作为强势方，在证明证据的合法性上更为容易，由其承担举证责任合情合理。与部分西方发达国家至少达到“优势证据”的证明标准相比，我国检察机关的证明标准较为严格，如果该标准能够得到贯彻落实，对非法证据排除规则的有效实施具有重要意义。

## 二、非法证据排除规则的不足

非法证据排除规则承载着我国政府和人民群众对遏制刑讯逼供等违法取证行为的期望。虽然我国已在法律层面上确立了非法证据排除规则，但非法证据排除制度在设计方面仍存在许多不足之处。

（一）非法证据认定标准模糊

新《刑事诉讼法》对非法言词证据的取得方式只列举了刑讯逼供、暴力、威胁等方式，虽然《高院解释》和《高检规则》进一步规定采用其他使被告人在肉体上或者精神上遭受剧烈疼痛或者痛苦，迫使被告人违背意愿供述的手段也属于非法方式。但在实践中，给予犯罪嫌疑人一定的精神压力，一定程度上的诱使招供以及一定程度上的欺骗都是经常运用的侦查策略和方法。那这些方法是否使被告人遭受剧烈疼痛或者痛苦，是否迫使被告人违背意愿供述，痛苦的程度怎样才算达到剧烈，这些认定的标准并不明确。①

在非法实物证据方面，新《刑事诉讼法》第54条只规定非法实物证据包括物证和书证两类，范围相对狭窄，对于视听资料、电子数据等证据都没有包括在内。在实践中，侦查人员运用高科技侦查手段获取证据已较为普遍，如新《刑事诉讼法》规定的技术侦查措施和秘密侦查手段。这方面内容的缺失将影响非法证据排除规则的有效实施。另外，《高检规则》第66条规定：可能严重影响司法公正是指收集物证、书证不符合法定程序的行为明显违法或者情节严重，可能对司法机关办理案件的公正性造成严重损害。其中“明显违法”的行为未明确

① 詹雪霞：《浅谈我国非法证据排除规则的程序完备初探》，载《法制与社会》2012年第27期。

举例规定,“情节”“损害”的严重程度也没有细分,而且“补正”和“合理解释”也仅仅是对取证程序上的一些非实质性瑕疵进行补救,以及对取证程序的瑕疵作出符合逻辑的解释。这就使得非法实物证据被实际排除的可能性变得微乎其微了。

（二）非法证据排除的程序操作性不强

我国新《刑事诉讼法》规定当事人及其诉讼代理人、辩护人有权向人民法院申请启动非法证据排除程序,但提出申请的时间上有混乱的可能。《高院解释》第 97 条规定:人民法院向被告人及其辩护人送达起诉书副本时,应当告知其申请排除非法证据的,应当在开庭审理前提出,但在庭审期间才发现相关线索或者材料的除外。实践中,被告人及其辩护人可能由于某种原因或者迫于侦查机关、检察机关的压力未在开庭审理前提出,而且其提供的相关线索、材料都是在开庭审理前就已经掌握,但却在法庭审理过程中才提出,此时该如何处理?新《刑事诉讼法》以及《高检规则》和《高院解释》均无规定。再者,在法庭审理阶段,审判人员以及当事人、辩护人都有权启动非法证据排除程序。这样有可能造成庭审的混乱和反复,使庭审调查和审理无法连续进行,影响诉讼效率,阻碍非法证据排除规则的有效实施。

“相关线索或者材料”是指什么,是否非法取证的人员、时间、地点、方式、内容都要提供?达到怎样的程度才能引起审判人员的合理怀疑?当事人及其辩护人提出排除非法证据的请求,审判人员拒绝启动非法证据排除程序,当事人又有何救济途径,以维护自己的权益呢?而且非法证据审查的期限也未明确,出现恶意拖延诉讼的情况该如何处理?这些问题在新《刑事诉讼法》中都找不到明确的答案。

另外,《高检规则》第 72 条规定:人民检察院认为存在以非法方法收集证据情形的,可以书面要求侦查机关对证据收集的合法性进行说明。说明应当加盖单位公章,并由侦查人员签名。此处的“说明”应当包含什么内容?难道存在非法证据的情形,仅凭侦查机关简单的书面说明再加盖公章或签名就能消除合理怀疑?这是否太过简易?这有可能无法遏制甚至纵容侦查机关的违法取证行为。

以上几点都将导致非法证据排除规则在实践操作过程中缺少规范性,使非法证据排除规则程序混乱,不能实现该规则的目的与价值,保障当事人的合法权益。

（三）缺少配套的惩罚性制度

新《刑事诉讼法》第 57 条规定:现有证据材料不能证明证据收集的合法性的,人民检察院可以提请人民法院通知有关侦查人员或者其他人员出庭说明情况,人民法院可以通知有关侦查人员或者其他人员出庭说明情况,有关侦查人员或者其他人员也可以要求出庭说明情况。经人民法院通知,有关人员应当出庭。但并没有规定有关侦查人员不出庭说明情况将承担何种责任、何种后果。在西方发达国家都规定警察该出庭而不出庭的,构成蔑视法庭罪。而在我国仅仅是倡导性的规定,没有相应的惩罚性保障措施,这可能导致该规定在实践中形同虚设,影响非法证据排除规则的实施。

另外,新《刑事诉讼法》及《高检规则》和《高院解释》也没有规定在有关侦查人员不出庭的情况下,此时的证据是否应当作为非法证据被排除。这也将导致该证据有可能不被排除,一定程度上促使有关侦查人员不出庭说明情况的现象发生,阻碍非法证据排除规则的有效实施。

惩罚性制度的缺失将为非法证据排除规则的实施埋下隐患。实践中,有些侦查人员可能肆无忌惮，违法取证且又不出庭说明情况，导致非法证据排除规则难以实施，无法实现其目的与价值。

（四）庭前审查与法庭审理分离制度缺失

根据新《刑事诉讼法》第182条的规定，我国规定在开庭审理前审判人员可以对非法证据排除了解情况、听取意见。但这种庭前审查制度的规定并不完善，在法庭审理过程中，庭前审查人员并未适用回避原则，这可能导致非法证据虽然得以排除，但审判人员有可能先入为主，如此极大地影响了审判人员的自由心证，也就是说非法证据仍会影响案件的审理，而排除非法证据的目的就是为了防止非法证据影响案件的事实认定。

（五）“毒树之果”未作规定

所谓“毒树之果”，是美国刑事诉讼中的一个形象化概括，意指“根据以刑讯逼供等非法手段所获得的犯罪嫌疑人、刑事被告人的口供，并获得的第二手证据（派生性证据）”。其中以非法手段所获得的口供是毒树，而以此所获得的第二手证据是毒树之果。① “毒树”被排除是毫无疑问的，而作为其派生性证据的“毒树之果”应当如何处理，是否应当认定为非法证据予以排除，在新《刑事诉讼法》及《高检规则》和《高院解释》中均未作出规定。

## 三、非法证据排除规则的完善

上述问题的存在必然影响非法证据排除规则的实施效果，致使新《刑事诉讼法》的目的及价值难以实现。因此有必要从我国国情出发，借鉴国外非法证据排除规则的设计，完善我国的非法证据排除规则。

（一）完善非法证据的认定标准

新《刑事诉讼法》中的非法证据排除规则对于非法证据范围的规定较为模糊。笔者认为，非法证据的认定标准应当予以明确。

对于言词证据，应当明确正常侦查策略和欺骗、引诱等非法取证手段之间的界限；同时，一些常见的变相刑讯逼供手段也应当列举式地加以详细规定；另外疼痛与剧烈的程度也应明确。在这方面，我们可以借鉴德国刑事诉讼法，将不正当方式列举为折磨、疲劳战术、妨害身体、服用药品、拷问、欺诈、催眠、威胁、引诱等手段。② 这种划分的意图就是将所有非法方法尽量全面地规定下来，值得我国借鉴。

对于实物证据，应当扩大非法实物证据的范围，将视听资料、电子数据等实物证据也涵盖在内。新《刑事诉讼法》将技术侦查措施合法化，并规定技术侦查措施取得的材料可以作为证据使用，这不禁令笔者担忧不已。其对采取技术侦查措施的程序规定十分粗疏，侦查机关完全可能仅仅出于侦查的需要而自我决定措施的采用。众所周知，技术侦查措施所取得的材料多数表现为视听资料。笔者认为，有必要在完善技术侦查措施程序的同时，专门规定其非法取得的证据排除。另外，“明显违法”的情形应列举一些常见情况，对达到公正性造成的损害程度的标准也应当更为明确，严重程度也应当划分等级，以便排除非法证据规则的运用。

---

① 何家弘：《毒树之果》，大众文艺出版社2003年版，第5页。

② 《德国刑事诉讼法典》，李昌珂译，中国政法大学出版社1995年版，第62页。

（二）细化程序性规定

程序性规定是否细致、完善是法律能否有效实施的关键。与西方发达国家相比，我国非法证据排除规则发展时间较为短暂，程序性规定并不十分细致。

在审判阶段非法证据排除程序的启动方面，笔者认为应当规定得更为详细，可以明确规定当事人、辩护人、诉讼代理人在开庭审理前就已经掌握相关线索或者材料，但未提出排除非法证据的请求。如该行为未受其他客观因素影响，在完全出于自愿的情况下，应视为他们放弃该权利；若不是出于自愿，而是在受到他人威胁等情况下，则在法庭审理阶段仍然可以提出排除非法证据的请求。

笔者认为审查的期限也应当确立明确的时限，以防止有关人员恶意拖延诉讼期间，影响诉讼效率。另外，当事人、辩护人及诉讼代理人的救济权利应当加以规定，若他们对审查结果不服，可以赋予其请求审判人员复查的权利，从而保护当事人的合法权益。再者，侦查机关对证据收集合法性的证明方式应更为具体，应明确“说明”所应当包含的具体内容。

（三）建立惩罚性措施

一个规则的实施不仅需要程序性规定，同时也需要相应的保障性、惩罚性措施，这样才能保障该规则在实践中得以有效的实施。针对有关人员不出庭的情况，笔者认为应当建立相应的惩罚性措施。在这方面我们可以借鉴西方发达国家的制度设计，对不出庭说明情况的有关人员，可以追究其藐视法庭罪，给予其一定的处罚。同时，也应当规定有关人员不出庭说明，则将相关的证据作为非法证据予以排除。

（四）完善庭前审查制度

庭前审查与法庭审理分离制度的缺失必然会影响非法排除证据规则的有效实施。为了消除这种影响，我们国家可以借鉴西方发达国家的庭前审查制度设计，结合我国的实际情况，设置预审法官，由其在开庭审理前，专门对证据的合法性进行审查，而不参与法庭审理阶段。预审法官如果发现非法证据则予以排除，从而将非法证据拒于法庭之外，保证审判人员的心证未受影响，防止审判人员先入为主的情况发生，以实现非法证据排除规则的目的。

（五）确立初步的“毒树之果”规则

为了完善非法证据排除规则，我们不能在“毒树之果”方面持回避态度，应当理性地面对。笔者认为，对于毒树之果原则上理应排除，非法证据排除规则的作用就是保障人权，而毒树之果在获取的源头上就侵犯了当事人的合法权益。如毒树之果不予以排除，那非法证据可能间接地影响案件的事实认定，也在一定程度上纵容了侦查人员非法取证的行为，阻碍了非法证据排除规则的实施。不可否认，我国侦查技术相对落后，将所有毒树之果均予以排除，将妨害我国刑事诉讼惩罚犯罪的任务。对此，我国可以借鉴美国的制度设计，结合我国的基本国情，设置“毒树之果”排除的例外情形完善“毒树之果”原则。

# 简论刑事非诉讼律师业务概念

郭海天*

## 引 言

随着时代的前进和经济的繁荣,律师早已超越了法庭上身披律师袍、口吐珠玑、舌生莲花的形象。不少资深律师都是以非诉讼业务为主,涉及金融、投资、公司并购、工程项目、合资合作等各个领域,非诉讼业务已成为律师行业最大的"聚宝盆"。随着视野的开拓,也有部分刑辩律师开始摸索刑事非诉讼律师业务。但大多数人对这一新型业务模式都如雾里看花,无从下手。显然,要拓展刑事非诉讼律师业务,首先就应当对这一新业务的概念,作出一个比较明晰的界定,才有可能在坚实的理论基础上进行拓展。为此,笔者在文中尝试对刑事非诉讼律师业务这一概念予以界定,期待能对律师同行们的刑事非诉讼业务开展有所帮助。

## 一、探讨刑事非诉讼律师业务概念的意义

在欧美等法律服务市场发达的国家,非诉讼法律服务的业务量,与诉讼法律服务的业务量之比,通常是7∶3,即律师在非诉讼法律服务中的收益,远远超过诉讼法律服务。但反观中国大陆的法律服务市场,尤其是在刑事法律服务市场,除了个别律师事务所推出了刑事合规业务等少数的刑事非诉讼法律服务外,非诉讼法律服务基本上是一个空白的状态。所以,梳理、厘清与界定刑事非诉讼法律服务这一基本概念,对于律师发现新的律师服务市场,寻找律师业务新增长点,开展律师业务产品创新,改进律师业务营销模式,都有极为现实的意义。

## 二、关于澄清概念的方法

所谓的"概念"是指:"思维的基本形式之一,反映客观事物的一般的、本质的特征。人类在认识过程中,把所感觉到的事物的共同特点抽出来,加以概括,就成为概念。"①

概念有两个基本的逻辑特征:内涵和外延。内涵指:"逻辑学上指一个概念所反映的事物的本质属性的总和,也就是概念内容。"②外延指:"逻辑学上指一个概念所确指的对象的范围。"③

---

* 郭海天,福建联合信实律师事务所高级合伙人,电邮:ght@lhxs.com。

① 中国社会科学院语言研究所词典编辑室:《现代汉语词典》,商务印书馆2012年第6版,第418页。

② 中国社会科学院语言研究所词典编辑室:《现代汉语词典》,商务印书馆2012年第6版,第938~939页。

③ 中国社会科学院语言研究所词典编辑室:《现代汉语词典》,商务印书馆2012年第6版,第1337页。

概念是思维形式最基本的组成单位，但由于自然语言具有不明确性，常常包含歧义和含混，进而阻碍交流。因此，澄清概念对我们的沟通和交流有着重大的意义。

从概念本身的含义出发，所谓的澄清概念就是首先要分析概念的内涵和外延是否明确。而明确概念外延，就需要通过定义的方式加以说明。“定义就是以简短的形式揭示语词、概念、命题的内涵和外延，使人们明确它们的意义及其使用范围的逻辑方法。通过定义，从而明确这个概念所反映的对象的特点和本质。”①我们既可以从已经确定的概念的内涵出发，推理出概念的外延的范围；也可以从概念的外延，归纳出概念的内涵。

基于上述认识，本文将从理论、立法实践、司法实践、律师业务的角度出发，通过归纳的方法，首先对非诉讼概念予以明确。之后，再对刑事非诉讼律师业务这一概念进行界定。

## 三、关于“非诉讼”概念的学理解释

有学者认为，ADR起源于美国，是英文“Alternative Dispute Resolution”的缩写，翻译成中文的意思是：“替代性”纠纷解决方式，或“选择性”纠纷解决方式，或“非诉讼”纠纷解决方式等等。② 在这一表述中，“非诉讼”是指相对于诉讼而言的纠纷解决方法。

也有学者认为“非诉讼专项法律服务”，系律师利用法律专业知识和社会经验与资源，为企业提供的特色服务，其随着社会经济的发展而处于不断创新中，所涉领域远大于纯法律服务范畴。③

## 四、立法实践中的“非诉讼”概念

### （一）《中华人民共和国律师法》（以下简称《律师法》）中所使用的“非诉讼”概念

笔者检索了相关的法律，仅仅检索到在《律师法》中使用了“非诉讼”这一概念。《律师法》第28条规定：“律师可以从事下列业务：（六）接受委托，提供非诉讼法律服务……”

《律师法》第28条的规定中，将律师的“非诉讼”业务，与担任法律顾问、代理申诉、参加调解仲裁、咨询、代书并列为律师业务类型，但对“非诉讼”具体为何种方式的服务内容，条款中并没有予以明确。

### （二）法规中所使用的非诉讼概念

在行政法规和地方性法规范围内，笔者仅仅检索到在《厦门经济特区多元化纠纷解决机制促进条例》（2015年4月1日厦门市第十四届人民代表大会常务委员会第二十五次会议通过）中，使用了“非诉讼”这一概念。该法规第2条规定：“多元化纠纷解决机制是指由诉讼和各种非诉讼方式共同构成的纠纷解决体系，其目标是合理配置社会资源，实现纠纷解决程序的合理衔接和相互协调，为纠纷当事人提供便捷和适宜的纠纷解决途径。”

根据以上表述，可以看出：在这一法规中，非诉讼的含义基本上是相对于诉讼而言的各

---

① 周建武：《科学推理：逻辑与科学思维方法》，化学工业出版社2017年第6版。

② 赵旭东：《如何打破僵局：替代性纠纷解决方式（ADR）的研习与实践》，陕西人民出版社2010年版，第23～24页。

③ 乔路：《公司非诉讼法律事务指引》，法律出版社2016年版。

种纠纷解决方法，包括仲裁、行政调处、人民调解、商事调解、行业调解以及其他非诉讼纠纷解决方式。

## 五、司法实践中所使用的非诉讼概念

最高人民法院印发《关于建立健全诉讼与非诉讼相衔接的矛盾纠纷解决机制的若干意见》的通知（法发〔2009〕45号，2009年7月24日发布）。第2条规定："建立健全诉讼与非诉讼相衔接的矛盾纠纷解决机制的主要任务是：充分发挥审判权的规范、引导和监督作用，完善诉讼与仲裁、行政调处、人民调解、商事调解、行业调解以及其他非诉讼纠纷解决方式之间的衔接机制，推动各种纠纷解决机制的组织和程序制度建设，促使非诉讼纠纷解决方式更加便捷、灵活、高效，为矛盾纠纷解决机制的繁荣发展提供司法保障。"根据这一司法解释，可以看出：最高人民法院的司法解释中非诉讼的含义，还是指相对于诉讼而言的纠纷解决方法，包括仲裁、行政调处、人民调解、商事调解、行业调解以及其他非诉讼纠纷解决方式。

最高人民法院印发的《关于扩大诉讼与非诉讼相衔接的矛盾纠纷解决机制改革试点总体方案》通知（最高人民法院2012年4月10日发布）中所使用的非诉讼概念，同样是指相对于刑事诉讼而言的纠纷解决方法，包括调解、和解等方式。

北京市高级人民法院《关于行政诉讼执行案件和非诉讼行政执行案件管辖问题的通知》（京高法发〔1993〕158号，1993年8月5日发布），上海市高级人民法院《非讼行政执行案件执行规范（试行）》（1994年6月2日发布），湖南省高级人民法院《关于审查和执行非诉行政执行案件的若干规定（试行）》均涉及了非诉案件的概念。这些高级人民法院所指的行政强制执行中的非诉讼案件，都是指没有经过行政审判程序的行政强制执行案件。

## 六、律师业务指引中的非诉讼业务

### （一）《中华全国律师协会律师业务操作指引》中的业务内容

中华全国律师协会编制的不属于诉讼业务的操作指引包括：律师从事劳动法律服务业务、办理商业秘密法律业务、承办公司治理业务、办理专利侵权业务、办理建筑物区分所有权法律业务、办理企业法律风险管理业务、承办继承法律业务、提供房屋租赁合同非诉讼法律服务、办理保障性住房为主的房地产投融资非诉讼法律业务操作指引等等，各方面的与诉讼没有直接关联的业务操作指引。

### （二）地方律师业务指引中的具体业务内容

除了中华全国律师协会所制定的律师业务操作指引外，各地的地方律师协会也制定了不少律师业务操作指引。这些操作指引，对律师非诉讼业务都作出详尽的规范。以北京市律协制作的部分律师业务指引为例：

婚姻家庭法非诉业务的代理中，包含的律师业务主要内容为：律师提供文书代拟服务、律师出具书面法律意见书、律师协办婚姻家庭类公证、律师参与婚姻家庭类纠纷的非诉谈判调解、律师协助夫妻一方办理民政登记离婚。

专项劳动法律服务中，包含的律师业务主要内容为：用工法律风险识别与管理、用人单位组建及重大变化事务、社会保险业务、管理制度设计与规范、反不正当竞争业务中相关劳动法律事务、劳动人事法律培训。①

上述所列的北京市律协制作的律师业务操作指引的内容，涉及了社会经济、日常生活中的大部分领域，涵盖了各类法律风险的识别、管理、设计与规范。在形式上包括文书制作、参与谈判、参加调解、参与具体事务的办理等各种处理问题的方法；在内容上，大多数业务与诉讼没有直接关联，而是为了确保当事人的行为具备真实性、合法性、有效性，由律师予以协助或者代办的各类事务。

## 七、非诉讼概念的内涵与外延

对比前文所列的理论、立法实践、司法实践中所表述的“非诉讼”概念，可以发现：

纠纷解决机制语境下所指称的非诉讼概念，与律师业务语境下的非诉讼概念，存在重大的区别：纠纷解决机制语境下的“非诉讼”概念，主要是以直接解决纠纷为目的(既包括诉讼与仲裁的方式，也包括和解、调解等方式)的纠纷解决方式；而律师业务语境下的“非诉讼”概念，既包括以纠纷解决为目的的、诉讼方式以外的律师业务，更包括不直接以纠纷解决为目的，而是着重于法律风险的防范、管理、控制的，诉讼方式以外的律师业务。

由此，综合前文所列出的对“非诉讼”这一词语的使用情况，从律师业务与纠纷解决的关联程度、律师业务对当事人的帮助目的等不同角度，可以对非诉讼律师业务的种类进行如下划分。

### (一)根据律师业务与纠纷解决进程的关联程度，可以把非诉讼律师业务区分为以下三种

1.律师在纠纷发生后且纠纷处于诉讼中的审判阶段时，律师参与的和解、调解的业务。也就是在审判阶段内的纠纷解决机制语境下所指称的非诉讼概念。

2.律师在纠纷发生后，参与到执行、特别程序、和解、调解等纠纷处理过程中的业务。也就是地方性法规及司法解释中关于多元化纠纷解决机制语境下所指称的非诉讼概念。

3.律师在纠纷发生之前，为将来可能发生的纠纷，提供间接解决帮助的业务。也就是《律师法》和律师实务语境下所指称的非诉讼概念。

### (二)根据律师业务目的的不同，可以把非诉讼律师业务区分为以下四种

1.为诉讼参与人提供帮助，所提供的法律服务。

2.为当事人管理已经发生的法律风险，所提供的法律服务。

3.为当事人设计与规范可能发生的法律风险，所提供的法律服务。

4.律师为了帮助当事人识别法律风险，所提供的法律服务。

## 八、刑事非诉讼律师业务的概念

### (一)刑事非诉讼律师业务的内涵

对于任何一个当事人而言，都必然存在潜在的刑事法律风险。但潜在的风险，并不等于已经发生的风险。而已经发生的刑事法律风险，也并不一定就能转化为刑事案件。即使是已经形成的刑事案件，也并不一定就要经过完整的刑事诉讼程序才能结案。所以，结合上述

① 北京市律师协会：《最新律师业务操作指引》，法律出版社2015年第4版。

对非诉讼律师业务内容的定义，就可以对刑事非诉讼律师业务的内涵予以如下界定：

所谓刑事非诉讼律师业务，是指没有直接参与到刑事诉讼中，但却是为委托人提供与刑事有关的律师业务。

（二）刑事非诉讼律师业务概念的外延

从刑事非诉讼律师业务的概念内涵出发，就可以确定刑事非诉讼概念的外延。具体而言，刑事非诉讼律师业务应当包括以下几类律师业务：

1.与刑事诉讼有直接关联的刑事非诉讼业务。这类业务主要包括：协助公民个人、单位提出刑事申诉、控告或调查；为刑事诉讼参与人提供调查、分析、判断、谈判等与刑事诉讼业务有关的协助。

2.与刑事诉讼有间接关联的，为管理已经发生的刑事法律风险而提供的律师业务。这类业务的作用是：及时发现并解决当事人在经济社会活动中面临的现实刑事法律风险，同时为当事人对可能存在的刑事诉讼提供全面预诉准备。

3.为当事人设计与规范面临的刑事法律风险而提供的律师业务。这类业务通常是采取为当事人审查、规范制度、合同等法律文件的方式，以保障当事人降低现实存在的刑事法律风险。

4.为当事人防范可能发生刑事法律风险而提供的律师业务。这类业务通常是采取为当事人进行刑事法律风险评估的方式，对当事人的经济社会活动的决策过程提供刑法保障的律师业务。

## 结　论

律师业务语境下的刑事非诉讼业务，是指没有直接参与到刑事诉讼中，但却是为了防范、设计与规范、管理刑事法律风险，而由律师向当事人提供的律师业务。

# 以零售成品油为视角探析非法经营罪的利弊

叶志琳 *

## 一、《中华人民共和国刑法》(以下简称《刑法》)关于非法经营罪的具体规定

《刑法》第 250 条规定:"违反国家规定,有下列非法经营行为之一,扰乱市场秩序,情节严重的,处五年以下有期徒刑或者拘役,并处或者单处违法所得一倍以上五倍以下罚金;情节特别严重的,处五年以上有期徒刑,并处违法所得一倍以上五倍以下罚金或者没收财产:(一)未经许可经营法律、行政法规规定的专营、专卖物品或者其他限制买卖的物品的;(二)买卖进出口许可证、进出口原产地证明以及其他法律、行政法规规定的经营许可证或者批准文件的;(三)未经国家有关主管部门批准非法经营证券、期货、保险业务的,或者非法从事资金支付结算业务的;(四)其他严重扰乱市场秩序的非法经营行为。"

## 二、以销售柴油为例探析非法经营罪的认定问题

[案情]陈某从正规油库批发取得柴油后,将柴油转售给物流公司,用于给物流公司的物流车加油。警方接到举报后,以涉嫌非法经营罪为由对陈某立案侦查。

公安部门经过初步侦查后,就是否成立非法经营罪的问题上,存在两种不同的观点。一种观点认为:构成非法经营罪,主要理由是根据《成品油市场管理办法》(以下简称《办法》)的规定,柴油属于成品油的一种,它的零售是需要获得行政许可的,陈某未取得零售的行政许可擅自从事柴油零售业务,违反国家规定,构成非法经营罪,应当移送检察院审查起诉。另一种观点则认为:陈某的行为不构成非法经营罪,主要理由是相关行政规章确实列举了禁止行为,但并未规定违反禁止行为应当承担刑事责任。法无明文规定不为罪,陈某的行为不应由刑法调整,不构成犯罪,应撤销本案。

基于《刑法》的规定,笔者认为本案中讨论陈某的行为是否构成本罪需要满足几个条件:其一,销售的物品须是法律、行政法规规定的专营、专卖物品或者其他限制买卖的物品。如果不能满足第三点要求,则还需要考虑陈某的行为是否严重扰乱市场秩序。其二,行为违反了国家规定。其三,必须满足情节严重的要求。对于该案,笔者倾向于陈某不构成非法经营罪的说法,主要理由有以下几点。

### (一)销售柴油的行为并不违反国家规定

《办法》第 4 条规定:"本办法所称成品油是指汽油、煤油、柴油及其符合国家产品质量标准、具有相同用途的乙醇汽油和生物柴油等替代燃料。"同时,该办法第 6 条规定,申请从事

---

* 叶志琳,福建联合信实律师事务所高级合伙人,电邮:yzl@lhxs.com。

成品油零售应当取得相关政府部门许可。

毫无疑问，陈某的行为违反了《办法》第6条的规定，但是，违反《办法》的规定是否就等同于违反国家规定呢？笔者认为不是。相反的，笔者认为《办法》不符合“国家规定”的标准，商务部也不是颁布国家规定的适格主体，违反《办法》的规定最多只是行政违法而非刑事违法。

关于如何准确把握刑法条文规定的“违反国家规定”的认定标准，最高人民法院在《关于准确理解和适用刑法中“国家规定”有关问题的通知》（以下简称《通知》）中明确到，国家规定指的是全国人民代表大会及其常务委员会制定的法律和决定，国务院制定的行政法规、规定的行政措施、发布的决定和命令。其中，“国务院规定的行政措施”应当由国务院决定，通常以行政法规或者国务院制发文件的形式加以规定。以国务院办公厅名义制发的文件，符合以下条件的，亦应视为刑法中的“国家规定”：(1)有明确的法律依据或者同相关行政法规不相抵触；(2)经国务院常务会议讨论通过或者经国务院批准；(3)在国务院公报上公开发布。换句话说，该《通知》规定的符合“国家规定”的主体是全国人民代表大会及其常务委员会、国务院以及符合条件的国务院办公厅。纵观《办法》，颁布单位是商务部，性质属部门规章，《通知》第2条已经明确：“对于违反地方性法规、部门规章的行为，不得认定为违反国家规定。”

放眼上述案例，批发、零售成品油违反的是商务部颁布的《办法》，然而，商务部并非法定的颁布“国家规定”的主体，违反该《办法》显然不能上升到违反“国家规定”的层面。

退一步讲，对于违反行政法规、部门规章的行为需要追究刑事责任的都会出现“构成犯罪的，依法追究刑事责任”的表述，这里的“依法”指的是行政法规、部门规章吗？显然不是！《中华人民共和国立法法》第8条、第9条规定，犯罪和刑罚只能以“法律”的形式出现，尚未制定法律的，全国人民代表大会及其常务委员会有权作出决定，授权国务院可以根据实际需要，对其中的部分事项先制定行政法规，但是有关犯罪和刑罚、对公民政治权利的剥夺和限制人身自由的强制措施和处罚、司法制度等事项除外。姑且无论《办法》没有该条规定，就算有该条规定，只要法律没有明确规定，即使违反《办法》也不当然等同于需要追究刑事责任。

### （二）柴油不属于法律、行政法规规定的专营、专卖、限制买卖的物品

专营、专卖物品，是指法律、行政法规规定只允许特定部门或者单位经营的物品，如烟草、食盐、金银、贵重金属、军工产品、走私物品、特许减免税物品等。其他限制买卖物品，是指国家根据经济发展的需要，为维护国家、人民群众的利益规定的一定时期内实行限制性经营的物品，如易燃易爆物品、种子、农药、药品等①。也就是说，专营、专卖、限制买卖物品是从国家层面管理、干预、垄断经营的商业模式，对待专营、专卖和限制买卖物品一般会出台专门的管理办法，如《烟草专卖法》《食盐专营办法》。但从非法经营罪写入刑法至今，并未就包含柴油在内的成品油制定专门的法律法规。《危险化学品安全管理条例》规定，国家对危险化学品经营实行许可制度，并规定危险化学品名录由国务院安全生产监督管理部门会同国务院工业和信息化、公安、环境保护、卫生、质量监督检验检疫、交通运输、铁路、民用航空、农业主管部门，根据化学品危险特性的鉴别和分类标准确定、公布。而后，上述部门联合颁布《危险化学品名录》（以下简称《名录》），成品油中有且只有汽油名列《名录》之中。也就是说，

---

① 曲新久：《刑法学》，中国政法大学出版社2012年第3版，第403页。

成品油中只有汽油属于法律、行政法规规定需要得到相关部门许可才能在市场上经营的物品，其他成品油则不需要。

国务院颁布的《国务院对确需保留的行政审批项目设定行政许可的决定》对石油成品油批发、仓储、零售经营资格审批作出行政许可的要求，并且没有对“成品油”涵盖的内容作出规定，因《办法》第 4 条将柴油列入成品油的范畴，导致司法实践中出现了将零售柴油的行为定性为非法经营罪。但是《中华人民共和国行政许可法》第 16 条第 4 款已经明确规定“法规、规章对实施上位法设定的行政许可作出的具体规定，不得增设行政许可”，国务院授权国务院安全生产监督管理部门等部门联合颁布的《名录》中，柴油并不属于危险化学品，《办法》对零售柴油的行为设置的行政审批实际上是超过部门规章的权限范围的。

（三）将柴油出售给固定单位的固定车辆加油所造成的危害后果尚不能认定为“严重扰乱市场秩序”

《通知》第 3 条要求，各级人民法院审理非法经营犯罪案件，要依法“严格把握”《刑法》第 225 条第(4)项的适用范围。这样的“严格把握”主要体现在需有法律、司法解释的明确规定，且要具备与前 3 项规定行为相当的社会危害性和刑事处罚必要性，避免将一般的行政违法行为当作刑事犯罪来处理。① 最高司法机关在司法实践中出台诸多司法解释扩张了非法经营罪的行为认定，其中涵盖了外汇；经营出版物；生产、销售“瘦肉精”；经营食盐、烟草；擅自设立互联网上网服务营业场所及经营活动；擅自发行、销售彩票；使用销售点终端机具等方法，以虚构交易、虚开价格、现金退货等方式向信用卡持有人直接支付现金，情节严重的；以盈利为目的，通过信息网络有偿提供删除信息服务，或者明知是虚假信息，通过信息网络有偿提供发布信息等服务，扰乱市场秩序，情节严重的；私设生猪屠宰场，从事生猪屠宰、销售等经营活动，情节严重的；以提供给他人开设赌场为目的，违反国家规定，非法生产、销售具有退币、退分、退钢珠等赌博功能的电子游戏设施设备或者其专用软件，情节严重的，以及药品方面的犯罪。尽管随着司法实践的不断变化，部分行为的定性已被其他罪名代替、吸收，但无论是以前还是现在，均没有具体的司法解释将买卖柴油的行为定位为“严重扰乱市场秩序”的行为。

纵观本案，陈某并没有在固定地点设置加油站为不特定多数车辆提供加油服务，其仅将其批发所得的柴油销售给固定合作的物流公司用于物流车加油，销售面极窄。因此，笔者认为该行为尚达不到“严重扰乱市场秩序”的后果，也达不到“情节严重”的要求。

值得庆幸的是，司法机关越来越意识到“口袋罪”带来的不合理，并且将这种认识体现在实践中具体的判决中，如在内蒙古农民王力军收购玉米被追究刑事责任，后最高人民法院指令再审改判无罪一案中，作出有罪判决的主要依据是国家粮食局颁布的《粮食收购资格审核管理暂行办法》及《刑法》第 225 条第 4 项规定的“其他严重扰乱市场秩序的非法经营行为”。事实上，在湖南省也有过类似案例，姜中秋销售零号柴油案，一审法院根据商务部颁发的《成品油市场管理办法》及《刑法》第 225 条第 4 项的规定，认定姜中秋构成非法经营罪，判处有期徒刑三年缓刑五年。湖南省高级人民法院审理后认定“销售零号柴油虽属无证经营，但零号柴油并非‘法律、行政法规规定的专营专卖物品或其他限制买卖物品’，且其销售对象基本

---

① 张冬雪：《非法经营罪兜底条款的理论解读及其适用》，吉林大学 2017 年硕士学位论文，第 10 页。

限于为某公司提供运输的货车司机，并进行了临时税务登记及缴纳税金，也不符合“其他严重扰乱市场秩序的非法经营行为”，故而改判无罪。王力军玉米案、姜中秋案之所以能改判无罪，也是经过深思熟虑、详细论证后作出的判决。

## 三、非法经营罪利弊分析

一种观点认为，由于静态文字应对不了变化、动态的现实生活，为保证成文法律的稳定性，必须要有类似非法经营罪这样的“口袋”罪名作为最后防线，以便在适当的时候可以起到维持市场秩序，有效预防、打击经济犯罪的作用。

另一种观点认为：“在犯罪构成要件上使用概括条款或有待价值填充的概念是可以允许的，只不过此一刑法规定的意义和适用范围必须让人有足够的认知可能性，亦即人民对于法律规定可以清楚知道，什么是被禁止的。因此犯罪构成的个别要件必须具体描述，以便透过解释还可以探知其意涵。”①非法经营罪名既有空白罪状，又有兜底条款，它的模糊、它的不确定性超过了国民预测可能性，增加了人民误入歧途的概率。

笔者认同第二种观点。诚然非法经营罪名的设立所带来的益处不可否认，但是其本身的缺憾所造成的危害性却更大，主要表现在：其一，空白罪状＋兜底条款的模式显然与罪刑法定的刑罚基本原则背道而驰；其二，刑法的谦抑性要求立法者应当力求以最小的支出——少用甚至不用刑罚，用其他刑罚代替措施，获取最大的社会效益——有效地预防和控制犯罪②；其三，隐藏在暗处的刑罚干预影响人民对市场经济活动的激情，从而降低市场活力。

在上述案例中，《办法》对销售柴油设置了行政许可的要求，并规定了相应的行政责任，而柴油属于有限的自然资源，看似也有科以刑罚的合理性。但是，如果该行为已经被行政处罚评价过又要使用刑罚的方式再次评价，此时就会出现行、刑竞合的问题。然而在价值定位上，刑法侧重秩序维护，而行政法的意蕴则在于“实现行政权与公民权的平衡”③。由于行为没有明文规定，采用空白罪状和兜底条款的模式对行为进行定罪处罚超过了国民预测的可能性，是否有必要对该行为使用行政处罚和刑事处罚二度评价就应当抱着审慎的态度，限缩解释。

## 结　语

经济活动瞬息万变，法律的滞后性、文字的有限性也决定了成文法不可能面面俱到。在市场经济的大环境中，减少刑罚对市场活动的干预，多用行政处罚、民事赔偿、行业惩治、自我监督的方式会让市场活动更为融洽。

---

① 黄荣坚：《基础刑法学》，中国人民大学出版社2009年第3版，第88页。

② 陈兴良：《刑法哲学》，中国政法大学出版社2004年第3版，第6页。

③ 成协中：《行政法平衡理论：功能、挑战与超越》，载《清华法学》2015年第1期。

# 应某文受贿、挪用公款、国有公司人员滥用职权案

吕　平*

## 引　言

应某文原系福建省光泽县供电有限公司营销部经理。为满足公司考核的需要，该营销部内自设小金库，由应某文与营销部职员共同管理。后因小金库管理问题，应某文被他人以涉嫌贪污为由举报至省电力公司。省电力公司核查后认为营销部的小金库存在短账问题，应某文不配合公司调查且无法全额补齐亏损。

省电力公司领导带着应某文到光泽县纪委配合调查，应某文在光泽县纪委双规前主动交代了收受他人钱财的部分受贿事实、挪用公款的主要事实，并检举揭发了他人的犯罪行为。光泽县纪委对应某文双规后将线索移交光泽县检察机关立案。

光泽县检察院反贪部门以应某文涉嫌犯"受贿、挪用公款"二罪进行立案侦查。侦查终结后，反贪部门以"受贿、挪用公款"二罪移送公诉部门审查起诉。

公诉部门审查后，认为应某文在担任福建省光泽县供电有限公司营销部主任期间，滥用职权，擅自减免企业电费或虚增电量等行为给公司造成了经济损失，并以此为由直接追加指控应某文的行为构成国有公司人员滥用职权罪，于 2015 年 1 月以应某文受贿 92390 元、挪用公款 378800 元、滥用职权致损失 816752.46 元三项罪名向光泽县人民法院提起公诉。

经过法庭审理，光泽县人民法院以事实不清，证据不足，且程序违法为由认定应某文的行为不构成国有公司人员滥用职权罪，以"受贿、挪用公款"数罪并罚判处应某文有期徒刑六年(受贿罪五年、挪用公款罪三年)。对此判决结果，公诉机关以法院未认定滥用职权罪有误为由向福建省南平市中级人民法院提起抗诉。

经二审开庭审理，南平市中级人民法院于 2015 年 9 月底以"原判对公诉机关起诉书中关于原审被告人应某文犯国有公司人员滥用职权罪的指控，未作判决，违反了《刑事诉讼法》第 195 条，《最高人民法院关于适用〈刑事诉讼法〉的解释》第 241 条的规定；且认定的部分受贿犯罪，事实不清，证据不足"为由，裁定撤销原判，发回重审。

发回重审后，光泽县人民法院另行组成合议庭审理此案，并于 2016 年 8 月作出判决认定被告人应某文的行为不构成国有公司人员滥用职权罪，仅以受贿罪和挪用公款罪对被告人予以数罪并罚，判处有期徒刑二年三个月(受贿罪一年十个月，挪用公款罪七个月)。随后，光泽县人民检察院再次向南平市中级人民法院提起抗诉，南平市中级人民法院建议光泽

* 吕平，福建联合信实律师事务所高级合伙人，电邮：lp@lhxs.com。

县人民检察院撤回第二次抗诉。①

## 一、案情内容与法理分析

### （一）受贿罪“利用职务之便”的认定、证人出庭作证、非法证据排除、同步录音录像的审查问题

事实一：被告人应某文利用担任国网福建省光泽县供电有限公司营销部主任之便，收受红旗电缆经销商康某发贿赂款人民币6000元的事实。

2011年10月间，被告人应某文通过关系介绍“龙厦名都”房地产水电安装工程总经理叶某伟购买红旗电缆经销商康某发推销的“红旗”牌电缆。2011年年底的一天，被告人应某文在光泽县红旗电缆专卖店内，收受红旗电缆经销商康某发贿赂的人民币4000元；2012年4月的一天，应某文在光泽县红旗电缆专卖店内收受康某发贿赂的人民币2000元。

1.证人康某发的证言证明：其自2009年起便任职江西省红旗电缆福建区区域经理，在2011年10月份的一天，其一个朋友（应某文的同学）来光泽玩，一起吃饭时认识了应某文，后其因常约应某文喝茶便与对方熟悉了起来。后我听说龙厦名都房地产正在进行商品房内线安装，对于低压电线的需求量非常大，于是其和同学黄某强找到了龙厦名都的水电承包人叶某伟洽谈合作，但均未果。因应某文系光泽县供电公司营销部主任，其与叶总比较熟，于是其找到应某文帮忙。应某文出面介绍后，叶某伟找其采购了一批电缆，为了感谢应某文的帮忙，其于2011年年底的一天，在光泽县武林路中段原香料厂外开设的门店与应某文喝茶聊天过程中，其拿出一个装有4000元的信封给应某文，应某文推辞一下便收下。2012年4月份的一天，在同样的门店内，其又拿出一个装有2000元的信封给应某文，应某文没说什么便收下了。

2.证人黄某强的证言证明：其系康某发同学，2010年年初到2011年年底其有帮康某发在光泽经营销售红旗牌电缆。其在2010年四五月份时与龙厦名都项目的叶某伟谈了多次均未营销成功，后康某发找应某文帮忙，依靠应某文其与康某发卖了一些红旗牌电缆给龙厦名都。2011年年底的一天，其看到康某发买了一些信封，当时康某发说之前龙厦名都房地产公司的项目采用了其经营销售的红旗牌电缆，多亏应某文帮忙，使得其与康某发有钱赚，为了表示感谢，要送礼给应某文，信封是拿来装钱的，有送三四千块，但具体数额记不清了。

3.证人叶某伟的证言证明：其自2007年起任浙江乔扬机电设备安装有限责任公司的法定代表人，2011年起其公司有对光泽县龙厦名都房地产项目进行室内水电安装工程。2011年八九月份，康某发和黄某强有向其推销红旗牌电缆，当时其只采购了一部分。2011年10月份，应某文给其打电话说有朋友在卖红旗牌电缆，让其帮忙采购，其便答应了并又分两批采购了红旗牌电缆。其购买红旗牌电缆是因为应某文对其工作有予以支持，加之老乡关系，故在价格、质量同等的情况下，其给应某文面子而采购了红旗牌电缆。

问题：应某文介绍叶某伟向康某发采购红旗牌电缆，其仅起居间介绍作用，还是有利用职务上的便利？

---

① 案号：(2016)闽07刑终227号。

就本案而言，被告人认为其收受康某发的 6000 元并未利用职务上的便利，其对销售电缆一事仅起到居间介绍的作用。其一，在应某文没有介绍之前，康某发与叶某伟之间就存在买卖红旗牌电缆的事实；在应某文介绍后，叶某伟只是多买了一部分，后因康某发追讨货款急迫，叶某伟才停止向康某发购买电缆，康某发与叶某伟之间系正常的商业行为；其二，康某发销售给叶某伟的电缆价格是市场合理价格，叶某伟也表示给面子是因为此前应某文对他的工作有过支持，且与应某文是老乡，并不是基于现在应某文的职务。其三，应某文所在的供电公司与叶某伟的公司无管理与被管理关系，叶某伟采购电缆的行为是一种纯粹的商业行为，该行为不受任何管理机关干涉，也与应某文任供电公司营销部主任一职无关。

对此，法院认为，康某发与叶某伟的电缆销售是应某文介绍促成的，而叶某伟所在的龙厦名都房地产水电安装工程的用电属光泽县供电公司营销部管理，应某文是营销部主任，在该起收受贿赂中应某文虽然没有直接利用职务之便，但有利用其职务之影响，其行为仍符合受贿罪的构成要件。

[关键要点]受贿罪中“利用职务上的便利”的认定标准

[法理分析]关于受贿罪中“利用职务上的便利”的认定标准

1.关于“利用职务上的便利”之“职务”的认定问题

“利用职务上的便利”从字面上理解，即利用了职务所形成的便利条件。司法实践中，认定收受贿赂的行为是否利用了职务上的便利，首先应剖析行为人是否存在可被利用的职务。此处的“职务”通常是指公职人员所享有的职权与承担的职责。若一国家工作人员基于自身法定的具体职权收受贿赂并为输送利益者牟利，其行为构成受贿罪无异议，但实践中对于国家工作人员的职权与职责规定难以事无巨细，致使在是否存在职务之便的认定上易产生争议。理论界对“职务”的认定存在法定职权说与实际职权说之分，“法定职权说”认为是否利用职务上的便利应以法定的岗位职责为判断依据，从事公务活动的人员拥有什么权力，有什么义务，一般由法律、法规和规章加以规定，不具有随意性；而“实际职权说”则认为，因我国公职人员实际掌握的权力比法律法规赋予的要大，如以法定的职责去认定“职务”，势必会有失偏颇。实践中，我们认为，受贿罪的利用职权既包括利用法定职权，也包括利用实际职权。

2.“利用职务上的便利”的表现形式

最高人民法院于 2003 年印发的《全国法院审理经济犯罪案件工作座谈会纪要》中明确，《刑法》第 385 条第 1 款规定的“利用职务上的便利”，既包括利用本人职务上主管、负责、承办某项公共事务的职权，也包括利用职务上有隶属、制约关系的其他国家工作人员的职权。实践中，其具体的表现形式包括以下几种：一是直接利用本人直接主管、经办和参与某种公共事务的职权。此处应对以下三种权利进行深入理解：主管权，即行为人有独立处理事务并直接作出行为的权力与能力，无须他人配合便可实现为请托人谋取利益；经办权，即虽无独立决策权，但行为人系某事务的具体经办人，对请托事项有建议与执行权；参与权，即在某事项需要集体决策时，行为人是参与共同决策者之一。就本案而言，应某文作为光泽县供电公司营销部主任，其主要负责公司经营管理、研究经营策略、制定市场发展方案、公司用电管理、市场开发、增供扩销、用电接洽、市场开放等。虽其对康某发的电缆销售无直接的管理职能，但购买电缆方叶某发承包的工程归属于其管理的范畴，康某发正是利用了应某文直接主管辖区用电这一职权才对其发出请托事项。二是利用本人分管、主管的下属国家工作人员的职权。此类型看似处于上级的国家工作人员没有直接利用自己的职务为请托人谋利益，但由于其职务对下属、下级国家工作人员有直接、单向的制约性，下级国家工作人员的职务可以视为上级国家工作人员职务的眼神，亦认定为“利用职务上的便利”。三是利用不属于自己分管的下级部门国家工作人员的职权。此类型最典型的是通过命令、指示等方式，利用与自己无直接隶属关系的下级国家工作人员职务上的行为，为请托人谋利。四是利用本人处于上级领导机关的地位对下级部门形成的约束力。上级的特殊地位决定了行为人对该辖区范围内的下级部门及其工作人员有一定的制约力，行为人利用此制约关系为请托人谋利。

3.接受“感情投资”与利用职务上的便利收受贿赂的区分

对于“利用职务上的便利”的司法认定，我们既要防止对职务之便作出人为限缩，又要防止对其作出无限扩大。实践中，不乏国家工作人员在逢年过节或丧葬嫁娶时收受红包和礼金，并未利用职务与地位形成的便利条件，仅是因其日常工作中积累了良好的人脉和口碑，送礼者出于对方对自己工作的正常支持真心表达感激之情而送礼，不应完全排除此类纯粹的情感因素，如若一竿子打死，一律定罪，难免矫枉过正。事实上，“感情投资”与行受贿系性质不同的两种行为，虽其表现形式相似，实践中易混淆，但深入分析，亦可从以下几个方面予以判断：一是从收送礼人的主体范围上看。行受贿双方一般是特定的，行贿人是有利益请托事项的人及其代理人，受贿人系具有一定职务且能基于职务便利为行贿人谋利的人，两者主体清晰。而感情投资主体并不明晰确定，存在一个利益群体发起，或者向多个讨好主体送礼的情形。二是从送收礼人的关系上看。行受贿人不限于有上下级关系的人，也包括素不相识的人，此类人属于有事有利则交、重礼深交者。而感情投资一般送收礼双方存在内部上下级行政隶属关系，或者存在同学、老乡、战友等关系，且双方交往时间较长。三是从请托事项上看。受贿中的送礼人请托事项大多明确具体；而感情投资多是表达感谢，并无明晰的请托事项。四是从送收礼的财物价值上看。行受贿涉及的财物价值大多较大，与所请托的事项能谋取的利益呈正相关；而感情投资财物不大，处于一个正常、适当的人情交往的范畴。

本案中，应某文与电缆经销商康某发经人介绍相识，康某发基于应某文电力公司营销部主任的身份向其表达明确的请托事项，即希望应某文出面引荐叶某发向其采购电缆。在叶某发向其采购一批电缆后，其在普通的日子里，用信封分两次装 6000 元现金给应某文。而其证言中证明，款项系其对应某文帮助完成了其请托事项的感谢费，并非是普通的感情投资。而叶某发的证言亦证明，其采购红旗牌电缆部分基于应某文曾经在工作上对他给予了支持，而这支持与应某文营销部主任的职务密不可分。可见，康某发送的 6000 元已超过了感情投资的范畴，应某文收受此笔款项利用了职务上的便利，构成受贿。

事实二：被告人应某文利用担任国网福建省光泽县供电有限公司营销部主任之便，收受光泽欧沪都市港湾项目部材料员卢某胜贿赂款人民币 40000 元，收受林某斌贿赂款人民币 3000 元及 1000 元购物卡的事实。

1.证人卢某胜的庭前证言证明：其自 2011 年 9 月起在浙江驰成建设有限公司担任浙江驰成建设有限公司光泽欧沪都市港湾项目部材料员，主要负责采购项目所需的材料及协助项目经理做对外协调工作。在其任职期间，因项目部缴纳的电费有误差，项目部需要向光泽县电力公司补交 260000 元左右的电费，后其向应某文提出减免申请，应某文考虑到项目部资金困难，便作出减免决定，共计减免了 100000 元左右电费。为此，其在 2013 年春节期间的一天下午，到应某文办公室，将用纸包好的40000元给应某文以表感谢，应某文推辞了一下便收下了。

2.被告人的庭前供述证明：2013年1月上旬的一天下午，卢某胜到其办公室，说春节到了拜个年，感谢其在困难时期的照顾，然后从包里拿了一包用纸包好的东西放办公桌电脑旁边，其原以为是香烟，晚饭后回到办公室打开一看是4扎人民币，每扎10000元。

3.证人林某斌的庭前证言证明：其自2011年12月至今兼任光泽县光绿色食用开发有限公司财务，2013年6月光泽县供电公司的工作人员在其公司例行检查时发现电表互感器倍率搞错了，其公司少交了205000元的电费。其公司不愿交纳该笔电费，遂与应某文多次协商，后电力公司营销部发了一份追补电量通知，其公司只需补交80200元电费。为表示感谢，其在2013年春节前到应某文办公室送了3000元现金和一张面值1000元的大森林超市提货卡。

问题1：被告人提出被疲劳审讯、诱供骗供，辩护人应当如何应对？如何审查同步录音录像？如何排除同步录音录像下形成的讯问笔录？

被告人应某文在庭前对该两起犯罪事实均供认不讳，但其当庭翻供，提出此前是在纪委和检察机关办案人员的威胁引诱、疲劳审讯下作出的不实供述。

问题2：证人卢某胜、林某斌为何当庭翻供？如何认定翻供解释的合理性？对该两人的证人证言应如何审查及采信？

证人卢某胜、林某斌庭前均陈述曾向应某文送过钱，而开庭时又当庭翻供，陈述此前是在纪委和检察机关办案人员的引诱下作出的不实陈述。

[关键要点]

1.同步录音录像资料的移送与播放问题；

2.同步录音录像资料的审查问题；

3.证人出庭作证的效力问题。

[法理分析]

1.关于同步录音录像资料的移送与播放问题

在刑事诉讼法的修订过程中，关于同步录音录像是否应当随案移送的问题，共形成两种观点：其一认为，讯问录音录像中所记载的嫌疑人供述与辩解可以作为司法机关认定案件事实的依据，因此，应当在移送审查起诉时将讯问录音录像作为证据随案移送；其二则认为，讯问录音录像只是证明侦查人员讯问合法性的材料，无法作为认定案件实体事实的证据，无须所有案件都随案移送，只要在司法机关对讯问合法性存有怀疑时调取即可。

鉴于讯问录音录像的功能主要在于证明讯问的合法性，最高人民法院、最高人民检察院、公安部、国家安全部、司法部、全国人大常委会法制工作委员会《关于实施刑事诉讼法若干问题的规定》第19条规定："人民检察院、人民法院可以根据需要调取讯问犯罪嫌疑人的录音或者录像，有关机关应当及时提供。"《人民检察院刑事诉讼规则(试行)》(以下简称《检察规则》)第73条规定："对于公安机关立案侦查的案件，存在下列情形之一的，人民检察院在审查逮捕、审查起诉和审判阶段，可以调取公安机关讯问犯罪嫌疑人的录音、录像，对证据收集的合法性以及犯罪嫌疑人、被告人供述的真实性进行审查：(一)认为讯问活动可能存在刑讯逼供等非法取证行为的；(二)犯罪嫌疑人、被告人或者辩护人提出犯罪嫌疑人、被告人供述系非法取得,并提供相关线索或者材料的;(三)犯罪嫌疑人、被告人对讯问活动合法性提出异议或者翻供,并提供相关线索或者材料的;(四)案情重大、疑难、复杂的。人民检察院直接受理立案侦查的案件,侦查部门移送审查逮捕、审查起诉时,应当将讯问录音、录像连同案卷材料一并移送审查。"《检察规则》第74条规定:"对于提起公诉的案件,被告人及其辩护人提出审前供述系非法取得,并提供相关线索或者材料的,人民检察院可以将讯问录音、录像连同案卷材料一并移送人民法院。"《最高人民法院关于适用〈中华人民共和国刑事诉讼法〉的解释》第80条亦规定,在必要时,可以调取讯问过程的录音录像。

通过上述规定可以看出,讯问录音录像并不当然地作为证据随案移送法院进行审查质证,法院仅在必要时有权调取而已。而即便调取移送成功,也面临着播放难的问题。实践中多数情况下,辩护人无法在庭前查阅到同步录音录像,只能当庭观看,但考虑到庭审效率与诉讼资源等,也不可能当庭全部播放,而是选择性播放,这就导致庭审上同步录音录像的展示流于形式。此外,部分公诉人常以同步录音录像资料涉及国家秘密、个人隐私为由拒绝当庭播放,或者以资料存储存在技术性故障为由拒绝播放,导致移送问题解决后又面临播放难的问题。

本案中辩护人在会见时,被告人应某文对收受卢某胜、林某斌贿赂款明确予以否认,其提出检察机关将其整夜置于讯问室内进行疲劳审讯,纪委及检察机关人员均有对其威胁引诱,其迫于无奈才承认了该两起事实。为核实被告人所述事实的真实性、办案机关讯问的合法性、相关笔录的非法性,辩护人向法院书面申请查阅有关两起犯罪事实审讯时的同步录音录像,经过法院多次催促,检察机关终于在庭审前一天将审讯光盘移送法院。随后,法院通知辩护人到法院一同查阅了同步录音录像资料。

2.关于同步录音录像资料的审查问题

在司法活动中利用录音录像是我国司法改革的重要成果。刑事司法作为一项社会活动,需要与时俱进,尤其需要吸收科技和物质发展的成果。录音录像方式产生之后,在刑事司法活动中逐渐发挥了重大作用,已经广泛运用于犯罪的侦查取证和证据的固定、审查,法庭审判等活动中,那么同步录音录像的审查就是控辩审三方需要掌握的一项重要技能。同步录音录像是对讯问犯罪嫌疑人、被告人、证人等过程的全程同步记录,具有证明取证过程合法性、笔录内容真实性的功能。对于同步录音录像的审查,应围绕取证合法性和笔录真实性进行形式审查与实质审查。

(1)同步录音录像的形式审查

《公安机关讯问犯罪嫌疑人录音录像工作规定》第10条规定:"录音录像应当自讯问开始时开始,至犯罪嫌疑人核对讯问笔录、签字捺指印后结束。讯问笔录记载的起止时间应当与讯问录音录像资料反映的起止时间一致。"第11条规定:"对讯问过程进行录音录像,应当对侦查人员、犯罪嫌疑人、其他在场人员、讯问场景和计时装置、温度计显示的信息进行全面摄录,图像应当显示犯罪嫌疑人正面中景。有条件的地方,可以通过画中画技术同步显示侦查人员正面画面。讯问过程中出示证据和犯罪嫌疑人辨认证据、核对笔录、签字捺指印的过程应当在画面中予以反映。"第12条规定:"讯问录音录像的图像应当清晰稳定,话音应当清楚可辨,能够真实反映讯问现场的原貌,全面记录讯问过程,并同步显示日期和24小时制时间信息。"

从以上条文可知，同步录音录像形式审查的重点在于图像、声音和时间。其一，从同步录音录像资料的画面进行审查。经过整合技术处理后的画面前后明显错位，无法对应，而仔细观察不难发现，画面中反映出的人物言行举止、表情等不具有连贯性。其二，从录像反映的记录时间进行审查。同步录音录像资料画面的时间是以秒为单位读取的，若出现剪切或修改，画面上体现的时间信息同样不具有连贯性。而录像记录时间的审查对于认定是否存在疲劳审讯更是具有重要意义，对该份讯问笔录的证据资格、证明力有直接的影响，也有助于非法证据的排除。其三，从记录的温度与湿度进行审查。根据同步录音录像制作规范来看，录像中应当显示讯问时实时的温度与湿度，在相对封闭的讯问室内，温度不会有较大波动，而湿度会因人员进出等发生较为明显的变化。若画面中湿度出现突变时，则不排除资料存在被技术性处理过的可能性。其四，从讯问场所布置的变化进行审查。《人民检察院讯问职务犯罪嫌疑人实行全程同步录音录像技术工作流程（试行）》中明确，同步录音录像需体现讯问场所的全景（包含场所布置、桌面摆设等），若画面中场所布置或相关财物摆设位置突变，则录音录像必然被剪接或删除过。

（2）同步录音录像的实质审查

同步录音录像在符合上述形式要求后，还需要对其予以实质性审查，审查笔录与同步录音录像资料显示内容的一致性，审查取证行为的合法性等。

其一，审查笔录与同步录音录像资料内容的一致性。

《公安机关讯问犯罪嫌疑人录音录像工作规定》第 13 条规定："在制作讯问笔录时，侦查人员可以对犯罪嫌疑人的供述进行概括，但涉及犯罪的时间、地点、作案手段、作案工具、被害人情况、主观心态等案件关键事实的，讯问笔录记载的内容应当与讯问录音录像资料记录的犯罪嫌疑人供述一致。"同步录音录像资料内容与笔录所载内容是否一致，是否存在矛盾，笔录中是否存在遗漏未记的内容，尤其是有利于被告人的供述与辩解、证人证言，以及被告人向检察人员诉说此前在侦查阶段被刑讯逼供的情况等。此处所谓的资料内容与笔录内容一致，并非指两者在文字上高度一致，按前述规定，记录人员有权对供述进行概括，只要未改变原意即视为一致。但实践中部分笔录系人工记录，要求记录内容完全符合嫌疑人或被告人供述较为困难，此时允许两者存在合理的差异。对此，实务界有"比例标准说"与"严重不符说"两种界定标准的观点。前者主张按笔录与录音录像内容不同部分的比例多少来界定，不同部分超过 50%的，则认定讯问笔录不真实；后者主张针对个案而定，如果两者内容严重不符则笔录不真实。但该两种界定标准在实践中存在难以把握的窘境，两个标准都是量化的标准，并非从实质性方面进行考量。若两者在案件关键性问题，如犯罪事实的陈述、行为实施的原因等方面存在实质性差异，即笔录非接受讯问或询问者真实意思表示，此时应当以同步录音录像资料为准。

其二，审查办案人员取证的合法性。

同步录音录像的重要功能之一就是证明办案主体取证过程的合法性，特别是证明是否存在刑讯逼供、威胁、引诱等违法取证行为。实践中，合法性审查一般包括：一是审查犯罪嫌疑人或被告人是否遭受刑讯逼供。随着各项办案程序规定的出台，尤其是有关排除非法证据规程的出台，案件的审讯日趋规范文明，侦查人员不会在镜头下放肆施以肉刑，但不排除会在录制前实施酷刑，或者在讯问过程中加以变相肉刑。是否有遭受刑讯逼供，需要结合犯罪嫌疑人或被告人的供述全面审查其入看守所的体检检查笔录、现阶段身体状态、同监室人员证言、提讯证等。二是审查犯罪嫌疑人或被告人是否遭受威胁。实践中不乏侦查人员在审讯时吓唬犯罪嫌疑人或被告人,"你要是不交代就把你老婆小孩都抓进来""你要是不配合就送回纪委办案点"等。审查同步录音录像时,重点观察办案人员有无存在指手画脚等粗暴动作,细听是否存在言语上的威胁,也可以从被讯问人的面部表情变化中予以分析判断。三是审查犯罪嫌疑人或被告人是否遭受欺骗。讯问过程中侦查人员往往会不由自主地采用此手段,对于基于被欺骗而形成的笔录,在审查同步录音录像中应尤为注意。若侦查人员有对犯罪嫌疑人或被告人说"你配合好就给你取保"等,这就存在骗供的嫌疑。四是审查犯罪嫌疑人或被告人遭受引诱。若犯罪嫌疑人或被告人在录像中对答如流,犹如在背诵事前准备好的稿件;或者记录人员并没有敲打键盘或用笔记录,而是装模作样;或者侦查人员诱导性讯问,将其认定的事实嵌入问题中予以暗示,这就存在诱供的嫌疑。

就本案而言,辩护人与主审法官在庭前一同查阅了相关同步录音录像,从录像的画面来看,画面清晰连贯,被告人在录像中神情自若,其在签字之前有低头阅读笔录。从录音反映的情况来看,审讯人员语气正常,发问虽然存在一定的引导性,但尚不至于达到诱供的程度,不存在有威胁的情况,且被告人的回答语气语态自然。至于被告人提出的被疲劳审讯,经审查同步录音录像,被告人确实被置于讯问室达十小时,但中途审讯人员有几次送食物,也有让其在椅子上休息,并非不间断的高强度的审讯。从此情况看,结合相关司法解释的规定,并不属于疲劳审讯。故,被告人未遭受刑讯逼供或者变相刑讯逼供,办案人员的取证方式合法。

3.关于证人庭审证言的采信问题

《中华人民共和国刑事诉讼法》(以下简称《刑事诉讼法》)第187条规定:"公诉人、当事人或者辩护人、诉讼代理人对证人证言有异议,且该证人证言对案件定罪量刑有重大影响,人民法院认为证人有必要出庭作证的,证人应当出庭作证。"最高人民法院《关于全面推进以审判为中心的刑事诉讼制度改革的实施意见》第29条规定:"证人没有出庭作证,其庭前证言真实性无法确认的,不得作为定案的根据。证人当庭作出的证言与其庭前证言矛盾,证人能够作出合理解释,并与相关证据印证的,可以采信其庭审证言;不能作出合理解释,而其庭前证言与相关证据印证的,可以采信其庭前证言。"本案中,卢某胜、林某斌系认定应某文是否存在相关受贿事实的关键证人,庭审中该两人均有出庭作证,且均在庭审上提出未向应某文送钱,此前的证言系在办案人员的引诱下形成的。

(1)以引诱方式形成的证人证言

实践中在部分案件中确实存在办案人员通过引诱的手段获取对被告人不利的证人证言,主要有以下几种形式:一是以物质利益引诱证人。比如,侦查人员允诺给证人一定的物质利益,答应证人只要作出有罪证言,其就协助其实现原本难以实现的债权,使得证人在利益的驱动下作出违心证言。二是以诉讼利益引诱证人。最常见的就是行受贿案件,从我国现有的刑法体系来看,行贿人一定程度上享有豁免权,即作为污点证人指控受贿人,便因此可以免予被刑事追诉,此时行贿人为了自保往往会作出对被告人不利的证言。三是以情感利益引诱证人。常见的是侦查人员以不追究证人亲朋好友的刑事责任为诱饵,欺骗证人作出虚假证言。四是以精神利益引诱证人。比如,承诺不公开证人的某些隐私、给予证人人道主义待遇等。

(2)证人出庭作证的效力

在证人庭前证言与庭审证言不同的情况下，应当如何认定其庭审证言的效力，法院应当如何采信，在以审判为中心的刑事诉讼制度改革的当下，答案越发清晰。庭审实质化，就应当坚持以采信庭审证言为原则，采信庭前证言为例外，但庭审证言能否采信，还需审查证人的解释是否合理，与在案其他证据是否能相互印证。从诉讼制度的设计看，庭审证言是重心；从证据资源的分布看，庭审证言中立性强；从证人的心理作用看，证人在法庭上作证多出于自愿，较少掺杂外界因素；从案件效果来看，庭审证言较少出现伪证，证言可信度较高。但司法实践中，法庭对证人当庭证言的重视不够，大多仍以采信庭前证言为原则，采信当庭证言为例外。

就本案而言，卢某胜、林某斌在庭前均作出被告人的有罪证言，庭审上被告人有翻供，两名证人同时翻证。其中，证人卢某胜陈述其有向应某文行贿，但金额非 40000 元，而是 5000 元；证人林某斌当庭否认有送钱的事实，但承认有送 1000 元的购物卡，但被应某文退回。但最终法院并未采信两证人的庭审证言，原因有三：其一，两证人提出被诱供并未提供相关线索，而查看被告人审讯录像并未发现存在诱供情形；其二，两证人就改变证言的原因辩解得不到合理排除；其三，两证人庭前证言与被告人庭前供述在送款、收款的时间、地点等细节上相互印证，而庭审证言无其他证据得以印证。

### (二)价格鉴定结论意见的审查、鉴定人出庭、滥用职权罪追加合理性与追加程序合法性问题

事实一：2011 年以来，被告人应某文在担任国网福建省光泽县供电有限公司营销部主任期间，滥用职权，擅自减免企业电费或虚增电量等，造成公司损失电费价值人民币816752.46元的事实。

2014 年 10 月 14 日，光泽县价格认证中心出具了[光价鉴(2014)25 号]《关于电费损失及受贿物品的价格鉴定结论意见书》，其中关于电费损失部分的鉴定结论是：(1)欧沪(光泽)都市港湾房地产开发有限公司应交电费 593167.43 元，实际缴纳电费 489016.38 元，确认损失电费 104151.05 元；(2)光泽县兴发硅业有限公司应交电费 512637.04 元，实际缴纳电费 430000 元，确认损失电费 82637.04 元；(3)荣华竹木制品有限公司应交电费 244704.82 元，实际缴纳电费 80000 元，确认损失电费 164704.82 元；(4)荣成房地产公司凤凰华府应交电费 277245.04 元，实际缴纳电费 211495.17 元，确认损失电费 65749.87 元；(5)光泽瑞成玻璃制品有限公司应交电费 386271.89 元，实际缴纳电费 278800 元，确认损失电费 107471.89 元；(6)福盛米业有限公司应交电费 52965.79 元，实际缴纳电费 20000 元，确认损失电费 32965.79 元；(7)2012 年 8 月间，以填补源翔硅业公司电费名义，虚增止马水电公司白水际、洪桥和瑞溪三个电站购电电量，虚增电费 769072 元，实际收回 510000 元，确认损失电费 259072 元。以上七项鉴定价格合计 816752.46 元。

问题 1：光泽县价格认证中心有无鉴定电费损失的资质？

本案庭审公诉人当庭出示的证据中，对于国家利益受损，电费损失达 816752.46 元的主要依据便是价格鉴定结论意见书，光泽县价格认证中心作出意见书的出具主体，是否具备对电费损失的鉴定资质将直接影响该份意见书的证明能力。

问题2:价格认定结论的法律定性是什么(鉴定意见还是书证)? 其在案件中的证明效力如何?

价格认证中心系各级政府价格主管部门依法设立的事业单位,其承担了各级司法、行政及仲裁机构审理案件中涉及的各类财物价值鉴定,并负责与全国各级价格鉴证机构的直接联系。价格认证中心出具价格认定结论在证据分类中系鉴定意见还是书证,将直接影响其证据的审查方法,进而影响其证明效力。

[关键要点]

1.价格认证中心及其鉴定人员的资质审查;

2.价格认定结论的定性问题。

[法理分析]

1.关于价格认证中心及其相关鉴定人员的资质审查问题

其一,光泽县价格认证中心不具备对电费损失的鉴定资质。国家发展和改革委员会价格认证中心关于《价格认定行为规范》第2条规定:"本规范所称价格认定,是指经有关国家机关提出,价格认定机构对纪检监察、司法、行政工作中所涉及的,价格不明或者价格有争议的,实行市场调节价的有形产品、无形资产和各类有偿服务进行价格确认的行为。"《福建省涉案物品价格鉴定操作规程》第3条亦对"涉案财产价格鉴定"作出同等定义。可见,这两处规定明确价格认定系对有形和无形资产及服务价格进行确认的行为,而非确定损失价格的行为。每度电的价格已由政府确定,无须认证,而电费是否存在损失应当经过合法的审计机构进行公允性审查评定,而非适用价格认定的方法进行确定。

就本案而言,供电公司电费的回收及公司资金的转付等电力公司财物状况和经营状况的反映,对光泽供电公司损失的认定,应当通过专项的司法会计鉴定才能准确客观反映相关电费损失,并不属于价格鉴定、价格认证活动的范畴。

其二,本案中两名价格鉴定人员缺乏相关价格鉴定的专业知识,不具备电费损失鉴定的鉴定资格与能力。本案在庭审中,经辩护人的申请,法院有传唤参与电费损失鉴定的鉴定人员出庭。辩护人在庭审上对鉴定人员就一个专业性问题进行发问,不料鉴定人员面对辩护人的第一个问题便不知如何应对,随后辩护人仔细询问了出庭人员的教育背景、工作经历等,得知鉴定人员系财会出身,缺乏对电力系统、电费核算等问题的专业知识。对于鉴定依据,出庭人员陈述其与另一名价格鉴定人员主要依据检察机关提供的《国网福建光泽县供电有限公司未收回电费情况说明》而作出关于电费损失价格的鉴定结论。而在刑事证据法中,此类情况说明并非法定证据种类,其证明效力原本存在争议,据此出具的结论缺乏证明力。

2.关于价格认定书的定性问题

国家发改委出台的《价格鉴定行为规范》(2010年版)中明确指出,中华人民共和国行政区域内经当地编委批准、由各级政府价格主管部门依法设立的价格鉴证机构,对公安机关、检察机关、审判机关和仲裁机构在办理各类案件中涉及的价格不明或价格有争议的涉案财物或其他标的进行价格鉴定的行为,适用本规范。在过去一段时期内,由价格认证中心出具的价格鉴定结论意见,因直接带有"鉴定"二字,且后附有认证机构及价格鉴定人员资质文件等,一直以来在刑事诉讼活动中被视作八类法定证据中的鉴定意见。因其被定性为鉴定意见,故其证据审查标准便可直接参照鉴定意见的相关审查标准。

然而，随着相关新规的出台，价格认定书的定性逐渐发生了变化。国家发改委出台了《价格认定规定》(2015 年)，其中第 2 条规定，本规定所称价格认定，是指经有关国家机关提出，价格认定机构对纪检监察、司法、行政工作中所涉及的，价格不明或者价格有争议的，实行市场调节价的有形产品、无形资产和各类有偿服务进行价格确认的行为，而在《价格认定规定》基础上制定的《价格认定行为规范》(2016 年)再次明确，价格认定是一种价格确认的行为，而非价格鉴定的行为。《价格鉴定行为规范》随着《价格认定行为规范》的出台同时失效。

如今在司法实践中，已经出现价格认定书不再附价格认定机构资质文件及认定人员资质文件，认定人员也不再签名，这已然从形式上与鉴定意见有所区别。"鉴定"到"认定"的转变，使得价格认定不再是司法鉴定(即便其与鉴定存在一些相似)，而是行政确认，价格认定书不再是鉴定意见，而是行政确认的文本成果，属于公文书证。

本案因发生在《价格鉴定行为规范》有效期间，故光泽县价格认证中心出具的价格鉴定结论意见仍属于鉴定意见，对其审查应当适用鉴定意见的相关审查标准，从鉴定机构资质、鉴定人员资质、检材的齐全规范、鉴定方法的合理科学等方面全方位予以审查。

事实二：光泽县人民检察院反贪部门于 2014 年 7 月底以受贿罪、挪用公款罪对应某文刑事立案侦查，后光泽县人民检察院公诉部门于 2015 年 1 月底以受贿罪、挪用公款罪、国有公司人员滥用职权罪对应某文提起公诉。

本案中，光泽县检察院反贪部门以应某文涉嫌犯"受贿、挪用公款"二罪对应某文进行立案侦查，并移送公诉部门审查起诉。公诉部门审查后，认为应某文在担任福建省光泽县供电有限公司营销部主任期间，滥用职权，擅自减免企业电费或虚增电量的行为给公司造成了经济损失，直接追加指控应某文犯有国有公司人员滥用职权罪，并向法院提起公诉。经法庭审理，光泽县人民法院以事实不清，证据不足，且违反法定程序为由认定应某文的行为不构成国有公司人员滥用职权罪。后光泽县人民检察院二度抗诉，均未获法院支持。

[关键要点]

1.检察机关在审查起诉中发现遗漏罪行可否不经立案侦查直接提起公诉?

2.在审判阶段，法院能否变更指控罪名?

3.应某文是否同时构成受贿罪与国有公司人员滥用职权罪?

[法理分析]

1.关于公诉机关遗漏罪行的起诉问题

在本案中，光泽县人民检察院认为，应某文涉嫌国有公司人员滥用职权案，事实清楚，证据确实、充分，符合起诉条件，可直接起诉，其法律依据为：其一，《刑事诉讼法》第 172 条规定："人民检察院认为犯罪嫌疑人的犯罪事实已经查清，证据确实、充分，依法应当追究刑事责任的，应当作出起诉决定，按照审判管辖的规定，向人民法院提起公诉，并将案卷材料、证据移送人民法院。"其二，《人民检察院刑事诉讼规则(试行)》第 391 条规定："人民检察院在办理公安机关移送起诉的案件中，发现遗漏罪行或者依法应当移送审查起诉同案犯罪嫌疑人的，应当要求公安机关补充移送审查起诉；对于犯罪事实清楚，证据确实、充分的，人民检察院也可以直接提起公诉。"其三，《人民检察院刑事诉讼规则(试行)》第 392 条规定："人民检察院立案侦查时认为属于直接立案侦查的案件，在审查起诉阶段发现不属于人民检察院管辖，案件事实清楚、证据确实充分，符合起诉条件的，可以直接起诉；事实不清、证据不足的，应当及时移送有管辖权的机关办理。”

从表面上看，检察机关对应某文关于国有公司人员滥用职权罪的追加起诉有充足的法律依据，但仔细研究程序法，不难发现，公诉机关关于此项罪名的追加起诉程序违法。根据《刑事诉讼法》第18条的规定：刑事案件的侦查由公安机关进行，法律另有规定的除外。法律并没有规定滥用职权罪可由检察机关侦查。而第18条第2款规定：对于国家机关工作人员利用职权实施的其他重大的犯罪案件，需由人民检察院直接受理时，经省级以上人民检察院决定，可以由人民检察院立案侦查。本案既未经福建省人民检察院批准，也未见光泽县人民检察院关于应某文滥用职权罪的立案材料，此项罪名尚未进入侦查阶段，直接起诉并没有法律依据。此外，2013年《刑事诉讼法》修订的指导思想是既要打击犯罪，又要保护人权。在此罪上侦查机关既未立案，又未进行立案环节的权利告知，也未对该项罪名展开讯问。公诉机关在追诉时未对追诉罪名向嫌疑人履行告知义务，且未对追诉罪名展开讯问，导致嫌疑人的知情权、自我辩护权及获得律师帮助权两次被剥夺。

本案系检察机关审查职务犯罪案件时发现遗漏应由公安机关立案侦查的相关罪行，检察机关在援引法律规定方面有失偏颇，其援引的法律规定均非本案所涉及的情形，其观点难以成立。对于在审查职务犯罪侦查部门移送审查起诉的案件过程中，发现遗漏应当由公安机关立案侦查的罪行，未经公安机关立案侦查，检察机关能否对遗漏罪行直接提起公诉的问题，最高人民法院、最高人民检察院、公安部、国家安全部、司法部、全国人大常委会法制工作委员会《关于刑事诉讼法实施中若干问题的规定》第6条已明确规定：“公安机关侦查刑事案件涉及人民检察院管辖的贪污贿赂案件时，应当将贪污贿赂案件移送人民检察院；人民检察院侦查贪污贿赂案件涉及公安机关管辖的刑事案件，应当将属于公安机关管辖的刑事案件移送公安机关。”由此可见，对于检察机关侦查部门移送审查起诉的案件，在审查起诉中，发现遗漏应当由公安机关立案侦查的罪行，未经公安机关立案侦查，检察机关不能对遗漏罪行直接提起公诉。因此，在该案件中，福建省光泽县人民检察院无权直接对应某文以国有公司人员滥用职权罪提起公诉。

2.关于审判机关变更罪名的问题

对于在审判阶段，法院能否变更指控罪名的问题，《刑事诉讼法》并未作出明确的规定。仅有《最高人民法院关于执行〈中华人民共和国刑事诉讼法〉若干问题的解释》第176条及第178条作了相应的规定。第176条规定：“人民法院应当根据案件的具体情形，分别作出裁判：(1)起诉指控的事实清楚，证据确实、充分，依据法律认定被告人的罪名成立的，应当作出有罪判决；(2)起诉指控的事实清楚，证据确实、充分，指控的罪名与人民法院审理认定的罪名不一致的，应当作出有罪判决……”第178条规定：“人民法院在审理中发现新的事实，可能影响定罪的，应当建议人民检察院补充或变更起诉；人民检察院不同意的，人民法院应当就起诉指控的犯罪事实，依照本解释第176条的有关规定依法作出裁判。”由此可见，根据最高人民法院的司法解释，法院有权对公诉机关的指控罪名进行变更。

在司法实践中，法院变更起诉罪名的模式共有以下四种：其一，单纯法律评价的变更。法院对起诉的事实不作变更，而是直接改变起诉书中指控的罪名。这种变更对于被告人来说，可能意味着将面临更为严厉的刑罚判决。其二，指控事实依据的变更。法院在控辩双方以某一罪名是否构成的问题上经过调查、质证和辩论之后，单方面地判定被告人构成另一个未经起诉的罪名。换句话说，一审法院没有依据“同一事实”对被告人所实施的行为作出法律评价，而是在变更事实依据的基础上，变更了起诉罪名。在上诉或者抗诉后，二审法院仍然认为所认定的事实准确的情况下，也有权对被告人所实施的行为性质作出独立的法律评价，从而增加或者变更罪名。其三，指控事实依据的追加。法院在认可检察机关起诉罪名的情况下，将起诉书中与认定该罪名无关的另一新事实，补充为认定该罪名的事实依据。从表面上看，该做法还是属于法律评价变更的问题，但从单个罪名的认定依据而言，法院实际上已经将起诉书中所指控的事实从一项追加为两项。其四，指控罪名的合并、拆分和追加。法院不仅可以将若干个指控罪名合并为一个新的罪名，也可以将某一个指控罪名拆分或者追加为两个甚至三个新罪名。此类变更起诉罪名的情形的前提是：法院对检察机关所指控的事实基本上都给予了确认，只是在定罪的罪名上作出新的独立法律评价。

3.关于受贿罪与国有公司人员滥用职权罪定一罪还是两罪的问题

本案起诉书中指控应某文在构成受贿罪的同时还构成滥用职权罪，然而本案结合相关案件事实进行法理分析，该两项罪名的指控不能同时成立。

(1)两项罪名同时成立的指控明显与法律规定相悖

其一，主体身份不符合两罪同时认定的先决条件。最高人民法院、最高人民检察院〔2012〕法释18号《关于办理渎职刑事案件具体应用法律若干问题的解释(一)》(以下简称两高解释)第3条：国家机关工作人员实施渎职犯罪并收受贿赂，同时构成受贿罪的，除刑法另有规定外，以渎职犯罪和受贿罪数罪并罚。此条文适用的主体是国家机关工作人员，而本案中应某文是国有公司人员，无法适用这一条文之规定。

其二，依法择一重罪处断更符合刑事立案精神。现行生效的最高人民法院、最高人民检察院〔2010〕法发49号《关于办理国家出资企业中职务犯罪具体应用法律若干问题的意见》(以下简称“两高意见”)第4条：国有公司、企业人员实施刑法分则第3章第168条、第169条规定的渎职犯罪，同时收受贿赂构成受贿罪的，依照处罚较重的规定定罪处罚。依此条文规定，本案中应某文渎职且受贿的行为不能同时构成两罪，只能择一重罪。

其三，依法应优先适用特殊法条。在法律适用上，“两高意见”和“两高解释”法律位阶相同，本身不存在效力大小之争，但两个司法解释针对的主体有别。本案应某文为特殊主体，即国有公司人员，只能依“两高意见”的特别规定认定应某文的行为构成一罪而不构成两罪。

(2)两罪名同时成立的指控明显与法理相悖

其一，有失公允。起诉书将应某文收受贿赂后为他人减免电费的行为既作为受贿罪为他人谋取利益的要素进行评判，又作为滥用职权罪的构成要件进行评判，这是对一个行为进行了两次评判和处罚，明显有违刑法“禁止重复评价”的原则。

其二，有违法理。本案应某文的行为属于典型牵连犯罪，目的行为是收受贿赂，手段行为是减免电费，依刑法理论属法理上的数罪、处断的一罪，应择一重罪处罚。

最终，法院认为国有公司人员滥用职权罪依法应由公安机关立案侦查管辖，本案中并未对该项罪名予以侦查，检察机关的公诉部门直接起诉的行为违反法定程序，且本案中应某文的行为依法不能同时构成受贿罪与国有公司人员滥用职权罪，故法院认定，被告人应某文犯国有公司人员滥用职权罪事实不清，证据不足，且程序违法，指控的该项罪名不能成立。

值得注意的是，2016 年 4 月 18 日开始施行的最高人民法院、最高人民检察院《关于办理贪污贿赂刑事案件适用法律若干问题的解释》第 17 条明确规定："国家工作人员利用职务上的便利，收受他人财物，为他人谋取利益，同时构成受贿罪和刑法分则第三章第三节、第九章规定的渎职犯罪的，除刑法另有规定外，以受贿罪和渎职犯罪数罪并罚。"可见，凡在本司法解释出台之后发生的类似案件，一律以受贿罪与国有公司人员滥用职权罪两罪论处，数罪并罚。

本案从最初的刑事立案侦查，到检察院公诉部门追加新罪名，到一审开庭、到检察机关抗诉，到中级人民法院二审开庭，到二审发回重审，到再次开庭前辩护人与法官查阅相关同步录音录像，到庭审证人及鉴定人出庭，再到最后的判决，每一个阶段都涉及诸多实体与程序法律问题。本案审理时我国尚未正式步入以审判为中心的刑事司法体制改革阶段，却很好地践行了当前我国大力推行的刑事司法改革精神，符合现代法治的要求，对其他刑案的审理将发挥一定的指导作用。

## 二、相关法律和司法解释

（一）《中华人民共和国刑法》

第 168 条第 1 款　国有公司、企业的工作人员，由于严重不负责任或者滥用职权，造成国有公司、企业破产或者严重损失，致使国家利益遭受重大损失的，处三年以下有期徒刑或者拘役；致使国家利益遭受特别重大损失的，处三年以上七年以下有期徒刑。

第 272 条第 2 款　国有公司、企业或者其他国有单位中从事公务的人员和国有公司、企业或者其他国有单位委派到非国有公司、企业以及其他单位从事公务的人员有前款行为的，依照本法第三百八十四条的规定定罪处罚。

第 385 条　国家工作人员利用职务上的便利，索取他人财物的，或者非法收受他人财物，为他人谋取利益的，是受贿罪。

第 386 条　国家工作人员在经济往来中，违反国家规定，收受各种名义的回扣、手续费，归个人所有的，以受贿论处。

（二）《刑事诉讼法》

第 50 条　审判人员、检察人员、侦查人员必须依照法定程序，收集能够证实犯罪嫌疑人、被告人有罪或者无罪、犯罪情节轻重的各种证据。严禁刑讯逼供和以威胁、引诱、欺骗以及其他非法方法收集证据，不得强迫任何人证实自己有罪。必须保证一切与案件有关或者了解案情的公民，有客观的充分的提供证据的条件，除特殊情况外，可以吸收他们协助调查。

第 53 条　对一切案件的判处都要重证据，重调查研究，不轻信口供。只有被告人供述，没有其他证据的，不能认定被告人有罪和处以刑罚；没有被告人供述，证据确实、充分的，可以认定被告人有罪和处以刑罚。

证据确实、充分，应当符合以下条件：

1.定罪量刑的事实都有证据证明；

2.据以定案的证据均经法定程序查证属实；

3.综合全案证据，对所认定事实已排除合理怀疑。

第 54 条　采用刑讯逼供等非法方法收集的犯罪嫌疑人、被告人供述和采用暴力、威胁等非法方法收集的证人证言、被害人陈述,应当予以排除。收集物证、书证不符合法定程序,可能严重影响司法公正的,应当予以补正或者作出合理解释;不能补正或者作出合理解释的,对该证据应当予以排除。

在侦查、审查起诉、审判时发现有应当排除的证据的,应当依法予以排除,不得作为起诉意见、起诉决定和判决的依据。

第55条　证人证言必须在法庭上经过公诉人、被害人和被告人、辩护人双方质证并且查实以后,才能作为定案的根据。法庭查明证人有意作伪证或者隐匿罪证的时候,应当依法处理。

**(三)《最高人民法院关于适用〈中华人民共和国刑事诉讼法〉的解释》**

第78条　证人当庭作出的证言,经控辩双方质证、法庭查证属实的,应当作为定案的根据。

证人当庭作出的证言与其庭前证言矛盾,证人能够作出合理解释,并有相关证据印证的,应当采信其庭审证言;不能作出合理解释,而其庭前证言有相关证据印证的,可以采信其庭前证言。

经人民法院通知,证人没有正当理由拒绝出庭或者出庭后拒绝作证,法庭对其证言的真实性无法确认的,该证人证言不得作为定案的根据。

第80条　对被告人供述和辩解应当着重审查以下内容:

(1)讯问的时间、地点,讯问人的身份、人数以及讯问方式等是否符合法律、有关规定。

(2)讯问笔录的制作、修改是否符合法律、有关规定,是否注明讯问的具体起止时间和地点,首次讯问时是否告知被告人相关权利和法律规定,被告人是否核对确认。

(3)讯问未成年被告人时,是否通知其法定代理人或者有关人员到场,其法定代理人或者有关人员是否到场。

(4)被告人的供述有无以刑讯逼供等非法方法收集的情形。

(5)被告人的供述是否前后一致,有无反复以及出现反复的原因;被告人的所有供述和辩解是否均已随案移送。

(6)被告人的辩解内容是否符合案情和常理,有无矛盾。

(7)被告人的供述和辩解与同案被告人的供述和辩解以及其他证据能否相互印证,有无矛盾。

必要时,可以调取讯问过程的录音录像、被告人进出看守所的健康检查记录、笔录,并结合录音录像、记录、笔录对上述内容进行审查。

第83条　审查被告人供述和辩解,应当结合控辩双方提供的所有证据以及被告人的全部供述和辩解进行。

被告人庭审中翻供,但不能合理说明翻供原因或者其辩解与全案证据矛盾,而其庭前供述与其他证据相互印证的,可以采信其庭前供述。

被告人庭前供述和辩解存在反复,但庭审中供认,且与其他证据相互印证的,可以采信其庭审供述;被告人庭前供述和辩解存在反复,庭审中不供认,且无其他证据与庭前供述印证的,不得采信其庭前供述。

第84条　对鉴定意见应当着重审查以下内容：

(1)鉴定机构和鉴定人是否具有法定资质；

(2)鉴定人是否存在应当回避的情形；

(3)检材的来源、取得、保管、送检是否符合法律、有关规定，与相关提取笔录、扣押物品清单等记载的内容是否相符，检材是否充足、可靠；

(4)鉴定意见的形式要件是否完备，是否注明提起鉴定的事由、鉴定委托人、鉴定机构、鉴定要求、鉴定过程、鉴定方法、鉴定日期等相关内容，是否由鉴定机构加盖司法鉴定专用章并由鉴定人签名、盖章；

(5)鉴定程序是否符合法律、有关规定；

(6)鉴定的过程和方法是否符合相关专业的规范要求；

(7)鉴定意见是否明确；

(8)鉴定意见与案件待证事实有无关联；

(9)鉴定意见与勘验、检查笔录及相关照片等其他证据是否矛盾；

(10)鉴定意见是否依法及时告知相关人员，当事人对鉴定意见有无异议。

第85条　鉴定意见具有下列情形之一的，不得作为定案的根据：

(1)鉴定机构不具备法定资质，或者鉴定事项超出该鉴定机构业务范围、技术条件的；

(2)鉴定人不具备法定资质，不具有相关专业技术或者职称，或者违反回避规定的；

(3)送检材料、样本来源不明，或者因污染不具备鉴定条件的；

(4)鉴定对象与送检材料、样本不一致的；

(5)鉴定程序违反规定的；

(6)鉴定过程和方法不符合相关专业的规范要求的；

(7)鉴定文书缺少签名、盖章的；

(8)鉴定意见与案件待证事实没有关联的；

(9)违反有关规定的其他情形。

第86条第1款　经人民法院通知，鉴定人拒不出庭作证的，鉴定意见不得作为定案的根据。

第104条　对证据的真实性，应当综合全案证据进行审查。

对证据的证明力，应当根据具体情况，从证据与待证事实的关联程度、证据之间的联系等方面进行审查判断。

证据之间具有内在联系，共同指向同一待证事实，不存在无法排除的矛盾和无法解释的疑问的，才能作为定案的根据。

### (四)最高人民检察院《关于人民检察院直接受理立案侦查案件立案标准的规定(试行)》

受贿案件中，“利用职务上的便利”，是指利用本人职务范围内的权力，即自己职务上主管、负责或者承办某项公共事务的职权及其所形成的便利条件。

### 参考文献

[1]陈兴良：《受贿罪“利用职务上的便利”之探讨》，载《中国人民大学学报》1994年第1期。

[2]黄河、李品:《论法院变更起诉罪名的合理性及完善措施》,载《西南农业大学学报(社会科学版)》2010年第5期。

[3]孙国翔:《受贿罪“利用职务上的便利”新论》,载《法学论坛》2011年第6期。

[4]陈瑞华:《论被告人口供规则》,载《法学杂志》2012年第6期。

[5]杨宇冠:《侦查讯问录音录像制度研究》,载《中国刑事法杂志》2013年第9期。

[6]吴国章:《非法证据排除规则实务研究》,法律出版社2017年版。

[7]刘为波:《刑事审判参考》(总第77期),法律出版社2010年版。

[8]苗有水、刘为波:《刑事审判参考》(总第95期),法律出版社2013年版。

# 论“赔钱赎刑”之正当性和合法性

郑金火*

## 一、问题的提出与“赔钱赎刑”的界定

近年来，在构建和谐社会的大背景下，和谐司法的观念、主张得到倡导，实现和谐司法的种种举措被各地司法机关逐渐推出和进行大胆、积极的尝试，及至宽严相济刑事政策提出、推行之后，许多地方的司法机关更是推出一些贯彻、实施该政策从而使该政策具体化的各种措施、工作机制，尤其是刑事和解及其相关司法活动在许多地方的试行更是方兴未艾，当然也有一些地方对刑事和解工作的开展采取了“积极而谨慎”的做法。这其中，体现和谐司法技术或与刑事和解密切相关的一种法律现象——“赔钱赎刑”（大体上有“以钱抵刑”“以赔赎刑”“以赔代刑”“赔钱减刑”“赔钱从轻”“刑罚与赔偿互易”等多种称谓和表达）引起了人们尤其是新闻媒体、法律界的关注和重视，但也产生了诸多争议。

2007年年初，广东东莞中级人民法院在一起抢劫致人死亡的案件中采用刑事和解的方式，加害人在赔付了受害人5万元钱后，最终获得死缓的从轻判决。这一案件经新闻媒体广泛报道后，将“赔钱赎刑”问题直接推到社会各界的眼前，引起了轩然大波。而且由于该案被新闻媒体定位为“赔钱减刑”“以钱减刑”，更是引发了大范围的争议及对其正当性、合法性的追问。①

“赔钱赎刑”——最科学、最不至于引起各种误解的称谓应当是“赔偿从轻”——事实上已经成为刑事和解的基本方式。这是因为，“中国的刑事和解是一场主要以解决被害方民事赔偿问题为目标的司法过程，而与‘恢复性司法’的宗旨有明显的差异”。况且，“中国各地司法机关主要将解决犯罪被害人的民事赔偿问题，减少申诉、上访现象，作为推行刑事和解的直接动因。”②然而，笔者认为，尽管目前我国的刑事和解确实主要是以解决被害人的赔偿问题为主要内容、工作目标，但是全国各地的司法实践中毕竟已经取得良好的效果，并在一定程度上得到了检察机关、法院的稳步推进。

---

* 郑金火，厦门大学法学院助理教授，福建联合信实律师事务所兼职律师。

① 该案相关案情及评论，参见贺林平：《广东东莞法院澄清：“赔钱减刑”说法属误解》，载《人民日报》2007年2月6日；郑思琪、段体操：《抢劫犯罪致人死亡积极作赔获判死缓》，载《羊城晚报》2007年1月31日；《法制日报》2007年2月1日报道：《东莞法院“赔钱减刑”该用怎样的眼光审视？》。也可详见“中国维权网”有关专题：《赔钱减刑也可以？——东莞法院赔钱免死引争议》，http://www.news315.com.cn/ Special.asp? newsid=83777；并参见《人民法院报》2007年6月19日“法治纵横”版：《“赔钱减刑”：怎样理性看待？》专题，人民法院报网 http://rmfyb.chinacourt.org/public/detail.php? id=109859。

② 陈瑞华：《司法过程的对抗与合作——一种新的刑事诉讼模式理论》，载《法学研究》2007年第3期。

对于刑事和解实践中因被告人赔偿被害人的经济损失从而给予轻判的做法，以及其他类似的因为被告人的钓鱼赔偿而给予轻刑化、非罪化、非监禁化之待遇的司法实践，笔者称之为“赔钱赎刑”。这里，所谓“赔钱赎刑”，是指刑事案件的加害人(犯罪嫌疑人、被告人)用金钱、物质等赔偿被害人的经济损失和精神损失，以获取从宽处罚，乃至轻微犯罪案件获得免除处罚、撤销案件、不起诉等结果。“赔钱”在这里应作广义理解，即指积极赔偿被害人遭受的直接和间接的物质损失，既包括自诉案件的赔偿和公诉案件附带民事赔偿，又包括被害人的精神损害赔偿和愿意提供民事赔偿之外的额外补偿。“赎刑”也应作广义理解，既包括量刑的从轻处罚，也包括缓刑、免予刑事处罚，甚至包括轻罪案件的撤销案件、不起诉，以及死罪案件判处死缓等处罚或处理结果。虽然说，概念名称只是表征事物的一个符号，但是“赔钱赎刑”这种“符号”确能比较好地表征刑事案件中犯罪嫌疑人、被告人作出民事赔偿后换取轻缓刑罚(或轻罪案件非罪化、非刑罚化、非监禁化处理)这一事物的基本属性。于是，笔者确定采用“赔钱赎刑”的提法，并以此来体现赔偿与刑罚之间的互动关系。

“赔钱赎刑”作为刑事和解的一种基本方式，受到最多质疑的是：一方面是它的实施能否体现公正、正义；另一方面是这一和解方法是否具备正当性及合法性。同样的，这种刑事和解方式是否可以建立起一种规范化的制度，关键取决于这种举措、方法是否具备法律或道义上的正当性。为此，我们必须就“赔钱赎刑”的正当性进行检讨。

## 二、“赔钱赎刑”的正当性依据

正当性，也称“正统性”，“意指‘实质合法性’，强调实质意义的正当、合理及其道义基础，多诉诸自然之‘法’或道德之‘法’。具体到法律制度的正当性问题，它一般包括两层含义：一是制度生成的正当性，即制度的产生具有社会的合理因素与一些必然性因素；二是制度运作的正当性，即在某些范围内具有正当性，它揭示的是制度正当性的边界与限度”①。

“赔钱赎刑”的正当性(着重于制度生成的正当性)可以从下述几个方面得到论证或者进行相关的检讨：

### (一)符合构建和谐社会的目标和要求，也符合和谐司法的理念

我们考察赔钱赎刑是否具有正当性，首先不应当被传统刑事司法理念所束缚，而应从其是否符合和谐司法的理念入手进行论证。

自20世纪70年代以来，西方社会基于对现代刑事追究模式的反思，认识到片面强调公诉制度导致了对犯罪原始矛盾也就是被害人与犯罪人的矛盾的遗忘，特别是对被害人的感受和利益照顾不周，出现了从“报应性司法”向“恢复性司法”的转向，旨在通过调解、道歉、真诚悔过、积极赔偿等方式，恢复被害人与犯罪人、犯罪人与社区之间的关系。恢复性司法强调的是赔偿和预防，而不是给予惩罚。② 最常见的恢复性司法模式主要有调解模式、和解会商模式、圆桌审判模式。经过不断发展，“被害人—犯罪人和解”项目实际上成为恢复性司法较具影响的模式。刑事和解，是指在刑事诉讼程序运行中，被害人和加害人(被告人和犯罪

---

① 马明亮：《协商性司法——一种新程序主义理念》，法律出版社2007年版，第273～274页。

② 张庆方：《恢复性司法——一种全新的刑事法治模式》，载陈兴良主编：《刑事法评论》(第12卷)，中国政法大学出版社2003年版，第432页。

嫌疑人）以认罪、赔偿、道歉等方式达成谅解以后，国家专门机关不再追究加害人的刑事责任或者对其从轻处罚的一种案件处理方式，即被害人与加害人达成一种谅解，促使国家机关不再追究或者从轻处罚加害人的一种诉讼制度。① 对恢复性司法所做的最新诠释是："恢复性司法是重在修复犯罪行为所造成的损害的司法理念，而这一理念只有通过将所有当事人及员全部吸纳进来的合作性程序才能得到最好的实现。"（荷兰刑法学家约翰·布拉德）②

与世界范围内的恢复性司法的发展方向相对应的是，我国在建设社会主义和谐社会的大背景下，也在试行刑事和解以及积极赔偿受害人等制度。而刑事和解，必然是通过被害人与加害人的协商，并以加害人承担赔偿、道歉等为责任形式来解决刑事纠纷。这种做法是以人为本在刑事司法领域的体现，符合构建和谐社会的目标和要求。因为，构建社会主义和谐社会是一个不断化解社会矛盾的持续过程。在这个过程中，必须通过法治手段，不断调整、修正各种不和谐因素，减少、避免和解决各种矛盾和冲突，从而使整个社会处于良好的秩序状态。

我国近几年出现的刑事和解运动，虽然是一项主要由检察机关推行的刑事司法改革，而且较多针对轻伤害等轻罪案件，但是刑事和解取得的成效迅速被一些省级政法部门推广到公安机关、检察机关和法院的办案程序之中。例如，北京、上海、浙江、安徽等地的省级政法机关就在总结本地区检察机关推行刑事和解改革经验的基础上，相继颁布了在本地区适用的规范性文件，以规范刑事和解的办案程序。根据这些文件，对于被害方与加害方就经济赔偿问题达成和解协议、被害方不再追究加害人刑事责任的轻伤害案件，公安机关可以撤销案件，检察机关可以作出不起诉的决定，法院则可以酌情适用缓刑或者免除刑事处罚。在取得成功经验和良好效果的基础上，在不少地方，刑事和解制度的适用范围已经从最初的轻伤害案件，开始被扩大推行到一些轻微的公诉案件之中，并被用来处理那些涉及未成年人、在校学生犯罪的刑事案件。这些做法，与目前倡导的和谐司法的理念不但不矛盾，而且完全吻合。和谐司法的基本价值取向应当是，首先是在法律程序内及时、全面、彻底地解决纠纷，做到定分止争、案结事了，更重要的是让当事人之间的纠纷从产生它的环境中彻底消除，最大限度地增加和谐因素，最大限度地减少不和谐因素，从而让社会关系恢复或者达到一种真正的和谐状态。可见，和谐司法也是一种恢复性的司法。2007年1月15日最高人民法院颁布的《关于为构建社会主义和谐社会提供司法保障的若干意见》（以下简称《意见》）（法发〔2007〕2号）明确提出："强化诉讼调解，完善多元化纠纷解决机制。……拓宽诉讼调解的适用范围，尝试刑事自诉案件和其他轻微刑事案件调解解决的新模式，加大刑事附带民事案件调解力度……"按照《意见》的规定，在构建和谐社会的背景下，对于轻微刑事案件和刑事自诉案件应该大胆尝试调解解决的新模式，对于"刑附民"案件应该加大调解力度。这样，才能为构建和谐社会提供良好的司法保障。

因此，刑事案件中通过赔偿这种方式来解决纠纷，本身就是恢复性司法的举措之一，即使是所谓的"赔钱赎刑"，也完全符合构建和谐社会的目标和要求，符合我国和谐司法理念的要求。说到底，无论是民事案件还是刑事案件，我们都必须以建设和谐社会理念为主导，寻

---

① 陈光中：《刑事和解的理论基础与司法适用》，载《人民检察》2006年第5期（下）。

② 蒋安杰、肖黎明：《恢复性司法的中国实践与创新》，载《法制日报》2007年7月15日第16版。

求以和谐而非对抗的方式解决纠纷、化解矛盾，从而既切实保障当事人的合法利益和在全社会实现司法正义，又实现定分止争、息事宁人、安定有序、政通人和的司法局面。

### （二）贯彻执行宽严相济的刑事政策，实现了"当宽则宽，侧重于宽"的政策要求

在构建和谐社会的大背景下，党和国家提出了宽严相济的刑事政策。这一政策的提出改变了中华人民共和国成立以来刑事政策原有片面强调"严厉惩治犯罪"及至"严打斗争"的模式，也改变了人们对犯罪防控的认知方式和价值判断方式，体现了我国在治理犯罪方面进入了一个新的历史时期，也将触动我国刑事司法的变革。对于宽严相济政策的基本内涵，我国学者大多表述为：该严则严，当宽则宽；严中有宽，宽中有严；宽严有度，宽严审时。① 但是，笔者认为，这样的表述在理论上总体是对的，但不足以准确地反映这一政策的科学定位以指导实践。实际上，宽严相济政策是对"严打"方针、政策的扬弃，其真正的政策导向作用在于改变以往过分强调从严惩处的片面性，倡导刑法宽大、宽容的一面，突出了"宽"的主角地位，做到宽严结合，宽严有度；同时，宽严相济政策不是对"惩办与宽大相结合政策"的简单转换，而是从构建和谐社会的角度出发，修正过去"重打击""重惩办"的倾向，注重于宽缓，确立"当宽则宽"、侧重于宽的导向。简言之，宽严相济是一种刑事上的宽容政策。

为了实现"当宽则宽"、侧重于宽的政策导向精神，显然必须把握刑事司法总体趋于宽缓的趋势，并且在刑事司法实践中予以贯彻执行。对此，我们不仅要在刑法制度的跟进与落实上下功夫（比如，正确而充分地运用非刑罚处理方法，重视管制、罚金、缓刑等非监禁刑的适用，量刑上对轻微的犯罪行为和人身危险性小的犯罪人应当从轻判处，具有法定或酌定从轻、减轻、免除处罚情节的则依法从宽处罚，等），而且在刑事程序制度上予以积极的跟进与落实（比如，正确而充分地运用不起诉制度并充分发挥该制度的应有作用，在刑事立案与侦查阶段，采取比较宽和的标准、措施处理案件，积极适用简易程序和被告人认罪案件简化审程序从而使得诉讼程序更加简易、宽松，等等）。更重要的是，为了实现宽严相济政策，现阶段我们的制度创设应当侧重于"宽"的空间拓展、增容，包括刑事和解制度、暂缓起诉制度、辩诉交易制度、社区矫正制度等诸项创新制度的尝试、推行和建立。其中，在宽严相济政策的导向作用下，刑事和解的推行就不仅获得了政策支持，而且具有了制度的正当、合理性——而在刑事和解中，加害人承担了赔偿以及认罪、道歉等责任并取得了被害人的谅解后，获得不被追究刑事责任或免除处罚或从轻处罚的待遇，显然与这一政策的精神是没有违背的。从适用价值上看，以协商为主要表现、以赔偿为主要责任形式的刑事和解制度的优点是多方面的：一是有利于弥补被害人因犯罪造成的损害，赔偿其损失，抚平其心理创伤，更好地保护被害人的利益；二是有利于减少对抗，化解矛盾，使犯罪人得到及时的教育和改造；三是有利

① 有关宽严相济刑事政策的内涵，具体可参见陈兴良：《宽严相济刑事政策研究》，载《法学杂志》2006 年第 1 期；马克昌：《宽严相济刑事政策刍议》，载《人民检察》2006 年第 19 期；储槐植、赵合理：《构建和谐社会与宽严相济刑事政策之实现》，载《法学杂志》2007 年第 1 期；樊凤林、刘东根：《论宽严相济的刑事政策与我国刑法的完善》，赵秉志主编：《和谐社会的刑事法治》（上卷），中国人民公安大学出版社 2006 年版，第 257 页。赵秉志教授则将宽严相济之"济"的一个方面概括为该宽则宽，当严则严。同时还包括宽以济严，严以济宽；轻中有严，重中有宽；严而不厉，宽而不纵；宽严适时。详见赵秉志：《宽严相济刑事政策视野中的中国刑事司法》，载《南昌大学学报（人文社会科学版）》2007 年第 1 期。

于改变犯罪人与被害人双方之间的关系，促进社会和谐；四是有利于减少刑事追究，节约司法资源，提高诉讼效率，化消极因素为积极因素。因此，"赔偿赎刑"显然是宽严相济政策之"当宽则宽"、侧重于宽科学定位在司法实践中的具体体现。

（三）追求被告人和被害人主体地位的回归，有利于维护被害人的利益

在传统的司法中，不仅被告人成为刑事诉讼的客体，而且刑事被害人成为被"遗忘的人"。在以往我国的诉讼运行中，刑事诉讼实际上被视为国家实现刑罚权的追诉活动，犯罪嫌疑人、被告人即使不再处于诉讼客体的地位，也至多不过是侦查、起诉、审判的对象而已，并不具有真正的诉讼主体地位。与传统刑事司法明显不同的是，恢复性司法主张被告人和被害人主体地位的回归，一方面实现犯罪人的再社会化，另一方面恢复被害人的受损害利益。就我国司法运作而言，一方面克服"刑事诉讼不知不觉地被视为国家单方面实施的行政治罪式的活动"①的片面性及其弊端，追求被告人和被害人主体地位的回归，是当前刑事司法和谐中必须解决的一个问题；另一方面，重拾刑事被害人这一被刑事诉讼"遗忘的人"，使其成为刑事诉讼主体，积极地参与到刑事诉讼中来，也是恢复性司法乃至和谐司法的一个重要任务。关注被害人的伤害，满足其需求是恢复性司法形成的内在动因。它不仅把从犯罪人那里获得赔偿或补偿视作被害人的应有权利，还主张在犯罪的处理过程中给予被害人陈述个人意见的机会，并促成被害人与犯罪人的和解。"赔钱赎刑"充分满足了被害人和加害人双方的自主性和自愿性，尊重双方的意思表示与对结果的理性选择，它与恢复性司法的理念是一脉相承的，显然有利于被害人利益的保护。可以这么讲，一起刑事案件发生后，由于被害人受到的可能是心理和物质上的双重伤害，所以他所希望的"最佳结果"是报复欲望得到完全满足，赔偿欲望也得到完全满足。通过正规的诉讼，被害人对于加害人报复的实现总体上是不成问题的。然而，正规诉讼的现实往往是刑罚实现——也许更贴切的是"国家刑罚权的实现"，但赔偿欲望落空，让那些希望获得赔偿的被害人大失所望。相比之下，通过和解的方式解决赔偿问题，更能顺利地实现被害人的赔偿欲望，满足被害人正规诉讼所不能实现或不能完全实现的赔偿或补偿心理，给被害人带来现实的利益。这是"赔钱赎刑"作为刑事和解方式对被害人产生的最直接、最明显的收益。

刑事诉讼中对于被害人利益的保护，突出的问题是刑事附带民事赔偿难执行、高"空判"率，这已经成为严重困扰法院的"顽症"之一，也往往是造成被害人亲属长期缠讼乃至到处上访、申诉的重要原因。目前在我国，有80%以上的刑事案件被害人无法获得实际赔偿，全国每年至少上百万刑事案件人因为得不到加害人的赔偿而身陷绝境。② 这种现象普遍存在，在西部经济不发达地区更为严重。例如，来自宁夏银川市中级人民法院的统计显示：该院审理的刑事附带民事案件，占整个刑事案件的一半以上。其中，杀人、伤害等重特大刑事案件的刑事附带民事案件进行赔偿的不足10%；一般的轻伤害、交通等刑事附带民事案件进行赔偿的也只有30%左右。③ 即使是首都之区的北京，刑事附带民事赔偿的执行也非常不理想。据来自北京市第二中级人民法院的统计数字表明，2006年，该院判决刑事附带民事案

① 陈瑞华：《问题与主义之间——刑事诉讼基本问题研究》，中国人民大学出版社2003年版，第215页。

② 陈永忠：《终结"空判"需寻求长期有效的法律制度》，载《法制日报》2007年8月13日第8版。

③ 周崇华：《终结刑附民案"空判"哪条路好走》，载《法制日报》2007年8月13日第8版。

件赔偿款447.76万余元，案均获赔6.4万元，但是，被害人及其亲属平均实际得到的只有2.33万元，大多数被害人及其亲属连赔偿款的一半都拿不到。① 由此，在这种情况下，如果我们不想方设法解决刑附民"空判"问题，不建立起各种赔偿、补偿刑事被害人经济损失的有效法律机制，那么，所谓保护被害人的利益实际上就是一句空谈。毫无疑问，在现有的法律体系内，刑事和解已经成为终结刑附民"空判"的希望和重要途径，而且实践中显现出来的正面效果也足以证明这是一种解决刑附民"空判"难题的新司法理念、新司法措施，也是一种长期有效的法律制度。

（四）对报复性正义的矫正，体现了恢复正义的精神和效果

在以往的刑事司法中，人们奉行的实际上是报复性正义（报应正义、惩罚正义）的观念，并以此来指导司法程序的运行。而在我国古代传统的刑事司法中，"严刑峻罚"现象十分严重且一以贯之。于是乎，实现对犯罪人的"严刑峻罚"成为历代统治者都遵循的一个铁血规律，同时也逐渐积淀成民间社会所谓"伸张正义"的社会心理。实际上，报应性正义追求的是"以眼还眼，以牙还牙，以手还手，以脚还脚……"乃至"以命偿命"的效果，追求被害人复仇心理的实现和愤怒仇恨的宣泄，用对犯罪人的"严刑峻罚"——坐牢、杀头等来实现人们心目中的正义和维护社会的安定。然而，以国家追诉为标志的刑事司法模式和以监禁、死刑为中心的刑罚结构，虽然在法律效果上实现了对犯罪的惩处，彰显了社会正义；但是在被害人损失的弥补、犯罪的矫正以及被破坏社会关系的恢复等社会效果上却渐渐显得力不从心，并且带来了成本过高、改造效果不理想乃至激化社会矛盾等一系列难题。在这种情况下，恢复正义理论的兴起和恢复正义观念的倡导，就给报复性正义理论和观念带来了新的、巨大的冲击。恢复性正义理论在强调犯罪是对规范违反的同时，认为其是一种人与人之间的行为关系，被害人与犯罪人应当直接介入这场冲突以弥补因此造成的社会危害。该理论具备三个基本特征：首先，恢复正义理论强调犯罪不仅是对法律的违反、对政府权威的侵犯，更是对被害人、社会甚至犯罪人自己的伤害；其次，恢复正义理论还强调刑事司法程序应有助于对这些伤害的弥补；最后，恢复正义理论反对政府对犯罪行为的社会回应方面的权力独占，提倡被害人和社会对司法权的参与，还认为政府对犯罪人简单的惩罚并不比授权被害人直接介入刑事司法程序以寻求冲突的解决更为重要。② 因此，从恢复正义的理念出发，当犯罪破坏了加害人、被害人和社会之间的正常利益关系之后，恢复正义的任务就是在三者之间重建这种平衡，使得社会恢复和谐的正常状态。

回到现实层面，笔者认为，在轻罪案件中"赔钱赎刑"，在重罪案件中因为被告人主动、积极赔偿就在法律幅度内从宽处罚，乃至在死罪案件中因为被告人主动、积极赔偿就不判处其死刑立即执行，是对报复性正义的矫正，体现的是恢复性正义的精神和效果。这里，以现实生活中经常发生的交通肇事为例，做个预设：一种是加害人发生了严重交通事故，致人死亡、伤残的情况下，千方百计逃避法律责任甚至肇事后逃逸，交警部门在处理过程中拒不调解、赔偿，即使到了法院作出刑事附带民事诉讼的判决后仍然不予赔偿，导致"空判"，被害人拿到的只是一纸"法律白条"，而被害人由于得不到赔偿也不肯原谅被告人，主张对被告人严惩

① 周崇华：《法院"空判"需国家救济制度"埋单"》，载《法制日报》2007年6月14日第8版。

② 向朝阳、马静华：《刑事和解的价值构造及中国模式的构建》，载《中国法学》2003年第6期。

重判。这样，最终的结果只能是被告人被判处若干年的有期徒刑甚至是重判。另一种是行为人发生严重交通肇事后积极抢救受害人，主动赔偿被害人的经济损失，或者在刑附民的诉讼过程中，通过法院的调解与被害人一方达成调解协议并予以履行，积极赔偿被害人的经济损失，而被害人由于得到赔偿等实际利益，也愿意谅解被告人。这样，被告人最终得到法院的轻判(如缓刑、免予刑事处罚等)。这两种截然不同的结果，前者大体上是报复性正义的体现(有罪必罚)，后者可谓恢复性正义的结晶。这两者，究竟哪一种更能实现社会正义，更能满足被害人心目中的正义呢？其结论是不言自明的。

(五)从本质上说，赔偿也是一种惩罚

不可回避的是，传统的刑事司法观念还忽视了赔偿的惩罚性，总是天然地以为只有判处死刑、坐牢等这些人身性的刑罚才是对犯罪人的惩罚。其实，赔偿未必不是一种对犯罪人(加害人)的惩罚。正如英国思想家边沁所指出的：作为一种附加的惩罚和对罪犯的威慑，应予被害人以赔偿。① 赔偿的惩罚性表现在于它与刑罚具有某些共性：其一，在理论上，赔偿和刑罚都属于法律责任，是行为人应负法律上的不利或制裁的地位和状态，都是一种事后的责任，即都是因违反法律的不法行为而导致的不利后果。其二，在法律制度架构内，民事赔偿和刑罚处罚并非不能混同或互相转换。在法律发展史上，赔偿和刑罚同出一源，起初并无太大区别。例如，古代的赔偿金制度，既可以是民事上的损害赔偿，也可以是对犯罪行为的刑事制裁。按照英国法学家梅因的解释，"如果一种侵权行为或不法行为的标准是：被认为受到损害的是个人而不是'国家'，则可以断言，在法律学幼年时代，公民赖以保护使不受强暴或诈欺的，不是'犯罪法'而是'侵权行为法'"②。当把不法行为视为对国家或者社会的侵犯的时候，侵权行为与犯罪行为开始分野。到了近现代，基于追求法治的需要——或者说是寻求法律救济途径的需要，一些侵犯被害人权益的行为作为侵权由私人起诉，而另一些行为则作为犯罪由国家公诉，但是侵权与犯罪、赔偿与刑罚之间并没有出现截然的分野。即使到了当代，在现行法律框架内，民事侵权行为与刑事犯罪行为、损害赔偿与刑罚惩罚并没有绝对的区别或对立，它们之间更没有天然的、不可逾越的"鸿沟"。例如，就一起轻伤害案件而言，既可以当作人身损害赔偿的民事案件提起诉讼并按民事程序进行处理，也可以作为刑事案件提起自诉或公诉并按刑事诉讼程序进行处理。依前者，则为民事侵权，责任的结果是赔偿；依后者，则可能是判刑加赔偿，但也可能只是赔偿而已。倘若我们忽略了赔偿也是法律责任的一种形态，也是对犯罪人的一种惩罚，则无法正面地认识、理解法律框架内承担赔偿责任就对被告人从轻处罚或者免除处罚的制度正当性、合理性。

## 三、"赔钱赎刑"之合法性考察

"赔钱赎刑"作为刑事和解的方式在全国各地的许多检察院、法院的司法实践过程中已经得到采用，尽管仍存在诸多争议，但事实上有不断推广、扩大之趋势。那么，"赔钱赎刑"这种刑事和解及司法和和谐的措施是否有合法性根据呢？对此，我们必须予以具体而深入的考察。

---

① 转引自马克昌：《近代西方刑法学说史略》，中国检察出版社1996年版，第74页。

② [英]梅因：《古代法》，沈景一译，商务印书馆1959年版，第209页。

### (一)"赔钱赎刑"之实体法上的合法性

1."赔钱赎刑"的合法性在刑法上的渊源可以直接追溯到《中华人民共和国刑法》(以下简称《刑法》)第61条规定的量刑原则

《刑法》第61条规定:"对于犯罪分子决定刑罚的时候,应当根据犯罪的事实、犯罪的性质、情节和对于社会的危害程度,依照本法的有关规定判处。"这一量刑原则体现了惩办与宽大相结合的刑事政策,反映了公平、正义、理性和人道主义的刑罚价值观,确保以较少的司法投入获得较大的刑罚效益,有利于罪犯的改造和人心的信服,符合国际人权保护潮流和刑罚发展趋势,对于实现社会稳定发展和保障国家长治久安具有重大的意义。① 根据刑法规定的这一量刑原则,"情节"和"对于社会的危害程度"是处罚轻重的重要根据。而量刑情节又包括法定量刑情节和酌定量刑情节。现行刑法明文规定的量刑情节共有73个,其中从重处罚情节64个,从宽处罚情节27个;总则性情节22个,分则性情节51个。在法定从宽处罚情节当中,包括有自首、立功、未成年人、从犯、预备犯、中止犯等等。只要犯罪人具备其中之一,都应该按照法律的规定予以从宽处罚。这样,在犯罪人具备法定从宽量刑情节的前提下,对被害人的经济损失积极、主动赔偿的,法院在量刑时给予轻判或者减刑,乃至轻罪的免刑,都是符合法律规定的,不存在法律依据欠缺的问题。在酌定从宽量刑情节中,按照司法实践经验而形成的可以从宽处罚的情节包括:坦白交代所犯罪行、认罪态度好、有悔罪表现、积极采取措施消除或减轻危害结果、积极退赃、主动赔偿经济损失的,以及偶犯、初犯、平时表现良好等等。在这里,积极、主动赔偿被害人的经济损失本身就是酌定从宽的量刑情节之一,而且在司法实践中也常常被视为是犯罪人悔罪的某种表现,能够在具体裁量刑罚时予以从宽。所以,法官在行使量刑权时,考虑到酌定从宽情节,形成"赔钱赎刑"——实际上是"赔偿从轻"的裁判结果,显然与法律规定并不抵触。

2.司法解释上规定了"赔钱赎刑"的合法性

作为量刑的各种从宽"情节",不仅刑法条文中予以了规定,而且司法解释也有相应的体现。其中涉及"赔偿"可以从轻处罚的司法解释,主要有:

①最高人民法院《关于审理未成年人刑事案件具体应用法律若干问题的解释》(法释〔2006〕1号)第16条规定:"对未成年罪犯符合刑法第72条第1款规定的,可以宣告缓刑。如果同时具有下列情形之一,对其适用缓刑确实不致再危害社会的,可以宣告缓刑:(一)初次犯罪;(二)积极退赃或赔偿被害人经济损失;(三)具备监护、帮教条件。"第19条规定:"刑事附带民事案件的未成年被告人有个人财产的,应当由本人承担民事赔偿责任,不足部分由监护人予以赔偿,但单位担任监护人的除外";"被告人对被害人物质损失的赔偿情况,可以作为量刑情节予以考虑"。

②最高人民法院颁发的《全国法院维护农村稳定刑事审判工作座谈会纪要》(法〔1999〕217号)规定:"对盗窃犯罪的初犯、未成年犯,或者确因生活困难而实施盗窃犯罪,或积极退赃、赔偿损失的,应当注意体现政策,酌情从轻处罚。其中,具备判处管制、单处罚金或者宣告缓刑条件的,应区分不同情况尽可能适用管制、罚金或者缓刑。""对于起诉到法院的坑农害农案件,要及时依法处理。对犯罪分子判处刑罚时,要注意尽最大可能挽回农民群众的损

---

① 高铭暄、马克昌主编:《刑法学》,北京大学出版社、高等教育出版社2005年第2版,第270页。

失。被告人积极赔偿损失的,可以考虑适当从轻处罚。"

③2004年6月21日最高人民法院《关于依法惩处生产、销售伪劣食品、药品等严重破坏市场经济秩序犯罪的通知》规定:"被告人和被告单位积极、主动赔偿受害人和受害单位损失的,可以酌情、适当从轻处罚。"

④最高人民法院、最高人民检察院《关于办理盗窃案件具体应用法律若干问题的解释》(高检会〔1992〕37号)第4条规定:"个人盗窃公私财物虽已达到'数额较大'的起点标准,但具有下列情节之一的,可不作为犯罪处理:1.初犯、偶犯、已满16岁不满18岁的未成年人作案情节轻微的;2.情节轻微并主动坦白或者积极退赔的……"

⑤最高人民法院《关于刑事附带民事诉讼范围问题的规定》(法释〔2000〕47号)第4条规定:"被告人已经赔偿被害人物质损失的,人民法院可以作为量刑情节予以考虑。"第5条规定:"犯罪分子非法占有、处置被害人财产而使其遭受物质损失的,人民法院应当依法予以追缴或者责令退赔。被追缴、退赔的情况,人民法院可以作为量刑情节予以考虑。"

上述这些司法解释的具体规定反映了"赔钱赎刑"的合法性因素,即"赔钱"可以作为"赎刑"的量刑情节,从而为法院在司法实践中探索、试行"赔钱赎刑"举措提供了法律依据。

特别需要说明的是,2007年1月15日最高人民法院颁发的《意见》第18条明确提出:"当宽则宽,最大限度地减少社会对立面。……严格执行'保留死刑、严格控制死刑'的政策,对于具有法定从轻、减轻情节的,依法从轻或者减轻处罚,一般不判处死刑立即执行;对于因婚姻家庭、邻里纠纷等民间矛盾激化引发的案件,因被害方的过错行为引发的案件,案发后真诚悔罪并积极赔偿被告人损失的案件,应慎用死刑立即执行。"这一司法政策对死刑案件实际上也肯定了"赔钱赎刑"的合法性。为此,为构建和谐社会,在宽严相济政策的指引下,"赔钱赎刑"不仅适用于轻罪案件,在一定条件下也可以扩展到包括死刑案件在内的其他重罪案件。从这一视角出发,前述东莞法院以被告人王某的家属同意先行赔偿5万元,蔡某的家属对此结果表示满意;被告人也表示要痛改前非,并将积极对被害方作出赔偿,以获得对方一定程度上的谅解等为由,对被告人王某作出一定程度的从轻处罚,一审判决死缓,完全是符合《意见》之规定的,法律依据上并无不当。

(二)"赔钱赎刑"之程序法上的合法性

紧接着,我们再来探析"赔钱赎刑"这一做法在程序法上是否具有法律依据。对此,可以从现有的刑事诉讼法上加以考察:

1.我国现行刑事诉讼法规定了自诉案件和刑事附带民事案件的调解、和解制度,从而为刑事和解提供了法律支持

按照《中华人民共和国刑事诉讼法》第172条的规定,人民法院对于自诉案件可以进行调解;自诉人在宣告判决前,可以同被告人自行和解或撤回自诉。最高人民法院《关于执行〈中华人民共和国刑事诉讼法〉若干问题的解释》(以下简称《解释》)(法释〔1998〕23号)第197条明确规定:"人民法院对告诉才处理和被害人有证据证明的轻微刑事案件,可以在查明事实、分清是非的基础上进行调解。自诉人在宣告判决前可以同被告人自行和解或者撤回起诉。"对于附带民事诉讼案件,《解释》第96条规定:"审理附带民事诉讼案件,除人民检察院提起的以外,可以调解。调解应当在自愿合法的基础上进行。"由此可见,人民法院在审理自诉案件和附带民事诉讼案件过程中对被害人和被告人进行调解,或者由他们自行和解,

是完全合乎程序法要求的。

值得注意的是，最高人民法院《意见》第20条明确提出：“拓宽诉讼调解的适用范围，尝试刑事自诉案件和其他轻微刑事案件调解解决的新模式，加大刑事附带民事案件调解力度。”这一规定不仅体现了贯彻执行宽严相济政策的要求，而且实际上为自诉案件、轻微刑事案件的调解、和解提供了法律上的支撑。

2.刑事诉讼法所规定的不起诉制度为检察机关实行刑事和解（包括“赔钱赎刑”措施）预留了操作的法律空间

当前的司法实践中，公安司法机关通过促成被害方和被告方达成和解协议的方式，来作出终止刑事诉讼的决定或者进行较为轻微的刑事处理，这在许多地方正在稳步推进，被作为修复社会关系、达成社会和谐的有效做法。不过，公诉案件中的轻微刑事案件包括轻伤害，交通肇事，邻里关系中的盗窃，数额不大的诈骗、抢夺等，以及未成年人犯罪的各类案件，更常见的是由公诉机关在起诉阶段作出不起诉处理（或者建议公安机关撤销案件）。

事实上，当前推动刑事和解改革试验的主要是检察机关，某种意义上检察机关更像是刑事和解的“主角”。许多地方的检察机关纷纷积极出台或采取一些刑事和解的办案程序和改革措施，或者推广较为成功的改革经验。“一些地方的检察官在这方面走得更远，对一些具有从轻量刑情节的嫌疑人，直接采取暂缓起诉的措施；一些检察机关还对那种尚未达到法定证明标准的刑事案件，采取与辩护方进行‘辩诉交易’的做法，以促使被告人自愿认罪和积极履行对被害人的赔偿义务，并建议法院对其适用较为轻缓的量刑。”①之所以能够如此操作，关键在于我国刑事诉讼法上规定了不起诉制度，尤其是《刑事诉讼法》第140条规定的“证据不足、不符合起诉条件”的不起诉（存疑不起诉）和第142条规定的“犯罪情节轻微”的不起诉（相对不起诉、罪轻不起诉）。可以认为，不起诉制度既体现了检察机关的起诉裁量权，事实上也为刑事和解在检察机关起诉阶段的运用、推广预留了合法的操作空间。据笔者观察，目前检察机关适用刑事和解而对被告人作出相对不起诉的，仅限于轻微刑事案件，而且往往规定或执行一定的程序规则（比如：案件事实清楚，证据确实、充分；被害人同意协商且明确表示不再要求追究犯罪嫌疑人的刑事责任；犯罪嫌疑人认罪且对人民检察院可能作出的不起诉决定没有异议；等等），以确保刑事和解的合法性。

3.一审简易程序和“被告人认罪案件简易审程序”为法院对那些自愿认罪、积极赔偿的被告人从轻处罚提供了合法的程序依据

现行刑事诉讼法确立了简易程序制度。根据这一法律规定，对于可能判处三年以下有期徒刑、拘役、管制、单处罚金的公诉案件，而且事实清楚、证据充分，在被告人自愿认罪的前提下，经检察机关建议或者说同意后，法院可以对其采用简易程序进行审理。2003年，最高人民法院、最高人民检察院和司法部联合发布了《关于适用简易程序审理公诉案件的若干意

---

① 陈瑞华：《司法过程中的对抗与合作——一种新的刑事诉讼模式理论》，载《法学研究》2007年第3期。我国近期出现的刑事和解运动中，检察机关确实扮演着重要的角色，发挥着重要的作用。其中，山东省烟台市检察机关进行刑事和解的改革，其经验被推广到烟台市公安机关和法院，并被普遍视为一种颇具开创性的新型刑事司法模式——“平和司法模式”。2006年11月，湖南省检察院出台规范性的文件，将刑事和解推广到全部“轻微刑事案件”和“未成年人犯罪案件”之中，这在全国尚属首次。上述情况可详见陈瑞华教授一文的相关评述，特别是该文第五部分“私力合作模式”的评述。

见》,对简易程序适用中的一些程序问题作出新的规定。这一“意见”明确规定了“从轻量刑”的原则,要求法院对自愿认罪的被告人,“酌情予以从轻处罚”。这意味着那些同意适用简易程序并自愿认罪的被告人,可以获得法院从轻量刑的“回报”,而自愿认罪(实际上往往包含需要赔偿的案件要积极、主动赔偿,需要退赔的要积极、主动退赔)事实上成为法院从轻量刑的“酌定从轻情节”。2003 年,最高人民法院、最高人民检察院、司法部在总结部分法院“普通程序简易审”改革经验的基础上,还发布了《关于适用普通程序审理“被告人认罪案件”的若干意见(试行)》。这一司法解释对那些被告人可能被判处无期徒刑以下刑罚的案件,在自愿认罪的前提下,确立了一种相对简易的“普通程序”。在这一程序中,被告人作出自愿认罪,并明确放弃无罪辩护,既是其适用前提,也是获得法院从轻处罚的基础。没有被告人的自愿认罪(在那些刑附民案件中,自愿认罪理所当然地包括积极、主动赔偿被害的损失),所谓的“协商”“妥协”“讨价还价”“交易”等,以及法院从轻量刑的“回报”,就根本没有存在及运行的空间。总之,在我国现行的刑事诉讼中,简易程序和“被告人认罪案件的简易审程序”为那些自愿认罪、积极赔偿的被告人给予“酌情从轻量刑”提供了合法操作的程序平台。

由上观之,虽然目前我国刑事立法中还没有严格意义上的刑事和解制度,但在刑事诉讼法的部分程序和环节中已有间接或近似性的表现,而且相关的程序制度已经为“赔钱赎刑”预留、提供了合法的操作空间。

## 四、结论与余论

“赔钱赎刑”作为一个法律问题提出来后,通过上面关于其正当性的检讨和合法性的考察,我们可以得出的结论是:从法律层面讲,作为刑事和解的一项举措,“赔钱赎刑”的做法具有正当、合理性,同时合乎现行法律的规范要求。因此,从专业立场来讲,“赔钱”之后对被告人予以从轻处罚的做法,在法律层面上是无可非议的。

然而,现实生活中,“赔钱赎刑”仍然会遇到正当性与合法性的时常追问,还可能遇到人们各种各样的诘难,甚至会在公众的社会认同上遇到怀疑和抵制。这样,也就会出现专业立场与公众认同之间的冲突。

公众一定程度上难以认同“赔钱赎刑”的最主要体现是:其一,怀疑“赔钱赎刑”本身有损公平、正义;其二,担心“赔钱赎刑”会出现法官自由裁量权的滥用,在法律无明确规定和制度保证的情况下,这种做法会成为“以钱买刑”等司法腐败的温床;其三,忧虑“赔钱赎刑”成为富人的“专利”,而无法惠及穷人,导致所谓“富者得生,贫者独死”“贫富异刑而法不一”的局面。产生这种担忧,其原因是多方面的,其中最主要的是:第一,中国古代赎刑制度所存在的消极因素和负面影响,①以及过去我国执法中“以罚代刑”的错误倾向,导致民众自觉或不自觉地将赔偿与刑罚之间直接挂上“交易”之钩,误以为赔偿就是花钱买刑、以钱买刑,没有体认到被告人赔偿

---

①　赎刑,是我国古代法律制度的一大特色。赎刑,是犯罪人以铜金等财物或者官爵名分等来抵销所犯罪行,从而免予刑罚处罚的法律制度。如何看待赎刑制度?古代的思想家们就有不同的看法。持否定态度者以“重德轻刑”、“重义轻利”为武器,反对“贫富异刑”;持肯定态度者以“明德慎刑”为武器,认为赎刑是宽恤之政,并且赎刑也是为了防止犯罪。参见陈嘉俊:《论中国古代的赎刑制度——兼议现代以罚代刑的若干问题》,载《江苏公安专科学校学报》1998 年第 5 期。

被害人的经济损失本来在现行法律上是可以也应该得到从宽处罚。第二，实践中对于刑事和解的法律适用差异大、标准不统一(无论在强制措施的适用上，还是在案件的实体处理上；无论是在形式上还是在实质上，都存在较大反差)，而且有些案件操作不规范、不透明，使得公众联想到司法腐败的可能性。第三，不可否认的是，社会公平失落，贫富两极分化日益严重，①使得一些人本能地产生“仇富”心理，对“富人”适用“赔钱赎刑”会形成愤愤不平的心结——需要注意的是，引人调解、和解机制因被告人赔偿被害人的损失而得到轻判，倘若是刑事自诉案件、轻罪的公诉案件，公众一般不会争议；但倘若是诸如故意杀人、抢劫致人死亡等重罪案件，在“杀人偿命”“以命抵命”和“严打”理念根深蒂固的中国，争议就无可避免地发生了。特别是后面这种案件，一旦被告人是有钱人，可能会遇到公众对其公正性的怀疑或者产生抵制的情绪。因此，“赔钱赎刑”措施与其他新型的司法制度、司法变革措施一样，难免会在公众认同与法律专业立场之间痛苦地挣扎着，我们对此应当有足够的认识。

当下的中国正处于社会转型期，中国刑事司法制度也正处于剧烈的转型和变革之中。“赔钱赎刑”的采用应当充分考虑司法和谐的社会效果。应该认为，“赔钱赎刑”是刑事司法的手段而非目的，其适用必须以追求法律效果和社会效果的双赢为目标，尤其是充分注重社会效果。衡量“赔钱赎刑”这项措施社会效果的标准主要有：被害人得到适当、合理的赔偿，有利于犯罪人的改造与回归社会，相当程度的社会认同。如果犯罪人赔偿被害人的损失并非因真诚悔改、彻底谢罪，而纯粹是为了减刑交易，那么，“赔钱赎刑”的正当性就值得怀疑。因为，刑罚的首要目的不是满足被害人的补偿愿望，而是惩罚犯罪，以期达到一般预防和特殊预防之效果。如果公众舆论非议较多，说明公众的怀疑和抵触不少，“赔钱赎刑”很可能导致公众对司法公信力的信心降低，那么，适用这项措施就必须慎之又慎或者干脆弃之不用。

中国要从传统的“报复性司法”走向现代的“恢复性司法”，还有很长的路要走。其间，既要坚持司法的专业立场，又要充分重视公众的社会认同度，尤其是要时刻注意协调这两者之间的关系，解决好它们之间的矛盾。

---

① 学者们在研究中国的社会问题时大多认为，当前社会矛盾激化的重要根源在于社会公平失落，贫富两极分化日益严格。“据联合国开发计划署 2005 年的统计数字，中国当前的基尼系数为 0.45，占总人口 20%的最贫困人口占收入或消费份额只有 4.7%，而占总人口 20%的最富裕人口占收入或消费的份额高达 50%，中国社会的贫富差距已经突破了合理的限度。另据统计，中国 50 个富豪的资产相当于 5000 万中国农民的年纯收入；300 万个富豪的资产相当于 9 亿农民两年的纯收入。”正如新加坡《联合早报》的一篇评论所说：“中国收入与分配状况的持续恶化，导致社会高度分化。这一问题已经超越其他所有一切因素，成为中国社会、政治和经济之间矛盾的最主要源头。”转引自郭道晖：《社会公平与国家责任》，载《法治研究》2007 年第 1 期。

■ 涉外、"一带一路"

# 美国出口合规管理体系八大核心要素

熊闽良[*]　黄彦佳[**]

## 一、建立贸易合规管理体系的必要性

在经济全球化快速发展的今天，中国政府正在实施"一带一路"战略，推动与沿线65个国家之间的经贸合作，中国的跨国企业正在转为全球型企业。为了保障国际贸易的顺利进行，中国企业有必要建立一个有效的贸易合规管理体系，认识到贸易合规管理的重要性，熟悉交易对象国的贸易管制政策，提前做好风险防范，控制贸易风险，为中国企业全球化发展战略铺平道路。

美国商务部下的工业与安全局（以下简称"BIS"）在官方网站上发布了一份2017版《出口合规指引》（*Export Compliance Guideline*），鼓励所有涉及美国出口贸易的企业组建一个独立的出口合规管理部门，建立出口合规管理体系。本文探讨了美国出口合规管理体系的八个核心要素，中国企业可以借鉴美国出口合规管理体系的核心思路，建立一套适用于本企业特点的贸易合规管理体系，为企业进行全球性贸易搭建一个坚实的"防火墙"。

## 二、美国出口管制政策的基本内容

美国政府通过严格的出口管制政策阻止潜在的对手获得先进技术和物资、维持本国的技术优势和军事优势，以保护国家安全和维护外交利益、经济利益为由，对出口贸易进行全面管制。

### （一）美国出口管制政策的法律渊源

美国与出口管制相关的法律数量多、内容庞杂。负责美国出口管制机关主要根据颁布的行政法规监管美国的出口贸易。美国出口管制的行政法规主要有：《出口管理条例》（*Export Administration Regulations*，以下简称"EAR条例"）、《国际武器贸易条例》（*International Traffic in Arms Regulations*，以下简称"ITAR条例"）、《对外贸易条例》（*Foreign Trade Regulations*，以下简称"FTR条例"）、《外国资产管理条例》（*Foreign Assets Management Regulations*）、《美国禁运和经济制裁计划》（*US Embargoes and Economic Sanctions*

* 熊闽良，福建联合信实律师事务所高级合伙人，电邮：xml@lhxs.com。

** 黄彦佳，福建联合信实律师事务所律师，电邮：hyj@lhxs.com。

Programs)。①

## (二)负责出口管制的行政机构

BIS负责解释和执行EAR条例,美国国务院下的国防贸易管制局(Directorate of Defense Trade Controls,以下简称"DDTC")负责解释和执行ITAR条例,美国财政部下的海外资产控制办公室(Office of Foreign Assets Control,以下简称"OFAC")负责美国禁运和经济制裁计划,美国商务部下的人口普查局负责实施FTR条例,②美国海关和边境保护局(US Customs and Border Protection)负责执行FTR条例。

## (三)效力范围

美国出口管制法律法规的效力范围包括美国公民、持有美国绿卡的外国人、在美国境内的外国人、美国公司以及美国公司在海外的子公司、分支机构、合资企业和关联公司的出口、再出口以及"视同出口"的行为。根据美国实行的出口全面管制政策,中国企业出口、再出口原产于美国或与美国有联系的商品的行为也受制于美国出口管制法律法规。例如,向被美国列为禁运或制裁国家出售含有美国技术或美国原配件生产的产品。美国政府会对违反美国出口管制政策的中国企业进行贸易制裁,将违规的中国企业列入实体名单(Entity List)或拒绝人名单(Denied Persons List)。一旦被列入实体名单,企业将无法与美国企业进行贸易往来。例如,2016年中国中兴通讯公司将从美国进口的受管制物项再出口给伊朗、朝鲜,美国政府判定中兴通讯公司违反美国EAR条例,将其列入实体名单,禁止美国企业与中兴通讯公司进行任何的贸易往来。中兴通讯公司为了解除禁令,被迫向美国政府缴纳14亿美元的罚金和保证金,并接受美国合规调查组长达7年的贸易合规监控。③ EAR、ITAR对出口概念作了扩大解释,出口行为不限于传统上的跨境转移,还包括"视同出口"、再出口、过境出口、转运出口。传统上的跨境出口是指管控物项、技术或软件从美国境内实际运输或传输至另一国家,包括暂时离开美国后再进口进美国领土、赠予、样品展示、随身携带出境、将管制物项转移至美国企业在海外的子企业或关联企业、在美国维修后被送回原产国的外国设备。再出口是指从美国出口至进口国的管控物项,从进口国再次出口至第三国;或在美国境外向外国人泄露受EAR管辖的技术或软件;或在某国向该国的外国公民泄露受EAR管辖的技术或软件。④ "视同出口"是指美国人在美国境内向外国人泄露受管制的技术、源代码或软件的行为,视为向该外国人所属的国籍国出口。⑤

## (四)管制方式

美国政府通过出口物项类别、最终目的国、最终用户和最终用途这四种方式全面管制出

---

① 美国财政部网站:Sanctions Programs and Country Information,https://www.treasury.gov/resource-center/sanctions/Programs/Pages/Programs.aspx,最后下载日期:2018年7月23日。

② 15 C.F.R § 30 ——《美国联邦规制汇编》第十五章(商业和对外贸易规制)第30条(对外贸易条例)。

③ 美国工业与安全局 : Order Terminating Denial Order Issued On April 15, 2018, Against Zhongxing Telecommunications Equipment Corporation and ZTE Kangxun Telecommunications Ltd. Issued on July 23, 2018,下载日期:2018年7月22日。

④ 葛晓峰:《美国两用物项出口管制法律制度分析》,载《国际经济合作》2018年第1期。

⑤ 15 C.F.R. § 734.15 ——《美国联邦规制汇编》第十五章(商业和对外贸易规制)第734.15条。

口行为。出口物项分为三大类:军民两用物项、EAR99 非敏感物资、国防物资和服务。第一类是将出口物项归类在《商业管制清单》(以下简称"CCL 清单")中,说明该出口物项属于军民两用物项,是指原产于美国或与美国有联系的商品、软件和技术。虽本意只是为了民用但却同时具有民用和军事或扩散应用特性,出口军民两用物项需要向 BIS 申请出口许可证。第二类是 EAR99 非敏感物资,出口 EAR99 一般不需要申请出口许可证,除非交易对象、出口最终目的国、出口物资的最终用途、最终用户受到美国政府的管制。第三类是美国军品清单(US Munitions List Categories,以下简称"USML")中的国防物资和服务,出口国防物资和提供国防服务需要获得 DDTC 的授权。

(五)法律责任

美国实行世界上最严格的出口管制政策,不仅体现在它的效力范围上,还体现其严厉的惩罚措施上。违反美国出口管制法律法规的企业将被处以高额的刑事和行政罚金,企业商誉受损,出口企业还将被剥夺全部或部分已获得的出口授权,已获得的许可证被吊销,企业被禁止进行出口贸易,正常的经营活动被迫中止。甚至,违规企业的股东、董事以及高级管理人员可能对企业的违规承担个人责任。例如,企业的高级管理人员在企业被政府部门调查期间直接或间接地作出虚假陈述,或帮助违规行为,或进行欺诈活动,严重违反信托责任,该人员可能被处以监禁。

## 三、美国出口合规管理体系的八大核心要素

美国 BIS 发布的《出口合规指引》中列举了出口合规管理体系的八大要素:管理层承诺、风险评估、出口许可、记录保管、合规培训、审计、处理违规行为和纠错机制、建立和维护合规管理手册。①

(一)管理层承诺(Management Commitment)

管理层承诺是指企业应发布一份由公司 CEO 或董事长签署的《管理层承诺声明》(Management Commitment Statement),对内向员工传达企业进行出口合规管理的决心,建立合规管理文化,构建合规管理体系,承诺企业将遵守美国出口管制政策。该份声明应每年发放给全体员工,要求员工阅读并签字。对外,承诺声明还应发放给企业的贸易合作伙伴,如承包商、代理商、经销商、货运代理人、承运人、收货人、合资企业等贸易合作伙伴,将合规承诺作为与企业进行贸易往来的前提条件。

企业管理层应该为企业实施合规计划提供充足的资源。企业应组建一个独立的合规管理部门,合规管理部门有权直接向企业最高管理层汇报工作。合规管理部门专门负责企业贸易合规工作,并促进企业各部门之间进行合规协助与沟通。合规管理人员应熟悉出口管制的法律法规、法律责任,熟悉贸易合规管理的核心问题。

(二)风险评估(Risk Assessments)

风险评估环节的目标是要求企业识别可预防的违规风险并建立防护措施控制风险。企

① 美国工业与安全局网站:Export Compliance Guidelines: The Elements of an Effective Compliance Program,https://www.bis.doc.gov/index.php/forms-documents/pdfs/1641-ecp/file,最后下载日期:2018年7月23日。

业在进行风险评估前,应先识别潜在的违规风险,后决定如何控制违规风险。一般情况下,美国出口企业的出口违规风险有三个方面:出口物项、出口管理程序、交易对象。

1.出口物项

出口商必须对出口物项进行准确归类,以此确定是否需要申请出口许可证。出口物项分为产品、技术、软件和服务。根据出口物项的用途,EAR 条例和 ITAR 条例将出口物项分为三大类:军民两用物项、EAR99(非敏感物资)、国防物资和国防服务。出口商根据出口物项的类别向 BIS 或 DDTC 申请相应的出口许可证。

2.出口管理程序

为了保证出口贸易合规,出口商应建立一套出口贸易流程,确保出口贸易的各个环节都遵守法律规定,防范违规风险。出口商应该发布一份出口贸易书面流程,详细说明从企业接受订单、申请出口许可证、安排货物运输等各个环节的负责人、工作内容、处理期限等工作细节。另外,出口企业的各部门要互相配合,支持出口合规管理工作。

3.交易对象

风险评估环节督促企业了解交易对象,在早期排除违规风险。美国 EAR 规定企业有责任了解其交易对象、出口最终目的国、出口物项的最终用户和最终用途。美国政府对外发布一份不断更新的禁运名单、受关注人士名单,禁止出口商将产品销售给被美国政府拒绝的国家、企业或个人,禁止未经 DDTC 授权,将出口物项用于外国军事建设。企业应定期查看政府对外发布的禁运名单或受关注人士清单,排除交易对象在政府公布名单中的交易对象。①

美国 BIS 网站上发布了一份红色警示指标 (Red Flag Indicator)②,红色警示指标列举了应该引起出口商合理怀疑的情形。③ 红色警示说明出口可能被用于禁止的最终用途、最终用户或最终目的国。如果企业未发现红色预警指标,企业可以依赖已掌握的信息进行出口贸易,无须进一步调查、核实交易对象提供的信息。相反,一旦发现交易对象存在红色警示指标的情形,企业应终止贸易,或要求交易对象提供证据排除潜在的违规风险。企业需要保管这些记录,用于证明企业履行了尽职调查义务。

企业进行红色预警筛查的责任不局限于"知道、应该知道或者被告知"的情形。企业不

---

① 美国工业与安全局网站:Lists of Parties of Concern,https://www.bis.doc.gov/index.php/policy-guidance/lists-of-parties-of-concern,最后下载日期:2018 年 7 月 22 日。

② 美国工业与安全局网站: Things to Look for in Export Transaction ,https://www.bis.doc.gov/index.php/compliance-a-training/export-management-a-compliance/freight-forwarder-guidance/23-compliance-a-training/51-red-flag-indicators, 最后下载日期:2018 年 7 月 22 日。

③ BIS 列举的红色警示指标有:客户名称或其地址类似于在 BIS 被拒人员名单中;客户或其采购代理不愿提供有关产品最终用途的信息;交易产品的性能与买方的业务范围不符,如一家小面包店订购复杂的电脑;所订购的产品不符合其所在国家的技术水平,如半导体制造设备被运往一个没有电子工业的国家;当销售条款通常需要使用融资时,客户愿意为非常昂贵的商品支付现金;客户几乎没有或根本没有商业背景;客户不熟悉产品的性能特点,但仍然需要购买产品;客户拒绝常规的安装、培训或维护服务;交付日期是模糊的,或货物的交付不在预定的目的地;货代公司被列为产品的最终目的地;货物和目的地的运输路线是不正常的;包装不符合指定的装运方式或目的地;当被询问时,买方闪烁其词,尤其不清楚所购买的产品是用于国内使用、出口还是用于再出口。

能“自我盲目”(self-blinded),如在正常的业务过程中,销售员工告诉潜在客户不要谈论购买产品的最终目的地国、最终用途和最终用户,故意切断客户的可疑信息。采取“自我盲目”政策不会使企业免于承担责任,而且通常会被认为是执法程序中的一个恶化因素。EAR禁止出口商在许可申请程序和所有的出口管制文件中谎报或隐瞒重要事实。①

(三)出口许可(Export Authorization)

出口许可是指出口商在进行出口前必须完成四个筛查步骤:第一,确定出口物项的类别;第二,筛查交易对象、最终目的国、最终用户以及最终用途;第三,确定行政管辖机关;第四,确定许可证类型。为了快速有效地进行交易对象筛查工作,企业通常会购买特定的商业软件对交易对象进行筛查或利用BIS网站上“综合甄别清单”(Consolidated Screen List,以下简称“CSL”)搜索工具 http://apps.export.gov/csl-search 对交易对象进行筛查。如果筛查的结果引起风险提示,则企业应终止交易,或要求交易对象提供详细信息排除风险。

(四)记录保管(Recordkeeping)

EAR要求企业保留出口记录,政府机构可以在必要时申请查看企业的出口记录,审查出口贸易的合法性。EAR中明确规定了记录保管的周期,哪些记录需要保管,哪些记录可以获得政府审查豁免。② 记录一般包括:商业合同、发票、贸易许可证、货运提单和空运单、技术信息的保密措施、贸易的审核跟踪记录、处理任何潜在违规交易的记录、合规管理培训日志和记录、任何与进出口许可证有关的其他记录和信函等。

企业应确保出口记录都被正确地制作、存储、归档并能被快速检索。若BIS申请查看企业出口记录,企业能在48小时内找到出口记录原件或复印件。为防止记录意外丢失或删除,企业需要对记录保管系统进行周期性检查,聘请信息技术专家设计并保护存储系统,了解数据是被如何存储和删除的。企业还需要建立一个记录存储的备用系统,能复原企业计算机系统中的电子信息、会话以及电子邮件设施。

为了确保记录工作能有序进行,企业需要对日常工作中被EAR规定保管的记录进行列表,建立记录保管的流程和标准,建立一份书面流程图,必要时可以分配专员负责保管、检查记录的完整性、准确性和清晰度以及制作详尽的日志和记录检索表。企业应该在各部门中公开责任人的名单,并且确保企业能在行政管理系统中监控各部门的执行情况。这样的举措可以让全体员工认识到记录保管是工作中的一个重要环节,出口记录是企业的一项重要资产。

(五)合规培训(Training)

1.培训对象

企业应该确保企业所有员工获得必要的合规培训,让全体员工理解并承担与自身职责相关的合规管理责任,认真遵守合规管理规定。培训的对象包括企业董事会、高级管理人员、各部门员工、新员工、企业的代理商以及商业合作伙伴。为了让员工对合规培训负责,企业应该要求员工在每次培训结束后签署一份声明,声明员工有责任理解培训内容并遵守合

① 美国工业与安全局网站:Know Your Customer Guidance, https://www.bis.doc.gov/index.php/all-articles/23-compliance-a-training/47-know-your-customer-guidance,最后下载日期:2018年7月23日。

② EAR §762——《美国出口管理条例》第762条。

规管理。

2.培训内容

根据员工的工作内容，企业应该将培训分为三个级别：基础培训是针对未涉及具体出口工作的员工，这部分员工学习出口管制的基本信息，了解出口合规管理的重要性和必要性。中级培训是针对涉及出口工作的员工，如技术研发部、运营部、销售部、人力资源部，主要学习与工作职能相对应的出口管制规定、合规规定、风险识别、记录保管以及违规上报制度。高级培训是针对合规管理部门，培训的内容非常详细，不仅学习合规管理程序，还学习与企业经营活动相关的出口管制法律法规。培训中很可能学习其他国家的进出口管制政策，以保证合规管理人员熟悉全球化贸易进出口的相关法律规定。

3.培训方式

合规培训可以同时采用多种沟通方式，如电子邮件、内网发帖、员工手册、员工会议和内部通信刊物。许多企业采用电子信息化培训方案，在特定的时间段内以电子信息方式向指定的受训人员提供培训内容，并要求受训人员在培训课程结束时通过模块测试。企业应保管培训记录，详细记录培训期内的人员出勤情况、培训内容、培训方式和周期，以表明企业恪守合规管理承诺。

### （六）审计（Audits）

企业合规管理体系需要被定期审查和调整，企业审计团队的工作就是评估现行合规管理的效果，定期对企业合规管理制度、管理程序以及出口交易流程进行正式的内部审查，以确保所有交易及交易记录符合出口管制政策的规定，或在发现问题时能及时更正。如果企业的资源允许，企业可以聘请外部审计专家审查企业合规管理计划的实施情况，外部审计员可以对企业的合规管理情况作出一个公正、有效的评估。

审计团队需要制作审计报告，在制作审计报告的过程中应该联系相关部门经理，核实报告中的细节，并与部门管理人交流审计中发现的问题及改进建议，确保获得认同。审计团队完成审计工作后会出具一份正式的审计报告，并提交给企业各级部门管理人和企业高级管理层。企业需要保管内部审计报告 5 年。①审计报告中包含审计中发现的问题、纠正措施以及一份需要企业管理层批准的纠正计划表和时间表。企业各部门需要按照计划表和时间表完成改进工作，而非将审计工作成果束之高阁。

值得注意的是，企业的法律顾问应监督指导企业的内部审计工作，以确保审计过程中创建的任何文件，包括审计报告，获得“律师—客户保密特权”的保护（Attorney-Client Privilege），政府机构因此无权查看企业审计工作报告。如果内部审计工作由外部第三方负责，也要确保律师参与到外部审计工作中，以此确保企业对审计结果拥有保密特权。

### （七）处理违规行为和纠错机制（Handling Export Violations and Take Corrective Actions）

出口合规管理计划中的一个重要环节是企业如何发现并处理违规事件。员工在工作中更可能及时地发现违规行为，为了让企业尽早地发现违规事件并能快速采取补救措施，企业应鼓励员工上报疑似违规行为，并对举报采取保密措施。员工不会因诚实善意地上报违规

---

① EAR §762.6——《美国出口管理条例》第 762.6 条。

事件或提出合规管理问题而遭受企业惩罚或受其他员工的报复,即使上报的事件最终未被认定为违规。另外,为了让举报工作顺利进行,企业应该建立一个被企业管理层认可并支持的上报机制,明确上报方式、负责人以及处理方式。

美国BIS实行一项"自愿披露"计划(Voluntary Self-disclosure Program),如果出口企业在政府察觉违规事件前自愿向BIS下的出口执法办公室(Office of Export Enforcement,以下简称"OEE")披露违规事件,主动接受OEE的调查,BIS可以将"自首"情节作为减轻或降低制裁的重要考量因素。① 因此,企业一旦确定出口违规事件,应尽快上报OEE,配合调查,并积极采取纠正措施。企业部门或员工在向OEE披露违规事件前,企业高级管理层需要在充分知情的情况下的授权。

(八)建立和维护合规管理手册(Build and Maintain Your Export Compliance Manual)

企业应制定并发布书面合规管理手册,手册中应包含企业管理层对合规管理的承诺;规范企业出口贸易的相关法律规定;企业为确保贸易合规的具体内部流程和程序。企业应定期(至少每年一次)审查管理手册,根据需要更新手册内容,以确保与出口管制法律法规的一致性。合规管理手册的作用是对外表明企业进行出口合规管理的承诺,证明企业建立合规管理制度,组建合规管理团队进行合规管理,对内指导企业员工遵守出口管制法,服从企业合规管理规定,明确自身的合规责任。

## 结 语

合规是企业可持续发展的基石,中国企业在"一带一路"的背景下进行大量的国际间经贸合作,中国企业需要熟悉贸易国的对外贸易法律法规,通过建立一个有效的贸易合规管理体系,对贸易的合法性进行有效审查,以期避免违反贸易国的法律法规,控制贸易风险,保障国际经贸合作的顺利进行。中国企业在建立自身的合规管理体系过程中,可以借鉴美国出口合规管理体系的八个核心要素,充实完善合规管理体系的构架和内容,使之更加完整有效。

---

① EAR 764.5(C)(7)——《美国出口管理条例》第764.5(C)(7)条。

# 中美上市公司关联交易的法律规制比较研究*

邓俊杰**

## Ⅰ.Introduction

### A.Background:the Enron Scandal

"When Enron collapsed in December 2001, Enron Corporation was the seventh largest company in America, with over ＄100 billion in total revenues and more than 20,000 employees all around the world." In the 1990s, one of Enron's most notable achievements was the innovation of an online energy trading business, which delivered energy products, such as natural gas, through transactions of contracts. Enron traded contracts in a similar way of the securities exchange but was not subject to any corresponding regulation at that time.①

For Enron, running the new business required significant credit lines, so that the company had enough money to trade energy contracts online. This new business made Enron's revenue fluctuate wildlyfrom quarter to quarter, which affected the company's credit rating. The credit rating was the key to obtaining the low-interest loans and attracting investment. To improve its credit rating, Enron began trying to meet the standards of credit rating agencies, like Moody's and Standard & Poor's, by increasing its cash flow, induce its debt and smoothing its revenue on its financial statement.②

Therefore, Enron's board of directors approved its Chief Financial Officer Andrew Fastow to establish and manage three private equity funds, namely LJM1, LJM2, and LJM3 which transacted with Enron. Enron sold and syndicated its properties to LJMs, instead of other independent third parties. The Enron's financial statement did not embody any operation of LJMs. However, because of the close tie between Enron and LJMs, Enron still dominated these properties. While being Enron's CFO, Fastow was also an equity holder and general manager of LJMs. The transactions between Enron and LJMs gave

---

* 本文英文篇名 *Comparative Research on Sino-U.S. Legal Regulation of a Public Corporation's Conflicting Interest Transactions*。

** 邓俊杰，福建联合信实律师事务所律师，电邮：djj@lhxs.com。

① Permanent Subcommittee Investigations of the Committee on Governmental Affairs, United States Senate, The Role of the Board of Directors in Enron's Collapse (2002), pp.6-7.

② Id., p.7.

rise to not only conflict of interest problem, but also accounting and related party disclosure problems.①

The Management of Enron played a role in controlling and supervising the LJMs. And the board just reviewed management's reports occasionally.② The Special Investigative Committee of Enron's Board admitted that the LJM controls "were not effectively implemented by Management, and the conflict [of interest] was so fundamental and pervasive that it overwhelmed the controls as the relationship progressed."③

Federal securities laws require all public companies, including Enron, to describe its conflicting interest transactions to shareholders and public. Enron did disclose the existence of several large transactions with entities in which Fastow had an interest. However, Enron never disclosed any information about Fastow's actual or anticipated economic benefits from these transactions, not to mention the real objective behind these transactions.④

The Board failed to protect Enron shareholders from unfair dealing. The LJM partnerships realized hundreds of millions of dollars in profits at Enron's expense. "According to LJM, some of the transactions had produced returns as high as 2,500 percent. Fastow had earned $45 million on a $5 million investment in LJM1 and LJM2 in just 2 years."⑤

Enron shares were worth $90.75 at their peak in August 2000 and dropped to $0.26 in December 2001 when Enron declared bankruptcy. Several of Enron's executives were charged. Fastow plead guilty to two counts of wire fraud and securities fraud forfurthering Enron's corrupt business practices. He was sentenced to six years in prison. The Enron's former CEO Jeffrey Skilling was convicted of conspiracy, fraud, and insider trading. He was condemned to 24-year sentence initially, but later the term of imprisonment was decreased by 10 years. In return, he was required to give $42 million to the victims of the Enron case and not to appeal. He remains in prison and is scheduled for release in 2028.⑥

### B.Definition: Conflicting Interest Transactions

There is no universal definition of a "conflicting interest transaction." Its meaning va-

---

① Permanent Subcommittee Investigations of the Committee on Governmental Affairs, United States Senate, The Role of the Board of Directors in Enron's Collapse (2002), pp.7-8. The initials "LJM" stand for Lea, Jeffrey, Matthew, the names of Andrew Fastow's wife and children.

② Id., p.28.

③ The Special Investigative Committee of the Board of Directors of Enron Corp., Report on Investigation (2002) p.171.

④ Id., p.178.

⑤ Permanent Subcommittee Investigations of the Committee on Governmental Affairs, United States Senate, The Role of the Board of Directors in Enron's Collapse (2002), pp.34-35.

⑥ Troy Segal, Enron Scandal: The Fall of a Wall Street Darling, https://www.investopedia.com/updates/enron-scandal-summary/

ries from country to country. Legislature in China uses a different expression, "related party transaction", but these two terms are similar. Even in America, the terms "conflicting interest" and "transaction" may carry different meanings depending on the regulation.

In general, the conflict of interest occurs between a corporation and its directors or officers. The most extreme circumstance is self-dealing—a director or officer extracts a private benefit through the transactions with the corporation at the expense of corporation's shareholders. In this case, the director or officer is the "related party" of the transaction. But in most situations, the related party will be another business association controlled by the director or officer, which may be harder to identify.

At the theoretical level, a conflicting interest transaction triggers the agency problem. "Corporate law attempts to minimize the agency problem by imposing the fiduciary duty of loyalty and allowing the corporation and its shareholders to challenge the transaction through litigation. Accordingly, legal scholars have focused on regulating potentially harmful related party transactions through duty of loyalty lawsuits and procedural safeguards—in particular, *ex ante* review and approval by disinterested directors." ①

The legal regulations regarding the public company's conflicting interest transactions are mainly focusing on two parts —decision making and public disclosure. The regulation of decision making encompasses interior disclosure and disinterested directors or shareholders' approval. In order to protect numerous minority shareholders' interest in the open stock market, the public company is required to disclose its information publicly, of course, including the detail of conflicting interest transactions. And in case of litigation, such as director's action and shareholder's derivative action, judges will look back and scrutinize the process of decision making. The duty of public disclosure serves as a deterrence. Because those who choose to engage in a conflicting interest transaction will not disclose their misconduct in such transaction. Mandatory disclosure rule is mainly for punishing the failure to disclose conflicts and hopefully, deter improper conflicting interest transaction in advance.

In this paper, part II presents legal regulation of decision making and public disclosure under American corporation law and security regulation. Part III compares the Chinese law with American law and analyses why differences exist. Part IV comes to a conclusion about the value priorities behind two countries' legal regulation.

---

① Geeyoung Min, The SEC and the Courts' Cooperative Policing of Related Party Transactions, 2014 *Colum. Bus. L. Rev.* 663 (2014).

# Ⅱ.Legal Regulation in America

## A.Corporation Law

1.Common Law

In the nineteenth century, common law courts agreed substantially that transactions between a corporation and one or more of its directors were void or voidable simply because a conflict of interest existed.① This doctrinal stance came from the fact that a relationship between a director and shareholders was treated the same as the relationship between a trustee and its beneficiaries under trust law.②

"As the complexity and interconnection of American business increased, conflicting interest transactions became an accepted business reality. Judicial views evolved accordingly. By the twentieth century, most common law courts no longer viewed conflict of interest transactions as automatically void or voidable. However, courts were quick to void a conflicting interest transaction if the substantive terms of the transaction were found unfair, or, even if such terms were found fair, if the benefiting directors had in any way breached their obligation to disclose fully all relevant facts to the corporation, including, of course, the fact of their interest in the subject matter."③

2.Statutory Law

As the common law changed, state legislatures began enacting conflicting-interest-transaction statutes that sought to further insulate corporations from shareholder litigation aimed at rescinding conflict-tainted transactions. California enacted the first conflicting-interest provision in its Civil Code § 311 in 1931.④ Delaware enacted a similar statute in 1967.⑤

a.Delaware Law

Delaware General Corporation Law ("Del. Gen. Corp. Law") § 144(a) provides that: "No contract or transaction between a corporation and one or more of its directors or officers, or between a corporation and any other corporation, partnership, association, or other organization in which one or more of its directors or officers, are directors or officers, or have a financial interest, shall be void or voidable solely for this reason, or

① Charles O'Kelley & Robert Thompson, Corporations and Other Business Associations-Cases and Materials (8th ed. 2017), p.314.

② John H. Langbein, Questioning the Trust Law Duty of Loyalty: Sole Interest or Best Interest?, 114 *Yale L. J*. 929, 958-959 (2005).

③ Charles O'Kelley & Robert Thompson, Corporations and Other Business Associations-Cases and Materials (8th ed. 2017), p.314.

④ Henry Ballantine & Graham Sterling, Jr., California Corporation Laws (1938), pp.98-102.

⑤ Blake Rohrbacher, et al., Finding Safe Harbor: Clarifying the Limited Application of Section 144, 33 *Del. J. Corp*. L.719, 719 (2008).

solely because the director or officer is present at or participates in the meeting of the board or committee which authorizes the contract or transaction, or solely because any such director's or officer's votes are counted for such purpose, if..."①

The first half part of subsection (a) mainly defines the "related party" and their "conflict of interest." A corporation's director or officer themselves, or any organization that has work or finance connection to them can be regarded as a related party. Not only transaction but also contract is regulated under conflicting interest statutes (hereinafter referred to as "related business"). If such related party attends the meeting or vote for related business, these procedural defects may incur the conflict of interest as well to some extent.

"As of October 2014, fifty-one jurisdictions (including the District of Columbia and Puerto Rico) have a safe harbor provision that rescues conflicting interest transactions from *per se* voidability."② Del. Gen. Corp. Law § 144(a) stipulates three conditions:"...if (1) The material facts as to the director's or officer's relationship or interest and as to the contract or transaction are disclosed or are known to the board of directors or the committee, and the board or committee in good faith authorizes the contract or transaction by the affirmative votes of a majority of the disinterested directors, even though the disinterested directors be less than a quorum; or (2) The material facts as to the director's or officer's relationship or interest and as to the contract or transaction are disclosed or are known to the stockholders entitled to vote thereon, and the contract or transaction is specifically approved in good faith by vote of the stockholders; or (3) The contract or transaction is fair as to the corporation as of the time it is authorized, approved or ratified, by the board of directors, a committee or the stockholders."③

In short, it requires the interior disclosure regarding the material facts of related business and the approval from the majority of the disinterested directors or shareholders in good faith. Fairness is an alternative justification. If the related business is not disclosed adequately or the voting right of related party is not excluded, judges will use fairness test.

b.California Law

California Civil Code § 311 has been incorporated into Corporation Code § 310 of 1977 ("Cal. Corp. Code"). Although the California model was copied by Delaware, there are still some differences between Cal. Corp. Code § 310 and Del. Gen. Corp. Law § 144. First, under the California statute, if the related party has a material financial interest due to the transaction and seeks approval from shareholders, the shares owned by the interested directors are not entitled to vote. If the same related party seeks approval from the

① 8 Del. C. 1953 § 144.

② Geeyoung Min, The SEC and the Courts' Cooperative Policing of Related Party Transactions, 2014 *Colum. Bus. L. Rev.* 663 (2014).

③ 8 Del. C. 1953 § 144.

board or committee, they not only have to get support from the majority of the disinterested directors but also have to prove that such related business is "just and reasonable", which is the California version of "fairness test". This additional requirement is intended to codify a judicial decision indicating that the courts in any event will review the transaction for fairness.①

Second, as to related business not approved by shareholders (excluding interested directors who owned shares) or disinterested directors, the person asserting the validity of related business sustains the burden of proving that such related business was just and reasonable as to the corporation at the time it was approved.② In other words, where a disinterested majority of board of directors approves a transaction in which a director has an interest, and there was full disclosure, the burden of proof is on person challenging the transaction; where, however, approval was not obtained from disinterested board vote, the person seeking to uphold the transaction must prove it was just and reasonable to the corporation.③

### B.Security Regulation

Before the stock market collapsed in 1929, few people asked the federal government to regulate the securities market. During Great Depression, investors lost a lot of money and the public no longer trusted the markets. In order to revive the economy, it was widely believed that the public confidence in capital markets needed to be rebuilt. In 1934, Congress set up the Securities and Exchange Commission ("SEC") to enforce federal securities laws, improve stability in the markets and protect investors by providing more reliable information.④

According to the Securities and Exchange Act of 1934, publicly held corporations in America are required to abide by regulations about disclosure of their commercial and financial information annually on Form 10-K, quarterly on Form 10-Q and, when important events occur, on Form 8-K. The SEC has created uniform disclosure provisions in Regulation S-K for both periodic reports and registration statements in order to improve its disclosure system.⑤

1.Disclosure of Transactions with Related Persons

a.Standard and Requirement

The SEC Regulation S-K Item 404(a) requires public companies to "Describe any

---

① Remillard Brick Co. v. Remillard-Dandinni Co., 241 P.2d 66, 109 C.A.2d 405 (1952).

② Cal. Corp. Code § 310.

③ Sammis v. Stafford (App. 4 Dist. 1996) 56 Cal.Rptr.2d 589, 48 Cal.App.4th 1935.

④ SEC, https://www.sec.gov/Article/whatwedo.html#intro.

⑤ David Ruder, Yuji Sun, Arek Sycz, The Securities and Exchange Commission's Pre- and Post-Enron Responses to Corporate Financial Fraud: An Analysis and Evaluation, 80 *Notre Dame L. Rev.* 1103 (2005).

transaction, since the beginning of the registrant's last fiscal year, or any currently proposed transaction, in which the registrant was or is to be a participant and the amount involved exceeds $120,000, and in which any related person had or will have a direct or indirect material interest..."①

According to the official instructions, a transaction includes, but not limited to, any financial transaction, arrangement or relationship (including any indebtedness or guarantee of indebtedness). The term "related person" means: (1) any director or executive officer of the corporation; (2) any nominee for director, when the information called for by Item 404(a) is being presented in a proxy or information statement relating to the election of such person; (3) any security holder who is known to the corporation to be the beneficial owner of more than five percent of any class of the corporation's voting securities; (4) any immediate family member of the person who is in any of the preceding categories.②

The first half part of Item 404(a) describes when a public corporation needs to disclose its transaction. The dollar threshold of reportable transaction is $120,000. The SEC adopts a flexible but ambiguous standard of "material interest", along with the dollar threshold. So long as the dollar amount of the conflicting interest transaction is more than $120,000, a corporation should analyze whether a related person had or will have a material interest in the transaction. Only when the interest is deemed to be material, shall the corporation disclose such transaction.③

But what is a "material" interest? In 2006, the SEC amended Item 404. It eliminated the instruction which had listed various factors that could be considered in determining the materiality of interest. The reason for removing this instruction was that the SEC intended to make disclosure more principle-based. So, the materiality of interest is neither defined nor accompanied by any instructions in Item 404 now. In practice, approving committees have discretion to ratify a proposed conflicting interest transaction and decide whether the transaction is "material" enough to disclose.④ The materiality of interest can only be analyzed case by case.

Item 404 continues to specify what information the corporation should disclose."... Disclose the following information regarding the transaction: (1) The name of the related person and the basis on which the person is a related person. (2) The related person's interest in the transaction with the registrant, including the related person's position(s) or

① 17 CFR 229.404.

② 17 CFR 229.404.

③ Geeyoung Min, The SEC and the Courts' Cooperative Policing of Related Party Transactions, 2014 *Colum. Bus. L. Rev.* 663 (2014).

④ Geeyoung Min, The SEC and the Courts' Cooperative Policing of Related Party Transactions, 2014 *Colum. Bus. L. Rev.* 663 (2014).

relationship(s) with, or ownership in, a firm, corporation, or other entity that is a party to, or has an interest in, the transaction. (3) The approximate dollar value of the amount involved in the transaction. (4) The approximate dollar value of the amount of the related person's interest in the transaction, which shall be computed without regard to the amount of profit or loss. (5) In the case of indebtedness, disclosure of the amount involved in the transaction shall include the largest aggregate amount of principal outstanding during the period for which disclosure is provided, the amount thereof outstanding as of the latest practicable date, the amount of principal paid during the periods for which disclosure is provided, the amount of interest paid during the period for which disclosure is provided, and the rate or amount of interest payable on the indebtedness. (6) Any other information regarding the transaction or the related person in the context of the transaction that is material to investors in light of the circumstances of the particular transaction."①

b.Policies and Procedures

The SEC Regulation S-K Item 404(b) also requires public corporations to disclose its policies and procedures for the review, approval, or ratification of any transaction required to be reported under Item 404(a). It should be noted that public corporations still need to identify any transaction required to be reported under Item 404(a) since the beginning of its last fiscal year where such policies and procedures did not require review, approval or ratification or where such policies and procedures were not followed.②

2.Disclosure of Directors Independence

The SEC Regulation S-K Item 407(a)(3) provides that:"For each director and nominee for director that is identified as independent, describe, by specific category or type, any transactions, relationships or arrangements not disclosed pursuant to Item 404(a)... that were considered by the board of directors under the applicable independence definitions in determining that the director is independent."③ This provision is a very important supplement to Item 404(a). If the related person is an "independent director", the corporation must disclose all conflicting interest transactions the corporation has with such person, regardless of the dollar amount of these transactions or whether the interest earned by such person is material. The overlap exists between Item 404(a) and Item 407 (a)(3), which is the disclosure of a transaction that an independent director has a material interest in it.

According to the official instruction, the description of independent director's conflicting interest transactions must be provided "in such detail as is necessary to fully describe

① Id.

② Geeyoung Min, The SEC and the Courts' Cooperative Policing of Related Party Transactions, 2014 *Colum. Bus. L. Rev.* 663 (2014).

③ 17 CFR 229.407.

the nature" of such transactions.① The depth of disclosure under Item 407(a)(3) seems to be inferior to the one under Item 404(a).

## Ⅲ.Legal Regulation in China and Comparative Analysis

### A.Corporation Law

Company Law of People's Republic of China ("Company Law of China") Article 21 provides that "The controlling shareholder, actual controller, directors, supervisors and senior officers of a company may not harm the interests of the company by taking advantage of the connection relationship. Anyone who violates the preceding paragraph and causes any loss to the company shall be liable for compensation."②

The first difference between American and Chinese law is that controlling shareholders not only could be "judges" —the approving authority of interest conflicting transaction but also could be "defendants" —the related party of such transaction in China. Company Law of China Article 216(2) defines the meaning of controlling shareholders in a public corporation. "Controlling shareholder" refers to the shareholder whose shares account for 50% or more of the total share capital of the public company or the shareholder whose share is less than 50% but whose voting right pursuant to such shareholding is sufficient to have a material impact on the resolution of the shareholders' meeting.③

Because in America, the traditional feature of many large companies is dispersed ownership and even today individual investors still dominate some security market, like the technology shares market. So, the shareholder's ability to manage and control the company is extremely limited.④ While in China, controlling shareholder is the most important role who could affect the governance of a public corporation. The controlling shareholder is likely to collude with management and harm the minority shareholder's interest. It is different from the problem discussed in American corporate governance, which is taking precautions against management's misconduct.⑤

Actual controller is another kind of person who is subject to the regulation of related party transaction as well in China. According to Company Law of China Article 216(3), "actual controller" refers to a person who, although is not s shareholder of the company, is capable of actually controlling the conduct of the company through investment relations,

---

① 17 CFR 229.407.

② Company Law of People's Republic of China, Article 21.

③ Company Law of People's Republic of China, Article 216.

④ Luca Enriques, The Law on Company Directors' Self-Dealing: A Comparative Analysis, 2 *Int'l & Comp. Corp. L.* J 297, 332 (2000).

⑤ Tiantao Shi & Jing Du, The "Conversion" and Legal Regulation of Related Party Transactions in Company Law of China—a Chinese Version of the Law of Conflicting Interest Transaction, *China Legal Science* (2007).

agreements or other arrangements.[①] The coverage extending to an actual controller is still for the purpose of protecting the minority shareholder's interest. One of the typical actual controllers is called "dormant shareholder" who uses other person's identity to invest money in stocks for evasion of information disclosure or legal liability.

In China, every public company is required to establish a board of supervisors which is a group of individuals elected by shareholders and in charge of overseeing the conduct of directors and senior officers of the company. And supervisors are also subject to the regulation of related party transaction. Unlike many civil law countries, the directors play a role of the supervisor in corporate governance of United States.[②]

In the Chinese law context, "connection relation" is the core concept of related party transaction. Company Law of China Article 216 (4) stipulates that "connection relationship" refers to the relationship between the controlling shareholders, actual controller, directors, supervisors or senior officers of a company and an enterprise directly or indirectly controlled by preceding persons and any other relationship that may result in a transfer of the company's interest.[③] Combining with Article 21, Company Law of China does not use any modifier, like "fair" in American law, to describe the nature of a related party transaction. However, it adopts a results-oriented method. If a related person "harms" or "transfers" the company's interest, such person shall bear the liability for compensation. American and Chinese legislative patterns are just like the two sides of a coin. It is hard to say which one is better.

When it comes to the approval procedure, Company Law of China Article 124 restricts the voting right of a director with connection relationship. "If a director of a public company is connected with an enterprise involved in a resolution of the board of directors meeting, such director may not exercise the voting right on such resolution, or act for any other directors to exercise the voting right. Such board of directors meeting may be held if it is attended by more than half of the directors without connection relationship, and the resolution of the board of directors meeting shall be adopted by more than half of the directors without connection relationship."[④] A director with connection relationship is prohibited to act as a proxy for other directors in the voting. This provision could effectively avoid directors without connection relationship from being deceived by a director who should have lost his or her voting right.

However, the second significant difference between American and Chinese law

---

① Company Law of People's Republic of China, Article 216.

② Luca Enriques, The Law on Company Directors' Self-dealing: A Comparative Analysis, 2 *Int'l & Comp. Corp. L. J* 297, 332 (2000).

③ Company Law of People's Republic of China, Article 216.

④ Company Law of People's Republic of China, Article 124.

emerges in the latter part of Article 124. "If the directors without connection relationship who are present at the board of directors meeting are less than three persons, such issue shall be submitted to the shareholders' meeting of the public company for deliberation."① In America, a conflicting interest transaction is valid so long as such transaction is disclosed adequately to directors and the disinterested directors approve it in good faith by majority vote, even though the disinterested directors are less than a quorum.

Because in America, the outside directors almost always account for the majority of the board of directors. The audit committee and compensation committee are often made up of outside directors.② The independent judgment by outsider directors may offset the deficiency of quorum. This corporate governance structure increases the operational efficiency but sets a very high standard of independence for outside directors as well. While in China, outside directors, also known as "independent directors", are the minority on the board of directors. Furthermore, because these outside directors are elected by controlling shareholders, their neutrality is challenged.

### B.Security Regulation

The China Securities Regulatory Commission ("CSRC") Administrative Measures for the Disclosure of Information of Listed Companies Article 71(3) gives the definition of "related party" that is similar to the SEC's version, except that the CSRC's definition does not cover the nominee for director.③

The CSRC set Standards for the Contents and Formats of Information Disclosure by Companies Offering Securities to the Public No. 2 —Contents and Formats of Annual Reports ("Standards of Annual Reports"). Article 40 provides that a public company shall disclose any related party transaction happened during the reporting period if: (1) the accumulated amount of such transaction exceeds 30 million yuan (the disclosure standard for companies on growth enterprise market is 10 million yuan) and; (2) such amount accounts for more than 5% of company's latest audited net asset value.④ The reportable threshold of transaction amount is higher than the SEC's regulation. This standard is clear, practical, but also rigid.

In comparison, the SEC's "material interest" rule may be abused sometimes because the board of directors or committee has infinite discretion about whether a conflicting interest transaction should be disclosed. The SEC itself also finds it difficult to interpret the

---

① Id.

② Tiantao Shi & Jing Du, The "Conversion" and Legal Regulation of Related Party Transactions in Company Law of China —a Chinese Version of the Law of Conflicting Interest Transaction, *China Legal Science* (2007).

③ Administrative Measures for the Disclosure of Information of Listed Companies, Article 71.

④ Standards for the Contents and Formats of Information Disclosure by Companies Offering Securities to the Public No. 2 —Contents and Formats of Annual Reports, Article 40.

materiality of interest. If the board of directors or committee is reliable, the SEC's rule seems to be better. But the reality is far more complicated. Such reliability varies from companies to companies and even fluctuates in different periods for a company.

The CSRC Standard of Annual Reports Article 40 divides the related party transactions into four categories, namely daily operation, asset or share trading, joint investment, indebtedness or guaranty. And it draws the bottom line of disclosure for each category, such as related party, transaction contents and pricing principle.

The CSRC also requests public companies to describe each independent director's performance of duties, like his or her dissent in the board of directors meeting. But there is no additional disclosure requirement for conflicting interest transactions in which an independent director has interest.①

## Ⅳ.Conclusion

By comparison, American and Chinese legal regulation of conflicting interest transactions has its own characteristic in corporate governance. American law emphasizes the independence of directors and efficiency of company's operation. Because the cost of seeking approval from shareholders is significantly high, American law expects that disinterested directors can make a neutral judgment about conflicting interest transactions and requests the disclosure of director's independence as well. For example, Delaware law is inclined to use "business judgment rule" and respects the resolution approved by a majority of the disinterested directors.

Chinese law focuses more on protecting the minority of shareholders and gives a priority to equity, especially substantial equity. The board of directors is more likely controlled by controlling shareholders in China. The voting mechanism ensures the disclosure of related party transactions to the minority of shareholders and gives them a right to speak. Although they may not stop such transaction in the shareholders' meeting by voting as well, the minority of shareholders can use a derivate suit to protect their interest. To some extent, this voting mechanism also functions as a disclosure requirement.

Generally speaking, the differences between American and Chinese law stem from commercial reality in corporate governance. There is no one-size-fits-all pattern of legal regulation about conflicting interest transactions. But a country can use the experience of other countries for reference and perfect its own law.

---

① Standards for the Contents and Formats of Information Disclosure by Companies Offering Securities to the Public No. 2 —Contents and Formats of Annual Reports, Article 59.

# 探索、实践、提升在“一带一路”建设中的实践与思考

赖敬佩[*]　邱兴亮[**]

“一带一路”倡议是我国为应对全球形势深刻变化、统筹国内国际两个大局作出的重大战略部署，横跨欧亚非，总体覆盖65个国家和地区，44亿人口。“一带一路”倡议推进过程中，因沿线国家和地区经济发展水平各异，政治、社会、文化存在巨大差异，地缘政治复杂，必然面临巨大风险。法律作为防范和规制风险的重要手段，在“一带一路”建设中大有可为。司法部高度重视服务“一带一路”建设，于2015年11月18日制定印发《关于司法行政工作服务“一带一路”建设的意见》，对司法行政工作服务“一带一路”建设作出全面部署。作为海上丝绸之路战略支点城市的厦门，积极贯彻落实司法部的要求，对司法行政服务“一带一路”建设进行了大量的探索和实践。本文分析了厦门市在“一带一路”建设中的条件和机遇，对厦门司法行政服务“一带一路”建设的做法进行了总结，并结合厦门实际情况提出我国律师服务“一带一路”建设的几点设想和建议。

## 一、厦门市在“一带一路”建设中的条件与机遇

在“一带一路”建设中，中央确定福建作为21世纪海上丝绸之路核心区，这是福建发展的重大历史机遇，也赋予了福建重大历史责任。从现实条件看，具“一通、二通、三通乃至四通”的地区不少，但是“五通”同时具备的地区极少，厦门是全国少有“五通”俱全的城市，具有担当21世纪海上丝绸之路核心区建设主力军的独特条件和综合优势。一是政策沟通的高地。厦门作为全国最早对外开放的城市和经济特区，与东盟等“海丝”沿线国家和地区合作具有历史、区位等优势，基础扎实、经验丰富。近年来，厦门的发展得到了中央的高度重视，先后出台政策建设福建自由贸易试验区厦门片区、国家生态文明试验区、国家自主创新示范区等。这些重大平台的建设，为不断拓展与“海丝”沿线国家和地区交流合作的新途径提供了政策保障。值得一提的是，自贸区厦门片区硕果累累，溢出效应日益凸显。企业、公民“走出去”初具规模，数个项目列入国家“一带一路”重大项目储备库，多个境外园区列入“一带一路”建设三年滚动计划。二是设施联通的枢纽。厦门在地理位置上具有东西交汇、南北贯通、密切联系海峡两岸暨香港、澳门等独特的区位优势，厦门被确定为国家四大航运中心之一，在全国主要港口中位列第八位，已跟54个国家和地区开通集装箱的货运航线，2016年空港旅客吞吐量2273万人次，有38条空中国际航线。中欧(厦门)国际货运班，通过海铁联运连接“海丝”和“陆丝”，并通过海峡联运延伸到台湾地区。厦门已经形成了“海陆空”相结

* 赖敬佩，厦门市律师协会秘书长。

** 邱兴亮，福建联合信实律师事务所高级合伙人，电邮：qxl@lhxs.com。

合的交通接点，具有成为“海丝”互联互通枢纽的条件。三是贸易的门户。2016 年厦门外贸综合竞争力居全国百强城市第五位，进出口额 832.9 亿美元，占福建省总额的 49%。厦门与东盟的经济互补、经贸合作一直十分活跃。2016 年，厦门与“海丝”沿线国家双向投资均实现成倍增长，与“海丝”重点九国双向贸易逆势增长 1.3%。四是资金融通的窗口。厦门与“海丝”沿线国家和地区的资金融通具有长久的历史。厦门及周边地区民间资本发达，与东南亚等国家和地区经贸往来密切，1500 万闽籍海外华人华侨与厦门的资金往来也非常密切，其中对台跨境人民币贷款占全国总值的 70%以上。五是民心相通的典范。民心相通是“一带一路”建设取得成功的关键点和落脚点，民心相通包含人员和文化往来与包容两个方面，历史上闽籍华人就是海上丝绸之路的先行者，台湾地区有 70%以上台胞祖籍地在福建，香港有 1/6 的居民祖籍在福建，澳门有 1/5 的居民祖籍地在福建。东南亚地区的闽籍华人华侨上千万，人员的往来带来文化和包容。不同文化在厦门相识、相容、相融，基督教、佛教、伊斯兰教、道教等在此和平共处。

## 二、厦门“一带一路”建设中法律服务的实践

“一带一路”建设是一项系统工程，推进实施“一带一路”倡议，积极推进沿线国家发展战略的相互对接，离不开法律的保障和护航，离不开律师的法律服务。两年来，厦门司法行政机关紧紧围绕国家“一带一路”总体规划和布局，结合落实中央支持福建加快发展的一系列政策措施，注重发挥厦门优势，既在组织领导上着力，又在引导、鼓励律师提供法律服务上用力，更在搭建平台、政策扶持上不遗余力，各项工作务实推进。

1.参与规则制定，保障政策沟通。加强政策沟通是“一带一路”建设的重要保障。厦门司法行政机关及厦门市律协积极发挥把握方向、统筹协调的作用，通过厦门市委市政府转发的《厦门市关于深化律师制度改革的实施意见》，支持发展涉外、国际金融、知识产权等高端法律服务业，努力打造区域性法律服务中心。注重培养涉外律师领军人才和青年律师领军人才，积极鼓励律师通过参与政策制定、规划设计和适用国际规则，发挥政策法律咨询和参谋作用。目前，厦门已有 3 名律师入选全国涉外律师领军人才，1 名律师入选全国青年律师领军人才。各律师事务所积极参与多项国家“一带一路”法律服务工作，福建重宇合众律师事务所涂崇禹律师入选全国律协“一带一路”项目跨境律师人才库，2016 年 9 月代表厦门市律协参加在北京举办的中国律师服务“一带一路”战略建设项目启动暨“一带一路”建设律师作用研讨会，并担任菲律宾的共同国别协调人参与编撰《“一带一路”沿线国家法律国别报告》；参加主持中国涉外律师领军人才法律研讨年会；应邀参加北京市律协主办的律师服务“一带一路”高峰研讨会，作《理解不同区域法律文化促进国际商事纠纷解决》主题发言；受邀参加 TAGLaw 新加坡亚太区年会和巴黎全球年会，与世界各国法律同人交流，宣讲“一带一路”倡议。重宇合众所已为 30 多个国家和地区的客户提供法律服务。涉外人才培养方面，厦门市律师协会积极推荐优秀青年律师参加全国律协组织的“青年律师领军人才训练营”，协助遴选优秀青年律师进入福建省律师协会建立的“全省优秀青年律师人才信息库”，加大领军人才与“一带一路”沿线国家律师的交流和互动，为“一带一路”建设提供法律服务人才保障。

2.严把法律关口，推动设施联通。基础设施互联互通是“一带一路”建设的优先领域。

跨境项目建设条件复杂，资金需求多、法律风险大、协调难度高，推进基础项目建设互联互通和国际通道建设离不开法律护航，厦门律师积极跟进交通、能源、信息等基础建设重大项目，为客户提供法律尽职调查等全方位法律服务，织密法律服务网，防范投资法律风险。通过代理诉讼、国际仲裁等方式，依法妥善处理纠纷。上海段和段(厦门)律师事务所俞毓斌律师的工作团队积极协助某大型国有贸易公司在南亚国家从事资源贸易、投资，通过与外国当地律师事务所合作，为客户提供前期项目的立项、尽职调查等全程、全面的法律服务：在协助客户开展“一带一路”业务的过程中，向客户介绍国际上通行的规则、投资所在国的法律、人文环境和民俗风情，就风险的评估、预警、发生风险以后的处置介绍经验及提供法律意见，协助客户防控投资和贸易风险。俞毓斌律师的工作团队还积极协助某国内民营企业在巴基斯坦投资建厂，其所在律所与 HAIDERMOTABNR Law Firm、Surridge and Beecheno Law Firm 等巴基斯坦知名律师事务所建立密切的业务合作关系，为国内企业在巴基斯坦投资及贸易提供设立地选址、公司法、税法、土地、劳工等方面的法律综合解决方案。

3.维护合法权益，保障贸易畅通。投资贸易合作是“一带一路”建设的重点内容，厦门司法行政机关积极组织律师在境内企业对外投资、开拓市场、跨境电商等经贸中，加大法律服务力度。一方面组织律师积极服务于中国(福建)自由贸易试验区厦门片区(以下简称“厦门片区”)的建设。2015 年 10 月厦门片区综合服务大厅律师服务窗口正式启用，32 位具有 8 年以上执业经验，熟悉自贸区法律事务且热心社会公益的律师轮值，每个工作日上午安排 1 位律师为厦门片区内企业、人员及厦门片区管委会提供法律咨询服务。另一方面引导律所在厦门片区内设立办公地点和分所。在国际货物贸易、服务贸易、知识产权国际保护和技术转让、国际税收方面直接服务涉外企业。福建世礼律师事务所作为厦门片区管委会的常年法律顾问之一，将办公地址迁入区内，成为厦门首家入驻自贸区的律所。2016 年 12 月福建自晖律师事务所在厦门片区管委会获得执业许可，成为首家由福建自贸试验区审批成立的律师事务所。

4.防范融资风险，支持资金融通。资金融通是“一带一路”建设的重点支撑，“一带一路”沿线多是发展中国家和新兴经济体，其基础建设、能源资源开发、产业发展需要大置资金投入，基础项目投资具有周期长、风险高、货币种类多的特点，厦门司法行政机关积极鼓励福建联合信实律师事务所(以下简称“联合信实”)与霍金路伟国际律师事务所(以下简称“霍金路伟”，全球排名前十名的律所)联营，大幅提升服务“一带一路”建设资本融通领域的法律服务能力。2016 年 9 月联合信实和霍金路伟在中国(上海)自由贸易试验区的联营申请获得批准，联合信实成为福建省首家、全国第三家与外国律师事务所联营的律所。两者联营后，强强联手，优势互补，除在国际知识产权保护、国际资产证券化及国际并购等领域开展密切合作外，还积极扩大合作业务范围，满足全球客户的需求，成效显著。福建旭丰律师事务所为中国出口信用保险公司(以下简称“中国信保”，是我国唯一承办出口信用保险业务的政策性保险公司)提供境内外非诉调查、域外证据的收集和认定、诉讼与仲裁等理赔和追偿法律服务 60 多件，业务涉及“一带一路”沿线的菲律宾、新加坡、印度尼西亚、阿联酋、南非、乌干达、澳大利亚等国家。该所提供的法律服务有效协助中国信保及时认定保险责任，及时赔付，帮助广大外经贸企业“保订单、争市场”“走出去”，被中国信保列为十大核心法律供应商之一。

5.加强信息沟通，促进民心相通。民心建设是“一带一路”建设的根基，建设“一带一路”

必须在沿线国家民众中形成相互欣赏、相互理解、相互尊重的良好氛围。随着“一带一路”建设的深入推进，厦门律师“引进来”和“走出去”，在律师业中加强信息沟通，畅通信息渠道，建设律师信息交流平台，借助举办论坛、参加国际会议、博览会等形式，推进与沿线国家及地区的交流合作引导。一是“请进来”。截至2017年9月，厦门已经设立美国律师事务所代表处1家，台湾地区律师事务所代表处5家，16名台籍律师选择在厦门的律师事务所执业。二是搭建法律服务交流平台。厦门市律协与台湾地区各律师公会联合举办的“海峡律师论坛”已经成功举办五届，各方通过轮流举办论坛，不断深化交流合作，该论坛已经成为两岸最具影响力的律师论坛。厦门律协与台湾地区彰化律师公会及高雄律师公会分别签署交流合作协议、建立两岸法律事务律师库（全国首个协会层面的两岸律师库）。三是为对外文化交流提供高质量的法律服务。福建旭丰律师事务所连铮律师团队为厦门大学马来西亚分校（全国首家在境外设立分校的高等院校）建设提供法律服务。连铮律师团队应马来西亚政府的要求，就投资人主体资格、立项和建设资金性质等事宜出具法律意见，提供全英文法律服务，为马来西亚分校的建设做出应有的贡献。

此外，金砖国家领导人第九次会晤于2017年9月3日至5日在厦门举行，这是2017年我国最重要的主场外活动之一。金砖五个国家都是“一带一路”建设的重要参与者。厦门市司法局、厦门市律协主动靠前，成立“厦门会晤律师服务团”，服务团成员均由执业20年以上、政治素质高、业务能力强的律师组成，分管副局长、协会会长分别担任团长和副团长，协会副会长及常务理事悉数担任服务团成员，目前已经处理涉及厦门会晤的案件20余件。

## 三、设想与建议

1.对“一带一路”伟大倡议的认识亟待深化

对于“一带一路”伟大倡议，尽管国际共识已在凝聚，但国内国外仍存在一些误解和疑惑。肩负“四大任务”（为“一带一路”等国家重大发展战略、为中国企业和公民“走出去”、为我国外交工作大局及为打击跨国犯罪和追逃追赃工作提供法律服务），与我国企业、公民“引进来”“走出去”并肩同行的广大律师，同样亟须深化对“一带一路”的认识，厘清各种认知错误。具体来说，司法行政机关及律师协会有必要引导广大律师继续深入学习习近平同志关于“一带一路”倡议的系列重要讲话精神、《推动共建丝绸之路经济带和21世纪海上丝绸之路的愿景与行动》《关于国民经济和社会发展第十三个五年规划纲要》中关于“推进‘一带一路’建设”等内容，帮助律师了解“一带一路”倡议的全球化、文明、战略、经济、政治、外交逻辑，明了“一带一路”的“一二三四五六”（一个概念、两只翅膀、三个原则、四个关键词、五个方向、六大领域），把握“一带一路”建设的总体要求（政府推动、企业主体、市场运作，发挥社会积极性，尊重所在地区社会习俗和法律标准）以及厦门构建“一带一路”支点城市的目标及在更高起点上实施的“引进来”和“走出去”战略，同时还要协助广大律师清醒意识到“一带一路”建设面临的各种风险，如政治风险、安全风险、经济风险、法律风险、道德风险等，清醒地认识到“一带一路”建设的系统性、长期性和艰巨性。深入学习，深化认识，有助于广大律所、律师充分认识“一带一路”倡议对国家及国际社会的重大意义，意识到服务“一带一路”建设是律师行业“走出去”、走出国际的千载难逢的机遇，更意识到是倒逼自己努力提高法律服务水平和资源整合能力，提升法律服务层次的契机，从而更加自觉、自愿地参与“一带一路”

建设。

2.引导、鼓励的同时亟须加强监督管理

司法行政机关职责既是管理又是服务，管理是为了更好地服务。目前，在“一带一路”建设中，鼓励律所、律师与企业、公民一道“走出去”的宏观政策较多，具体举措落地较少，“走出去”好处说得较多，风险提示较少。“一带一路”沿线共有 65 个国家，其中东南亚 11 个、东亚 1 个、南亚 7 个、中亚 5 个、西亚 20 个、中东欧 16 个、东欧 4 个、北非 1 个。这些国家大都属于新兴经济体和发展中国家，法律制度发展不均衡且涉及多个法系，法律原则和理念之间差异性很大，“走进去”律师的一举一动都代表着国家和律所形象，人人都是形象大使，而包括厦门律师在内的中国律师总体而言“走出去”的经验还比较欠缺。因此，在鼓励律师加大“走出去”步伐的同时，有必要加大对广大律师的指导力度，有必要予以适度的监督，先期可以考虑试行服务“一带一路”建设法律服务备案制度，以便司法行政机关及时了解把握相关法律服务的大致状况，可以考量对盲目跟风、显不具备“走出去”条件的律师给予提醒。建议司法部、全国律协尽快划定律所、律师“走出去”、服务“一带一路”建设应遵循的原则，应恪守的底线和红线，使得律所、律师对“走出去”应具备的软件、硬件以及可能面临的障碍、风险乃至责任等均有清醒的认识，从而量力而为。另一方面，及时总结“走出去”律所、律师的经验教训，及时发布注意事项、风险警示，使得律所、律师在“走出去”的过程中不触底线、少走弯路，同时避免无序竞争。

3.做好律师“走出去”的服务保障，为律师保驾护航

广大律师为顺利推进“一带一路”建设保驾护航的过程中，与“走出去”的企业、公民一样，也需要政府部门、司法行政机关、律师协会以及其他各方面的“保驾护航”，需要实实在在的保障和支持。因此，为使有利于律师“走出去”的政策保障、扶持举措尽快落地，亟须根据律师行业特征进一步细化举措，包括但不限于：针对“走出去”初期律所、律师的成本费用较为沉重，给予律所、律师适当的补贴、奖励或者其他优惠政策，给予律所、律师一定的税收优惠；针对“走出去”过程中律师可能遭遇人身伤害或者财产损害，通过购买相应商业保险等方式免除律师的后顾之忧；针对律所、律师“走出去”同样面临“融入当地环境难”等问题，通过与我国驻外使领馆的沟通，争取我国驻外使领馆的支持；针对律师“走出去”可能面临的执业风险，建立完善律师职业责任保险制度。唯有为律师做好服务保障工作，律师方能当好政府的法律参谋、经贸往来的护航员、企业和公民“走出去”的法律帮手、我国法治的宣传员、法律服务“走出去”的排头兵。

4.国际国内交流平台亟须尽快建立

目前，全国律协筹建“一带一路”国别法律信息数据库和“一带一路”法律服务信息数据库，还将发起建立“一带一路”律师联盟。这既有利于发挥律师在“一带一路”建设当中的引领和推动作用，也为“一带一路”沿线国家律师的交流合作提供了一个高效、便捷的平台。就厦门而言，迄今为止，厦门国际友城已达到 19 个。更为可喜的是，厦门市友协与缅中友协建立了战略合作伙伴关系，实现了友好交流新突破；与意大利里雅斯特、土耳其伊兹密尔签订了友好交流意向书；与以色列内坦亚市签署了《建立友好城市关系意向书》，填补了厦门长久以来在中东地区友好交流的空白。这些友好城市，大多数与“一带一路”建设有关，因此，在对全国律协提供的资源和平台寄予厚望的同时，厦门将充分利用国际友城数量众多的优势，

为厦门律师与当地律师公会、律所、律师之间的交流互动创造机会，为厦门律师“走出去”提供尽可能多的支持。此外，厦门也将与国内其他“一带一路”支点城市互学互鉴，共享资源，建立长效合作交流机制，大家劲往一处使，共同推进“一带一路”建设。

5.涉外法律服务人才较为匮乏的短板亟须补齐

“致天下之治者在人才”，建立一支专业的涉外法律服务队伍，是法律服务和保障“一带一路”建设的关键所在。如前所述，涉外律师领军人才，厦门目前仅3人，青年律师领军人才1人，培养“一带一路”建设需要的人才、留住人才、吸引人才，是目前较为紧迫的问题。厦门大学等知名高校每年培养、输送了大量法律人才，其中不乏优秀的涉外法律人才。厦门律师出国留学热度颇高，学成归国者不少，但是这些人才毕业后、回国后，基本涌向上海、深圳、北京等特大城市从事法律服务，留不住人才、吸引不到人才是厦门发展高端法律服务业面临的瓶颈问题。因此，一方面，厦门将创造良好的条件，想方设法留住、吸引优秀人才。另一方面，将通过各种桥梁和渠道与在特大城市工作的人才保持密切联系，加强与他们之间的互动、交流和合作，积极取经学习，加速提升厦门律师的高端法律服务水平。此外，也希望司法部、全国律协一方面加大对高素质涉外法律服务人才较为匮乏或者涉外法律服务水平尚不发达城市的扶持力度，包括但不限于在涉外律师领军人才、青年律师领军人才的名额分配上有所倾斜，从而使得这些城市的律师有更多机会得到培训和提升。另一方面，围绕“一带一路”建设，建议有针对性地加强对“一带一路”支点城市涉外法律服务人才的培养。

6.引导、支持律师构建完备的法律服务支持系统满足各层次客户需求

首先，建立一套“走出去”的我国企业、公民“想得到、找得着、用得上、用得起、用得好”的法律服务系统。借由与会计、金融、保险、证券等其他服务业之间开展多种形式的专业合作，充分整合各方面的资源，建立一个“想得到、找得着、用得上、用得起、用得好”的国际化法律服务系统和综合服务平台，努力为企业、公民提供“一条龙”服务。其次，围绕“进入、运营、退出”三个关键环节，提供相应的法律服务。为参与“一带一路”建设的企业、公民提供法律服务，可以围绕“进入、运营、退出”这三个关键环节展开。每个关键环节又有各自的关键控制点，如在企业运营过程中，税收法律问题就是个关键控制点。此外，协助我国企业、公民制定投资退出的预案，解决其后顾之忧，也是关键点。最后，坚持问题导向，围绕“走出去难”“融入当地环境难”等难题，提供相应的法律服务，帮助企业、公民破解难题。

# "一带一路"背景下律师业务新发展

## ——以负面清单为切入点

叶佳昌[*]　苏喜斌[**]

## 引　言

2017年5月14日至15日,"一带一路"国际合作高峰论坛在北京举行,习近平主席出席高峰论坛开幕式,并主持领导人圆桌峰会。"一带一路"是习近平总书记在2013年9月和10月出访中亚和东南亚国家期间,先后提出的重大倡议。中国将与"一带一路"沿线国家"互通互联",实现工业产能合作及其他各个方面的更广、更深层面的区域经济合作,从而促进国家产业升级、工业化水平提升和经济发展,共商共建共享并实现共赢。目前在"走出去"的过程中,我国企业屡遭外国投资保护规则限制。这就要求我国对外资的管理要与国际投资相接轨,通过参与多边和双边投资规则制定,降低投资市场准入门槛、提高投资便利化,为企业打造良好的投资环境。①

2017年6月16日,国务院办公厅发布了《自由贸易试验区外商投资准入特别管理措施(负面清单)(2017年版)》(以下简称《2017年版负面清单》),这与我国倡导的"一带一路"发展战略高度契合。进一步放宽外资市场准入条件,有利于我国借鉴和学习国外成功优秀的科学技术和管理模式,同时与国际接轨,引导"一带一路"沿线国家及时调整外商投资规则,提升我国国际投资话语权并吸收境外资本和优势资源,进而有助于我国企业开展投资合作。

随着《2017年版负面清单》的发布实施,由于政治、经济、文化、法律、宗教等差异,加之市场本身就存在风险,外资企业来华投资的同时必然也会面临相应风险。如何预判、降低、防控风险并创造价值,一方面需要对国家法律法规和产业政策进行全面的了解,另一方面需要积极依赖律师等专业人士的协助。参与外国资本市场准入条件或负面清单减轻措施的论证,给涉外律师提供了新的业务机会。外资准入放宽,在推动律师业务拓展的同时,也对律师的执业水平和能力提出了更高的要求。在"一带一路"背景下,无疑需要大量通晓多国语言、熟悉中外法律和产业政策,且又具备其他专业知识的复合型高水平法律人才。律师行业的发展对"一带一路"战略的推行和负面清单管理模式的推广至关重要。本文主要以《2017年版负面清单》为切入点,探讨"一带一路"发展战略与"负面清单"管理模式之间的关系,以及外资准入条件的放宽对律师业务拓展的新机会和新要求。

---

* 叶佳昌,福建联合信实律师事务所高级合伙人,电邮:yjc@lhxs.com。

** 苏喜斌,福建联合信实律师事务所律师,电邮:sxb@lhxs.com。

① 马雪娇、张鑫:《"负面清单"模式成为我国制造业再造的新契机》,载《中国商论》2016年第17期。

## 一、相关概述

### （一）“一带一路”发展战略

“一带一路”主要是指“丝绸之路经济带”和“21世纪海上丝绸之路”，旨在本着互利共赢的原则同沿线国家开展合作，让沿线国家得益于我国发展，与我国优势互补。“一带一路”作为一个发展战略，能够顺应时代要求和各国加快发展的愿望，并且提供了一个包容性巨大的发展平台，坚持各国共享机遇、共迎挑战、共创繁荣。“一带一路”倡议，有利于扩大和深化对外开放。经过30多年的改革开放，中国经济正在实行从“引进来”到“引进来和走出去”并重的重大转变，并出现市场、资源能源、投资“三头”对外深度融合的新局面。坚持对外开放，深度融入世界经济，才能实现可持续发展。①

### （二）负面清单管理模式

负面清单的法理基础来源于“法无禁止即自由”，即以“法律一般允许”为原则，以“负面清单所列举的内容”为例外，被认为是“原则的例外”②。“负面清单”管理模式，旨在划定政府干预和市场自由界限。同《自由贸易试验区外商投资准入特别管理措施（负面清单）（2015年版）》（以下简称《2015年版负面清单》）一致，《2017年版负面清单》进一步明确：“《自贸试验区负面清单》之内的非禁止投资领域，须进行外资准入许可；《自贸试验区负面清单》之外的领域，在自贸试验区内按照内外资一致原则实施管理。”也就是说，负面清单是外资准入的前提和基础，即负面清单没有列明的行业领域，按内外资一致的原则管理。

“负面清单”管理模式是与国际接轨的外资管理模式，据我国商务部统计，至2014年在国际上采取“负面清单”管理模式的国家就多达77个，“负面清单”管理模式已经成为国际投资的“新一代投资规则”。③ 负面清单管理模式的推进，有利于我国与“一带一路”沿线国家的双边和区域的谈判的深入，影响沿线国家对外商投资规则的设计和调整，有利于“一带一路”的启动和贸易发展，与“一带一路”发展战略是高度契合的。

## 二、“一带一路”战略背景与负面清单模式下的律师业务拓展

《2017年版负面清单》相较于《2015年版负面清单》而言，负面清单进一步瘦身，而实施的范围进一步扩大。《2017年版负面清单》减少的条目主要包括轨道交通设备制造、医药制造、道路运输、保险业务、会计审计、其他商务服务等6条，同时整合减少了4条，比《2015年版负面清单》减少了10个条目、27项措施。《2017年版负面清单》将覆盖现有的11个自贸试验区，而《自由贸易试验区外商投资准入特别管理措施（负面清单）（2013年版）》《自由贸易试验区外商投资准入特别管理措施（负面清单）（2014年版）》只在上海自贸试验区实施，《2015年版负面清单》只覆盖上海、广东、天津、福建4个自贸试验区。《2017年版负面清单》

---

① 《加快推进丝绸之路经济带和二十一世纪海上丝绸之路建设》，载《人民日报》2014年11月7日01版，http://politics.people.com.cn/n/2014/1107/c1024-25990040.html，最后下载日期：2017年7月20日。

② 郑男：《中俄自贸试验区负面清单的法律探究》，载《法制与社会》2016年第36期。

③ 洪俊杰、孙乾坤、石丽静：《新一代贸易投资规则的环境标准对我国的挑战及对策》，载《国际贸易》2015年第1期。

划分为 15 个门类、40 个条目、95 项特别管理措施。特别管理措施缩减至百项以内。这一大瘦身，意味着外资准入范围的大开放，相应的律师服务机会也在扩大。本文主要立足于中国(福建)自由贸易试验区(以下简称“福建自贸区”)，从制造业和金融业等行业来谈谈《2017年版负面清单》对律师业务的拓展。

(一)制造业

1.医药制造

《2017 年版负面清单》不再禁止外商投资列入《野生药材资源保护管理条例》和《中国稀有濒危保护植物名录》的中药材加工。该条禁止性措施的移除有利于两岸在中医药产业的深度合作。福建是南方重点的集体林区，森林覆盖率达 65.95%，居全国首位。相应的，野生药材和植物资源也较为丰富，林业是福建经济发展的一大优势。长期以来，闽台林业合作交流较为密切，至 2013 年年底，福建省累计引进涉林台资企业近 500 家、实际利用台资人民币 40 多亿元。在 2016 年第十四届“6·18 海交会”上，福建省对接林业项目 68 个，总投资人民币 20.6 亿元，对台林业交流合作进一步推进。① 在“一带一路”背景和自贸区建设的契机下，充分发挥福建省在“一带一路”战略布局中核心区的地位优势，加深促进福建省与沿线国家(尤其是对台)的林业交流，学习借鉴国际先进经验，统筹利用好国际和国内两个市场、两种资源，扩大外资利用和对外投资规模，使林业外资企业与福建省林业产业达成共商共赢。而对于律师业务的拓展来说，一方面，何种中药材属于《野生药材资源保护管理条例》和《中国稀有濒危保护植物名录》中所规定的药材，以及如何理解“中药材加工”与“中药饮片的蒸、炒、炙、煅等炮制技术的应用”之间的区别联系及产业政策等，都是境外投资者在赴中国大陆投资时可能会咨询的相关法律问题；另一方面，如何引导企业重视研发自主知识产权，并注重生态环境、走可持续发展的“绿色原则”路线，以及如何做到中医药材安全，不侵犯消费者权益等也是投资者在国内投资经营时会遇到的法律问题。

2.航空、船舶、汽车、通信、轨道交通设备制造

《2017 年版负面清单》在航空、船舶、汽车、通信、轨道交通设备制造方面有如下改变：(1)取消四项须由中方控股的投资准入限制，即“3 吨级及以上民用直升机设计与制造须中方控股”“船用低、中速柴油机及曲轴制造，须由中方控股”“海洋工程装备(含模块)制造与修理，须由中方控股”“民用卫星设计与制造、民用卫星有效载荷制造须由中方控股”；(2)放宽两项仅限于合资合作的投资准入限制，即将“6 吨 9 座以下通用飞机设计、制造与维修限于合资、合作”和“轨道交通运输设备制造限于合资、合作(与高速铁路、铁路客运专线、城际铁路配套的乘客服务设施和设备的研发、设计与制造，与高速铁路、铁路客运专线、城际铁路相关的轨道和桥梁设备研发、设计与制造，电气化铁路设备和器材制造，铁路客车排污设备制造等除外)”从负面清单中移除；(3)放开了“新建纯电动乘用车生产企业生产的产品须使用自有品牌，拥有自主知识产权和已授权的相关发明专利”的限制；(4)取消了“城市轨道交通项目设备国产化比例须达到 70%及以上”的要求。这些制造领域的外资准入，不仅有助于福建海陆空交通建设(比如海铁联运)，还有助于带动其他领域(比如旅游业)的共同发展。

---

① 莒萍、戴斯玮、陈忠：《自贸区负面清单管理模式下福建林业开放发展探讨》，载《林业经济》2017 年第 4 期。

就海铁联运方面，海铁联运是构筑我国海陆统筹、南北贯通综合运输通道的重要方式，是从综合运输一体化和交通服务便利化的纬度将“21世纪海上丝绸之路”和“新丝绸之路经济带”有机统一的运输方式，也是实现欧亚非大陆互通互联的重要渠道。① 目前，海铁联运成了世界各国优先发展的运输方式，因为铁路运输与海运同样具备低能耗、低排污、高运能的优势，能实现高质、高效和价廉的贸易运输。厦门港一直以来是大陆与台湾地区商贸往来首选的前沿中转基地，厦门港应充分利用这一对台地缘优势，实现厦门港自由贸易区与高雄自由贸易港区有效对接，积极谋划对台海铁联运通道，改变两岸贸易货物的运输模式。但福建省山地丘陵占全省土地面积80%以上，群山阻隔，长期以来铁路建设相对滞后，且铁路配套设施较为落后，港口海铁联运信息不完善等，都使得福建省的海铁联运发展较为受限。②而《2017年版负面清单》对轨道交通运输设备制造、城市轨道交通项目设备国产化比例以及外轮理货等方面限制的解除，有利于福建省采购使用更多国外先进的轨道交通设备，加快铁路建设，并吸引外资从事外轮理货业务，促进港口物流业的发展，加快台湾地区通道的建设。就航空运输方面，对于厦门市而言，有助于打造“一站式”航空维修基地，同时可以加快航空基础设施和航空城临空产业园建设，推进航空集疏运系统建设，加快厦门翔安机场建设，加快两条4F新跑道的建设，改变目前航空航道单一和航空飞行延误严重的情况。

而海洋、铁路、航空等交通建设的发展，加之《2017年版负面清单》亦放开了对公路旅客运输公司的限制，海陆空三管齐下，有利于外商投资企业对旅游产品的设计与规划。对于旅游城市而言，能大大改善旅游运输市场结构，提升旅游服务水平。尤其是鼓浪屿刚申遗成功，必将吸引来更多的国内外游客，而旅游中“行游住食购娱”缺一不可，交通的便利将促进旅游业的发展，而旅游业发展带来的经济效益又可以用来投资建设城市或对外投资，实现双赢。

这几个领域与我国经济命脉息息相关，具有高技术含量，放宽这些领域的外资准入条件，机遇与挑战并存。一方面，可以提高外资企业投资我国高端制造业的积极性，同时有助于我国学习国外先进科学技术，有利于制造产业结构进一步转型升级，提升我国制造行业的竞争力；另一方面，对于我国制造行业的企业而言，面对更大的市场竞争，需要不断地进行转型升级，否则将会被淘汰。商务部研究院外国投资研究所副主任郝红梅表示：“现在我们需要鼓励先进制造业的发展，在这一块我们是比较弱的，如果光靠自主研发和产业化能力进展相对较慢，而鼓励将外资或资源技术‘引进来’，步伐就会加快。中国目前的世界制造中心、世界工厂地位，在很大程度上正是制造业长期利用外资的成就。一直以来，外资在推动制造业发展，推动工业转型升级、走向世界发挥了巨大的作用。”③而对于律师的业务拓展而言，外商在投资制造行业时，知识产权、企业重组并购、企业破产、装备买卖安装等各种纠纷风险

---

① 纪寿文：《“一带一路”连云港集装箱海铁联运货类货量发展展望》，载《大陆桥视野》2015年第9期。

② 林珊仟：《“一带一路”背景下厦门港海铁联运的发展研究》，载《南通航运职业技术学院学报》2016年第4期。

③ 《新外商投资目录引入负面清单　鼓励外资投资先进制造业》，载《中国资本证券网》，http://www.ccstock.cn/finance/hongguanjingji/2017-06-30/A1498778658695.html，最后下载日期：2017年7月20日（21世纪经济报道）。

都可能存在,而这些纠纷通常伴随着技术层面的争议,因此法律问题和技术问题并存是这些领域比较显著的问题;同时,外资更大规模地进入我国市场,相关领域必将会产生大量的涉外法律事务乃至争议纠纷。这对律师的涉外事务处理和协调能力等均提出了新的要求。

(二)金融业

1.银行业

《2017 年版负面清单》不仅取消了“外国银行分行不可从事《中华人民共和国商业银行法》允许经营的‘代理发行、代理兑付、承销政府债券’”的特别管理措施,同时还取消了“外资银行获准经营人民币业务须满足最低开业时间要求”和“境外投资者投资金融资产管理公司须符合一定数额的总资产要求”。这一政策放开对于福建自贸区而言,可以更充分地发挥地缘优势,最大限度地吸引台资。目前大部分的台胞祖籍都是福建,两岸的经济、文化、科技、社会交流基本以福建省为窗口。以贸易为例,福建与台湾的地区交易非常频繁,2014 年在福建省新设立的台资企业达到 429 户,较上年增长 68%,数量目前位于全国第三,福建省对台贸易值达 764.1 亿元人民币。① 在这样的贸易背景下,福建省应该充分利用华人重视血缘亲情的传统,促进台资银行加速进入大陆市场,进一步为在福建的台资企业以及中方外贸企业提供全方位的金融服务,促进两岸的贸易往来,并带动其他方面的发展。当然,在引入外资银行时,要注意加强监管,同时要推动各项金融业务开展的简便化、自由化,而这需要政府简政放权,并建立和完善相应的监管体系。

2.保险业

《2017 年版负面清单》取消了“非经中国保险监管部门批准,外资保险公司不得与其关联企业从事再保险的分出或者分入业务”的特别管理措施,这有利于我国建立健全再保险风险分散机制,加强与国际再保险人的合作,以再保险的方式分散国内保险公司自身经营风险。在“一带一路”背景下,保险服务显得尤为重要。一方面,“一带一路”区域横跨整个亚洲大陆,涉及的国家大多是新兴经济体和发展中国家,政治、经济、文化和语言差异较大,加之宗教信仰相对复杂,且处在大国地缘政治博弈的交汇区,面临着较大的政治、经济、法律和道德风险;另一方面,我国保险业无论是意识形态还是产品服务,均与推进“一带一路”战略的保险需求有一定差距,保险产品仍局限于船舶险、货运险、工程险、企业财险等传统领域,出口信用、物流保险、资金融通等新兴领域的保险产品和服务创新依然较少。② 对于福建自贸区而言,随着福建自贸试验区建设的逐步深入,以及海关特殊监管区的建立,闽台双方的贸易、投资、人员往来将更加频繁,保险需求将日益扩大。因此,福建省保险业可以立足服务“福建自贸区”的建设,在业务上重点拓展船舶险、货运险、物流险及中小企业贷款抵押物综合保险等险种,并建立与自贸区相配套的网点服务体系,为省内企业走出去提供更为全面的保障;同时也要促进自身产业结构升级创新,如寻求与国际再保险公司的合作,与银行业、担保业等进一步抱团发展和合作,降低自身的运营风险。而对于律师的业务拓展而言,需要涉外律师对风险防控及产业升级等有进一步深化的了解,同时能研究开发出新的可行性险种

① 温映雪、郑传芳:《推进福建自由贸易试验区金融改革创新研究》,载《黄冈师范学院学报》2016 年第 1 期。

② 骆少鸣:《论福建保险业服务“一带一路”建设》,载《福建金融》2016 年第 1 期。

及企业运作模式等，为外商投资企业可持续发展提供相关法律意见。

值得一提的是，律师业务拓展并不仅仅局限于这些政策放开的领域。在负面清单推行过程中，相关实施细则的立法、修法程序迟迟未定，导致出现仅靠一张负面清单适用于自贸区的现状，使得负面清单管理措施的推行效率低下，而且外资准入还可能会遇到地方性壁垒，使得负面清单成为一纸空文。因此在负面清单的实施过程中，律师可以协助外资企业顺利在我国投资，并在外资企业准入受阻时进行相应的权利主张；律师可以为政府简政放权和进一步缩减负面清单的限制措施等提供相应的法律意见、决策建议，促进推动我国相关的外资立法完善等；同时，律师还可以结合不同时期的环境特点为企业提供法律支持和风险防控解决方案。

## 三、"一带一路"战略背景与负面清单模式下的律师队伍建设

上述已经谈到，在"一带一路"战略背景下，《2017年版负面清单》对外资市场准入的大幅度放宽，都给律师业务拓展带来了极大的机遇，但机遇与挑战并存。"一带一路"沿线国家中部分国家的法律体制不尽完善，法律制度较为复杂，中国企业"走出去"，外国企业"走进来"，或者中外企业合作，法律的保护和救济必不可少；且大量的外资进入中国自贸区市场，对律师的外语、法律专业知识及其他专业知识等都提出了较高的要求。在此背景下，我国如何构建律师行业，提供优质的法律服务至关重要且迫在眉睫。

### （一）涉外法律服务本土化与本土律师发展

本土律师的优势是其他地区乃至发达地区律师不可替代的，涉外法律服务本土化是当前"一带一路"和自贸区法律服务中律师业务发展的一个重要趋势。

一方面，本土律师有语言和资源整合方面的优势。对于福建省而言，福建省有着闽南语为首的各种独特方言，而台湾地区和东南亚国家中有不少人祖籍是福建，精通闽南语，在沟通交流和资源整合上有较大的优势；另一方面，本土律师相较于其他律师而言文化认同感更强。西部、东北地区的省份与"一带一路"版图上相邻的国家，经过长期的相融共生发展，形成了独特的地域文化和民族文化。地区内众多少数民族跨界而居，血缘相亲、语言相通、风俗相近，文化认同广泛。本土律师在长期贸易实践过程中，对国内和沿线各国政治环境、经济环境、贸易规则、交易习惯有较为深入的了解，能够更好地提供法律服务。因此，在"一带一路"战略布局和国内自由贸易试验区扩展建设双向推进的背景下，要重视对本土律师的培养与发展，以及涉外法律服务本土化的推广。

### （二）涉外律师的培养和储备

2015年8月召开的全国律师工作会议披露：目前，全国能够熟练办理涉外法律业务的律师不到3000名，能办理"双反双保"（反倾销、反补贴、保障措施和特别保障措施）业务的律师不到50人，能够在WTO上诉机构独立办理业务的律师只有数名。① 因此，涉外律师的培养和储备不容忽视。

首先，律师事务所应当加大律师人才培养的投入力度，有针对性地培养和吸引涉外法律服务人才。比如，与高校、律所联盟共同推进涉外法律人才培养计划，在业务研讨和交流中

① 陈宜：《"一带一路"战略下律师行业的机遇与挑战》，载《中国司法》2016年第3期。

推动设立"一带一路"法律保障研究中心，或针对自贸区法律服务相关领域的研究和探索，以满足涉外法律服务"走出去"和"引进来"的双向市场需求；同时，根据涉外法律服务的需求，福建省的律师事务所还可以从海外归国留学生或国内一流的律师事务所聚集的北京、上海、广州、深圳等城市吸引和挖掘相应的高素质涉外法律人才，迅速提升当地或本所涉外法律人才的储备和服务水平。

其次，律师事务所在积极开拓"一带一路"和自贸区法律服务的同时，还可积极寻求合作。一方面，律师事务所可与高校、科研机构联合，实现法学理论研究与律师实务实践的有机结合。比如，笔者所在的福建联合信实律师事务所，早在2000年就与厦门大学法学院联合创立了富有特色的"专家律师制度"，将理论与实践充分结合，科学高效地处理涉外民商事案件。涉外法律事务部专项开辟研究"一带一路"和自贸区法律服务的板块和团队，结合自贸区管委会及其他政府职能部门、境内外投资者的投资需求进行相关法律分析和研讨，将有关涉外法律服务产品化和模块化。同时，律师事务所还可与高校成立联合课题组等方式共同探索"一带一路"发展与自贸区建设相关的法律问题。另一方面，律师事务所还可积极寻求跨境合作，如福建联合信实律师事务所在上海自贸区内与霍金路伟国际律师事务所开展联营，并合作办理国际知识产权、汽车金融贷款资产证券化等跨境和国际法律事务，在实务中同步提升本土律师与境外律所的协调能力和涉外案件的处理能力。

最后，律师事务所和涉外律师可以积极参与和建立跨境投资业务律师的交流平台，在"一带一路"沿线国家或地区设立分所或办事处，让有条件的本土律师积极走出去，服务"一带一路"。涉外律师事务所或律师还可通过组织和参与"一带一路"与自贸区投资宣讲交流、举办跨境投资论坛等形式，引导境内外资本及时了解"一带一路"沿线国家的投资政策、投资环境、优势资源和投资价值，在跨境投资中提供法律服务支持和保障。此外，国内律所还可将其在境外和自贸区内设立分所或办事处，以及跨境投资项目的业务经验和管理经验，提供给有志于从事涉外法律服务的律所和律师借鉴参考，全面推动国内律所在"一带一路"和"自贸区"建设中的布局。

### （三）复合型律师的培育

在"一带一路"战略背景和"负面清单"管理模式下，我国不仅需要有专门或主要从事证券、金融、保险及制造等业务的专业律师，还需要这些律师具备较强的语言水平、资源整合能力以及能在复杂的国际投资环境中开展业务的工作能力。涉外律师，对"一带一路"沿线国家的跨境投资法律法规和产业政策，应当充分重视和了解。复合型律师的培育尤为重要，可以通过鼓励和支持律师跨专业交流和研究，执业律师进行法律专业以外的其他相关知识的专业培训，提升律师的业务水平。

另外，国内律师事务所和律师可以根据自身的不同特点和优势，选择主要服务于"走出去"或"引进来"的跨境投资业务领域。同时，国内律师事务所和律师还可以根据自身优势和资源能力，能动地选择在立法和政策建议、投资环境调查、项目协商谈判与实施、法律支持与保障乃至争端解决等方面进行规划和布局，确定符合自身业务能力和服务范围的律师培养和律所发展计划。

## 结　语

我国应全面审视律师行业在"一带一路"战略背景和负面清单管理模式下的重要作用。

“一带一路”战略旨在加强我国与“一带一路”沿线国家在各自优势领域更广、更深层次的区域经济合作并实现共商共赢；“负面清单”管理模式旨在继续加大我国的对外开放力度，打造更加公平竞争、规范有序的法治营商环境，二者均将产生大量的涉外法律服务需求，对律师的业务拓展带来了极大的机遇，同时也带来了相应的挑战。我国应当尽快建立一支本土化、复合型的涉外律师队伍，并在此背景下更好地为我国资本、资源和市场“走出去”和国外资本和优势资源技术“引进来”提供服务和保证，控制和预防法律风险，不断创造价值。

# 跨国电子商务的国际税收法律问题及中国的对策

廖益新*

电子商务(electronic commerce)是指运用电子通信设备和技术在当事人双方或多方间进行的各种商品、技术和服务交易活动。广义上说,电子商务也包括交易当事人通过电话、电传和传真的通信方式进行的商贸交易;但狭义或严格意义上的电子商务,是指在计算机技术广泛应用基础上通过电子数据交换(EDI)和互联网(internet)进行的商业交易活动。20世纪90年代中期以来,电子信息技术的飞速发展和国际互联网的普及,为企业提供了一个前景广阔的全球性的电子虚拟市场,而通过互联网进行的商业交易所具有的直接、快捷和低廉的特点,大大提高了商业活动的效益,使电子商务成为互联网应用的最大热点。正如一位美国学者所说,"在90年代世界上增长最快的商业中心并非位于某一特定区域,而是存在于逐渐为人所知的电子空间(cyberspace)之中"①。以直接面对消费者的网络直销模式而闻名的美国戴尔(dell)公司1998年5月的在线销售额高达500万美元,该公司期望2000年在线销售收入能占总收入的一半;亚马逊公司网上书店的营业收入从1996年的1580万美元猛增到1998年的4亿美元。② 有人预测,到2002年全球通过互联网进行的商业机构之间的营业额将从1997年的780亿美元增加到8427亿美元。③

建立在现代化的网络技术基础之上的电子商务的迅速发展在为人类社会带来便捷、效率和财富的同时,也对各国长期以来行之有效的调整传统的商业交易关系的法律制度提出了严重的挑战。目前各国政府有关部门和国际组织正在研究拟定有关电子商务法律问题的应对之策。本文拟从中国的角度出发,考察分析跨国电子商业交易活动可能对中国现行的国际税收法律制度造成的冲击和影响。并结合电子商务在中国目前的发展现状和未来趋势,就我国政府在跨国电子商务的国际税收分配问题上应采取的原则立场和相应对策提出作者的分析、意见和建议,以供有关部门参考并就教于国际经济法学界同人。

## 一、跨国电子商务对传统的国际税收法律制度的挑战

按照大多数学者的理解,调整在各种国际经济交易中产生的跨国所得税收利益分配关系的国际税收法律制度,系由各国单方面制定的国内所得税法和彼此间签订的双边或多边

---

* 廖益新,厦门大学法学院教授,福建联合信实律师事务所兼职律师。

① [美]赛格勒:《电子空间:国际税收概念的最后界限》,载《国际税收》(英文版)1996年第8期。

② 北京君思电子商务研究中心:《电子商务知识》,http://www.juns.com.cn.

③ 王健:《电子商务知识讲座》,载《国际贸易问题》1999年第1期。

的国际税收协定两个部分组成。① 在中国，具体地说，它主要是由中国政府制定的《中华人民共和国外商投资企业和外国企业所得税法》(以下简称《外资企业所得税法》)和《中华人民共和国个人所得税法》(以下简称《个人所得税法》)及其实施细则和条例，以及中国政府目前已同57个国家政府签订的有关避免国际重复征税的双边税收协定制度所构成。

与世界各国的所得税制一样，在对非居民的外国企业和个人来源于中国境内的跨国所得的征税问题上，中国现行的国际税收法律制度实行的来源地税收管辖权，也是建立在纳税人在境内具有某种物理存在(physical presence)和对有关所得的定性分类的基础之上的。所谓纳税人在境内的物理存在，是指纳税人本身或其代理人在中国境内从事活动或在境内设有机构、场所等客观实际情况存在，这类客观情况存在往往构成中国政府对非居民纳税人来源于境内的营业利润或劳务报酬等跨国所得行使地域税收管辖权的依据。例如，根据《外资企业所得税法》第2条和第4条的规定，外资企业在中国境内设立机构、场所，从事生产经营活动的，应就其通过该机构、场所取得的营业利润和其他收入，对中国政府履行纳税义务。这里所称的机构、场所，是指外国企业在中国境内设立的管理机构、营业机构、办事机构和工厂、开采自然资源的场所、承包建筑、安装、装配、勘探等工程作业的场所和提供劳务的场所以及营业代理人。②《个人所得法》对非居民个人来源于中国境内的有关劳务报酬、投资所得或财产收益的课税，也是以非居民个人在中国境内提供劳务或在境内拥有资本财产等客观事实存在为前提的。③ 而在中国对外签订的57个双边税收协定中，具有与上述国内所得税法上的机构、场所相类似作用的概念则有“常设机构”和“固定基地”等，它们是此类协定规定缔约国一方对缔约国另一方居民来源于境内的营业所得和独立劳务所得行使来源地课税权的限制条件。④

有关所得的定性分类，则是中国现行所得税法上决定对纳税人适用的何种课税方式和税率征税的重要概念，也关系税收协定中何种所得课税权冲突协调规则应予适用的重要问题。中国现行的个人所得税实行的是分类所得税制，个人的应税所得共分为11项，不同种类项目的所得适用的费用扣除标准、税率和征税方式亦有所不同。而中国对外签订的避免双重征税协定，也是针对不同性质的跨国所得，分别规定了不同的协调缔约国双方征税权冲突的规则，如对跨国营业所得适用“常设机构原则”，对劳务报酬则分别有所谓的“固定基地原则”和“183天规则”，而对跨国股息、利息和特许权使用等投资所得，则采用税收分享原则。

然而，上述这些适应于传统的商业交易活动课税的法律概念和原则在跨国电子商务这种新兴的交易方式迅速发展的今天，面临着严峻的挑战和问题。跨国电子商务是处在不同国家境内的当事人之间通过电子数据交换或国际互联网进行的商业交易，与传统的商业交易方式相比，它具有直接性[或非中介化(disintermediation)]的特点，尤其是在线交易(on-

---

① 教育部高等教育司:《国际经济法》，法律出版社1999年版，第361～362页。

② 《中华人民共和国外商投资企业和外国企业所得税法实施细则》第3条第2款、第4条。

③ 《中华人民共和国所得税法实施条例》第5条。

④ 《中华人民共和国政府和日本国政府关于对所得避免双重征税与防止偷漏税的协定》第5条、第7条、第14条。

line transactions)的情形下，位于不同国家境内的买卖双方直接在计算机上通过互联网进行购价谈判、订货、交货和付款等交易行为，数据化商品的存在和便捷低廉的通信成本，使得传统的通过在东道国境内设立营业机构、场所或委托营业代理人来开展业务活动的方式失去了存在的意义和价值。随着数字经济的发展和跨国在线交易额的不断提高，在对非居民的跨国营业所得或劳务报酬的课税问题上，继续坚持以非居民在境内设有固定的机构、场所或营业代理人之类的物理存在标志，作为行使来源地征税权的前提条件或依据的国家，显然其所能参与分配的国际税收收益的份额比例将会日趋减少降低。像中国这样一类实际上更多地处于电子商务净进口地位的国家，更应认真考虑这个问题。

其次，跨国电子商务的另一特点是模糊了销售利润、劳务报酬和特许权使用费等各种所得的区别界限。由于现代信息通信技术的发展，像书籍、报刊、音像制品等各种有形商品和计算机软件、专有技术的无形商品，以及各种咨询服务，都可以通过数据化处理而直接经过互联网传送，传统的按照交易标的性质和交易活动形式来划分区别交易所得性质的税法规则，对网上交易的数字化产品和服务难以适用。例如，目前计算机软件公司通过互联网与客户之间大量进行的计算机软件交易，客户为此而支付的软件价款对软件公司而言究竟是货物销售利润还是特许权使用费性质所得？这两者之间的界限并不清楚。而B国的某出版商以计算机在线服务方式向在A国的某客户提供电子书刊或音乐制品，客户可以通过计算机随时浏览或下载其所需要或喜欢的文章资料或乐曲出版商因此而获得的所得，既可以算作销货收入，也可以理解为劳务报酬，还可能被认定为特许权使用费收益。由于通过电子商业交易产生的所得的定性分类的困难，在中国个人所得税先行的分类所得税制下应适用何种税率和课税方式进行课税就成为问题，有关所得的支付人是否应依照税法的规定在支付时履行源泉扣缴所得税的法律义务，也变得难以确定。而在税收协定的执行方面，对有关所得的定性识别差异还会引起跨国纳税人与缔约国税务机关或缔约国双方税务主管当局之间在适用协定条款上的分歧意见。

与电子商务交易所得的定性识别困难密切关联的另一个问题，是传统的所得来源地识别标准的适用困难。所得来源地的识别是关系征税国能否对非居民的跨国所得主张行使来源地税收管辖权的重要问题，各国所得税法上对不同种类性质的所得，都确定了不同的所得来源地判定规则。这些在所得税法的长期实践中形成的所得来源地判定规则多是以纳税人的经济活动的某种客观的地域标志作为有关所得来源地的识别标志，如表示营业利润来源地的地域标志有营业机构所在地、交货地、合同签订地等，表示劳务报酬来源标志的则有劳务履行地或劳务报酬的支付地等。由于前述跨国电子商业交易产生的所得的定性识别困难，究竟应适用何种所得来源地识别规则亦成为问题。另外，即使有关所得的定性归类不成问题，由于电子商务交易活动是在虚拟的电子空间(virtual cyberspace)中进行的，要适用传统的某种客观外在的地域标志来确定有关所得的来源地，在某些情况下也同样存在问题。例如，随着电子传感器和视频会议技术的应用，今天一个在A国居住的医生可以通过互联网对身在B国的患者进行诊断和治疗服务，而这种服务的履行地何在则难以确定。

## 二、跨国电子商务课税的政策选择

跨国电子商务交易对各国传统的所得税制度和各国相互间通过税收协定确定的国际税

收协调制度提出的挑战和问题，已经引起了国际税法学界和各国政府以及有关国际组织的广泛重视，税法学者和有关政府部门正在积极探讨研究解决问题的对策方案。1996 年 11 月美国财政部税收政策办公室发布了题为《全球电子商务对税收政策的影响》的报告；1997 年 8 月，澳大利亚政府税务办公室也发表了其电子商务课题组关于电子商务对税收征管影响的研究报告《税收和国际互联网》。此后，日本、加拿大、荷兰、新西兰等国的财政部门也先后公布了它们各自就电子商务的税收问题的研究报告。经济合作与发展组织（以下简称“经合组织”）分别于 1997 年 11 月芬兰的土库和 1998 年 10 月在加拿大渥太华召开了协调各成员国有关电子商务经济政策的部长级会议，并在渥太华会议上通过了经合组织税务委员会（CFA）提交的《电子商务的税收框架条件》报告。国际税法理论界、有关国家政府部门和国际组织的研究报告，在分析电子商务活动对传统的国际税收法律制度产生的问题和影响的同时，也对如何解决这些问题提出了初步的政策建议。尽管这些建议策略还远非最终的政策决定，但其中反映的政策倾向和举措思路却值得我们重视和认真研究。

在解决跨国电子商务课税问题的对策讨论过程中，鉴于现行的国际税法制度中的许多传统的概念、规则和原则难以适应电子商业交易的特点，国际税法界的一些人主张实行激进的或革命性的改革方案，即建议在所得税、增值税之外，针对电子商务开增新的税种，通过这类新的特别税的征收来解决电子商务活动的国内和国际税收分配问题。例如，加拿大税法学者阿瑟科德尔（Arthur J. Condell）和荷兰学者路·休特（Lue. Suete）等人建议以在互联网上传输的和由网络用户接收到的计算机数据信息单位“比特”（bit，即 binary digitr 的缩写）的数量为课税依据征收一种比特税，是这类主张激进的改革方案的典型代表。① 这种比特税完全突破了所得税和增值税的理念框架，它以互联网上唯一可以准确计量的数据信息流量为课税对象，固然能够适应电子商务的技术特点，但它的缺陷首先在于使网络通信这一新的媒介承受额外的税负，造成电子商务与传统商务之间的税收差别待遇，从而可能阻碍互联网和电子商务的发展和效益的充分发挥。其次，无论比特和字节（byte）传递的信息的价值如何，它以本身作为一种电子数据流量并不像收入或消费额那样代表或反映纳税人的所得、财富或经济负担能力，并不构成国民收入再分配的良好基础。换言之，互联网用户接受到的数据流量的多少，并不能代表其收益价值或财富数额的大小，以此作为课税对象标准，不能体现量能课税、合理负担的原则。

由于针对电子商务的特点另行开征新的税种存在上述这样一些问题，美国、加拿大和荷兰等国对类似比特税这样的激进的政策方案持明确的否定态度。美国总统办公室的公报声明：“对互联网商务美国认为不应课征新的税收。”②美国财政部税收政策办公室认为，“税收中性原则排除了对电子交易开征新税或补充性税收，而要求税收制度对相似的所得同等地

---

① 除比特税外，税法学界还有一些人主张对电子商务另行课征交易税（transaction）、电讯税（telecoms tax）和个人计算机税（PC tax）等新税种。参见洛克·希内肯斯：《为 21 世纪国际电子商务的来源地国征税寻找管辖权依据》，载《国际税收》（英文版）（第 26 卷）1998 年第 6～7 期。

② 洛克·希内肯斯：《增值税和所得税的属地概念适用于国际电子商务的挑战》，载《国际税收》（英文版）（第 26 卷）1998 年第 2 期。

加以处理,不管所得是通过电子手段或现有的商业渠道取得的"①。欧洲委员会(European commission)也否定了对电子商务开征比特税这样的方案。但像澳大利亚这样的一些尚属电子商务净进口国地位的发达国家,目前尚未明确表示不考虑这类设置新税或补充性税收方案的可能性。作为协调发达国家经济政策的机构的经合组织也没有明确否定开征新税的方案,在 1998 年 10 月渥太华会议上通过的经合组织税务委员会报告《电子商务的税收框架条件》只是认为,各国税务当局制定与电子商务有关的新的行政或立法措施,或对现行措施的改变,不应对电子商务施加歧视性税收待遇。② 而且,经合组织税务委员会一直还在积极研究有关互联网是否能为各国政府开辟可以利用的新税基问题。我们认为,目前电子商务技术还处在不断发展成熟的阶段,在人们还未能妥善研究解决传统的税收法律概念规则用于电子商务课税困难的办法之前断然将这类对电子商务开征新税或附加税的建议方案打入冷宫,也有失简单草率。

与上述激进的政策方案相反,美国政府在解决电子商务国际税收问题上则明确表现了保守性的政策倾向,主张在继续保留传统的税收管辖权规则和概念的基础上,通过对现行的有关税收规则和概念的重新解释或技术调整,以适应对电子商务课税的需要。美国在阐述它的这种政策主张的理由时认为,现行的这些传统的税收管辖权规则和法律概念已经为各国的有关税法和税收协定所广泛接受和取得共识,而且经过数十年来国际税收实践证明它们是行之有效的,人们不应轻易地放弃国际税收中的这一宝贵遗产。现行的有关原则、规则和概念虽然面临着电子商务的挑战,但它们仍有足够的比表面看来更多的弹性可以解决适用的问题。美国的这种政策主张,也得到了一些发达国家的赞同。加拿大财政部部长的电子商务顾问委员会提出的《电子商务和加拿大的税收征管》咨询报告也认为,鉴于这些(传统的)概念已经长期存在和众所周知,并且在实践中证明了它们的作用,在人们选择其他的或新的概念之前,应该优先考虑这些传统概念对电子商务的可适用性。③

美国之所以极力主张上述保守性的政策方案,并非完全出于它所宣称的珍惜长期以来各国在国际税收实践中形成的一致的法律文化遗产的动机,而是背后有其更为深刻的经济原因。凭借雄厚先进的电信技术优势,美国在国际电子商务方面目前在国际上实际处于最大的净出口国地位,其国内各种规模的电脑软件公司每年通过网络交易获取了丰厚的海外利润。由于本文前述现行的国际税收管辖权概念规则适用于跨国电子商业交易所得课税的困难,在这个问题上坚持这些传统的法律概念和规则应尽可能地保留继续适用对电子商务活动的课税,显然将会在更大程度上和范围内限制那些电子商务进出口对非居民的跨国电子商务交易利润的征税权,并使作为居住国的电子商务进出口国在国际税收权益分配上获得更大的利益份额。

从美国财政部税收政策办公室发表的报告《全球电子商务对税收政策的影响》中如下一

---

① 美国财政部税收政策办公室:《全球电子商务对税收政策的影响》,载《国际税收》(英文版)(第 25 卷)1997 年第 4 期。

② 经合组织:《电子商务的税收框架条件》,http://www.becd.org。

③ 加拿大财政部长电子商务顾问委员会:《电子商务和加拿大的税收征管》,http://www.rc.gc.ca/ecomm。

段文字表述，也清楚地反映出美国主张这种保守性的政策方案背后所隐藏的尽量扩大居住国对跨国电子商务所得的征税权的利益动机：

“新通信技术及电子商务的发展可能要求给予居民税收管辖权以更高的重视。在网络空间中，即使可能的话，也难以适用传统的来源概念将某一所得项目与特定的地理位置联系起来。所以，来源地征税可能失去其理论基础并因电子商务的出现而变得陈旧过时。……在传统的所得来源概念难以有效适用的情况下，纳税人的居民身份最可能成为确认创造所得的经济活动的发生地国及该国对该所得优先征税的方法。……因此，美国的税收政策已经认识到，由于传统的税的来源规则失去其重要性，居民税收管辖可跟进并取代他们的地位。这一趋势将因电子商务的发展而加速增长，因为在电子商务中居民税收管辖原则也扮演着重要的角色。”

目前美国政府正努力利用各种不同的国际场合宣扬扩大它所主张的保守性的政策方案的影响，同时也在注视力量抓紧研究传统的国际税收管辖概念规则适用于电子商务课税所需要解决的重新解释和技术调整问题。美国的政策主张能否得到国际社会的接受，尤其是广大的电子商务净进口国的认可，关键的问题在于这种对传统的概念规则所做的重新解释和技术调整的结果，能否实现在跨国电子商务所得上的国际税收权益分配的公平合理。然而，就美国财政部和经合组织税务委员会在这方面所做的初步努力的情况来看，如对服务所得、特许权使用费和计算机软件交易所得的定性分类的建议性规定，以及《经济合作与发展组织关于避免所得和财产双重征税的协定范本》第5条关于常设机构概念注释的修改建议的内容，距离上述目标仍有较大的差距，如何有效防范纳税人人为操纵转移电子商务交易的许多技术难题尚未得到克服。

## 三、我国在跨国电子商务国际税收分配问题上的对策建议

中国作为发展中国家，信息产业的起步时间较晚，网络基础设施建设还比较缓慢和滞后。

目前，国内已建成的网络由于技术质量和安全问题，距离电子商务交易的要求还有较大差距。确切来说国内企界对 internet 的应用，现阶段还主要是发布商情信总和进行广告宣传，真正通过网络完成交易洽谈、订货、交货和款项支付整个商业交易流程的数量还较小。严格意义上的电子商务在我国目前尚处在萌芽阶段。

但是，电子商务在我国目前的发展现状并不意味着跨国电子商务引起的国际税收法律问题对我们来说还是一个遥远的问题。首先，应该清楚地看到随着信息技术的不断进步发展，尤其是网络通信的安全技术和网上支付技术的完善成熟和互联网的覆盖面迅速扩大，在经济全球化数据化的发展趋势影响推动之下，互联网电子商务在中国今后几年内必然和发达国家一样获得飞速的发展，国际电子商业交易额在中国的进出口贸易总额中所占的比重将会迅速提高。如果我们不是尽早地重视和研究解决电子商务的国际税收分配问题的策略措施，政府将面临贸易额增长而税基萎缩、财政收入流失的危险。其次，更为紧要的是国际社会正在酝酿讨论跨国电子商务课税的国际规则。以美国为首的少数信息产业发达国家正利用它们在经合组织和 WTO 中的地位和影响，积极推动和先声夺人以求形成一套有利于维护和扩大其权益的国际税收分配规则。在这种情势下，中国和其他发展中国家更应加紧

对解决电子商务的各种税收问题的策略研究，并在此基础上积极参与国际社会制定新的信息时代国际税收规则的活动，才能促进国际社会形成公平合理的电子商务税收制度，而不致于落后和被动接受不合理的既定国际规则。

在研究和制定跨国电子商务所得的税收政策方面，笔者认为，首先应该从我国的国情实际出发，考虑到电子商务目前在国内的发展现状和未来趋势，建设社会主义市场经济目标，以及在这方面达成国际共识和协调一致的必要性等因素，妥善地处理好维护国家在跨国电子商务活动中的税收权益、实现公平竞争的市场经济秩序和扶植鼓励国内信息产业发展的政策关系。应该看到，由于国内信息产业和技术基础相对落后和薄弱，我国目前和今后相当长一个时期内仍将实际处于电子商务净出口国的地位。因此，在跨国电子商务所得的国际税收分配问题上，继续坚持强调电子商务净出口国的收入来源地税收管辖权，应该成为我们政策的基本出发点，这也符合广大发展中国家的利益。

同时，建立发展公平竞争的社会主义市场经济秩序，要求我们在电子商务的税收政策上应注意贯彻体现税收中性原则。从企业经营角度讲，电子商务与产同的商业交易活动的差别，主要在于采用的交易手段和方式不同。尤其是所谓间接的电子商务[亦称“离线交易”(off-line)]方式，与传统的交易方式并没有本质的区别。因此，对电子商务交易的课税，既不应采取歧视性的税收政策措施，也不宜宽泛地给予减免税这样的直接税收优惠制。

基于上述国情实际和政策层面的考虑，在解决现行的国内所得税法和双边协定中有关传统的法律概念和规则适用于跨国电子商务所得课税问题的具体策略上，笔者以为我们应该突破传统的以非居民在境内有种固定的或有形的物理存在，作为行使来源地税收管辖权前提的观念，应更能在网络数字信息经济时代条件下反映经济交易联系和营业实质的来源地课税联结因素，而不宜试图在传统的那些固定、有形的物理存在的概念框架内搜索电子商业交易存在的标记。只有循着这样一条思路，才能找到公平合理地协调解决居住国和来源地国在跨国电子商务所得上的税收权益分配问题的方案。因为跨国电子商务是在虚拟的电子空间市场进行的，局限于在传统的固定或有形的物理存在概念标准内寻找来源国对跨国电子商务所得的征税权很大程度上受到限制，无法达到国际税收权益分配的公平均衡。这一点从最近经合组织税务委员会第一工作小组提出的第 5 条注释的修订草案的内容中可以清楚看出。

应该看到，现行国际税法制度中的常设机构，固定基地这类物理概念，是适应传统的商业交易方式下确定来源国对非居民的跨国所得行使课税权的需要和合理性而形成发展起来的，它们在国际税法上存在的意义和作用在于标示非居民的经济活动与来源国存在着持续的而非偶然的、实质性的而非辅助性的经济联系。在跨国电子商业交易方式下，由于这类固定的、有形的物理标志已失去存在的价值，非居民与来源国的经常性和实质性的经济联系应该从其在来源国境内开设的网址所具有的功能作用，以及非居民通过这种网址实际从事的活动性质、交易的数量规模以及时间等因素综合来判断。如果非居民在来源国设置的网址具备履行完整的网上交易功能，而且经常利用这样的网址进行实质性的交易而非只是辅助性和准备性的活动(这方面的情况可以通过支付体系进行稽查、追踪和监控)，则可认定非居民与来源国构成经常的实质性的经济联系，来源国有权对其电子商务交易所得征税。

因此，为适应今后跨国电子商务交易不断增长的国际经济形势下维护中国对非居民来源于境内所得的征税权益需要，现行国内外资企业所得税法中有关外国企业在境内设有机构、场所的概念用语，应作出相应的修改，采用如在境内实际从事工商经营活动这类较为抽象的用语，并在实施细则中具体明确其内涵，包括非居民通过互联网网址在境内销售商品和提供劳务的情形。同时在参考借鉴有关国家的立法实践，明确电子商业交易方式下销售利润、劳务报酬和特许权使用费用的定性分类标准界限。在加强对电子商务税收征管法律问题研究的基础上，我国政府应积极参与有关国际组织目前正在进行的研究拟订电子商务国际税收规则的工作，在有关税收协定中常设机构、固定基地的概念内涵解释，跨国电子商业交易所得的征税权分配上，坚持反映牌电子商务净进口国雪佛兰的广大发展中国家的利益和意愿，努力争取形成有篮球维护发展中国家税收权益的电子商务国际税收新规则。

# 无单放货实务问题研究

## ——国内各级法院153个无单放货案件之分析*

何丽新**

## 一、无单放货案件分析概述

提单作为重要的航运单据，是用以证明海上货物运输合同和货物已经由承运人接收或装船，以及承运人保证据以交付的单据。承运人凭单放货已成为一项国际航运惯例和国际海运基本原则，《中华人民共和国海商法》（以下简称《海商法》）对此亦有规定。但在航运实务中，由于船舶周转的快速与提单流转滞后的时间差，由于结汇不符或贸易纠纷，由于收货人资金不足而无力付款赎单，由于提单的遗失、被盗等原因，承运人在未收回正本提单下而实际交付货物的情况大量存在。据统计，无单放货是提单纠纷中最突出的问题，在班轮运输中存在15%，租船运输中存在50%，在某些重要商品如油类等交易中高达100%。① 无单放货案件在我国海事审判中也较为常见，但由于相关的法律规定不完善，导致该问题成为在学术上和实践中很有争议的现实法律问题。本课题收集全国各级人民法院审理的涉及无单放货的案件153个，通过总结分析，以期抛砖引玉，为这个具有理论和实践双重意义的问题寻找答案。

从数据上来分析，托运人作为无单放货案件原告或上诉人提起诉讼的有109件，占总数的71.2%。在这109个案件中，承运人作为被告或共同被告之一的案件有105个，占96.3%；另有4个案件，托运人以货运代理人、收货人、委托开立信用证方或与案件无关的案外人为被告提起诉讼。经法院审理，判决托运人胜诉的有73件，占67%；判决驳回托运人诉讼请求的有35件，占32%；另有1件双方当事人达成调解协议。在承运人作为被告或共同被告之一的105个案件中，承运人单独作为被告的案件有59个，占56%；承运人与实际承运人、货运代理人、船务代理、船东、承运人的代理人、无单提货人、保函提供者、格式提单所有人、港务局等人的一个或若干个共同作为被告被提起诉讼的案件有46个，占44%。在这46个案件中，托运人胜诉的有31件，但判决共同被告承担连带责任的只有5件，其余的

* 因司法部2003年课题“无单放货法律问题研究”（项目合同号：03SFB2023）之需要，课题组收集到上海海事法院、广州海事法院、青岛海事法院、天津海事法院、厦门海事法院、宁波海事法院、大连海事法院等国内各海事法院以及上海市高级人民法院、广东省高级人民法院、天津市高级人民法院、山东省高级人民法院、福建省高级人民法院、湖南省高级人民法院、辽宁省高级人民法院、浙江省高级人民法院等各高级人民法院以及最高人民法院审结的153个无单放货案件。课题组对该类型案件作了较系统的总结，且研究了其中所涉的法律问题。

** 何丽新，厦门大学法学院教授，福建联合信实律师事务所兼职律师。

① 司玉琢等：《关于无单放货的理论与实践》，载《中国海商法年刊》2000年。

26个案件法院判决只由承运人单独承担责任，占83.9%。

承运人诉托运人的案件有23个，占案件总数的15%。这23个案件均是承运人不服一审法院的判决而提起上诉的二审案件，且在第一审程序中，承运人均作为被告。在这23个案件中，承运人胜诉的，即二审改判的有4个，占17%；驳回诉讼请求的，即维持一审判决的有17个，占74%；另有2个双方当事人达成调解协议。

另外，承运人诉船务代理、提货人、担保人、承运人的代理人等的案件有5个，占案件总数的3%。这5个案件中，法院经审理判决承运人胜诉的有2个，驳回承运人诉讼请求的2个，双方各承担50%责任的有1个。

从上述一系列数据中我们可知，在有关无单放货纠纷的案件中，托运人和承运人作为诉讼中互相对抗方的案件共计128件，占全部案件的83.7%。托运人、承运人是无单放货纠纷中的主要当事人，无单放货案件也通常集中于明晰托运人、承运人的权义。因此，我们的研究主要围绕此类案件展开。

在案件的总结分析中，我们发现：

1.原被告双方在具体案件中能否胜诉，与举证责任如何在当事人之间配置的处理不同有关。

如(2002)粤高法民终字第10号民事判决书中，一审以托运人未能举证承运人无单放货为由，驳回托运人的诉讼请求，二审法院的观点则完全不同，认定承运人承担举证责任，以承运人未能举证已将货物交与记名提中的收货人或仍在其代理人的掌管下，判决承运人败诉而承担无单放货的责任。又如(2002)鲁民四终字第46号民事判决书中，托运人起诉承运人无单放货，托运人在一审败诉后提起上诉，二审法院以托运人举证不足，判决驳回诉讼请求，维持原判。该法院认为托运人虽持有正本提单，但应先凭正本提单在目的港提货，提货不成再告承运人。在(2002)沪海法商初字第315号民事判决书中法院的观点则截然相反，认为托运人仍持有正本提单即足以证明承运人无单放货，因此判决承运人承担无单放货的责任。举证责任的倒置将直接影响案件的判决结果，在上述128个案件中，以一方当事人举证不足为判决理由之一，而判定败诉的有39个，占30.4%。因此举证是无单放货纠纷案件中一个重要的问题。

2.各地法院对记名提单下是否要凭单放货基本上达成了共识，认为即使是记名提单，仍要具单放货。我国《海商法》第71条规定，提单，承运人保证据以交付货物的单证。大多数法院相关判决认为该法条未区分记名提单、不记名提单、指示提单，故无论提单记名与否都应具单放货。但在(2002)广海法初字第337号民事判决书中，法院认为“本案中是记名提单，除非承运人在交付货物之前收到托运人的变更收货人或停止交付货物的指示，承运人将货物交给记名收货人即履行了其承运人的义务”，此判决是为数不多的一个反面的声音。在实务界普遍持此观点的情况下，理论界已纷纷提出相反的观点，如认为第71条的“据以”交付货物可有不同的理解：一是以提单为凭据，承运人交货的唯一依据是提单；二是依提单内容为依据，即承运人无须收回提单，只需凭提单记载内容就可以将货物交给提单记载的收货人，指出记名提单下依据提单记载交付即可。联合国国际贸易法委员会2003年

《UNCITRAL 运输法草案》第 48 条规定了记名提单下，承运人可以不凭单交货。①

3.托运人面对无单放货，依商业途径无法弥补损失而采取司法救济途径时，通常会将与运输有关的各方一起作为共同被告提起诉讼。统计数据表明，承运人与实际承运人、货运代理、船务代理、船东、承运人的代理人、无单提货人、保函提供者、格式提单所有人、港务局等人的一个或若干一起作为共同被告被提起诉讼的案件有 46 个，占承运人作为被告或共同被告之一的 105 个案件的 44%。而只有极少数(5 件)的案件中法院判决共同被告承担连带责任。在浙江省高级人民法院(1998)浙经终字第 605 号民事判决书中，托运人在一审中将包括承运人、保函出具人、无单提货人、港务局在内的共 8 个主体一同作为被告起诉，二审中，托运人作为上诉人仍对除上述 8 个主体中的 7 个提起上诉。

在托运人将各方主体一起提起诉讼的案件中，经法院审理，通常基于以下原因判决承运人以外的其他被告无须承担无单放货责任，即由承运人单独就无单放货承担责任：

(1)原告提起的是违约之诉，被告与原告之间不存在合同关系，同时原告无法证明该被告有故意侵权行为；

(2)被告只是代理人，其行为的后果归属于被代理人，故被告无须承担责任；

(3)案件所涉货物采取的是多式联运，被告对海运区段以外的运输不负有交付货物的义务；

(4)原告提起侵权之诉，被告虽委托他人作为船代，但没有授权船代可以接受保函无单放货，故被告没有侵权行为；

(5)被告和原告之间的无单放货关系是另一个法律关系，且以被海事法院生效的法律文书所确认(基于一事不再理原则，对法院已生效的法律文书确认的事实，受诉法院不再审理)；

(6)被告是货代或船代，在履行代理事务中尽到了积极谨慎的义务，没有过错不应承担无单放货的责任；

(7)被告与无单放货无法律上的利害关系。

被告主体众多的诉讼导致的问题之一是法院查明案件事实难度加大、诉因难以确定。托运人持有正本提单，与承运人之间存在提单关系，而与保函出具人、提货人、承运人的代理人、港务之间不存在提单关系，但在对上述主体一起提起的诉讼中，诉因应定为违约？侵权？不真正连带债务？不当得利？依据原告所选择的诉因？理论界和实务界都有不同的观点和做法(详见下文)。有的案件的被告甚至是与案件无关的第三人，如(2000)沪高终经字第 107 号判决书中，托运人作为原审原告和二审的上诉人对第三人(达飞公司)提起的诉讼请求均被驳回，法院认定达飞公司与无单放货无关系，在主体身份认定上，达飞公司甚至不是承运人、实际承运人、货代、船代等与运输有关的任何人。有学者指出，原告起诉众多被告，而不管他们是否与本案有真实联系，也不分到底以何种法律关系为基础，这与我国法院尚未

① 《UNCITRAL 运输法草案》第 48 条："如果没有签发可转让运输单证或可转让电子记录：(1)控制方应在货物到达目的地之前或之时，将收货人的姓名告知承运人；(2)承运人应在第 7 条第 2 款所提及的时间和地点，在收货人出示适当的身份证明后将货物交给收货人。"

实行告错对象赔偿制不无关系。① 这种行为会导致我国有限的司法资源的浪费，这是不符合法治要求的。因此有必要从制度设计上遏制这种行为。

4.关于法律适用。上述128个案件中有20个案件的当事人（一般是被告）在诉讼中主张以外国法为准据法，占15.6%。但只有(2002)粤高法民四终字第26号，法院依据多米尼加国法律作出判决，主要是基于以下这些原因，认为适用中国法：(1)提单约定适用他国或其他地区法律，法院以被告没有提供，法院也不易查引为由，并依据最密切联系原则，认为适用中国法；(2)原告以侵权起诉，侵权行为发生地或侵权结果发生地在中国，适用中国法；(3)法院认为，被告主张适用放货地所在国的法律，缺乏法律依据，不予支持；(4)提单未对适用准据法作出约定，法院以当事人未要求适用外国法律，并依据最密切联系原则，认定适用中国法。可见，目前我国法院在审理涉外案件时尽量援引中国法为准据法，在论证不采被告所主张的外国法为准据法时往往说理不够充分。在(2002)沪海法商初字第205号民事判决书中，提单背面首要条款约定，因提单产生的争议适用美国法律，但诉讼中原、被告双方均未提供可供适用的美国法律，法院认为原告始终适用中国法律向被告主张权利，应视为对法律适用条款重新选择，甚至进一步认为，被告未出庭应诉，可视为默认，遂适用中国法。

在案件总结分析中发现，除托运人持有正本提单参与诉讼外，信用证开证行作为原告，诉承运人、保函提供者、提货人、开证申请人、承运人的代理人等的案件有3个，其中开证行胜诉的有2个，原、被告双方各承担50%责任的有1个。这3个案件中，开证行都是正本提单的持有人，故依据其持有提单享有对提单项下货物的质权，判决被告承担无单放货的责任。在(1998)厦海法商初字第244号民事判决书中，法院认为持有提单即拥有对提单项下货物的物权，并未指明物权的种类；而在(1998)厦海法商初字第012号民事判决书和(2000)浙经终字第600号民事判决书中，法院明确认定无单放货侵害的是持有正本提单的开证行对提单项下货物的质权。学者指出提单不仅在运输环节有其特殊的功能，它还在贸易结算流通环节发挥着重要的作用。研究提单的物权性，必须到不同的领域进行，不能统而概之，在信用证结算过程中提单发挥的是担保物权的功能。②

无单放货的案件中，还存在其他主体参与诉讼的情况，其中，船代诉托运人、承运人、货代、无单提货人、保函提供者的有2个，但船代均败诉。另外，保函出具人诉承运人的1个，保函出具人败诉。在(2000)闽经终字第180号民事判决书中，一审的原告，即运输关系中的承运人因无单放货向提单持有人赔偿后，依据保函向保函出具人追偿，一审法院予以支持。保函出具人不服提起上诉，诉称其保函并非是为担保承运人无单放货而出具，经法院审理查清保函出具人出具保函担保的责任主体确实是承运人，因此驳回上诉人的诉讼请求，维持原判。

值得注意的是，分析报告中还发现，国际货物买卖合同的卖方诉承运人的2个案件，卖方胜诉、败诉各占其一。这2个案件中，被告，即卖方都不是提单记载的托运人。在(2001)

---

① 郭国汀：《无正本提单放货若干法律问题》，http://www. Law-walker，net/old/detail. asp? id=1548，最后下载日期：2002年10月22日。

② 司玉琢、汪杰、祝默泉等：《关于无单放货的理论与实践——兼论提单的物权性问题》，载《中国海事年刊》，大连海事大学出版社2000年版。

广海法商初字第117号民事判决书中，法院确认提单记载的托运人（买卖合同的买方）在庭审中将提单空白背书转让给卖方的行为的合法有效，并据此认定卖方是提单的合法持有人，被告应承担无单放货的责任。另一个案件（1999）高经终字第251号民事判决书中，卖方虽然依合法正当手段取得提单，但法院认为卖方不是提单关系的当事人，即收货人或托运人，判决卖方不得向承运人主张物权，并应对将提单上托运人一栏注明为买方的行为自负其责。两个法院截然不同的观点正是代表了对实际托运人、提单持有人有无诉权的分歧。《UNCITRAL运输法草案》第13条吸取了英国92 COGASA的立法经验，将诉权和所有权分开，规定单证持有人即使对货物没有所有权，也可以主张提单项下的诉权（请求权）①。对托运人（未区分实际托运人和提单记载的托运人）则采实际损失规则，即托运人需证明自己遭受了损失，才可获得运输合同项下的诉权。该国际立法动态，值得我国海商法理论界和司法实践部门重视。

## 二、无单放货诉因的选择及性质认定

在托运人作为原告或上诉人提起的109个诉讼中，可以从判决书中明确分辨法院对案件诉因的认定有103个。无论原告以何种诉因提起诉讼，法院经审理认定被告承担违约责任的有86个案件，占83.0%；构成侵权责任的有17个，占16.5%；不真正连带责任的有1个。

诉因的选择应是当事人行使诉权的表现，是当事人处分权在民事诉讼中的体现，也是民事诉讼不告不理原则的体现之一。在实践中法院却常常主动变更当事人的诉讼请求，或将当事人主张的诉因弃之不顾，在分析确定案情的基础上自行认定诉因。在（2000）沪海法商初字第45号民事判决书中，原告提起侵权之诉，法院认为原告未能证明被告具体实施了无单放货的实际侵权行为，对原告的请求不予支持。然而接着法院认为虽然原告对被告的诉因选择不当，但其要求被告承担货物损失责任的理由正当，对其诉求可以通过要求被告承担违约责任的方式予以支持，故判决原告胜诉。又如，在（2001）粤高法经二终字第426号民事判决书中，二审法院虽然维持了一审法院的判决，但在判决书认定一审法院自行改变当事人选择的诉因的行为不当。在（2000）广海法商初字第201号民事判决书中，原告提起的是侵权之诉，法院将诉因变更为合同之诉的理由是原告引用条文均为海上货物运输合同中的条文。甚至有的法院在判决中违约责任侵权责任不分，混为一谈。在（2000）津高经终字第32号民事判决书中，法院先是以托运人提起的是侵权之诉为由认为托运人无法举证第二被告侵权，判决第二被告不承担责任，但接下来在阐述第三被告是否应承担责任时，却仅以第三被告与托运人之间无合同关系为理由判决第三被告无须承担责任。

学术界有观点认为诉因不能由当事人选择，这是由法院在诉讼中的主导地位及裁判权决定的，起诉时原告因对争议的法律关系定性不准，往往主张不当诉因，法院有权力也有责任引导当事人进行恰当、准确的诉讼行为，避免诉辩行为不关联。② 这种观点将法院视为诉

---

① 司玉琢：《国际货物运输立法的新发展——评CMI运输法框架文件》，载《中国远洋航务公告》2002年第2期。

② 向明华：《提单纠纷择诉略探》，载《海商法研究》2001年第1辑。

讼的主导，是职权主义的体现，若诉因由法院审判确定，在起诉又不能剥夺当事人的诉权，必然导致当事人基于选择错诉而将导致败诉，并依据一事不再理原则丧失改变诉因再次起诉的可能的考虑，在起诉时就会将尽可能多的主体列为被告，而不考虑其是否与案件有法律上的利害关系，以及双方之间存在何种关系，将出现如前所述一个案件中被告有8个，但法院只判决其中一个被告承担责任的情形。20世纪60年代以来，许多西方国家在民事诉讼需求大幅度上升，甚至出现局部性“诉讼爆炸”现象以及纠纷复杂化等背景下，掀起了“接近正义/司法”(Access to Justice)的运动，其目的在于保障公民接近和利用司法的权利。① 按照接近正义的观念，司法资源是有限的，而有限的司法资源要保障公民能够充分利用，采取的手段包括利用非诉纠纷解决机制(ADR)处理绝大多数的民事纠纷，将诉讼作为保障当事人权利的最后的措施，以及通过制度设计，如简化程序、限制上诉等避免司法资源的过度浪费并减轻法院的压力。前述原告不分青红皂白将众多被告一股脑儿地诉至法院，加重了法院审判的难度。法院必须理清错综复杂的关系，确定责任的承担者，这造成了有限的司法资源的极大浪费，是不符合接近正义的要求的。

诉因之所以重要是因为诉因的确定会在诉讼中影响以下因素的确定：(1)管辖权及准据法；(2)诉讼时效；(3)归责原则；(4)举证责任的分配；(5)赔偿范围和能否适用责任限制规则；(6)诉讼主体范围。无单放货案件中，如果当事人之间不存在有效管辖权协议，应当按照《中华人民共和国民事诉讼法》(以下简称《民事诉讼法》)或《海事诉讼特别程序法》的规定，结合原告选择的诉因确定案件的管辖权。当原告选择以违约起诉时，由运输始发地、目的地、转运港或者被告所在地的海事法院管辖；当原告选择侵权为诉因起诉时，由侵权行为地或者被告住所地的海事法院管辖。② 在确定诉讼时效问题上，学者反对由当事人自由选择诉因，认为据以提单提起的诉讼都应认定为合同之诉，应禁止当事人以侵权起诉的理由之一就是这种选择提单诉因的行为(择诉)，会规避海商法的适用，即在时效上不适用《海商法》一年的短期诉讼时效，而适用《中华人民共和国民法通则》(以下简称《民法通则》)两年的普通诉讼时效。然而我们在分析各地各级法院判决书时发现，法院对于无单放货案件的审理态度基本上是，无论是违约之诉还是侵权之诉，都适用《海商法》一年的诉讼时效的规定，如(2000)沪海法商初字第225号、(2001)青海法商初字第168号、(2001)粤高经二终字第415号等。但在(2001)厦海法商初字第075号民事判决书中，法院区分不同主体适用不同的诉讼时效。在该案中，托运人以侵权为由向承运人和买方提起诉讼，法院在判决书中称对买方适用《民法通则》两年的诉讼时效，对承运人则适用《海商法》的规定，诉讼时效为一年，均已超过，人民驳回原告的诉讼请求。

法院对无单放货性质的认定的态度是由侵权向违约定性转变的，1997年公布在《中华人民共和国最高人民法院公报》上的“粤海公司与仓码公司、特发公司等海上货物运输无单放货、提货、代理放货纠纷再审案”被认为是这一转变的分水岭。有学者认为这一变化是伴随着学术界对提单的物权属性的讨论而发生的，即在1996年之前我国海事司法界和理论界的主流之说是，提单是所载货物的物权凭证，甚至是所有权凭证。后李海的文章《关于提单

① 齐树洁主编：《民事司法改革研究》，厦门大学出版社2004年版，第5页。

② 金正佳：《海事法专题研究》，中山大学出版社2004年版，第87页。

是物权凭证的反思》掀起了学界对提单性质的讨论。① 通过分析资料，我们发现法院对无单放货案件性质态度的转变并不必然导致在具体的案件审判中无视当事人的诉讼请求，一律判定为违约。除了上述几个法院擅自变更当事人诉因的案件外，当事人以侵权提起诉讼的，法院通常依据当事人的选择，按侵权确定诉由进行审理。

我们认为，法院在面临当事人选择不同诉因时应采取的适当做法是：(1)当提单持有人起诉承运人、实际承运人之一或将承运人、实际承运人列为共同被告时，无论原告以违约或侵权为诉因，法院应按照原告选择的诉因确定案由进行审理。(2)提单持有人起诉其他与其之间不存在提单关系的当事人，如港务、保函出具人、无单提货人、货代、船代等，提单持有人若以侵权为诉因的，法院按原告选择的诉因确定案由进行审理。(3)提单持有人将承运人、实际承运人和其他与提单持有人之间不存在提单关系的当事人列为共同被告的。1)若当事人选择以违约为诉因的，法院按照当事人选择的诉因进行审理，无论承运人、实际承运人承担责任与否，与提单持有人之间不存在提单关系的当事人均不承担违约责任。2)提单持有人选择以侵权作为诉因的，法院按当事人选择的诉因进行审理，在双方举证、质证、辩论的基础上确定侵权责任人。3)若提单持有人选择以违约为诉因起诉承运人或实际承运人，同时以侵权为诉因起诉与其不具有提单关系的当事人，如(1999)沪海法商初字第136号民事判决书中，原告为提单持有人，第一被告为承运人，第二、第三被告在货物的实际运输过程中从事货物的转运或联运工作，第三被告为无单提货人，法院经审理认为涉案货物发生无单放货，第一被告对原告构成违约，应当承担赔偿责任；第二被告虽然参与货物运输，但并非是全程运输的承运人，与无单放货无关，无须承担责任；第三被告在提货人没有出示正本提单的情况下将货物交付给外贸公司，对原告构成侵权，应承担赔偿责任；第四被告无单提取了涉案货物，对原告也构成侵权，也应承担赔偿责任，故法院判决第一、第三、第四被告赔偿责任。判决书中法院认为，第一、第三、第四被告承担的赔偿责任内容同一，但分别基于不同的法律事实且任何被告履行责任即可使原告的债权得到满足，因此三被告之间成立不真正连带债务。我们认为，连带债务和不真正连带债务是两个不同的法律关系。两者最大的差别是，数个债务人对债权人负连带债务是基于相同的发生原因；而不真正连带债务中，数个债务人基于不同的发生原因，对债务人负以同一给付标的的数个债务。连带债务和不真正连带债务的共同点是，债务人之一完全履行债务即可使连带责任和不真正连带债务消灭，其他债务人无须再对债权人负赔偿责任，债务人共同对外的赔偿责任转为债务人之间的相互追偿关系。连带责任是对债务人苛以较重的义务，债务人需对债权人负完全赔偿责任，也只有在债权人得到完全赔付后才免除责任。所以连带责任的承担必须有法律的明文规定或当事人的明确约定，除此之外不得对债务人擅自苛以连带责任。比如，《民法通则》第65条第3款规定授权不明时本人与代理人的连带责任、第66条第3款规定代理人与第三人串通的连带责任、第66条第4款规定恶意第三人与代理人的连带责任，《中华人民共和国合同法》第409条规定共同代理人之间的连带责任等都是法律明文规定的债务人负连带责任的例子。连带责任是如此，不真正连带责任也应如此，即对债务人苛以不真正连带债务，也需以法律的明文规

---

① 司玉琢、汪杰、祝默泉等：《关于无单放货的理论与实践——兼论提单的物权性问题》，载《中国海事年刊》，大连海事大学出版社2000年版。

定为依据。因此当事人在同一个案件中针对不同被告选择了两个诉因时，法院应向当事人行使释明权，并征求当事人的意见。若当事人将诉因一律确定为侵权，法院应按照当事人选择的诉因进行审理；如果当事人坚持以不同诉因同时起诉，法院应驳回当事人的诉求，要求提单持有人就不同的诉因分别提起民事诉讼，不能自行改变当事人的诉因或将诉因归为一个进行审理。

## 三、承运人抗辩事由及其分析

### （一）关于原告主体资格的抗辩

在153份无单放货案件中，共有7个案件提出了该类抗辩，占案件总数的4.58%，法院对该类抗辩全部不予采纳。下面结合案例进行具体分析。

在(2001)沪海法商初字第409号判决书（原告宁波保税区黎润国际贸易有限公司与被告DANNMAR LTD、被告丹沙中福货运代理有限公司海上货物运输合同纠纷案）中，原告认为按照我国《海商法》第42条第3款的规定，其是涉案货物运输合同的托运人，而被告则认为该规定应理解为实际交货人可以成为提单上记载的托运人，没有被提单上记载为托运人的实际交货人不是托运人。法院认为，在FOB价格条件贸易下，因订舱事宜由买方处理，运输合同一般由买方与承运人订立，故订立运输合同的人与实际向承运人交付货物的人很可能不一致，但实际交货人可以是订立运输合同人的雇佣人、代理人或与订立该合同的人有关的其他合同关系人。因此在该案中原告可以被视为托运人。

就FOB下，托运人的识别问题，学术界仍存在不同的观点。有学者认为："根据国际商会《国际贸易条件解释通则》，FOB条件下，租船或订舱由买方负责，如果卖方租船或订舱，应视为买方代理人，所以即使提单上记载其姓名，他也不是具有托运人的身份，而是托运人的代理人。"①也有学者认为：FOB下卖方成为托运人是法定的，只要卖方存在交付货物的事实，即使未将卖方记载在提单托运人一栏上，也应依法赋予其托运人的地位。"FOB卖方作为托运人在完成运输行为后，是否仍然持有提单，决定着他与承运人是否存在契约关系。持有提单，他与承运人就存在契约关系。"②还有学者认为，FOB下卖方作为托运人是以提单上托运人一栏具名为前提的。③

我们认为，我国《海商法》第42条第3款的规定是为了保护FOB下卖方的利益，允许他以托运人的身份要求承运人签发提单，并将其名称写进托运人一栏而成为提单法律关系的当事方。但在国际货物买卖中，由于转售货物或者其他商业目的的需要，往往要求把FOB的买方填写在托运人一栏中。④ 当承运人向卖方出具了载明的托运人是买方的提单，卖方在接受提单时没有表示异议，即可推定其认可了买方的托运人地位，因此即使此后因，如结汇退回等各种原因而重新持有提单，也无权就无单放货主张权利。否则，将买卖双方贸易上的风险强加在承运人身上，是不公平的。由于FOB下卖方与承运人并不存在海上货物运输

① 林瑞云：《提单托运人诉权探讨》，载《对外经贸实务》2003年第4期。

② 张希舟：《FOB价格条件下海上货物运输托运人的认定》，载《人民司法》1996年第6期。

③ 姚洪秀、林晖：《论我国〈海商法〉下托运人的认定》，载《中国海商法年刊》1996年。

④ 张希舟：《FOB价格条件下海上货物运输托运人的认定》，载《人民司法》1996年第6期。

合同关系，二者之间是纯粹的提单法律关系，一切权利义务关系皆以提单的记载为准。因此，如果 FOB 下卖方没有在托运人一栏具名，就丧失了提单合同当事人的地位。在未经提单上指示人合法背书或依法转让情况下，其不是提单的合法持有人，不享有诉权。

（二）关于被告主体资格的抗辩

在 153 个无单放货案件中，共有 36 个案件提出了该类抗辩，占案件总数的 23.5%，下面进行分类说明：

1.关于承运人的代理人是否应当承担无单放货责任的抗辩

共有 18 个案件提出了此类抗辩，其中法院采纳的有 6 个，占该类案件总数的 33%；不采纳的有 12 个，占该类案件总数的 67%。在(1908)厦海法商初字第 134 号判决书(福建省东海经贸股份有限公司诉双龙船务有限公司、中国福州外轮代理公司无单放货案)中，法院认为，福州外代作为承运人的代理人，应在法律规定的范围内行使代理权，其明知无单放货不符合我国法律的规定仍按承运人双龙公司的指令行事，也构成对原告东海公司的侵权，因此，福州外代应就其过错与双龙公司承担连带赔偿责任。

而在法院采纳这类抗辩的案件中，法院认为承运人的代理人只是按照承运人的指示放行货物，主观上并不存在侵占他人财产的故意。作为承运人的代理人，严格按照委托人的指示行事是其必须履行的合同义务，其按照委托人的指示放货或者不放货均是在其代理业务的范围内，行为不构成过失。

根据《民法通则》第 66 条的规定："没有代理权、超越代理权或者代理权终止后的行为，只有经过被代理人的追认，被代理人才承担民事责任，未经追认的行为，由行为人承担民事责任。"承运人的代理人经过承运人授权而无单放货，其法律后果应由承运人承担。由于承运人的代理人与提单持有人之间并不存在提单关系，将承运的代理人直接作为被告存在被告主体不适格问题。

有观点认为，根据《民法通则》第 67 条的规定："代理人知道被委托代理的事项违法仍然进行代理活动的，或者被代理人知道代理人的代理行为违法不表示反对的，由被代理人和代理人负连带责任。"承运人的代理人明知无单放货是违法行为，仍然按照承运人的指示无单放货，因此必须与承运人负连带责任。我们认为，法律规范分为任意性规范、强行性规范和禁止性规范。只有违反法律的禁止性规范，才可以被认定为违法行为，并给予法律上的否定性评价。《海商法》规定提单是承运人据以放货的凭证，并不是对无单放货行为的禁止性、排他性的规定。其次，凭单放货最初更多的是基于航运反复实践产生的一种惯例，各国法律和有关当事各方都有可能予以排除适用，实践中有很多运输是不签发提单的，因此凭提单放货也不是普遍适用的强制性规定，只是提单项下默示的义务，承托双方完全可以约定变更交货方式。综上，无单放货行为并不当然导致违法结果，尚称不上违法行为而得到严厉的制裁，民法代理归责原则仍可加以适用。

2.关于实际承运人是否应当承担无单放货责任的抗辩

分析报告表明，共有 5 个案件提出了该类抗辩，其中法院采纳的有 3 个，占该类案件总数的 60%；不采纳的有 2 个，占该类案件总数的 40%。在(1999)粤法经二终字第 308 号判决书(上诉人新会市金元金属制品厂有限公司与被上诉人北欧国际货运有限公司、原审原告铁行渣华荷兰公司因无单放货纠纷管辖权异议上诉案)中，法院认为，由于渣华公司仅是海运区段运输的实际承运人，对海运区段以外的运输不负有交付货物的义务，渣华公司不应承担无单放货的责任。而在法院驳回该抗辩的案件中，法院认为即使是实际承运人并未实施无单放货行为，按照《海商法》第61条的规定，其责任与承运人相同。可见法院对《海商法》第61条的理解并不统一。

学界对实际承运人的责任亦有不同观点。有学者认为，根据我国《海商法》第61条的规定，“可视为提单持有人与实际承运人之间拟制产生了相应的实际运输关系，而实际承运人具体的责任又比照承运人履行运输合同中的法定责任。此时，以运输合同关系为基础更能体现海商法第六十三条规定的承运人、实际承运人的连带责任的立法本意”①。我们认为，建立实际承运人制度的目的在于当货物损坏或灭失发生在实际承运人掌管期间时，赋予货方直接向实际承运人索赔的权利，而不是将实际承运人作为运输合同的一方当事人，提单项下的当事人是提单持有人和签发提单的承运人。由于实际承运人是基于其与承运人之间的委托关系或租船合同关系而从事运输，没有与提单持有人建立海上货物运输合同关系或提单关系，依照合同相对性理论，提单持有人无权向实际承运人主张无单放货的法律责任。

也有学者认为，《海商法》第46条规定集装箱货物承运人的责任一直持续到“交付货物”时止，交付货物也是实际承运人的基本义务之一。我们认为，接受承运人委托从事运输的实际承运人，在目的港将货物完好地交给承运人在目的港的代理人之后，就完成委托运输义务，实际承运人不存在直接向持有正本提单的收货人交付货物的义务。“《海商法》第46条涉及的，对集装箱货物运输，或非集装箱货物运输承托双方另有特别约定，将责任期间延至收受到交付，而实际承运人实际履行的任务是装船和卸船，则实际承运人的责任仍然不包括接受和交付，因为在此种情况下，实际承运人没有接受委托承担交付货物的义务。”②当然，实际承运人也可能负有交货的义务。构成实际承运人交货义务的条件是：(1)实际承运人接受了承运人交付货物的委托，其对货物的责任包括“交付”这一运输环节；(2)实际履行了交付任务。这两个条件缺少任何一个，都不构成实际承运人交付货物的责任。③ 而此时，实际承运人的身份是承运人的交货代理，其法律地位在上文已经讨论过。

我们认为，接受承运人委托从事运输的实际承运人，在目的港将货物完好地交给承运人在目的港的代理人之后，就完成了委托运输义务，实际承运人不存在直接向持有正本提单的收货人交付货物的义务。即使承运人签发提单(House提单)给托运人，实际承运人签发提单(Ocean提单)给承运人(特别是无船承运人)，从一物一权出发，也只有前者的提单是物权凭证，后者的提单只是承运人与实际承运人之间的内部交接的单证，不可能发生转让，实际承运人根据自己签发的提单对承运人的交付是完成承运人委托的义务，而承运人根据其签发提单对收货人的交付则是完成海上货物运输合同及提单关系。因此，实际承运人除非与承运人存在特别约定或对承运人在目的港的代理人无单放货或超越委托范围，只要是接受承运人委托而履行交付货物义务的，不应向提单持有人向直接承担无单放货的法律责任。

---

① 韦杨、顾全：《承运人、实际承运人无单放货共同诉讼中几个问题的思考》，载《人民司法》2004年第4期。

② 金正佳：《海事法专题研究》，中山大学出版社2004年版，第44页。

③ 司玉琢：《论“实际承运人”的责任》，载《中国海商法协会通讯》2000年增刊。

3.关于货运代理人是否应当承担无单放货责任的抗辩

分析报告显示，共有 7 个案件提出了该类抗辩，其中法院采纳的有 4 个，占该类案件总数的 57%；不采纳的有 3 个，占该类案件总数的 43%。例如，在(2000)广海法商初字第 198 号判决书中，承运人抗辩“原告在承运协议和托运单中均明确指出船公司为长荣公司，长荣公司才是承运人。被告出具的提单与事实不符，不具法律效力，不能认定被告为承运人。被告是原告的托运代理人”。法院认为，被告以承运人名义与原告签订承运协议，合同有效，被告为承运人。被告不能证明原告与长荣公司和民生公司签订运输合同，故被告关于其是托运人代理人的抗辩不采纳。被告认为提单内容与事实不符，不具法律效力的主张不能对抗善意的提单持有人。

货运代理人是代表进/出口商进行装/卸货物、储存货物、安排当地运输、对他的顾客索要支付款项等业务活动的佣金代理人。[①] 在国际海上货物运输中，由于货运人代理人并没有签发提单，其不可能取得承运人的身份，不具有交付货物的义务，只是履行与托运人所建立的货物代理合同关系。托运人无权向货运代理人主张无单放货，只能主张代理不当的法律后果。然而，随着货运代理业务的发展，货代经营范围不断扩大，货运代理人的性质在某些情况下也发生了变化。例如，在多式联运中，货代往往以承运人身份签发多式联运提单，从而取得无船承运人的地位，除承担货运代理的风险和责任外，还应依法承担承运人在货物运输过程中所应承担的法律责任。因此，无船承运人无单放货，当然应承担相应的法律后果。

但在实务中，对被告究竟是以托运人代理人身份安排运输还是以承运人身份负责运输，往往成为原被告双方争执的焦点。我们认为，货运代理人的认定，首先应看其与托运人所订立的合同的内容和方式。如果双方在合同中明确货代代理运输和承办报关等进出口物手续，并以代理人的身份安排中转运输，那么货运代理人是一种纯粹的货运代理。然而，实践中双方的协议内容并不能使第三者一望便知货运代理人的身份，它没有写明是委托代理公司安排运输还是由其自己运输，有的甚至没有书面协议。在这种情况下我们认为可以适用以下判定标准：(1)是以自己(货代)的名义还是以承运人名义与托运人订立运输合同；(2)是否以自己的名义签发提单；(3)是否代表自己或承运人收承运费。[②]

(三)关于诉讼时效的抗辩

在此 153 份案卷中，共有 15 个案件提出了有关诉讼时效的抗辩，占案件总数的 9.8%。其中，法院对该类抗辩采纳的有 4 个，约占 27%；不采纳的有 12 个，比例高达 73%。

1.关于《海商法》第 257 条规定能否适用于提单持有人选择侵权为诉因就无单放货向承运人起诉的问题

共有 4 个案件提出了该类抗辩，其中法院予以采纳的有 1 个，占该类案件总数的 25%；不采纳的有 3 个，占该类案件的 75%。

在该问题上法院一般认为无单放货纠纷属于在海上运输中发生的纠纷之一，《海商法》

---

① 联合国亚太经济与社会理事会编著：《货运代理》，刘洪俊、郭萍编译，大连海事大学出版社 1997 年版，第 1 页。

② 郑曹、阎晓辉：《再论海上货物运输索赔中承运人的识别》，载《世界海运》1999 年第 6 期。

第257条表明，不论案件的性质是违约还是侵权，只要发生在海上货物运输过程中，向承运人索赔均适用一年的时效。从民法和海商法的关系来看，海商法为特别法，因此应优先适用《海商法》的规定。而(2000)大海法商初字第289号判决书是该类案件中唯一一个法院对抗辩理由予以采纳，适用两年普通诉讼时效的案件。法院在认定中认为案件的纠纷属不当得利纠纷，应适用《民法通则》两年的诉讼时效的规定，因此认定原告起诉未超过诉讼时效。

对于《海商法》第257条的规定，学界同样存在不同观点。绝大部分学者认为无单放货，无论诉因如何，均适用《海商法》第257条一年时效期间的规定。也有少数学者认为，当事人如果以违约起诉，可以适用上述一年的规定；但如果提起的是侵权之诉，那应该适用《民法通则》中有关普通诉讼时效期间两年的规定①。

学界的分歧的根本原因在于对《海商法》第257条规定的“就海上货物运输”这一用语的理解不同。这里的“海上货物运输”并没有明确是海上运输合同之诉，还是包括涉及海上运输侵权之诉。我们认为，这里的海上货物运输，指承运人订立的运输合同中的海上货物运输的义务。而交付货物是货物运输合同义务的最后一个环节，因此无单放货就构成了对运输合同的违反，那么提单持有人以违约起诉时，当然应当适用一年的时效规定。同时，放货行为作为海上货物运输环节的一部分，权利人对无单放货以侵权起诉时，同样可以视为是“就海上货物运输”提起的请求权。在2002年全国涉外民商事海事审判工作座谈会上，司法界也明确这一意见：《海商法》规定的海上货物运输向承运人要求索赔的请求权，无论以何种诉因提出，时效为一年。

对于向非承运人以外其他人提起的诉讼，能否适用《海商法》第257条规定的问题。我们认为，短期时效的目的在于帮助承运人尽快地摆脱诉讼的困扰，集中精力投入到海上营运中去，从而推动海上货物运输事业的发展。实际承运人、承运人和实际承运人的代理人、雇佣人，都是事实上从事海上运输的人，他们除了与承运人利益密切相关外，同时也关乎着航运业的发展，因此没有理由不对他们予以短期时效的保护。当然，提货人、保函提供人和港口经营人，他们属于陆上经营者，如果也对其进行短期时效的保护，显然与该时效设置的价值理念不相符合，而应适用《民法通则》的两年诉讼时效。所以针对不同的主体，应实行不同的时效制度。

2.关于无单放货的诉讼时效从何起算的问题

共有8个案件涉及该类抗辩，其中法院予以采纳的有2个，占该类案件总数的25%；不采纳的有6个，占该类案件总数的75%。

承运人提出的关于诉讼时效的抗辩大部分都是围绕对《海商法》第257条规定的“承运人交付或应当交付之日”的理解而产生的。承运人对交付的理解仅仅是将货物交给目的港的收货人或无单提货人，而法院一般认为货物交付之日是指承运人向收货人实际交付日期。这里的交付应当是合法的、适当的交付，即承运人应向正本提单持有人交付货物并收回正本提单，承运人在未收回正本提单的情况下将货物交给他人，不构成海商法意义上的交付。时效不应当从其无单放货的实际日期计算，只能从应当交付之日起计算。所谓“应当交付”是

① 许光玉、龙玉兰：《有关提单若干法律问题的论述(之四)》，http://www.ccmt.org.cn/hs/explore/exploreDe-Ml.php?sld=516，最后下载日期：2003年12月11日。

法律上的一种拟制交付，货物已经放掉，只能以法律逻辑来推论。以假如货物尚在承运人掌握之中，合法的提单持有人得向其提示提单，主张交付货物的最早日期为承运人应当交付货物的日期。如果在运输合同中明确约定了交付日期的，该约定日期将被视为应当交付日；如果约定交货时间为一段期限，则应视期限届满之日为应当交付日。

学术界对无单放货的诉讼时效从何时起算，存在不同的观点：一是从权利人知道或者应当知道其权利受到侵害之日起；二是从承运人交付或者应当交付之日起。我们认为，从民法的角度来起算诉讼时效的观点是不妥的。首先，海商法是特别法，根据特别法优先于普通法的一般法理，应适用《海商法》关于诉讼时效的特别规定。其次，由于海上运输的特殊性和航海惯例，权利人很可能是在提单的层层转让，很长一段时间后才知道无单放货的事实。如果从知道或者应当知道权利受侵害之日开始起算，这对承运人有些不公平。[①] 最后，收货人持有正本提单后应及时提取货物，这是收货人的基本义务和责任。收货人按时向承运人主张提单项下的货物时，上述第一种观点，不利于敦促提单持有人及时履行提取货物的义务。而在签发提单的情况下，承运人应向正本提单持有人凭单放货。承运人无单放货，其交货义务就没有完成，所以无单放货不是《海商法》第257条中所说的“交付”。若无单放货的诉讼时效从实际放货或货物实际到港之日开始计算，由于无单放货是不适当的交付，时效的起算过早，且时效完全在承运人容易控制范围之下，不利于保护收货人。因此，无单放货的时效也不应从承运人“交付”货物之时起算。我们认为，时效从承运人“应当交付”之日起算，对承运人有利，也兼顾了提单持有人的利益，使他有足够的时间来提货。同时，“应当交付”之日起算，等于从提单持有人应当提取货物的最后之日开始计算，可以促使提单持有人积极主张自己的提货权利[②]。

#### （四）无单放货后，托运人和收货人达成还款协议并实际得到部分履行时，承运人是否应当承担无单放货责任的抗辩

在这次调查所涉153份案卷范围内，共有11个案件提出了此项抗辩，占案件总数的7.2%。其中，法院采纳的有2个，约占该类案件总数的18%；不采纳的有9个，约占该类案件总数的82%。

在(1997)广海法深初字第75号判决书中，法院认为托运人在知道货物运抵目的港被第三人提走，在近一年的时间内未向承运人，承运人的代理人及港口经营人主张提单权利，同时对第三人无单提货不仅没提出异议，且不向第三人主张贸易合同项下的货款。托运人认同了第三人的提货行为，以及应向其交付的事实，同时亦确认了国际贸易合同买方提取货物的合法性，原告和第三人之间的债权债务关系已得到了部分履行。因此本案所涉提单据以提货的权利基于当事人的合意而终止，标志着该提单已不再具有物权凭证的效力。

而大部分法院对承运人的该项抗辩予以驳回，认为托运人在买卖关系和运输关系中分别享有相互独立的索赔权利，但获得的赔偿只能是一个。其与收货人进行协商，是在买卖关系中的权利的行使，并不影响其在运输合同关系中索赔权利的行使，也不必然视为对放货行为的认可。

---

① 王伟：《无单放货法律对策研究》，载《国际经济法论丛》第6卷。

② 王伟：《无单放货法律对策研究》，载《国际经济法论丛》第6卷。

在学界，提单物权功能相对说学者认为，提单的物权功能是受条件限制的，如果提单持有人事先同意承运人无单放货，或者在得知承运人无单放货后，与提货人达成赔偿协议，不论该协议是否履行，均应认为是提单持有人对承运人无单放货的认可，此时提单便不再具有物权凭证功能，承运人不再对该提单承担法律义务。提单物权功能绝对说学者认为，提单的物权功能直接源于法律的规定，提单持有人在得知货物被无单取走后，先向提货人或者卖方交涉，主观上是为了防止损失的扩大，客观上也有可能彻底解决纠纷，减轻甚至免除承运人的责任，因此具有积极的法律意义。该行为本身并不涉及提单物权功能问题，如果因为此得出提单不再具有物权功能的结论，不仅没有法律根据，也于理不通①。

我们认为承运人的该抗辩不能成立。首先，提单持有人往往既是提单关系中的权利主体，又是贸易合同中的权利主体，提单持有人就此拥有两个独立的债权，对每一个债权他都有权主张，选择起诉一方后并不必然丧失对另一方的诉权，这是不真正连带之债。提单持有人既向承运人主张权利，又向买方主张货款。如果从一方得到了全额赔偿，他不能再从另一方得到重复赔偿。从提单机制看，提单赋予提单持有人对承运人的直接权利，并不是取代其在买卖合同项下对卖方的权利，而是赋予其双重保护。

其次，提单作为物权凭证功能，现今已受到不少学者的批驳。提单产生于运输环节，注销于运输环节，在运输环节中并不具有物权凭证效力，只是海上货物运输合同的证明和货物收据以及承运人据以保证交付货物的凭证。提单债权关系是一种独立的法律关系，这种法律关系的主体只能是承运人和提单持有人。承运人依提单的记载对提单持有人负责，承运人承担的仍是他在签发提单时预见得到并给予承诺的义务，提单持有人有权依据提单要求承运人交付货物。

（五）无单放货与本案损失之间不存在因果关系，承运人是否应当承担无单放货责任的抗辩

在这次调查所涉的153份案卷范围内，共有4个，占案件总数的2.6%，具体可分为以下两种情况：

1.承运人无单放货后提货人在报关过程中因涉嫌走私而导致货物被没收，共有3个案件提出了该类抗辩，法院对该类抗辩均予以采纳。例如，(1999)辽经一终字第47号判决书中承运人抗辩“货物在卸货港被认定为走私货物并被没收，因此导致承运人不能交付，说明承运人没有过错，根据《海商法》第51条第1款第5项‘政府或者主管部门的行为、检疫限制或者司法扣押’承运人可以免责”。法院认定承运人虽然是在货物被认定为走私之前就有放货行为，存在过错，但是其过错与货物被海关罚没之间没有因果关系，承运人不承担责任。

我们认为，无论是将无单放货的责任认定为违约责任还是侵权责任，都要求损害事实与违约行为或侵权行为之间存在因果关系，这是追究承运人违约责任或侵权责任的构成要件之一。《2001年全国海事法院院长座谈会纪要》中也强调，承运人应承担与无单放货行为有直接因果关系的损失赔偿责任。在提单项下的货物为走私货物的情况下，无论承运人是否无单放货，该批货物都要被海关罚没，因此货方损失原因在于该货物是走私货物，与承运人无单放货行为无关。无单放货行为与货方收不到货物之间没有因果关系，承运人不需要承

① 李守芹：《海运提单焦点问题透视——无单放货责任纲论》，载《海商法研究》2001年第4辑。

担责任。

但也有人认为，承运人无单放货的行为在先，提货人的提货行为在后，尽管提单项下的货物涉嫌走私，但由于承运人无单放货的行为已经完成，所以，承运人仍应对提单持有人承担无单放货的法律责任。我们认为，从追究承运人无单放货的法律责任的构成要件分析，不论是违约责任还是侵权责任，均强调该违约行为或侵权行为与损失产生之间存在因果关系，关于是无单放货行为还是提货行为谁在先的问题，只是影响因果关系成立的时间因素，而非决定因素。走私货物本为法律所不容，是违法犯罪行为，从社会公平正义原则出发，应坚决予以追究，不存在免责或逃避法律责任，更不能因无单放货反而得到法律救济，而使犯罪嫌疑人如数得到走私货物的赔偿责任。

2.承运人无单放货后买卖合同双方对货物的质量产生纠纷，银行拒绝承兑信用证项下的货款，托运人是否有权对承运人主张赔偿损失。在本次调查中只有一个案件提出了该类抗辩事由。在(2000)广海法深字第 47 号判决书中，承运人认为其无单放货行为与原告收不到提单项下的货款没有因果关系，向法院主张驳回原告的诉讼请求。法院采纳了承运人的该项抗辩，法院认为造成银行拒付的原因在于货物质量不符合进口国家的法律规定，托运人不能将其在国际贸易中的过错责任，以无单放货的为由转嫁给承运人。

我们认为，导致银行拒付货款的根本原因是货物质量不符合买卖合同的约定，托运人不能将其在国际贸易上的过错责任，以无单放货为由转嫁给承运人。托运人在买卖合同中未能收回货款与承运人无单放货并无直接的因果关系，因此对承运人无单放货赔偿责任应予免除。

### （六）记名提单项下，承运人验明收货人身份后无单放货是否应承担无单放货责任的抗辩

在这次调查所涉的 153 份案卷范围内，共有 10 个案件提出了此项抗辩，占案件总数的 6.5％。其中，法院采纳的仅有 1 个，占该类案件总数的 10％；不采纳的有 9 个，占该类案件总数的 90％。

承运人在签发不得转让的记名提单的情况下，一般认为其只要将货物交付给提单上面的记名收货人，就已经正确、恰当地履行了托运人和承运人双方运输合同的规定的交付义务及《海商法》第 71 条规定的保证义务，无须收回正本提单。

而在 2002 年 8 月全国涉外民商事海事审判工作座谈会上，我国司法界基本形成了一致意见："根据《海商法》的规定，记名提单不得背书转让。在货物交付前，托运人可以凭其持有的记名提单行使中途停运权，甚至与收货人协商修改提单的记载事项。但是在货物交付之后，托运人即丧失了对其所持有的提单项下货物的任何权利。托运人凭记名提单向承运人主张无单放货货款损失的，其诉讼请求不能得到保护。"①因此，法院对该抗辩一般持否定态度，认为我国《海商法》第 71 条明确了提单是承运人据以交付货物的保证，即承运人必须凭提单交货，并未区分记名提单与不记名提单，后半条还说明了三种形式提单下承运人交付货物的对象，确定了提单是承运人据以向记名收货人，提单指示的收货人，提单持有人交付货物的保证，亦未规定在记名提单项下，承运人可以不凭正本提单交货，因此在记名提单项下

---

① 司玉琢：《海商法专题研究》，大连海事出版社 2002 年版，第 207～208 页。

承运人仍应凭正本提单放货。记名提单项下适格的收货人应当具备两个条件，即为记名提单记载的收货人和持有正本提单。承运人未凭正本提单即使将货物交给提单上记载的收货人也不能免责。

这次调查中只有一个案件法院采纳了此种抗辩。在(2002)广海法初字第337号判决书(江西省粮油食品进出口公司诉蛇口万通货运代理公司、川崎汽船株式会社海上货物运输合同交货纠纷)中，在该案中法院认为，涉案提单是记名提单，除非承运人在交付货物之前收到了托运人变更货物收货人或停止交付货物的指示，承运人将货物交给记名收货人即履行了其承运人的义务，有无收回提单不影响提单持有人的权益，不应当承担无单放货的责任。

学术界关于在记名提单下，承运人验明收货人身份后无单放货是否应承担责任存在两种不同的观点。不少学者的观点与上面2002年8月全国涉外民商事海事审判工作座谈会上我国司法界形成的意见相似，认为记名提单上的收货人只有向承运人出示提单，"才能证明其与承运人之间的运输关系的存在，其具有提单项下的权利，承运人向其交付货物才有根据，才不至于损害托运人的利益"①。

我们认为，这种观点并不可取。托运人在要求签发记名提单的时候，就应当知道这种提单不能转让给收货人之外的第三人，不能进入贸易领域内并流转，不能被用来作为结汇的单证，也就失去了银行作为付款的保障这种较为保险的支付方式。也就是说托运人应当意识到用记名提单来保证货款的支付风险会比较大，如果为了保障能够得到货款，托运人完全可以采取要求承运人签发指示提单的做法，通过银行结汇。而既然要求签发记名提单，则可以认为托运人认识到了其中的风险并可以承担这种风险。贸易合同和运输合同是两个不同的法律关系，如果托运人通过控制提单来保障货款的支付，要求承运人在已经得知货物唯一合法的收货人的情况下，还要凭正本提单交货，事实上就相当于把贸易合同中的一部分风险转嫁到了承运人的身上，给承运人加重了负担，使得承运人明知道提货的人根据运输合同有权提取货物，但是由于其与托运人贸易上的原因而没有得到正本提单，而不能交付货物，使承运人无所适从。一方面收货人要求提货而不能交付，另一方面要继续负担货物在其掌管下所要承担的风险和支出的费用，这对承运人来说不太公平。

我们认为，《海商法》的规定并没有强制要求承运人必须向持有记名提单的人交付货物，而是规定承运人应向提单上已经载明的记名人交付货物，承运人对记名提单下的无单放货不应承担任何责任。提货人持有正本记名提单只是承运人判断收货人的重要依据之一，作为持有记名提单的收货人不是通过出示记名提单而提取货物，而是通过证明其系记名提单上的记名人并因此有权提取货物。所以，若有其他证据能够证明收货人的真实身份，即使提货人没有出示记名提单正本，承运人查明无误后仍可向其交付货物。

在实践中，记名提单一般只在运送展览品、个人贵重物品等特殊物品时才采用，且常用于短途运输，正本提单迟到的现象司空见惯，强制要求凭借正本记名提单交付货物是不可行的。同时，记名提单虽在形式上是提单，但实质应属不可流转的收据。因此，作为承运人没有必要确认货物所有权的归属，只需正确识别交付对象即可，在核实收货人的身份后，就可放货。所以，承运人无须就记名提单的无单放货承担法律责任。

---

① 李守芹:《海运提单焦点问题透视——无单放货责任纲论》，载《海商法研究》2001年第4辑。

(七)卸货港法律或卸货港港口惯例允许无单放货的情况下,承运人是否应当承担无单放货责任的抗辩

在这次调查所涉的153份案卷范围内,有3个案件提出了此项抗辩,占案件总数的2.0%,法院对该项抗辩均不予采纳。

在这3个案件中承运人认为无单放货行为符合目的港的法律规定或目的港港口惯例,其不应当承担无单放货的法律责任。比如,在(2002)粤高法民四终字第26号判决书中,承运人认为该案件适用侵权行为地法,即依多米尼加法律,当地港务局负责收货并交付给收货人,因此承运人将货物交给当地港务局并没有过错。当地港务局将货物无单放给提货人,与承运人无关,承运人不承担责任。二审法院认为,多米尼加法律并不能说明承运人在目的港交付货物后就无权控制货物或者对货物的放行错误完全免责,而且港务局的交货行为视为承运人代理人行为。

我们认为,如果卸货港的法律有允许无单放货的规定,且货物依据上述法律无单交付,承运人并不因此违约。但是,卸货港的此类法律规定须经过严格的举证证明。① 同理,如果卸货港的港口习惯允许无单放货,而该习惯经反复实践而成为航运惯例,只要不违背当地法律强制性规定,且当事人约定加以适用的情况下,承运人无须就无单放货承担法律责任。"惟这港口习惯必须是严格意义上的,即必须合理、明确,与合同相符,被普遍接受,并不和法律相抵触。"②同时,应将港口习惯与实践做法严格区分,承运人根据实践做法无单放货是不受保护的。但在实践中,承运人想通过举证证明此类法律或港口惯例的存在并不容易。

此外,如果卸货港法律规定货物先交给港口或海关,而后由港口或海关将货物交付给收货人,这时的收货人即可无须出具提单就提取货物。在中南美洲国家,将货物交由海关保管并由海关无单放货的现象很普遍。《联合国海上货物运输公约》第4条规定,根据卸货港适用的法律或法规,将货物交付给必须交付的有关当局或其他第三方,属于该规则的三种交付方式之一。2002年联合国贸发会运输法草案中也明确规定,在卸货港法律或法规要求货物交付给第三方的情况下,承运人无须承担无单放货的法律责任。因此,广东高级人民法院的上述判决是值得商榷的。

## 四、无单放货案件证据问题的分析

目前我国无单放货的纠纷中,当事人提交的证据中有许多证据尤其是书证由于不符合法律规定的形式上的要求而不被法院作为认定事实的依据。在这次调查所涉的153份案卷范围内,有11件案件就因为当事人提交的证据不符合法律规定的形式上的要求,而使得当事人直接承担败诉的后果,占7.2%。

在总共153件无单放货的案件中,其中对诉讼双方当事人之间是否具有合同关系进行举证的案件有30件,占19.6%。对货物在目的港状态进行举证的案件有17件,占11.1%。对于案件中原告方提出的界定损失范围进行举证的案件有21件,占13.7%。对于原告方的损失与被告的行为之间的因果关系进行举证的案件有22件,占14.4%。

---

① 杜建星:《承运人在无单放货索赔中的抗辩》,载《中国海商法年刊》2001年版。

② 杨良宜:《无提单交货》,载《中国海商法年刊》1994年版。

从分析上述案件可以发现以下问题：

1.在无单放货的纠纷中，大量书证由于缺乏形式上的证据力，而在诉讼中不被作为认定事实的依据，主要原因有：

(1)在无单放货的纠纷中，由于纠纷中的各方当事人往往属于不同国家，许多证据特别是书证往往形成于国外。对于国内的当事人来说，由于其在国外缺乏代理人，要取得有关货物在运输过程中或者在目的港的状况的证明相当困难。

(2)法律对境外证据在形式上的要求极为严格。根据最高人民法院《关于民事诉讼证据的若干规定》第11条：当事人向人民法院提供的证据系在中华人民共和国领域外形成的，该证据应当经所在国公证机关予以证明，并经中华人民共和国驻该国使馆予以认证，或者履行中华人民共和国与该所在国订立的有关条约中规定的证明手续。当事人向人民法院提供的证据是在香港、澳门、台湾地区形成的，应当履行相关的证明手续。第12条：当事人向人民法院提供外文书证或者外文说明资料，应当附有中文译本。由于国内当事人在取得境外证据时已相当困难，法律同时对其取得的证据苛以严格的形式上的要求，更加大了国内当事人举证的困难。另一方面境外外籍当事人要在境外获得形式上合格的证据，也要办理相当烦琐的手续。有些国家，如菲律宾不设公证机关，相关的证明事宜均由律师作证当事人已经在其面前宣誓，但律师仅对其证明的内容进行形式上的审查而不进行实质上的审查；然后还要到当地的法院对律师在其证明书上的签名进行确定，以证实其签名属实；接着还得到该国的外交处证实法院盖章的真实性；最后到我国驻该国大使馆对外交处的盖章进行认证，如此方能取得一份形式上合格的证据。而且最高人民法院《关于民事诉讼证据的若干规定》第33条和第34条中规定了举证时限制度，所以当事人要在举证时限内获得形式上完全合格的境外证据又相当的困难。

2.法院对当事人举证责任的分配自由裁量的空间过大，且各个法院做法不一。

在我国，由于受诸多因素的影响，《民事诉讼法》及相关的解释对举证责任的规定过于原则、笼统，弹性较大，可操作性不强，因而在司法实践中有很大的任意性。《民事诉讼法》第64条第1款规定：当事人对自己提出的主张，有责任提供证据。一些教科书将其理解为：原告对自己提出的主张，应举证证明；被告对自己提出的主张，应举证证明；第三人对自己提出的主张，也应举证证明。① 但我国民事诉讼法的上述规定并不能真正解决证明责任分配问题，因为它仍然停留在“谁主张，谁举证”这一基本的表层上，而没有深入到举证规则的核心部分，其无法引导法官对案件中出现事实真伪不明时作出正确的裁判。审判实践中，法官由于对举证责任的含义缺乏正确理解，在当事人不能提供证据或者不能提供充分证据时也不敢作出判决，甚至在事实真伪不明时回避裁判或者拒绝裁判，违背法官不得拒绝裁判的司法原则。为了弥补《民事诉讼法》关于举证责任规定的缺陷，《海事诉讼特别程序法》于2000年7月1日起实施，最高人民法院也出台了《关于民事诉讼证据的若干规定》并于2002年4月1日开始实施，然而前者对无单放货纠纷中举证责任的分配问题并未作出明确的规定，而后者虽对民事诉讼中举证责任分配的问题作了详细的规定，但由于海事案件的特殊性以及对海上货物运输的特有风险的救济，无法完全适用后者中对民事举证责任分配的一般规则。

---

① 柴发邦：《民事诉讼法学新编》，法律出版社1992年版，第224～225页。

于是在实务中,各个法院依自由裁量对无单放货举证责任进行分配,出现了一审法院将货物在目的港的状态的举证责任归由原告承担,而二审却将其归为被告负担的局面。

在所调查的无单放货案件中案件的待证事实主要集中在以下四个方面:(1)以违反运输合同或者提单的约定为诉由的诉讼中,对双方当事人是否存在合同关系所进行的证明。(2)货物在目的港的状况的举证责任的分配。(3)对正本提单持有人因承运人无单放货所受损失范围的证明。(4)在以侵权为诉由的诉讼中,对提单持有人所受损失与承运人无单放货行为之间的因果关系的证明。在司法实践中,法官对以上几方面举证责任的分配以及证明要求的认定往往会成为决定诉讼结果的关键。

针对以上问题,我们进行了如下分析:

1.针对目前我国在无单放货的纠纷中,大量书证由于缺乏形式上的证据力,而被剥夺证据资格,在诉讼中不被作为认定事实的依据的问题,其主要原因在于当事人在境外取得证据十分困难。目前我国对境外文书必须经过公证的要求过于严格,一般不认可未经公证的境外文书的证据效力。经过公证的境外文书无疑具有很强的证明力,但未经公证的境外文书是否连证据资格都不具有了呢?我们较为赞同张永泉教授的观点,认为对于境外证据不应当限制其证据资格,不论什么形式的书证,都应当具有证据资格。我国法官既是法律适用者,又是事实审理者,在这一点上与大陆法系国家相同。为了充分保证发现案件真实,应当尽可能地让法官有机会获取或得到有关的信息资料,包括各种形式的书证资料。至于这些书证是否能够证明案件事实,或者在多大程度上证明案件事实,即有无证据力或证据力的大小,应当由法官综合案件的各个证据资料以及当事人的辩论意见进行评判。有些境外证据虽未经公证,但其与案件的其他证据能形成证据链,有其他证据材料作为印证,就应当在某种程度上肯定其证据效力,而将其作为法官认定事实的依据。①

2.针对目前我国对当事人举证责任的分配自由裁量空间过大,做法不一的问题,由于在诉讼中对案件各项事实的证明都涉及举证责任的分配,法律不可能对各个待证事实的举证责任的分配均作出详细的规定,所以必须制定出统一的原则,以便在实务中法官分配举证责任时作为指导:(1)凡主张权利或法律关系存在的当事人,只需对产生该权利或法律关系的要件事实负证明责任,不必对不存在妨碍该权利或法律关系发生的事实负证明责任,存在妨碍该权利或法律关系发生的事实的证明责任由否认权利存在的当事人负担。(2)凡主张原来存在的权利或法律关系已经或者应当变更或消灭的当事人,只需就存在变更或消灭权利或法律关系的事实负证明责任,不必进一步对不存在妨碍权利或法律关系变更或消灭的事实负证明责任,这类事实的存在亦由对方当事人主张并负举证责任。(3)凡主张权利受制的当事人,应当对排除权利行使的事实负证明责任。②

根据以上原则,对于上述实务中法院关于举证责任分配主要集中的几个问题作以下处理:(1)一般来说,在原告根据合同要求被告承担违约责任时,如果被告否认双方曾经订立合同,应由原告对产生合同权利义务关系的事实负举证责任。这主要是根据最高人民法院《关于民事诉讼证据的若干规定》第5条:在合同纠纷案件中,主张合同关系成立并生效的一方

---

① 张永泉:《民事证据采信制度研究》,中国人民大学出版社2003年版,第114～115页。

② 李浩:《民事证明责任研究》,法律出版社2003年版,第149页。

当事人对合同订立和生效的事实承担举证责任。(2)我国各个法院对货物在目的港的状态的举证责任持有不同意见。若根据前述举证责任分配的原则,由于原告主张被告于目的港将货物无单放行,则其必须对此承担举证责任。然而由于货物自交被告承运时起,就一直处于被告的掌握之下,原告若要于被告处取得货物状态的证据相当困难,所以此时有必要对货物状态的举证责任进行重新分配。根据传统的举证责任分配的危险领域说,当损害之原因既非发生于被告本身之危险领域内,又非大量发生于第三人之危险领域内,而完全发生于被告之危险领域内时,被害人就上项危险发生领域的举证责任转换于被告。① 所以应将对货物的状态的举证责任交由被告承担,以实现举证责任分配的合理性。(3)在无单放货的案件中,关于货物损失的范围是由原告所提出的积极的主张,所以原告应对其积极的主张承担举证责任。被告若对原告所受损失持否定态度,其无须具体证明原告方所受损失,只需将原告方所提出的损失证明至真伪不明的状态即可,进一步的证明责任将由原告承担。(4)学界通说认为对于货物损失与放货行为之间因果关系的举证责任应由原告负举证责任。实务中原告方一开始只是简单地证明两者之间存在因果关系,然后被告方提出原告方所受损失是由其他原因直接造成的,与其没有直接因果关系,再由原告具体举证其损失是由被告的行为直接造成的。

## 五、无单放货案件中管辖权问题的分析

在这次调查所涉的153份案卷范围内,其中有39份承运人住所地在国外,所占比例为25.4%。在这39份案件中又有17份提出了管辖权异议,所占比例为43.5%。其中被法院驳回管辖权异议的案件为17件,在驳回的17个案件中,有3个案件是因为申请人超过答辩期间提出而被驳回。

由于无单放货可能存在责任竞合,提单持有人或托运人可能选择违约为诉因,也可能选择侵权为诉因。当提单持有人选择违约之诉时,根据《民事诉讼法》第28条和《海事诉讼特别程序法》第6条第2款第2项的规定,因海上货物运输合同纠纷提起的诉讼,由运输始发地、目的地、转运港或者被告住所地所在地的海事法院管辖;当提单持有人选择侵权之诉时,根据《民事诉讼法》第29条的规定,因侵权行为提起的诉讼,由侵权行为地或者被告住所地所在地的海事法院管辖。根据最高人民法院《关于适用〈中华人民共和国民事诉讼法〉若干问题的意见》第28条的规定,侵权行为地包括侵权行为实施地、侵权结果发生地。

而如果承运人住所地在外国,法院在确定案件的管辖权的时候,出发点是最密切联系原则,从该原则出发从而确立国内海事法院对案件的管辖权。在这种情况下,承运人主张适用外国法律,提出管辖权异议往往被驳回。在当事人之间不存在有效管辖协议或仲裁协议的情况下,涉及管辖权争议的并不太多;审判实践中争议最多的问题是关于提单管辖权的效力认定。然而对于该问题各海事法院一直没有统一的做法,我国法律对提单管辖权条款的效力没有作出明确规定,司法实践中需要法院依据民法、民事诉讼法的相关规定作出判断。我们根据本次无单放货案卷的调查,对我国法院确认提单管辖权条款的做法作出归纳:

---

① 程春华主编:《民事证据法专论》,厦门大学出版社2002年版,第64页。

1.法院对于非提单法律关系当事人援引提单管辖权条款的态度

提单法律关系具有相对性,管辖权条款亦有相对性,对提单法律关系之外的第三人不具有约束力。在广东省高级人民法院审理的上诉人新会市金元金属制品厂有限公司与被上诉人北欧国际货运有限公司、原审原告铁行渣华荷兰公司因无单放货纠纷管辖权异议上诉案中,被上诉人提出管辖权异议,认为该案应由香港法院管辖。广东省高级人民法院认为,本案是无单放货纠纷。被上诉人作为承运人向托运人上诉人签发了格式提单,故本案所涉提单的当事人是被上诉人和上诉人。原审被告铁行渣华公司并非该提单的当事人,因此本案所涉提单的条款对铁行渣华公司没有约束力,法院遂决定案件由广州海事法院审理。

2.法院对当事人以侵权诉由排除了提单管辖权条款的适用的态度

此种情况属于违约责任与侵权责任的竞合,当事人有选择权。在当事人以侵权为由提起诉讼而非以合同关系提起诉讼的情况下,法院应依据侵权管辖的连接点取得管辖权,而不受提单管辖权条款的约束。在江苏省灌云县国际经济贸易公司诉法国达飞轮船(中国)有限公司及其深圳办事处无正本提单放货损害赔偿案中,上海海事法院以江苏省灌云县国际经济贸易公司提起侵权之诉,不受提单背面管辖条款约束为由,驳回了被告法国达飞轮船(中国)有限公司及其深圳办事处的管辖权异议。

3.法院针对提单管辖权条款涉及对等原则的态度

在上海海事法院审理的浙江省工艺品进出口集团公司诉香港金发船务有限公司海上货物运输合同争议案中,被告依据提单中关于"提单争议由香港法院处理"的约定提出管辖权异议。经过审理,上海海事法院以香港法院曾对中国内地航运公司的提单管辖权条款的效力予以否认为由,裁定驳回了被告的管辖权异议,认为香港法院曾对中国内地承运人的提单管辖条款效力予以否定。那么根据对等原则,中国内地法院有权利否定香港船公司提单背面管辖条款的效力,这也符合国际惯例及对等互惠原则。

从以上分析可以看出,我国法院对提单管辖权的条款的处理意见很不统一。法院一般根据最密切联系原则,或者以提单管辖权条款不能约束实际承运人为由,或者以对等原则为由确定我国法院对案件的管辖权。因此从立法和实践看,关于提单管辖权效力问题也一直处于一种不稳定的状态。①

我们认为,提单管辖权条款对双方当事人均具有法律效力。但首先应当分析提单的管辖权条款是否属于当事人之间的协议管辖权条款,是否体现了当事人意思自治的原则。当提单纠纷发生在提单持有人或收货人与承运人之间的时候,提单持有人或收货人基本上没有意思表示的自由。他们是通过付款赎单或通过转让才得到提单的,是事后才知道有关争议解决条款的内容的。在这种情况下就不能认定有关管辖权条款是当事人之间自由意思的表达。只有在该条款没有违反法律的限制性规定的时候,才应当确认其有效。

关于实际承运人是否适用管辖权条款的问题。我们认为实际承运人的责任来源于法律的规定,其和托运人之间并没有运输合同,不是来源合同约定。根据海商法的规定,提单是海上货物运输合同的证明,提单的管辖权条款是海上货物运输合同的条款之一,因此该条款不能约束实际承运人。

---

① 《关于提单管辖权等条款的效力的问题和答复》,载《中国海商法协会通讯录》1993 年第 2 期。

## 六、无单放货案件中法律适用问题的分析

目前我国有关无单放货的纠纷中还有相当一部分案件涉及法律适用问题的争议。在调查所涉153件案件中，有24件案件涉及法律适用的争议，占案件总数的15.7%。

我国法院在无单放货的纠纷解决中，基本上适用我国《海商法》。在153件案件中，法院在判决时最终适用我国法律的有152件，占99.3%；仅有1件案件适用外国法，仅占0.7%。在152件适用我国法律的案件中，有151件适用我国《海商法》，占99.3%；仅有1件适用我国《民法通则》，占0.7%。

在涉及法律适用问题的案件中，法院认定法律适用的判决理由呈现多样性。在总共24件涉及法律适用的案件中，其中有7件案件法院认定适用侵权行为地法，占29.2%。在此7件案件中，有4件案件明确适用侵权结果发生地法，占57.14%。在总共24件涉及法律适用的案件中，有6件根据最密切联系原则来确定案件所适用的法律，占25%。在总共24件涉及法律适用的案件中，有3件案件提单背面载有有效的法律适用条款，本应适用外国法或者我国香港地区的法律，但因提单记载的法律无法查明，所以适用我国法律，占12.5%。在总共24件涉及法律适用的案件中，有5件案件虽提单背面已载有有效的法律适用条款，但双方当事人根据意思自治原则重新选择提单所适用的法律，占20.8%。在总共24件涉及法律适用的案件中，有1件案件法院以不能适用与我国法律相反的国际惯例为由而适用中国法，占4%。

从上述案件的分析中可以发现：无单放货纠纷中涉及的法律适用问题相当复杂的，其不仅因原告方选择的诉因不同有不同的选择结果，而且依据管辖法院的态度及其处理案件所遵循的原则。由于目前我国没有独立的国际私法典，对法律适用的规定散见于各个部门法中，所以有必要对无单放货中的法律适用进行一次系统的梳理。从本次调查的结果中可以看出，主要存在以下几方面的问题。

1.无单放货纠纷中关于适用法律的争议的比例较高

当前我国正处于对外开放不断深化的时期，尤其在经济全球化日益加剧的历史背景下，外来的贸易和投资往往构成一国经济发展的基础。外国的投资者与我国的贸易者进行商业上的来往，其主要目的在于获得最大的利益。然而此时各国法律差异往往造成一个重大的贸易壁垒。由于外国投资者对我国法律的了解程度及信任程度都十分有限，远远比不上其对本国法律的了解和信任程度，所以其无法预期我国法律对其贸易行为作何评价。在这种情况下，为了能更好地吸引到外资，我国贸易者往往在贸易合同或提单背面记载法律适用条款来选择适用外国法，以解除外来投资者或贸易商对其行为的风险程度的疑虑。然而这却对将来出现纠纷时法律适用发生争议埋下了伏笔。

在无单放货纠纷中，我国一方当事人一般会向我国有管辖权的法院起诉，并且尽可能地寻求法院适用我国法律来作出判决。这样做的目的无非是因为我国一方当事人对我国法律熟知，并且容易找出对自己主张有利的依据，以便更好地维护自己的利益。而对方当事人一般为外国投资者，其出于同样的目的往往主张适用贸易合同或提单背面条款所选择的法律。对于法律适用的争议根本上是源于双方当事人利益上的冲突。

还有一个原因就是目前我国法律尚未完善，对于无单放货纠纷中法律适用问题争议的

解决无明确的、系统的途径。使得其中有大量的不确定因素，给予了当事人和法院极大的自由选择空间。

2.我国法院过于强调适用我国法律解决纠纷

目前我国法院在处理无单放货纠纷中的法律适用问题时片面地强调适用我国法律，这样做有以下几方面的原因：

(1)法官难以掌握外国法的具体内容

虽然各国法律在其原则性问题上具有共通性，可广泛适用。然而由于世界各民族之间习惯的差异以及各国国情的不同，对具体法律制度的设计各国之间往往有很大的差距。法官仅对其所在国的法律熟悉，根本无法完全了解其他国家相关的法律是如何规定的。所以为了便于判案，法官一般倾向于适用本国法。

(2)法律适用问题直接影响着当事人的权益

诉讼中法律适用问题的确定能直接影响诉讼当事人权益的取得和保护。由于我国当事人熟知我国法律，其可以熟练地运用法律来维护自己的权利。所以若适用我国法律对保护我国当事人利益有利，而适用外国法则有利于保护外国当事人的利益。我国法院为了能更好地维护我国一方当事人的利益，便尽可能地适用我国法律进行判决。从中也体现了地方保护主义。

(3)法律适用问题有时也关系国家主权的维护

公共秩序保留是指一国法院在审理涉外民事案件中，依据本国的冲突规范应援引某一外国法作为准据法时，如果认为该外国法的内容及其适用将会影响内国的公共秩序，内国法院则可以据此否定适用该外国法的一项法律适用制度。① 由于外国法是根据外国国情及民族习惯制定的，其在我国的适用难免会与我国国家利益及公共秩序相冲突。法官为了避免外国法的适用对我国公共秩序造成负面影响，因而排除外国法的适用。

3.我国法院在审理无单放货纠纷案件时，对法律适用问题的解决没有统一的规则

当一方当事人以侵权为诉由向法院起诉时，我国法院一般以适用侵权行为地法为主要原则，兼采共同属人法原则。《民法通则》第 146 条第 1 款规定：侵权行为的损害赔偿，适用侵权行为地法律。当事人双方国籍相同或者在同一国家有住所的，也可以适用当事人本国法律或者住所地法律。我国关于涉外侵权行为之债的法律适用制度是采侵权行为地法作为基本原则，同时又综合运用了“共同国籍”“共同住所”两个连接点，对侵权行为地法的适用规定了例外。但《民法通则》未对“侵权行为地”的含义作出明确的解释。虽然最高人民法院《关于贯彻执行〈中华人民共和国民法通则〉若干问题的意见》第 187 条规定：侵权行为地法律包括实施地法律和侵权结果发生地法律。如果两者不一致，人民法院可以选择适用。但是具体如何进行选择是否有一个统一标准仍是一个有待解决的问题。

当一方当事人以违约作为诉由向法院起诉时，法院在处理法律适用问题时，一般会采取以下三种方法：一是法官根据最密切联系原则确定合同或提单的准据法为法院地法。这一般表现为当事人双方在合同或提单中对适用法律没有作出约定，诉讼中亦没有就此达成一致的意见。受案法院认为：案件与法院地有着最密切联系，且双方都按照法院地诉讼程序参

---

① 屈广清主编：《国际私法导论》，法律出版社 2003 年版，第 270 页。

加诉讼，依最密切联系原则适用法院地法。但最密切联系原则本身没有提供必要的、严密而精确的方法，它的适用在很大程度上依赖于法官的分析和判断。其缺陷在于无法精确适用，无法排除法官的地域偏见，导致由于滥用法官自由裁量权而扩大法院地法适用的可能。二是法官依照当事人意思自治原则适用法院地法审理。实务中当事人往往已经在合同或提单上订有法律选择条款。而在诉讼时，由于所选择法律难以查明等种种原因而对适用法律进行重新选择。由于当事人意思自治所选择的内容不得与国家的强行法相违背，其意思自治是有限的意思自治，所以当事人可以在多大范围内享有意思自治就成为法律应该说明的问题。三是外国法无法查明时，我国法院的通常做法均是直接适用法院地法。目前我国法院在查明外国法时，用尽所有查明法律途径方法的甚少，往往是在第一步"有当事人提供"不能实现时，便过渡到适用中国法律。这种做法容易造成当事人尤其是被告在原告起诉前，无法通过预见法律的适用结果来确定自己的诉讼责任。而且我国当前查明法律的途径缺乏可操作性，费时效果又不理想。

针对以上问题，我们进行了如下分析：

1.针对目前大量涌现的无单放货纠纷中有关法律适用的争议，其成因主要是因为外国投资者在纠纷中一般主张适用其本国法律。若要从根本上解决这个问题就必须加快我国的法制进程，消除贸易壁垒，加深外国投资者对我国法律的了解，建立起其对我国法律的信心。这样在今后纠纷中对法律的适用就容易达成一致。

2.法院极力主张适用我国法律来解决纠纷。这样做的目的是为了维护我国当事人的利益。然而却会严重影响外国投资者对我国法律环境的判断，并且在判决的执行上也会存在困难。所以法院应站在有利于公正合理地解决纠纷的立场上来处理案件，不应一味地强调适用我国法律。

3.我国目前关于涉外侵权行为之债的法律适用制度既遵循了传统陈规，又采纳了世界各国的立法通则，具有一定的世界先进水平。其不仅体现了以侵权行为地法为主的法律适用原则，还采纳了当事人的共同属人法来对侵权行为地法进行软化。但在适用的过程中仍必要进一步地统一标准：(1)如果当事人以侵权为诉由向法院起诉，但当事人之间已经存在与侵权相关的合同关系，而且合同当事人根据意思自治原则已经选择了合同的准据法，该合同准据法同时调整当事人之间的侵权行为。(2)当事人可以在侵权行为发生后的任何时候协商可适用的法律。(3)对于侵权行为的损害赔偿，应适用侵权行为地法。(4)如果当事人双方国籍相同或者在同一国家有住所或者居所的，应适用当事人的共同本国法或者共同住所地、居所地国家的法律。①

4.最密切联系原则已成为现代各国解决涉外民商事法律适用冲突问题所广泛采取的原则，在合同法律适用方面尤其如此。但最密切联系原则兼具灵活性和模糊性，其两面性决定了必须对最密切联系原则作出详细的界定。我国目前必须完善最密切联系原则的现行立法，明确对其的基本要求，增加实务中的可操作性。法院在确定合同与哪个国家的法律具有最密切联系时，不仅应当注意对当事人合法权益的保护，更应当从大局出发更多地考虑我国对外经济的发展。除此之外，还应当结合公共秩序保留和国家主权保护等原则。法律在设

① 徐东根：《对我国侵权行为法律适用规范立法的思考》，载《政治与法律》1994年第6期。

计时可适当将连接点细化，而法官在判决时应具体问题具体分析，综合各方面因素来决定共同准据法，力图在最密切联系原则的合理性和灵活性之间作出适当的选择，如通过适用特征性履行方法①来确定所适用的准据法，以实现判决的公正。

5.意识自治原则是指合同当事人可以通过协商一致的意思表示自由选择支配合同准据法的一项法律选择原则。我国《合同法》第 126 条规定：涉外合同的当事人可以选择处理合同争议所适用的法律。这便是意识自治的体现。最高人民法院于 1987 年在《关于适用〈涉外经济合同法〉若干问题的解答》中专门就此原则的实施作出若干规定。《涉外经济合同法》废止后，与之配套的司法解释也应随之废止。但由于《合同法》第 126 条的规定是对原《涉外经济合同法》第 5 条的沿袭且在实务中《关于适用〈涉外经济合同法〉若干问题的解答》基本上切合实际并具有较强的可操作性，因而其对《合同法》第 126 条第 1 款的实施仍具有相当的借鉴意义。关于当事人可以于何时选择法律，《关于适用〈涉外经济合同法〉若干问题的解答》采取了比较灵活的规定，其中第 2 条第 2 款和第 4 款指出：当事人在订立合同时或者在争议发生后，甚至在人民法院受理案件后开庭审理前都可以作出选择。当事人所选择的法律可以是中国法，也可以是外国的法律。而且这些法律应为现行的实体法，不包括冲突法规范和程序法。从我国法律的规定来看，并没有要求所选择的法律与合同或者当事人有空间上的联系。对于法律选择方式，《关于适用〈涉外经济合同法〉若干问题的解答》第 2 条第 2 款明确规定必须是明示的，从而排除了默示选择的方式。关于所选准据法的适用范围，除不适用于合同的形式和当事人的缔约能力外，其适用范围包括其他所有方面。

6.我国现行立法没有明文规定，仅在有关的司法解释中对外国法查明的方法作出规定。比如，最高人民法院《关于贯彻执行〈中华人民共和国民法通则〉若干问题的意见》第 193 条的规定：对于应当适用的外国法律，可通过下列途径查明：(1)由当事人提供；(2)由与我国订立司法协助协定的缔约对方的中央机关提供；(3)由我国驻该国使领馆提供；(4)由该国驻我国使领馆提供；(5)由中外法律专家提供。通过以上途径仍不能查明的，适用中华人民共和国法律。该司法解释对外国法查明的责任归属没有明确规定，而且对于什么情况属外国法无法查明及无法查明外国法时法院应如何救济等问题仍不够明确。该司法解释过于原则及简单化，在实践中缺乏指导作用。建议在我国民事诉讼法涉外编中明确规定：当某涉外法律关系需要适用外国法时，该外国法的查明，先由当事人举证，另一方当事人质证。双方当事人对该外国法无异议时，法院地法院在不违反本国公共秩序的情况下适用该外国法；当该外国法不能被准确证明时，法院可以经当事人申请依职权去查明；如果该外国法不能被查明，可补之适用法院地法。

---

① 特征性履行方法是在国际合同的当事人未选择适用于合同的法律时，根据合同的特殊性质确定合同法律适用的一种理论和方法。其实质在于通过考察合同的功能，尤其是合同企图实现的具体的社会目的，确定各种合同所具有的特殊功能，即它的特征性履行，并最终适用与特征性履行人联系最密切的法律。详见韩德培主编：《国际私法新论》，武汉大学出版社 2002 年版，第 301 页。

# 《跟单信用证统一惯例》的修订和问题

杜震农 *

信用证是 19 世纪开始通行的一种支付方式。国际商会于 1930 年拟订专门规范文件，1933 年正式公布《商业跟单信用证统一惯例》，建议各国银行采用。其后 70 多年间，该文件经过六次修订，①1962 年修订本改称为《跟单信用证统一惯例》(*Uniform Customs and Practice for Documentary Credits*，1962 revision)，以国际商会第 222 号出版物的形式发表，所以又称《国际商会第 222 号出版物》。后来，人们习惯以国际商会出版物序号来区别不同的修订本，如 UCP400 指的是 1983 年修订本，UCP500 为 1993 年修订本。随着国际贸易情况的变化，UCP500 的内容需要加以变更和调整。因此，国际商会于 2002 年成立 UCP500 修订工作小组，历经征求各界代表意见和反复协商研究，终于在 2006 年 10 月 25 日完成修订本定稿，UCP600 于 2007 年 7 月 1 日起推广适用。

信用证支付方式的主要关系是开证行与受益人的关系，由此派生出开证行与其指定银行的关系，受益人与开证行的指定银行的关系。② UCP600 在调整上述关系上有所改变，也存在一些问题。

## 一、改变

UCP600 的改变包括删减、合并、增加条款、修改条文内容等。笔者认为，UCP600 的主要改变可以归纳为两个方面：一是相对有利于受益人利益的变化；二是在技术上可以澄清开证行与其指定银行的关系，进一步明确银行付款的含义。

### (一)相对有利于受益人利益的变化

信用证支付主要适用于国际货物买卖。开证行应买方的要求，替代买方对卖方(受益人)作出付款承诺。由于开证行的信用肯定高于买方的商业信用，卖方因此可以在很大程度上消除收取货款的顾虑。但是长期以来，《统一惯例》相对偏向保护银行的利益(本文在第二部分分析这方面的问题)，受益人处于相对弱势地位。UCP600 在调节银行与受益人的利益关系上作了一些改变。

1.信用证是不可撤销的。UCP400 规定，信用证如未注明，即为可撤销信用证；UCP500

---

* 杜震农，厦门大学法学院讲师，福建联合信实律师事务所兼职律师。

① 1951 年、1962 年、1974 年、1983 年、1993 年和 2006 年六次修订。以下，有特别标明国际商会出版物序号的指特定的《跟单信用证统一惯例》修订本，如 UCP500；称《统一惯例》则指诸修订本。

② 此外，与信用证支付有关的关系还有开证申请人与开证行的关系，通知行与受益人、通知行与开证行的关系，还有受益人与开证申请人的关系，以及信用证单据欺诈等。本文对这些关系不作讨论。

规定，信用证如未注明，应视作是不可撤销的。上述两个版本《统一惯例》都把信用证分为可撤销与不可撤销两类，可撤销信用证可由开证行随时修改或撤销，无须事先通知受益人，显然不利于保护受益人的利益。UCP600 对信用证作了新的定义，其中规定，信用证是开证行对相符交单予以承付的确定承诺。因此，"信用证是不可撤销的，即使未如此表明"。[①] 加强开证行的付款责任当然有利于保护受益人的利益。

2.银行审单期限为五个银行工作日。UCP400 规定，有审单责任的银行应在收到单据的"合理时间内"确定交单是否符合信用证的要求；UCP500 把这一合理的时间界定为交单次日起七个银行工作日；UCP600 把银行审单期限缩短为五个银行工作日。[②]

3.扩大开证行、保兑行的责任范围。在 UCP500 中，开证行、保兑行对指定银行未办理付款的责任只限于汇票兑付一项，规定指定银行不承兑或已承兑但在到期日未予付款的汇票，开证行、保兑行应予承兑或付款。UCP600 扩大了开证行、保兑行的责任范围，其中规定，如果信用证规定由指定银行即期付款，或延期付款，或承兑，或议付，而指定银行在相符交单条件下未予办理，开证行、保兑行必须承担付款责任。[③] 这样就把开证行、保兑行的付款责任落到了实处，它可以补救因为开证行"关于被指示方行为的免责"[④]给受益人带来的麻烦，指定银行未办理的事项，受益人可径要求开证行、保兑行办理付款。此外，UCP600 还有一项加强开证行、保兑行责任的规定，如果指定银行确定交单相符，而单据在指定银行送往开证行或保兑行的途中丢失，无论指定银行是否已经承付或议付，开证行或保兑行都必须承付或议付。[⑤] 这是 UCP600 在银行免责条款中新增的内容，有利于保护受益人的利益。

（二）指定银行与银行付款行为的界定

开证行与受益人的关系是信用证支付中的主要关系。由于开证行与受益人分处不同国家，实务中，交单和付款多数在开证行的指定银行完成。指定银行在信用证支付中具有重要作用。按照《统一惯例》的规定，只有开证行与开证行的指定银行才有审单责任，受审单规则约束。实务中，指定银行往往为受益人所在国，甚至所在地的银行，因此，容易了解受益人情况，方便审单付款，最大限度地保证交单相符。从理论上说，这有利于受益人提前融资，也有利于金融安全。但是，以往版本的《统一惯例》并没有明确界定指定银行及其分类，有关的著书立说极少关注指定银行，多数是根据银行付款行为区分为付款行、承兑行、议付行，[⑥]或称为付款信用证、承兑信用证、议付信用证，[⑦]或更具体地分为即期付款信用证、延期付款信用证、承兑信用证、议付信用证。[⑧] UCP600 在指定银行以及银行付款行为等内容上有新的变化，可以据此正确识别指定银行。

---

① UCP400 第 7 条(1)款、UCP500 第 6 条第(c)款和 UCP600 第 3 条。

② UCP400 第 16 条第(c)款、UCP500 第 13 条第(b)款和 UCP600 第 14 条第(b)款。

③ UCP500 第 9 条，UCP600 第 7 条、第 8 条。

④ UCP600 第 37 条。

⑤ UCP600 第 35 条。

⑥ 苏宗祥编著：《国际结算》，中国财政经济出版社 1987 年版，第 88 页。

⑦ 王传丽主编：《国际贸易法》，法律出版社 2005 年第 3 版，第 148 页。

⑧ 翁国民编著：《国际贸易法导读》，浙江大学出版社 2001 年版，第 116 页。

1.指定银行

UCP600 第 2 条规定，被指定银行(nominated bank)指信用证可在其处兑用的银行。如信用证可在任一银行兑用，则任何银行均为被指定银行。虽然，该条款没有明确界定指定银行，但是，研析相关条款，笔者认为，指定银行主要有两类：一类是保兑行，就是对开证行开立的信用证保证兑付的银行。保兑信用证费时费事，成本比较高，又有伤开证行的“脸面”，因此，大银行一般不愿意让其他银行保兑开信用证。我国有些大银行内部就有这种提示。实务中，保兑信用证并不多见。另一类是议付行。所谓议付行，严格上是指从事议付行为的银行。为了说明这个问题，有必要先对 UCP600 新归纳的两类银行付款行为加以研析。在 UCP500 中，银行的付款行为分为即期付款、延期付款、承兑或议付。上述付款行为虽有“或”字隔开，但并没有明确区别为两类。UCP600 把银行的付款行为分为两类：承付与议付。承付(honour)包括即期付款(sight payment)、延期付款(deferred payment)和承兑(acceptance)。关于议付的定义几十年来争议很大。UCP500 第 10 条(B)(II)虽有议付定义，但依然没能平息这方面的争议。这个著名的定义是这样表述的：“议付意指被授权议付的银行对汇票及/或单据给付对价。只审核单据而未付对价不构成议付。”尽管 ICC 于 1994 年 9 月 1 日公布第二号意见书，把“给付对价”解释为“立即付款或承担付款责任”，依然不能消除学界对议付定义的困惑。① UCP600 第 2 条对议付有新的定义：“议付指指定银行在相符交单下，在其应获偿付的银行工作日当天或之前向受益人预付或者同意预付款项，从而购买汇票(其付款人为指定银行以外的其他银行)及/或单据的行为。”联系 UCP600 有关条文，笔者认为，议付具有以下特点：

第一，议付是指定银行和保兑行特定的付款行为，开证行只有承付行为，没有议付行为。

第二，议付是指定银行向受益人预付款项或者同意预付款项的行为，是指定银行获得偿付的银行工作日当天或之前向受益人提前付款的行为。议付既能方便受益人提前获得融资款项，又能使指定银行获得业务报酬，是指定银行与受益人共赢的融资行为。

第三，议付包括预付款项(立即付款)或者同意预付款项(承诺付款)，因此，议付是一种包括承付，但不限于承付的付款方式。把承付与议付加以比较不难发现，议付可以即期付款，可以承诺延期付款并在承诺到期日付款，也可以承兑受益人开立的汇票并在汇票到期日付款。此外，议付还可能采用承付之外的付款行为。长期以来，学界对于议付可能采用不同于承担延期付款责任或承兑汇票的“承担付，次责任”(undertaking an obligation to make payment)方式作出许多设想，但都难以找到确定的结论。② 实际上，承付的三种付款行为基本上可以取得预付或者同意预付款项的效果。

第四，议付是购买汇票(其付款人为指定银行以外的其他银行)及/或单据的行为。这里，UCP600 可能把汇票也视为一种单据。从事议付的银行预付或者同意预付款项，其目的是买进汇票，或者买进单据，或者买进汇票及单据。

第五，议付应遵行单证一致原则，指定银行在相符交单条件下预付或者同意预付款项。

在跟单信用证支付中，有没有不需要相符交单的承付行为？笔者认为，没有。因此，不存在

---

① 李金泽：《信用证法律风险防范》，中信出版社 2004 年版，第 220～223 页。

② 贾浩：《信用证议付定义探究》，载《涉外商事海事审判指导》2006 年第 1 辑。

不需要相符交单就承担付款责任的付款行、承兑行。不管是承付还是议付,都应遵行单证一致原则,银行只在相符交单条件下承担付款责任。按照 UCP600 的规定,有审单责任的银行包括开证行、保兑行和指定银行,鉴于议付是指定银行和保兑行特定的付款行为,而议付是一种包括承付但不限于承付的付款方式,我们有理由认为,所谓指定银行主要就是议付行。

2.构成指定银行的条件

UCP600 第 12 条规定,“除非被指定银行为保兑行,开证行的授权并不赋予被指定银行承付或议付的义务,除非该被指定银行明确表示同意并且告知受益人”。可见必须有明确表示同意并且告知受益人的积极作为,被指定银行才成为指定银行,即本文所认为的议付行。

## 二、问题

虽然 UCP600 上述改变具有正面效果,但是,修订后的《统一惯例》仍然存在一些问题。

(一)“被指定银行”与“指定银行”:受益人交单后的尴尬

一个有趣的现象,英文“nominated bank”的中文翻译,有的译为被指定银行,有的译为指定银行。[①] 实际上,被指定银行与指定银行应是两个不同的概念。如前文所述,《统一惯例》有关指定银行的规定模糊不清,学界又极少关注这一问题。认真研析 UCP600 第 7 条“开证行责任”的规定,我们发现,该条文所谓的“nominated bank”仍然没有区别“被指定银行”与“指定银行”的不同情况,但把“nominated bank”没有按照信用证规定办理即期付款,或延期付款,或承兑,或议付的责任严格规定由开证行承担。这一规定虽然突出了开证行在相符交单下承担第一性付款责任的特点,但对受益人却是不公平的。笔者认为,“被指定银行”是指有开证行的授权,信用证可在其处兑用的银行,该银行不需承担审单付款责任。“被指定银行”并不一定成为“指定银行”,除非“被指定银行”明确同意并告知受益人;而“指定银行”需要承担审单和付款责任。信用证规定由“被指定银行”付款的主要目的是为了方便受益人就近交单和取款,如果“被指定银行”有充分可能不承担“指定银行”的责任,那么,受益人仍然得“舍近求远”,向开证行交单取款,其结果与托收无异。在出口贸易中经常会出现这样的问题,受益人将单据交给开证行指定的银行,却未能达到从该银行取得款项的预期效果。其中主要的原因是,收到单据的银行没有审单责任,因为该银行不是开证行的“指定银行”,而有审单付款责任的开证行却因为始终没有收到单据而不需要承担审单付款责任。[②]《统一惯例》一向规定,单有开证行的指定不构成“被指定银行”审单付款责任,只有“被指定银行”明确表示同意并且通知受益人,该银行才成为“指定银行”(这类“指定银行”主要就是议付行)。通过这样的解析,我们不难明白,“被指定银行”与“指定银行”的责任大不相同,相对而言,在信用证支付中,多数银行处于优势地位,而多数受益人(尤其是中小型出口企业)处于劣势地位。不管受益人对《统一惯例》这一规定明白与否,他们将单据交给“被指定银行”后,往往很难及时得到该银行明确的“定位”答复。收到单据的“被指定银行”为了自身利益,只有在确信基本上没有单据风险,或取得开证行对单据的认可后才向受益人付款。有的“被指定银行”甚至把信用证议付做成“托收”,其作用等于托收行,收取的却是议付费用。

---

① 2007 年司法考试用书多译为“指定银行”,网上 UCP600 中多译为“被指定银行”。

② 《海林公司诉晓星公司购销合同纠纷案》,载《中华人民共和国最高人民法院公报》2000 年第 5 期。

“被指定银行”之所以有如此宽松的回旋余地，盖源于《统一惯例》的上述规定。UCP600不仅没有改变这一不合理规定，而且把有关内容归纳补充为专门的第12条“指定”，并且新增规定强调：“非保兑行的被指定银行收到或审核并转递单据的行为并不使其承担承付或议付的责任；也不构成其承付或议付的行为。”《统一惯例》偏向保护银行利益，此为重要例证。

（二）可转让信用证：对第二受益人不公平

国际贸易中存在大量的转售行为，为了满足转售中间商的需要，同时为了扩大银行的中间业务收入，《统一惯例》一直把可转让信用证列为专门条款加以规定。可转让信用证的第一受益人是国际货物买卖的中间商。中间商先后订立两份买卖合同，其在前一个买卖合同中是买方，在后一个买卖合同中是卖方。中间商利用两份买卖合同把货物交叉转手，又把下家买方开立的可转让信用证项下大部分款项转让给其上家卖方（可转让信用证的第二受益人），留下的差价即为中间商一买一卖的盈利。显然，可转让信用证对中间商是有利的，而它对第二受益人是否均衡利益呢？显然没有。按照UCP600的规定，可转让信用证项下权利转让给第一受益人需要具备以下条件：(1)信用证特别注明“可转让”(transferable)字样；(2)第一受益人提出转让要求；(3)转让行同意转让；(4)第二受益人交单符合信用证要求。上述条件缺少一项，信用证项下权利都不可能转让给第二受益人。此外，UCP600还规定，可转让信用证可以转让给数名第二受益人，第一受益人有权以自己的发票和汇票（如有的话）替换第二受益人的发票和汇票。对于上家卖方来说，接受中间商自己申请开立的信用证与接受可转让信用证，风险截然不同：首先，在可转让信用证支付中，第二受益人与开证行之间没有直接的法律关系。这是对第二受益人最大的风险。虽然UCP600第38条第(B)款规定，“开证行也可以担任转让行”，但转让行的责任在UCP600中并没有明确规定，而且作为转让行的开证的银行承担的是转让行的责任，不是开证行的责任。其次，UCP600第38条第(i)款规定，“第一受益人提交的发票导致了第二受益人的交单中本不存在的不符点，而其未能在第一次要求时修正，转让行有权将从第二受益人处收到的单据照交开证行”。问题是，在上述情形下，如果转让行拒绝接受第二受益人交付的单据，第二受益人怎么办？最后，第二受益人交单应当符合可转让信用证的要求，而当开证行应开证申请人（中间商的下家买方）要求开立可转让信用证时，其对一个甚至数个第二受益人的情况和可能发生的问题了解不够也不关心，这大大增加了第二受益人在交单相符条件下取得可转让信用证项下款项的风险。

归纳可转让信用证对第二受益人的风险，我们不难发现，如果转让行拒绝接受第二受益人提交的单据，它将不受任何责任约束；当这种情形发生后，第二受证转益人又没有理由找可转让信用证的开证行交涉，不能把单据直接交付开证行索款，因为他们之间没有法律关系。由于《统一惯例》一直没有规定第二受益人在可转让信用证中的权利，包括拒绝接受可转让信用证的权利。因此，当第一受益人坚持把可转让信用让给第二受益人时，实际上，他就是把可转让信用证的特别风险强加在了第二受益人身上。难道第二受益人只能被动地接受这种外加的风险？海林公司诉晓星公司信用证纠纷案①是说明这个道理的较好例证。

（三）议付和议付行：需要澄清的有关问题

由于《统一惯例》没有明确规定，议付和议付行一直是人们争论的问题。本文根据UCP600的相关规定，归纳了议付的特点，认为开证行的指定银行主要就是议付行。但是，

① 《海林公司诉晓星公司购销合同纠纷案》，载《中华人民共和国最高人民法院公报》2000年第5期。

关于议付和议付行,还有需要澄清的问题。

1.议付行对受益人有没有追索权? UCP600 第 8 条第(a)款第(ii)项明确规定,如果信用证规定由保兑行议付,该议付无追索权。但是,UCP600 没有规定议付行议付有没有追索权。有的观点认为,议付行有无追索权要根据信用证的规定加以区别。信用证规定有追索权的,则议付行向受益人付款后不能得到开证行偿付,可以向受益人行使追索权;信用证规定无追索权的,则议付行议付后不能向受益人索偿。① 从法理上来说,议付是开证行对其指定银行的授权,而不是从事议付的银行对受益人的制约。因此,不能根据信用证的规定来决定受益人是否有义务接受议付后的追索。另外,UCP600 第 14 条第(b)款规定,按指定行事的指定银行、保兑行(如有的话)及开证行各有从交单次日起的至多五个银行工作日用以确定交单是否相符。议付是银行确定交单相符后的付款行为。超过交单次日起五个银行工作日后,作出议付的银行不能再提出交单不符问题,保兑行如此,议付行和其他指定银行(如有的话)也当如此。当然,随附汇票议付的追索权另当别论。当议付行得不到偿付时,它可以根据《中华人民共和国票据法》的规定,向其前手主张追索权。但是,汇票的追索权与议付的追索权是两个不同的概念与问题,不能等同或混淆。

2.议付行与开证行的关系。跟单信用证支付遵行单证一致原则。议付相符交单并将单据转给开证行之后,开证行即承担偿付该指定银行的责任。② 开证行合法拒绝偿付议付行的理由只能是交单不符、单证不一致。但是实务中开证行因为交单不符而拒绝偿付议付行的案件极为罕见。在韩国三荣公司诉中国盘锦庆道服装有限公司无单放货纠纷案中,作为议付行的韩国韩一银行已向受益人韩国庆道经贸公司付款。当韩一银行向开证行中国银行盘锦分行索偿时,盘锦分行因为开证申请人未予付款赎单而拒绝偿付,并把单据退还韩一银行。韩一银行并没有就单证是否相符与盘锦分行对簿公堂,分辨是非,而是以提单持有人名义追究承运人三荣公司无单放货责任。③ 类似案件还有许多。实务中很少出现议付行与开证行"较真",径直要求相符交单下偿付的诉讼案件。在处理议付行与开证行关系的问题上,有关银行之间似乎存在着某种"潜规则",但是《统一惯例》对处理拒绝偿付疏于具体规范,是产生这一问题的主要原因。

上述问题涉及信用证当事人的利益平衡。UCP600 对这些问题未作改变,有失偏颇,很不公平。笔者提出上述问题,目的是提示信用证支付中的风险,信用证支付只是相对方便、安全的支付方式。UCP600 在均衡信用证当事人利益上有偏向,期望国际商会从根本上改变这种偏向是不现实的。受益人应当在一些关节点上认真注意和规避风险,尽可能地把握主动权,如本文提到的可转让信用证对"上家卖方"的风险问题。如果能在买卖合同中载明"采用不可转让信用证付款",就可以避免可能发生的风险和麻烦。

---

① 李金泽:《信用证法律风险防范》,中信出版社 2004 年版,第 227~231 页。

② UCP600 第 7 条第(c)款。

③ 《韩国三荣公司诉盘锦庆道服装有限公司海运货物纠纷案》,载《中华人民共和国最高人民法院公报》1997 年第 4 期。

# 涉外律师服务"一带一路"倡议之思考

郭明昆[*]　叶清晨[**]

## 一、"一带一路"背景下，涉外律师的基本情况

### （一）"一带一路"战略中，我国涉外律师面临的新形势

2013年国家主席习近平提出了建设"新丝绸之路经济带"和"21世纪海上丝绸之路"的合作倡议，又在2016年提出了建设该战略的八项要求，使该倡议得以在我国全面开展和实施。"一带一路"的路线涉及65个国家，划定了中国经济对外发展的五条大通道，也划定了沿线的18个省份。不难看出，倡议不仅发展了我国市场，更激发了沿线各国的市场潜力。这样的倡议离不开各个方面的支撑，其中法律支撑是"一带一路"倡议发展中不可缺少的关键一环。

"一带一路"倡议主张扩大对外开放，加强国际间的政治经济交流。在这样的局势下，中国企业"走出去"、外国企业"引进来"以及中外之间的各项经济合作将不断增加。然而，由于沿线国家存在政治体制、经济水平、宗教文化、地区等重大差异，产生的摩擦和纠纷也将不断增加，对法律救济和保护的需求也将顺应不断扩大，这给涉外律师的业务发展带来了巨大的发展和创新空间。无论是在防范和规制"一带一路"建设中的各项风险还是在解决经济贸易带来的各项纠纷中，都需要涉外律师提供法律咨询或其他各项法律服务，这对我国的涉外律师来说，无疑是一次不可多得的机遇。

### （二）我国涉外律师队伍的现状

中国恢复律师制度至今已经将近四十年，在这期间，我国的律师队伍无论从规模还是人才素质上来看都取得了较大的发展。但是，将我国的律师队伍放在如今"一带一路"倡议的背景之下，我国的律师队伍仍无法很好地满足"一带一路"倡议的需求，尤其是在跨境投资上，由于涉及目的国政治、法律制度，中国律师的参与度仍然很低。总体来说，我国涉外律师在国际事务、全球经济一体化和国际法律服务市场的影响力、参与度与我国对外开放的总体目标和经济发展的总体水平不相适应①。具体而言：

1.涉外律师数量短缺

日益增长的市场需求给我国的涉外律师的业务拓展提供了良好的契机，然而在种种原因之下，我国的涉外律师人才十分紧缺。目前，我国律师队伍的人数已突破30万人，但能够做到熟练地运用外语和相关的法律知识来解决"一带一路"战略下产生的各项法律问题的律

* 郭明昆，福建联合信实律师事务所高级合伙人，电邮：gmk@lhxs.com。

** 叶清晨，福建联合信实律师事务所律师，电邮：yqc@lhxs.com。

① 陈宜：《"一带一路"战略下律师行业的机遇与挑战》，载《中国司法》2016年第3期。

师人数却不到3000人。不仅如此,能办理反补贴反倾销案件的律师不到50人,而能够在WTO上诉机构独立办理业务的律师则更是屈指可数。以两个不同的城市深圳和厦门为例,深圳作为一线城市,截至2017年7月底,深圳有律师8000余人。然而,深圳的涉外律师只有不到300人,缺口超过千人。深圳特区成立以来,深圳市已经涌现了一批像华为、腾讯、招商、平安等世界五百强和中国百强企业,这些大企业的涉外法律业务量非常大。比如,华为在全球有两百多个办事处,加上国内每年三四亿元的律师费用,但由于本地涉外律师的短缺,这些涉外业务大部分被欧美律师所取得①。厦门作为二线沿海城市,有律师3000余人,而涉外律师更是屈指可数,在厦门市律师协会2018年6月8日公布的《厦门市涉外律师人才库人员名册》(以下简称《名册》)中只有26名律师。当然因为《名册》条件较高,入册人员数量有所限制。但放眼权属,笔者估计主要或较多从事涉外法律服务的律师不会超过100人。

2.涉外律师跨境法律服务水平不够

"一带一路"倡议涉及的沿线国家十分广泛,这些沿线国家除了法律体制不同之外,还分属不同的区域性国际组织,甚至有些沿线国家还不是世界贸易组织的成员。这些情况使得"一带一路"战略中涉及的法律问题十分复杂,对涉外律师的专业化水平甚至外语水平都有较高的要求。在这方面,我国的涉外律师还有较大的提升空间。根据数据统计,我国有82%的法律工作者只有单一的法律知识,再加上部分国家要求适用其本地语言,英语在"一带一路"沿线国中并不总是能够得到适用,这使得我国涉外律师的跨境法律工作十分艰难,许多律师无法独立承接大量或者难度较大的涉外纠纷案件。

## 二、涉外律师的业务发展方向

据统计,目前,我国企业对沿线的52个国家有新增投资,投资额同比增长了22.4%,并处于上升发展的趋势,这样巨大的贸易和投资的增长为我国涉外律师业务的发展和创新提供了广大的空间。我国的涉外律师应当准确把握"一带一路"下法律服务需求的要求和内涵,更好地对业务能力、业务方向进行发展和创新。

(一)业务方向的发展和创新

1.涉外争议解决和非诉讼业务

在涉外争议解决(本文指争议解决地在境外的诉讼或仲裁)方面,中方律师原来主要是帮助客户引介外方律师,服务项日十分有限。然而随着"一带一路"倡议的推进,中方律师在涉外争议解决上可以有更多的作为。笔者所在的福建联合信实律师事务所(以下简称"信实所")曾参与处理某中方客户在阿联酋的一起纠纷。在案件进程中,信实协助委托人根据当地律师的要求收集诉讼案件相关证据,向当地律师阐述相关案件事实,帮助当地律师深入了解案情。作为当地律师与委托人之间沟通的枢纽,信实根据案件进展向委托人提供境外法律文书及法律法规的翻译文件和解读,并就如何应对本次海外诉讼向委托人出具专业法律建议。换言之,案件涉及中国法的部分,中方律师可以挖掘更多服务内容。

在非诉讼业务方面,中方律师有更大的发展空间。目前"一带一路"倡议实践中,境外直

① 陈宜:《"一带一路"战略下律师行业的机遇与挑战》,载《中国司法》2016年第3期。

接投资（ODI）是一个主要业务。自 2016 年年底以来，中国政府加强了对外投资监管。境外投资监管涉及商务部门、发改部门和外汇管理部门。帮助客户完成投资监管所需手续，是中方律师可以参与的一个业务领域。客户走出去投资时，中方律师的参与度也可以加强。2017 年，信实所曾协助一中方客户在菲律宾马尼拉湾进行地产项目开发。信实所作为项目协调人，团队律师协调当地中介机构与客户之间沟通，同时也为客户提供当地法律法规解读；相关英文协议，包括前期谅解备忘录（MOU）等文件均由信实律师提供；同时为更好地服务客户，律师团队也参与项目市场调研工作。当然，对于境外投资中的律师业务，仍然是值得探讨的。

2.知识产权相关业务

近年来，随着经济贸易交流的频增，我国知识产权引发的相关纠纷数量渐多，数额较大，对我国的对外经济贸易产生了较大的不良影响。究其原因，我国企业缺乏对知识产权的认识，同时也缺乏对知识产权的保护意识，这与部分国家产生了对比①。例如，美国企业具有强烈的在华知识产权的保护意识，美国在华创新投资量巨大，也十分勤于申请知识产权的相关保护②。而在“一带一路”的战略指导下，涉外的知识产权纠纷案件将会不断增加，加强知识产权保护将成为必然选择。对于涉外律师来说，对知识产权的保护和案件纠纷不容小觑，这也将是一项可以发展的业务空间。我国涉外律师不仅应积极妥善地解决他国对我国发起的知识产权相关纠纷，同时也应当注重对我国专利、商标和互联网的知识产权的保护业务。并且，在经济贸易频增的情况下，也应当注重商业秘密的有关案件。在此业务方向的基础上，涉外律师更要注重提升自己处理知识产权的相关法律服务业务能力和业务水平。

3.“两反一保”等国际法律业务

自从 WTO 成立以来，中国遭受的“两反一保”相关的案件数量多，涉案金额高。特别是反倾销案件占全球的 1/4，已经连续 23 年成为遭受反倾销案件最多的国家。我国的钢铁产业所面对的局面更是不容乐观，这对中国的贸易来说影响是十分巨大的。不仅如此，包括印度、欧盟等 70 多个国家和地区尚未承认中国的市场经济地位，因而可以预测到，日后中国遭受的反补贴反倾销案件会只增不减。这对我国的“一带一路”战略来说是一项不小的阻碍，影响了我国企业“走出去”政策的推行。然而，在这样的情况下，我国能够办理相关案件的涉外律师却十分匮乏。因此，要更好地实行“一带一路”战略，发展我国的对外贸易，涉及“两反一保”的相关国际法律业务应该获得国内政府和企业的重视。这对中国的涉外律师来说，也是未来业务发展不可忽视的一部分。

（二）业务能力的发展和创新

1.提升外语能力，扫清语言障碍

我国作为一个英语非母语并且国际化水平尚待提高的国家，将英语作为工作语言对我国律师来说具有一定的挑战。特别是法律英语不但具有英语的共性，还具有法律的特性，对

---

① 袁达松、刘华春、张志国：《“一带一路”中的中国律师业发展战略研究》，载《中国司法》2017 年第 1 期。

② 曹音：《中国涉外知识产权纠纷持续增加》，http://www.chinadaily.com，最后下载日期：2018 年 8 月 6 日。

涉外律师来说要满足法律英语极高的要求是具有一定困难的。不仅如此，在“一带一路”沿线的部分国家，掌握一门英语已经不足以在“一带一路”沿线国提供法律服务。语言的障碍可能导致翻译的法律文本出现错误而造成损失，也可能造成无法阅读第一手的法律文件以更好地保护当事人的利益的相关问题。因此，在涉外律师的业务发展中，提升涉外律师的语言能力是培养高质量的涉外律师和提升涉外律师跨境提供优质法律服务的基础，应当有针对性地针对“一带一路”战略培养涉外法律语言的涉外律师。

2.钻研国外、国际相关法律

我国的涉外律师要提供高质量的跨境法律服务，就需要具备国际化的视角和思维，不可拘泥于本国的法律知识。“一带一路”战略涉及了 65 个沿线国家，这些沿线国家存在政治体制、经济水平、宗教文化、地区等重大差异，在法律体系上也存在显著不同，这样的情况使得我国的涉外律师在处理沿线国家的相关法律事务时有些心有余而力不足。因此，破解对东道国的法律情况的陌生感是我国涉外律师发展业务能力的关键。

3.具备其他专业能力，建立规模化的涉外律师队伍

要妥善地处理“一带一路”战略下产生的贸易、投资纠纷，不仅要熟知法律规定和法律文件，涉外律师还应当具有国际化视角和一定的商业思维。也就是说在各项纠纷的解决过程中，要明确法律服务对象的商业目标，并且对所服务的项目具有一定的知识储备，灵活地根据法律服务对象的要求和客观情况对法律解决方案进行调整，才能更好地完成该跨境法律服务。例如，在海外基础设施建设项目中，除了要求涉外律师熟悉东道国的相关法律，还需要涉外律师对服务对象的主营业务的基础设施建设有所了解，这样才能更好地针对该行业提出专业化的法律意见；否则，将难以探明法律服务对象的目标，并符合法律服务对象的需求。①

不仅如此，在“一带一路”战略背景下，法律服务的对象通常是一些涉及法律问题复杂的项目，可能同时涉及企业并购、融资、知识产权等多种法律问题，要求一个涉外律师掌握所有的相关背景知识的可操作性较低，而组建有规模的业务领域广的律师队伍则具有更高的可行性。因此，在涉外律师业务能力的发展上，要更注重相关专业知识的培养，并组建业务领域广泛的律师团队，以更好地拓展涉外律师的业务。

## 三、结论

总体来说，“一带一路”战略的倡议和实施，既扩大了我国对外开放的新格局，又推动了外国企业“引进来”，也促使了中国企业“走出去”，它是顺应全球化发展的一项具有深远意义的决策。对于我国的涉外律师来说，这也是一次不可多得的发展机遇。笔者认为，我国涉外律师在这次机遇下应准确认识“一带一路”的基本内涵和对我国涉外律师的要求，做到在不忽视诉讼业务的同时，认识到非诉讼业务需求发展空间的激增，并且注重经济生活的客观变化，重视知识产权、“两反一保”等新兴类型的业务。同时，注重在业务能力方面的提高和发展，兼顾打破语言障碍和国外国际相关法律的钻研，这样才能更好地成为适应“一带一路”战略需求和要求的高质量涉外律师，牢牢把握住“一带一路”重大战略带来的发展机遇。

---

① 李越珂：《“一带一路”背景下中国法律服务业的挑战与应对：以海外基建项目为例》，浙江大学 2017 年硕士学位论文。

■ 争议解决

# 从一则案例浅谈债权人对担保人提起的撤销之诉实务中的问题及反思

廖　逸[*]　张雅慧[**]

## 一、案情简介

2014年7月30日，原告A银行与B公司签订《综合授信合同》并约定："A银行向B公司提供一笔综合授信贷款。"授信期限为2014年7月30日至2015年7月30日。原告A银行与C某某签订《最高额担保合同》并约定："C某某为B公司向A公司的贷款提供最高额保证担保(担保的最高债权额本金为全部贷款本金)。"2015年6月1日，B公司因无法归还到期债务，原告A银行将B公司、C某某及其他保证人起诉至泉州市中级人民法院。

原告A银行起诉后，欲对被告C某某名下的财产采取诉讼保全措施时，发现C某某于2014年5月3日，将其持有的D公司的股权分别转让第三人E某某，并于2015年5月15日完成了股权变更登记。经查实，第三人E某某是被告C某某的亲戚，且无支付股权转让款的能力。故原告A银行认为C某某转让股权的行为，具有逃避债务的主观恶意，已经严重侵犯了债权人A银行的合法权益，原告A银行可以依法要求撤销被告C某某恶意转让股权的行为。

## 二、法院判决

法院经审理认为，债权人行使撤销权的前提和基础是债权人对债务人存在有效的债权，且债务人实施了一定的处分行为，如债务人放弃到期债权，无偿转让财产或者低价转让债权，其行为必须有害债务人的利益，并且受让人知道该情形的。在本案中，原告A银行与被告B公司的债权存在争议，原告A银行尚无法确定被告C某某应对其承担的保证债权数额，又无证据证明被告C某某无力承担保证责任，也未提供被告C某某无偿转让股权或低价转让股权，损害原告A银行利益的证据，故驳回A银行的全部诉讼请求。

## 三、案件评析

本案涉及的法律问题是：原告A银行是否对担保人C某某享有确定的债权，担保人是

* 廖逸，福建联合信实律师事务所高级合伙人，电邮：ly@lhxs.com。

** 张雅慧，福建联合信实律师事务所律师，电邮：zyh@lhxs.com。

否可以作为债权人行使撤销权的对象？被告C某某低价转让股权的行为是否侵犯了原告A银行的债权，举证责任如何分配？笔者认为，在实践过程中，担保人应当依法认定为债权人行使撤销权的对象，A银行只需要证明债务人存在低价转让财产及受让人存在明显恶意，对债务人及受益人的行为损害了债权人的债权完成初步的举证，则应当依法认定为债务人转让行为侵犯了债权人的债权。

### （一）担保人能否为债权人行使撤销之诉的适格被告？是否要求债权人行使撤销权之诉时需要对担保人享有明确的债权

根据《中华人民共和国合同法》第74条的规定，债务人所为的危害行为以对债权人造成的伤害为界，主要包括以下三种：(1)对债权人放弃到期债权；(2)债务人无偿转让财产；(3)债务人以明显不合理的低价转让财产，并且受让人知道该情形的。《最高人民法院关于适用〈中华人民共和国合同法〉若干问题的解释（二）》在此基础上又增加了："4.债权人放弃未到期债权或者放弃债权担保，或者恶意延长债权的履行期，对债权人造成损害；5.债务人以明显不合理的高价收购他人财产的危害债权的情形。"

从立法的目的上来讲，债权人的撤销权制度是传统民法上的一项制度，通过赋予债权人一项撤销权以使其债权不因债务人的诈害行为而不受清偿，债权人撤销权的价值在于恢复债务人不当的处分行为而减少的责任财产，保护债权人的利益。

在本案中，担保债务虽为或有债务，但是担保制度从本质上仍然是为了保证债权人债权的实现。本案中债权人A银行将贷款发放给主债务人，是基于对债务人及担保人经济实力进行综合评价后，认定债务人及担保人能够归还到期贷款的前提下向债务人发放贷款。因此，担保人恶意处分自己财产的行为仍然会损害债权人A银行债权，可能会导致债权人A银行因担保人的恶意转让行为未能实现债权。故笔者认为，只有将担保人纳入债权人撤销权的调整范围，才能够切实地保证债权人的合法权益，真正符合该法条立法的目的，担保人应当依法作为债权人提起撤销之诉的适格被告。

债权人撤销权的行使要求债权人对债务人享有明确的债权，而本案中涉及的债务人是担保人，担保债务是一种或有债务，债权人是否对担保人享有明确的债权？笔者认为，担保债权虽然是债权人与债务人签订的另一合同关系，但是担保人以其行为明确表示为债务人的债务承担连带偿还责任，若债权人与债务人之间存在明确的债权，则作为担保人应当在其所担保的债务范围内对债权人承担偿还责任。故笔者认为，担保人作为应当对债权人履行担保责任的一方，应当在其所担保的债务范围内承担还款责任。在该范围内，担保人与债权人之间的债务应当是明确的。债务人是基于借款合同对债权人负有债务，担保人是基于主借款合同项下与债权人签订的《保证合同》而对债权人负有债务，本质上都应当认定为债务人。担保的债权明确为其应当履行的担保责任的范围，故担保债权存在明确的债权。

### （二）债权人是否应当证明"担保人低价或者无偿转让资产的行为，对债权人的债权构成损害"

在本案中，A银行作为债权人，担保人C某某违法无偿、不合理低价向E某某转让其名下财产，导致其向A银行承担连带保证责任的偿债能力削弱或丧失，直接导致了债权人的债权得不到清偿的危险程度提高。且本案是在主债务已经到期，并且债权人已经依法向人民法院提起诉讼的情况下，担保人仍不履行其担保责任，而是恶意转让自己名下的资产，此种行为将极有可能导致债权人的债权得不到清偿。且担保人C某某在本案中是连带责任保证人，债权人既可以请求债务人承担债务，也可以请求担保人承担债务，担保人与债务人之间是一种连带债务。债权人对担保人及主债务的请求并不存在先后顺序之分。

笔者认为，债权人对担保人提起撤销权之诉的过程中，债权人只需要证明担保人在其债务履行期限届满后，仍拒绝履行担保责任，且在此期间低价或无偿转让自己名下的资产，就可以直接推定担保人存在恶意转让资产，以达到逃避担保债务的目的的主观动机及行为，债权人也就完成了初步的举证责任。至于担保人在转让诉争的资产后，是否仍有能力承担保证责任，由于该方面的信息掌握在担保人手中，应当由担保人主动提供证据证明，其转让资产的行为不会对债权人的债权构成损害。

（三）如何界定受让人在受让债务人财产时的明知及主观恶意

债权人提起债权人撤销之诉是旨在撤销债务人与第三人之间的诈害行为而引起的权利义务关系。根据《中华人民共和国合同法》及相关解释的规定，此种诈害行为包含的主要方式在本文的第一点中已经进行阐述，在此不再进行赘述。本文主要结合本案分析其中的一种方式，即债务人无偿转让财产或者明显以不合理的价格转让，并且受让人知道该情形的。

在本案中，C某某与E某某是亲戚关系，A银行在提起诉讼的过程中只能通过向工商行政管理局调取相关的股权转让档案，以证明C某某在债务的履行期内转让了该部分股权，使得债权人A银行可以受偿的财产明显减少。至于C某某是否无偿转让或者以明显不合理的低价进行转让，债权人A银行由于未能够调取C某某与E某某的银行账户，也未能明确他们是以何种方式进行对价的支付，这直接给A银行的举证造成了极大的不便。

故笔者认为，债权人在行使撤销权诉讼中，只需要对债务人在履行期限内进行财产的转让，且根据现有留存的档案可以证明交易的价格明显低于实际市场价格，则可以完成初步的举证。债务人及受让人应当证明双方已经支付合理的对价，交易真实有效，符合相关的法律规定。若债务人是无偿的转让资产，则不需要证明受让人的主观是否故意；若债务人是低价转让资产，则债权人有理由对受让人事前知情进行合理的怀疑，受让人应当在法庭上证明其受让该资产时，主观上不知情。

（四）法律规定的债权人提起撤销权诉讼的期限，在实践操作中可能遭遇的境况有哪些

根据《中华人民共和国合同法》第75条的规定："撤销权自债权人知道或应当知道事由之日起一年内行使，自债务人的行为发生之日起五年内没有行使撤销权的，该撤销权消灭。"该期限为除斥期间，不适用中断和中止的规定。

债权人行使撤销权诉讼中往往会面临两个问题：第一，债权人在提起撤销权诉讼时，需要具备的一个首要条件，即债权人对债务人享有合法的债权。而在实践过程中，合法的债权是否应当以主债权已经通过诉讼得以确认为前提成为争议的焦点。第二，债权人在提起撤销权诉讼时，需要证明因债务人与第三人的诈害行为，损害到了债权的清偿。如何证明损害，成为实践中的另一难题。其中学界中有一种观点认为，债权人经司法确认主债权并执行不能后，才可主张行使撤销权。这无疑是对"损害债权"作出较为严格的责任标准，在较大程度上防止了撤销权的滥用。但是也应看到，该种观点直接导致了债权人的撤销权制度受到

较大限制。

在本案中，法院即使以主债权尚未得到确认，未能明确担保债权而主张应当等到执行不能后，才能行使撤销权。笔者认为，此种观点已经极大地限制了债权人撤销权的行使。第一，部分债权的主债务履行期限尚未届满，债务人尚未存在违约，则本条款只要求存在合法的债权，而并非需要证明债务人应明确违约的情形，故债权人提起撤销权之诉，不应当全部要求以主债权得以确认为前提。若双方之间的债权相对明确，则受理撤销权之诉的法院可以代为审查；若是法律关系尚不明确，则法院可以要求债权人提供适当的担保或要求债权人就与债务人之间的法律关系另行提起确认之诉。第二，若法院要求债权人经司法确认主债权并执行不能后，才可主张行使撤销权，则会极大地限制债权人行使撤销权的范围。在司法实践中，若要等到执行终结才能提起撤销权之诉，往往已经超过了提起撤销权"一年"的除斥期间了，到时再提起撤销权之诉，很有可能已经因未能在法定期限内提起诉讼而丧失了胜诉的可能性，或者条件符合，而申请撤销的标的已经不复存在，或难以恢复原状的情形。因此笔者认为，若采用此种观点，将导致债权人的撤销权受到极大的限制，不能维护债权人的合法权益，与最初的立法初衷相背离。

## 四、案件反思

### （一）我国法院在审理对担保人行使的债权人撤销制度时，应当针对不同的担保方式进行区别对待

我国的担保制度中，主要分为人的担保与物的担保。在本文中，主要分析的是人的担保问题。人的担保主要分为一般保证责任和连带保证责任。笔者认为，若担保人负担的是连带保证责任，虽然担保债务是一种或有债务，但是法律赋予债权人既可以单独起诉债务人，也可以单独起诉连带保证责任的担保人。故此时，连带担保人由于负担的是与债务人同等的连带清偿责任，担保人实际上等同于债务人。在对担保债务人提起撤销权之诉时，法院可以直接参照债权人撤销权制度进行审理。若担保人负担的是一般保证责任，一般保证责任需要以债务人的财产不足以清偿债务为前提。法院在审理此种案件的情况下，可以依法追加债务人为第三人，审查债务人是否具有偿还能力，或者先对本案的撤销权诉讼进行中止审理，等到案件执行不能后，明确债务人的财产已经不足以清偿债务时，再行审理。只有采取分别对待的方式，才能避免债权人撤销权的制度形同虚设，避免债权人在行使撤销权的过程中超过一年的除斥期间。

### （二）在债权人撤销权制度中，引进"优先受偿权"制度，以提高债权人的积极性，遏制债务人的诈害行为

我国目前对债权人行使撤销权后获得的利益遵循"入库原则"，即行使撤销权后所获得的利益应归全体一般债权人所享，而非任何特定债权人或行使撤销权的债权人所独有。"入库原则"是为了更好地恢复债务人的责任财产，保护全体债权人的利益。但是此种制度往往会影响债权人的诉讼积极性，正是因为需要债权人为了诉讼花费大量的时间和精力，最终却不能保证债权的优先受偿，而使其他没有付出相关力量的债权人得到了利益。从投入和产出的比例来看，很多债权人都不愿意独立行使撤销权了。因此，笔者认为，应当将"优先受偿

权”引入债权人撤销制度中，至少债权人提起撤销权之诉中投入的时间、精力及财力，在其追回财产的范围内应当得到优先受偿及相应的补偿。这样才能有助于维护债权人撤销债务人恶意减少责任财产行为的积极性，在一定程度上也体现了公平平等的原则，同时债权人为提起撤销权之诉付出的人力物力也能在一定程度上得到补偿。

## 结　论

综上，法律创设债的保全制度，赋予债权人撤销权和代为权，对于保证债权人权利的行使，保证民商事交易的合法、公正起到了积极的促进作用。但是也应当看到，由于现有的债权人撤销权制度的法律构建不够完善，导致在实务过程中也存在诸多的问题。本文主要通过一个对担保人提起撤销权之诉的案例，浅谈该制度在实务中碰到的几个问题，仅希望通过此问抛砖引玉，引起各位实务朋友对该制度的探讨。同时希望我国顺应经济发展的趋势，对债权人的撤销权制度进行进一步的完善，以更好地维护债权人的利益，规范市场秩序。

# 追加配偶为被执行人的问题初探

廖山海[*]　纪瑞婷[**]

## 一、问题的提出

陈某与刘某借款纠纷一案，××法院于2013年12月19日判决刘某偿还借款525000元。2014年2月，陈某向××法院提出强制执行申请，并请求追加刘某的配偶为被执行人。目前，××法院就是否追加被执行人刘某的配偶为本案被执行人尚未作出民事裁定。

近年来，类似于陈某这样的执行案件明显增多，对于如何处理此类执行申请案件，目前各地法院尚未形成成熟、统一的做法，主要体现在有的法院同意追加被执行人的配偶为被执行人，有的法院则不同意追加或者虽不同意追加但在执行过程中直接认定被执行人配偶名下的财产为夫妻共同财产予以执行，等等。不仅各地法院对执行阶段是否有权对债务性质进行审查，并能否追加被执行人配偶为被执行人的问题存在争议，学术界亦是如此。

## 二、法院处理该类案件之不同做法的争议归纳

目前，就此类案件引发的法院在执行过程中是否有权对债权性质进行认定，是否可以追加被执行人配偶为被执行人的相关争议，笔者根据各地法院的实践做法及理由具体归纳如下：

1.部分法院在执行阶段直接对债务性质进行认定，经认定为夫妻共同债务的，法院依照申请追加被执行人配偶为被执行人。理由大致归纳如下：

（1）追加被执行人的配偶为案件的被执行人，符合我国法律对夫妻共同债务制度的规定，即婚姻关系存续期间所负的债务为夫妻共同债务，应由夫妻双方共同偿还。《中华人民共和国婚姻法》（以下简称《婚姻法》）第41条规定“离婚时，原为夫妻共同生活所负的债务，应当共同偿还”；《最高人民法院关于适用〈中华人民共和国婚姻法〉若干问题的解释（二）》第24条规定“债权人就婚姻关系存续期间夫妻一方以个人名义所负债务主张权利的，应当按夫妻共同债务处理。但夫妻一方能够证明债权人与债务人明确约定为个人债务，或者能够证明属于婚姻法第十九条第三款规定情形的除外”。也就是说，我国法律对夫妻共同债务制度适用推定规则，除非被执行人的配偶能够证明债权人与债务人明确约定为个人债务，或者能够证明属于《婚姻法》第19条第3款规定的情形，否则被执行人的配偶对婚姻存续期间的债务有共同偿还的义务。追加被执行人的配偶为被执行人共同偿还债务是符合法律规定的。

---

* 廖山海，福建联合信实律师事务所高级合伙人，电邮：lsh@lhxs.com。

** 纪瑞婷，福建联合信实律师事务所律师，电邮：jrt@lhxs.com。

(2)追加被执行人的配偶为案件的被执行人，可以防止被执行人利用夫妻关系转移财产以恶意逃避债务。一些被执行人往往在发生债务关系前后，假借夫妻离婚分割财产债务或通过夫妻之间关于财产的任意约定而达到将被执行人财产及夫妻共同财产转移的目的，从而削弱债权人对其债权实现的可能。被执行人利用夫妻关系转移财产的行为，不仅侵害了债权人及相关权利人的合法利益，也造成了法院执行难的局面，更破坏了和谐社会的健康发展。法院通过追加配偶为被执行人，可以有效地遏制被执行人恶意逃避债务的行为，提高执行效率。

2.部分法院在执行阶段一律不对债务性质进行认定，亦不同意依照申请追加被执行人的配偶为被执行人。理由大致归纳如下：

(1)被执行人的配偶不在相关法律规定并列举的可追加为被执行人的范畴内

关于追加被执行人的问题，相关法律作了明确规定。其中，《中华人民共和国民事诉讼法》(以下简称《民事诉讼法》)、《最高人民法院关于适用〈中华人民共和国民事诉讼法〉若干问题的意见》明确了可以追加的条件和范围；《最高人民法院关于人民法院执行工作若干问题的规定(试行)》则列举了可以追加被执行人的六种情形。从以上规定中可以看出，法律法规对可追加为被执行人的对象作出严格的规定，即仅前述相关法律法规列举的对象被列入可追加为被执行人范围，而被执行人的配偶却未规定在此类。因此，追加被执行人的配偶为案件被执行人一方面于法无据，另一方面将会导致执行法官自由裁量权的滥用。

(2)被执行人的配偶并非法院生效裁判文书确定的承担义务的主体

在起诉时自主决定以谁为被告，是债权人作为原告当然的诉讼权利；在诉讼中将被告的配偶列为被告，意味着债权人要求确认债务人配偶对债务承担共同责任，即主张债务为夫妻共同债务。反之，债权人未将被告的配偶列为被告并要求债务人配偶对债务承担共同责任，应视为债权人在本次诉讼中放弃了主张债务人的配偶共同承担债务的权利；而法院根据“不告不理”的原则，在债权人诉讼范围内作出判决，该生效裁判文书是债权人申请强制执行的依据。若在执行阶段追加被执行人的配偶为被执行人，则破坏了法院生效裁判文书的严肃性，也剥夺了被执行人配偶在诉讼阶段的实体与程序性权利。因此，法院不宜对债务性质进行认定并追加被执行人的配偶为被执行人。

(3)追加被执行人的配偶为案件被执行人将滋生夫妻一方利用虚假诉讼手段伪造夫妻共同债务①

在婚姻家庭纠纷中，夫妻为分割共同财产而进行虚假诉讼的案件层出不穷，并呈高发态势，且手段越来越高明，伪造的债务标的越来越大。夫妻一方通过虚假诉讼将所谓的债务以生效的法律文书加以确认，再依照《婚姻法》关于婚姻关系存续期间夫妻共同债务的推定规则，要求执行夫妻共同财产或其配偶的个人财产，从而达到转移共同财务、多分或霸占夫妻共同财产的目的。因此，若在执行阶段追加被执行人的配偶为被执行人，有可能严重侵害被执行人配偶的财产权益，影响法院的权威和司法公信力，对当事人及社会均会造成极坏的影响。

---

① 王克先：《分割夫妻共同财产虚假诉讼的刑事规制》，http://www.law-lib.com/lw/lw_view.asp?no=12292，最后下载日期：2011年1月9日。

## 三、追加配偶为被执行人的问题探讨

笔者认为,从平衡保护申请执行人债权实现和被执行人配偶合法权益的角度出发,该类案件由申请执行人另行诉讼解决为妥,法院不宜在执行程序中直接作出关于债务性质的认定,亦不宜在执行阶段追加被申请人的配偶为被执行人。

### (一)执行程序中,要严格区分"实体问题"与"程序问题"

诉讼程序乃解决民事纠纷的程序,法院通过审判,以调解或判决的形式确定当事人间争议的权利义务关系。执行程序则为实现权利的程序,如果当事人不履行生效法律文书确定的义务,法院可采取强制执行措施,实现诉讼程序确定的权利义务。执行程序的功能在于实现生效法律文书确定的债权人的权利,而确定当事人之间争议的民事权利义务关系系诉讼程序的功能。鉴于此,笔者认为确定法院生效判决确定的债务是否为夫妻共同债务,涉及对当事人权利义务的实体确认,应通过诉讼程序解决,而不应通过执行程序直接对夫妻共同债务作出认定。

### (二)执行程序中,慎用"夫妻共同债务推定原则"

我国立法关于夫妻共同债务的认定规则包括夫妻共同债务的"用途标准"和"推定标准"。"推定标准"的运用是出于婚姻家庭生活具有私密性以及债权人的举证困难的考虑。但是,出于平衡考虑,笔者认为该推定规则应限于诉讼阶段的使用,即在诉讼阶段债权人可以根据夫妻共同债务推定规则要求夫妻共同承担,同时给予非举债的配偶一方举证权利与抗辩权利;而在执行阶段则慎用"夫妻共同债务推定原则",原因在于现在很多债务纠纷案件,债权人往往在诉讼阶段没有将债务人的配偶列为被告,没有提出共同债务由夫妻共同承担之主张;而是在执行阶段依照《婚姻法》关于婚姻关系存续期间夫妻共同债务的推定规则,申请追加被执行人的配偶为被执行人,要求被执行人的配偶承担共同还款的义务。这将为被执行人与他人恶意串通,伪造夫妻共同债务提供可乘之机。因此,执行程序中,慎用"夫妻共同债务推定原则"。

### (三)执行中追加被执行人应遵循严格的法定原则

在执行中追加被执行人,关系被执行人和案外人的合法权利以及执行程序是否合法的问题。追加执行被执行人的情形,必须有法律和司法解释的明确规定。目前,我国现行法律、司法解释并无可以追加被执行人配偶为被执行人的相关规定,法院在执行程序中不宜直接认定债务性质,并以夫妻共同债务为由追加被执行人配偶为被执行人,而应当通过另行诉讼解决。

## 四、关于完善债务诉讼判决的执行程序之建议

《民事诉讼法》第 204 条规定:"执行过程中,案外人对执行标的提出书面异议的,人民法院应当自收到书面异议之日起十五日内审查,理由成立的,裁定中止对该标的的执行;理由不成立的,裁定驳回。案外人、当事人对裁定不服,认为原判决、裁定错误的,依照审判监督程序办理;与原判决、裁定无关的,可以自裁定送达之日起十五日内向人民法院提起诉讼。"因此,被执行人的配偶对执行有异议的救济途径主要是向法院提出执行异议及提起诉讼。该等法律规定实际上已经让夫妻中的非举债方承担了确认债务性质的重任,这对于夫妻中

的非举债方是不公平的。

鉴于此，笔者认为：债权人若希望自己的债权得到法院的强制保障，就应在预先的诉讼中起诉夫妻二人作为被告，由法院来认定该债务的性质；若债权人仅起诉夫妻举债一方，后主张以夫妻共同财产或举债方配偶名下财产偿还债务的，应要求债权人通过诉讼的方式确认该债务性质，而不能在执行程序中当然地推定为夫妻共同债务，也不得当然地执行夫妻共同财产。这种程序设置，既保护了债权人利益，同时又给了非举债方配偶法庭申辩的机会，对双方利益的保护是一种平衡。

# 民诉法修改视野下的 ADR 机制的合理建构

张　榕*

扩大当事人诉权保障是社会发展的趋势，但司法资源的有限性也是显而易见的，因此，如何在纠纷解决与司法资源的利用上寻找一个平衡点是现代法治国家面临的一个重要课题。从各国的司法改革内容和趋势看，建立与完善非诉讼纠纷解决（ADR）机制是一个共同的选择。正如学者所言，民事程序不应当仅按通过审判的方式解决争议而设计，也应当鼓励大多数的争议当事人以更加合作和灵活的方式解决他们的争议。① 诉讼优于和区别于其他争议解决方式的特点在于它是以公权力作为其运作的基础。选择诉讼的方式解决争议通常是当事人之间的利益冲突和矛盾已经发展到了不可调和的程度，诉讼的过程实际上是争议的双方彼此对抗以及借助外部的强力平息纠纷的过程。然而，当诉讼被过度使用于纠纷的解决时，法院将不堪重负，从而导致诉讼迟延、诉讼成本过高以及投入的司法资源无法与诉讼量增长的速度相适应等问题的产生。② 而 ADR 的重要意义并不仅仅在于分流法院案件的压力，它体现着更为积极的价值取向：一方面，它为社会主体纠纷解决提供了更多的选择和更为便捷适宜的渠道，实际上扩大了司法利用的范围；另一方面，ADR 与诉讼的衔接也使法院的功能进一步发生了转变，从纠纷解决更多地向规则的发现和确认、利益的平衡乃至决策的方向转变，而一部分纠纷解决的功能将转由 ADR 来承担。法院则由此承担起对 ADR 进行协调和监督的职能。此外，司法 ADR 的广泛运用，导致了传统的诉讼文化的某种转变，将使得诉讼的对抗性大大缓和，更多地向和解性转化，平和地解决纠纷的价值更加受到推崇。③

## 一、非诉讼纠纷解决机制在我国的实践

事实上，ADR 对于我国来说，绝不是什么新生事物或舶来品。人民调解作为一种 ADR 在我国的民事纠纷解决中曾发挥过重要的作用，从某种角度上来说，其发挥的作用可能并不亚于民事诉讼。在 1998 年以前，我国每年经人民调解的纠纷案件数都超过法院每年受理的总案件数。例如，在 1990 年，我国经人民调解的纠纷案件为 740.9 万件，而同年法院受理的总案件数为 291.6 万件。但在 1998 年之后我国法院的受案数超过了人民调解的案件数量，

---

* 张榕，厦门大学法学院教授、福建联合信实律师事务所兼职律师。

① 宋冰编：《程序、正义与现代化》，中国政法大学出版社 1998 年版，第 420 页。

② 齐树洁：《民事司法改革研究》，厦门大学出版社 2004 年版，第 55～56 页。

③ 范愉：《ADR 原理与实务》，厦门大学出版社 2002 年版，第 8～9 页。

近年来人民调解每年调解的民间纠纷一般维持在500万件左右。① 从统计数字的变化中我们可以看出，随着我国审判方式改革的全面展开和逐步深入，人民调解的作用则不断萎缩。它说明了两个方面的问题，一方面，在我国法治现代化和社会转型的进程中，由于缺乏法治经验，传统以及对诉讼的盲目崇拜，社会大众的主流意识出现了一种偏向，即把诉讼视为实现权利的唯一正确途径，把诉讼率的高低作为判断法治现代化的标准；另一方面，由于我国的民事司法改革完全是法院自发和主导进行的，缺乏应有的组织性，其针对的主要是审判制度，并未从整个司法制度及整体纠纷解决机制的层面来考量基本的法律政策，而法院在扩张自身权力的过程中往往存在有意或无意排斥其他纠纷解决方式的倾向。仲裁作为另一种ADR的重要方式在我国同样没有发挥其应有的作用，仲裁资源并未得到充分的利用。自1995年《中华人民共和国仲裁法》（以下简称《仲裁法》）实施后，截至2003年年底，全国各地共成立了172家仲裁委员会，但自1995—2003年9年间，全国各地仲裁委共受理案件仅90000多件。② 2001年是中国仲裁具有突破性发展的年份，受案数首次超过了万件，但在这年全国165家仲裁机构发展很不平衡。其中，全年受理案件在100件以上的仲裁机构有33家，只占到全国仲裁机构总数的1/5；全年受理案件在50件至100件的仲裁机构共有28家，即全年受理案件在50件以上的仲裁机构只有61家，占总数的37％；而占全国总数63％的仲裁机构当年每家受理案件均在50件以下，其中有37家全年受理案件不到10件，甚至还有3家全年没有一个案件。全国仲裁机构受理的案件约占全国法院受理的同口径的民商事案件的0.97％，还不到1％。③

在2002年，司法政策开始出现转变。2002年9月，中央办公厅、国务院办公厅转发《最高人民法院、司法部关于进一步加强新时期人民调解工作的意见》，强化非诉讼调解化解民事纠纷的作用；同时，最高人民法院发布《关于审理涉及人民调解协议的民事案件的若干规定》，明确人民调解协议具有民事合同的效力。与此同时，法院系统内部重新强调调解作为纠纷解决方式的重要性，并于2004年7月，由最高人民法院发布《关于人民法院民事调解工作若干问题的规定》，对庭前调解、调解组织、调解协议等方面都作了新的规定，并建立了调解激励机制。可见，非诉讼纠纷解决机制及与其相关的纠纷解决方式在我国法治化的进程中再次获得了认可。它表明，我国民事司法制度面临着与国外司法制度同样的问题，即法院已没有能力承受所有纠纷解决的压力，司法的供需矛盾已十分突出。例如在2000年年底，全国未结案件就达到了185万件。对此，最高人民法院副院长祝铭山警告说，如果不解决积案问题，就会影响人民法院审判职能的发挥，损害人民法院的威信，损害国家法制的形象。执行情况更为严重，1995年以来，案件执结率逐年下降，执行未结数猛增。④ 而在我国民事诉讼中程序保障不足以及法院并不真正享有司法独立主体地位的情形下，司法的供需矛盾

---

① 具体数字请参见历年来的《中国法律年鉴》。

② 张斌生：《中国仲裁发展中的几点思考——纪念〈中华人民共和国仲裁法〉颁布十周年》，载《厦门仲裁通讯》2004年第4期。

③ 张斌生：《在第三届厦门仲裁委员会仲裁员大会上的讲话》，载《厦门仲裁通讯》2002年第2期。

④ 转引自何兵：《纠纷解决机制之重构》，载《中外法学》2002年第1期。

已引发了大量的社会矛盾,使司法面临着前所未有的窘境。①

## 二、民事诉讼法的修改与非诉讼纠纷解决机制的重新布局

布局合理的纠纷解决机制是我国无法回避的问题,而民事诉讼法的修改是一个最好的契机,它对于统筹考虑我国整体纠纷解决机制的建构具有历史性的意义。

自20世纪70年代世界性的ADR运动开始兴起后,各种非诉讼纠纷解决机制便呈现出多元化的特点,既有大量民间性、自治性的调解、仲裁,也有各种行政性以及司法性ADR。从我国的现状看,人民调解和仲裁属于民间性、自治性的ADR。我国原本也有大量的行政性的ADR,主要以行政调解及行政裁决的方式出现。例如,公安机关根据《中华人民共和国治安管理处罚条例》对因违反该条例对他人造成的人身和财产损失等应承担的赔偿责任的处理;各主管行政机关处理的消费者争议;公安机关根据《道路交通事故处理办法》所处理的交通事故中涉及损害赔偿的纠纷;医疗主管部门对医疗纠纷的处理,以及各行政主管机关对其管理权限内的纠纷的处理,等等。但从近年我国颁布的《医疗事故处理条例》及《中华人民共和国道路交通安全法》(以下简称《道路交通安全法》)等法律的规定来看,当事人对纠纷解决方式的选择权得到了更多的倡导,行政性的ADR有萎缩的趋势。我国尚缺乏司法性ADR,诉讼成为进入司法程序的唯一选择。

司法性ADR又称"法院附设ADR"(court-annexed ADR),是指以法院为主持机构并受法院指导的ADR,虽然这种程序与诉讼程序截然不同,但与法院的诉讼程序又有一种制度上的联系,在某些法定条件下,可以被作为诉讼程序的前置阶段甚至在诉讼中交替使用。②日本的民事和家事调停,美国的各种法院附设调解、仲裁,我国台湾地区的诉前调解都属于法院附设ADR。司法ADR因具有独特的价值与功能,在ADR发展的时代潮流中,受到了普遍的关注和重视。例如,美国民事诉讼中的庭前和解率可以达到95%~98%,③一个重要的原因便是得益于法院附设ADR的广泛运用。美国于1998年10月颁布的《替代性纠纷解决法》(*Alternative Dispute Resolution Act of* 1998)是世界上第一部专门的ADR立法,其在第1条规定,联邦地区法院应当允许在所有案件中使用ADR,各联邦地区法院应该建立各自的ADR计划并制定相应的保障措施。该法第3条第3款还规定,法院必须对既有的法院附设ADR计划的有效性进行评估,并采取相应的改进措施。④ 英国1999年4月26日生效的新《民事诉讼规则》也首次明确了ADR的法律地位。其在第1条第1款第2项规定,应该根据案件金额、案件重要性、系争事项的复杂程度以及各方当事人的经济状况,采取相应的审理方式。在第1条第3款中要求当事人协助法院推进基本目标的实现,并课以当事人与ADR相关的义务。在具体的制度中,其将ADR引入案件管理制度,并通过诉讼费用制度和法律援助制度等经济杠杆来促使当事人采用ADR。⑤ 近年来,在许多国家,法院附

---

① 近年来大量的申诉与上访事件已严重干扰了法院司法审判工作,法院的公信力受到极大的挑战,许多法院不得不派出大量的审判人员去疏堵申诉和上访。

② 范愉:《非诉讼纠纷解决机制研究》,中国人民大学出版社2000年版,第151、401页。

③ 白绿铉:《美国民事诉讼法》,经济日报出版社1996年版,第86页。

④ 范愉:《ADR原理与实务》,厦门大学出版社2002年版,第165页。

⑤ 齐树洁主编:《英国民事司法改革》,北京大学出版社2004年版,第178页。

设 ADR 发展迅猛，使用广泛，已成为民事司法制度不可或缺的组成部分。

从可借鉴性的角度来看，我国台湾地区的诉前调解制度值得一提。20 世纪 90 年代以后，我国台湾地区在民事诉讼制度改革中，为强化调解的功能，建立祥和的社会，于 1990 年、1999 年和 2003 年等年度先后修订"民事诉讼法"，进一步充实和完善了诉前调解制度。我国台湾地区修订前的"民事诉讼法"规定的诉前调解的范围主要以简易程序事件和人事诉讼程序事件为标准，而修订后的"民事诉讼法"根据事件的性质、当事人之间的关系、居住的环境、非讼色彩及争议金额等因素扩大了诉前调解的范围，它包括两类案件：一是实行诉前强制调解的案件，如不动产的相邻、共有、租赁争议，雇佣契约争议，交通事故争议，医疗纠纷，亲属财产争议，离婚及同居、抚养争议，财产争议金额在 10 万台币以下等；二是当事人双方合意调解的案件，无论诉讼事件之种类，也不问诉讼标的之金额或价额为多少，当事人均可以在起诉前向法院申请调解。

我国台湾地区的诉前调解制度既不同于英美等国的法院附设调解，也不同于大陆的法院调解，它并不完全以当事人的自愿为前提。除了当事人合意申请调解的事件外，绝大多数的诉前调解事件为强制调解事件，当事人并无选择的权利。如果当事人直接起诉的，视为调解申请。在调解程序中，法官认为有必要时，可以命令当事人或法定代理人本人在调解期日到场，调解委员(由地方法院在其管辖区域内选任)认为有必要时，也得报请法官颁发命令。当事人无正当理由在调解期日不到场的，法院可以裁定处以 3000 元以下的罚款，其有代理人到场而本人无正当理由不到场的也同。在调解中，法官或调解委员可以酌定调解条款，当事人在法定期间不提出异议的，则视为已经依该方案成立调解。调解一经成立与判决具有同样效力。① 我国台湾地区诉前调解制度作为具有台湾地区特色的法院附设 ADR 制度，除了因应纠纷解决多元化之世界司法改革趋势外，还体现了法律政策对特殊关系保护之需要，从其诉前调解的范围来看，大多涉及相邻关系、共有关系、租赁关系、雇佣关系、合伙关系、夫妻关系、亲属关系等引起的争执，此类争执如果处理不当，影响日后彼此相处之和谐，可能导致纷争不断，因此宜于起诉前践行调解程序，以息讼争。② 而对于适用诉前调解的事件，为解决纷争所需的判断主要在于斟酌决定两造日后所应有的权利义务关系，而非论断当事人过去之是非。③

我国目前并无法院附设 ADR 制度，但我国在 20 世纪 90 年代初在法院设立的经济纠纷调解中心，具有法院附设 ADR 的雏形，当经济纠纷案件起诉到法院时，先行进入经济纠纷调解中心调解，调解不成的，转入审判庭审理。后因经济纠纷调解中心大量采用财产保全措施来促成调解而致非议，最终被撤销。

从 ADR 在世界各国及我国的发展轨迹来看，ADR 的兴起及逐步的制度化，与民事诉讼法的立法支持和法院的司法支持有着密不可分的关系，尽管有的国家采用单独立法的方式来规范 ADR，如美国的《替代性纠纷解决法》、日本的《民事调停法》及《关于公示催告程序

---

① 中国台湾地区"民事诉讼法"第 403 条、第 406 条、第 408 条、第 409 条、第 415 条及第 416 条的规定。

② 吴明轩：《民事调解、简易程序及小额诉讼程序》，台湾五南图书出版公司 2000 年版，第 11 页。

③ 邱联恭：《程序选择权论》，台湾三民书局 2000 年版，第 184 页。

和仲裁程序的法律》等,但基本上也是作为民事诉讼的配套法律执行。而大多数国家和地区还是通过民事诉讼法的修改来鼓励和引导当事人采用ADR,如英国的新《民事诉讼规则》、我国台湾地区的"民事诉讼法"等。我国在立法和司法中也体现了同样的模式,我国在1982年的《中华人民共和国民事诉讼法》(以下简称《民事诉讼法》)及1991年的《民事诉讼法》中都将"人民调解"规定为民事诉讼法的基本原则,1991年的《民事诉讼法》也体现了对仲裁的支持;而2002年9月最高人民法院发布的《关于审理涉及人民调解协议的民事案件的若干规定》,直接提升了人民调解的法律效力,赋予了人民调解新的活力,也充分体现了司法对人民调解的支持及对民众采用非诉讼纠纷解决方式的引导与鼓励。如果我们在民事诉讼法的修改中,能将人民调解乃至行政调解的效力纳入调整范围,进一步加大对仲裁的支持力度,并建立法院附设ADR制度,那么,我国的纠纷解决机制将趋于完善,诉讼与非诉讼的纠纷解决方式将能够得到很好的互补。

就民事司法而言,可以在三个层次上考虑其可能发挥的作用和功能:首先是解决具体的纠纷或保护个体民事主体之权利的功能;其次是促进统一的市场形成并维持市场秩序及其他生活秩序平稳或有序运转的功能;最后则是从民事法的角度为整个社会及政治秩序提供正当性象征符号或正统性基础的功能。① 而我国民事经济审判的作用仍主要停留在第一个层次的功能上。一般而言,法院的任务是对纠纷作出最终的决定,但这并不意味着所有进入法院的纠纷必须要由法官亲自解决,原因在于有纠纷并不代表有法律问题,对于那些不存在真正法律问题的纠纷可以通过制度设计,让其在被提交法官之前得以解决。② 非诉讼纠纷解决机制的合理布局,为法院从单一的解决纠纷功能向解决纠纷与政策形成并重的功能转换提供了一个最佳的机遇。

## 三、我国非诉讼纠纷解决机制的合理建构

从纠纷解决的历史发展来看,如果将纠纷主要交由民间自行解决,实行民间自治,就有可能影响国家对社会的整合能力,而如果将纠纷均交由法院解决,如前所述,司法显然也无力承受。因此,在保障当事人程序选择权及合理配置资源的基础上,应当整合诉讼与非诉讼纠纷解决机制,构筑一个有效的社会纠纷解决系统。同时,非诉讼纠纷解决机制必须得到国家正式制度的有效支持,以确保其正当性。笔者认为,我国非诉讼纠纷解决应以民间调解为基础、以行政调解为补充、以仲裁和法院附设调解为ADR与诉讼的连接点而构建一个多层次的机制,并通过民事诉讼法的制度保障来促进其良性运行。

### (一)扩大民间调解的受案范围,健全调解组织

民间调解以人民调解为形式,长期以来,人民调解主要用于解决公民之间发生的民间纠纷,在调解组织上一般只设于城镇的居委会和农村的村委会。但2002年9月26日司法部发布的《人民调解工作若干规定》将人民调解定位于解决公民与公民之间、公民与法人和其他组织之间涉及民事权利义务的民间纠纷。同时规定人民调解委员会既可以在村民委员会、居民委员会及乡镇、街道设立,也可以在企事业单位和区域性、行业性机构中设立,表明

① 王亚新:《社会变革中的民事诉讼》,中国法制出版社2001年版,第177页。

② 何兵:《现代社会的纠纷解决》,法律出版社2003年版,第122页。

我国人民调解的适用范围已突破公民之间的民事纠纷，在设立人民调解组织方面也更具有灵活性。从民事纠纷的角度来说，不论是公民与公民之间、公民与法人和其他组织之间，或者法人与法人之间、法人与其他组织之间及其他组织与其他组织之间的纠纷，都属于平等主体之间发生的民事纠纷，在性质上并没有不同，当事人也都拥有自主选择解决纠纷方式的权利，都可以纳入人民调解的范围。

在调解组织的建构上，在中国社会结构的不断变迁中，传统的单位组织仍具有相当的凝聚力，而以利益、价值和观念共同为特征的新型共同体也在逐步形成。例如，据统计，1991年年末，我国实有社会团体组织115738个，1998年年末增至165600个。① 这些数字表明新型的民间组织发展迅速，社会组织化程度正在增强。因此，可以因势利导，在单位组织内及这些新型的民间组织中培育调解机构，以扩大人民调解的组织基础。以行业组织为例，由于行业组织具有熟悉行业情况、与成员联系紧密的优势，由其来调解行业成员之间以及与行业有关的纠纷较其他民间调解组织而言具有不容置疑的优势。国家应通过政策引导、经费支持等方式来鼓励企事业单位和区域性、行业性机构设立调解组织。

同时，应当修改《民事诉讼法》第16条的规定，明确赋予人民调解协议具有民事合同的效力。现行《民事诉讼法》在第16条第2款中规定，当事人不愿调解，调解不成或者反悔的，可以向人民法院起诉，实际上给予了当事人可以不受人民调解协议约束的权利。笔者认为，诚实信用原则是民事行为的基本原则，当事人在签订人民调解协议时同样应受该原则的约束。尽管最高人民法院在《关于审理涉及人民调解协议的民事案件的若干规定》中已确认了人民调解协议的民事合同性质，但只有在民事诉讼法中予以明确，其权威性及正当性方能保障。

### (二)保留行政机关调处民事纠纷的职权，赋予行政调解协议法律效力

我国的行政机关历来担负着处理公民纠纷和各种申诉的职能，各类行政主管机关根据有关法律法规的规定，一般都有通过行政调解或行政裁决的方式处理该领域公民的申诉和其他纠纷的职责。② 行政机关在行使行政管理职能时附带所进行的纠纷解决在某些领域与人民调解或法院的纠纷处理相比仍具有天然的优势。例如，公安机关根据《治安管理处罚条例》就违反该条例而应承担的民事赔偿所进行的调处，公安机关交通管理部门根据《道路交通安全法》对交通事故损害赔偿所进行的调解，以及各行政主管机关对其管理权限内的纠纷处理程序，等等。此外，我国行政机关还处理着部分与行政管理无关的纯民事纠纷，主要是由乡镇司法所根据《民间纠纷处理办法》基于当事人的请求所进行的居间调解和裁决。行政机关对民事纠纷的解决，依据原有的法律或法规有的为司法解决的前置程序，如对交通事故的调解；有的属于任意性的规定，当事人可以选择由行政机关调解或向法院起诉，如乡镇司法所对民事纠纷的调处。而依据现有的法律或法规，一般都赋予当事人选择权，由当事人选择申请行政机关调解或可直接向法院起诉，但所有行政调解的共同点就是都没有法律效力，并不约束当事人。例如，《道路交通安全法》第74条规定："对交通事故损害赔偿的争议，当事人可以请求公安机关交通管理部门调解，也可以直接向人民法院提起民事诉讼。经公安

---

① 数字来自1992年、1999年《中国法律年鉴》。

② 范愉：《非诉讼纠纷解决机制研究》，中国人民大学出版社2000年版，第540页。

机关交通管理部门调解，当事人未达成协议或者调解书生效后不履行的，当事人可以向人民法院提起民事诉讼。”

从行政机关对民事纠纷处理的不同情形看，乡镇司法所对民事纠纷的处理，类似于人民调解的纠纷解决方式，只是处理的机构性质有所不同。而一些职能部门附带的纠纷解决则多与其职权行使有着直接的关系，但基本上是居间进行调解，是否能够就纠纷达成协议，仍取决于当事人双方的合意。笔者认为，行政机关如果依据其职权对民事纠纷作出裁决，应当遵循法定的程序。但如果行政机关是应当事人的申请居间进行调解或依据其职能附带进行调解，达成协议后，该调解协议应比照人民调解协议同样被赋予合同的效力。从本质上来看，契约性是调解的本质属性。调解的契约性贯穿于调解的整个过程，包括调解程序的启动、调解员的选任、调解规则的适用、调解协议的达成以及调解的终止等，这些事项当事人都可以通过合意达成契约。调解如果取得成功，则当事人之间所达成的调解协议本质上就是一份合同，具有明显的契约性。尽管第三人介入调解过程，并事实上影响调解的进行，但调解协议的达成仍是建立在当事人合意的基础上，本质上仍属于当事人之间的契约。① 因此，虽然最高人民法院《关于审理涉及人民调解协议的民事案件的若干规定》仅针对人民调解的问题，将人民调解协议的性质确定为民事合同，但实质上从调解的本质来看，所有的调解协议，甚至未经第三方调解双方达成的关于民事权利义务纠纷的协议都应当视为是一种以纠纷解决为目的的合同。也就是说，“最高人民法院针对人民调解委员会调解达成的有民事权利义务内容的调解协议所明确的性质及处理方式、程序等，并不等于否定其他主体调解达成的有民事权利义务内容的调解协议可被认定为民事合同，从而按照合同法的原则、方法及程序处理”②。在当事人没有按照协议内容履行而起诉到法院时，法院都可以根据合同法的原则进行审查：如果协议不违反法律、法规，不损害国家、集体、第三人及社会公共利益，也没有重大误解或显失公平，法院就可以在判决中直接支持调解协议的具体内容，从而通过诉讼程序赋予调解协议实质上的法律约束力，相反则可以对其作出撤销或宣告无效的判决。

从《医疗事故处理条例》《道路交通安全法》等法律或法规对行政调解的前置要求的修改可以看出，当事人的选择权得到了更充分的保障，司法的作用也进一步得以张扬，但这却并不一定是法治发展的进步。首先，纠纷的解决受成本支出的约束。行政机关根据其职能附带进行的调解无论是基于专业判断或是出于效率的考量都可能优于诉讼。其次，诚实信用原则同样适用于纠纷解决方式的选择。如果当事人在与对方达成解决纠纷的协议后还可以随意地选择毁约，那么，国民与社会的信用也就无所依托。最后，当司法的功能被过度放大后，最终受损的可能是司法权威本身。这一点从民众对“告状难”“执行难”等的抱怨中便可略见一斑。

---

① 范愉主编：《ADR 原理与实务》，厦门大学出版社 2002 年版，第 312 页。

② 参见杨洪逵点评：《当事人在派出所主持调解下达成人身损害赔偿协议具有合同效力》，载《人民法院报》2003 年 8 月 23 日理论版。该案中，双方当事人在派出所的主持下就人身损害赔偿问题达成了调解协议，但其后被告以调解协议是在遭到原告方威胁及派出所办案人员误导、施加压力下所为为由拒绝给付。法院经审理后认为，经当地派出所调解达成的协议是原、被告双方的真实意思表示，因而虽然不属于人民调解的范畴，但也可认定为具有合同性质。最高人民法院法研所的杨洪逵对案件的点评中认可了这一做法。

当然,对行政ADR可以进行必要的整合,与行使行政职权无关的纠纷解决,如乡镇司法所的纠纷解决可以考虑并入人民调解中,因其在纠纷解决的性质及方式上并无不同。而与行使行政职权相关的附带纠纷解决应当继续保留,发挥其专业优势,当行政机关居间调解当事人双方达成解决纠纷的协议后,应具有合同的效力。同时,应当在《民事诉讼法》中增设条款,鼓励当事人选择行政调解,并明确赋予行政调解协议合同的效力。

(三)建立多形态的仲裁机构,并加大司法对仲裁的支持力度

我国《仲裁法》颁布之前,实行的是涉外仲裁与行政机关部门仲裁并行的仲裁运行机制,前者依国际惯例组建、运作;后者带有较浓厚的行政色彩,但当事人不服行政仲裁裁决的,可以在法定期限内向法院起诉。在《仲裁法》颁布后,我国取消了部门仲裁,并由各地政府法制办公室或法制局出面统一组建仲裁机构,基本上设于地市以上的大中城市。但是,《仲裁法》的颁行及统一仲裁机构的建立并没有使我国的仲裁事业步入一个良性发展时期,仲裁受案数的微乎其微使仲裁所发挥的实际效用与立法时的预期相距甚远。事实上,仲裁的受案数不但无法与法院受理的案件数相提并论,也远远低于《仲裁法》颁布前经济合同仲裁的受案数。例如,截至2003年年底,全国各地共成立了172家仲裁委员会,但自1995～2003年9年间,全国各地仲裁委共受理案件仅90000多件。① 而据29个省市工商局1992年统计,该年全国经济合同仲裁委员会共受理经济合同争议案件279167件,结案283368件(含前期未结案9777件),其中调解结案261363件,占结案数的92.2%;裁决结案5520件,占总数的1.9%。②

仲裁在我国之所以不能发挥其应有的作用,一方面的原因是我国的市民社会尚不够发达,尤其是我国的商业社会自治尚未形成,掣肘了当事人对仲裁的选择;另一方面的原因是《仲裁法》所确立的自治原则并没有真正得以贯彻。仲裁作为一种民间自生自发的纠纷解决机制,其特点在于仲裁机构的自发性和多样性。从各国的实践来看,一般准许多种仲裁机构并存。例如,英国虽设有伦敦国际仲裁院,但同时还有40多个专业机构、商会和贸易组织内又设有行业性的仲裁机构,如伦敦谷场商业协会以及茶叶、黄麻、可可豆、油籽、羊毛等同业会所设立的行业性的仲裁机构。③ 仲裁的发展在很大程度上是行业自治、自律、自我解决纠纷的一种形式,是社会自治的具体表现形态——社会自决。仲裁的这种自生自发性决定了仲裁的民间性、自治性、专业性以及因需而设的实践理性,这是仲裁权威的根源所在。而统一仲裁机构的建立虽然结束了多头仲裁的混乱局面,但同时抑制了多种形态仲裁机构的产生和发展,仲裁的民间性、自治性和专业性皆受到了伤害。④ 因此,我国应发展多种形态的仲裁机构,应当允许商会及其他的行业性组织根据行业特点组建仲裁机构。例如,可以考虑先在各地商会、消费者协会内设立仲裁机构,以后可以逐步根据行业特点设立全国性或区域性的证券仲裁、知识产权仲裁、律师协会仲裁等仲裁机构。只有仲裁的民间性、自治性以及

---

① 张斌生:《中国仲裁发展中的几点思考——纪念〈中华人民共和国仲裁法〉颁布十周年》,载《厦门仲裁通讯》2004年第4期。

② 《中国法律年鉴》1993年。

③ 谭兵:《中国仲裁制度研究》,法律出版社1995年版,第101页。

④ 何兵:《现代社会的纠纷解决》,法律出版社2003年版,第215页。

专业性得以保障,仲裁的优势方能彰显,当事人才会选择仲裁。

同时,仲裁的发展离不开司法即法院的支持,这并非由于仲裁天生依附于法院而存在,而是仲裁立法的规定使然。①《仲裁法》赋予了仲裁机构对商事纠纷和其他财产权益纠纷进行裁断的权力,但未赋予其强制执行权力及其他相关的权力。因此,在仲裁裁决的承认与执行、仲裁协议效力的认定及财产保全的实施等方面,仲裁机构都需要法院的支持与配合。从谷工的发展历史来看,就法院对仲裁的参与程度而言,基本上走过了一个由较多的监督、较少的支持到有限的监督、积极的支持的过程。而当法院对仲裁权的参与程度逐渐降低,法院只是在非常有限的范围内对仲裁权实施最低限度的监督与支持,从而最大限度地保障仲裁权的独立性时,才是仲裁制度发展的理想境界。② 因此,民事诉讼法修改时应进一步加大司法对仲裁的支持力度。首先,法院在审查仲裁协议的效力时应更多地基于当事人意思自治的原则进行老师。正如著名的国际贸易法专家施米托夫教授所言:"商事仲裁协议中的首要原则是当事人意思自治。"他在评述有严重缺陷的仲裁条款时指出,即使在英国 1950 年《仲裁法》使仲裁制度严格受制于法院的环境下,"英国法院意识到,仲裁条款与合同中的其他条款的性质不同,因而在解释该条款时,将比对合同其他条款的解释更为宽容,只要可以这样做,他们就试图赋予该仲裁条款以商业上的效力"③。其次,可以考虑赋予仲裁庭直接对当事人的促使申请进行裁定的权力。我国《仲裁法》第 28 条第 2 款规定:"当事人申请财产促使的,仲裁委员会应当将当事人的申请依照民事诉讼法的有关规定提交人民法院。"第 46 条规定:"在话不投机半句多可能灭失或者以后难以取得的情况下,当事人可以申请证据保全。当事人申请证据保全的,仲裁委员会应当将当事人的申请提交证据所在地的基层人民法院。"根据最高人民法院《关于实施仲裁法几个问题的通知》的规定,对仲裁的保全申请由被申请人住所地或所在地人民法院作出裁定。但仲裁与诉讼不同,不存在法定管辖的问题,当事人可以约定由任一仲裁机构行使仲裁权,因此,仲裁机构就有可能不在被申请人住所地或财产所在地,而法院也不如仲裁庭了解当事人争议的具体情况,仲裁高效、快捷的本质无法凸显。因此,可以考虑借鉴其他国家仲裁的立法,授权仲裁庭直接对当事人的保全申请进行裁定。这样,不但有利于提高仲裁效率,及时解决纠纷,而且可以减少保全错误的发生,避免给当事人造成损失。最后,对国内仲裁与涉外仲裁实行统一监督标准。我国对国内仲裁与涉外仲裁的监督实行双重监督标准,对涉外仲裁只就仲裁程序问题进行司法监督;而对国内仲裁除对仲裁程序问题进行监督外,还对仲裁实体问题,如对事实认定、法律适用等进行监督,形成了二元标准。但从各国仲裁的发展现状来看,法院监督的着眼点多从在裁决实体内容上进行监督以维护法律的统一性和公正性,转向从程序上保证仲裁的公平进行。④ 以国际上最强调绝对司法管辖权的英国为例,其绵延数百年历史确立了法院管辖权不容贬损的原则,长期以来英国法院对仲裁制度实行从程序到实体的全面审查及监督,甚至仲裁员的指

---

① 徐清宇、杨咏梅:《仲裁发展的障碍问题探析》,载《政法论坛》2000 年第 3 期。

② 乔欣:《仲裁权研究》,法律出版社 2001 年版,第 348 页。

③ [英]施米托夫:《国际贸易法文选》,赵秀文译,中国大百科全书出版社 1993 年版,第 611、614 页。

④ 郭晓文:《中国涉外仲裁裁决撤销制度中存在的问题及其立法完善》,载陈安主编《国际经济法论丛》(第 1 卷),法律出版社 1998 年版,第 416 页。

定发生困难时亦由法官来指定。但 1996 年的《仲裁法》已取消了对国内仲裁与国际仲裁的区别规定。我国关于对涉外仲裁司法监督的规定除了对仲裁员行为的监督与公共秩序审查外，基本上与国际立法的规定相一致，而对国际仲裁的监督则过于严格，不利于我国仲裁制度的发展。为此，应当通过民事诉讼法的修改，在完善涉外仲裁监督机制的前提下，以涉外仲裁的监督模式为标准，使国内仲裁监督向涉外仲裁选拔，实行二者的最终并轨。

（四）建构诉前强制调解制度，完善法院调解机制

我国自建立民事诉讼制度以来便十分注重法院调解，在很长的一个时期中调解是法院审理与结案的主要方式。但与我国台湾地区的诉前调解设于诉前不同，大陆的法院调解实行的是调审合一的诉讼调解模式，即调解与审判相互结合，调解与审判可以动态转换、交互运行，调解不成或调解书签收前一方当事人反悔的，仍由同一承办法官或合议庭进行审判的模式。这种调审不分的运行模式及在立法及司法中对调解的过分强调①在实务中出现了片面追求调解率、严重背离当事人自愿的弊端。现行民事诉讼法为解决上述问题，确立了“自愿与合法调解”的原则，但并没有改变法院调解的运行模式。此后，在民事审判方式改革中，由于追求“当庭写着率”，法院调解以明显的速度走向衰落。② 但到 2002 年 9 月以后，司法政策转变后，在强化非诉讼调解化解民事纠纷作用的同时，2004 年 7 月，最高人民法院发布《关于人民法院民事调解工作若干问题的规定》，对庭前调解、调解组织、调解协议等方面都作了新的规定，并建立调解激励机制，法院调解的作用被重塑，许多法院也将调解率作为法院案件与效率评估的标准之一。③

尽管在我国的民事诉讼立法及司法中，调解一直发挥着重要的作用，但从调解发展的路径“极端重视—忽略—重视”中我们可以看出，法院调解并没有建立在合理的机制上，也无法发挥调解制度本身应有的作用，它更多地受制于政策和人为的影响，并容易从一个极端走向另一个极端，且带有较浓厚的功利色彩。至于当事人的程序权利，在现行的调解制度中是难以保障的。虽然，最高人民法院关于法院调解的司法解释在一定程度上弥补了法律的不足，但并没有从根本上改变调审不分、程序保障缺失的问题。笔者认为，民事诉讼法的修改为理顺法院调解机制提供了极好的机会，从当今世界各国的民事诉讼立法及实践来看，完全或基本与我国法院调解制度相同的调解并不存在，大多数国家建立的是诉讼和解制度，并且在解决民事纠纷方面发挥着重要的作用。由于我国民事诉讼中律师代理的比例较低，因此如果

---

① 1956 年最高人民法院提出“调查研究，就地解决，调解为主的民事审判工作方针”，1964 年上述方针被发展为十六字方针“依靠群众，调查研究，就地解决，调解为主”；1982 年《民事诉讼法（试行）》规定了“着重调解”的原则。

② 它反映在十几年来法院受理的民事案件调解率的变化上：1989 年，民事案件的调解率为 73%；1990 年为 65.7%；1993 年为 59.8%；1996 年为 53.9%；1999 年为 42.1%；2000 年为 37.7%；2001 年为 35.1%；2002 年为 33.4%；2003 年为 31.9%。数字来源于《中国法律年鉴》和《中国统计年鉴》。

③ 例如，福建省高级人民法院 2004 年 5 月下发了《全省法院案件质量与效率评估考核办法（试行）》，用体育竞赛的计分方法将上诉、抗诉率，申诉、上访率，改判、发回率，案件未结率，内未结率，调解、撤诉率，执结率，执行标的到位率，人均结案率，已结案件归档率等“十率”作为对全省各级法院考核指标，每项目第一名的得 10 分，第二名的得 9 分，依此类推。得分及排名每月公布一次。为此，全省各级法院及各法院内部的各业务庭之间均以相应方式展开竞争。

借鉴发达国家的立法经验完全以和解代替调解并不现实，但如果借鉴我国台湾地区的经验来重构我们的法院调解制度是合适并可行的。我们可以比照我国台湾地区建立强制诉前调解制度作为法院附设ADR，而在进入诉讼程序后则以和解取代现行的两解制度。诉前调解虽带有一定的强制性，但它符合现代纠纷解决的价值理念并考量对当事人特殊关系之保护，对于引导当事人以协商的方式解决纠纷、保障当事人的程序权利及节约诉讼成本都具有积极的作用。

1.将调解程序前置于诉前，作为法院附设ADR独立于审判程序，明确界定强制调解的案件类型，而在案件进入审判程序后不再进行调解，以和解取代之。诉前调解属于强制调解，调解不成时，当事人仍然享有诉权，并可以根据自己的意愿直接转入诉讼程序。至于强制调解案件的范围，尽管在最高人民法院关于民事调解的司法解释中没有进行界定，但在最高人民法院2003年9月颁发的《关于适用简易程序审理民事案件的若干规定》第14条中规定了在开庭审理时应当先行调解的案件，包括：(1)婚姻家庭纠纷和继承纠纷；(2)劳务合同纠纷；(3)交通事故和工伤事故引起的权利义务关系较为明确的损害赔偿纠纷；(4)宅基地和相邻关系纠纷；(5)合伙协议纠纷；(6)诉讼标的额较小的纠纷。可见，最高人民法院在确定应当先行调解的案件时已借鉴了台湾地区"民事诉讼法"关于强制调解的规定，因此，可以将上述案件作为诉前强制调解的案件，但对于上述第(6)种案件应明确其具体的标的金额，以免在实务中造成混乱，如可将标的金额定在10000元以下之纠纷案件列入强制调解的范围。同时，在强制调解案件之外，为鼓励当事人采用协商方式解决纠纷，可以无论案件性质、无论诉讼标的金额多少，只要当事人合意调解，均可在诉前申请调解。

在法院调解格局合理后，当事人在进入审判程序后，法院就不应再依职权进行调解，应建立诉讼和解制度，法官应当鼓励并尽可能促成当事人通过协商达成和解协议，但不可以强制当事人接受和解协议，和解必须建立在当事人自愿的基础上。

2.完善法院调解的配套制度。(1)设立专门的调解法官。我国现行《民事诉讼法》没有设立专门的调解法官，承办法官既充当调解法官，又担任裁判法官，极容易对案件形成先入为主的偏见，一方面可能违背当事人自愿强行调解，另一方面也可能在判决中出现偏差。在调解程序单列后，应分离审判法官和调解法官，设立专门的调解法官。同时，可以借鉴我国台湾地区诉前调解的模式，选择社会人士作为调解委员参与调解。这样不但可以减轻法院的压力，而且可以促进司法民主化，同时更容易为当事人所接受。(2)明确法院调解的效力。《民事诉讼法》第91条规定："调解未达成协议或者调解书送达前一方反悔的，人民法院应当及时判决。"也就是说，即便双方当事人达成了调解协议，只要有一方当事人在调解书送达时拒签，调解协议便不发生法律效力。这一规定不但与各国民事诉讼法规定的惯例不符，而且放纵了当事人的处分权，违背了诚实信用的原则，使得法院调解协议的效力尚且不如人民调解协议的效力。因此，修改民事诉讼法时，应取消当事人对调解协议的反悔权规定，并借鉴我国台湾地区诉前调解的规定，在双方达成协议签字后，调解协议即与生效的判决具有同等法律效力。

3.建立调解激励机制。我国在司法传统中虽然一向颇重视调解，但在建立调解的激励机制上尤其在减轻当事人的诉讼成本方面明显滞后。无论是调解结案还是裁判结案，向当事人收取的诉讼费用完全是一样的，并未体现程序相当性原则。而我国台湾地区"民事诉讼法"第420条第3款规定，当事人双方合意移付调解而成立者，原告可以于调解成立之日起30日内申请退还已缴裁判费二分之一；第84条第2款规定，和解成立者，当事人可以于成立之日起三个月内申请退还所缴裁判费二分之一。由于调解所耗费的司法成本明显低于裁判，当事人应当在减免诉讼费用方面得到鼓励，因此，在民事诉讼法修改时应建立相应的调解和和解激励机制。

# 浅议福建自贸区内商事 ADR 机制

康嘉盈*

为推进改革开放和深化两岸经济合作，2014 年 12 月 31 日，国务院正式批复设立中国（福建）自由贸易试验区。如何高效公正地解决自贸区内纷繁复杂的商事纠纷，从而保证自贸区高速运转，对于打造国际化、市场化、法治化的福建自贸区经济意义重大。

## 一、ADR 机制概述

ADR（Alternative Dispute Resolution），从字面上可译为替代性（选择性）纠纷解决方式；传统上被用以描述除诉讼、仲裁以外的多种法律纠纷解决途径的总称，包括调解、中立（专家）评估、纠纷解决会议等，甚至还包括为特定案件或具体客体量身打造的其他种类的独特路径。

随着诉讼费用的高企，"二战"后"诉讼爆炸"现象的出现及由此带来的法院诉讼案件积压、诉讼延迟，西方国家渐渐开始民商事领域的司法制度改革，ADR 就在前述背景下应运而生。目前，在国外 ADR 已经得到飞速发展，使参与纠纷解决的各方受益、节省时间与金钱是 ADR 的优点，许多国家的司法制度给予其与诉讼相当或独立于诉讼的法律地位。

相较于西方国家，ADR 进入我国实务和理论领域的时间较短，但也形成了由仲裁、调解为基础的 ADR 机制，在专业、快速解决各类纠纷中发挥了积极作用。《中共中央关于全面推进依法治国若干重大问题的决定》提出，要"健全社会矛盾纠纷预防化解机制，完善调解、仲裁、行政裁决、行政复议、诉讼等有机衔接、相互协调的多元化纠纷解决机制"。

## 二、福建自贸区内构建商事 ADR 机制的必要性和可行性

### （一）福建自贸区内构建商事 ADR 机制的必要性

首先，自贸区内商事活动运行自由，出现商事纠纷的可能性较高。鉴于自贸区发布了放宽外资准入、拓展新型贸易方式、鼓励合作模式创新等一大批优惠和鼓励措施，自贸区经济尤其是两岸的经济贸易往来必将更加频繁。经贸交易双方发生商事法律纠纷的常态化、复杂化、国际化将无法避免。在经贸繁荣的前提下，自贸区内必将迎来一波新型的、纠纷主体多样的商事纠纷。

其次，是否能够高效、公正地解决这些商事纠纷关系自贸区经济的健康发展。自贸区经济运行以效率效益为宗旨，如果商事纠纷只能通过时间和金钱成本较高的诉讼程序来救济，就与自贸区的经济发展目标相违背，不利于自贸区内商事活动甚至整个经济的健康快速发展。如果能够通过专业、中立、便捷、灵活的纠纷解决方式来处理商事纠纷，将极大地减少自

---

* 康嘉盈，福建联合信实律师事务所高级合伙人，电邮：kjy@lhxs.com。

贸区内企业的运营成本压力，有利于营造一个办事便捷、形式柔和的投资环境。

再次，自贸区内构建商事ADR机制，是与国际对接的必然要求。ADR在国外早已蓬勃发展，理论基础研究和制度模式构建已相对成熟。多元化的纠纷解决途径使得ADR在国外的纠纷解决方式中占据重要地位。自贸区的设立是为了推进改革开放，加强两岸合作，不仅要实现经济上的对接，在商事纠纷解决方式上也可借鉴我国台湾地区及其他国家的实践经验。我国台湾地区“民事诉讼法”中明确规定包括家事纠纷、雇佣纠纷、小额债权纠纷等九种纠纷适用诉前强制调解。日本的ADR发展也经历了较长历史，甚至颁布了专门的《关于促进使用替代性争议解决程序法》(裁判外紛争解決手続の利用の促進に関する法律，简称“ADR法”)，具有较强的操作性，中日两国文化传统渊源颇深，亦极具借鉴意义。

最后，自贸区内构建商事ADR机制，是国务院《中国(福建)自由贸易试验区总体方案》(以下简称《方案》)的要求。《方案》强调，要“完善知识产权管理和执法体制以及纠纷调解、援助、仲裁等服务机制”，“加强两岸在金融纠纷调解、仲裁、诉讼及金融消费者维权支持方面的合作，健全多元化纠纷解决渠道”。

(二)福建自贸区内构建商事ADR机制的可行性

首先，自贸区内商事ADR机制的构建具备一定的实践经验。我国目前的多元纠纷解决制度以仲裁和调解为基础，前后颁布了《中华人民共和国仲裁法》《中华人民共和国人民调解法》等多部法律法规，并且在实践中经历了长久的经验，在制度上不断发展和完善。特别是我国的调解制度，包括人民调解、行政机关调解、商事组织调解、行业协会调解、仲裁中调解、诉前和诉中调解等方式。

其次，自贸区内商事ADR机制的构建具备一定的法律法规和政策土壤。为推动我国多元纠纷解决机制发展，近些年我国先后颁布了《最高人民法院关于进一步发挥诉讼调解在构建社会主义和谐社会中积极作用的若干意见》《关于建立健全诉讼与非诉讼相衔接的矛盾纠纷解决机制的若干意见》《关于扩大诉讼与非诉讼相衔接的矛盾纠纷解决机制改革试点总体方案》等司法解释性文件，为多元纠纷解决机制的具体实施提供了理论指导。在厦门地方层面，厦门市中级人民法院还出台了《关于建立涉台纠纷多元化解与诉讼协调工作机制的意见》，专门构建涉台纠纷多元解决制度。此外，厦门市海沧区人民法院对于涉台案件的集中管辖也是这一概念下的新探索。2015年4月，厦门市人大还专门出台了经济特区法规《厦门经济特区多元化纠纷解决机制促进条例》，旨在结合厦门经济特区实际，完善调解、仲裁、行政裁决、行政复议、诉讼等有机衔接、相互协调的多元化纠纷解决机制，及时、便捷、有效地解决纠纷。以此为契机，厦门市中级人民法院出台了《厦门市中级人民法院关于为自贸区建设提供司法服务保障的若干意见》，并召开了全市法院多元化纠纷解决机制改革工作推进会，要求进一步完善涉自贸区诉讼与非诉讼相衔接的商事多元纠纷解决机制。

## 三、福建自贸区内商事ADR机制的构建情况

(一)福建自贸区内诉讼制度的构建

诉讼在解决商事纠纷时仍然是当事人可选择的利器，也应成为营造“国际化、市场化、法治化、便利化”的自贸区营商环境的强大保障。2015年6月1日，自贸区法庭正式进驻厦门自贸区综合服务大厅，承担五大职能：一是诉讼事务办理；二是释法答疑解惑；三是诉调衔接

协调;四是司法公开透明;五是协作互动平台。尤其是其负担的第三项职能,对接调解组织、行业协会、商会等专业调解机构,在立案前委派或立案后委托相关调解组织先行调解,不断完善涉自贸区案件诉调对接规则,推动纠纷多元化化解。厦门市湖里区人民法院还配套出台了《厦门市湖里区人民法院关于司法服务保障自贸区建设的若干意见(试行)》,对提升司法质量和效率,规范福建自贸区内营商活动,维护自贸区内经济社会秩序,具有十分重大的意义。

### (二)福建自贸区内仲裁和调解制度的构建

2015 年 6 月 6 日,福建省自贸试验区厦门片区厦门仲裁委员会国际商事仲裁院和厦门市仲裁员协会国际商事调解中心在福建省自贸试验区厦门片区正式成立,旨在建设与国际接轨的商事纠纷仲裁机构和厦台港澳四地商事调解联盟,实现区内仲裁。据了解,厦门国际商事仲裁院和厦门国际商事调解中心的专业指导委员会均有一定比例的港澳台等境外人士,仲裁员名册和调解员名册也将完全对境外人士开放,这意味着有更多的境外专家可以参与仲裁和调解。依托海峡优势,仲裁员和调解中心将不断加强与台湾地区仲裁和调解机构的合作,深入探讨业务,为妥善解决涉台商事纠纷服务。

## 四、关于完善福建自贸区内 ADR 机制的思考

### (一)关于仲裁制度

第一,构建福建自贸区内临时仲裁制度。自贸区的政策是放宽管制、意思自治。相对于机构仲裁而言,临时仲裁具有较强的自治性。同时,临时仲裁还具有以下特点:(1)仲裁程序灵活,不同国家的当事人可约定同样的规则来处理纠纷。(2)仲裁庭因特定案件根据当事人的约定组成,纠纷仲裁结束即自行解散。(3)成本较低。《承认及执行外国仲裁裁决公约》中规定的仲裁裁决既包括常设仲裁机构的裁决,又包括临时仲裁机构的裁决。在香港特别行政区,常设仲裁机构是香港国际仲裁中心。双方当事人既可选择机构仲裁,也可选择临时仲裁。

第二,构建福建自贸区内网上仲裁制度。2014 年 11 月 4 日,中国国际贸易促进委员会及中国国际商会修订并批准了《中国国际经济贸易仲裁委员会网上仲裁规则》。该规则旨在以在线方式独立公正、高效经济地仲裁契约性或非契约性的经济贸易等争议,适用于解决电子商务争议,也适用于解决当事人约定适用本规则的其他经济贸易争议。根据国家相关政策法规,自贸区将不存在网禁,这就为网上仲裁提供了信息技术上的便利。

因此,构建临时仲裁制度和网上仲裁制度是与国际接轨的必然要求,也符合自贸区追求高效便捷的宏观要求。

### (二)关于诉讼与非诉讼相衔接的多元纠纷解决方式

第一,在现有的调解中心的基础上,自贸区法庭可建立诉讼与非诉讼纠纷解决对接平台,引入行政机关、商会、商事组织、行业协会及其他具备调解能力的组织。在特定的商事纠纷背景下,作为经营主体主管单位的行政机关,或作为更加熟悉行业特点的行业协会,可能更有利于商事纠纷的解决。自贸区法庭可选定自贸区商事纠纷调解组织并建立调解组织名册,对于双方当事人一致同意进行调解并且法庭认为适合调解的案件,委托调解组织先行调解。达成调解协议的,法院依照规定审查、确认调解协议的法律效力。调解不成的,法院进

入诉讼审判程序。

第二,创新引入专家评估。经双方当事人一致协商同意,在法院立案前或者立案后,共同委托双方选定的专家对该特定商事纠纷提出其专业的评估意见。若任何一方对评估意见持有异议,则进入或重启诉讼审判程序。

诉讼与非诉讼对接的多元纠纷解决方式在自贸区深入实践,不但有利于维护经营主体的良好投资环境,而且对于我国司法制度改革极具探索意义。

## 结　语

ADR 制度不仅是解决商事纠纷的一条捷径,还有可能为争议双方架设一条互相了解、开拓合作的桥梁。此外,ADR 以利益为导向,采取灵活柔软的方式公正高效地解决问题的特点,与自贸区的设立精神相契合。因此,在自贸区内构建和完善商事 ADR 机制势在必行。

**参考文献**

[1]范愉、李浩:《纠纷解决——理论、制度与技能》,清华大学出版社 2010 年版。

[2]范愉:《非诉讼纠纷解决机制研究》,中国人民大学出版社 2000 年版。

[3]范愉:《ADR 原理与实务》,厦门大学出版社 2002 年版。

[4][日]高桥宏志:《民事诉讼法——制度与理论的深层分析》,法律出版社 2003 年版。

[5][日]小岛武司、[日]伊藤真:《诉讼外纠纷解决法》,中国政法大学出版社 2005 年版。

[6][日]新堂幸司:《新民事诉讼法》,林剑峰译,法律出版社 2008 年版。

# 民间借贷纠纷案件亟须纠正的四大乱象

邱兴亮[*] 陈柳茵[**] 邱玲玲[***]

## 一、“借款人请求返还已付超出4倍利率之利息，法院处理口径不一”之乱象及其纠正

### （一）在司法实践中，各地法院对已付超出4倍利率之利息，处理口径不一，肇致极大混乱

在司法实践中，民间借贷纠纷案件当事人约定的高于银行同类贷款利率4倍（4倍利率）的利率，法院一般都能按照最高人民法院《关于人民法院审理借贷案件的若干意见》（以下简称《若干意见》）中民间借贷利率最高不得超过银行同类贷款利率的4倍（包含利率本数）、超出部分的利息（超出4倍利率之利息）不予保护的规定，将利率下调为4倍利率。

但在借款人已付超出4倍利率之利息如何处理的问题上，各地法院处理口径不尽一致，主要视债务是否履行完毕及债务人是否提出请求而区别处理，大致有以下三种处理方式：

其一，债务履行完毕后，借款人起诉请求出借人返还已付超出4倍利率之利息的，不予支持。①

其二，债务未履行完毕，借款人在审理过程中请求将已付超出4倍利率之利息冲抵本息的，予以支持。②

其三，债务未履行完毕，借款人在诉讼中未提出已付超出4倍利率之利息应当返还或冲抵本息请求的，不主动审查。厦门市中级人民法院持此观点。

此外，虽然笔者没有看到相关案例，但不排除有些地方的法院支持借款人于债务履行完毕后提出的请求出借人返还已付超出4倍利率之利息的主张。

---

[*] 邱兴亮，福建联合信实律师事务所高级合伙人，电邮：qxl@lhxs.com。

[**] 陈柳茵，福建联合信实律师事务所律师，电邮：cly@lhxs.com。

[***] 邱玲玲，福建联合信实律师事务所律师，电邮：qll@lhxs.com。

① 2010年7月7日江苏省南京市中级人民法院《关于审理民间借贷纠纷案件若干问题的指导意见》第27条：债务履行完毕后，借款人以利息或违约金超过4倍利率为由，起诉请求出借人返还其已支付的利息或违约金的，不予支持。2009年9月8日浙江省高级人民法院《关于审理民间借贷纠纷案件若干问题的指导意见》第26条规定：债务履行完毕后，借款人以利息或者违约金超过司法保护幅度为由，起诉请求出借人返还其已支付的利息或者违约金的，一般不予支持。

② 重庆市高级人民法院《关于审理民间借贷纠纷案件若干问题的指导意见》第11条规定：借款人已经按约支付完毕借款本息后，又以约定的利率超过人民银行公布的同期同类贷款利率4倍为由请求返还的，人民法院不予支持。借款人未按约支付完毕借款本金的，在审理过程中请求将已经支付的超过人民银行公布的同期同类贷款利率4倍的利息冲抵本金的，人民法院应予支持。

综上所述，据笔者掌握的有限资讯，往往只有同时满足债务未履行完毕且借款人提出请求这两个条件，法院才支持借款人的请求，以已付超出4倍利率之利息冲抵本息；债务已经履行完毕的，法院通常认为一个愿打，一个愿挨，不过分干预；债务未履行完毕，但借款人未提出请求的，不主动审查。

(二)法院“不予支持”借款人的请求，至为显明背离法律规定

笔者以为，法院前述“不过分干预”“不主动审查”已付超出4倍利率之利息的做法，明显缺失法律依据，弊远大于“利”。

弊端之一，这种做法与《若干意见》超出4倍利率之利息不予保护以及最高人民法院《关于依法妥善审理民间借贷纠纷案件促进经济发展维护社会稳定的通知》中提出的“人民法院在审理民间借贷纠纷案件时，要依法保护合法的借贷利息，依法遏制高利贷化倾向”等法律明文规定和明确要求相扞格。

弊端之二，债务履行完毕情形下，使得出借人实际取得的超出4倍利率之利息由法律“不予保护”的非法状态转而“合法化”，严重损害法律的权威和尊严，一定程度上助长了高利贷行为的泛滥，盖出借人高额利息落袋为安，不用担心被要求返还，有恃而无恐。

于此，需要厘清两个误区：第一个误区在于，不少人认为，借款人“自愿”给付超过4倍利率之利息，一个愿打，一个愿挨，债务履行完毕后要求返还，背离诚实信用原则。此种观点，笔者实难苟同。此关涉“不予保护”超过4倍利率之利息以及“自愿”的正确理解。笔者以为，鉴于法律宣示任何情形均“不予保护”(盖《若干意见》等规定并未区分不同情形)超过4倍利率之利息且再三宣示遏制高利贷化倾向、加大对高利贷等金融违法行为的打击力度，则不论债务是否履行完毕，超过4倍利率之利息均不予保护，乃应有之义，以债务是否履行完毕作为“不予保护”和“不予干预”、事实保护的分野，无疑存在严重舛误，显然经不起推敲。至于“自愿”，倘若借款人确属“心甘情愿”，则借款人于债务履行完毕后不会起诉请求返还，既是抉择起诉请求返还已付超过4倍利率之利息，则难谓“自愿”！第二个误区在于，不少人受诉讼时效相关规定影响，将已付超出4倍利率之利息的“不予保护”与超过诉讼时效期间债务的“不予保护”简单等同。笔者以为，已付超出4倍利率之利息系借款人实实在在的真金白银，是真真切切的实体权利；“不予保护”意味着借款人有权要求返还，出借人应当予以返还。而超过诉讼时效期间的债务，“不予保护”或者说归于消灭的是诉权，实体性权利(债务)本身仍然存在，只是沦为自然债而已。故虽同为“不予保护”，却需要认真甄别“不予保护”的对象具体为何，不可简单等同视之，肇致舛误。

弊端之三，现实生活中，为支付远超过4倍利率标准的高额利息，大量借款人以债养债，以债养息，难以自拔，最终被高额利息所压垮，且殃及池鱼，借款人其他债权人的债权受偿无可避免地受到波及。浙江省高级人民法院《关于审理民间借贷纠纷案件若干问题的指导意见》第20条规定：借款人自愿给付出借人4倍利率以上利息，且不损害国家、社会共同利益或者他人合法权益的，法院可不予干预。自此以言，即便是借款人自愿给付超出4倍利率之利息，但其他债权人合法权益受损，提出异议的，法院同样应予干预，恰恰证明法院“不予支持”的做法并非妥适。

### (三)纠正乱象之道：是否请求返还已付超出4倍利率之利息，交由借款人自行斟酌决定，综合效果更佳

如前所述，借款人依法有权请求返还已付超出4倍利率之利息，而不论债务是否履行完毕。唯是否实际行使，宜由借款人根据借贷具体情事自行斟酌决定。尤其需要指出的是，这里还涉及借款人的其他债权人是否可以提起代位权诉讼，请求出借人返还已付超出4倍利率之利息的问题。笔者以为，如果其他债权人的合法权益确因之受损，且具备提起代位权诉讼的其他条件，其他债权人可以提起代位权诉讼，如此，或可减少借款人直接请求出借人返还可能产生的摩擦和冲突。

为遏制日益严重的高利贷行为，笔者呼吁各级法院统一审判理念和裁判思路，统一口径，严格执行超出4倍利率之利息不予保护的法律刚性规定，主动干预，主动审查，切实保护借款人请求出借人返还超过4倍利率之利息的合法权利而非“不予支持”。透过释放明确而强烈的信号，使出借人充分明了4倍利率是刚性规定，不论债务是否履行完毕，超出4倍利率之利息，法律均不予保护，借款人有权要求返还，出借人从而有所忌惮、有所收敛，而借款人也不致被高额利息压垮，从而既保护合法的民间借贷行为和合法的借贷利息，又有力遏制民间融资中的高利贷化和投机化倾向。

## 二、“越早起诉至法院，利息被腰斩的时间越早；越迟去法院起诉，利息被腰斩的时间越迟”之乱象及其调整

### (一)乱象及其弊端剖析

现实生活中，民间借贷双方通常约定较高的利率(本文以约定的借期内利率系“4倍利率”为例。高于4倍利率的，法院依照规定会将利率下调为4倍利率)，且往往约定逾期利息①，有的还同时约定逾期利息和违约金②。

借款人未按约定期限归还借款，出借人提起诉讼，就利息部分，现如今法院往往判决为“利息按中国人民银行同期贷款利率的四倍自借款之日起(或逾期还款之日起)计至本判决确定的还款之日止”“如果未按本判决指定的期间履行金钱给付义务，应当依照《中华人民共和国民事诉讼法》第2条之规定，加倍支付迟延履行期间的债务利息”。换言之，自判决确定还款日之次日起，当事人关于逾期利息等约定不再适用，而适用迟延履行期间的债务利息的2倍，即中国人民银行规定的同期贷款基准利率的2倍(“2倍利率”)。不难看出，如此判决，即便借款人迟延履行法院业已发生法律效力的判决，其付出的利息代价亦仅是2倍利率之利息，较之约定的4倍利率之利息，利息显然被对半“腰斩”。

上述做法，主要弊端有二。其一，背离了当事人的约定。当事人明确约定4倍利率之利息计算至借款人实际还款之日止的，法院应充分尊重当事人的约定，“腰斩”利息于法不合。

---

① 通常借款人逾期的，自逾期还款之日起至实际还款之日止，按借期内利率或更高的逾期利率计付逾期利息；当事人仅约定借期内利率，未约定逾期利率，出借人以借期内的利率主张逾期还款利息的，法院依法予以支持。

② 目前司法实践上，约定的逾期利息，或逾期利息和违约金之和，超过4倍利率之利息的，会调整为4倍利率之利息。

其二，非但丝毫没有体现出逾期利率以及迟延履行法院生效判决的惩罚性，反而形成“债务人逾期还款、迟延履行反而受益，债权人及时主张权利利息反而缩水”的不合理的、反常的现象。出借人越早起诉至法院，利息被“腰斩”的时间越早；越迟去法院起诉，利息被“腰斩”的时间越迟；而正常情况应当是出借人越早起诉，越早适用具有惩罚性的迟延履行期间债务利息，出借人应获得数额更高的利息，而非相反。

（二）调整乱象之道

笔者以为，法院一方面须充分尊重当事人的真实意思表示，针对具体个案，具体情况具体分析，对利息作出有差异的而非一刀切的、单一的裁判；另一方面，完善迟延履行期间债务利息的设计，即须考量各种具体情形设计不同的计算方法，不宜单一、机械，具体而言：

1.当事人明确约定的适用至借款人实际还款之日止的利息（或逾期利息，或逾期利息和违约金之和）高于2倍利率之利息的，当尊重其约定，且在其基础上，增加借款人迟延履行法院生效判决的法律责任，如可在约定利息基础上，加上1倍的中国人民银行同期贷款基准利率。如此，既充分尊重当事人合意，又充分体现迟延履行的惩罚性，彰显法律的权威和尊严。

2.依照当事人约定或者依照法律规定应予适用的至借款人实际还款之日止的利息，低于2倍利率之利息的，可以判决按应予适用的利率计算至“判决确定的还款之日止”，之后适用2倍利率，以凸显迟延履行的惩罚性。

## 三、“夫妻个人债务与夫妻共同债务严重混同”之乱象及其扭转

（一）乱象之根源：错误理解适用《关于适用〈中华人民共和国婚姻法〉若干问题的解释（二）》第24条（以下简称“第24条”），未领会“以个人名义所负债务”的深刻内涵

在民间借贷纠纷案件中，但凡是夫妻关系存续期间夫妻一方出具借条等负债凭证所负的债务，债权人往往依据第24条将夫妻双方告上法庭，而法院往往确定由夫妻另一方承担债务非夫妻共同债务的举证责任，往往依据第24条径直认定债务为夫妻共同债务，大多未能深入探究、准确厘清债务是否合乎夫妻共同债务的定义及判断标准，导致大量的夫妻一方与债权人形成的个人债务（夫妻个人债务）与夫妻一方以个人名义所负债务（夫妻共同债务）严重混同，肇致个人负债、全家遭殃，引起无辜的夫妻另一方的极大反弹和怨怼，引发相当多的家庭纠纷。

之所以乱象相当普遍且经久不息，笔者以为第24条条文本身并无缺失①，但在具体理解适用上出现了重大偏离和舛误。具体来说，在于未准确理解第24条中“以个人名义”的深刻内涵。在理解上，“以个人名义所负债务”与“个人所负债务”显然有别，若仅与“个人”相关，则文义上无须使用“以个人名义”，既使用“以个人名义”，即有代理或表见代理之意味，吾等法律人即应留意到其背后若隐若现的影子。《中华人民共和国合同法》第48条、第49条中“以被代理人名义”，第402条中“以自己的名义”，均是著例。明了这一点，舛误之处一目

---

①　大量文章抨击条文不当，笔者初始亦大加挞伐，但目前已摒弃此观点；究其原因，可能在于注意力过多放在“夫妻关系存续期间”，而忽视了对“以个人名义”的正确理解。

了然，困惑便迎刃而解。①

### （二）扭转乱象之策并调整立法思路

1.实务上回归基本面

笔者以为，唯有老老实实回归何为“夫妻共同债务”、何为“夫妻个人债务”的基本面，唯有明了夫妻共同债务是指夫妻双方因婚姻共同生活及在婚姻关系存续期间履行法定扶养义务所负的债务，明了夫妻个人债务是指夫妻一方与共同生活无关或者依法约定为个人所负担的债务，明了两者的判断标准在于夫妻有无共同举债的合意以及夫妻是否分享了债务所带来的利益②，方能准确理解、适用第 24 条，方能扭转当下的乱象。

如上所述，夫妻共同债务和夫妻个人债务两者理论上的分野相当清晰，唯“个人所负债务”同样具有“以个人名义所负债务”的外部特征，实务上要加以准确厘清并非易事，难免需要一番绞尽脑汁。就关键的举证责任的承担，笔者注意到目前存在不同的观点，有观点认为“对借款属于债务人个人债务还是夫妻共同债务不明的，将借款用于夫妻共同生活或经营的举证责任分配给债权人”③，亦有观点主张“债务人的配偶主张存在除外情形的（指‘债权人与债务人已明确约定为个人债务，包括债权人明知债务人借款要用作个人消费而仍然出借款项的情形’与‘夫妻对婚姻关系存续期间所得的财产约定归各自所有，且第三人知道该约定’），要承担举证责任”④。笔者以为前一种观点可资赞同。

一些法院正确理解、适用第 24 条的做法，深值赞同，如浙江省高级人民法院《关于审理民间借贷纠纷案件若干问题的指导意见》第 19 条所作的细化规定⑤，清晰厘定了夫妻共同债务和夫妻个人债务之间的分野，合理确定了举证责任的承担。眼下，亟须最高人民法院尽快统一审判口径，特别是举证责任的承担，尽速结束乱象，切切实实维护夫妻另一方的合法权益。

---

① 实则，早在 2003 年，第 24 条出台之初，最高人民法院即提示应区分婚姻关系存续期间“个人债务”和“以个人名义所负债务”的区别，并将“以个人名义所负债务”明确诠释为“是一方以个人名义为夫妻双方谋取利益时所负的债务，这种债务在本质上属于夫妻共同债务，应当由夫妻双方承担连带清偿责任”。

② 最高人民法院民事审判第一庭编：《最高人民法院婚姻法司法解释（二）的理解与适用》，人民法院出版社 2004 年版，第 217、219、220 页。

③ 最高人民法院民事审判第一庭编：《民事审判指导与参考》（总第 49 辑），人民法院出版社 2012 年版，第 234 页。

④ 最高人民法院民事审判第一庭编：《民事审判指导与参考》（总第 50 辑），人民法院出版社 2012 年版，第 238 页。

⑤ 婚姻关系存续期间，夫妻一方以个人名义因日常生活需要所负的债务，应认定为夫妻共同债务。日常生活需要是指夫妻双方及其共同生活的未成年子女在日常生活中的必要事项，包括日用品购买、医疗服务、子女教育、日常文化消费等。夫妻一方超出日常生活需要范围负债的，应认定为个人债务，但下列情形除外：(1)出借人能够证明负债所得的财产用于家庭共同生活、经营所需的；(2)夫妻另一方事后对债务予以追认的。不属于家庭日常生活需要负债的，出借人可以援引《中华人民共和国合同法》第 49 条关于表见代理的规定，要求夫妻共同承担债务清偿责任。援引表见代理规则要求夫妻共同承担债务清偿责任的出借人，应对表见代理的构成要件承担证明责任。表见代理的证明责任，适用最高人民法院《关于当前形势下审理民商事合同纠纷案件若干问题的指导意见》（法发〔2009〕40 号）第 13 条的规定。

2.及时调整立法思路

进而言之，欲彻底终结乱象，笔者建议调整立法思路，不妨规定为：债权人就婚姻关系存续期间夫妻一方所负债务主张权利的（此处不予区分“个人名义”或“以个人名义”），应当按夫妻个人债务处理，但债权人能够证明夫妻双方具有共同负债的意思表示或者负债所得财产用于家庭共同生活、经营的情形除外。之所以如此设计，道理相当简单，债权人既然期冀债务以夫妻共同财产而非夫妻个人财产受偿，既然请求夫妻双方共同偿还，则承担的义务理应更多一些，包括但不限于举证责任。上述规定，主要优点有二：其一，期冀以夫妻共同财产清偿债务的债权人会谨慎小心，会要求夫妻双方在负债凭证上签名，而不能证明夫妻双方具有共同负债合意的债权人，则应自担相应的风险，不能要求以夫妻共同财产清偿；其二，夫妻另一方得以充分知晓负债事实，明明白白负债，日后以夫妻共同财产清偿债务也无可怨怼，有利于认认真真还债，有利于社会和谐稳定。此外，夫妻另一方的介入，还有利于遏制当下几近癫狂的民间借贷，使负债行为趋于理性、谨慎、节制；同时，无辜的夫妻另一方因抵触、怨怼而转移财产、逃避债务的现象亦有望减少，有利于降低法院此类案件的处理难度，综合效果可能要好得多。

## 四、“打击高利贷违法行为只打雷不下雨”之乱象及其规制

### （一）高利贷现象普遍存在，危害性大，高利贷的界定刻不容缓

1.高利贷现象普遍存在，危害至深

民间借贷是正规金融的有益补充，对满足民间资本的保值增值需求和中小微企业的用资需求发挥了积极作用，但当下的民间借贷已经呈现诸多乱象，包括涌现职业放贷人群体，民间借贷趋于规模化、组织化、职业化；社会公众参与度高，企业参与普遍；高利贷现象普遍存在；资金大量投向非实体经济；涉及刑事犯罪的情形比较普遍。①

在高利贷的重压之下，有的借款人背井离乡，逃避债务；有的因高利贷者无所不用其极的暴力催收、逼债而家破人亡，妻离子散，走投无路；有的身陷囹圄，倾家荡产。更多的借款人被高利贷压得喘不过气来，被迫以债养债，以债养息，难以自拔，没有翻身的机会，付出了惨重的代价。反观高利贷者，攫取高额利息甚或暴利，除极个别被法院以“非法经营罪”追究刑事责任（尚引起相当大的争议）外，未见承担任何责任而逍遥法外。两相对照，一则借款人积怨不平，对社会道德和司法正义失去信心；二则明显不利于遏制民间融资中的高利贷化和投机化倾向。

2.高利贷行为明显缺失有效规制

笔者曾办理一个民间借贷案件，鉴于出借人自认系职业放贷人，自认借贷资金非自有资金，鉴于利率高得令人咋舌（远超 4 倍利率），笔者尝试援引最高人民法院“（法院）要注意高利贷等金融违法行为；发现犯罪线索的，依法及时移送有关侦查机关”等规定，请求法院宣示民间借贷行为无效，就高利贷违法行为及时向公安机关、工商部门通报，法院收到申请，觉得匪夷所思，一笑置之，当然也就不可能同意笔者请求。再如，在笔者办理的一个刑事案件中，

---

① 张军主编、最高人民法院研究室编：《司法研究与指导》（总第 2 辑），人民法院出版社 2012 年版，第 185 页。

犯罪嫌疑人(借款人)借高利贷,不得不以债养息,往往是用向出借人借来的钱支付同一出借人年息近100%的利息,最终无力偿付本息,出借人向公安机关报案,公安机关将借款人以涉嫌诈骗罪逮捕。在案件办理过程中,笔者惊诧地发现,不论是检察院抑或公安机关均对出借人至为显明的高利贷行为熟视无睹,毫无作为。两个案例,一民一刑,引发笔者深思,缘何法院、检察院、公安机关以及政府相关职能部门对高利贷行为如此淡定、如此见怪不怪,缘何高利贷者能够逍遥法外,不受任何追究。

3.重新厘定高利贷行为认定标准刻不容缓

高利贷行为之所以缺失有效规制,原因很多,如高利贷现象普遍存在,法难责众,笔者以为最重要的原因之一在于缺失可资操作、执行的高利贷行为认定标准。理论层面,依据1991年《若干意见》第6条等规定,超出4倍利率标准的借贷行为即可界定为高利贷行为。①

唯衡诸活泼泼的现实生活,超出4倍利率标准的民间借贷行为普遍存在,高利贷现象十分突出,遵循上述认定标准,则绝大多数民间借贷行为均属高利贷行为,既是高利贷行为,问题就不是仅仅将利率下调至4倍利率标准那么简单,会引发一系列其他法律后果。笔者以为,鉴于4倍利率标准与民间借贷市场"市场行情"差距至巨,鉴于"高利贷行为"不闻不问已放任多年,现今仍以4倍利率标准界定高利贷行为,实务上窒碍难行。所以,需要尽快厘定新的认定标准,亦唯有先行界定标准,才能有效地打击高利贷行为。

具体到高利贷行为的认定标准,笔者以为,衡诸民间借贷市场实情,利率标准有必要大幅提高,鉴于当下民间借贷有"红色借贷""灰色借贷""黑色借贷"之分,笔者认为民间借贷利率亦不妨相应分为以下三类:一是受保护的4倍利率以内的利率。二是介于4倍利率与高利贷利率之间的利率。于此情形,民间借贷合同仍为合法有效,但利率调整为4倍利率,超出部分不予保护。三是高利贷利率标准(如8倍利率)。不论直接或间接,采行高利贷利率标准的民间借贷行为,系高利贷行为,性质上是违法行为,民间借贷合同无效②,国家在综合运用各种手段予以遏制和打击。

(二)规制之策:采取有力举措,多管齐下,严厉打击高利贷行为

1.立法层面

我国现行的规范民间借贷的法律过于原则,甚至相互冲突,缺乏统一的指向性,无法对民间借贷行为进行很好的引导和规制。

具体到高利贷行为,立法机关应充分考量当前猖獗的高利贷行为的风险和危害,一方面及时制定、完善民间借贷的专门立法(如《放贷人条例》),"鼓励合法守信、互利互助的'红色借贷'、规范适应经济发展需求的'灰色借贷'、打击违法犯罪的'黑色借贷'"③,廓清民间借

① 2002年中国人民银行《关于取缔地下钱庄及打击高利贷行为的通知》中将超过4倍利率标准的民间借贷行为,界定为高利借贷行为。

② 2011年11月江苏省南通市中级人民法院《关于为规范和引导民间融资行为支持中小企业发展提供司法保障的实施意见》第6条提及:对于经常性放贷甚至以此为业者以及约定利率过高,明显属于高利贷性质的,属于非法金融活动,应认定为无效合同,约定利息予以收缴,遏制民间借贷高利贷化倾向。

③ 最高人民法院民事审判第一庭编:《民事审判指导与参考》(总第49辑),人民法院出版社2012年版,第220页。

贷市场乱象。

此外,立法机关有必要认真考量高利贷行为“入罪”“入刑”议题,及时厘定高利贷违法犯罪行为的界定标准,或纳入“非法经营罪”,或另行规定具体罪名,透过追究以放高利贷牟利的相关人员的刑事责任,遏制和打击高利贷违法行为。

2.司法层面

尽管最高人民法院再三要求各级法院在审理金融民商事纠纷案件中注意和依法制裁高利贷等金融违法行为,但令人遗憾的是,法院除依照明文规定将高于4倍利率的利率下调为4倍外,对大量的至为显明的高利贷行为睁一只眼闭一只眼,鲜少作为。

法院应当切实发挥审判导向作用,遏制、打击高利贷行为:

(1)大胆宣示高利贷行为系无效行为

从国外立法例来看,德国法认为“构成暴利的高利贷合同自始无效,即不仅利息条款无效,合同整体也无效。此种情形下,出借人只能请求返还本金,无权要求将货币使用期间的利息作为不当得利返还”。美国北卡罗来纳州的《反高利贷法》规定:“对于设有高利贷的借款合同,对尚未支付的利息,债务人可拒绝履行,对已经支付的利息,债务人可以请求双倍返还,即规定了惩罚性条款。”①

笔者以为上述立法例可资借镜,在厘定高利贷行为的新标准出台前,对明显属于高利贷性质的,应当旗帜鲜明地给予否定性评价,宣示其为无效的民间借贷行为,不使民间借贷成为高利贷者攫取非法暴利的工具。

(2)严格执行最高人民法院依法制裁金融违法行为的要求

在审理民间借贷纠纷案件中,对高利贷等金融违法行为保持高度警觉,发现犯罪线索的,依法及时移送有关侦查机关;在做好自身审判执行工作的同时,加强与公安、检察、监察、税务、审计、工商、金融监管机构、司法行政管理等相关职能部门的情况通报和沟通协调,共同促进金融市场有序、规范发展。②

3.行政层面

公安机关、监察、税务、审计、工商、金融监管机构、司法行政管理等相关职能部门加强互动,发挥联动作用,高度关注和严厉打击高利贷违法行为,遏制民间融资中的高利贷化和投机化倾向。

4.金融体制层面

金融主管部门应清醒地看到资金供需关系带动的利率变化,不是一纸政令、一项体恤民生的善意安排,就能改变客观形势。要千方百计畅通融资渠道,从根本上建立一套可供人民借贷的金融体系,否则民间借贷活动盛行,以及民间借贷利率居高不下的情况仍将持续存在。

---

① 最高人民法院民事审判第一庭编:《民事审判指导与参考》(总第49辑),人民法院出版社2012年版,第44页。

② 最高人民法院民事审判第一庭编:《民事审判指导与参考》(总第49辑),人民法院出版社2012年版,第226页。

5.宣导层面

民间借贷牵动的层面深广，小之于个人生活与家庭存续，大之于经济发展、吏治清廉与社会安定，均会受其影响。全社会应高度重视，扬民间借贷融通资金之长，避高利贷之短，兴利去弊，一方面保护合法的民间借贷行为和合法的借贷利息；另一方面各有关部门应利用各种有效管道，大力宣传民间借贷的相关法律知识和风险，大力宣传高利贷行为的危害性，规范和引导民间融资健康发展。

# 浅析检察机关的民事公益诉讼

杨向东*

随着社会主义市场经济的快速发展，新型的社会矛盾和冲突大量涌现，国家利益和社会公共利益被侵害的现象越来越普遍，也越来越严重，如何有效地保护公共利益是一个急需解决的问题。而我国新修订的《中华人民共和国民事诉讼法》（以下简称《民事诉讼法》）第55条虽然对公益诉讼作了规定，但是对于"法律规定的机关和有关组织"仍未明确，因此检察机关可否作为公益诉讼的提起主体，仍无法条可依。理论界关于这一问题的争议很大，肯定说和否定说均有其理论观点为依据。司法实践中，已有地方将检察机关作为民事公益诉讼的提起主体，本文认为将检察机关作为民事公益诉讼的适格原告是完善民事公益诉讼的有益举措，能够更好地维护国家利益和社会公共利益。

## 一、我国检察机关作为民事公益诉讼原告所面临的困境

由于公益诉讼是在本次《民事诉讼法》的修订中确立的，法条的内容较为简略，"对污染环境、侵害众多消费者合法权益等损害社会公共利益的行为，法律规定的机关和有关组织可以向人民法院提起诉讼"。单单只是依据本条的规定，那么检察机关可否作为公益诉讼的原告主体资格，公益诉讼的案件类型包括哪些，公共利益该如何界定，检察机关在公益诉讼中的地位如何，关于证据制度和诉讼费用的承担等问题，我们均无从知道。这些法律适用上的空白使得我国检察机关作为民事公益诉讼原告所面临的困难重重。

### （一）与相关法律对接不完整

《民事诉讼法》对公益诉讼的提起主体规定为"法律规定的机关和有关组织"，可是查看我国有关法律，我们无法找到检察机关是公益诉讼的适格原告的具体条文规定。《中华人民共和国宪法》（以下简称《宪法》）第1条规定"国家保护社会主义的公共财产，禁止任何组织或个人用任何手段侵占或破坏国家或集体的财产"；《中华人民共和国环境保护法》第6条规定"一切单位和个人都有保护环境的义务，并有权对污染和破坏环境的单位和个人进行检举和控告"；《中华人民共和国人民检察院组织法》第4条规定"人民检察院通过行使检察权，保护社会主义的全民所有的财产和劳动群众集体的财产，保护公民的人身权利、民主权利和其他权利"。虽然上述法律条文赋予了包括检察机关在内的有关机关及公民个人提起公益诉讼的权利，但是并未明确规定检察机关是公益诉讼的原告方。这就使得检察机关在履行职责时的难度大大增加，不利于公共利益的切实维护。

### （二）检察机关难以应对公益诉讼带来的工作压力

由于法律规范对人民检察院行使检察权范围和方式的限定，检察机关在职能部门设置

* 杨向东，福建联合信实律师事务所高级合伙人，电邮：yxd@lhxs.com。

及人力资源配置等方面存在“重刑事、轻民行”的情况。目前，无论是人员还是资源配置，民事行政检察部门在人民检察院中都不占优势，其利用有限的资源应对传统业务已经很困难，更难开展公益诉讼。工作量与人员配置比例的不协调使检察官在开展全面监督民事行政违法行为的工作时已力不从心，更难顾及公益诉讼这类新型业务①。公益诉讼案件的案情复杂，涉案面广，诉讼时间长，占用资源多，诸多困难导致检察机关难以提起公益诉讼。由于人民检察院的原告主体资格在现行法中尚无明确规定，又因检察机关提起公益诉讼需要人力、物力和财力保障，检察机关高层领导不免担心提起的公益诉讼案件久拖不决，影响检察官的其他业务工作，故其对这一业务创新大多持谨慎态度。

（三）可能导致民事诉讼的诉讼双方地位失衡

检察机关提起民事公益诉讼后，又由于人民检察院依法对民事诉讼实行法律监督，就会出现检察机关具有原告与法律监督者双重身份的情形，那么民事诉讼的正当程序可能无法得到保证，进而影响司法公正。检察机关作为诉讼的原告，应当处于与对方当事人平等的对立状态的诉讼地位，法院行使审判权居中裁判。如果检察机关作为法律监督机关的身份，那么其应该处于与法院平等的法律地位，这样就必然使得公益诉讼的诉讼结构难以继续保持原有的平衡状态。这就使得公益诉讼中法院与诉讼双方的等腰三角形的诉讼结构被打破，那么案件审理结果的公正性就充满了质疑，无法实现民事诉讼的价值与目标。

（四）提起公益诉讼的诉讼成本过高

公益诉讼首次出现是在新《民事诉讼法》第 55 条，但是本条并未提起关于公益诉讼成本的问题。由于公益诉讼是涉及国家利益及社会公共利益的，而诉讼中的诉讼费用都很高，比如说环境污染案件涉及要制作环境鉴定报告，由此产生的检测、化验、鉴定、评估等费用就会使得本已昂贵的诉讼成本增加很多，诉讼双方的讼累增加②，当然包括检察机关在内。过高的诉讼成本，就为有关机关和组织在提起公益诉讼时设置了屏障。而公益诉讼的原告提起诉讼是为了维护公共利益，因此有必要将公益诉讼中产生的诉讼成本在国家、社会和诉讼双方之间予以合理分担。这样，公益诉讼的提起者就不会因为高昂的诉讼成本而对公益诉讼望而却步了。

## 二、检察机关作为民事公益诉讼适格原告的理论依据

（一）检察机关是国家利益的最佳代表

检察机关是国家法律的监督者，是国家和社会公共利益的代表，在国家利益受到损害时，检察机关有责任和义务代表国家利益进行起诉，检察机关代表国家和社会公益作为诉讼主体，与公民起诉相比有着更大的优势。由于公益诉讼是涉及国家和社会的，与公民个人的具体利益影响一般都不会太大，即使法律赋予公民个人以诉权，实际行使诉权的人也不会很多。而且涉及国家和公共利益的案件一般都是涉案金额巨大，诉讼费用较高，个人往往无力负担，或者不愿负担，即使有人愿意负担，让公民个人为了公益去花费钱财和精力打官司也

① 梅宏：《由新〈民事诉讼法〉第 55 条反思检察机关公益诉讼的法律保障》，载《中国海洋大学学报》2013 年第 2 期。

② 白洁、赵景顺：《检察机关提起公益诉讼的再思考》，载《云南大学学报法学版》2013 年第 1 期。

不符合公平负担原则。加之公益诉讼案件取证较难，被告往往是大集团或行政机关，公民个人的法律专业水平无法与之抗衡，原、被告双方在实体地位、司法资源及诉讼手段上差距较大。因此，由检察机关提起公益诉讼是相当具备可行性的。

（二）检察机关提起公益诉讼是行使法律监督权的体现

我国《宪法》规定检察院是国家的法律监督机关，行使法律监督权。检察机关的法律监督权应当对我国的法律实施情况进行全方位的监督，不仅包括对刑事法律实施的监督，也包括对民事法律和行政法律实施的监督。其目的在于防止司法裁判不公，并用公权力保障国家利益和社会公共利益，而检察机关正是作为国家代表来实现这一目的的。从这个意义上说，法律监督和检察机关提起公益诉讼在性质上是统一的，检察机关提起公益诉讼是其法律监督途径的拓宽，是法律监督权的具体化，最终目的是保证国家法律得到正确统一的实施，从而保护国家和社会的公共利益。① 检察机关对民事实体法的法律监督权和公益代表身份，是检察机关提起民事公益诉讼的正当基础。检察机关提起民事公益诉讼是人民赋予的神圣权力，也是其宪法职责的体现。

（三）检察机关的提起刑事附带民事诉讼权是赋予其公益诉讼权的基础

《中华人民共和国刑事诉讼法》规定，对于国家和集体财产遭受损失的案件，由检察机关提起刑事附带民事诉讼。此项规定的实质是肯定了检察机关在刑事诉讼领域的公益诉讼提起权，同时是对检察机关代表国家和社会公共利益的诉讼地位的肯定。虽然现行《民事诉讼法》对检察机关能否作为民事公益诉讼的提起主体并未予以明确，但是从刑事诉讼的相关规定中可以看出赋予检察机关民事公益诉讼的提起权有利于三大诉讼法的规定协调、统一。

（四）检察机关提起公益诉讼是我国国内形势发展的客观要求

近年来，随着经济的持续发展和体制改革的全面深入，我国国有资产流失和环境污染等案件屡屡发生，用了合法形式，并且相当一部分侵害国家和社会公共利益的案件都在表面上采如果依照传统诉讼理论，往往会形成无人起诉的局面，妨碍国民经济的健康发展，因此对这种行为必须要有国家公权力的干预，从而阻否则就是国家的失职。所以说，授予检察机关提起公益诉讼的权利是符合我国国情的。

## 三、如何完善我国检察机关提起民事公益诉讼

（一）检察机关提起民事公益诉讼所应遵循的原则

检察机关提起公益诉讼应严格遵守维护国家利益和社会公共利益这一主旨，并遵循以下原则：其一，节制原则。要处理好主动维权与自我节制之间的关系，既要实现维护公共利益的目标，又不能滥用诉权，只有当侵害公共利益的行为无人起诉或相关人员无法、难以、不敢起诉时，检察机关才可作为公共利益的代表人提起公益诉讼。其二，公益原则。检察机关提起民事公益诉讼只能以保护公共利益为目的或为限。该原则强调只有当公共利益受到损失才能由检察机关提起诉讼，这是对公权力实质性的限定，以此保障诉讼范围适格。② 其三，公共利益的司法最终救济原则。行政手段在维护公共利益方面具有天然的优势，要注意

---

① 徐敬文、毛燕：《论检察机关提起公益诉讼》，载《中南大学学报（社会科学版）》2008年第1期。

② 周欢：《检察机关提起行政公益诉讼问题研究》，载《法制与社会》2012年1月。

行政手段与司法手段的衔接与协调，只有当行政手段维护公共利益失范、失效或怠于履行职责，或案件本身涉及行政机关，检察机关才可介入。其四，平等原则。在民事诉讼中最为显著的就是诉讼主体之间的地位是平等的，尽管检察机关是法律监督机关，但其在民事公益诉讼中仍是以原告的身份出现的，其诉讼权利应当与原告的法律地位相适应，不能以法律监督权来压制审判权和对方当事人的诉权。①

（二）限定检察机关提起民事公益诉讼的案件范围

为了更好地保护国家和社会的公共利益，发挥检察机关的力量，同时避免公权力对民事领域的过度干预，对检察机关提起民事公益诉讼的案件范围予以限定是很有必要的。本文认为民事公益诉讼案件应包括以下几类：

1.国有资产流失案件

近些年来，我国经济领域的快速发展，使得国有资产流失现象越来越严重，原因在于我国国有资产存在范围广、数量多，但权责不明、产权不分，虽然国有资产名义上属于全体公民所有，但是普通公民并没有机会享有国有资产带来的利益，国有资产只是被一些特定人群掌握，被挥霍浪费的现象严重。而大多数公民保护公共利益的责任心不强，认为国有资产与其无关，加之对于非犯罪的、一般的违法行为造成国有资产流失的，相关管理部门由于具体监管权的缺失，无法运用行政权力追回流失的国有资产，也不愿或不知如何进行民事诉讼。因此，赋予检察机关管辖这类案件对于保护国有资产是很有必要的。

2.公害案件

公害案件是指直接造成不特定多数人的人身、财产损害的案件，包括环境污染案件、公共卫生等。这类案件会直接造成不特定的大多数人的人身、财产受到损害。环境权已被确认为一种基本人权，环境权的私法保护“已不是过去完全以个人利益为本位，权利绝对化的手段。它所要求的是既具有私法内在激励机制和外在表现形式，又有公共利益属性的‘社会性私权’，权利是其外壳，社会利益是其内核”②。而公共卫生事件会造成不特定群体的人身伤害甚至死亡。公害案件的受害人往往是不特定的群体且受害人人数众多，经常出现无人起诉或受害人无力起诉的情况发生，检察机关对此类案件应该提起公益诉讼，维护公共利益免受侵害。

3.破坏市场经济秩序的案件

破坏市场经济秩序多体现为垄断、不正当竞争以及侵犯消费者合法权益。垄断会导致行业定价由极少数大头企业控制、排挤“外来户”，非正常高额利润侵犯其他经营户等现象，导致的不正当竞争会严重扰乱社会经济秩序。而侵犯消费者合法权益多体现在产品质量不合格导致消费者人身、财产权益受到重大侵害。这类案件不仅会损害个体的利益，更可能损害广大不特定群体的利益甚至是国家的利益。因此，由检察机关对此类案件提起诉讼，可以避免原被告双方势力不均而弃诉的现象发生。

4.弱势群体维权案件

我国社会正处于转型期，同时也是矛盾凸显期，在这样的背景下，弱势群体事件值得关

---

① 董伟威：《民事公益诉讼人的法律问题》，载《人民司法》2002年12月。

② 叶勇飞：《论环境民事公益诉讼》，载《中国法学》2004年5月。

注。比如，农民工辛辛苦苦工作却拿不到自己的“血汗钱”；一些企业在招聘的过程中，对残疾人的就业歧视；广大农民由于买到了假种子、假农药，导致作物绝产，而欲哭无泪，维权道路十分艰难等。这些事件是横亘在我们发展道路上的障碍，同时又给予我们以警醒，保护弱势群体的利益刻不容缓。这不仅关系弱势群体的生存权、发展权，同时也体现了一种实质正义。所以，检察机关提起民事公益诉讼的案件范围理应涵盖弱势群体案件。因为，维护这样一种类型的公益显得更加弥足珍贵。

5.其他侵害社会公共利益的行为

现实生活中，侵害社会公共利益的行为是多种多样的、层出不穷的，立法不可能以列举的方式予以穷尽。为了弥补以上列举方法的不周延，必须设置该条款予以补充，以弥补列举式的不足之处。正因为该条具有的不确定性，也为了限制检察机关的公权力滥用，建议在该条款的适用上，应严格其适用程序，建议针对该条，可规定具体案件的决定权赋予最高国家检察机关，即地方检察机关对特定案件需要适用该条款，须在征得最高国家检察机关同意后方可行使。

（三）关于检察机关就举证责任的承担问题

我国现行民事诉讼采取的是“谁主张，谁举证”的基本证据规则。民事公益诉讼与一般民事诉讼并无区别，其最终目的是通过对被诉民事行为的合法性审查来判定该被诉民事行为是否合法，而检察机关作为提起民事公益诉讼的原告，理所应当要承担举证责任。对于一些普通的公益诉讼案件，检察机关在起诉时，应该提前进行必要的调查取证，而相关的行政机关、社会团体及所属监督检查和技术监测机构，应当通过提供相关证据和监测数据，为准备起诉的检察机关以及公众和环保组织提供有力的专业技术支持。但是应该看到，检察机关固然应当对提起诉讼的公益案件负担举证责任，但这也并非是无条件的绝对法则，而只能是就一般情况适用的举证责任而言的，不能忽略存在举证责任倒置等作为特殊的例外。

（四）检察机关提起民事公益诉讼的诉讼费用承担

诉讼费用规则和当事人适格理论一样都会对公益诉讼的发起起到促进或抵制的作用。我国诉讼费用的承担上，一向采用败诉人承担原则，但通常由原告预交。这种预收诉讼费制度存在根本性的缺陷，不适宜套用在检察机关提起公益诉讼案件上。检察机关出于维护国家利益和社会公益的目的，要求法院对损害公益的行为进行审判，这种诉讼活动具有浓厚的公益色彩，在诉讼费用及其他合理开支的承担上应与一般私益诉讼有所不同，因而在检察机关败诉的情况下，诉讼费用应当由国库承担。

# 分析"第三者"纳入离婚损害赔偿责任主体范围的可行性

兰子禄* 吴凯凯**

伴随着新离婚时代的来临，社会转变、社会环境改变对婚姻发起的挑战，离婚率呈现出逐年递增的趋势并超过结婚率的增幅。而相关数据显示，许多婚姻宣告失败，通常都是由于"第三者"的插足。那么，是否能够使"第三者"成为离婚损害赔偿责任的主体？"第三者"是否要受到法律的惩罚？根据《最高人民法院关于适用〈中华人民共和国婚姻法〉若干问题的解释(一)》[以下简称《婚姻法解释(一)》]第 29 条的规定，承担《中华人民共和国婚姻法》(以下简称《婚姻法》)第 46 条规定的损害赔偿责任的主体为离婚诉讼当事人中无过错方的配偶。因此，无过错方配偶只能向过错方配偶要求赔偿，却无法追究介入了合法婚姻关系的"第三者"的赔偿责任。这样的规定难以抚平无过错方配偶受到的伤害，无过错方配偶希望出台强有力的法律惩罚"第三者"，以维护自身的合法权益。笔者认为，应当建立健全和完善一个合理、公平、合法的离婚损害赔偿责任制度，将"第三者"纳入离婚损害赔偿责任主体范围，维护无过错方配偶的合法权益。

## 一、"第三者"说及其危害性

### (一)"第三者"说

我国现行的法律并没有给"第三者"下一个明确的定义。"第三者"只是一个比较普遍、通俗、大众的称呼，人们通常用"第三者"来形容介入并破坏他人合法婚姻的行为人。什么样的行为人可以称为"第三者"，这是一个非常复杂的问题，应当注意区分，不能模糊地界定。仔细比对研究我国学者对"第三者"的定义和理解，笔者比较认同刘爱对"第三者"所下的定义：任何明知他人有配偶且婚姻关系合法存续，却仍然介入他人合法婚姻家庭关系并与有配偶者发生两次以上持续稳定的两性关系，并且导致他人的婚姻家庭最终破裂的行为人都是"第三者"。本文讨论的"第三者"为恶意"第三者"。

### (二)"第三者"的危害性

目前，越来越多的"第三者"插足他人感情，破坏他人婚姻家庭，导致配偶双方感情濒临破裂，最终导致离婚。同时"第三者"破坏他人的婚姻家庭关系的行为也引发了许多社会问题，使不良风气弥漫。因此，为了规范"第三者"的行为非常有必要以立法的形式来追究他们的侵权责任。

首先，"第三者"插足对合法婚姻关系中无过错方配偶及其家庭成员造成了心理和精神

* 兰子禄，福建联合信实律师事务所高级合伙人，电邮：lzl@lhxs.com。

** 吴凯凯，福建联合信实律师事务所律师，电邮：wkk@lhxs.com。

上的伤害。"第三者"插足，一方面无过错配偶方由于被配偶背叛产生了极大的精神痛苦，另一方面外界往往含着或鄙视或同情的异样目光来看待婚姻的失败者。失败的婚姻导致无过错配偶方对爱情婚姻失去信心，致使社会地位、名誉、尊严的损毁、社会评价降低，更有甚者因为受到刺激而得精神疾病。而且在一段失败婚姻关系中，因父母的争吵或者因家长的出轨行为会在心智不成熟的未成年子女心中留下心理阴影，使他们缺乏安全感。从而出于仇恨"第三者"的心理或因父母离婚，在一个不完整的家庭或者重组的家庭，缺乏父母的管教而走上违法犯罪的歧途。"第三者"插足的行为在伤害无过错配偶方的同时对其所有家属也造成了许多无法治愈的伤害。

其次，"第三者"插足行为对社会的和谐稳定构成了威胁。"第三者"的插足行为使离婚率在逐渐上升的同时社会的安定也有巨大的影响。例如，近年来婚外情引发的情杀、离异家庭青少年犯罪、原配当街殴打小三等案件不断增多，社会局势动荡不安，绝大多数本该安安稳稳的家庭走向破碎。如果不加以整治，"第三者"插足的这种不道德的现象得到纵容，将会蔓延得更快，从而更大程度地威胁社会安定。

## 二、将"第三者"纳入离婚损害赔偿主体范围的必要性

### （一）离婚损害赔偿的义务主体范围过于狭窄

从《婚姻法》第46条对离婚损害赔偿责任的相关规定来看，在过错方配偶存在笔者前面提到的重婚、姘居的情况时，无过错方配偶可以向其要求获得离婚损害赔偿的权利。从此规定立法的目的来看，确立离婚损害赔偿制度不仅仅是为了惩罚过错方配偶，更是为了保护离婚诉讼无过错配偶方的合法权益，补偿其在离婚受到物质上或者精神层次上的伤害。但是，依据《婚姻法解释（一）》第29条的规定，离婚诉讼中的受害方配偶只能向过错方配偶提出离婚损害赔偿。因此，无过错方配偶只能向过错方配偶要求赔偿，间接排除了"第三者"的责任而放任"第三者"肆意侵权，这是法律制度的缺陷。这显然有失公平正义，与社会公德相悖，不利于建立良好的社会秩序。这也与《中华人民共和国民法通则》规定的侵权赔偿不相符。这就等于免除了"第三者"的连带责任，让介入婚姻关系的"第三者"有恃无恐，使得婚姻家庭破裂的无过错一方有冤无处可诉。

近年来频繁出现在报纸和电视媒体上的"婚外情""第三者""通奸""包二奶"等词在当今社会来说，并不陌生。人们都说法律是最低限度的道德，由这类现象引发的自杀、毁容、绑架，当众殴打、脱光小三衣服等各类极端的报复案例，却没有能够引起立法部门足够的重视。法律制度的缺失和不完善只会使"第三者"更加的肆无忌惮，最终肯定会降低社会道德水平。当无助的人们以各类极端的方式，向社会报复表示不满，用极端的情绪宣泄的时候，法律还能够坐以待毙吗?

由此可见，目前我国的离婚损害赔偿责任的义务主体范围过于狭窄，立法者应当将"第三者"纳入离婚损害赔偿责任的主体范围，追究"第三者"破坏他人婚姻的行为。

### （二）能赔偿无过错方配偶的损失并抚慰生理和心理的伤害

将"第三者"纳入离婚损害赔偿的责任主体，能给予无过错方配偶生理和心理上一些安慰。夫妻之间应当享有的权利受到侵害时，法律应当有相应的救济制度。否则，婚姻法规定便形同虚设。恶意的"第三者"和有配偶者对夫妻间专有的权利侵害的行为都对无过错方配

偶造成了生理和心理上的伤害和损害，也许程度不相同，但性质绝对是相同的。在现实生活中，虽然存在无过错方配偶原谅过错方配偶且与之和好如初的情况，但极少出现无过错方配偶选择原谅“第三者”，仅希望过错方配偶承担责任的情况。由于无过错方的损害不是单独由一方造成的，而是“第三者”和过错方配偶一起实施侵犯配偶权的行为造成的。那么基于公平原则，法律应对应当承担责任的人分别给予惩罚。法律制裁不当的行为，要求“第三者”承担相应的赔偿义务，来赔偿无过错方配偶遭受的损失，抚慰无过错方配偶生理和心理上的伤害，体现了法律的公正理论。

（三）对遏制“第三者”现象的蔓延起积极作用

相比以前，由于社会进步，人们的价值观也有了翻天覆地的改变，思想道德也有了很大的差别。蓬勃发展的“第三者”“小蜜”等不道德现象不仅不被人们所唾弃，甚至认为是一种身份的象征受到某些推崇。这些不道德现象在触及道德的同时，也需要法律来抑制滋长。“第三者”成为离婚损害赔偿的责任主体，那么“第三者”问题就脱离道德的范围而走上法律的轨道，明确告诉大家侵害他人的合法婚姻关系会受到法律的制裁。“第三者”的违法行为将会受到代表国家意志的法律的制裁，对遏制“第三者”现象的蔓延起积极作用的同时能改善婚姻关系。

（四）是公序良俗基本原则的要求

公序良俗原则是民法的基本原则，它要求可以将介入他人合法婚姻关系的“第三者”纳入离婚损害赔偿的责任主体。公序良俗基本原则的目的是为了保证公正性，为了维护伦理和社会正义的秩序，调整人与人之间的利害关系。公序良俗在当代民法中仍扮演着举足轻重的角色，并在逐渐地发展，渐渐地类型化。许多判例中的规定对我国婚姻立法有着很大的借鉴价值，如德、日、法的著作中均将违反性道德的行为视作违背公序良俗原则的行为。坚持公序良俗原则有利于稳定合法婚姻、为无过错方提供保护，严厉地惩罚过错方以及侵害他人婚姻关系的“第三者”，这是社会大众基于公共道德的普遍认知，也是其权益要求的表达。

## 三、将“第三者”纳入离婚损害赔偿主体范围的可行性

（一）“第三者”的行为侵害配偶权

笔者认为“第三者”的插足行为使合法正常的婚姻家庭关系破裂，“第三者”与离婚过错方当事人共同侵犯了婚姻中无过错方配偶的配偶权。因此，应当承担侵害配偶权的责任。

1.配偶权概念

配偶权是一种身份权，是夫妻之间享有的配偶利益，是完整的民事权利体系所不可缺少的组成部分，也是救济配偶利益的重要内容。但是目前我国的《婚姻法》仍旧没有给配偶权下一个明确的定义，因此，在我国关于配偶权的定义存在诸多的争议。笔者比较赞同杨立新教授所下的配偶权定义：“配偶权是指夫妻之间互为配偶的基本身份权，表明夫妻之间互为配偶的身份利益，由权利人专属支配，其他任何人均负有不得侵犯的义务。”

2.夫妻忠实义务是配偶权的重点内容

虽然我国没有明文确定配偶权的概念，但是在个别条文中我们可以发现，法律对配偶权特有的身份权利和义务的相关规定，间接地体现了配偶权这一概念。最高人民法院印发的《关于人民法院审理离婚案件如何认定夫妻感情确已破裂的若干具体意见》第 8 条的相关规

定表明："有配偶者与配偶之外的异性通奸、非法同居，且经过教育还是没有悔悟。受害方配偶以此为理由起诉离婚的可以认定为夫妻感情确已破裂。无法有效调解的，法官可以依法判决准予离婚。"从这条解释中可以看出违背夫妻忠实义务的行为会受到惩罚。《婚姻法》第4条也有夫妻应当相互忠实的规定。

夫妻的忠实义务是配偶权的重点内容。介入他人合法婚姻关系"第三者"的行为是对婚内过错方违背夫妻忠实义务的协助。现行婚姻法既已明确规定"夫妻应当互负忠实义务"，因此无过错方配偶可以就配偶权中的夫妻忠实义务被侵害为由，向"第三者"提出侵权之诉。当然，对于未婚的"第三者"，他仅需承担侵犯他人配偶权的责任。而且对于已婚的"第三者"，他不但要承担侵犯他人配偶权的责任，其行为本身也是对自己配偶权利的侵害，因此还可能因婚内侵权受到法律的制裁。

3.配偶权的法律属性

国内外目前对配偶权的概念认识是不相同的，虽然没有形成统一的认识，但是对配偶权法律属性的认识达到了相对一致的水平线。

第一，以夫妻双方的合法婚姻关系合法存在的前提下，婚姻关系中的夫妻双方是权利和义务的主体的统一体。夫妻双方共同享有的这种权利是配偶权，是具有排他性及自由支配性质的权利。因此，配偶权的相关属性确定了配偶权不能由婚姻当事人的其中一方独立行使。

第二，配偶权是身份权。我国婚姻法一夫一妻原则决定了这种利益具有独占性，是夫妻之间专属的。配偶权的客体是夫妻互为配偶的一种身份利益。第三，配偶权是绝对权。夫妻双方虽然是配偶权的主体，但是因为配偶权有独占性，因此配偶权不是相对权而是属于夫妻之间的绝对权。"第三者"与婚姻当事人之间的不合法的性关系行为都侵害了配偶权身份利益。配偶权的义务主体是除夫妻以外的其他人，他们都不能作出侵犯配偶权的行为。

配偶权内容中各种权利是一个紧密相连的统一体，它们既相互制约又相辅相成。只要其中的一种权利遭到侵犯，全都会对其他与之相关的权利的存在、行使和作用的发挥有重要影响。从而影响夫妻双方的情感、家宅的安定和谐、后代的健康成长和婚姻状况。

笔者认为，在"第三者"还没有被归入离婚损害赔偿主体范围的时候，首先也是最重要的是应当以立法的形式对配偶权的概念及相关问题作出明确规定，让这些规定成为"第三者"作为赔偿损害义务责任主体的理论基础。

### （二）"第三者"的行为符合一般侵权责任的构成要件

我国法律规定过错侵害他人人身、财产的公民必须要承担相应的民事责任。要违反夫妻之间的忠诚义务，婚姻一方当事人是不可能单独完成的，肯定有婚姻双方之外的"第三者"参与，由二者一起完成一定行为才会成功，这就是他们共同完成的加害行为。依据侵权行为法，有配偶者和"第三者"不法的行为是共同侵权行为，二者应当承担连带责任。"第三者"插足的行为与一般侵权行为的构成要件相符合，构成侵权。根据侵权行为的过错责任原则，"第三者"应当承担侵权相应的民事责任。

第一，主观过错。介入他人合法婚姻关系的"第三者"应当怀有希望他人婚姻关系破裂的主观故意。具体而言，这里的故意是指"第三者"：(1)明知自己的行为会必然致使他人的婚姻关系破裂却仍然希望这种结果的发生；(2)明知自己的行为可能会致使他人的婚姻关系破裂而希望这种结果的发生;(3)间接故意,即明知自己的行为可能会导致他人婚姻关系破裂却放任这种结果的出现。应当注意的是,如果"第三者"是被欺骗、被故意隐瞒已婚身份而不知晓他人有配偶,且在得知真相后主动断绝来往的情形应当被排除在外。

第二,加害行为。"第三者"是与存在合法婚姻关系一方在固定时间内保持着持续来往,并且发生多次婚外性行为。应当与一次的、偶然的一夜情、酒后乱性、卖淫嫖娼相区别。"第三者"能够成为离婚损害赔偿责任主体的行为要件是合法的婚姻关系之外的"第三者"与有配偶者建立稳定的两性关系,并且发展为重婚或者姘居的事实。"第三者"的行为是对配偶权的侵害。如果有配偶者与介入他人合法婚姻关系的"第三者"之间的两性关系未形成通奸、姘居、重婚时,那么"第三者"的行为仅仅是一般的违反道德的行为,没有构成破坏他人婚姻关系的侵权行为。此时的"第三者"的行为就不符合离婚损害赔偿责任主体的行为要件。

第三,因果关系。配偶权损害事实与"第三者"插足的行为之间存在着引起与被引起的关系,即"第三者"插足行为破坏了合法的婚姻关系,并使无过错方配偶遭受财产或精神上的损失。如果存在合法婚姻关系的人和"第三者"之间的确有两性关系的存在,但是婚姻关系之外的"第三者"与婚姻关系的当事人的重婚或者同居行为不是导致离婚的原因,那么婚姻关系之外的"第三者"不能成为义务主体而承担离婚损害赔偿责任。这样既符合了损害赔偿责任的过错责任原则也遵循了法律的公平原则。所以,如果不具有足够的证据能够表明不法行为是直接导致损害结果产生的原因,那么不能认定他们之间有因果关系。若是"第三者"违法行为并没有导致离婚,受害方配偶在婚姻关系存续期间要求过错方配偶承担侵权责任的,应当按照婚内侵权处理,不能适用离婚损害赔偿。

第四,损害结果。"第三者"与有配偶者一方发生了两性关系,对无过错方的配偶权造成了伤害,即夫妻之间专属的独占的性权利。由于与婚姻关系中一方同居、姘居、通奸等行为对配偶权身份利益造成侵害,也是对合法的婚姻家庭关系的破坏。"第三者"的违法行为直接或者间接地造成夫妻感情破裂,最后造成了离婚的结果。这种损害既包括精神利益损害也包括物质利益损害。

## 四、"第三者"侵权责任的承担方式和范围

### (一)"第三者"侵权责任的承担方式

"第三者"通常都是和过错方配偶构成共同侵权行为的人,理应与过错方配偶一起承担连带赔偿责任。但是,在一些特殊情况下,无过错方配偶因为考虑到夫妻感情、子女或者其他因素而放弃追究过错方配偶的责任,而只选择追究"第三者"的民事侵权责任。此时,"第三者"只需承担自己的行为所应承担的民事侵权责任,而不与过错方配偶承担连带的责任。因此,当配偶权被"第三者"侵害时,在损害赔偿关系中,受害方配偶是完全可以仅向介入他人合法婚姻关系的"第三者"请求损害赔偿的。

"第三者"插足对合法婚姻关系中无过错方配偶及其家庭成员造成了心理和精神上的伤害。"第三者"侵权责任的责任承担方式,除了赔偿损害还可以是消除影响、赔礼道歉等,通过这些方式弥补无过错配偶的名誉损失和心灵伤害。

### (二)"第三者"赔偿责任的范围

笔者认为,"第三者"赔偿责任的范围不仅包括财产损失,也包括精神损失。

第一，夫妻共同财产支配利益的减损。例如，过错方配偶因为关心和爱护“第三者”，为了满足“第三者”的利益而隐藏、转移、赠予、变卖夫妻共同财产，为“第三者”提供财产性物质及大额度的消费支出，还有过错方配偶为“第三者”支付的怀孕、生产、孩子抚养教育等费用（虽然其有养育非婚生子女的义务，但只能用个人财产来履行）。这一系列的行为实际上都是对夫妻共同财产制的破坏，侵害了无过错方配偶的财产权益。

第二，无过错方配偶由于被“第三者”插足，可能会自杀而产生的死亡赔偿金。

第三，被“第三者”插足，家庭的破裂可能会导致无过错方配偶精神崩溃，进而引发精神方面的疾病或者其他方面的疾病花费的医药费。

第四，其他的费用。例如，“第三者”明知自己有容易传染的疾病而与有配偶者发生性行为，导致受害方配偶的身体健康受到威胁，并因此支出的医药费。

（三）“第三者”应当承担精神损害赔偿责任

精神损害是介入他人合法婚姻关系的“第三者”对受害方配偶造成的主要伤害。精神损害通常包括人格利益损失，即荣誉和名誉、人格尊严、社会评价贬低。精神健康损失通常包括灰心丧气的情绪、精神创伤、心理伤害及其他消极情绪等。我们可以从以下几个方面判断受害方配偶的精神损害。

第一，身份利益的损害。“第三者”的行为侵害配偶权，侵害了以婚姻作为一种保障手段同居权、忠实义务，使婚姻一方当事人所应当具有的排他的性生活利益不能很好地实现。

第二，社会属性利益的损害。例如，无过错方配偶的社会名誉贬损、社会地位下降、人格尊严被侵犯。

第三，精神损失。由于“第三者”的插足而致使婚姻当事人的夫妻感情破裂。婚姻中的无过错方配偶因此可能会出现伤心妒忌、忧愁抑郁、挫败侮辱、悲观等消极的心理和极端否定情绪。

精神损失是无法用金钱来估量的，是一种无形的损失，但是金钱却是对无过错方配偶的一种物质抚慰。我国对于精神损害赔偿的救济方式是以抚慰金的形式。正如台湾学者王泽鉴先生指出的“很少有因为和存在合法婚姻关系的人通奸而使财产受到损害的情况，即便有但涉及的赔偿数额也很小，如果不赋予受害方配偶请求抚慰金的权利，那么‘第三者’要承担的责任极其微小，不能很好地保护受害方配偶”。

抚慰金的形式不仅是一种有效遏制“第三者”的方法，也使受害方配偶的精神痛苦在得到缓解和结束的同时可以抚慰受害方配偶的心灵。我国对离婚精神损害赔偿的赔偿额度仍旧没有作出确切规定。因为精神损害毕竟是一种看不见摸不着的损害，根本无法计算，且法律上并没有规定限额，在我国主要依靠法官的自由裁量权来确定精神损害的赔偿数额。对“第三者”和过错方配偶共同侵害配偶权的精神损害赔偿，依据最高人民法院的司法解释将要考虑的条件分为：

1.加害人的过错程度。加害人的主观过错、侵权的方式以及持续时间长短。

2.受害者的精神损害程度。因为婚姻的失败，无过错方配偶的正常的社会生活可能会因消极悲观、抑郁等不良情绪而受到极大的影响。

3.夫妻双方的结婚时间、加害人的经济状况、对家庭成员的伤害等。

## 结　语

我国现行《婚姻法》中，对于介入他人合法婚姻关系，侵犯他人的配偶权的“第三者”应当承担的责任没有明确的规定，也没有明确规定配偶权的概念。法无明文规定，必然会导致无法可依的情形发生。现今，我国的婚姻家庭关系已经被外国先进婚姻家庭观念洗礼、影响并产生了巨大的改变。用法律武器来保护配偶权，用法律手段来维护无过错配偶方的权益，已是迫在眉睫的问题。虽然将“第三者”纳入离婚损害赔偿的责任主体并不能完全消灭“第三者”破坏他人婚姻家庭关系的现象，但是这些规定有一定的积极意义，至少可以以立法的形式明文规定，为无过错配偶方用法律武器来保护自己的合法权益提供了一条途径，既惩罚了“第三者”损害他人婚姻家庭的行为，也对无过错配偶方精神痛苦抚平和慰藉有积极作用。在构建和完善社会主义道路的过程中，在道德水平整体下降的时刻，成立“第三者”损害赔偿制度及严格的适用制度，将道德调整与法律调整相区别，这是法律维护合法婚姻制度、促进社会和谐、捍卫弱者的利益体现。以婚姻的侵权论为准，“第三者”对夫妻间配偶权的侵害，符合作为离婚损害赔偿责任主体的构成要件，可以将“第三者”纳入离婚损害赔偿责任的主体。在婚姻家庭法中明确规定使“第三者”成为离婚损害赔偿的责任主体，定会对稳定和谐幸福的婚姻家庭关系起积极的作用。

在我国当今社会，是否将“第三者”纳入离婚损害赔偿责任的主体，追究“第三者”的责任已经是刻不容缓的问题。同时，假如立法者要“第三者”的责任，在立法的过程中，立法者要怀有一种谨慎的态度，不能仅仅考虑婚姻关系当事人无过错方的利益，也要权衡“第三者”的相关权益。还应当注意对举证责任、赔偿范围、诉讼时效等作出具体明确的规定，以更好地保护无过错方配偶的权益，做到公平兼顾。只有这样，才能使离婚损害赔偿制度闪耀出公平理念和人道主义的光辉，构建完美和谐的婚姻关系。

**参考文献**

1.陈苇:《婚姻家庭继承法学》,法律出版社 2002 年版。

2.吴丽娟:《第三者侵犯配偶权的民事救济》,扬州大学 2013 年硕士学位论文。

3.刘爱:《浅谈将“第三者”纳入离婚损害赔偿主体范围》,载《法制与经济(下旬)》2013 年第 1 期。

4.蒋月:《夫妻的权利与义务》,北京法律出版社 2001 年版。

5.肖艳:《离婚损害赔偿请求权》,载《求实》2006 年第 3 期。

6.黄国萍:《论配偶权》,黑龙江大学 2004 年硕士论文。

7.陈苇:《外国婚姻家庭法比较研究》,群众出版社 2006 年版。

8.王泽鉴:《民法学说与判例研究》,中国政法大学出版社 1998 年版。

9.王彪:《配偶权若干问题研究》,吉林大学 2006 年硕士论文。

10.王兆雷:《“第三者”侵害配偶权的损害赔偿》,载《唐山学院学报》2007 年第 1 期。

11.杨遂全:《新婚姻法家庭法总论》,法律出版社 2001 年版。

12.翁文旋:《第三者插足侵害配偶权的法律问题》,载《邵阳学院学报(社会科学版)》2005 年第 1 期。

13.杨云芝、郭耿:《试论第三者应成为离婚损害赔偿责任的主体》,载《锦州师范学院学报(哲学社会科学版)》2002 年第 6 期。

# 我国重新仲裁制度亟待完善

陈柳茵*

《中华人民共和国仲裁法》(以下简称《仲裁法》)第61条规定:人民法院受理撤销裁决的申请后,认为可以由仲裁庭重新仲裁的,通知仲裁庭在一定期限内重新仲裁,并裁定中止撤销程序。仲裁庭拒绝重新仲裁的,人民法院应当裁定恢复撤销程序。2006年9月8日起施行的《最高人民法院关于适用〈中华人民共和国仲裁法〉若干问题的解释》(以下简称《仲裁法解释》)第21条规定:当事人申请撤销国内仲裁裁决的案件属于下列情形之一的,人民法院可以依照《仲裁法》第61条的规定通知仲裁庭在一定期限内重新仲裁:(1)仲裁裁决所根据的证据是伪造的;(2)对方当事人隐瞒了足以影响公正裁决的证据的。人民法院应当在通知中说明要求重新仲裁的具体理由。第23条规定:当事人对重新仲裁裁决不服的,可以在重新仲裁裁决书送达之日起6个月内依据《仲裁法》第58条规定向人民法院申请撤销。

分析上述规定,我国重新仲裁制度具有以下几个特点:第一,法院决定通知仲裁庭重新仲裁是基于当事人的撤销仲裁裁决申请。换言之,当事人申请不予执行仲裁裁决,法院并不通知重新仲裁。第二,法院决定重新仲裁的事由必须在法定可撤销国内仲裁裁决的事由范围内。第三,针对国内仲裁裁决,属于"仲裁裁决所根据的证据是伪造的"或"对方当事人隐瞒了足以影响公正裁决的证据的"两种情形之一,法院可以通知仲裁庭在一定期限内重新仲裁,且应当在通知中说明要求重新仲裁的具体理由。第四,是否通知重新仲裁是法院的职权,法官对于"重新仲裁"的决定有自由裁量权。第五,通知的是"仲裁庭"而非仲裁委员会。换言之,可理解为是由原仲裁庭进行重新仲裁。第六,法院通知对仲裁庭没有强制性,仲裁庭可以重新仲裁,也可以拒绝重新仲裁,其拥有是否重新仲裁的决定权。第七,法院决定通知仲裁庭重新仲裁不需要经当事人同意。第八,重新仲裁需要作出重新仲裁裁决(除非仲裁当事人在重新仲裁过程中达成调解或者和解)。

"重新仲裁是人民法院在对仲裁裁决行使司法监督的过程中给予仲裁庭弥补其仲裁裁决作出过程中所存在的缺陷以保证仲裁裁决公正的一种特别程序。因此,重新仲裁制度的目的是给予仲裁庭一个机会以弥补已经发生的缺陷,而非全盘否定已经进行过的仲裁程序。可见重新仲裁制度,不仅体现了当今司法机关在监督仲裁中给予仲裁机构和仲裁庭越来越多司法支持的普遍趋势,同时也反映了在解决纠纷方面追求效率、合理分配司法资源以及防止社会资源浪费这一理念。重新仲裁是仲裁庭依据人民法院的指令进行的,仲裁庭拥有是否重新仲裁的决定权。仲裁庭同意进行重新仲裁的,人民法院应当裁定终结撤销程序。仲裁庭经过重新仲裁之后,可以根据重新仲裁的情况,作出维持原裁决的裁决,也可以通过重新仲裁部分变更原裁决,重新仲裁的裁决构成裁决的有机组成部分,具有终局效力;仲裁庭

* 陈柳茵,福建联合信实律师事务所律师,电邮:cly@lhxs.com。

拒绝重新仲裁的，人民法院应当裁定恢复撤销程序，进而决定是否撤销仲裁裁决。仲裁庭重新仲裁后，如果当事人对重新仲裁裁决不服的，可以在重新仲裁裁决书送达之日起六个月内依据《仲裁法》第五十八条规定向人民法院申请撤销仲裁裁决。”①

当下，由《仲裁法》一个条文、《仲裁法解释》三个条文所确立的重新仲裁制度，对诸多事宜（如可以通知仲裁庭重新仲裁的情形是否仅限于《仲裁法解释》列举的与“证据”有关的两种情形；重新仲裁的审理范围；重新仲裁程序开始后，原仲裁裁决的效力如何；涉外仲裁裁决是否存在通知重新仲裁的可能）缺失具体、明确的规定，导致司法实践中存在诸多疑惑，长期争论不休，重新仲裁制度的运用受到阻碍，其实现当事人以仲裁方式解决争议的意愿、弥补原仲裁裁决存在的缺陷或者瑕疵、尽快解决当事人之间的争议、节约解决商事纠纷的社会成本等优势难以有效发挥。

为此，特建议如下。

## 一、适当扩大法院可以通知仲裁庭重新仲裁的情形

在司法实践中，尽管《仲裁法解释》仅列举两种与“证据”有关的情形，但法院以两种情形之外的其他情形通知重新仲裁的不在少数，仲裁庭决定重新仲裁的也不在少数。因此，在现有的两种与“证据”有关的情形之外，可考量将“仲裁庭的组成或者仲裁的程序违反法定程序”和“仲裁员在仲裁该案时有索贿受贿，徇私舞弊，枉法裁决行为”两种情形纳入法院可以通知重新仲裁的范围。

## 二、区分具体情形以确定由原仲裁庭进行重新仲裁或者重新组成仲裁庭进行审理

一方面，就“仲裁裁决所根据的证据是伪造的”或“对方当事人隐瞒了足以影响公正裁决的证据的”两种情形，由原仲裁庭进行重新仲裁并无不可，因为原仲裁庭更了解争议案件的具体情况，有利于提高仲裁效率。但若当事人出于对原仲裁庭的不信任并达成了一致协议，则应当允许当事人重新选择仲裁员组成仲裁庭进行审理。另一方面，针对“仲裁庭的组成或者仲裁的程序违反法定程序”和“仲裁员在仲裁该案时有索贿受贿，徇私舞弊，枉法裁决行为”等情形，则适宜重新组成仲裁庭进行审理。

## 三、尽速明确重新仲裁的审理范围

重新仲裁的审理范围是仅限于法院通知的事项，还是允许全面重新审理（甚至允许申请人提出新的仲裁请求或者被申请人提出原本未提出的仲裁反请求），是仅能对仲裁程序缺陷进行补救，还是可以对实体问题进行重新审理，是长期困扰实务界、亟须厘清的问题。从重新仲裁的含义和目的来看，其审理范围原则上宜限定为法院通知认定的仲裁程序中有瑕疵的部分，而非原有整个争议案件，当事人在重新仲裁程序中仅能提出与重新仲裁范围相关的证据材料。申请人提出新的请求，显然不应被允许。但需要考量的例外情形是，倘若被申请人是因仲裁程序违反法定程序而“缺席”或者其他不属于被申请人负责的原因未能陈述意见

① 宋朝武主编：《仲裁法学》，北京大学出版社 2013 年版，第 169～170 页。

（如未能进行有效的实体、程序抗辩或提出主张），其在重新仲裁中针对申请人的仲裁请求提出反请求，该等反请求不宜认定为突破审理范围。

## 四、尽速明确重新仲裁裁决与原仲裁裁决之间的关系

《仲裁法》《仲裁法解释》均未明确规定重新仲裁作出的重新仲裁裁决和原仲裁裁决的关系。鉴于重新仲裁是法院对仲裁裁决行使司法监督以保证仲裁裁决公正的一种特别程序，是给予仲裁庭一个机会以弥补已经发生的缺陷，而非全盘否定已经进行过的仲裁程序，因此，根据重新仲裁的情况，仲裁庭或者作出维持原仲裁裁决的裁决，或者作出部分变更原裁决的重新仲裁裁决，重新仲裁裁决构成裁决的有机组成部分，具有终局效力。一言以蔽之，重新仲裁裁决与原仲裁裁决是互补关系而非相斥关系。

## 五、明确规定涉外仲裁裁决的重新仲裁制度

一方面，《仲裁法》第61条之法院通知重新仲裁规定，既适用于国内仲裁裁决，也适用于涉外仲裁裁决。但另一方面，《仲裁法解释》仅第21条针对国内仲裁裁决作出规定，并无涉外仲裁裁决通知重新仲裁的情形规定，而第21条规定的两种与“证据”有关的情形，在申请撤销涉外仲裁裁决的法定事由中又未规定（《仲裁法》第70条规定：当事人提出证据证明涉外仲裁裁决有《民事诉讼法》第258条第1款规定的情形之一的，经人民法院组成合议庭审查核实，裁定撤销。依照我国现行法律规定，人民法院对涉外仲裁机构的司法审查监督范围，限于仲裁程序方面的问题，不涉及实体方面的问题，即对裁决在认定事实和适用法律上是否有错误不作审查），从而导致审理申请撤销涉外仲裁裁决案件中法院能否通知重新仲裁，存在极大的争议。因此，有必要及时对涉外仲裁裁决的重新仲裁制度作出明确规定，以消弭纷争。考量重新仲裁制度的宗旨和目的，从现有的涉外仲裁裁决撤裁事由（当事人在合同中没有订有仲裁条款或者事后没有达成书面仲裁协议的；被申请人没有得到指定仲裁员或者进行仲裁程序的通知，或者由于其他不属于被申请人负责的原因未能陈述意见的；仲裁庭的组成或者仲裁的程序与仲裁规则不符的；裁决的事项不属于仲裁协议的范围或者仲裁机构无权仲裁的；违背社会公共利益）分析，至少“被申请人没有得到指定仲裁员或者进行仲裁程序的通知，或者由于其他不属于被申请人负责的原因未能陈述意见”及“仲裁庭的组成或者仲裁的程序与仲裁规则不符”，此两种情形可以考量采行重新仲裁制度。

# 一起"申请财产保全错误"案件始末

龚泽旭[*]　杨朝玮[**]

## 一、关联案件

### (一)专利侵权案

1993 年 11 月 30 日,石狮市林边玩具塑料厂(以下简称"玩具厂")对其生产的"机器人玩具"和"智力积木"向中国专利局申请机器人玩具外观设计专利。1994 年 8 月 24 日和 3 月 4 日,中国专利局进行公告,授予机器人玩具外观设计专利权,专利号为 ZL93307705.X 和 ZL93303812.7。玩具厂于同年年底将其生产的机器人玩具贴上彩色装饰贴纸,并以印有机器人玩具图形的彩色包装盒包装投放到国内外市场。

1995 年 2 月,玩具厂得知厦门某通信电子有限公司(以下简称"厦门公司")生产与玩具厂相同的机器人玩具产品销往香港。5 月 30 日,玩具厂以厦门公司侵犯其"机器人玩具"和"智力积木"两个外观设计专利为由,向厦门市中级人民法院提起诉讼,并申请冻结厦门公司账户或查封相当于 70 万元价值的财产保全。厦门市中级人民法院受理了玩具厂的起诉,并裁定查封厦门公司"现已生产、库存的仿冒玩具厂专利产品的成品、零配件、模具及与该产品有关账本"。厦门公司在答辩期间,向中国专利局专利复审委员会提出宣告玩具厂机器人玩具外观设计专利无效的请求。厦门市中级人民法院于 9 月 1 日裁定中止诉讼。

1999 年 2 月 2 日,中国知识产权局专利局专利复审委员会宣告 ZL93307705.X 号外观专利设计的专利权无效并撤销,而对 ZL93303812.7 号外观设计专利权尚未作出处理(后亦被宣告无效)。7 月 19 日,厦门市中级人民法院(1995)厦知初字第 13 号裁定:驳回原告(玩具厂)对被告(厦门公司)侵犯机器人玩具外观设计专利权之起诉;原告诉被告侵犯其智力玩具外观设计专利权之诉讼继续中止。玩具厂不服提出上诉,福建省高级人民法院以(1999)闽知经字第 16 号裁定:驳回上诉,维持原裁定。厦门市中级人民法院于 2000 年 3 月 1 日解除了(1995)厦知初字第 13 号案的财产保全。

### (二)不正当竞争

1999 年 5 月 28 日,玩具厂又以"机器人玩具"和"智力积木"的包装彩色标签作为美术作品向福建省版权局申请并进行了作品登记。

在 1999 年 6 月 2 日厦门市中级人民法院开庭审理上述外观设计专利侵权一案时,玩具厂增加厦门公司仿冒生产行为构成不正当竞争及侵犯著作权的请求,法院认为玩具厂的诉讼请求包含不同内容,涉及法律关系不同,告知另行起诉。

* 龚泽旭,福建联合信实律师事务所高级合伙人,电邮:gzx@lhxs.com。
** 杨朝玮,福建联合信实律师事务所高级合伙人,电邮:ycw@lhxs.com。

12月8日，玩具厂以厦门公司对其“机器人玩具”和“智力积木”的外包装构成不正当竞争向厦门市中级人民法院提起诉讼。一审法院审理认为“机器人玩具”和“智力积木”也属于仿冒、抄袭他人产品，专利被宣告无效，起诉厦门公司不正当竞争的理由不能成立，遂分别以(2000)厦知初字第1号判决和(2000)厦知初字第10号判决驳回诉讼请求。玩具厂不服，向福建省高级人民法院提出上诉。福建省高级人民法院经审理认为，1995年玩具厂起诉厦门公司生产仿冒专利产品，侵犯其外观设计专利权，诉讼中，国家专利复审委员会对玩具厂与1980年德国出版的《组装指南》刊登的组件对照，认定大部分相同，部分近似，从而宣告玩具厂的专利无效，而一审认定专利产品系仿冒、抄袭他人产品是没有依据的，该认定错误。玩具厂的专利产品的彩色包装盒和标贴于1994年投放市场，厦门公司在玩具厂之后生产、销售相同的专利产品并仿冒产品特有相同的彩色包装盒及标签，其行为足以导致市场混淆，且厦门公司不能证明在玩具厂之前有人使用相同的彩色包装盒及标签，厦门公司的行为构成不正当竞争，侵犯了玩具厂的合法权益。厦门公司因被财产保全，在起诉前两年内无法实施侵权行为，玩具厂的赔偿主张不予支持。2000年1月19日，福建省高级人民法院分别以(2000)闽知终字第17号和(2000)闽知终字第18号撤销厦门市中级人民法院的判决，并判令厦门公司停止侵权并登报道歉，驳回玩具厂的赔偿请求。

## 二、“申请财产保全错误”——侵权赔偿案

### (一)玩具厂败诉

2000年年初，厦门公司以玩具厂申请财产保全错误，向开元区人民法院提出要求玩具厂承担侵权赔偿责任之诉讼。厦门公司诉称：玩具厂于1995年5月29日向厦门市中级人民法院起诉原告侵犯其“机器人玩具”“智力积木”两个外观设计专利权，并采取财产保全措施，查封了厦门公司“机器人玩具”“智力积木”成品、半成品原件、模具价值180余万元。玩具厂起诉的专利侵权败诉，但厦门公司的财产已被查封长达55个月，玩具厂造成厦门公司成品、半成品、原材料、模具损失180万元、200余名工人的派遣费35356元、查封物品占用厂房租金27142元。查封导致100万元流动资金贷款吊滞损失利息625700元、产品不能履约出口利润损失501802元，共计299万元，请求赔偿上诉损失。

玩具厂辩称，其申请查封的物品中没有原材料，厦门公司对诉讼请求举证不完整，不能证明相关损失。根据《中华人民共和国专利法》(以下简称《专利法》)第50条第2款的规定：宣告专利权无效的决定，对在宣告专利权无效前人民法院作出并已执行的专利侵权的判决、裁定不具有追溯力，故请求法院驳回厦门公司的起诉。

开元区法院经审理认为，玩具厂申请财产保全错误，其对厦门公司造成损失理应赔偿。但赔偿应以实际损失为准，本案的诉争标的物中有30万元物品被(2000)厦知初字第01号民事裁定查封，应待其解封后另行起诉。厦门公司提出的工人派遣费及利润损失因所提交的证据不足，不予支持。根据《中华人民共和国民法通则》第106条第2款、第117条第3款，判令玩具厂赔偿厦门公司物品损失额40万元及筹资利息(时间自1993年5月30日至付款之日止，利率为每月2%计算)，并赔偿房屋租金17467元。

玩具厂不服，提出与答辩意见基本相同的上诉理由。之后，玩具厂委托笔者作为其代理人。我们首先提出涉及知识产权的案件，开元区法院作为一审法院属程序错误。2000年12

月20日，中级人民法院审理后认为，厦门市开元区人民法院判决认定事实不清，违反法定程序，以(2000)厦民终字第521号裁定撤销厦门市开元区人民法院(2000)开民初字第367号民事判决，发回厦门市开元区人民法院重审。而后，开元区人民法院将案件移送厦门市中级人民法院，由市中级人民法院作为一审法院重新审理。

(二)代理意见

在厦门市中级人民法院重新开庭审理的庭审中，代理人提出如下代理意见。

第一，从侵权赔偿构成的四个要件看，玩具厂申请财产保全，不构成侵权赔偿。理由是：(1)玩具厂主观上不存在过错。玩具厂拥有“机器人玩具”和“智力积木”两个外观设计专利权，系国家专利局审批的，玩具厂在申请财产保全时，无法预见之后专利权会被宣告无效。因此，玩具厂在(1995)厦知初字第13号案中，为维护自身权益申请财产保全，主观上没有过错。而厦门公司认为应当预见的理由不能成立。(2)玩具厂不存在侵权事实。玩具厂申请财产保全，法院作出对“现已生产、库存的仿冒原告专利产品的成品、零配件、模具及与该产品有关的账本”的保全措施。法院保全措施的内容是对厦门公司侵犯专利产品的制造权、使用权、销售权的限制，法院的保全措施行为适当，玩具厂不存在侵权事实。(3)本案也不存在损害结果，也就是保全行为并未损害厦门公司的合法权益。在1999年2月2日之前，玩具厂的“机器人玩具”和“智力积木”产品在专利保护期间内，厦门公司就不该生产、销售这两种产品，故保全行为没有侵犯厦门公司的合法权益，不产生损害结果。在这之后，虽然玩具厂的专利权被宣告无效，但原因是与他人的专利产品相似。故厦门公司仍不能生产、销售这两种产品，也不产生损害结果。况且与专利产品相关的彩色装潢贴纸、标签及彩色包装盒，玩具厂于1999年5月28日进行了作品登记，厦门公司的仿冒行为，已被福建省高级人民法院(2000)闽知终字第17号、第18号两份生效的民事判决书确认属厦门公司的侵权行为，并判令立即停止侵权。也就是说，不管有无法院的查封，厦门公司均未取得合法的生产权，当然也就没有产生损害结果。(4)(1995)厦知初字第13号案中的财产保全既无侵权事实，又无损害结果，因果关系也就无从谈起。第二，厦门公司的诉讼请求没有事实和法律依据。(1)厦门公司至今无法提供被查封物品的数量、质量、价值及价值差的证据，故其全部请求丧失事实依据。(2)厦门公司本就不应生产侵权产品对外履约，要求赔偿不能履约的请求不应支持。况且，当时适用的《经济合同法》并未保护利润，而厦门公司也未提供利润损失及损失与保全之间因果关系的证据。(3)工资表系厦门公司单方面所做，缺乏可采纳性，且保全与工资损失之间因果关系的证据缺乏。(4)玩具厂未申请查封厂房，被查封物品的占地部分，厦门公司可提供担保解除保全，或将物品移至租金较低的地方。(5)筹资利息本身就属于非法，企业间本就不能拆借资金。且厦门公司也未提交筹资利息损失与保全之间因果关系的证据。综上分析，代理人认为，玩具厂申请保全行为不符合侵权赔偿的构成要件，不应承担赔偿责任，这也与《专利法》第47条(原第50条)第2款的规定相符。因此，厦门公司的诉讼请求应予以驳回。

(三)胜诉

厦门市中级人民法院经审理认为，玩具厂在起诉厦门公司侵犯其“机器人玩具”和“智力积木”两个外观设计专利权的(1995)厦知初字第13号案中，申请保全了厦门公司财产。法院作出裁定后，保全了厦门公司的财产，其中包括侵权产品的模具、成品、半成品及包装箱盒等。

由于该讼争标的两个外观设计专利先后被国家专利复审委员会宣告无效或撤销，玩具厂被裁定驳回起诉，故其起诉失去依据。但是，在这之后，玩具厂就与(1995)厦知初字第13号案中，同一标的的“机器人玩具”和“智力积木”及它们的彩色装潢贴纸、标贴及彩色包装盒，以厦门公司构成不正当竞争为由，提起诉讼。经一审、二审，福建省高级人民法院生效判决认定，厦门公司构成不正当竞争，单从玩具厂在(1995)厦知初字第13号案中被驳回起诉，而认定其申请财产保全有错误，缺乏事实和法律依据，不能成立。

2001年9月14日，厦门市中级人民法院判决：驳回原告厦门公司的诉讼请求。

## 结　语

结语，并不是结束。历时7年的诉讼还在继续，侵权赔偿案尚在二审中。而此案涉及的法律问题，即财产保全的裁定是否属于《专利法》第47条第2款的“人民法院作出并已执行的专利侵权的判决、裁定”也还在司法界中争论不休。

# 施工单位是否可以银行保函方式替换工程质量保证款项

陈有限[*]

## 一、问题的提出

为保证施工单位工程质量缺陷修复以及保修义务的履行，在大部分建设工程施工合同及其有关质量保修的附件中均约定，在工程通过竣工验收后，应当在应付工程款中预留3%～5%的款项，作为工程质量保修金、工程质量保证金或者质保金等工程质量的保证款项[以下简称工程质量保证款项，《建设工程质量保证金管理办法》(建质〔2017〕138号)已将工程质量保证金的比例修改为不超过3%]。就表面上来看，该等款项占工程造价金额的比例不高，但相较施工单位普遍承担较大施工成本压力以及获取的利润普遍较为微薄等情况而言，已然构成施工单位的较大负担。

为此，国务院办公厅印发《关于清理规范工程建设领域保证金的通知》(国办发〔2016〕49号)，要求全面清理各类保证金，对施工单位在工程建设中需缴纳的保证金，除依法依规设立的投标保证金、履约保证金、工程质量保证金、农民工工资保证金外，其他保证金一律取消。对保留的保证金，推行银行保函制度，施工单位可以银行保函方式缴纳。为贯彻落实该通知精神，住房城乡建设部、财政部印发《关于切实做好清理规范工程建设领域保证金有关工作的通知》(建市〔2016〕149号)，从行政主管部门的角度进一步作出相关规定，各地区也印发相应的清理规范工程建设领域保证金实施方案的通知，从地方的角度提出组织实施方案。

上述通知的印发与实施，对负担较大施工成本压力的施工单位而言，无疑是利好消息，诸多施工单位根据上述通知的规定向建设单位提出以银行保函方式替换工程质量保证款项之要求。然而，因对工程质量保修金、工程质量保证金、质保金之概念及其性质存在不同理解，对建设工程施工合同效力以及对工程质量缺陷修复以及保修义务、对银行保函单据性要求等方面存在不同认识，就根据建设工程施工合同及其附件约定而已预留的工程质量保证款项，施工单位是否可以根据上述通知的规定以银行保函方式进行替换，施工单位与建设单位往往存在较大的争议。

为此，结合笔者了解到的施工单位与建设单位以及行政主管部门就上述争议问题所提出的意见，并根据自身有限的理解以及经验，笔者尝试对此进行探讨分析，以作为研究上述争议问题的参考。如有舛误，敬请不吝指教。

* 陈有限，福建联合信实律师事务所高级合伙人，电邮：cyx@lhxs.com。

## 二、在性质上属于工程质量保证款项的工程质量保修金、质保金等款项，均可以参照上述通知中有关工程质量保证金的规定而予以保留

最早意义上的工程质量保证金，又称“建筑工程信誉保证金”，指施工单位根据建设单位的要求，在建设工程施工合同签订之前，或者在工程通过竣工验收之前，预先支付给建设单位，用以保证施工质量的资金，系建设单位基于对施工过程质量进行监督之目的而要求施工单位预先支付的资金，因而被认为存在变相由施工单位垫付资金的嫌疑。原建设部和国家工商行政管理总局于1999年发布的《建设工程施工合同(示范文本)》(GF-1999-0201)中亦只有工程质量保修金而无工程质量保证金的概念。但是，原建设部、财政部于2005年1月12日制定并公布的《建设工程质量保证金管理暂行办法》(现已废止)第1条规定中将工程质量保证金与工程质量保修金等同视之，从而首次正式从国家层面，将工程质量保修金修改为工程质量保证金，并首次引入缺陷责任期的概念，使之与工程质量保证金相联系，以将工程质量保证金与保修期脱钩，形成缺陷责任期与保修期并存的质量保修体系，工程质量保证金的概念亦至此得以发生正式的转变并进而统一。2013年发布的《建设工程施工合同(示范文本)》(GF-2013-0201)以及2017年发布的《建设工程施工合同(示范文本)》(GF-2017-0201)，亦据此及其后续制定、修改的管理办法，并参考九部委《标准施工招标文件》的通用合同条款和《菲迪克(FIDIC)施工合同条件》(1999年版红皮书)的有关内容，对有关工程质量保修内容作出相应的修改。

大体而言，工程质量保修金是就保修期而言，普遍存在于2013年之前的《建设工程施工合同(示范文本)》有关工程质量保修的约定中；工程质量保证金是就缺陷责任期而言，其虽然自2005年起因《建设工程质量保证金管理暂行办法》的实施而正式出现，但更普遍存在于2013年之后的《建设工程施工合同(示范文本)》中有关工程质量缺陷及其保修的约定中。就保修期而言，根据《建设工程质量管理条例》第39条的规定，存在按照设计文件规定的该工程的合理使用年限，5年、2年等最低且不等的期限；就缺陷责任期而言，根据《建设工程质量保证金管理办法》第2条的规定，一般为1年，最长不超过2年，由发、承包双方在合同中约定。亦即，如属于工程质量保修金的，根据相关法律、行政法规的强制性规定，并按照建设工程施工合同约定，其返还期限一般长于以缺陷责任期计算的工程质量保证金。

尽管工程质量保修金与工程质量保证金在产生背景、条件、返还期限等方面存在上述区别，但就现行有效的相关规定以及工程建设领域的实践情况而言，工程质量保修金与工程质量保证金一样，亦应属于根据建设工程施工合同约定，在应付的工程款中预留，用以保证施工单位对建设工程出现的质量缺陷进行维修的资金，其因此亦应当具有工程质量保证款项的性质。

至于质保金，尽管经常因返还纠纷而引发其究竟属于工程质量保修金，或者属于工程质量保证金的争议，但该等争议焦点往往在于其返还期限的具体计算问题，对于其亦应当具有工程质量保证款项的性质应无疑义。

上述通知有关工程质量保证金的规定之本意，应当在于既保证施工单位能够履行工程

质量缺陷修复以及保修义务，又能减轻施工单位不必要的施工成本负担，其虽然将允许保留的工程质量保证款项表述为工程质量保证金，但基于工程质量保修金、质保金与工程质量保证金在实质上均具有工程质量保证款项的性质，工程质量保修金、质保金均可以参照其有关工程质量保证金的规定而予以保留。

实际上，亦有地方行政主管部门在其贯彻落实上述通知的通知中将工程质量保证金与工程质量保修金等同视之。例如，厦门市建设局在其于 2016 年 7 月 8 日印发的《关于贯彻落实清理规范工程建设领域保证金有关工作的通知》中，即将工程质量保证款项明确表述为“工程质量保证金(保修金)”。

退一步而言，如果认为工程质量保修金、质保金不属于上述通知允许保留的工程质量保证款项，根据上述通知的规定，建设单位不仅无权拒绝以银行保函方式进行替换，且应当自上述通知印发之日起即一律停止收取，并应当立即退还，且如逾期的，还应当支付逾期返还违约金(尽管基于意思自治的原则而对此存在疑义)。如此推论，显然因已经完全脱离上述通知的规定本意而存在问题。

## 三、建设工程施工合同中有关工程质量保证款项约定的效力，不因工程建设领域清理规范各类保证金的行政行为而受到影响

根据《中华人民共和国合同法》第 52 条的规定，违反法律、行政法规的强制性规定，将构成合同无效之情形。但是，上述通知既非法律，亦非行政法规，建设工程施工合同中有关工程质量保证款项的约定效力，并不因实施该等通知而受到影响。

亦应当认为，司法实践中，已经对此达成一致的共识。

例如，四川省宜宾市中级人民法院在福州汇宝建设劳务有限公司与成都水利水电建设有限责任公司等劳务合同纠纷上诉案，即(2017)川 15 民终第 1970 号民事判决书中即明确认定“《建设工程质量保证金管理办法》《国务院办公室厅关于清理规范工程建设领域保证金的通知》既不是法律也不是行政法规，上诉人认为质量保证金条款违反上述规定应当无效的理由不能成立，本院不予支持”。

再如，最高人民法院民一庭在第 66 辑《民事审判指导与参考》的指导性案例《建设工程质量保证金返还期限应尊重合同约定》中发表的倾向性观点亦是如此。

因此，上述通知尽管系基于推进简政放权、放管结合、优化服务改革、减轻企业负担、激发市场活力、发展信用经济等积极良好的行政目的而印发并实施，但该等通知无法作为否定建设工程施工合同中有关工程质量保证款项的约定效力之依据。换言之，在合同当事人未对该等约定进行变更或者补充的情况下，该等约定因并未违反法律、行政法规的强制性规定，且如不存在其他导致无效的情形的，其仍然属于合法有效的约定，依法仍然应当获得合同当事人全面诚信的履行。

进一步而言，在民商事活动的场合中，除非建设工程施工合同另有约定或者法律、行政法规另有规定，施工单位根据上述通知的规定提出以银行保函方式替换工程质量保证款项的要求，既没有合同依据，也没有法律、行政法规依据。需说明的是，在行政活动的场合中，施工单位可以就政府投资的项目提出该等替换要求，基于行政管理或者隶属关系，该等要求可能可以得到满足，但这并非本文讨论的范围。

## 四、建设单位如同意替换工程质量保证款项的，可以要求施工单位以相当于直接预留工程质量保证款项之保证作用的银行保函方式进行替换

国家乃至地方在工程建设领域清理规范各类保证金，并依法行使行政权力以推广银行保函制度，达到减轻企业负担的目的之意志坚定、决心巨大，上述通知的印发与实施，乃至后续相应的组织实施方案、配套监督检查措施即是充分体现。

住房和城乡建设部于2016年12月27日亦已为此制定、实施《建设工程质量保证金管理办法》，且在仅约半年的时间后，即于2017年6月20日对该管理办法进行修改，修改的主要内容即在于降低工程质量保证金的比例。《福建省清理规范工程建设领域保证金实施方案》更是明确规定："对保留的四类保证金，建筑业企业可以银行保函方式缴纳，任何单位不得拒绝。""在工程竣工前已缴纳履约保证金的，建设单位不得同时预留工程质量保证金；已缴纳或预留工程质量保证金现金的，建筑业企业可以向建设单位提供银行保函以替换现金，建设单位不得拒绝。"

尽管上述通知以及相应的管理办法等规定并未规定建设单位拒绝以银行保函方式替换工程质量保证款项的具体后果或者责任，但基于依法行使的行政权力将在客观上对工程建设领域产生重大的影响，推行银行保函制度已然成为趋势。

一般认为，已经在工程建设领域普遍采用的银行保函均为独立保函，与其他独立保函一样，银行保函扭转传统的违约证明及诉讼风险分配方式，通过金融信用的介入，使建设单位在基础交易违约争议期间能够先从银行获得付款，建设单位和施工单位嗣后再解决违约争议，故其被形象地称为"先付款，后争议"机制，因此同样具有保障这一机制运行基石的独立性原则和单据性原则，同样应当适用《最高人民法院关于审理独立保函纠纷案件若干问题的规定》(法释〔2016〕24号)。

然而，已在工程建设领域普遍采用的银行保函虽然具有独立性，即该等保函独立于基础交易关系和开立申请关系，只要建设单位提交的单据与独立保函条款、单据与单据之间在表面上相符，银行就必须独立承担付款义务，不得利用基础交易或开立申请关系对建设单位行使抗辩(只有出现建设单位欺诈情形时，才可以作为法定的唯一例外情形对待)，但其所具有的单据性却也普遍不具有相当于直接预留工程质量保证款项的保证作用，其对单据的要求较为严格，一般应当以第三方(如监理单位)签发的文件、生效法律文书等作为单据进行索赔，索赔程序亦较为复杂，无法降低建设单位对施工单位不履行或者不完全履行工程质量缺陷修复以及保修义务的疑虑，建设单位往往更倾向于且更依赖于采取直接预留工程质量保证款项的方式。基于工程建设领域在较大程度上受到行政管理的影响，继续采取该等直接的方式，将与行政权力大力推行的银行保函制度存在一定冲突。为此，并基于不在实质上降低保证力度之考虑，笔者建议，建设单位如综合各方面因素考虑而同意施工单位替换工程质量保证款项的，可以要求降低银行保函的单据性要求，即要求施工单位以相当于直接预留工程质量保证款项之保证作用的银行保函方式进行替换。

进一步而言，建设单位可以要求施工单位提供仅需以建设单位单方所出具的付款请求书、违约声明等表明发生付款到期事件的书面文件作为索赔单据，以在一方面提高施工单位

对工程质量保证款项的资金利用效率，减轻其不必要的负担；另一方面便于建设单位（尤其是政府投资项目的建设单位）在遵守上述通知之规定的同时，又不至于增加对施工单位履行工程质量缺陷维修以及保修义务的疑虑。

采取上述建议方式的，主要是将修复或者保修费用，由建设单位直接在工程质量保证款项中扣除的方式，改变为由建设单位根据银行保函向银行索赔并由银行直接支付，在实质上并不降低工程质量缺陷修复以及保修义务之履行的保证力度。当然，在该等方式下，建设单位将无法再基于惯例或者约定而享有其占有工程质量保证款项期间的利息收益，但这应该也是上述通知的印发与实施的目的之一。

此外，上述通知规定的银行保函方式并未限定具体单据要求，采取上述建议方式的，不仅不存在违反上述通知的规定之情形，而且有利于统筹兼顾、综合平衡建设单位与施工单位的利益，有利于建筑业企业的转型升级，并从而实现共赢。

## 结　论

未经建设单位同意的，施工单位无权以银行保函方式替换工程质量保证款项，但基于上述规定以及银行保函制度的推行，建设单位如同意替换的，可以要求施工单位以相当于直接预留工程质量保证款项之保证作用的银行保函方式进行替换。

**参考文献**

1.黄鹏、陈南山：《对 2013 版施工合同的解读六：关于质量保修期与缺陷责任期的辨析》，载《招标与投标》2014 年第 3 期。

2.最高人民法院：《最高法院发布审理独立保函纠纷案件司法解释》，http://www.court.gov.cn/zixun-xiangqing-31221.html，最后下载日期：2016 年 11 月 22 日。

■ 家事、劳动、合同

# 论非举债方以夫妻共同财产为限清偿夫妻共同债务

## ——从(2014)苏民再提字第 0057 号民事判决书说起

何丽新*

2001 年《中华人民共和国婚姻法》(以下简称《婚姻法》)(修正案)第 41 条规定:离婚时,为夫妻共同生活所负的债务,应当共同偿还。该条款强调,夫妻共同生活是作为界定夫妻共同债务的逻辑起点,即使离婚,原夫妻仍不分份额地共同地承担清偿债务责任。《最高人民法院关于适用〈中华人民共和国婚姻法〉若干问题的解释(二)》[以下简称《婚姻法司法解释(二)》]第 24 条则以交易安全为最终价值,以“夫妻身份”为标准,确立在婚姻关系存续期间夫妻一方所产生的债务推定为夫妻共同债务的规则。虽存在例外情形的规定,但司法实践中,因例外情形的举证困难,法院的司法判决多是将婚姻关系存续期间夫妻一方在外单独举债界定为夫妻共同债务,夫妻双方对此债务承担连带清偿责任。此导致没有参与举债的一方即使“卸下婚姻”,仍然“背上债务”,以其个人财产连带偿还在婚姻关系存续期间举债方所产生的债务。婚姻成为巨大的陷阱,一旦结婚,就有了为对方债务承担责任的义务,婚姻的安全性受到冲击,影响着人们对缔结婚姻的选择。① 在社会对《婚姻法司法解释(二)》第 24 条的广泛质疑中,最高人民法院于 2016 年 2 月发布《最高人民法院关于适用〈中华人民共和国婚姻法〉若干问题的解释(二)的补充规定》。遗憾的是,该规定仅补充虚假债务和违法债务不予以保护,并没有解决《婚姻法司法解释(二)》第 24 条存在的问题。

在全面反思夫妻共同债务推定规则中,厘清夫妻共同债务的清偿责任更是迫在眉睫。夫妻共同债务清偿责任不仅关乎夫妻合法权益的保护,更牵涉债权人利益的维护。江苏省高级人民法院 2016 年公布的典型案例中出现非举债方以夫妻共同财产为限清偿夫妻共同债务的判决。② 在该判决书中,法院认为:涉案债务被认定为夫妻共同债务的原因不是非举债方实际参与了合伙经营活动,也不是夫妻之间就涉案债务存在举债合意,而是基于我国婚后所得共同财产制的法律规定。夫妻对婚后一方取得的财产存在共同所有的关系,成为夫

---

* 何丽新,厦门大学法学院教授,福建联合信实律师事务所兼职律师。

① 卓冬青:《夫妻一方以个人名义所负债务的认定》,载夏吟兰等主编《婚姻家庭法前沿——聚焦司法解释》,社会科学文献出版社 2010 年版,第 130 页。

② 王社保与吕国华、刘明桂债权确认纠纷案,详见江苏省高级人民法院(2014)苏民再提字第 0057 号民事判决书。

妻共同生活的一部分，则与该财产相对应的债务也属于夫妻共同债务。正因为此，对该债务承担偿还责任时，非举债方的责任财产范围也应与该财产制相对应，即与夫妻共同生活无关的财产应排除在外。而在本案中，非举债方的婚前个人财产及离婚后取得的财产属于个人财产，与夫妻共同生活并无关联，因此，偿还涉案的夫妻共同债务仅应以共同财产为限，非举债方的个人财产不应作为责任财产。但夫妻中的举债方作为借款人，其举债的行为表明其有将个人全部财产作为责任财产的意思表示，包括夫妻共同财产中其享有的部分，故举债方仍应以个人全部财产及夫妻共同财产中享有的部分对涉案债务承担清偿责任。那么，此案所确立的非举债方以夫妻共同财产为限承担有限清偿责任，是否存在责任基础？

## 一、我国《婚姻法》没有明确规定夫妻共同债务的连带清偿责任

连带清偿责任建立在连带之债基础上，而连带之债以法律规定或当事人约定而成立。① 从有关的法律规定分析，我国立法并没有明确规定夫妻双方对夫妻共同债务承担连带清偿责任。1980 年《婚姻法》第 32 条②虽没有出现“夫妻共同债务”的表达字样，但作为涉及夫妻共同债务问题的唯一条款，该条款规定了离婚的法律后果，强调“夫妻共同生活所负的债务”由共同财产偿还。对于共同财产不足清偿的情况，该条款没有作出后果性的规定，仅仅提出“协议清偿或法院判决”。可见，该条款强调共同财产优先偿还，并没有建立夫妻连带清偿责任。也有学者因此认为，以“共同财产清偿”的立法本意，是指从夫妻共有财产中先用于清偿夫妻共同债务，然后再对剩余的夫妻共有财产进行离婚分割。但清偿债务时以共同财产为限，清偿后不剩共同财产的，不再分割；共同财产清偿债务不足的，剩余的债务消灭。③

最高人民法院 1993 年 11 月 3 日在 1980 年《婚姻法》基础上颁布《关于人民法院审理离婚案件处理财产分割问题的若干意见》，第 17 条进一步规定：“夫妻为共同生活或为履行抚养、赡养义务等所负的债务，应认定为夫妻共同债务，离婚时应当以夫妻共同财产清偿。”该司法解释首次以“夫妻共同债务”表达方式来规定其认定依据，但同样仅仅明确“以夫妻共同财产清偿”。因此，在 1980 年婚姻法及其相关的司法解释中，均强调以夫妻共同财产清偿，并没有涉及连带清偿责任，更没有规定以个人财产对夫妻共同债务承担偿还责任。

2001 年《婚姻法》(修正案)第 41 条在此基础上，规定：离婚时，原为夫妻共同生活所负的共同债务，应当共同偿还。共同财产不足清偿的，或财产归各自所有的，由双方协议清偿；协议不成时，由人民法院判决。该条款删除 1980 年《婚姻法》第 32 条就个人债务的清偿责任的规定，专门针对共同债务的清偿责任作出规定，将“共同财产偿还”改为“共同偿还”，但强调的是离婚的原夫妻双方对共同债务负有共同清偿的责任，至于是以共同财产清偿还是用其他方法清偿，尚在其次。④ 由于该规定体现在第四章“离婚”中，因此更多地着眼于解决离婚导致的夫妻共同财产分割问题，为婚姻当事人清偿债务创造便利，至于是“先清偿，后分

---

① 参见《中华人民共和国民法通则》第 87 条。

② 1980 年《婚姻法》第 32 条规定：“离婚时，原为夫妻共同生活所负的债务，由共同财产偿还。如该项财产不足清偿时，由双方协议清偿；协议不成时，由人民法院判决。男女一方单独所负债务，由本人偿还。”

③ 杨立新：《亲属法专论》，高等教育出版社 2005 年版，第 355 页。

④ 蒋月：《夫妻的权利与义务》，法律出版社 2001 年版，第 207 页。

割”还是“先分割,后清偿”,只要属于“共同清偿”,在所不问。但该条款对共同财产不足清偿后的责任问题,仍然没有作出明确的规定,仅规定“共同财产不足清偿”的情况下,“双方协议或法院判决”,没有就此定性离婚后的夫妻承担连带清偿责任。

因此,无论是1980年《婚姻法》还是2001年《婚姻法》(修正案),可以说,在《婚姻法司法解释(二)》颁布之前,从我国婚姻立法和相关司法解释的规定分析,均无法扩张理解为夫妻双方应无条件地承担夫妻共同债务的连带清偿责任。现行的2001年《婚姻法》(修正案)第41条只是明确了共同财产优先偿还夫妻共同债务的效力,并没有规定夫妻共同债务的完整效力。至于“共同偿还”是否可以解释为共同债务人对共同债务承担连带清偿责任,任一债务人皆可以偿还而达到债的消灭;①还是解释为共同债务人必须作为一个整体共同偿还,任一债务人不发生“共同偿还”而无法达到债的消灭,仍然存在争议。笔者认为,既然夫妻作为夫妻共同债务的“共同债务人”“共同偿还”,那么,必须以共同债务人的共同财产才能“共同偿还”,若夫妻共同财产不足“共同偿还”,“共同偿还”只能解释为共同债务人就剩余债务拿出“共同份额”的个人财产加以偿还,并不发生连带清偿责任。非举债方没有参与“夫妻共同债务”的缔结,其在婚前取得的或离婚后产生的个人财产与夫妻共同生活无关,不会产生连带清偿夫妻共同债务的效力。

## 二、非举债方承担清偿夫妻债务的责任基础在于夫妻共同生活

夫妻债务的形成,从举债的主体进行分类,主要有夫妻合意和夫妻一方两种情形。夫妻在婚姻关系存续期间事先明示合意或事后追认形成合意而对外产生债务,无论是否用于夫妻共同生活,无论是实行夫妻共同财产制还是夫妻分别财产制,夫妻因对外合意举债而导致夫妻双方共同构成债务人,夫妻双方理应承担清偿债务的责任,这是自负其责的必然结果。于此,正是基于夫妻的身份关系,可以夫妻共同财产清偿,不足的部分由夫妻承担连带清偿责任。但现实生活中,非合意举债的情形更为常见。夫妻一方以个人名义对外交往中产生的债务,在外部关系中是举债方的个人债务,但因是夫妻共同生活还是自身需要的目的不同,因是否属于日常家事代理权范围的不同,因非举债方是否分享债务带来的利益不同,而产生是否识别为夫妻共同债务的不同,进而承担的债务清偿责任的不同。依据《婚姻法》(修正案)第41条的规定,非举债方为“夫妻共同生活”的债务为夫妻共同债务。但即使构成夫妻共同债务,非举债方是否必须以其个人财产承担连带清偿责任?

1.债的相对性

债的形成是债权人与债务人双方相互选择的结果,是双方间相互信赖的结果。债权债务关系的发生多以当事人意思自治为基础,在债权人与夫妻一方所形成的债权债务关系中,是债权人对形成债权债务关系的夫妻一方个人资历、能力和信用的信任,而不涉及债的当事人之外的第三人包括非举债的夫妻另一方。② 债权人在借债时,注重的是交易对象自身的信誉和资质,而非交易对象是否婚配、配偶如何、背景如何等。在债的外部法律关系中,当夫妻一方以个人名义与第三人进行法律行为时,无论是缔结债务还是其他法律行为,无论是承

---

① 郭丽红:《冲突与平衡》《婚姻法实践性问题研究》,人民法院出版社2005年版,第158～159页。

② 裴桦:《夫妻共同财产制研究》,法律出版社2009年版,第223页。

担债务还是获得利益,均是个人承担或享有。即使在共同财产制下,夫妻财产共同共有,债权人愿意将款项出借给债务人,也只能基于有理由相信夫妻一方的举债行为是以夫妻共同财产为担保,而不是建立在非举债的夫妻另一方的个人财产的基础上。债权是一种相对权,是特定债权人对特定债务人的权利,债的相对性是债的基本法律属性。因此,债的核心是给付,意味着债权的核心内容只是请求权而非支配权。因夫妻共同生活而产生夫妻共同债务,无论主观上是"为夫妻共同生活"所需,还是客观上产生"夫妻共同生活"需要,就债的相对性而论,均止于夫妻共同生活。非举债方没有参与举债,没有作出举债的意思表示,债权人无法从此债中推出非举债方以其个人财产为此清偿的承诺,因此,无法牵涉非举债方的个人财产。

2.非共有物之债

我国实行法定夫妻财产制和约定夫妻财产制的双轨制。婚后所得共同制是法定夫妻财产制,在婚姻关系存续期间夫妻一方所得和双方共同所得的收入和财产,归夫妻双方共同所有。这里的"夫妻共同所有"是否属于物权法中的共有物关系?《中华人民共和国物权法》第102条规定,因共同的不动产或者动产产生的债权债务,在对外关系上,共有人享有连带债权、承担连带债务,但法律另有规定或者第三人知道共有人不具有连带债权债务关系的除外。该条款强调的是因共有的不动产或动产而产生债务,共有人承担连带债务。在共同共有财产上,设定负担是由共有人共同实施民事行为为之,是共有人在共有财产的使用中形成的债务。当然,单个人在设定共有财产的负担上,如果不违背共有人的意志,也应当发生效力。① 夫妻关系中的非举债方因"夫妻共同生活"而分享举债方的债务利益,或举债方在日常家事代理范围内代理非举债方而产生夫妻共同债务,并不是非举债方与举债方因共同共有的不动产或者动产而产生的债务,而是综合"夫妻关系"的身份和"共同生活"的需要而产生夫妻共同债务,不能简单地归属于共有物之债。即使夫妻对婚姻关系存续期间所得的财产共同共有,共有人既此而产生债务,那么对该债务亦限于共同共有的不动产或动产中,因为共有物上产生的债务类似"物上请求权",物上请求权的目的在于维护所有权的圆满状态,非举债方对共有物没有作出举债的意思表示,那么,不可能以其个人财产来填补共有物基础上产生的债务。

3.非合伙关系之债

从夫妻共同债务的性质分析,存在"共同债务说"和"合伙债务说"两种不同的观点。但共同债务与连带债务不同:共同债务是单数债,各当事人对外以一个整体形式存在,体现在诉讼程序上属于不可分之诉,须以所有当事人作为共同被告,以一个共同的身份参与诉讼,且判决效力当然及于各当事人,是主体之间形成共同财产后内在逻辑的必然要求;而连带债务是复数之债,各债务人彼此独立,相互间基于共同的目的而被连带,对外展现的依然是数个独立的个体。② 所以,连带债务人的任一债务人对外清偿债务时,不得拒绝超过自己负担部分的债务,而对内而言则产生补偿请求权,有权向其他债务人请求偿还各自负担的部分。而共同债务的当事人之间并不必然产生内部追偿问题,如我国台湾地区"民法典"第1038条

① 杨立新:《共有权理论与适用》,法律出版社2007年版,第56页。

② [日]我妻荣:《新订债权总论》,王燚译,中国法制出版社2008年版,第356页。

第1款规定“共同财产所负之债务，而以共同财产清偿者，不生补偿请求权”。因此，从理论上分析，共同债务与连带债务存在本质上的区别，共同债务不必然产生连带清偿责任。夫妻共同债务本质上是夫妻身份所产生的共同债务，而连带债务并不一定基于共同关系，只要法律规定或合同约定，只是债务的一种承担方式而已。

有学者将婚姻关系类比为合伙关系，夫妻共同债务与合伙债务存在一定的相似性，婚后所得共同财产制决定夫妻对共同财产是共同共有，决定了共同共有人的团体性，决定在对外债务关系上的一致性。① 但就合伙债务的性质而言，合伙债务是典型的共同债务，是在合伙关系存续期间产生的债务，不是合伙人的个人债务，是与合伙事务和合伙团体有关的债务。关于合伙债务的清偿责任存在三种不同的立法例：第一种是无限连带责任，即合伙人除以合伙财产为一般担保负有限责任外，并以合伙人自己的个人财产为担保负连带清偿责任；第二种是分担无限责任，各合伙人就合伙债务，仅就其分担部分负清偿的无限责任，合伙人并不当然承担无限连带责任；第三种是连合分担无限责任，合伙人对合伙债务有按股份分担之意，如合伙人无力清偿的，应由其他合伙人按股份分担偿还。② 因此，即使是合伙债务，也存在不同的清偿责任。《中华人民共和国合伙企业法》（以下简称《合伙企业法》）第38条规定合伙企业对其债务，应先以其全部财产进行清偿。第39条接着规定，合伙企业不能清偿到期债务的，合伙人承担无限连带责任。可以理解，我国《合伙企业法》是对合伙债务实行无限连带清偿责任的立法例。但是，综合不同的立法例，合伙债务，并不必然导出合伙人的连带清偿责任。

总之，就夫妻共同债务的性质，无论存在何种分歧，首先应承认夫妻共同债务具有共同债务的性质，但共同债务并不是当然的连带债务。即使认为夫妻关系具有合伙关系的性质，合伙债务作为共同债务的代表，那么，夫妻共同债务成立后，当共同财产不足以清偿时，夫妻承担什么性质的责任？夫妻是否需要以个人财产对此承担连带清偿债务，仍然根据不同的立法例，需要在各国选择各自的立法例后以法律形式作出明确的规定。何况，婚姻关系实质上无法等同于合伙关系，且我国现行《婚姻法》（修正案）对“共同财产不足清偿共同债务”的情形并没有作出明确的规定，仅仅是规定以协议或判决进行清偿。因此，从合伙关系也无法推导出非举债方以个人财产对夫妻共同债务承担连带清偿责任。

4.夫妻共同生活的基础

从《婚姻法》（修正案）第41条的立法原意探究，非举债方只有与举债方在婚姻关系存续期间“为夫妻共同生活”，在夫妻共同生活中占有或享受举债方的债务利益，才得以“共同偿还”举债方的债务。“夫妻共同生活”是“共同偿还”的基础和原点，仅有夫妻身份而没有“夫妻共同生活”基础的债务，非举债方就不存在“共同偿还”的支点。因此，以“为夫妻共同生活”的债务用途来界定夫妻共同债务，将举债的目的与用途直接联系，此反映了夫妻共同债务的本质。非举债方因从该用途的债务享有了利益，从权利义务相一致出发，因而才应承担夫妻共同债务的清偿责任，但非举债方仅是因为在夫妻共同生活过程中享有举债方带来的债务利益，故非举债方承担该债务的责任基础在于夫妻共同生活。

---

① 胡苷用：《婚姻合伙视野下的夫妻共同财产制度研究》，法律出版社2010年版，第98页。

② 杨立新：《共有权理论与适用》，法律出版社2007年版，第401页。

## 三、非举债方的责任财产限于夫妻共同财产范围

1.夫妻债务构成共同财产制下的消极财产

长期以来，理论界普遍认为共同财产制最符合我国婚姻伦理的本质和文化习俗，有着其他财产制不可比拟的优势。但共同财产制对于保障夫妻个人财产权益和交易安全仍存在局限性，容易出现夫妻一方不能未经对方同意而擅自行使共同财产权，进而不能满足夫妻个人的某些特殊经济需要的情形。① 另者，在共同财产制下，仍然存在夫妻共同财产和夫妻个人财产之分，因此，夫妻相互间，及与之为法律行为的第三人，在婚姻关系存续中，应不断地注视此多种财产的性质及了解各种财产所担保债务之范围，否则自身权益难以有效保障。② 我国《婚姻法》(修正案)第 17 条实行婚后所得共同财产制，夫妻共同财产是夫妻共有财产制的外在表现形式，但这里强调的是夫妻财产所有权形式，体现的是夫妻财产关系。在这种所有权下，夫妻双方对共同财产行使共同财产管理权，但夫妻各方对其个人财产仍具有占有、管理、收益、处分的权利。

夫妻共同财产和个人财产体现了家庭和个人不同的价值。婚姻承载着组织家庭生活的功能，这些功能的实现依赖着其物质基础——共同财产。因此，婚姻关系在产生配偶的身份关系的同时，也产生配偶的财产关系，配偶权和夫妻共有财产权两者相互依赖，离开共有权的依赖，配偶权就失去了物质基础。③ 婚后共同财产制使得夫妻所组成的生活共同体具有其物质基础——共同财产，这种共同财产的所有权归属夫妻双方共同所有。与此，夫妻在婚姻关系存续期间创造夫妻共同财产的同时，也因夫妻共同生活而产生夫妻共同债务。因此，夫妻共同财产制产生的结果既有积极财产，又有消极财产。在夫妻共同财产制下，夫妻一方对外负债的收益属于夫妻共同财产，债务也被认定为夫妻共同债务。这时由于实行的是共同财产制，导致举债方的财产与非举债方配偶一方的财产混同而合为一体。而婚姻虽创设夫妻配偶身份，但配偶却不具有独立的民事主体地位，因此不可能以“配偶”为主体对外承担责任。共同债务既然是基于共同财产而成立，当然是以共同财产为其责任财产范围。因此，消极财产的债务也只能以夫妻共同财产作为债的担保，非举债方因该债务与伴随清偿责任，因此而产生的夫妻共同债务的清偿责任基础也在于夫妻共同财产。④ 因此，共同财产制并不必然是夫妻共同债务连带清偿责任的基础。

2.非举债方的个人财产与夫妻债务无关

夫妻个人财产是指夫妻在实行共同财产制的同时，依照法律规定或者双方约定，各自保留一定范围的财产为个人所有，独立享有对该项财产的占有、管理、使用、收益和处分权。⑤ 夫妻的个人财产是以共同财产制为前提，是对婚后所得共同财产制的补充和限制。根据我国《婚姻法》(修正案)第 18 条的规定，个人财产主要包括夫妻一方的婚前财产、具有人身性

---

① 陈苇:《中国婚姻家庭法立法研究》，群众出版社 2000 年版，第 206 页。

② 戴东雄:《亲属法论文集》，台湾东大图书公司 1988 年版，第 166 页。

③ 杨立新:《亲属法专论》，高等教育出版社 2005 年版，第 347 页。

④ 杨晓蓉、吴艳:《夫妻共同债务的认定标准和责任范围——以夫妻一方经营性负债为研究重点》，载《法律适用》2015 年第 9 期。

⑤ 杨大文:《亲属法》，法律出版社 2004 年版，第 133 页。

质或与人身相关的财产、遗嘱或赠予合同中确定只归夫或妻一方的财产等其他应当归一方的财产。

婚前财产是夫妻一方在婚姻缔结前取得所有权的个人财产，不因婚姻关系的延续而发生向共同财产的转化，永远是个人财产。我国民法没有物权取得时效制度，个人财产不因婚姻关系存续期间而发生所有权的改变，因此，婚前财产的取得与夫妻共同生活无关。同样，婚前债务也应由个人财产偿还。但婚前的个人债务作为消极财产为家庭共同生活所用，那么就已转化为夫妻共同财产，亦由夫妻共同财产加以偿还。①《法国民法典》第 1433 条也规定："只要夫妻的共同财产从一方配偶的自有财产中取得利益，均应以共同财产对该一方配偶给与补偿。"这是夫妻共同财产与个人财产之间的补偿。

对于夫妻一方因身体受到伤害而获得的医疗费、残疾人生活补助费、保险赔偿金、个人专用的生活用品等与人身密切相关的个人财产，非因夫妻共同生活而产生，当然不需要用以偿还夫妻共同债务。在遗嘱或赠予合同中，被继承人或赠予人明确表示将财产转给夫妻一方的，排除配偶另一方财产权利，从尊重原财产所有人设定财产转移的意思表示出发，该类型的个人财产不作为清偿夫妻共同债务的责任财产。总之，非举债方的个人财产的取得，与夫妻共同生活并无关联，而非举债方偿还夫妻共同债务建立在夫妻共同生活的基础上，因此，非举债方的个人财产不应作为偿还夫妻共同债务的责任财产。

3.非举债方基于日常家事代理权

婚姻法调整的是婚姻内部关系，即夫妻之间的关系，婚后所得共同财产制从夫妻财产制的性质而言也是关注婚姻存续期间的财产权利和财产义务。而民法调整婚姻外部关系，即夫妻与第三人之间的关系。因此，从民法的债权性质、意思自治和自负其责的原理出发，举债方作为债务人应对债权人承担清偿债务的责任，非举债方并非是债权人，只是基于与举债方存在婚姻内部关系，才对举债方对外产生的夫妻共同债务承担清偿责任。

那么，既然非举债方没有对外作出举债的意思表示，为什么因婚姻关系就应承担夫妻共同债务的清偿责任呢？婚姻当事人缔结婚姻的目的在于夫妻共同生活，在共同生活中夫妻双方不可能事必躬亲，这就产生了日常家事代理权。日常家事代理权是明确夫妻共同债务的立法基础。基于婚姻关系而直接推定夫妻承担清偿责任的范围只限于为夫妻共同生活的家事范围即生活性债务，经营性债务应纳入社会经营范畴而不适用日常家事代理权。超越日常家事范围而举债，除非另一方追认而成为共同债务人，否则应当认定为个人债务。我国 1950 年《婚姻法》、1980 年《婚姻法》和 2001 年《婚姻法》（修正案）都未明确规定日常家事代理权。就日常家事代理权，法国规定为"维持家庭日常生活与教育子女"②，德国规定为"家

---

① 《婚姻法司法解释（二）》第 23 条："债权人就一方婚前个人债务向债务人的配偶主张权利的，人民法院不予支持。但债权人能够证明所负债务用于婚后家庭共同生活的除外。"

② 《法国民法典》第 220 条规定："夫妻各方均有权单独订立以维持家庭日常生活与教育子女为目的的合同。夫妻一方依此缔结的合同对另一方具有连带约束力。"

庭生活需要”,①日本规定为“日常家事”②,瑞士规定为“婚姻共同生活”。③《埃塞俄比亚民法典》第660条明确规定,“为家庭利益发生的债务:(1)为保持配偶或其子女的生活发生的债务;(2)为了履行配偶双方或一方的生活保持义务产生的债务;(3)其他由家事仲裁人根据配偶一方或债权人的请求确认为具有此等性质的债务”。最高人民法院《婚姻法司法解释一》借鉴外国有关日常家事代理权的规定,第17条规定:“因日常生活需要而处理夫妻共同财产的,任何一方均有权决定。夫或妻非因日常生活需要对夫妻共同财产做重要处理决定,夫妻双方应当平等协商,取得一致意见……”可见,夫妻之间在婚姻关系存续期间,只能就“日常生活需要”具有代理权,对另一方产生拘束力。对于一方超出日常生活需要范围的举债,不属于日常家事代理权的范围,不能当然认定为夫妻共同债务。日常家事代理制度的合理性不能推导出“推定共同债务”规则。④

因此,只有立法明确规定日常家事代理权的适用范围,才能有效地保护交易相对方和夫妻另一方的合法权益。《法国民法典》第1414条就明确规定,只有在夫妻一方依法行使日常家事代理权所产生的债务,债权人方可扣押配偶所得的收益与工资。因此,日常家事范围之外的事务,他方是否负连带责任或对第三人是否产生效力,须获得他方的授权或以第三人是善意还是恶意进行判断。在共同财产制为基本形态的夫妻财产制下,夫妻双方对共同财产均有管理和处分权。如果夫妻一方滥用权利,不仅由夫妻共同财产承担责任,而且使夫妻个人财产对对方行为承担责任,必然损害夫妻另一方的权益。就此,将在婚姻关系存续期间夫妻一方所产生的债务“推定个人债务”为基本规则,以日常家事代理权范围内产生的债务为夫妻共同债务作为必要补充,既符合债的属性和债法的基本原则,又能最大限度地维护婚姻当事人和交易债权人的双方利益。婚姻法作为民法的特别法,民法的交易安全和婚姻法的婚姻安全,两者立法价值不可偏废。在保障债权人利益的同时,也应尽可能地保护婚姻当事人的个人财产,将婚姻当事人的个人财产与非本人行为所造成的债务进行隔离,非举债方的责任财产范围应与共同财产制对应,未举债一方最多是因夫妻共同生活享受了举债方的债务资金的所有权,即使该债务或者其转化物全部或部分转移给了非举债一方,该方也只能在其“实际接收及所收益范围内”承担清偿责任,⑤其责任财产至多是夫妻共同财产,不可能扩大到其个人财产。最高人民法院早在关于贯彻执行《中华人民共和国民法通则若干问题的意见(试行)》第43条就规定:“在夫妻关系存续期间,一方从事个体经营或者承包经营的,其收入为夫妻共有财产,债务亦应以夫妻共有财产清偿。”该条款清晰地表达出非举债方在因

---

① 《德国民法典》第1357条规定:“婚姻的任何一方均有成立使家庭的生活需求得到适当满足并且效力也及于婚姻对方的事务。婚姻双方通过此种事务而享有权利和承担义务,但是如果根据情况得出另外结论的则除外。”

② 《日本民法典》第761条规定:“夫妻一方就日常家事同第三人实施了法律行为时,他方对由此而产生的责任负连带责任。但是,对第三人预告不负责任意旨者,不在此限。”

③ 《瑞士民法典》第166条规定:“配偶双方中任何一方,于共同生活期间,代表婚姻共同生活处理家庭日常事务。”

④ 裴桦:《夫妻共同财产制研究》,法律出版社2009年版,第221页。

⑤ 刘正祥:《基于债权人利益保护的夫妻债务承担研究》,载《西南交通大学学报(社会科学版)》2009年第3期。

夫妻共同财产制而享有举债方的债务利益的情况下，仅以夫妻共有财产为限清偿举债方产生的债务。因此，夫妻共同债务是以夫妻共同财产作为一般财产担保的债务，是在夫妻共有财产的基础上设定的债务，非举债方只能以夫妻共同财产为限承担清偿夫妻共同债务的责任。

4.界定夫妻共同财产

非举债方以夫妻共同财产为限承担清偿责任，这里的"共同财产"不仅包括在婚姻关系存续期间夫妻双方或一方所得的财产，也包括非举债方在离婚时依法或以约定分割到的夫妻共同财产。

夫妻共同财产的界定，是以非举债方和举债方的婚姻关系存续期间所得的财产为范围。但是，在复杂的社会生活中，某项财产的归属存在争议，难以界定是夫妻共同财产还是个人财产。最高人民法院《关于人民法院审理离婚案件处理财产分割问题的若干具体意见》（法发〔1993〕32 号）第 7 条："对个人财产还是夫妻共同财产难以确定的，主张权利的一方有责任举证。当事人举不出有力证据，人民法院又无法查实的，按夫妻共同财产处理。"但共同财产推定规则没有被我国婚姻立法所明确。从各国的共同财产推定规则分析，如《法国民法典》是共同财产制国家，第 1422 条规定："任何财产，不论是动产还是不动产，如不能证明其依据法律规定属于夫妻一方的自有财产的，均视为共同财产。"日本是分别财产制国家，第 762 条规定："夫妻间归属不明的财产，推定为共有。"可见，无论是共同财产制国家还是分别财产制国家，多数国家都存在共同财产推定规则。① 就此，笔者认为，我国《婚姻法》既以婚后所得共同财产制为夫妻法定财产制，更有必要设立夫妻共同财产推定规则。

总之，非举债方若与举债方存在婚姻关系，双方或一方在婚姻关系存续期间所得均属于夫妻共同财产，以此范围内的财产清偿夫妻共同债务；非举债方若与举债方离婚，以离婚判决书或离婚调解书或离婚协议中确定分割的夫妻共同财产为限清偿夫妻共同债务。对不能证明是夫妻共同财产还是个人财产的，推定为夫妻共同财产，作为清偿夫妻共同债务的责任财产范围。

## 四、结论：反思《婚姻法司法解释（二）》夫妻债务连带清偿责任的不合理性

每个个体是私法上最基本的行为主体，个人责任自负是私法的基本原则。从夫妻财产制的发展进程分析，婚姻与财产的日趋分离，夫妻人格日趋独立，夫妻个人财产权益日趋彰显，立法日趋侧重维护夫妻个人独立主体的合法权益。"连带责任"的目的是为了使债权的索取和债务的清偿更为便利，强调的是在责任负担和权利享有上的"整体性"，每一债权人有请求整体给付的权利或每一债务人有整体给付的义务，这时的夫妻双方对外呈现一个整体，夫妻一方的行为由夫妻双方负责，将夫妻共同体看成一个与自然人、法人并列的第三类民事主体。《婚姻法司法解释（二）》第 24 条是基于婚姻作为共同体而存在，夫或妻个人的人格部分被吸收进婚姻共同体，婚姻共同体就像一个面纱一样遮住了夫或妻个人，夫或妻以个人名义举债时，首先是作为婚姻共同体的代表承担债务，只有在个人的意志以一种明确的方式凸

① 裴桦：《夫妻共同财产制研究》，法律出版社 2009 年版，第 137～143 页。

显出来，从而得以超越婚姻的面纱时，个人才能脱去婚姻共同体代表的身份，而以个人的身份形成个人债务。① 这种强调夫妻在身份及财产上的对外连带性，使得婚姻充满风险，夫妻共同体沦为“投机者乐园”。② 婚姻关系的成立，虽为创设一个生活共同体，但并不意味着一个新的人格的产生，夫妻个人人格相互吸收无从论及。③ 婚姻的本质在于伦理性，即让夫妻情感回归本真的状态，婚姻的伦理是婚姻安全的基本要素，从公共政策的角度出发，交易安全和婚姻安全不可偏废，一方对另一方并无绝对的优先性，不存在“作为个人利益的夫妻利益，理当让位于处于更高位阶的代表社会共同利益的交易安全保护的需要”的问题。④ 婚姻当事人缔结婚姻的目的在于共同生活，不必然意味着要求夫妻一方必须为另一方举债承担连带清偿责任，此远远超出当事人缔结婚姻所能预见的程度，并产生严重的不公平。⑤

《婚姻法司法解释(二)》在夫妻共同债务推定规则上，第 25 条规定夫妻双方对共同债务不因婚姻关系解除而免除清偿责任，且在第 25 条第 2 款出现“一方就共同债务承担连带清偿责任后”的表述，最高人民法院就此解释为“夫妻对婚姻关系存续期间的共同债务应当承担连带清偿责任，这种连带清偿责任不因离婚协议或人民法院裁判文书已对夫妻财产作出分割处理而移转”。⑥ 而上述所言，我国《婚姻法》并没有明确规定夫妻共同债务的连带清偿责任，此司法解释的阶位显然低于婚姻法，有超越立法之嫌。连带责任具有法定性，涉及主体法定、权利法定、行为法定、责任法定等，在《婚姻法》现行规定下，为保持制度稳定，避免司法机关肆意课责，非举债方基于婚后所得共同财产制和夫妻共同生活的基础，应以夫妻共同财产为限清偿夫妻共同债务。

---

① 尚晨光：《婚姻法司法解释(二)法理与适用》，中国法制出版社 2004 年版，第 81 页。

② 贺剑：《论婚姻法回归民法的基本思路——以法定夫妻财产制为重点》，载《中外法学》2014 年第 6 期。

③ 史尚宽：《亲属法论》，中国政法大学出版社 2000 年版，第 110 页。

④ 唐雨虹：《夫妻共同债务推定规则的缺陷及重构——〈婚姻法司法解释(二)〉第 24 条之检讨》，载《行政与法》2008 年第 7 期。

⑤ 魏小军：《论我国夫妻共同债务推定规则》，载《昆明理工大学学报(社会科学版)》2009 年第 11 期。

⑥ 最高人民法院民事审判第一庭编：《最高人民法院婚姻法司法解释(二)的理解与适用》，人民法院出版社 2004 年版，第 227～229 页。

# 社会保险费征收改革影响分析与应对建议

杨式敏*　黄若阳**

社会保险作为我国一项重要的社会保障制度，对保障企业在职、退休人员基本生活有重大作用。社会保险费征收是社会保险基金可持续运营的基石，我国经过30多年的发展，已经基本建立比较完善的社会保险制度体系，但社会保险费的征收，由于复杂的历史背景影响，存在社保全权负责、税务代征、税务全责征收三种模式，社会保险征收体制并未统一①。关于社会保险由何部门征收的争议也由来已久。

近期，中共中央印发的《深化党和国家机构改革方案》提出，"为提高社会保险资金征管效率，将基本养老保险费、基本医疗保险费、失业保险费等各项社会保险费交由税务部门统一征收"②。随后，国务院、人力资源社会保障部、财政部、国家税务总局连续出台了相关政策文件，确定了此次社会保险征收体制改革方向。本文将通过对此次社会保险征收体制改革所涉政策文件进行梳理，对政策影响进行分析研究，并提供相关应对建议。

## 一、社会保险征收改革政策

### （一）社会保险征收改革政策内容

此番社会保险征收改革政策始于2018年3月的《深化党和国家机构改革方案》，截至2018年10月，共有相关政策、通知、征求意见8项，政策内容包括确定社会保险费交由税务部门统一征收、继续阶段性降低社会保险费率、改革社会保险征收体制总体上不增加企业负担、对社会保险领域严重失信进行信用惩戒等。具体如表1所示：

**表1**

| 序号 | 颁发日期 | 颁发部门 | 政策名称 | 主要内容 |
|---|---|---|---|---|
| 1 | 2018年3月 | 中国共产党第十九届中央委员会第三次全体会议 | 《深化党和国家机构改革方案》 | 为提高社会保险资金征管效率，将基本养老保险费、基本医疗保险费、失业保险费等各项社会保险费交由税务部门统一征收。 |

* 杨式敏，福建联合信实律师事务所高级合伙人，电邮：ysm@lhxs.com。

** 黄若阳，福建联合信实律师事务所律师，电邮：hry@lhxs.com。

① 杨永芳、丁全龙：《宁夏企业社会保险缴费负担研究》，载《宁夏社会科学》2018年第5期。

② 中共中央印发：《深化党和国家机构改革方案》，http://www.xinhuanet.com/2018-03/21/c_1122570517.html，最后下载日期：2018年11月5日。

续表

| 序号 | 颁发日期 | 颁发部门 | 政策名称 | 主要内容 |
| --- | --- | --- | --- | --- |
| 2 | 2018 年 4 月 20 日 | 人力资源社会保障部、财政部 | 《关于继续阶段性降低社会保险费率的通知》(人社部发〔2018〕25 号) | 自 2018 年 5 月 1 日起，对企业职工基本养老保险单位缴费比例、失业保险、工伤保险继续阶段性降低费率的具体内容通知。 |
| 3 | 2018 年 5 月 11 日 | 国家税务总局 | 《国家税务总局关于落实继续阶段性降低社会保险费率相关事项的通知》(税总函〔2018〕176 号) | 1.税务系统落实(人社部发〔2018〕25 号)《通知》相关事项通知。<br>2.承担社会保险费征收的省(区、市)税务局于每个季度终了向国家税务总局(所得税司)报送《税务机关征收社会保险费地区降费减负情况表》和《阶段性降费减负政策实施情况分析报告》。 |
| 4 | 2018 年 7 月 20 日 | 中共中央办公厅、国务院办公厅 | 《国税地税征管体制改革方案》 | 改革国税地税征管体制，合并省级和省级以下国税地税机构，划转社会保险费和非税收入征管职责，构建优化高效统一的税收征管体系。<br>明确从 2019 年 1 月 1 日起，将基本养老保险费、基本医疗保险费、失业保险费、工伤保险费、生育保险费等各项社会保险费交由税务部门统一征收。 |
| 5 | 2018 年 8 月 21 日 | 人力资源社会保障部办公厅 | 《人力资源社会保障部办公厅关于报送继续阶段性降低社会保险费率政策执行情况的通知》(人社厅函〔2018〕216 号) | 1.各省(区、市)在 9 月 5 日前，根据不同险种(包括企业职工基本养老保险、失业保险、工伤保险)的实际降费率情况，上报：<br>符合降费率条件的省(区、市)报送制定的降费率政策；<br>符合降费率条件但不降低费率的省(区、市)报送政策考虑；<br>不符合降费率条件的省(区、市)报送简要情况说明；<br>报送降费率政策执行过程中遇到的困难或企业反映比较集中的问题，以及相关政策建议。<br>2.各省(区、市)应严格按照 25 号文件规定，根据基金累计结余可支付月数(截至 2017 年年底)判断是否符合此次阶段性降费率条件并确定可下调的费率幅度，制定相关阶段性降费率政策。不符合条件的不可自行下调费率。 |

续表

| 序号 | 颁发日期 | 颁发部门 | 政策名称 | 主要内容 |
| --- | --- | --- | --- | --- |
| 6 | 2018年9月13日 | 国家税务总局办公厅 | 《国家税务总局办公厅关于稳妥有序做好社会保险费征管有关工作的通知》(税总办发〔2018〕142号) | 在稳妥推进社会保险费征管职责划转改革的同时,确保改革前已由税务机关征收的地方一律保持现有征收政策不变。<br>进行社会保险费征管职责划转的各级税务机关,要确保改革任务平稳如期落地,要遵循弄清接好历史欠费账目,不得自行组织开展清欠工作的原则,稳妥处理好历史欠费问题。<br>已负责征收社会保险费的各级税务机关,要确保征收政策不变工作平稳;要规范执法检查,不得自行组织开展以前年度的欠费清查。<br>优化缴费服务,确保营商环境不断改善。<br>加强舆论引导,确保社会预期稳定。 |
| 7 | 2018年9月19日 | 人力资源社会保障部、财政部、国家税务总局、国家医疗保障局 | 《改革社会保险费征收体制总体上不增加企业负担》——人力资源社会保障部、财政部、国家税务总局、国家医疗保障局相关负责人答记者问 | 介绍中央关于社会保险费征收体制改革的重大意义。<br>自2018年7月1日起,企业职工基本养老保险在现行省级统筹基础上,建立中央调剂基金,对各省份养老保险基金进行适度调剂。<br>在改革工作中坚持只变更征收主体,原有政策继续保持不变的基本原则。<br>将认真进行分析测算,抓紧研究提出适当降低社保费率、确保总体上不增加企业负担的政策措施。<br>提高各相关部门信息共享效率,完善相关配套制度,规范提升社会保险费征管水平;将进一步优化缴费流程、拓宽缴费渠道,联合探索关联业务"一站式"办理方式,切实降低缴费成本,提高缴费便利度,提升缴费人的获得感和满意度。 |

续表

| 序号 | 颁发日期 | 颁发部门 | 政策名称 | 主要内容 |
|---|---|---|---|---|
| 8 | 2018年10月12日 | 人力资源社会保障部办公厅 | 关于《社会保险领域严重失信“黑名单”管理暂行办法(征求意见稿)》公开征求意见的通知 | 对下述六种情形列入社保“黑名单”进行联合惩戒：<br>(1)用人单位未按相关规定参加社会保险且拒不整改的；<br>(2)以欺诈、伪造证明材料或者其他手段参加、申报社会保险和骗取社会保险待遇或社会保险基金支出的；<br>(3)非法获取、出售或变相交易社会保险个人权益数据的；<br>(4)社会保险服务机构违反服务协议或相关规定且拒不整改的；<br>(5)负有偿还义务的用人单位及其法人代表或第三人，拒不偿还社会保险基金已先行支付工伤保险待遇的；<br>(6)法律、行政法规规定的其他情形。 |

### (二)社会保险征收改革政策特点

此次改革政策，涉及包括国务院办公厅、人力资源社会保障部、财政部、国家税务总局、国家医疗保障局5个部门，时间跨度上，自2018年2月至10月期间，基本每月均有新出政策，具有涉及部门数量多、政策发布密集的特点。

## 二、此次改革政策的影响与分析

### (一)社会保险征收改革将导致企业与个人负担加重是对政策的错误解读

此次改革最初即明确最终目标是“社会保险费统一由税务部门征收”，完成社会保险费征收体制改革，并公开向社会释放信号。鉴于社会保险体系、社会保险费缴交对于企业及个人均具有重大影响，社会对此项改革热议、猜想不断。

社会中对社保费由税务部门征收甚至出现不少恐慌性解读，认为社保费由税务部门征收，将会提高社保费的缴费基数，是对以往欠费的清缴等，将导致企业、个人的社保缴费增加，加重企业经营成本，减少个人实际到手的收入。①

上述理解，是对政策的错误解读。实际上，本次改革仅是对社会保险征收主体变更，并未涉及提高社会保险费缴交基数。并且，2018年4月至8月期间，政府多部门持续发布政策，持续降低社会保险费率。2018年9月通过国税总局发布政策及四部门答记者问的形

---

① 张海桐：《社保征管变革：税务部门接手　企业社保成本或增加?》，https://news.163.com/18/0906/11/DR13HRLB0001899N.html，最后下载日期：2018年11月6日。

式，向社会明确传递“仅是社保征收主体变更”“总体上不增加企业负担”“不得自行进行欠费清查”等信号①。此次改革，并不会导致企业与个人负担的加重。

（二）预期此次社会保险征收体制改革，将有利于提高社保费征收效率、减少征收成本

社会保险费有下述三种征收模式：社保部门全责征收（税务部门不参与社会保险费征收工作，仅由社会保险经办机构全权负责征收工作）、税务部门全责征收（税务部门全权负责参保登记、基数核定直到稽核、清欠等环节）、税务代征（税务部门仅负责征收、缴费记录环节）②。

税务代征方式因部门权力交叉、实际施行情况等因素，已明确不为税务、社会保险部门接受。就社保部门全责征收与税务部门全责征收两种方式进行比较，税务部门在对企业员工的薪酬信息监管上，具有明显优势。经过多年的大力投入，税务部门的信息化建设、内部机构设置具有明显优势。在核实缴费人数、缴费基数等数据方面，更加具备专业优势，能够有效解决部分企业逃避缴费和瞒报缴费基数等问题，减少社会保险费源流失，提高社会保险费收缴率。

（三）预期此次社会保险征收体制改革，将有利于未来社会保险全国统筹层次提高

我国社会保险体系存在统筹层级低的弊病，多数险种的统筹层级仅在县级或地级行政区域。一些省份的职工养老保险，虽号称已实现省级统筹，但仅是通过比重很低的调剂金制度实现，实际权利和责任仍然是由地县级承担。

统筹层次低，直接影响的是劳动力跨区域流动时社会保险转移问题，将阻碍劳动力自由流动。

此次改革中，地税原属于省级直属，而国地税机构合并后，是以国税总局为主，全国直属色彩浓厚。税务部门全责征收社保费，至少在收入征收与参保信息掌握两个关键环节实现了省级统筹，并且有利于下一步的全国统筹。

（四）预期此次社会保险征收体制改革，应将减轻企业负担

影响企业社会保险费支出成本的两个因素是：社会保险费缴费基数与缴费费率。政府、社会学者均认识到，社会保险缴费负担偏重不利于社会保险事业的健康发展。较低的合适的缴费标准和费率，反而可以提高缴费企业和参保职工的缴费积极性，让低收入群体有能力参保，符合社会保险“应保尽保”原则，可以促进社会保险基金收入的增加。

目前国家已经释放强烈信号进行缴费费率降低的研究，适时出台降低缴费费率政策，同时关于降低缴费基数标准的呼声也日益强烈。

笔者分析，为配合此次社会保险征收体制改革，实现社会保险的健康稳定发展，社会保

---

① 社会保障司：《改革社会保险费征收体制总体上不增加企业负担——人力资源社会保障部、财政部、国家税务总局、国家医疗保障局相关负责人答记者问》，http://sbs.mof.gov.cn/zhengwuxinxi/gongzuodongtai/201809/t20180919_3023055.html，最后下载日期：2018年11月6日。

② 汪德华：《税务部门统一征收社会保险费：改革必要性与推进建议》，载《学习与探索》2018年第7期。

险缴费费率降低,企业总体社保支出成本降低应当可以预期。未来社会保险费缴费基数亦有较大希望进行下调,进一步降低企业的社保支出成本。

## 三、此次改革政策的应对与建议

### (一)企业应正确、全面了解改革政策,勿偏听偏信,盲目采取应对措施,增加企业风险

如上所述,目前社会上,很多企业因对改革政策的理解不够全面、深入,误认为社保改革将极大增加企业用工成本,而许多企业人力资源管理人员甚至律师,在没有深入研究学习改革政策的情况下,错误地给企业建议,包括改变用工方式为全日制用工、采用劳务外包、劳务派遣,改为聘用兼职、灵活就业人员等,以逃避社会保险费的缴交责任。

该等建议不仅违反了社会保险的法律规定与立法目的,实际上也无法达到降低企业用工成本的目的,反倒给企业用工增加了巨大风险。建议企业应正确了解改革政策,勿偏听偏信,盲目采取应对措施,增加企业风险。

1.改变用工方式为非全日制用工,以规避社会保险费缴交责任,将给企业埋下巨大用工隐患

有建议认为,改变用工方式为非全日制用工,则该类型员工可以通过自行缴交城镇居民医疗保险、城镇居民养老保险,企业将可规避社会保险缴费责任与缴费成本。

但上述操作建议实际对非全日制用工存在错误认识,且忽视了实务中社会保险的缴费方式,有明显的致命缺陷与风险。

根据《中华人民共和国劳动合同法》《劳动和社会保障部关于非全日制用工若干问题的意见》,非全日制用工也属于劳动合同法规定中的用工方式,劳动者与用人单位同样建立劳动关系,用人单位同样需要为劳动者缴交工伤保险,而在实践中,税务部门征收社会保险费用时采取五险合一的征收方式,如此次改革未对社保缴费方式进行改变,企业拟单独为员工缴交工伤保险将无法操作。则日后在发生工伤时,企业将需要独自承担全部的工伤保险待遇赔偿责任。这无疑给企业日后用工埋下了巨大隐患。

并且,劳动合同法规定的非全日制用工方式下,对于每日用工时间、工资结算等具有严格规定。如企业仅是想规避社会保险缴费责任,在实际操作中无法符合非全日制用工的要求,在产生劳动争议时,仍应被认定属于全日制用工,企业仍需承担补缴社保费用及赔偿因未缴社保导致损失的法律责任。

2.采用劳务外包、劳务派遣的用工方式,并不能转嫁企业社保成本,反而会增加企业用工负担与用工风险

还有建议认为,由其他企业对本企业的服务项目进行外包或劳务派遣,将人员都安排与其他企业签订劳动合同、建立劳动关系,用以转嫁企业的社保成本。

该方案忽视了,其他外包服务企业或劳务派遣用人单位仍应当按照劳动合同法规定,为劳动者缴交社会保险,同样会产生社会保险费;而外包服务企业或劳务派遣用人单位会将此费用作为外包服务费或劳务派遣费用项目要求企业承担,根本无法达到转嫁企业社保成本的目的。

如因企业未向外包服务企业或劳务派遣用人单位支付社会保险费用,导致该外包服务

企业或劳务派遣用人单位未为劳动者缴交社会保险，产生的法律责任，最终均会通过劳动法或合同法的规制由企业买单。

如仅是以劳务外包、劳务派遣名义，实际用工时与普通的全日制用工方式无异，客观上也将会增加劳动者与企业之间关于确认劳动关系的劳动争议风险，加重企业在此项的用工管理成本与风险。

3.聘用兼职、灵活就业人员，逃避社保缴交责任，即无法实现企业目的，反而将增加企业用工管理难度与用工风险

还有建议提出，多聘用兼职、灵活就业人员，形成劳务关系的表象，可以逃避社保缴交责任。

但是，在司法实践中，用人单位与劳动者之间成立劳动或劳务关系已是劳动仲裁与法院的重点关注争议，为避免企业以成立劳务关系变相侵害劳动者权益，行政与司法部门对此项争议已制定有包括《劳动和社会保障部关于确立劳动关系有关事项的通知》等明确法律规定，也具备较高的司法裁判经验。在此类争议中，企业最终仍被认定为劳动关系，需要承担全部用人单位责任的风险极高。

基于稳定的用工关系需求，大量聘用兼职、灵活就业人员也无法满足企业的用工需要。而如企业仅是想名义上聘用兼职、灵活就业人员，实际仍以全日制用工方式进行，如产生劳动争议，仍将被认定为劳动关系，需要承担包括补缴社会保险费等全部法律责任。

（二）对于社保历史欠费处理

1.为维持社保征收改革平稳过渡与社会稳定，建议国家继续保持目前的改革政策，不主动对历史欠费进行全面清缴

企业社会保险费缴交、欠缴情况，因牵涉范围广、时间跨度长、历史背景复杂等特点，如在未来突然对历史欠费进行全面清缴，将会导致欠缴企业对欠缴责任恐慌，以及社会对社会保险基金运行恐慌，不利于社会保险征收改革的平稳过渡与社会稳定。因此，笔者建议国家继续保持现有政策，不主动对历史欠费进行全面清缴。如有劳动者通过举报、仲裁、诉讼等方式，要求企业补缴社会保险费，则由行政或司法部门个案处理。

2.如国家日后需要对历史欠费进行清缴，建议豁免或减少企业历史欠费产生的滞纳金

如国家日后认为对历史欠费进行清缴条件成熟，不会影响社会稳定，决定对历史欠费进行清缴，此时，根据《中华人民共和国社会保险法》第86条的规定，对欠费企业应当按日加收万分之五的滞纳金。

基于历史欠费的复杂背景，与社会稳定角度考虑，笔者建议，国家对历史欠费产生的滞纳金予以豁免或减少。

3.如国家在清缴历史欠费时，坚持征收历史欠费的滞纳金，滞纳金的金额亦不应超过历史欠费本金

因在补缴社会保险费实务操作中，笔者已遇到多起企业因欠费期限长，导致补缴时被加收高额的滞纳金，滞纳金金额甚至远远高于历史欠费本金情况。该实务处理实际上违反了《中华人民共和国行政强制法》关于"加处罚款或者滞纳金的数额不得超出金钱给付义务的数额"的规定。

笔者认为如国家坚持征收历史欠费的滞纳金，亦应当严格按照法律规定执行，所加收的

滞纳金不得超过历史欠费本金。

## 四、社会保险征收改革政策落地实施情况

### （一）国务院发布《降低社会保险费率综合方案》，国家税务总局、人力资源社会保障部、财政部、国家医保局发布具体贯彻落实降低社会保险费率政策通知等

2019年4月1日，经国务院同意，国务院办公厅发布《降低社会保险费率综合方案》，主要内容包括：

降低养老保险单位缴费比例。自2019年5月1日起，降低城镇职工基本养老保险（包括企业和机关事业单位基本养老保险，以下简称“养老保险”）单位缴费比例。各省、自治区、直辖市及新疆生产建设兵团（以下统称“省”）养老保险单位缴费比例高于16%的，可降至16%；目前低于16%的，要研究提出过渡办法。

继续阶段性降低失业保险及工伤保险费率。自2019年5月1日起，实施失业保险总费率1%的省，延长阶段性降低失业保险费率的期限至2020年4月30日。自2019年5月1日起，延长阶段性降低工伤保险费率的期限至2020年4月30日，工伤保险基金累计结余可支付月数在18～23个月的统筹地区可以现行费率为基础下调20%，累计结余可支付月数在24个月以上的统筹地区可以现行费率为基础下调50%以及调整社保缴费基数政策、加快推进养老保险省级统筹、提高养老保险基金中央调剂比例等，该方案自2019年5月1日起实行。

2019年4月4日，国家税务总局即发布《关于认真落实降低社会保险费率政策的通知》，并于2019年4月15日发布《降低社会保险费率缴费服务工作方案》。2019年4月28日，人力资源社会保障部、财政部、税务总局、国家医保局联合发布《关于贯彻落实〈降低社会保险费率综合方案〉的通知》，对落实《降低社会保险费率综合方案》进行工作部署。

### （二）全国各省/自治区/直辖市制定并发布关于降低社会保险费率具体工作方案

2019年4月至5月，全国31个省/自治区/直辖市（不包括港、澳、台）中，已有28个制定并发布关于具体的降低社会保险费率通知或文件（详见附表），明确自2019年5月1日，降低养老保险单位缴费比例至16%，继续阶段性降低失业保险，延长失业保险总费率1%的实行期限，并根据各省/自治区/直辖市情况对工伤保险费率进行下调。

国务院《降低社会保险费率综合方案》已由各省/自治区/直辖市根据地方实际情况，得到具体落地施行，切实减少企业社会保险费用支出。

总之，此次社会保险征收体制改革，统一了社会保险征收机构，将有利于提高社保费征收效率、减少征收成本，有利于未来社会保险全国统筹层次提高，预期将减轻企业个人的社会保险支出成本，不会增加企业个人的社保支出负担，对国家的社会保障体系建设具有重要意义与积极影响。建议企业应全面、深入了解改革政策，做好企业用工管理、员工薪酬制度构建，如实、准确报送信息，依法缴交社会保险费，勿偏听偏信，采信错误建议，给企业留下巨大的用工风险。希望国家从确保改革平稳过渡与社会稳定长远考虑，继续深入研究出台政

策以降低社会保险费率与缴费基数，避免全面清缴历史欠费，妥善考虑处理历史欠费产生滞纳金问题，切实降低企业与个人的社会保险费成本。

**附：全国各省/自治区/直辖市关于降低社会保险费率具体工作方案政策统计表**

| 序号 | 【华北】 | 政策 | 发布日期 | 实施日期 |
| --- | --- | --- | --- | --- |
| 1 | 北京市 | 北京市人力资源和社会保障局《关于降低本市社会保险费率的通知》 | 2019.04.30 | 2019.05.01 |
| 2 | 天津市 | 市人社局市财政局市税务局《关于降低社会保险费率的通知》 | 2019.04.19 | 2019.05.01 |
| 3 | 河北省 | 河北省人民政府办公厅关于印发《河北省降低社会保险费率实施方案的通知》 | 2019.04.23 | 2019.04.23 |
| 4 | 山西省 | 山西省人民政府办公厅关于印发《山西省降低社会保险费率实施方案的通知》 | 2019.04.22 | 2019.05.01 |
| 5 | 内蒙古自治区 | 自治区人力资源和社会保障厅自治区财政厅《关于降低缴费费率有关问题的通知》 | 2019.04.26 | 2019.05.01 |
|  | 【东北】 |  |  |  |
| 6 | 辽宁省 | 辽宁省人民政府办公厅关于印发《辽宁省降低社会保险费率综合实施方案的通知》 | 2019.04.25 | 2019.04.25 |
| 7 | 吉林省 | 吉林省人民政府办公厅关于印发《吉林省落实降低社会保险费率实施方案的通知》 | 2019.04.26 | 2019.04.26 |
| 8 | 黑龙江省 | 暂无 | / | / |
|  | 【华东】 |  |  |  |
| 9 | 上海市 | 暂无 | / | / |
| 10 | 江苏省 | 江苏省政府办公厅关于印发《江苏省降低社会保险费率实施方案的通知》 | 2019.04.30 | 2019.05.01 |
| 11 | 浙江省 | 浙江省人力资源和社会保障厅等三部门《关于降低社会保险费率有关问题的通知》 | 2019.04.30 | 2019.05.01 |
| 12 | 安徽省 | 安徽省人民政府办公厅关于印发《安徽省降低社会保险费率综合方案的通知》 | 2019.04.24 | 2019.05.01 |
| 13 | 福建省 | 福建省人民政府办公厅关于印发《福建省降低社会保险费率综合工作方案的通知》 | 2019.04.28 | 2019.05.01 |
| 14 | 江西省 | 江西省人民政府办公厅关于印发《降低社会保险费率综合实施方案的通知》 | 2019.04.24 | 2019.04.24 |
| 15 | 山东省 | 山东省人民政府办公厅关于印发《山东省降低社会保险费率综合实施方案的通知》 | 2019.04.25 | 2019.04.25 |

续表

| 序号 | 【中南】 | 政策 | 发布日期 | 实施日期 |
| --- | --- | --- | --- | --- |
| 16 | 河南省 | 河南省人力资源和社会保障厅、河南省财政厅、国家税务总局河南省税务局、河南省医疗保障局《关于降低社会保险费率有关问题的通知》 | 2019.04.19 | 2019.05.01 |
| 17 | 湖北省 | 湖北省人民政府办公厅关于印发《湖北省降低社会保险费率综合实施方案的通知》 | 2019.04.29 | 2019.05.01 |
| 18 | 湖南省 | 湖南省人民政府办公厅关于印发《湖南省降低社会保险费率实施方案的通知》 | 2019.04.23 | 2019.04.23 |
| 19 | 广东省 | 暂无 | | |
| 20 | 广西壮族自治区 | 广西壮族自治区人力资源和社会保障厅广西壮族自治区财政厅《关于印发降低社会保险费率实施方案的通知》 | 2019.04.25 | 2019.05.01 |
| 21 | 海南省 | 海南省人力资源和社会保障厅、海南省财政厅、国家税务总局海南省税务局、海南省医疗保障局《关于印发海南省降低社会保险费率综合方案的通知》 | 2019.04.29 | 2019.05.01 |
| | 【西南】 | | | |
| 22 | 重庆市 | 重庆市人民政府办公厅《关于印发重庆市降低社会保险费率综合方案的通知》 | 2019.04.29 | 2019.04.29 |
| 23 | 四川省 | 四川省人民政府办公厅《关于印发四川省降低社会保险费率实施办法的通知》 | 2019.04.23 | 2019.04.23 |
| 24 | 贵州省 | 贵州省人民政府办公厅《关于印发贵州省降低社会保险费率综合方案的通知》 | 2019.04.29 | 2019.04.29 |
| 25 | 云南省 | 云南省人民政府办公厅《关于印发云南省降低社会保险费率实施方案的通知》 | 2019.04.30 | 2019.04.30 |
| 26 | 西藏自治区 | 《西藏自治区降低社会保险费率综合方案》 | 2019.04.30 | |
| | 【西北】 | | | |
| 27 | 陕西省 | 陕西省人民政府办公厅关于印发《降低社会保险费率实施办法的通知》 | 2019.04.30 | 2019.04.30 |
| 28 | 甘肃省 | 甘肃省人民政府办公厅关于印发《甘肃省降低社会保险费率综合实施方案的通知》 | 2019.04.25 | 2019.05.01 |
| 29 | 青海省 | 青海省人民政府办公厅关于印发《青海省降低社会保险费率综合实施方案的通知》 | 2019.04.26 | 2019.05.01 |
| 30 | 宁夏回族自治区 | 自治区人力资源和社会保障厅、自治区财政厅、自治区医疗保障局、国家税务总局宁夏税务局关于《降低社会保险费率的通知》 | 2019.04.28 | 2019.05.01 |
| 31 | 新疆维吾尔自治区 | 新疆维吾尔自治区人民政府办公厅关于《印发自治区降低社会保险费率实施方案的通知》 | 2019.04.24 | 2019.05.01 |

# 共同遗嘱问题探析

韩雪明*

## 一、案情介绍

钟某与蔡某系夫妻关系，两人共生育蔡1、蔡2、蔡3、蔡4四个儿女。2013年2月25日，钟某与蔡某作为立遗嘱人订立了一份代书遗嘱，案外人罗某为该代书遗嘱的代书人，案外人罗某、陈某为该代书遗嘱的见证人。该代书遗嘱的内容为："我们钟某、蔡某系夫妻，目前拥有厦门市湖里××××路23号501室、502室、601室三套房产，我们夫妻二人百年后，这三套房产由蔡1、蔡2、蔡3、蔡4四人平均分配。只要我们二位老人有一人健在，健在的人仍自行行使这三套房产的权利，但不得变更本遗嘱的内容。希望我们百年之后，四位子女不要为这三套房产的分配发生纠纷。"厦门某律师事务所接受委托人（立遗嘱人）钟某与蔡某的委托，指派两名律师在委托人居住地对代书人罗某代书遗嘱及立遗嘱人、遗嘱见证人在代书遗嘱上签名捺指印的过程进行见证并同步录像，并于同日出具了相应的《律师见证书》。在《律师见证书》所附的《调查笔录》中，律师询问钟某与蔡某："你们认为分房必须是在你们二老百年之后，在此之前房产的权利仍归你们二老行使？"钟某与蔡某回答："是的，我们百年以后让子女去分，我们只要还有一人健在，这些房屋就不能分，仍然由我们健在的人行使权利。"2013年7月31日，蔡某病故。2014年4月14日，钟某作为原告向厦门市湖里区人民法院提起诉讼，要求依法分割上述三套房产。被告蔡1、蔡3辩称，案涉的财产还没有达到分割的条件。对于继承财产的处理，要考虑蔡某生前的意愿，其在遗嘱中明确表示只要两个老人其中一人健在，房产就不应予以分割。被告蔡2、蔡4辩称，完全同意原告钟某的选择。

厦门市湖里区人民法院于2015年6月17日作出《民事判决书》，支持了原告钟某的诉讼请求，将三套房产中较小的两套房产判由原告继承。其判决理由为：本案系继承纠纷。根据《中华人民共和国继承法》（以下简称《继承法》）第2条规定，继承从被继承人死亡时开始。第16条规定，公民可以依照本法规定立遗嘱处分个人财产。根据上述规定，公民可以立遗嘱处分个人财产，但不应对继承开始的时间设定条件。故，自被继承人蔡某死亡时继承即开始，现被告蔡1、蔡3辩称，案涉的财产还没有达到分割的条件，依据不足，本案不予采信。因此，支持原告钟某的诉讼请求。蔡1、蔡3对一审判决不服，现已上诉到厦门市中级人民法院，目前该案尚在二审审理之中。

## 二、本案引发的法律思考

从遗嘱形式来看，本案代书遗嘱应属于共同遗嘱，但共同遗嘱在我国继承法中尚无明确

---

* 韩雪明，福建联合信实律师事务所律师，电邮：hxm@lhxs.com。

规定,司法界对其效力以及生效时间等问题均存有争议,本案仅按照《继承法》关于遗嘱及遗嘱继承的一般性原理,根据本案共同遗嘱的内容及本案的具体情况作出分析和认定。

(一)本案《代书遗嘱》从内容上来看,其本质就是共同遗嘱,同时也是钟某与被继承人蔡某夫妻之间对夫妻共同财产如何处分的约定。该份遗嘱的生效时间点应如何确定?

首先,《继承法》第2条之规定即继承从被继承人死亡时开始,该法律规定的适用前提为:(1)立遗嘱人死亡;(2)遗嘱人生前立有形式、内容均合法的遗嘱;(3)遗嘱人留存合法的遗产等法律事实。而共同遗嘱是两个或两个以上的人订立,其死亡时间先后不同,同时死亡的为数不多,从而遗嘱生效时间不能简单地与一般遗嘱一样认定。

其次,仔细分析本案《代书遗嘱》的内容,该份《代书遗嘱》中关于蔡某的遗产部分内容,因蔡某的死亡事实已经发生法律效力。而原告钟某尚健在,故关于钟某的遗产部分尚未发生法律效力。根据《中华人民共和国民法通则》第62条:"民事法律行为可以附条件,附条件的民事法律行为在符合所附条件时生效。"本案中,钟某与蔡某均明确表示讼争房屋待两人百年以后让子女去分,只要两人还有一人健在,讼争房屋就不能分割。依照蔡某与钟某的上述约定,本案《代书遗嘱》属于附生效条件的民事法律行为。所附条件即为共同遗嘱人均死亡,方发生法律效力。若共同遗嘱人一方死亡时,共同遗嘱尚不能发生效力,只有共同遗嘱人全部死亡时,遗嘱才能生效。因此,笔者认为本案的《代书遗嘱》并没有违反《继承法》第2条即继承从被继承人死亡时开始之规定。本案一审法院未能认清本案《代书遗嘱》的本质是共同遗嘱,简单套用法律规定,明显存在错误。

再次,根据我国《继承法》第21条"遗嘱继承或者遗赠附有义务的,继承人或者受遗赠人应当履行义务。没有正当理由不履行义务的,经有关单位或者个人请求,人民法院可以取消他接受遗产的权利"之规定,本案《代书遗嘱》也可以认为是附有义务的遗嘱,继承人所要履行的义务即为在两位老人有一人健在,即尊重健在的一方行使本案讼争三套房产的权利,即不分割本案讼争的三套房产。

最后,我国《继承法》第2条规定"继承"从被继承人死亡时开始,并不意味着财产"分割"就要从被继承人死亡之时就要开始。本案《代书遗嘱》本身蕴含着要求各继承人维持共有,待钟某百年之后再分割,以便钟某在有生之年可以顺利行使三套房产的权利,但根据《代书遗嘱》中"只要我们二位老人有一人健在,健在的人仍自行行使这三套房产的权利,但不得变更本遗嘱的内容",可以看出该权利不包括处分权能。

(二)本案原告钟某可否撤销、变更共同遗嘱内容?

对于遗嘱的撤销和变更,《继承法》第20条规定,遗嘱人可以撤销、变更自己所立的遗嘱;立有数份遗嘱,内容相抵触的,以最后的遗嘱为准;自书、代书、录音、口头遗嘱,不得撤销、变更公证遗嘱。最高人民法院《关于贯彻执行〈中华人民共和国继承法〉若干问题的意见》第39条规定,遗嘱人生前的行为与遗嘱的意思表示相反,而使遗嘱处分的财产在继承开始前灭失、部分灭失或所有权转移、部分转移的,遗嘱视为被撤销或部分被撤销;第42条规定,遗嘱人以不同形式立有数份内容相抵触的遗嘱,其中有公证遗嘱的,以最后所立公证遗嘱为准;没有公证遗嘱的,以最后所立的遗嘱为准。根据上述有关遗嘱撤销、变更的法律、司法解释的规定,遗嘱人撤销遗嘱的方式可以是立新遗嘱撤销原遗嘱,或书面声明原遗嘱无效，以及以具体行为表明撤销的意思，但须遵循“新遗嘱取代旧遗嘱”“公证遗嘱须经公证才能撤销”的原则；而且有权撤销遗嘱的是遗嘱人本人，遗嘱人有权撤销的是其自己原先所立遗嘱。上述法律、司法解释条文中“以最后的遗嘱为准”“以最后所立的遗嘱为准”“以最后所立公证遗嘱为准”及“遗嘱人生前的行为”的表述，进一步说明撤销遗嘱须为遗嘱人生前的行为，且撤销须针对尚未生效的遗嘱。

一般认为，遗嘱是一种处分自己遗产的单方法律行为，不同于契约等合意行为，但因共同遗嘱是一种双方或多方的民事行为，是双方或多方共同合意的结果。共同遗嘱人在订立遗嘱时主观上具有明确的目的性，其设立遗嘱的目的，不仅表示自己死亡后对遗产进行处分的意愿，还有对双方或多方死亡后各自或共同财产指定继承人继承的共同意思表示，且这种意思表示通常是双方或多方的真实意思表示。在共同遗嘱人均未去世时，共同遗嘱人可合意撤销、变更共同遗嘱内容；一方撤销、变更共同遗嘱内容的需得到另一方的书面同意等。但一方去世后，另一方行使撤销、变更权的应受到各种限制，原则上不得撤销，否则发生共同遗嘱人之一死亡后，另一方欲更改或撤销遗嘱之情形，必将涉及对亡者遗愿的尊重和对遗嘱指定的最终继承人权利的保护问题，关系十分复杂，给处理造成一定的困难。笔者看到上海市高级人民法院民一庭民事法律适用问答（2010年第3期）对共同遗嘱人之一死亡后，另一方欲更改或撤销遗嘱之情形给予了正面、肯定的回答：“一、夫妻双方立下共同遗嘱后，其中一方是否有权单独撤销或变更遗嘱？夫妻共同遗嘱，是夫妻双方共同设立的，处分共同共有财产及其他事务的遗嘱。夫妻共同遗嘱的设立与执行，仍应遵守我国法律关于遗嘱的规定。夫妻双方设立的共同遗嘱，可以由双方共同撤销或变更。夫妻一方死亡的，生存一方仅可以撤销或变更限于涉及自己个人财产部分的遗嘱，而无权撤销或变更涉及共同财产或另一方个人财产的遗嘱部分。对夫妻双方约定不得撤销、变更的共同遗嘱、附条件的共同遗嘱，以及存在其他不适宜撤销、变更情形的共同遗嘱，夫妻一方不得单独撤销或变更。”本案《代书遗嘱》是夫妻共同遗嘱，若要撤销或变更应由被继承人蔡某夫妻双方共同撤销或变更，在被继承人蔡某夫妻已经约定不得变更本遗嘱的内容，若要分房是在两人百年以后，只要两人之中有一人健在，这些房屋就不能分的情况下。钟某目前主张分割讼争三套房产之行为明显违反了自己与已故被继承人蔡某之间的约定。

## 三、关于遗嘱继承的法律建议

如前所述，我国现行继承法对共同遗嘱问题尚没有明确规定，导致司法实践中缺乏统一的标准，给审判实务带来困难。同时，在社会实践中，在夫妻拟订立共同遗嘱之时，往往也因为缺乏相关的法律知识作为指引，引发了一系列不必要的纷争。今天在我国大力弘扬依法治国，构建法治社会的理念下，更应该以立法的形式对共同遗嘱的确立、变更及撤销等作出规定，以适应社会发展形势的需要。

根据我国目前采用共同遗嘱的普遍情形，兼顾家庭财产和亲属关系的现状及发展趋向，笔者在参考其他专家学者的意见基础上，建议从法律上对共同遗嘱应集中于四个方面予以确认和限制：一是在主体上，只允许夫妻之间订立共同遗嘱，赋予配偶享有共同遗嘱的权利。二是在内容上，只认可相互以对方为继承人，或相互以对方为继承人、再以第三人为继承人，或以共同财产为标的、指定第三人为继承人等三类共同遗嘱。三是在形式上，应限定共同遗嘱只能采用自书、代书和公证三种形式。四是在变更和撤销上，赋予协议变更或撤销的权利；对单方面的变更或撤销，则应列举特定法定事由，只有符合该特定事由，才能产生遗嘱变更或撤销的效力。对夫妻双方约定不得撤销或变更的，夫妻一方不得单独撤销或变更。

# 不动产"带租拍卖"及其"买卖不破租赁"规则的适用分析

郭明昆[*]　张孟强[**]

## 一、问题的提出

基于"一带一路"伟大倡议的商贸和投资大环境，各国投资人担保、抵押物权在我国法院执行中遇到的问题不断增多，尤其考验我国法院的执行效率。就前述抵押权的执行实现问题而言，具有较强对抗性之一的是存续于其上的不动产租赁权。租赁权对抗效力的产生来源于各国法律普遍确立的"买卖不破租赁"规则，基于这条规则，租赁权得到了物权化的法律效果，等同于或轻于"买卖"性质的物权变动。例如，抵押权的设立，亦不"破"租赁。但前述取得对抗效力的租赁权一般而言均需成立在先，对于后于抵押权设立的不动产租赁关系，根据《中华人民共和国物权法》(以下简称《物权法》)第190条①的规定不能对抗抵押权，但能否对抗通过拍卖形式实现抵押权的不动产买受物权，在法律中并没有明文规定，最高人民法院出台的一些司法解释对前述观点在不同部门法的解释里存在冲突，故实务中存在较大争议。

根据最高人民法院《关于适用〈中华人民共和国担保法〉若干问题的解释》(法释〔2000〕44号，以下简称《担保法司法解释》)第66条第1款②、最高人民法院《关于审理城镇房屋租赁合同纠纷案件具体应用法律若干问题的解释》(法释〔2009〕11号，以下简称《城镇房屋租赁合同司法解释》)第20条③之规定：对于后于抵押权设立的租赁合同，不得影响抵押权的实现，也不得对抗抵押权实现后的不动产买受人。但这个观点与最高人民法院《关于人民法院民事执行中拍卖、变卖财产的规定》(法释〔2004〕16号，以下简称《执行拍卖、变卖规定》)

---

* 郭明昆，福建联合信实律师事务所高级合伙人，电邮：gmk@lhxs.com。

** 张孟强，福建联合信实律师事务所律师，电邮：zmq@lhxs.com。

① 《物权法》第190条："订立抵押合同前抵押财产已出租的，原租赁关系不受该抵押权的影响。抵押权设立后抵押财产出租的，该租赁关系不得对抗已登记的抵押权。"

② 《担保法司法解释》第66条第1款："抵押人将已抵押的财产出租的，抵押权实现后，租赁合同对受让人不具有约束力。"

③ 《城镇房屋租赁合同司法解释》第20条："租赁房屋在租赁期间发生所有权变动，承租人请求房屋受让人继续履行原租赁合同的，人民法院应予支持。但租赁房屋具有下列情形或者当事人另有约定的除外：(一)房屋在出租前已设立抵押权，因抵押权人实现抵押权发生所有权变动的；(二)房屋在出租前已被人民法院依法查封的。"

第 31 条①、《最高人民法院关于人民法院办理执行异议和复议案件若干问题的规定》(法释〔2015〕10 号,以下简称《执行异议和复议规定》)第 31 条②不同:《执行拍卖、变卖规定》第 31 条认为后于抵押权设立的不动产租赁权原则上继续存续,只有“对在先的担保物权或者其他优先受偿权的实现有影响的”,人民法院才“应当依法将其除去后进行拍卖”;在《执行异议和复议规定》第 31 条明确说明,阻却不动产受让人的条件是在“人民法院查封之前已签订合法有效的书面租赁合同”并“占有”不动产。结合前述规定可以发现,不动产租赁权并非完全不能对抗“带租拍卖”的买受人,在“在人民法院查封之前已签订合法有效的书面租赁合同并占有使用该不动产的”情形下仍可以适用“买卖不破租赁”。这就产生了两个实务问题:其一,对于去除租赁权的适用条件表述模糊,难以践行于司法;其二,对于未去除的租赁权在实现抵押权时进行“带租拍卖”时,其不动产买受人能否“破除”租赁权,司法解释之间存在一定的冲突,实践亦引发了较大争议。对此,笔者尝试从执行的实务角度出发,分析解决前述问题的合理途径。

## 二、后于抵押权设立了租赁权的不动产适用“带租拍卖”的可能性与条件

根据《执行拍卖、变卖规定》第 31 条,对后于抵押权设立的租赁权不当然去除,而有其去除适用条件,即“对在先的担保物权或者其他优先受偿权的实现有影响的”,依法去除。这个适用条件概念较为模糊,无法在执行拍卖中对此作出具体的评判,对此法院在执行中为避免麻烦,对于后于抵押权设立的租赁权,常常出现两类极端的执行观点:要么全部去除租赁后拍卖,要么不对租赁权进行审查而直接“带租拍卖”。就前者来说,从抵押权人的角度考虑,去除了租赁权,或为其增加了拍卖成功概率及价款③;从买受人的角度考虑,不用担心买受的不动产“不破”租赁的问题,但是其最大的问题在于去除租赁权的时间成本太高、影响条件适用的实体判断太过于复杂,不符合执行中对抵押权人快速实现权利的基本要求。就后者而言,直接“带租拍卖”,是将租约风险标注在拍卖公告中,由竞拍买受人自行判断和承受。在此情形下,有利于推进不动产实现抵押权执行的案件,但由于租赁权的存在或降低抵押权的拍卖成功概率及价款,特别是虚假租约的情形,可能导致抵押权人无法足额受偿,同时也因买受人需另案处理租赁权存续问题导致法院受案数量增加。笔者认为,就执行程序而言,

---

① 《执行拍卖、变卖规定》第 31 条第 2 款:“拍卖财产上原有的租赁权及其他用益物权,不因拍卖而消灭,但该权利继续存在于拍卖财产上,对在先的担保物权或者其他优先受偿权的实现有影响的,人民法院应当依法将其除去后进行拍卖。”

② 《执行异议和复议规定》第 31 条:“承租人请求在租赁期内阻止向受让人移交占有被执行的不动产,在人民法院查封之前已签订合法有效的书面租赁合同并占有使用该不动产的,人民法院应予支持。”

③ 租赁权去除是否绝对降低拍卖成功概率及价款,答案显然是否定的;反之亦如此。实践中,大多数租赁权的存续均是带有租金给付的,如为优质承租人,反而吸引竞拍人。针对多数需要去除租赁权的情况,涉及租赁合同租期过长且其项下的租金已经一次性给付等原因,导致抵押物的价值大大贬值,拍卖成功概率较小。

后于抵押权设立的租赁权，非因执行申请人申请，或者法院认为其明显影响实现抵押权①而依职权启动，法院不主动去除“租赁权”，应在拍卖公告中载明租约情况，进行“带租拍卖”，由买受人自行判断和承受租赁权问题，其理由在于：

第一，执行程序并非诉讼审判程序，其本身更在于执行效率的提升，执行判决主文。因此，实现抵押权权利，快速推进拍卖程序，是其应有之义，而不应过分纠结于租赁权是否应当去除的实体问题。并且，去除租赁权的程序较为烦琐，租赁权人在维护利益之际采用执行异议、执行异议之诉②的法律手段，经历法律程序多，时间冗长。

第二，《执行拍卖、变卖规定》第31条之规定适用去除租赁权的标准实难认定，目前尚无切实可行的规则遵循。最高人民法院的司法裁判观点，用通过先拍卖的方式来佐证判断租赁权是否影响抵押权实现③，一些实务人士对此提出反对意见④；同时，亦有观点建议借鉴瑞士的双重报价制度⑤，理论众说纷纭，亦难以践行于实操。

第三，对于去除租赁权的判断，除非明显对实现抵押权存在影响，否则非因抵押权人(执行申请人)申请人，法院不应主动去除租赁权。这是由于执行程序应当围绕申请执行人的执行请求，针对申请执行人同意“带租拍卖”的，法院应从其意愿，推进拍卖程序，以保证申请执行人早日实现抵押权。针对明显对实现抵押权存在影响的情形，法院才应根据《执行拍卖、变卖规定》第31条之规定，启动去除租赁权的程序。

对此，如无法明显判断影响抵押权实现的租赁权，即便其后于抵押权设立，在申请执行人未提出去除申请的情况下，法院应就执行效率优先，以“带租拍卖”方式实现抵押权人的权利，便于执行案件的终结。对于抵押物的买受人是否适用“买卖不破租赁”的问题，应留待买受人另案处理。

## 三、“带租拍卖”的不动产买受人“买卖不破租赁”规则的适用

在“带租拍卖”后取得不动产权属的买受人，能否去除后于抵押权设立的不动产租赁权，主要在于程序上如何实现、实体上是否受“买卖不破租赁”规则的规制，以此去解决买受人“带租拍卖”所得的不动产物权与租赁权的对抗问题。

### (一)“带租拍卖”的不动产买受人去除租赁权的程序适用

“带租拍卖”的不动产买受人去除租赁权，无法直接在抵押权的执行案件中解决，应需另

---

① “明显影响实现抵押权的”主要是指虚假租约或者租约存续可能导致拍卖不能或者拍卖物价值明显降低的情形。

② 对于去除租赁权的执行行为，可能侵害案外人租赁权的实体权利，因而案外人基于实体权利提出的异议，根据《中华人民共和国民事诉讼法》第227条，对驳回异议裁定的救济途径，应适用执行异议之诉的程序。

③ 在最高人民法院(2013)执监字第67号借款合同纠纷申请监督一案中，最高人民法院裁定排除租赁权对“带租拍卖”买受人的对抗时，亦将拍卖所得价款明显低于评估价作为评价租赁权对抵押权存在实际影响的条件之一。

④ 范向阳：《不动产执行》，载最高人民法院执行局主编：《法院执行理论与实务讲座》，国家行政学院出版社2010年版，第336～337页。

⑤ 赵晋山：《强制执行程序中的拍卖问题研究》，载沈德咏主编：《强制执行法起草与论证》，中国法制出版社2002年版，第425页。

案提起诉讼，确认租赁权对买受人物权的无效对抗及要求承租人作出搬离、腾空不动产等措施。首先，不动产买受人虽通过实现抵押权执行案件中拍卖取得了不动产物权，但是“带租拍卖”本身并未解决不动产上存在的租赁权争议问题。对于抵押权执行案件中的当事人而言，抵押权人未提出去除租赁权的诉求，承租人的租赁权尚未得到法律的评价，亦未受到法院执行行为的干扰，两者均无解决租赁权的法定缘由；而作为不动产的买受人，其非抵押权执行案件中的当事人，不能单独提出解决租赁权的申请或者诉求。其次，不管是法院依职权还是依买受人申请要求解决租赁权，均不符合法院“带租拍卖”的中立原则，与法院在拍卖公告中载明有关“不动产存有租约，租约真实性由买受人自行承受”的内容更是背道而驰。

### （二）对不动产租赁权设立的条件判定

“带租拍卖”买受人能否去除租赁权，仍需解决不动产租赁权成立的条件判定，即判断不动产租赁权设立的时间。首先，不动产租赁权设立的时间是否以租赁合同的成立日为准呢？其实不然，这里要区分的是“租赁权”和“租赁合同”的区别，租赁权虽然源于租赁合同的双方合意，但租赁合同本身并不必然创设租赁权，根据合同的相对性原则，租赁合同本身仅约束合同当事人，对第三人并不产生约束力。在各国创设的以“买卖不破租赁”为代表的租赁权规则中，已经赋予了租赁权的物权化效果，即将租赁权的对抗效力从基于合同的相对性扩张到基于租赁物的对世性，这是其根本区别。因此，租赁权对抗效力对世性的取得不仅仅取决于租赁合同的成立，从物权法的角度而言，应当同时具备“公示”的实质要件。就不动产租赁权的公示措施而言，主要有租赁合同的备案登记①和公证，以及租赁物的交付和占有。从实践而言，有学者认为，“租赁登记并不是交易常态。在租赁登记并不具有普遍性的现实下，以租赁合同登记日作为判断租赁权是否后于抵押权设立的时间标准，也不合理”②，笔者表示认同。而对于租赁物本身而言，其占有的公示效力最为明显，原因在于：其一，占有权属于我国《物权法》第五编规定的法定物权权利，有权占有的财产必然产生对世性的对抗效力；其二，《执行异议和复议规定》第 31 条亦将承租人阻却执行的条件规定为“签订合法有效的租赁合同”与“占有”；其三，《城镇房屋租赁合同司法解释》第 6 条在处理多个租赁关系竞合的问题时，亦确立了占有的承租人应优于办理房屋租赁登记备案手续的承租人。因此，以“签订合法有效的租赁合同”与“占有”的两个条件是租赁权取得对外公示效力较为合理的标准，基于此，租赁权得以设立，取得对世性的对抗效力，对此最高人民法院裁判观点③及法官理论亦与该观点一致④。

### （三）司法解释在不动产租赁权对抗“带租拍卖”买受人的适用

在不动产租赁权设立满足前述条件的前提下，“带租拍卖”的不动产买受人去除不动产租赁权的法律依据在于《担保法司法解释》第 66 条第 1 款，归纳观点为：后于抵押权成立的

---

① 我国《城市房地产管理法》、建设部出台的《城市房屋租赁管理办法》以及关于房屋租赁管理的一些地方性法规，如上海、天津等地，均规定了城市房屋租赁的登记备案制度。

② 卢正敏：《论强制拍卖抵押物时租赁权的除去》，载《政法学刊》2016 年第 4 期。

③ 在最高人民法院(2013)执监字第 67 号借款合同纠纷申请监督一案中，最高人民法院裁定认为，租赁权作为物权化的债权，应以租赁人对租赁物实际占有、使用作为设立的时间。

④ 刘贵祥、范向阳：《〈关于人民法院办理执行异议和复议案件若干问题的规定〉的理解与适用》，载《人民司法》2015 年第 11 期。

租赁合同对于“带租拍卖”的不动产买受人不具有约束力。与此同时，租赁权以“买卖不破租赁”规则对抗前述买受人的依据在于《执行拍卖、变卖规定》第 31 条第 2 款、《执行异议和复议规定》第 31 条，归纳观点为：即便是后于抵押权设立的租赁权，亦未被去除的，只要在人民法院查封之前已签订合法有效的书面租赁合同并占有使用该不动产的，可以阻却“带租拍卖”买受人要求其交付的请求。① 因此，前述各司法解释对买受人、租赁权人看似持有不同的观点，但就此情形而言亦有其适用的规则，并不必然发生冲突。笔者认为，应当适用前述关于支持租赁权对抗买受人的观点，其理由如下：

1.优先适用《执行异议和复议规定》第 31 条符合法律适用的基本原则。前述司法解释，均为最高人民法院出台，效力层级一致。2015 年出台的《执行异议和复议规定》第 31 条，较之 2000 年出台《担保法司法解释》第 66 条而言，前者出台在后，且具体规定了租赁权人阻却不动产买受人执行的具体情形和适用的条件；后者出台在前，且属于“担保法”领域的司法解释，因此从“新法优于旧法”“特殊法优于普通法”的适用原则来看，两者产生冲突时，应当优先适用《执行异议和复议规定》第 31 条。

2.后于抵押权设立的租赁权在拍卖时因未被去除，在抵押权消灭后即已经恢复了租赁权对世性的公示对抗效力。根据《执行拍卖、变卖规定》第 31 条第 2 款之规定，并如前文之述，对后于抵押权设立的租赁权，法院未去除而“带租拍卖”的，抵押权执行案件亦因此终结，抵押权因此得到实现而消灭。此后，在人民法院查封之前设立的租赁权应恢复其对世性的公示对抗效力，按照在先设立即具有优先的规则，对其后不动产物权的变动及不动产上设立的担保物权、优先受偿权均应具有对抗效力。

3.租赁权设立后因公示产生的对抗效力应及于自愿承受租赁权存续风险的不动产买受人。由于租赁权在人民法院查封之前已经设立，在人民法院拍卖时亦将租赁情况公示于拍卖公告中，基于拍卖公告竞买的不动产买受人不仅对租赁权是知情的，而且或可因不动产存有租赁情况而以低于市场正常交易价格竞得不动产物权。对此，对前述非善意的不动产买受人，应当由其自行承受买受后租赁权继续存续的风险。

4.《担保法司法解释》第 66 条关于抵押权实现后对受让人的保护仅限于“租赁合同”，应认为并不包括因拍卖公告和占有而取得公示对抗效力的租赁权人。前述司法解释对于买受人的保护应限于对抗“租赁合同”，不同于《物权法》第 190 条所规定的对抗“租赁关系”，即不同于对抗取得公示效力的租赁权。也就是说，由于租赁权基于签订租赁合同与占有不动产的条件而设立，抵押权实现后的买受人对抗的仅仅是签订合法有效租赁合同的合同当事人，而不能对抗拍卖公告载明租赁权利与实际占有进行双重公示的租赁权人。

因此，即便是后于抵押权设立的租赁权，在抵押权实现时未被去除的，只要在人民法院查封之前已签订合法有效的书面租赁合同并占有使用该不动产的，可以阻却“带租拍卖”买受人要求其交付不动产的请求，即可适用“买卖不破租赁”的规则，这与上述司法解释不相冲突。

---

① 案例浙江省杭州市中级人民法院(2014)浙杭民终字第 2856 号民事判决书、重庆市第一中级人民法院(2014)渝一中法民终字第 04622 号民事判决书均持相同观点。

## 结 语

在执行难的课题下，笔者基于实现不动产抵押权的方式考虑，对于后于抵押权设立的不动产租赁权，在符合条件时，采用“带租拍卖”为原则的执行措施，有利于推进执行程序，提升司法执行效率，为“一带一路”建设提供司法服务和保障。与此同时，将“带租拍卖”的不动产租赁权存续留待买受人另案自行承受和处理，亦有利于归置执行与审判的不同司法内容。而在另案处理买受人能否破除后于抵押权设立的不动产租赁权的问题，适用《执行异议和复议规定》第 31 条的条件，仍然遵循不动产租赁权的公示对抗效力，在此特殊条件下，适用“买卖不破租赁”规则，保护承租人的合法权益。本文提出的一些看法，限于水平和时效，或有缺漏，希冀后来学者能以此为参考，衡平执行效率与案外人利益，完善后于抵押权设立的不动产租赁权在执行中的处置问题。

# 买卖担保借贷合同的性质及效力问题分析

陈　昱[*]　黄琦[**]

随着我国经济的高速发展，民间借贷市场异常活跃，市场主体的融资需求日益增加，金融机构很难满足大量的资金需求，而且相较于规定严格的典型担保，让与担保更具灵活、便捷等特点，因此实践中市场主体更趋向于选择通过签订买卖合同对民间借贷进行担保的方式以缓解融资压力。但因其在我国为新兴类型的担保形式，我国物权法和担保法均未对此类型的担保方式作出明确规定，故其法律效力存在较多争议。涉及此类担保形式的案件一般案情较为复杂，所涉及的财产价值亦较大，法律规则的缺失给司法实践带来了困扰，当事人的合法权益无法得到有效维护，故有必要针对实践中频繁出现的买卖担保借贷合同的性质及效力进行讨论分析。

## 一、买卖担保借贷合同的定义

买卖担保借贷合同是指在民间借贷中出借人或以与借款人直接签订房屋买卖合同的方式或以要求借款人授权出借人出售其房屋的方式来担保债权的实现①的一种新兴的担保方式。实践中，买卖担保借贷合同引发的案件一直以来没有统一的法律规则可以适用，直至《最高人民法院关于审理民间借贷案件适用法律若干问题的规定》(以下简称《民间借贷司法解释》)的颁布，该解释第24条首次对签订买卖合同作为借贷合同担保的案件审判规范作出规定。然而，《民间借贷司法解释》第24条并未触及买卖担保借贷的本质，仅对此类案件的程序法层面作出规范，回避了买卖担保借贷的实质焦点问题，即此类合同的效力如何并未进行确认。

## 二、买卖担保借贷合同的性质分析

就买卖担保借贷合同的性质而言，以下两类学说为现今实务界的主流学说。

### (一)让与担保说

让与担保说是当今学界最受追捧的学说观点。让与担保作为一种非典型担保，以习惯法的形式出现，通过判例得到认可。让与担保最早起源于罗马法，后德国在信托法律行为理论的基础上通过判例和学说确立了现代意义上的让与担保理论。

所谓让与担保是指债务人或第三人为担保债务人之债务而将担保标的物的财产权转移给担保权人，于债务清偿后，标的物应返还给债务人或第三人；债务不履行时，担保权人得就

---

* 陈昱，福建联合信实律师事务所高级合伙人，电邮：cy@lhxs.com。

** 黄琦，福建联合信实律师事务所律师，电邮：hq@lhxs.com。

① 李玉斌：《基于民间借贷的房屋买卖合同效力研究》，载《民商法理论与实践》2016年第1期。

该标的物受偿的非典型担保①。早在2007年《中华人民共和国物权法》(以下简称《物权法》)出台前,学术界曾围绕是否在《物权法》中规定让与担保的相关问题进行了激烈的讨论。由梁慧星先生主持起草的建议稿明确规定了让与担保的相关内容,然而由王利明教授主持起草的建议稿却并未对让与担保的相关内容进行规定。最终正式颁布的《物权法》并未将让与担保的内容保留下来,主要原因之一便是让与担保有违反禁止流押契约之嫌。

让与担保在我国作为新兴的非典型担保方式,有如下法律特征:一是转移担保标的物权利的担保物权;二是在债权人与债务人之间的债权债务关系基础上成立的担保物权;三是保障债权实现的担保物权;四是在债务履行完毕之时须返还财产权利的担保物权②。买卖担保借贷与让与担保有如下相似之处:(1)都属于权利转移型的担保制度;(2)两者都具备担保的意思。但买卖担保借贷与让与担保主要存在如下区别:让与担保是转移担保标的物权利的担保物权,买卖担保借贷是约定不履行合同时转让标的物所有权的担保物权,前者系先转移所有权,后者系后转移所有权。

### (二)后让与担保说

后让与担保说是以杨立新教授为代表的学者基于我国买卖担保借贷的实践特点与让与担保的理论基础提出的一种全新的观点。后让与担保是指债务人或者第三人为担保债权人的债权,与债权人签订不动产买卖合同,约定将不动产买卖合同的标的物作为担保标的物,但权利转让并不实际履行,于债务人不能清偿债务时,须将担保标的物的所有权转让给债权人,债权人据此享有的以担保标的物优先受偿的非典型担保物权。该理论强调,实际标的物所有权的转移时间并不是合同签订时,而是债务人届期不能清偿之时。

就买卖担保借贷合同的性质而言,后让与担保学说的观点更符合买卖担保借贷双方合同实际的特点,对于标的物的转移时间点能进行更为贴切的界定。

## 三、买卖担保借贷合同案件的不同司法裁判结果

2018年7月,笔者通过Alpha数据库检索"让与担保""《民间借贷解释》第24条""合同纠纷"关键词,共搜索到450份裁判文书,其中涉及让与担保的文书417份、涉及后让与担保的文书23份。因《民间借贷解释》第24条未对买卖担保借贷合同的本质进行确定,我国法律体系中又缺乏统一的裁判标准,法院对该类案件的判决结果因此大不相同。法院裁判观点主要分为以下三大类。

### (一)认定买卖担保借贷合同担保方式有效的裁判理由

1.部分裁判意见从意思自治的角度分析,签订买卖合同,作为履行借贷合同的担保,是当事人的真实意思表示,并且让与担保未违反法律法规的强制性规定。比如,在和硕县某燃气有限责任公司与赵某确认合同无效纠纷二审一案中,法院认为"签订买卖合同的真实目的是为了给借款合同提供担保,而非真正实现买卖合同的目标,某燃气公司与赵某之间关于买卖加气站的合同,形成的是让与担保的意思表示,并未违反法律、行政法规的强制性规定。上诉人认为双方签订加气站买卖合同不具有买卖加气站的真实意思表示,属无效协议的上

① 王闯:《关于让与担保的司法态度及实务问题之解决》,载《人民司法》2014年第16期。

② 杨立新:《物权法》,高等教育出版社2007年版,第317页。

诉主张，本院不予支持"。

2.部分裁判意见认为此种担保形式不符合《中华人民共和国合同法》(以下简称《合同法》)中关于合同无效的情形，不违反《物权法》确立的原因行为与物权行为相区分原则，应认定合同有效。比如，赵某某与佳木斯某地产开发有限公司民间借贷纠纷一案中，法院认为"被告某地产开发公司与原告签订的房屋认购书，形式上为房屋买卖，但其性质应当认定为让与担保，属于一种非典型担保方式。虽然该担保不属于《担保法》和《物权法》明确规定的担保形式，但其并不符合《合同法》规定的合同无效的情形，亦不违反《物权法》第15条所确立的原因行为与物权变动行为相区分原则。依据契约自由原则，应承认该种非典型担保合同的效力"。

(二)认定买卖担保借贷合同担保方式部分有效的裁判理由

1.部分裁判意见认为买卖担保借贷合同担保方式属于让与担保，该担保方式不产生担保物权的效力。比如，湖北某典当公司与湖北某房地产开发公司、胡某某民间借贷纠纷一案中，法院认为"在本案中，被告湖北某房地产开发公司作为出卖人与原告指定的买受人郑某、饶某某、王某某之间签订的商品房买卖合同的真实目的是为了为民间借贷提供担保，而非真正实现买卖合同的目标，该不动产担保行为未到相关部门办理抵押登记，因此，该担保行为未产生担保物权的效力，但该行为所形成的是让与担保法律关系"。

2.部分裁判意见对当事人就让与担保主张优先受偿的主张不予支持，如杨某、赣州市某房地产开发有限公司企业借贷纠纷二审一案，法院认为"根据《最高人民法院关于审理民间借贷案件适用法律若干问题的规定》第24条的规定，对于当事人以签订买卖合同作为民间借贷合同担保的，按照民间借贷法律关系审理作出生效判决后，借款人不履行生效判决确定的金钱债务，出借人可以申请拍卖买卖合同的标的物，以偿还债务。该规定赋予出借人在债务人不能还款之时，申请拍卖买卖合同标的物以偿还债务的权利，但并未赋予出借人优先受偿权。越秀公司抗辩根据该规定其享有优先受偿权的理由不能成立"。

(三)认定买卖担保借贷合同担保方式无效的裁判理由

1.部分裁判意见认为让与担保违反物权法定原则而认定无效，如夏某某与汤某房屋买卖合同纠纷二审一案中，法院认为"夏某某与汤某之间并不存在真实的房屋买卖关系，而是夏某某以自己的房屋所有权为窦某所欠的债务提供担保，因该担保行为不能产生物权效力，违反物权法定原则，故一审法院据此认定双方签订的《南京市经济适用住房买卖合同》无效，并无不当"。

2.部分裁判意见认为合同中的内容具有流押(质)性质而无效。比如，某某与广西桂林某地产开发公司商品房销售合格纠纷二审一案，法院认为"原、被告之间名为商品房买卖，实为民间借贷关系。原告××作为债权人，请求直接取得案涉房屋的主张，违反《物权法》第186条、第187条关于不动产抵押登记及禁止流押的规定，应不予支持。原告在被告不能及时偿还借款时，可以民间借贷诉由就其债权向被告提出清偿主张"。

3.部分裁判意见认为买卖担保借贷合同不能反映当事人的真实意思，因此认定无效。比如，原告山东某某公司诉被告王某确认合同无效纠纷一案民事判决书，法院认为"当事人签订合同应遵守法律规定，不得违反法律、行政法规的强制性规定。依据本院所查明的上述事实，本案原、被告之间签订涉案商品房买卖合同，并非双方之间确有买、卖涉案房产的真实意愿。本案原、被告之间之所以签订涉案七套房产的买卖合同，并办理了网签备案，仅仅是因为原告需向被告借款180万元，而必须向被告提供相应的抵押担保。双方签订商品房买卖合同并办理备案登记的行为，应属于双方借款主合同的一种非典型的担保方式。本案原、被告之间于2014年10月20日所签订的七套《商品房买卖合同》应属无效合同”。

从上文司法裁判的不同观点可以看出，司法实践中各地法院对买卖担保借贷合同的让与担保性质、合同效力以及是否具有优先受偿性等法律问题的认定存在分歧。本文将对前述问题在下文进行详细分析。

## 四、买卖担保借贷合同效力问题分析

### （一）买卖担保借贷合同是当事人真实的意思表示

根据《中华人民共和国民法总则》第143条规定民事法律行为有效需符合三个要件：(1)行为人具有相应的民事行为能力；(2)意思表示真实；(3)不违反法律、行政法规的强制性规定，不违背公序良俗。当事人签订买卖担保借贷合同时，只要以真意进行所有权的让与行为，尽管当事人转移所有权的意思旨在实现担保的经济目的，但该意思确系真正的效果意思，并非欠缺效果意思的通谋虚伪表示。①

另外，德、日两国及我国台湾地区的判例实务上，将让与担保视为信托法律行为。故，实务界几乎一致认为，让与担保当事人以真意进行信托的让与行为，应属有效的法律行为。②

### （二）买卖担保借贷合同中的流押（质）条款（如有）并不能否定合同的整体效力

《物权法》第186条、《中华人民共和国担保法》第40条均规定，在设立抵押权时，抵押权人和抵押人不得在合同中约定债务履行期届满，抵押人为清偿债务时，抵押物的所有权人转移给债权人所有。前述规定系我国法律强制性规定，旨在保护债务人的利益，禁止债权人取得标的物评价额与债权额之间的差额，违反前述规定的当属无效。如在买卖担保借贷合同当中存在流押（质）条款应属无效条款，则该条款无效。但是，《合同法》第56条规定，合同中部分条款无效的，不影响其他部分效力的，其他部分仍然有效。故，在司法实践中，不宜认定买卖担保借贷合同中约定了流押（质）条款即为无效合同，除流押（质）条款之外的其他合同条款如未违反法律强制性规定，合同整体仍应有效。

### （三）买卖担保借贷合同并不违反物权法定的原则

物权法定原则的设立，旨在以类型之强制限制当事人的意思自治，避免当事人任意创设具有对世效力的新兴法律关系，以维护物权关系的稳定。随着社会经济的发展，实践中必然会产生新型的物权，而物权法定原则的目的并非僵化物权，故为了适应社会发展，物权法定原则也应有所缓和③。

当事人双方通过订立合同的形式设定（后）让与担保，并非创设一种单独的（后）让与担保物权，而是旨在形成一种受契约自由原则与担保的经济目的双重规范的债权担保关系。另外，笔者认为，物权法定原则中的“法”亦应包括习惯法，在习惯法中形成新的物权种类可

① 杨立新：《后让与担保：一个正在形成的习惯法担保物权》，载《中国法学》2013年第3期。

② 谢在全：《民法物权论》，中国政法大学出版社2011年第5版，第1105页。

③ 刘龙：《本案股权让与合同应认定有效》，载《人民司法》2014年第16期。

以纳入法定的物权之中，而让与担保就是在信用交易中不断磨合和发展，并逐渐演变成为一种商事习惯，从而成为商事交易的习惯法。僵化的以违反物权法定原则为理由，来否定司法实践中出现的(后)让与担保等非典型担保方式的效力并不能成立，也无法调整新兴的社会法律关系。

## 五、完善我国(后)让与担保机制的立法建议

让与担保制度由于具备灵活性和自由性的特征和优势，在实践中被越来越多的融资主体所选择。但是在司法实践中，因让与担保的公示效力以及实现形式不明确，易造成纠纷。为缓解司法实践困境，减少买卖担保借贷合同的纠纷，切实维护当事人的合法权益，笔者特提出如下建议：

### (一)确定公示方式

我国存在不动产及部分特殊动产及权利的登记制度，标的物为不动产或者特殊动产及权利时，如果仅签订合同，没有预告登记或者变更登记，在实践过程中，让与担保的物权并不能成立。但基于现代社会经济交易形式的隐蔽性这一特点，有学者建议不能否认通过占有改定的方式设立让与担保的有效性①。虽然占有改定在(后)让与担保过程中，具有操作简便、灵活的特点，但占有改定不具有公示的效力，不得对抗善意第三人。如第三人参与进(后)让与担保案件的纠纷中，将增加案件的复杂程度。

预告登记虽然符合买卖合同未实际履行的(后)让与担保的情形，并能在一定程度上解决不动产后让与担保中的公示问题，却不能将其视为让与担保的公示制度。因为预告登记的根本目的是为了保障将来实现物权，即取得不动产所有权，不符合(后)让与担保方式的交易特点。但因我国公示制度中暂无更适合的公示方式，故(后)让与担保方式的交易可参照适用前述公示制度，后续还需司法实务界和理论界共同进行探索、研究，以寻求符合(后)让与担保的公示办法。

### (二)强制清算义务

一方面为避免(后)让与担保中的动产让与直接蜕化为流押条款，另一方面为实现该担保方式的优先受偿权，梁慧星教授等学者主张应当设立债权人清算制度，来合理地分担双方当事人的义务负担，以平衡让与担保双方当事人通过该担保方式所获得的权益。在选择让与担保的实现方法时，应遵循两个原则：根据意思自治原则，尊重当事人的意思表示；彰显让与担保的担保权属性，施行强制清算义务。第一，如果当事人之间约定了债权实现方式，并且债权人已经履行清算义务并且双方没有争议的前提下，应尊重当事人的约定。第二，无论当事人双方对债权实现方式的约定方式是什么，对债权进行清算是债权人的法律义务。在清算过程中，债权人对标的物的评价额的合理性负责。

## 结　语

本文主要通过对买卖担保借贷合同案例进行实证分析，探讨司法裁判中存在的主要问

---

① 杨卓黎：《我国让与担保纠纷司法裁判规则之思考》，载《湘潭大学学报(哲学社会科学版)》第 42 卷第 1 期。

题，明晰买卖担保借贷合同的效力，提出完善非典型担保制度的立法建议，以期抛砖引玉，吸引实务界、理论界各界能人志士对（后）让与担保制度的建立提出宝贵的建议或意见，为规范日益典型化的非典型担保市场，缓解司法实践中关于（后）让与担保案件的审理难题，构建完善、合理的担保制度规范体系，促进金融市场的有序健康发展做出贡献。

# 探析外企常驻代表机构直接用工的法律关系

潘新水*　刘娴**

2013年11月，陈某通过网上招聘的方式应聘至英国G公司泉州代表处工作（以下简称“代表处”），月薪9000元，但双方未签订劳动合同。2015年2月3日，该代表处在没有任何理由的情形下以电子邮件方式通知陈某被解雇。陈某认为该代表处的行为严重侵害了劳动者的合法权益，故申请劳动仲裁。劳动仲裁委认为英国G公司泉州代表处作为外国企业的常驻代表机构，不具备诉讼主体资格，作出不予受理的决定。陈某不服，诉至法院，请求判令确认其与代表处之间的劳动合同关系终止，代表处支付违法解除劳动关系的经济补偿金、代通知金、未签订劳动合同的两倍工资差额。法院受理该案件后，经审理查明：被告依法办理了外国（地区）企业常驻代表机构登记证，在华直接招聘员工未经劳务派遣，被告与原告存在事实的用工关系，代表处以自身名义为陈某缴纳各项社会保险。但法院认为，英国泉州代表处作为外国企业在中国的常驻代表机构，本身不具备用工主体资格，双方系雇佣关系不属于劳动法律关系的调整范围，故应驳回陈某的全部诉讼请求。至此，陈某与国内众多中国籍雇员一样，在外企常驻代表机构用工中无法享有《中华人民共和国劳动合同法》（以下简称《劳动合同法》）及相关劳动法规给予的法律保护，维权无果。因外企代表处不具备用人主体资格而导致本国劳动者无法维权的判例，在泉州地区尚属少见，但纵观国内其他省市此类判例众多。本文就对该案件的症结即外企常驻代表机构直接用工法律关系进行探讨。

## 一、外企常驻代表机构用工主体的界定

我国《劳动合同法》第2条规定：“中华人民共和国境内的企业、个体经济组织、民办非企业单位等组织属于我国合法的用工主体。”但是，早在1980年10月30日国务院出台的《关于管理外国企业常驻代表机构的暂行规定》第11条规定：“常驻代表机构租用房屋、聘请工作人员，应当委托当地外事服务单位或者中国政府指定的其他单位办理。”可见，我国政府强制性规定了外国企业常驻代表机构应当委托政府指定的外事服务单位办理中方工作人员聘用手续，外企服务单位应当与中国劳动者签订劳动合同，外企常驻代表机构在华无直接用工权，我国限制外企常驻代表机构在华直接用工。之后北京、上海、天津、安徽、广东等省市也相继出台了关于外国和我国港澳台企业常驻代表机构聘用中国雇员的规定，如《广东省外国企业常驻代表机构聘用中国雇员管理规定》《陕西省〈中华人民共和国国务院关于管理外国企业常驻代表机构的暂行规定〉实施办法》等，福建省尚未出台相关的法律法规。

目前，我国法律仍然没有对外企常驻代表机构的用工主体资格作出明确而统一的界定，

*　潘新水，福建联合信实律师事务所高级合伙人，电邮：pxs@lhxs.com。

**　刘娴，福建联合信实律师事务所律师，电邮：lx@lhxs.com。

其是否属于我国劳动法调整范围内的用工主体仍存在理论争议。

## 二、外企常驻代表机构与中国雇员用工关系分析

### (一)因缺乏用工主体资格,被认定为雇佣关系

以上述案件为例,法院同国内其他地区法院较为一致的判决是认定外企常驻代表机构与中国雇员的用工关系为雇佣关系。他们认为:第一,该代表处是外国企业在华常驻代表机构,不是中国劳动法、劳动合同法规定的用人单位的类型,因此该代表处是不适格的用人单位。第二,根据《国务院关于管理外国企业常驻代表机构的暂行规定》的规定,外国企业常驻代表机构聘用工作人员,应当委托当地外事服务单位办理,本案中该代表处却是直接用工的。第三,国内很多省市已出台相关法规对外国企业常驻代表机构未通过外事服务机构直接用工的,明确规定为雇佣关系。比如,《广东省高级人民法院、广东省劳动争议仲裁委员会关于适用〈劳动争议调解仲裁法〉、〈劳动合同法〉若干问题的指导意见》第 19 条规定:"外国企业常驻代表机构、港澳台地区企业未通过涉外就业服务单位直接招用中国雇员的,应认定有关用工关系为雇佣关系。"《上海市高级人民法院关于适用〈劳动合同法〉若干问题的意见》第 22 条也规定"境外公司在沪设立办事机构的,该机构已经合法办理了登记手续,并按照相关法律规定通过对外服务机构招用劳动者,劳动者就相关劳动权利义务与该办事处产生纠纷的,可以该办事机构作为劳动争议的当事人;该办事机构未按照相关法律规定通过对外服务机构招用劳动者,劳动者就报酬支付等问题与该办事处产生纠纷的,作为民事纠纷处理,该办事机构可以作为民事诉讼的当事人"。所以,本案中泉州代表处与陈某之间系雇佣关系。

### (二)由用工性质认定为劳动合同关系

当然,也有很多学者及律师同人认为,从保护劳动者的劳动权益出发,应该适用《劳动合法法》将该用工关系归类为劳动关系。他们的看法如下:(1)我国劳动法、劳动合同法规定的是"中华人民共和国境内的企业、个体经济组织、民办非企业单位等组织(以下称用人单位)与劳动者建立劳动关系,订立、履行、变更、解除或者终止劳动合同,适用本法"。根据《最高人民法院关于适用〈中华人民共和国民事诉讼法〉若干问题的意见》第 40 条的规定,其他组织是指合法成立、有一定的组织机构和财产,但又不具备法人资格的组织。外国企业常驻代表机构经过我国相关机构办理登记后,其显然符合我国民法规定的其他组织的条件。劳动合同法对用人单位资格强调两点,一是地域范围,即中国境内;二是组织形态,而不是该组织体的国籍。(2)该代表处没有通过相应的外事服务单位机构招用劳动者,是该代表处违反我国相应的行政管理法规,而该代表处的违法行为对张某在其指挥管理下从事隶属性的劳动实质不产生任何影响。(3)对非法用工单位的非法用工行为,给劳动者造成损害的,我国《工伤保险条例》《劳动合同法》都明确规定"适用本法,按劳动争议处理"。因此,本案中代表处违反行政管理法规、直接招用中国员工的行为,不影响对陈某和泉州代表处劳动关系的认定。

### (三)综合考虑各方因素,笔者更赞同第二种观点

首先,从用工单位的主体资格分析,该代表处在泉州市工商行政管理局登记注册,领取营业执照、组织机构代码证等有效身份证件,并在中国境内招聘员工从事生产经营活动,设

立纳税账号，成为中国境内的纳税主体，其主体应符合《最高人民法院关于适用〈中华人民共和国民事诉讼法〉若干问题的意见》第 40 条规定的其他组织的条件，具备《劳动合同法》第 2 条之规定“其他组织”的主体资格。我国劳动合同法规定的用人单位是指中华人民共和国境内的企业、个体经济组织、民办非企业单位等组织，并不是具有中国国籍的组织。之所以立法采用“等组织”的表达方式，是因为通过列举的方式不能穷尽现实生活中组织体的各种形态，重点表达的是用人主体应当是非自然人，而非自然人的主体包括法人和非法人，即其他组织。该代表处作为我国境内合法登记成立、有一定组织机构和财产的其他组织，基于营业的需要使用中国劳动者，当然是用人单位。同时参照《中华人民共和国劳动合同法实施条例》第 4 条的规定，也应赋予该合法登记的代表机构用人单位的资格。

其次，从用工方式上分析，外企代表处直接录用劳动者，均声称招用员工，还约定工资、岗位、员工的违章制度，承诺有关劳动保险、公积金等福利事项。例如，本案中泉州代表处从未告知陈某其不具备直接用工资格，而作为一名普通的劳动者，陈某可能知晓跟自己权利息息相关的《劳动合同法》，却不可能了解政府在 1980 年颁布了《关于管理外国企业常驻代表机构的暂行规定》，因此双方是按照一般本质意义上的录用员工的方式来运作的，并潜意识地把《劳动合同法》的规定作为双方应该履行权利义务的依据。

最后，从法律适用方面分析，根据《最高人民法院关于〈中华人民共和国涉外民事关系法律适用法〉若干问题的解释(一)》第 10 条规定，“有下列情形之一，涉及中华人民共和国社会公共利益、当事人不能通过约定排除适用、无须通过冲突规范指引而直接适用于涉外民事关系的法律、行政法规的规定，人民法院应当认定为涉外民事关系法律适用法第四条规定的强制性规定：(一)涉及劳动者权益保护的……”，而《中华人民共和国涉外民事关系法律适用法》第 4 条则规定“中华人民共和国法律对涉外民事关系有强制性规定的，直接适用该强制性规定”，法律的正确适用应依照《中华人民共和国立法法》第 79 条、第 83 条规定即上位法优于下位法、新法优于旧法。《关于管理外国企业常驻代表机构的暂行规定》为政府规章，其效力低于作为全国人大制定的《中华人民共和国涉外民事关系法律适用法》。同时，《关于管理外国企业常驻代表机构的暂行规定》与《最高人民法院关于〈中华人民共和国涉外民事关系法律适用法〉若干问题的解释(一)》为同一法律位阶，但前者是国务院 1980 年 10 月 30 日颁布的，而后者却是最高人民法院在 2012 年 12 月 10 日颁布的，前者效力低于后者。因此，本案涉及劳动者权益保护，根据上述法律规定，应该强制适用《劳动合同法》。

综上，陈某与该代表处之间形成劳动关系，劳动者依法享有劳动法律法规规定的各项劳动权益，而不是以该代表处直接用工为由否认双方之间的劳动关系。

## 三、如何让外企常驻代表机构承担直接用工的法律责任

### (一)完善立法——明确直接用工的法律关系

雇佣关系和劳动关系是两类法律关系，其巨大差别是：劳动关系受国家干预较多可以更好地保护劳动者的劳动权；而雇佣关系受国家干预较少，除最高人民法院司法解释中明确规定“雇员在从事雇佣活动中遭受人身损害，雇主应当承担赔偿责任”外，雇员权利主要来源于双方的约定，劳动法上保护劳动者的强制性规定在此“无用武之地”。如果因为代表处的直接用工的违法行为而否认劳动关系，便等同于给用人单位的违法行为披上规避劳动法的合

法外衣，中国雇员是享受不到劳动法律规定的待遇的。因此，国家应完善相关立法，明确外国企业常驻代表机构直接用工的法律关系，以便于在司法实践中维护劳动者的合法权益。

（二）加强监管——政府应对直接用工行为加以处罚

外企常驻代表机构直接用工行为违反相应行政管理法规，不仅应承担《中华人民共和国劳动法》规定的义务，还应承担行政法规定的责任。相关政府部门应及时查处此类违法用工行为，规范用工程序，以到达防范违法行为对劳动者合法权益的侵害。同时，仲裁机构和法院在案件审理过程中发现的，还应向有关部门发出《司法建议函》，对该违法行为予以行政处罚。

（三）参照赔偿——尽力维护劳动者的合法权益

退一步讲，倘若外国企业驻内地代表机构被认定为“不具备合法经营资格的用人单位”，那么其直接用工行为是非法行为，对于这种违法行为，法律的基本思维是对用工行为进行制止，对用工关系进行清理。在清理用工关系时，涉及劳动者的劳动付出，根据《劳动合同法》第 93 条的规定：“对不具备合法经营资格的用人单位的违法犯罪行为，依法追究法律责任；劳动者已经付出劳动的，该单位或者其出资人应当依照本法有关规定向劳动者支付劳动报酬、经济补偿、赔偿金；给劳动者造成损害的，应当承担赔偿责任。经济补偿在终结劳动关系时予以支付。”这一规定应作为消灭这一用工关系的前提。同时，赔偿金作为一种惩罚性赔偿制度，在保障劳动者权益上也更能体现出对这种用工行为加重处罚的制裁含义。

## 结　语

外企常驻代表机构在明知其不具备直接招聘工人的权利情形下，仍招聘中国籍雇员最终导致劳动争议中的中国籍雇员无法主张劳动者权利，而外企常驻代表机构却可以国内此类司法判决为据继续招聘工人，好似获得了直接用工豁免特权，不需要交纳任何劳动保险，随时解除与工人的用工关系，不需要承担任何经济赔偿。甚至从某种程度上讲，本应在境内的企业也完全可以通过将注册登记地选在国外而在国内以代表机构名义直接用工的办法，规避甚至恶意逃避我国劳动法规定的用人单位应当承担的义务和责任。这显然严重违背公平公正的法律原则，严重违背《劳动合同法》及相关劳动法律法规的立法本意。随着 21 世纪海上丝绸之路发展策略的深入发展，将有更多的外国企业将目光投向福建，因此，营造一个开放、公正、有序的人力资源环境意义深远。无论是境内企业还是外企常驻代表机构，都应当受到法律的制约，而中国公民作为劳动者，也应享有我国法律赋予的劳动者权益。

**参考文献**

1.董悠悠：《从外商代表处用工看劳务派遣背后的制度冲突》，华东政法大学 2013 年硕士学位论文。

2.董保华：《劳动关系非标准趋势下的劳动力派遣》，载《中国劳动》2006 年第 3 期。

■ 公司、证券、金融

# 关于"租金贷"的几点法律思考

郭美华*

## 一、长租公寓企业运作模式

长租公寓企业对于自己的经营模式美其名曰"互联网＋租赁＋金融",称之为金融领域的创新之举,其运作模式为:经营存在长租公寓企业、房源实际所有人、承租人、小贷公司四方角色;长租公寓企业以互联网公司为主,从分散的房东手中获得房源,与房东签订房屋承租协议;长租公寓企业将租赁来的房屋出租给承租人,与承租人在网络平台上签订房屋租赁协议;承租人选定房屋后,与小贷公司在房租分期平台上签订借款协议;长租公寓企业作为融资受益人,在承租人与小贷公司签订借款协议后获得小贷公司一次性付款,"租金贷"成了长租公寓经营的融资渠道之一,加速了长租公寓市场的快速发展。所谓"租金贷",指的是承租人在与长租公寓企业签下租约的同时,与该企业合作的小贷公司签订贷款合约,一般由小贷公司替承租人一次性支付房租给长租公寓企业,承租人向小贷公司按月支付租房贷款。因租金由按季或按年支付变为按月支付,减轻承租人的付款压力,"租金贷"颇受承租人喜爱。

## 二、民间借贷被隐藏、运用于"租金贷"

之所以说"租金贷"隐藏着民间借贷,是因为全国各地的承租人无论身处何处,只要通过互联网平台操作就能实现网上借款支付房租,并由分期付款平台直接向长租公寓一次性支付款项。该种借贷交易模式突破了以往建立在人际关系基础上的传统民间借款,借款发生在承租人与网络公司间,放贷群体为长租公寓企业的合作伙伴即分期付款平台,借贷交易突破了时间和空间局限,在互联网平台上随时随地便捷操作,从传统的单一线下借款模式转变为互联网金融的线上交易,同时借贷利息摇身变成了相应的服务费或者高额逾期违约金,"租金贷"里隐藏的民间借贷,从传统的互帮互助行为已经演化成一项新型投融资行业。

## 三、长租公寓存在的问题

长租公寓企业推行的"租金贷"为身处城市就业却没有住房的人群提供了相对舒适、整洁的居住条件,"租金贷"提供的便利大家有目共睹。然而,因监管的缺失和机制的尚不完

---

* 郭美华,福建联合信实律师事务所律师,电邮:gmh@lhxs.com。

善，长租公寓企业鱼龙混杂，企业经营管理水平和服务标准差异，各种经济和社会问题不断浮出水面，令人担忧：部分长租公寓企业提供虚假房源骗取租金、租赁期间随意增加费用投诉无门，房屋装修材料质量低劣不宜居住；更为严重的是：承租人在不知情情况下与小贷公司签订了贷款合同用于支付长租公寓的租金、长租公寓企业随意解约导致承租人有贷无房。

## 四、对“租金贷”中借贷合同效力的评价

### （一）从行为人的意思表示角度评定承租人与小贷公司之间借贷合同的效力问题

目前的长租公寓企业多数是互联网公司，没有线下的实体门店，承租人必须在互联网平台上与长租公寓企业签订电子租赁合同，缴纳费用后才能实际入住。因承租人对“租金贷”的法律关系和付款模式不了解，承租人往往在不知情的情况下与小贷公司签署借贷合同支付租金，该借款行为是否有效？

根据《中华人民共和国民法总则》（以下简称《民法总则》）第 143 条的规定“具备下列条件的民事法律行为有效：（一）行为人具有相应的民事行为能力；（二）意思表示真实；（三）不违反法律、行政法规的强制性规定，不违背公序良俗”，承租人通常是具有完全民事行为能力的人；根据《最高人民法院关于审理民间借贷案件适用法律若干问题的规定》第 1 条“本规定所称的民间借贷，是指自然人、法人、其他组织之间及其相互之间进行资金融通的行为。经金融监管部门批准设立的从事贷款业务的金融机构及其分支机构，因发放贷款等相关金融业务引发的纠纷，不适用本规定”①，承租人和小贷公司符合民间借贷主体要求，不违反法律、行政法规的强制性规定，所以上述借款行为应当着重考虑承租人签约时是否存在贷款的真实意思表示，即承租人表示于外的意思与其内心真意相一致②。若意思与表示不一致，必然会损害承租人利益。承租人本意是与长租公寓企业以分期付款的方式签订房屋租赁协议，签约时其只知道合同相对方为长租公寓企业，在租房之前大部分的承租人都误以为分期付款平台属于长租公寓企业的付款系统，不知道在平台上的操作已经让自己与小贷公司产生了民间借贷。③ 显然，承租人“被贷款”，租赁关系与借贷关系并存，并非承租人自身错误造成的，因为长租公寓企业的网页或者电子合同都没有明确告知承租人向第三方借款并以贷款的形式分期支付租金。借款支付租金属承租人对行为的性质认识错误，错误将借款支付租金行为理解为出租方、承租方双方的租赁关系，使行为后果与自己的意思相悖，并造成其与第三人之间发生民间借贷关系。承租人的上述行为符合《最高人民法院关于贯彻执行〈中华人民共和国民法通则〉若干问题的意见（试行）》第 71 条之规定，属于重大误解。承租人基于重大误解实施的借贷行为，有权请求人民法院或者仲裁机构撤销或变更该借款合同。

### （二）从无权代理的角度评定承租人与小贷公司之间借贷合同的效力问题

承租人在长租公寓租赁房屋必须通过互联网完成，由于网页操作不熟练，长租公寓的工作人员经常热心帮忙，工作人员在没有如实告知付款模式情况下擅自代承租人在分期付款

① 杜万华：《最高人民法院民间借贷司法解释理解与适用》，人民法院出版社 2015 年版。

② 沈德咏：《中华人民共和国民法总则条文理解与适用》，人民法院出版社 2017 年版，第 33 页。

③ 孙洪山、刘生亮：《民间借贷案件审判参考》，人民法院出版社 2018 年版，第 53 页。

平台上以承租人名义进行贷款，长租公寓一次性拿到了全部房租，承租人因此却承担了贷款责任。根据《中华人民共和国民法通则》第66条第1款的规定“没有代理权、超越代理权或者代理权终止后的行为，只有经过被代理人的追认，被代理人才承担民事责任。未经追认的行为，由行为人承担民事责任。本人知道他人以本人名义实施民事行为而不作否认表示的，视为同意”及《中华人民共和国合同法》第48条第1款的规定“行为人没有代理权、超越代理权或者代理权终止后以被代理人名义订立的合同，未经被代理人追认，对被代理人不发生效力，由行为人承担责任”，长租公寓企业的工作人员在没有尽到对电子合同的说明和提示义务，未得到承租人授权擅自替承租人与小贷公司签订借款合同，促成租赁关系完成依法属于无权代理，在承租人没有追认之前，对承租人不发生效力。因长租公寓企业是“租金贷”的受益人，其工作人员履职行为的法律后果应当由长期公寓企业承担，因此还款责任应该由长租公寓企业承担。

### （三）从融资的角度评定长租公司与小贷公司恶意让承租人被“贷款”的行为可能无效

因行业规范的缺失，部分长租公寓企业可能与小贷公司相互串通，在获得小贷公司一次性房租后以各种理由驱赶承租人，造成承租人面临有贷无房的窘境。笔者认为如果承租人以违约为由选择解除租赁合同，只能向长租公寓主张退还已付房租，那么后续未按约归还小贷公司的贷款可能面临征信危机。长租公寓与小贷公司是以承租人向小贷公司借款一次性付清租金的方式实现双方之间融资的真正目的，此举满足了小贷公司自身放贷需求和长租公寓融资经营的需要，这是双方合作的基础，彼此知晓。依据《民法总则》第146条的规定“行为人与相对人以虚假的意思表示实施的民事法律行为无效。以虚假的意思表示隐藏的民事法律行为的效力，依照有关法律规定处理”，最高人民法院于2017年12月27日依据该规定就中国民生银行股份有限公司南昌分行（以下简称“民生银行南昌分行”）、上海红鹭国际贸易有限公司（以下简称“红鹭公司”）、江西省地方有色金属材料有限公司（以下简称“有色金属公司”）、陶慧君、罗利钢票据追索权作出（2017）最高法民终第41号判决，结论观点为“民生银行南昌分行与有色金属公司在本案中的真实意思表示是借款；涉案票据活动是各方通谋虚伪行为，所涉相关民事行为应属无效，民生银行南昌分行依法不享有票据权利；本案应按虚假意思表示所隐藏的真实法律关系处理”①。最高人民法院（2017）最高法民终第41号判决被称之为“通谋虚伪表示”第一案，对隐藏在“租金贷”里的借贷纠纷具有一定的借鉴意义。② 笔者认为，在“租金贷”中，承租人可以尝试从小贷公司与长租公寓进行虚假同谋的诉讼角度进行维权，承租人和小贷公司的借款只是长租公寓企业与小贷公司商定的具体融资方式，在遭恶意驱赶、没有真实租赁的情况下，承租人不是借款的实际使用人或者受益人，承租人与小贷公司的借贷活动实际是小贷公司与长租公寓企业同谋虚伪行为所产生的后

---

① 《中国民生银行股份有限公司南昌分行、上海红鹭国际贸易有限公司票据追索权二审民事判决书》，http://www.lawsdata.com/detail?id=5a7893d5e13823f6aeeabfc5&key=%E6%81%B6%E6%84%8F%E4%B8%B2%E9%80%9A，%E6%B0%91%E4%BA%8B%E6%B3%95%E5%BE%8B%E8%A1%8C%E4%B8%BA%E6%97%A0%E6%95%88，最后下载时间：2018年5月22日。

② 最高人民法院民事审判第一庭：《民间借贷纠纷案例指导》，人民法院出版社2015年版。

果，承租人与小贷公司的该借款合同应该无效，还款责任应该由长租公寓企业承担。当然，这样的形式也可能涉及刑民交叉的法律问题，暂不在本文中详细论述。

## 五、如何完善“租金贷”所涉及的租赁市场监管机制

虽然“租金贷”仅是金融创新纠纷的冰山一角，但凸显的社会问题和经济问题足以引人深思。纵观国家司法政策，2012 年 2 月 10 日最高人民法院《关于人民法院为防范化解金融风险和推进金融改革创新发展提供司法保障的指导意见》(法发〔2012〕3 号)中强调“全面推动金融改革、开放和发展。规范金融秩序，防范金融风险，推动金融改革，支持金融创新，维护金融安全”，2017 年 8 月 4 日最高人民法院印发的《关于进一步加强金融审批工作的若干意见》(法发〔2017〕22 号)提出“以金融创新为名掩盖金融风险、规避金融监管、进行制度套利的金融违规行为，要以其实际构成的法律关系确定其效力和各方的权利义务”的意见，两份意见已经明显看出国家对金融创新面临的新问题的重视和关注，金融创新的合规、合法化得到不断的重视和提高。笔者针对租赁市场规范化管理提出如下几点建议：

首先，笔者建议可以参照建筑行业市场由住房和城乡建设部、国家工商行政管理总局共同制定的《建设工程施工合同范本》规范行业发展，并建立从法律、行政法规、地方法规、部门规章等完整的法律保障体系，规范建筑行业规范化的发展经验，由国家有关权力部门制定租赁市场行业合同范本，将出租人、承租人或者类似小贷公司的第三方资金提供方等合同各方的权利、义务、法律关系、法律地位在合同中明确约定，尤其是在付款方式、款项来源、费用标准、违约责任等方面的条款要细化到位，同时构建从法律、行政法规、地方法规、部门规章等完整的法律保障体系，推进租赁市场规范化管理。

其次，笔者认为我国的租赁市场因政策推动和市场需求未来会有更大的发展空间，建议租赁市场从中央到地方逐级设置监督机构，对长租公寓企业设置行业门槛，建议设立较高比例的行业诚信经营保证金。这样既可以促使长租公寓企业审慎投资，又可以确保长租公寓企业在过度扩大规模出现经营风险时仍不影响承租人的合法租住权和小贷公司的资金回笼，保证租赁市场良性循环。

再次，笔者建议租赁行业充分关注、依托国家的政策多渠道、合规化解决企业经营资金需要，如 2018 年 6 月 1 日，中国银行保险监督管理委员会发布《关于保险资金参与长租市场有关事项的通知》，明确利用保险资金优势，参与长租市场。

最后，随着互联网金融日新月异的变化，作为接受服务群体的素质和风险识别的能力有待提升，这样才能真正感受到金融创新的红利。

### 参考文献

1.沈德咏:《中华人民共和国民法总则条文理解与适用》，人民法院出版社 2017 年版。

2.孙洪山、刘生亮:《民间借贷案件审判参考》，人民法院出版社 2018 年版。

3.杜万华:《最高人民法院民间借贷司法解释理解与适用》，人民法院出版社 2015 年版。

4.最高人民法院民事审判第一庭:《民间借贷纠纷案例指导》，人民法院出版社 2015 年版。

# 试论国际贷款保证人的权与责

李国安*

国际贷款的跨国性客观上存在着比国内贷款更大、更复杂的风险，这些风险的存在成了国际贷款人的债权无法实现的重大隐患。针对跨国贷款中经常发生的信用风险，贷款人往往要求借款人寻找一个信誉卓著、实力雄厚的保证人为贷款的偿还提供担保。然而，因各国法律和习俗的差异，常常使国际担保各方当事人在行使权利和履行义务时遇到难以逾越的障碍。为使一项国际保证能真正起到保障债权实现的作用，各方当事人都应对有关国家法律对保证人的合格条件、保证人应承担的责任及保证人所拥有的权利等规定作较全面和准确的了解，以确信保证人是具有合格保证资格的，保证人的保证范围是足以保障贷款债权完全实现的，以及保证人所拥有的抗辩权不会对贷款债权的实现构成影响等。此外，保证人在保证关系中的权利也是不容忽视的，其依法和依约所拥有的抗辩权、代位求偿权和对共同保证人的追偿权都将使其合法权益获得应有的保障。针对以上问题，本文谨对国际贷款担保中保证人的资格、责任和权利提出若干肤浅的见解。

## 一、保证人的资格

保证人的资格由保证人所在地国家法律规定。从理论上说，政府、国际金融组织及所有具有代偿能力的法人、其他组织或者自然人均可成为保证人。但在国际贷款担保中，自然人单独作为保证人的情况极少①，而更多的是由公司（包括银行）及借款人所在国政府对外提供担保，而且除政府和国际金融组织之外，其他种类的保证人在提供跨国贷款担保时，通常都应经其所在国政府授权或批准（尤其是实行外汇管制的国家）。

1.公司的保证资格

公司的担保资格取决于公司法和公司章程的规定。如果公司依其所在国公司法或依其章程不具有保证资格，那么其所作的保证应依法认定为无效。因此在国际贷款保证中，贷款人订立保证合同时，应查明保证人的公司章程，并要求保证人就其保证行为符合其本国法律作出保证，以确信其真正具有保证资格。

在西方国家，对公司保证资格的认定长期受“越权原则”的支配。根据这一原则，如果公司章程未明确公司的保证资格，那么其保证行为应属越权行为而当然无效；即使公司章程明确规定公司的保证资格，只要公司的保证行为与其主要商业活动无关又未能给公司带来收益，这一保证也属于越权行为，因此也应认定为无效。越权原则是对公司保证资格的严格限

---

* 李国安，厦门大学法学院教授，福建联合信实律师事务所兼职律师。

① 向私营公司提供贷款时，由借款公司的所有人提供担保则是常见的，此类担保旨在“揭开公司面纱”。

制。这一限制无疑使贷款人处于十分不利的境地，因为在保证人的公司章程中已明确规定其具有保证资格的情况下，贷款人很难去核实一项保证行为是否与保证人的主要商业活动有关或是否能给保证人带来收益。实际上法律也没有理由要求贷款人去调查核实保证人实施保证行为的动机和目的。有鉴于此，在目前的公司保证国际法律实践中，各国都趋向对“越权原则”加以限制和修正。比如，美国《标准商业公司法》对公司行为效力的肯定性规定及法院的态度，欧洲经济共同体 1968 年关于公司法的第一号指令及英国的相关判例，都是以公司的保证行为应为有效为出发点作出规定或认定的。又如，英国判例认为，若贷款人对公司的越权保证并不知情，那么保证人仍应承担保证责任；美国法院主张，在判断公司的保证行为能否给公司带来收益时，不应局限于直接收益，间接的或无形的收益也可作为认定根据。

2.政府的保证资格

政府保证是政府以其财政收入为后盾向债权人所提供的保证。由于政府在各方面的权威地位，在国际贷款中，贷款人都希望得到借款人所在国政府(或政府机构)的担保，使其贷款债权在商业风险面前固若金汤、无懈可击。但与之相反，除非对国家建设具有重大意义的融资项目，否则政府无意为国外贷款人提供任何担保，以免承担“无限”的清偿责任。然而，在官方提供的国际贷款中，如果借款人是政府以外的公私企业，由借款人所在国政府提供担保则是屡见不鲜的(国际金融公司的贷款是个最大的例外)。实际上，除了政府本身提供担保所引起的保证责任之外，由政府机构、国有公司提供担保的场合，也仅以该机构或公司的资产为限对外承担责任，政府并不承担无限的担保责任。况且许多国家对外提供担保的权利都通过政府指定一些国有机构或国有公司来行使，不许无代偿能力的政府机构对外提供担保，以免一旦承担代偿责任因无代偿资金而累及国库。但这还不是国外贷款人最关心的问题，最普遍关注的焦点是政府或政府机构担保中的主权豁免问题。

西方许多国家主张有限主权豁免论，即把国家行为分为主权行为和非主权行为，只有主权行为及其有关财产才可主张豁免，非主权行为及其相关财产则不得主张豁免。而国家借款及其担保均属于非主权行为(或称商业行为)，因此不在主权豁免之列。但有限豁免论并不是所有国家的共同主张，有许多国家仍坚持传统的绝对主权豁免论，即国家的一切行为和财产在其他国家均应享有豁免权。因此，在国际贷款担保领域，主权豁免问题并未因有限豁免论的出现而不复存在；相反，更因各国的不同实践而显得错综复杂、难以把握。正是基于这种现状，在以政府或政府机构为保证人的国际贷款担保中，贷款人(保证合同受益人)通常都要求保证人在声明其保证行为为商业行为而不是主权行为的同时，更进一步要求其保证即使依其本国法享有主权豁免，也不得主张或应主动放弃豁免权利；否则可能严重危及贷款人担保权益的实现，致使政府的保证形同虚设。

## 二、保证人的责任

保证人的责任位次主要取决于保证合同的性质——从属性或独立性合同。如果是从属性合同，不仅保证人的代偿责任是次位的，保证合同的效力也直接取决于贷款协议的效力；如果是独立性保证合同，保证人则应对其所担保的债务承担主债务人的责任，且保证合同的效力不受贷款协议效力的影响。

（一）贷款协议无效的保证人责任

如前所述，保证合同首先具有从属性。根据从属性合同的特征，主合同的生效、变更、消灭都对从合同产生直接的影响。因此，当主合同（贷款协议）因无效而消灭时，保证合同也当然消灭。由于保证人是以主债务人（借款人）所负的债务为限向受益人承担保证责任的，因此，如果借款人依法可免除还款责任，保证人的保证责任也当然免除；反之，只要借款人的清偿责任存在，保证人的保证责任即不能解除。因此，如果贷款协议依法被确认为无效后，只要借款人仍应就其所借款项承担清偿责任，且借款人因故未能清偿，保证人即应承担代为清偿的责任，可见保证合同的从属性实际上也是相对的。

贷款合同无效的常见原因是借款行为超越公司章程规定的权限和违反国家法律（如未经批准）。在因借款行为超越权限而被认定无效的场合，贷款债权虽不能依贷款协议的规定强制执行，但法律通常都规定应相互返还财产，且可责成有过错的一方向对方赔偿损失，因此贷款人虽无法取得预期收益（利息），但仍可主张使其财产恢复到提供贷款前的状态，包括在借款人未能返还时请求保证人代为返还。我国法律也作了类似的规定。① 然而，在因贷款协议被认定为违法而无效的场合，则应视具体情况而定，尤其是在外汇管制的国家，未经批准并列入计划是不允许对外偿还外汇贷款的。因此在借款人未能清偿贷款时，保证人也可能因受国家外汇管制法的限制而无法履行保证义务，使普通商业风险转化成国家风险。

（二）保证合同的无条件性和保证人的责任

基于上述认识，尽管贷款人在从属性保证合同的场合也可得到应有的债权保障，但由于各国法律规定各异，有些国家（如德国、法国）法律规定，如果贷款协议无效，保证人可据此拒绝履行保证义务。为保障保证合同的切实有效履行，贷款人通常都要求将保证义务规定为无条件和不可撤销的，即无论贷款协议是否被认定为无效或不可强制执行，均不影响保证合同的效力和保证人依合同应履行的义务。更广义的解释甚至包括贷款人延长贷款偿还期间、解除抵押或放弃对借款人的其他权利，均不妨碍保证合同的效力，且不许保证人提出任何抗辩。这种规定和解释实际上剥夺了保证人的一切抗辩权，非保证人所乐意接受。

《中华人民共和国担保法》（以下简乐《担保法》）尽管仍有诸多不尽如人意之处，但在保证人的责任位次方面表现出比上述外国法规定更大的灵活性和合理性。我国《担保法》首先将保证分为一般保证和连带责任保证。一般保证的保证人享有先诉抗辩权；连带责任保证则不享有先诉抗辩权，只要履行期届满借款人未履行还款义务，贷款人即可要求保证人承担保证责任。但即使是连带保证责任，也不能改变保证合同的从合同地位，即贷款协议，保证合同随之无效，贷款人擅自与借款人商定变更贷款协议或擅自允许借款人转让其借款债务等，均成为保证人免除保证责任的法定理由，而且如果贷款人放弃担保物权，保证人可就贷款人放弃权利部分免除保证责任。可见我国《担保法》首先承认保证合同的从属性，并赋予保证人合理范围的抗辩权。但是，鉴于国际贷款担保的国际实践，我国《担保法》在规定保证合同因贷款合同的无效而无效及保证人可因贷款协议的变更而免责的同时也允许保证合同的当事人就此等事项另作约定。换言之，当事人可约定为保证合同不因贷款合同无效而无效，保证人也不能以贷款合同变更理由主张免除保证责任。这是我国《担保法》对保证合同

① 《中华人民共和国经济合同法》第16条。

从属性的例外规定，即可通过特别约定而使保证合同具有独立性和非从属性。但对于明确约定保证期间和担保范围的，因贷款合同的变更而使偿还期间延长或使偿还金额增加的，就其期间延长部分和金额增加部分对保证人应无拘束力。① 国际商会1978年制订的《合同担保统一规则》就贷款协议的变更对保证合同效力和保证人责任的影响也作了类似的规定。根据该《规则》第7条第2款的规定，保证合同可以约定未经保证人同意而对贷款协议作出修改时，保证合同无效(突出保证合同的从属性)；如果保证合同未作此规定，那么贷款协议的任何修改都对保证合同有效，除非这种修改的结果超过保证合同规定的金额或期间。这实际上是对独立的、非从属性保证的部分界定，即保证合同独立存在——不因贷款协议的变更而无效，但也不因贷款协议的修改而扩大保证人的责任范围(包括金额和期间)。

## 三、保证人的抗辩权

### (一)法定抗辩权

法定抗辩权，即根据某一法律原则而拥有的抗辩权。在约定为从属性保证的场合，先诉抗辩权就是保证人所拥有的法定抗辩权，即除非贷款人用尽一切法律救济手段(包括强制执行)仍未能从借款人处取得足够的应偿款，否则贷款人不得向保证人要求代为清偿。这一抗辩制度使保证人得到了较大的保护，但运用于国际贷款担保，则使贷款人处于十分不利的地位。跨国诉讼对于贷款人来说既耗时间又耗人力、物力，判决地与执行地不同时尤为明显。贷款人要求设立保证的主要目的在于当借款人未能履行还款义务时，可绕过烦琐的诉讼程序而直接向保证人要求清偿。如果未能实现这一目的，保证的作用将大大降低。因此国际贷款保证都要求约定为见索即付，使保证人承担独立的还款义务，或至少规定保证人应放弃先诉抗辩权，使从属性的保证具有与见索即付保证相同的法律效果。

### (二)约定抗辩权

约定抗辩权包括依保证合同和依贷款协议而拥有的抗辩权。贷款人违反保证合同的约定，擅自与借款人修改贷款协议，这一修改行为，将导致从属性保证合同无效，即使在非从属性保证合同中，增加保证人负担的修改也属无效。此外，根据保证合同的具体约定而定，贷款人放弃对借款人的追索权、担保物权或免除其他保证人的保证责任，都可能成为保证人全部或部分免除责任的有效抗辩理由。

依贷款协议而拥有的抗辩权是法定抗辩权和约定抗辩权的有机结合。保证人不是贷款协议的当事人，无权主张其中的任何权利，但由于保证合同是以贷款协议为基础订立的，保证人承担保证责任是作为借款人违约拒绝还款的一种救济措施。因此，如果借款人有权就其拒绝还款提出抗辩，保证人也可据以抗辩受益人。首先，如果借款人并未违约，自然无救济可言。也就是说，在非因借款人违约而致未能还款时，贷款人无权追究借款人的责任，保证人也可据以为抗辩理由，如贷款协议在各有关国家均被认定为违法而无效或不可强制执行。

其次，如果贷款人违约或滥用权利，借款人当然可据以拒绝履行某些义务甚至解除全部义务，这是借款人的权利，保证人也可用以对抗贷款人。总之，贷款协议所规定的借款人所

---

① 《中华人民共和国担保法》第5条、第21条至第28条。

拥有的一切抗辩权，保证人也依法拥有，且即使借款人因故放弃其抗辩，也不影响保证人对该抗辩权的有效行使。①

## 四、保证人的代位求偿权

代位求偿权是保证人在代借款人偿还到期债务后就其代偿范围从贷款人处取得的向借款人追偿的一切权利。对于代位求偿权，各国法律都作肯定的规定，但在实际操作中，当事人仍有广阔的自由约定余地。尤其是在贷款人的债权未完全受偿之前（如部分贷款尚未到期），保证人能否取得代位求偿权或在多大范围内取得该项权利，均应事先商定，以免日后产生争议。

在国际贷款担保实践中，贷款人都要求保证人应于全部贷款清偿完毕之后才能取得代位求偿权，即置保证人的追偿权于贷款人的债权全部受偿之后。但这样的保证约定对保证人是十分不利的，其结果等于使保证人向借款人承担一笔从代偿日到贷款人的贷款本息完全受偿之日（甚至更长）的长期资金（因贷款偿还期的长短而异）。保证人很难接受这种保证条款。经过谈判，保证人通常都可争取到更有利的条件，如约定在到期的本息（而不是全部贷款）未清偿前保证人不得行使代位求偿权；或规定保证人在代偿到期贷款后（尚有部分未到期贷款），可就其代偿额向借款人行使普通求偿权，但保证人的求偿权不得与贷款人的求偿权构成竞争，即当借款人的资金未能满足保证人和贷款人的共同求偿需要时，应首先满足贷款人的债权要求，且保证人不得以通常求偿方法之外的手段实现其追偿权，如不能行使抵销权，不能变卖为贷款债权设定担保的抵押物等，即保证人只能就借款人偿还到期贷款后的资金余额行使追偿权。

对代位求偿权争议较大的是保证人非基于借款人的委托而自愿承担保证责任的场合。对此各国法律规定各异，日本趋向于肯定（日本《民法》第462条），英国则持否定态度，也有对此未作明确规定的。这种情况在国际融资担保领域较少出现，但一旦发生，若无相应的判断依据，必生争议。因此有必要从法律上寻求根据，使事实存在的问题最终得到适当的解决。偿还到期贷款本息是借款人无可推卸的责任，在借款人对该到期贷款实际清偿之前，这一债务始终存在。当借款人到期未能清偿贷款时，由他人代为清偿，实际上并未使客观存在的债权债务关系消灭，而是债权债务关系的转移，即贷款人以保证人的代偿为条件将其对借款人的债权转让给保证人。债权转让以通知对方为原则，否则对债务人不发生法律效力，但一般无须取得债务人的事先同意，除非贷款协议另有约定，或债权转让的结果使借款人履行义务不便或对借款人构成不利。因此在保证人自愿承担保证责任并实际承担了代为清偿的场合，只要贷款人履行适当的通知义务（除非贷款协议存在相反的约定），保证人即合法地取得对借款人的债权，并可依法行使追偿权。但是，如果借款人拒偿到期贷款是基于依法或依约拥有的对贷款人的抗辩权，且保证人并未提出该抗辩而径依贷款人的要求代为清偿，那么，借款人将可据其对贷款人所拥有的抗辩权对抗保证人，使保证人在受让债权的同时，也承受债权本身存在的瑕疵风险。

---

① 大陆法系国家多有此规定，如日本《民法》第452条、第453条，我国《担保法》第20条也作了类似的规定。

# 独立董事制度

## ——完善公司治理结构的利器

王　平* 　邱兴亮**

## 一、独立董事的定义与我国要求在上市公司建立独立董事制度

上市公司独立董事又称“独立的外部董事”或“独立非执行董事”，是指不在公司担任除董事外的其他职务，并与其所受聘的上市公司及其主要股东不存在可能妨碍其进行独立客观判断的关系的董事。

根据中国证监会发布的《关于在上市公司建立独立董事制度的指导意见》(以下简称《指导意见》)的要求，在2002年6月30日前，我国境内上市公司董事会成员中应当至少包括2名独立董事；在2003年6月30日前，上市公司董事会成员中应当至少包括1/3的独立董事。

引入独立董事制度是我国上市公司治理方面的一项新举措，旨在完善上市公司治理结构，促进上市公司规范运作。

## 二、我国建立独立董事制度、完善上市公司治理结构的必要性和紧迫性

公司治理结构是现代企业制度中最重要的架构。近年来，全球出现了一个完善公司治理结构的趋势，公司治理已成为全球性的热门话题。

一个良好的公司治理意味着：所有的股东得到平等和公正的对待；负责任的管理层为公司而非控股股东的利益服务；公司管理人员的功能和责任有清晰的界定；适当的内部机制，权利与责任相互制约并达到平衡；适当的文件记录保存制度；遵守法律；及时、充分地向市场披露重要信息。良好的公司治理是证券市场的基石，是企业进入资本市场融资的关键所在。而完善上市公司治理，是提升上市公司质量、规范证券市场发展的必由之路，也是保护投资者的重要措施。

公司治理面临着内外部的压力，势在必行：迅速发展的机构投资者，在证券市场扮演着日益重要的角色，他们要求通过完善公司治理结构，以保障其权益，形成了强大的规范和完善公司治理结构的外部约束。公司控制权市场和经理市场的发展，使公司管理层受到来自市场竞争的压力，形成了规范和完善公司治理结构的内部动力。

我国上市公司的公司治理十分薄弱，大家有目共睹，主要表现如下：我国上市公司治理结构带有经济转轨时期的特点，公司化改造虽然已初步完成，但股权相对比较集中，“一股独大”，董事会和经理层的决策与运作还受旧体制的影响，董事会运作不规范，董事未尽诚信和

* 王平，福建联合信实律师事务所主任、高级合伙人，电邮：wp@lhxs.com。

** 邱兴亮，福建联合信实律师事务所高级合伙人，电邮：qxl@lhxs.com。

勤勉义务;公司所有者代表缺位,内部人控制现象比较突出,控股股东和上市公司之间人员、资产、财务没有完全分开;监事会未能发挥应有的监督作用;公司缺乏对经营者有效的激励机制,对经营者的监督、制约功能没有形成有机的力量;资本市场传导的对公司的外部压力较弱等;市场监管水平、监管标准,上市公司在透明度、信息、会计披露标准方面,与国际标准的要求相比还有很大的差距,不适应目前国际的发展趋势。此外,全社会对提高公司治理重要性的认识还有待提高,尊重中小投资者利益的观念比较淡薄。

我国上市公司治理结构存在的明显的严重的缺陷,已经暴露出许多严重的问题,严重威胁着我国证券市场的稳定和健康发展,严重影响着投资者信心。为规范证券市场发展,保护投资者权益,促进上市公司规范运作,完善上市公司治理结构迫在眉睫。

尽管上市公司治理结构健全与否,对中国证券市场的健康发展具有重要影响,但是完善上市公司治理结构,是证券市场发展的一项长期性基础工作,任务十分艰巨,非一朝一夕所能达成。它需要全社会多方面配合,各个部门共同努力,多管齐下加以解决。我国政府有关部门和证监会也高度重视公司治理问题,先后制定了一系列规范性指导意见,以期完善上市公司治理结构,提升上市公司治理水准。具体措施有:(1)将公司治理作为核准上市发行考查的重要内容。要求拟上市公司在辅导期就必须建立起规范的公司治理结构,包括合理的股权结构,健全有效的股东会、董事会、监事会等机构及其议事规则和公司章程。拟上市公司与母公司之间应当做到人员、资产、财务、机构完全分开,上市公司应为一个完全独立于母公司的法人实体。(2)建立健全有关上市公司治理的法律法规和准则。2001年9月中国证监会制定《中国上市公司治理准则》(以下简称《准则》),以规范证券市场发展,保护投资者权益,提高我国上市公司的质量,促进上市公司规范运作。《准则》要求境内各上市公司必须按照规定的公司治理标准,根据自身的特点和需要,制定适合本公司的最佳做法,以完善公司治理结构,提升公司治理水准。《准则》共包括"平等对待所有股东,保护股东合法权益""强化董事的诚信与勤勉义务""发挥监事会的监督作用""建立健全绩效评价与激励约束机制""保障利益相关者的合法权利""强化信息披露,增加公司透明度"六个方面的内容。明确规定公司治理的基本目标即是保护股东权益。(3)要求上市公司规范与控股股东(包括集团公司、授权投资的机构、实际控制人等)之间的关系,规范关联交易。《准则》明确规定:控股股东对上市公司及其他股东负有诚信义务,对其投资的上市公司应严格按法律规定行使出资人的权利,不得利用其特殊地位谋取额外的利益;不得对股东大会人事选举决议和董事会人事聘任决议履行批准手续,不得越过股东大会、董事会任免上市公司的高级管理人员;不得直接干预上市公司的决策及依法开展的生产经营活动,损害上市公司及其他股东的权益;不得利用其特殊地位要求公司为其承担额外的服务和责任;不得干预上市公司内部机构的设立和运作。控股股东与上市公司应实行人员、资产、财务分开,上市公司人员和管理层应独立于控股股东。上市公司财务也应独立于控股股东。同时,《中国上市公司治理准则》第一章(六)规范关联交易,即第21条、第22条、第23条明确规定:要规范上市公司与股东及其关联企业之间的关联交易。上市公司与股东及其关联企业之间的关联交易应当遵循所签订的协议,协议内容应贯彻公允、稳定、明确具体的原则,并有明确的定价、支付、权利义务、违约责任等条款。上市公司应将该协议的订立、变更、终止或事实不履行等事项予以披露。股东不得采取垄断采购、销售业务渠道等方式干预上市公司的生产经营。关联交易活动应遵循商业原则，做到公正、公平、公开，并要充分披露已采取或将采取的保证交易公允的有效措施。关联交易的价格原则上应不偏离市场独立第三方的价格或取费的标准，上市公司应对此予以披露。股东不得以各种形式占用或转移上市公司的资金、资产及其他资源。上市公司不得为股东及其关联单位提供经济担保。每年年底，关联交易便大量发生，今年亦不例外，已有多家上市公司公布与集团公司或下属子公司之间的大额交易。所以，对关联交易尤其是重大关联交易进行规范十分必要。(4)促进上市公司改善公司股权结构，形成多元化投资主体。大力发展机构投资者，发挥机构投资者在公司治理中的积极作用。从根本上说，公司治理结构的完善，股权结构的优化，有赖于机构投资者的壮大。只有机构投资者队伍壮大了，股权过于集中和流通股过于分散的现象才能得到缓解。而一旦形成以机构投资者为主的格局，将从根本上改变资本市场的结构，将极大地推动上市公司治理，使市场的整体素质得以提高，从而使所有投资者都受益。(5)通过投资者的教育计划来提高全社会的公司治理意识。加强投资者教育工作，逐渐改变以短线投资为主的投资理念和投资文化。一方面，鼓励投资者积极参与公司治理，充分利用作为股东的权力，参与股东大会，行使投票权；另一方面，要鼓励投资者选择治理结构良好的绩优企业，作长线投资，从而使企业更多地关注及改良其治理结构。(6)鼓励股东进行民事诉讼。《准则》明确规定：股东大会、董事会的决议违反法律、行政法规，侵犯股东合法权益，或董事、监事、高级管理人员履行职务时违反法律、行政法规或者公司章程的规定，给公司造成损害的，股东有权要求赔偿损失。鼓励股东按照法律、法规的规定，通过提起民事诉讼的方式获得赔偿。(7)强化董事的诚信勤勉义务与责任，在诚信义务方面对董事进行培训。(8)改革管理层报酬制度，建立健全绩效评价与激励约束机制。(9)强化信息披露，增加公司透明度。《准则》规定，信息披露是上市公司的持续责任。上市公司应当忠实履行持续信息披露的义务。最后，即是本文所论及的独立董事制度。自20世纪60年代以来，一些国家和地区在规范和完善公司治理结构时，都将该制度作为一项重要的内容。1999年世界主要企业董事会成员中独立董事所占的比例都比较高，美国甚至占到62%。独立董事在人们心目中被看作是站在客观公正立场上保护公司利益的重要角色，对管理层有制衡作用。目前世界上许多国家都已经建立了比较完善的独立董事制度，独立董事对于改善公司治理的作用已得到广泛的认可。

## 三、独立董事的职责和作用

一般来说，独立董事制度有利于改善上市公司治理结构，提高上市公司质量；有利于加强公司的专业化运作，提高董事会决策的科学性；有利于强化董事会的制约机制，保护中小投资者的权益；有利于增加公司信息披露的透明度，督促上市公司规范运作。

经济合作与发展组织的《OECD公司治理原则》中指出，“独立的董事会成员能对董事会的决策做出重大贡献，对董事会和经理层的业绩作出客观评价”。我国香港特别行政区规定独立非执行董事的职责是“监管管理层、参与制定公司业务及事务上的方向，及对董事会所面临的公司重大决策和其他问题发表肯定的客观的意见。其中一个主要责任是确保董事会考虑的是全体股东的利益，而不仅仅是某一派别或某一集团的利益”，那么我国上市公司独立董事职权及作用又是什么呢？

依《指导意见》之规定，独立董事对上市公司及全体股东负有诚信与勤勉义务。独立董事应当按照相关法律法规、指导意见和公司章程的要求，认真履行职责，维护公司整体利益，尤其要关注中小股东的合法权益不受损害。独立董事除应当具有公司法和其他相关法律、法规赋予董事的职权外，上市公司还应当赋予独立董事以下特别职权：(1)重大关联交易(指上市公司拟与关联人达成的总额高于300万元或高于上市公司最近经审计净资产值的5%的关联交易)应由独立董事认可后，提交董事会讨论；独立董事作出判断前，可以聘请中介机构出具独立财务顾问报告，作为其判断的依据。(2)向董事会提议聘用或解聘会计师事务所；(3)向董事会提请召开临时股东大会。(4)提议召开董事会。(5)独立聘请外部审计机构和咨询机构。(6)可以在股东大会召开前公开向股东征集投票权。且若上市公司董事会下设薪酬、审计、提名等委员会的，独立董事应当在委员会成员中占有1/2以上的比例。

可见，独立董事在监督公司经营管理、提高公司绩效、保护股东权益等方面能够发挥特殊的重要作用，这里不再赘述。

但是，在充分肯定独立董事作用的同时，应当避免独立董事制度是灵丹妙药、无往而不利将其作用盲目扩大化倾向，明显的例证是东南亚许多国家和地区的监管当局都要求或建议上市公司设立独立董事，但这些公司的内部变革，主要还是来自管理层和公司股东的直接推动，很难找到由独立董事主导公司变革的案例。可见，独立董事的作用和力量仍然需要加强。

## 四、独立董事应当独立履行职责，不受上市公司主要股东、实际控制人或者其他与上市公司存在利害关系的单位或个人的影响

《指导意见》明确规定，担任独立董事应当符合下列基本条件：(1)根据法律、行政法规及其他有关规定，具备担任公司董事的资格；这主要是指不存在《中华人民共和国公司法》(以下简称《公司法》)第57条、第58条规定的不得担任公司的董事、监事、经理的五种情形及非国家公务员身份。(2)具有《指导意见》所要求的独立性。下列人员被认定缺乏独立性，不得担任独立董事：A.在上市公司或者其附属企业任职的人员及其直系亲属、主要社会关系；B.直接或间接持有上市公司已发行股份1%以上或者是上市公司前十名股东中的自然人股东及其直系亲属；C.在直接或间接持有上市公司已发行股份5%以上的股东单位或者在上市公司前五名股东单位任职的人员及其直系亲属；D.最近一年内曾经具有前三项所列举情形的人员；E.为上市公司或者其附属企业提供财务、法律、咨询等服务的人员；F.公司章程规定的其他人员；G.中国证监会认定的其他人员。(3)具备上市公司运作的基本知识，熟悉相关法律、行政法规、规章及规则。(4)具有五年以上法律、经济或者其他履行独立董事职责所必需的工作经验。(5)公司章程规定的其他条件。此外，还必须确保有足够的时间和精力有效地履行独立董事的职责。所有条件中，独立董事的独立性无疑是最重要的，独立董事的独立性使其在公司治理结构中占有重要地位，在监督公司经营管理、制衡控股股东和经理人权利、保护股东权益等方面发挥着特殊的作用。相对于内部董事而言，独立董事更能够站在比较客观公正的立场上，促进公司遵守良好的治理守则。独立董事由股东大会选举决定，中国证监会对独立董事的任职资格和独立性进行审核。对中国证监会持有异议的被提名人，可作为公司董事候选人，但不得作为独立董事候选人。

《指导意见》还规定，独立董事应当对上市公司以下重大事项发表独立意见：(1)提名、任

免董事;(2)聘任或者解聘高级管理人员;(3)公司董事、高级管理人员的薪酬;(4)上市公司的股东、实际控制人及其关联企业对上市公司现有或新发生的总额高于300万元或高于上市公司最近经审计净资产值的5%的借款或其他资金往来,以及公司是否采取有效措施回收欠款;(5)独立董事认为可能损害中小股东权益的事项;(6)公司章程规定的其他事项。

只有独立董事真正独立于管理层和控股股东,与之没有利益上的利害关系,才能够真正向全体股东、股东大会负责,才能独立思想、独立发表意见而无所顾忌,才能够有效维护公司整体利益和股东的合法权益。若独立董事与管理层和控股股东之间存在或明或暗、千丝万缕的联系,则难免与之沆瀣一气,同为一丘之貉,监管当局引入独立董事制度的良苦用心也就白费了。

## 五、独立董事的中国现状,存在的问题及对策

独立董事制度首创于美国,在我国独立董事制度的引入始于1998年H股上市公司按照香港联交所的要求设立独立董事。

《指导意见》发布前,截至上年年末,我国上市公司共有56家设立了独立董事,人数逾百,占上市公司总数近5%。

2001年5月31日发布《指导意见》后至今,已有200多家境内上市公司设立独立董事,独立董事人数有400余名。

中国证监会要求在上市公司中建立独立董事制度,以期在一定程度上改善上市公司治理结构,可谓用心良苦,大多数人对此也持较为乐观的态度,认为建立独立董事制度是改善上市公司治理结构的一剂良方、一柄利器甚至是救命稻草,但持这样做只是“麻袋上绣花”、于事无补观点的亦不乏其人。

笔者认为,独立董事制度本身无可厚非,建立独立董事制度有助于提升上市公司的治理水平,有利于促进上市公司规范运作,在很大程度上能够维护中小股东的合法权益。国内外实践已经证明了其是行之有效的能够改善公司治理结构的重要手段。

而良好的制度在我国落地生根后能不能起到大家期待的良好效果,则不是制度本身的问题了。

下面简要分析在我国引入独立董事制度以来存在的一些问题及相应对策:

### (一)上市公司应当建立独立董事制度

中国证监会是以通知的形式发布的,效力较低,且未对没有遵照《指导意见》执行的上市公司所应承担的相应责任作出明确规定,对上市公司约束力较差,立法机关应当尽快总结经验,修改有关法律,或者由有关行政主管部门出台效力较高的法规、规章,对独立董事制度作出明确规定。

### (二)我国建立独立董事制度面临的一大挑战是缺乏足够的、良好的独立董事候选人

《指导意见》明确规定担任独立董事应当具备的基本条件之一是具有5年以上法律、经济或者其他履行独立董事职责所必需的工作经验;同时,上市公司聘任的独立董事中至少包括1名会计专业人士。此外,独立董事应当确保有足够的时间和精力有效地履行独立董事的职责。但是目前,相当数量的上市公司在聘任独立董事时,倾向、热衷于技术专家、经济学

家及社会知名人士，后者一时“洛阳纸贵”，同时兼任数家上市公司独立董事的大有人在。冷静分析，很大一部分上市公司这样做，并非希望独立董事在监督公司经营管理、制衡控股股东和经理人权利、保护股东权益等方面发挥改善公司治理结构的作用，而是希望借助名人效应制造声势，扩大影响，或者仅仅是将专家型独立董事作为公司顾问来定位，则本应是股东尤其是中小股东代言人的独立董事却充当起“顾问”“花瓶”的角色，维护公司整体利益，保护中小股东合法权益无从谈起，独立董事形同虚设。另外，人们对这些独立董事是否有足够的时间和精力以有效地履行其独立董事职责也是心存疑问的。当然目前这种现状也不能完全归咎于上市公司，一方面时间比较仓促，上市公司在短时间内也确实难以找到合适人选。另一方面，更为主要的原因是，我国目前严重缺乏足够的、良好的独立董事候选人，为解决这一问题，应当从以下几方面入手：大力加强独立董事人才的挑选和培训，这一点中国证监会已经充分认识到，证监会及其授权机构正在举办独立董事的培训班，建立上市公司独立董事人才库，为上市公司输送合格的独立董事候选人；独立董事的职业化，目前我国上市公司独立董事绝大部分都是兼职性质的，而独立董事应当具备的任职条件、独立董事被赋予的职权、独立董事面临的风险和责任，决定了独立董事可以而且应当成为一种职业，可以设想成立类似律师事务所的独立董事事务所，接受上市公司委托，提供独立董事，最终形成一支职业的独立的董事队伍。此外，聘任境外适当人士或吸纳主要债权人的代表担任上市公司独立董事也不失为一个好想法。

（三）对独立董事独立性的理解

就独立性的理解，笔者非常认同香港董事学会主席郑慕智先生所持的观点。他认为，独立，是一种展示其持久的专业责任感，特别是在压力之下，能够独立思想，独立（发表）意见，在惠及全体股东利益的同时，强调对小股东的利益进行保护。所谓独立态度，不是自大，不是刻意制造分歧以显示与众不同，更不是为了表演而去怀疑和批评。他特别强调，要实现这一切，就必须满足以下三项要求：一是在公司中没有行政或管理上的责任；二是独立于管理层；三是除董事酬金外，并没有从公司收取其他收益。所以，真正意义上的独立董事，他们能够替所有股东尤其是中小股东说话，敢于说话。

从《指导意见》关于独立董事独立性要求的规定中不难看出，目前独立董事的独立性主要表现在独立于管理层和控股股东，而独立董事与上市公司之间的利益的独立性则是相对的，独立董事与上市公司之间不可能完全没有任何利益关系。在这种情况下，有必要将独立董事的利益与公司的整体利益及中小股东的利益紧密联系起来，这一点上市公司不容忽视。

（四）独立董事的产生

《指导意见》规定，上市公司董事会、监事会、单独或者合并持有上市公司已发行股份1％以上的股东可以提出独立董事候选人，并经股东大会选举决定。目前，境内上市公司独立董事往往由公司大股东聘请，而独立董事在很大程度上是中小股东的代言人，要特别关注中小股东的合法权益不受损害。这样一来，独立董事维护中小股东权益的作用有可能在上任伊始便大打折扣。为了应对大股东一手包办独立董事，笔者建议：一是上市公司应当采用差额选举而非等额选举的方式；大股东有提名权，中小股东应当增强保护意识，踊跃联合起来提出独立董事候选人。二是在股东大会选举决定独立董事时，大股东应当回避，不参加独立董事的选举，即大股东无选举权，以保证独立董事日后不受大股东的制约，真正起到监督公司经营管理、制衡控股股东和经理人权利、维护中小股东权益的特殊作用。

（五）务必结合中国具体国情建立、完善独立董事制度

美国是独立董事制度的发源地，而我国刚刚引入独立董事制度。美国独立董事制度是以股权高度分散为前提的；而我国目前上市公司内部人控制、一股独大现象比较突出，股权高度集中。美国独立董事在一定程度上是公司所有者的代表，通过参与决策和监督高层管理人员的行为，最大限度地降低委托代理成本，以维护全体股东的利益；而我国上市公司大多存在控股股东，大股东实际操纵和控制着董事会，并存在左右公司经营决策损害中小股东利益的可能，董事会实际上成为控股股东利益的代表，中小股东的合法权益受到严重侵害。所以现阶段我国引入独立董事制度主要是为了防止管理层欺诈，维护中小股东的利益。美国公司不设监事会，采取在董事会中设非执行董事的办法发挥监督作用；而我国公司是设立监事会作为公司的监督机关。由于引入独立董事制度的基础（股权结构等）不同，所要达到的目的也不尽相同，我们在借鉴美国独立董事制度时，一定要加以改造，使之在中国特殊的现实环境下行之有效；否则再好的制度也是枉然。

（六）尽快建立、完善独立董事的报酬制度、责任保险制度及出台相关配套措施是独立董事制度的一项重要内容

《中国上市公司治理准则》规定，董事会决议违反法律、行政法规和上市公司章程或对公司造成经济损失的，对作出该决议负有责任的董事应按照法律规定承担相应的责任。独立董事亦不例外。在中国证监会作出的对上市公司郑百文的处罚决定中，该上市公司的一位独立董事未能幸免，被课以 10 万元人民币的巨额罚款并被认定为市场禁入者，成为我国证券市场上第一位受到监管部门重罚的独立董事。这一处罚一方面使得跃跃欲试有意担任独立董事的人会更加慎重考虑；另一方面，独立董事制度被寄予厚望，独立董事肩负维护公司整体利益、关注中小股东的合法权益不受损害之重任，责任重大；而上市公司给予独立董事的津贴是每年 1～5 万元人民币，无疑独立董事可能承担之风险和责任与取得的报酬之间极不相称，一旦独立董事须依法承担相应责任，则极有可能没有经济能力承担。前述郑百文的那位独立董事就感到十分委屈，其从该公司领到的津贴每年仅数千元，巨额罚款无疑超出了其经济承受能力。一时间，独立董事的报酬制度、责任保险制度成为大家讨论的热点。就独立董事的报酬制度，目前普遍认为独立董事获取与其履行职责付出的劳动相当的报酬理所当然；同时，独立董事领取固定报酬不尽合理，可以考虑建立有效的股权激励机制，以更好地调动独立董事的积极性。《指导意见》在这方面的规定是上市公司应当给予独立董事适当的津贴，津贴标准应当由董事会制订预案，股东大会审议通过，并在公司年报中进行披露。同时规定，独立董事除上述津贴外，不应从该上市公司及其主要股东或有利害关系的机构和人员取得额外的、未予披露的其他利益。《指导意见》规定得比较笼统，操作性不强。各上市公司应当按照规定，结合自身具体情况，建立健全行之有效的独立董事激励机制，既要注重物质激励，也要兼顾精神激励，两者不可偏废。

至于独立董事责任保险制度，《指导意见》中对此作出规定，上市公司可以建立必要的独立董事责任保险制度，以降低独立董事正常履行职责可能引致的风险。《中国上市公司治理准则》规定，公司经股东大会批准后，可以为董事购买董事责任保险。但遗憾的是，我国保险市场起步晚，保险公司目前并无此类险种可以投保，建立独立董事责任保险制度只能停留在

书面上。可见，需要有关部门大力配合，尽快建立健全配套措施，以真正建立独立董事责任保险制度，独立董事方能无后顾之忧。

（七）独立董事能够真正发挥作用在很大程度上还取决于上市公司能否真正提供以下良好的必要的条件以保证独立董事有效行使职权

保证其享有与其他董事同等的知情权、提供履行职责所必需的工作条件，公司有关人员积极配合独立董事行使职权，不干预独立董事独立行使职权；取决于上市公司人员和市场参与者能否充分认识独立董事的作用，独立董事与公司股东尤其是中小股东、董事会其他成员及公司利益相关者之间能够配合默契、建立良性互动的关系。

## 六、独立董事与监事会并存并无不妥，两者良性互动，密切配合，应能极大改善上市公司治理

自从中国证监会发布《指导意见》要求上市公司建立独立董事制度以来，许多公司、个人咨询笔者，美国设计非执行董事（独立董事）制度是因为公司未设立监事会，既然我国上市公司中已经设立了监事会，有必要再多此一举、郑重其事地引入独立董事制度吗？与其大费周章引入该制度，不如借鉴设立独立监事制度，这样岂不是更省事？建立独立董事制度后，会不会出现多头监督、工作重复、影响管理层及时决策等新问题呢？笔者认为，既然引入独立董事制度已成定局，独立董事与监事会并存并无不妥，如果两者之间能够良性互动，密切配合，相信能够有效遏制目前屡禁不止的违法违规现象，极大程度上改善上市公司的治理。

首先不得不正视这样一个事实：我国公司监事制度无论在立法上还是在具体实施上都乏善可陈，甚至可以说是最不成功的。近年来，大股东大量占用上市公司资金，将上市公司变成自己的"提款机"，逐渐掏空上市公司，损害中小股东的合法权益的案例层出不穷，但遗憾的是，无一是由作为公司监察机关的监事会"监察"出来的。一言以蔽之，公司监事会缺乏独立性，未能发挥应有的监督作用，形同虚设。

平心而论，公司监事会未能有效行使职权、履行职责，原因是多方面的，既有体制方面的缺陷，也存在制度设计方面的缺陷。此外，诸如"一股独大"公司股权高度集中等弊端也不无妨碍。

不难理解，独立董事与监事会在公司关系、职权、人员组成、议事规则、监督作用等方面的差异决定了两者可以和平共处。

第一，监事会向全体股东负责，是公司的监督机关，与上市公司的业务执行机关董事会之间是监督与被监督的关系。而独立董事作为董事会成员向股东大会负责，对上市公司及全体股东负有诚信与勤勉义务。同时，独立董事作为公司董事会成员，理所当然地会与其他董事会成员一道受监事会监督。

第二，上市公司独立董事除依照我国《公司法》第112条规定行使十项职权外，还行使上市公司赋予的特别职权。

监事会方面，该法第126条规定，监事会行使下列职权：(1)检查公司的财务；(2)对董事、经理执行公司职务时违反法律、法规或者公司章程的行为进行监督；(3)当董事和经理的行为损害公司的利益时，要求董事和经理予以纠正；(4)提议召开临时股东大会；(5)公司章程规定的其他职权。

2000 年 3 月 15 日国务院发布的《国有企业监事会暂行条例》第 3 条规定，监事会以财务监督为核心，根据有关法律、行政法规和财政部的有关规定，对企业的财务活动及企业负责人的经营管理行为进行监督，确保国有资产及其权益不受侵犯。

2001 年 9 月 11 日中国证监会《中国上市公司治理准则》规定，上市公司监事会应当向全体股东负责，以财务监督为中心，同时对公司董事、经理及其他高级管理人员的尽职情况进行监督，保护公司资产安全，降低公司的财务和经营风险，维护公司及股东的合法权益。

可见，监事会侧重于财务监督，并不参与、干预公司的经营决策和经营管理活动，且多为事后监督。独立董事侧重于对上市公司的重大关联交易等业务进行监督，置身于公司经营决策和经营管理活动之中，且独立董事能够及时发挥监督功能。

第三，人员组成上，依我国《公司法》的规定，上市公司监事会由股东代表和适当比例的公司职工代表组成，董事、经理及财务负责人不得兼任监事。

而独立董事则是上市公司聘任的不在公司担任除董事外的其他职务，且与所受聘上市公司及其主要股东不存在可能妨碍自己进行独立客观判断的关系的董事。

第四，监事会的监督带有内部监督、事后监督的特征，从以往情形来看，由于人员组成等方面的原因，监事会往往受控于董事会及控股股东，甚至沦为董事会的附庸，对公司违法违规行为视而不见，监督作用名存实亡；同时，即使在监督中发现问题，也无法采取及时有效的措施制止或纠正。反之，独立的外部董事因其独立性，能够秉持独立的客观公正的立场进行监督，处于较为超然的地位，同时能够对公司的违法违规行为在决策时及时予以否决或制止。

应当注意到，《准则》等规范性文件发布后，监事会制度将得到极大改善，在以下几方面与独立董事制度之间存在许多共同点：(1)行使职权独立性。《准则》规定，监事会的人员和组成，应当保证监事会具有足够的经验、能力和专业背景，独立有效地行使对董事、经理履行职务的监督和对公司财务的监督和检查。(2)任职条件的要求。监事应具有法律、财务、会计等方面的专业知识或工作经验，具有与股东、职工和其他相关利益者进行广泛交流的能力。(3)职权方面。监事会有权向股东大会提议公司外部审计机构；监事有了解和查询上市公司经营情况的权力，并承担相应的保密义务。必要时，监事可以独立聘请中介机构对其履行职责提供协助。监事会还可要求公司高级管理人员、内部审计人员及外部审计人员出席监事会会议，解答所关注的问题。监事会在向董事会、股东大会反映情况的同时，可以向证券监管机构及其他有关部门直接报告情况。公司的董事、高级管理人员及其他人员同样应给监事正常履行职责提供必要的协助，不得干预、阻挠。(4)与公司董事会一样，如果监事会决议违反法律、行政法规和上市公司章程或对公司造成经济损失的，对作出该决议负有责任的监事应按照法律规定承担相应的责任。(5)报酬方面。此前即 2000 年 3 月 15 日国务院发布的《国有企业监事会暂行条例》第 21 条规定，监事会成员不得接受企业的任何馈赠，不得参加由企业安排、组织或者支付费用的宴请、娱乐、旅游、出访等活动，不得在企业中为自己、亲友或者其他人谋取私利。监事会主席和专职监事、派出监事不得接受企业的任何报酬、福利待遇，不得在企业报销任何费用。

综上，不可否认，独立董事与监事会在职权范围等方面有所交叉、重叠，笔者不敢断言日后不会发生摩擦、冲突，但维护公司整体利益及股东合法权益的一致方向决定了两者能够为完善公司治理结构而共同发挥作用。笔者深信新引入的独立董事制度与健全完善后的监事会制度双管齐下，一定能够发挥强有力的制衡、监督作用，将会使上市公司面貌焕然一新，混乱无序的证券市场将会大有改观。

独立董事制度作为公司治理结构的重要组成部分，被各方寄予厚望，但这一剂良方要真正发挥作用，尚需假以时日，还需要多方共同努力，健全完善独立董事履行职责所必需的内外部条件，否则独立董事制度“独木难支”。独立董事一职非同儿戏，责任重大，要做到既独又懂，亟须独立董事提高自身素质，勤勉尽责。笔者坚信独立董事制度能够成为完善公司治理结构的利器，让我们衷心祝愿独立董事制度一路走好！

# 企业并购及其财务风险

黄 煌[*]

## 一、企业并购的定义

### (一)国外对企业并购定义的界定

国外研究资料中,“并购”一般使用“M&A”表示,“M&A”是英文“merger”和“acquisition”首字母的合称。它通常包括如下形式:

1.兼并(merger)

兼并在《新大不列颠百科全书》中被解释为:“指两家或更多的独立企业或公司合并组成一家企业,通常由一家占优势的公司吸收一家或更多的公司。一项兼并行为可以通过以下方式完成:用现金或证券购买其他公司的资产;购买其他公司的股份或股票;对其他公司的股东发行新股票,以换取所持有的股权,从而取得其他公司的资产和负债。”①

2.收购(acquisition)

收购在《新帕尔格雷夫货币金融大词典》中的定义为:“一家公司购买另一家公司的资产或证券的大部分,目的通常是重组其经营,目标可能是目标公司的一个部门(部门收购,母公司出售或回收子公司股权与之脱离关系或让产易股),或者是目标公司全部或大部分有投票权的普通股(合并或部分收购)。”

### (二)我国现行法律对并购定义的界定

我国现行法律法规对企业并购的定义主要体现在以下几个规定中:

1989 年 2 月 19 日由国家体改委、国家计委联合颁布的《关于企业兼并的暂行办法》中规定:“企业兼并是指一个企业购买其他企业的产权,使其他企业失去法人资格和改变法人实体的一种行为,不通过购买方式实行的企业之间的合并,不属于本办法规范。”②

1992 年 7 月 18 日国家国有资产管理局发布的《国有资产评估管理办法施行细则》第 6 条规定:“企业兼并是指一个企业以承担债务、购买、股份化和控股等形式有偿接收其他企业的产权,使被兼并方丧失法人资格或改变法人实体。”③

1996 年 8 月 20 日财政部颁布的《企业兼并有关财务问题的暂行规定》再次对兼并的含义作出解释:“兼并指一个企业通过购买等有偿方式取得其他企业的产权,使其失去法人资

* 黄煌,福建联合信实律师事务所高级合伙人,电邮:hh@lhxs.com。

① *The New Encyclopedia Britanannica*, Encyclopedia Britanannica, Inc.volume8, 1993, pp.34-35.

② 《关于企业兼并的暂行办法》,http://www.pkulaw.cn/,最后下载日期:2019 年 5 月 8 日。

③ 《国有资产评估管理办法施行细则》,http://www.pkulaw.cn/,最后下载日期:2019 年 5 月 8 日。

格或虽保留法人资格，但变更投资主体的一种行为。”①

2006年1月1日施行的《中华人民共和国公司法》第173条规定，公司合并可以采取吸收合并或者新设合并。一个公司吸收其他公司为吸收合并，被吸收的公司解散。两个以上公司合并设立一个新的公司为新设合并，合并各方解散。②

### （三）本文对于企业并购定义的界定

在国际上，兼并是指两家以上的公司结合成一家公司，原公司的权利与义务由存续（或新设）的公司承担；收购是指并购企业购买目标公司的资产、营业部门或股票。可以看出，国际通用的兼并与收购是一个内涵十分丰富广泛的概念。③

《关于企业兼并的暂行办法》《国有资产评估管理办法施行细则》《企业兼并有关财务问题的暂行规定》规定的兼并实际上已包含国外兼并及收购的意思，《中华人民共和国公司法》规定的吸收合并实际上与国外的兼并是相同的。在我国，兼并和收购常作为同义词或近义词使用，统称并购。

笔者认为，“企业并购”从本质上看就是并购方为了取得目标公司的控制权的并购目的而使用自身可支配的资产或资源，如现金、证券、实物资产、期权、承担债务等作为并购对价，使目标公司法人地位消失，或者虽保留法人资格但变更投资主体，并取得对目标公司控制权的行为。

## 二、企业并购的分类

### （一）资产并购与股权并购

2006年8月8日中华人民共和国商务部等单位联合颁布的《外国投资者并购境内企业暂行规定》第2条规定：“本规定所称外国投资者并购境内企业，系指外国投资者协议购买境内非外商投资企业（以下简称‘境内公司’）的股东的股权或认购境内公司增资，使该境内公司变更设立为外商投资企业（以下简称‘股权并购’）；或者，外国投资者设立外商投资企业，并通过该企业协议购买境内企业资产且运营该资产；或，外国投资者协议购买境内企业资产，并以该资产投资设立外商投资企业运营该资产（以下简称‘资产并购’）。”根据上述规定，企业并购分为股权并购和资产并购。④

1.资产并购

资产并购是指并购方为了达到并购目的，购买目标公司资产，控制或运营该资产，但并不成为目标公司股东的并购方式。采用资产并购方式的好处在于：并购方与目标公司是资产的买卖关系，买卖的是目标公司的有形资产或无形资产，并不涉及目标公司的主体资格变化，并购方与目标公司在并购前后均是各自独立的法律实体，目标公司的债权债务仍由目标公司承担，不会由并购方来承担。并购方与目标公司形成的是资产的简单买卖法律关系，操

---

① 《企业兼并有关财务问题的暂行规定》，http://www.pkulaw.cn/，最后下载日期：2019年5月8日。

② 《中华人民共和国公司法》，http://www.pkulaw.cn/，最后下载日期：2019年5月8日。

③ 刘文通：《公司兼并收购论》，北京大学出版社1997年版，第4页。

④ 《外国投资者并购境内企业暂行规定》，http://www.pkulaw.cn/，最后下载日期：2019年5月8日。

作起来较为简单。与股权并购方式不同,资产并购可以使并购方不涉及目标公司的债权债务、劳资关系、法律纠纷等等。

2.股权并购

股权并购是指并购方为了参与、控制目标公司,通过协议购买目标公司的股权或通过目标公司增资扩股的方式,成为目标公司新的股东的并购方式。采用股权并购的好处在于:一般情况下税费相对较低,且可以快速通过目标公司的壳资源取得一些特定资质、行政许可或资产。

股权并购的主要风险在于并购完成后,目标公司仍承担目标公司原来的各种法律风险,如有负债、法律纠纷等等,并购方作为目标公司的新股东,应当依据公司法的相关规定承担股东责任。实践中,由于并购方在并购前缺乏对目标公司的充分尽职调查就进行并购,导致并购后发现目标公司资产短缺、各种潜在风险爆发,并不能实现并购目的的案例屡见不鲜,可谓赔了夫人又折兵。

(二)横向、纵向和混和并购

按并购双方行业相关性划分,并购可分为以下几个类型①:

1.横向并购

横向并购是指并购双方处于同一行业,或者其产品同类或相近,或者是工艺相同或相似的情况下,并购方为了提高自身在行业的集中度,扩大市场规模,而实施的并购行为。横向并购的目的在于确立或提升行业地位,巩固企业优势,实现规模经济,增强企业综合实力,甚至达到垄断的目的。

2.纵向并购

纵向并购是指在并购双方属于上下游行业,或者其产品具有前后关联性的情况下,并购方为了缩短生产周期、节省费用或者实现纵向生产一体化等目的,而实施的并购行为。通过纵向并购,不仅能帮助企业降低成本,还能有效解决供应链内部矛盾的问题,进行更合理的资源配置,提高生产效率,提升企业的核心竞争力。

3.混合并购

混合并购是指在并购双方不属于同一行业,也不属于上下游行业,其产品无直接关联性的情况下,并购方为了实现多元化经营,而实施的并购行为。混合并购具有横向并购和纵向并购的特征。通过混合并购,能扩大市场的活动范围,实现资源和优势互补,分散企业的经营风险。

## 三、常见企业类型的并购流程

限于篇幅及本文研究的内容,以下仅描述非上市的普通内资公司、国有参股公司的并购流程图。

① 汤谷良:《企业重组与改制的财务设计》,浙江人民出版社 2001 年版,第 32 页。

(1)普通内资公司并购流程图(见图1)

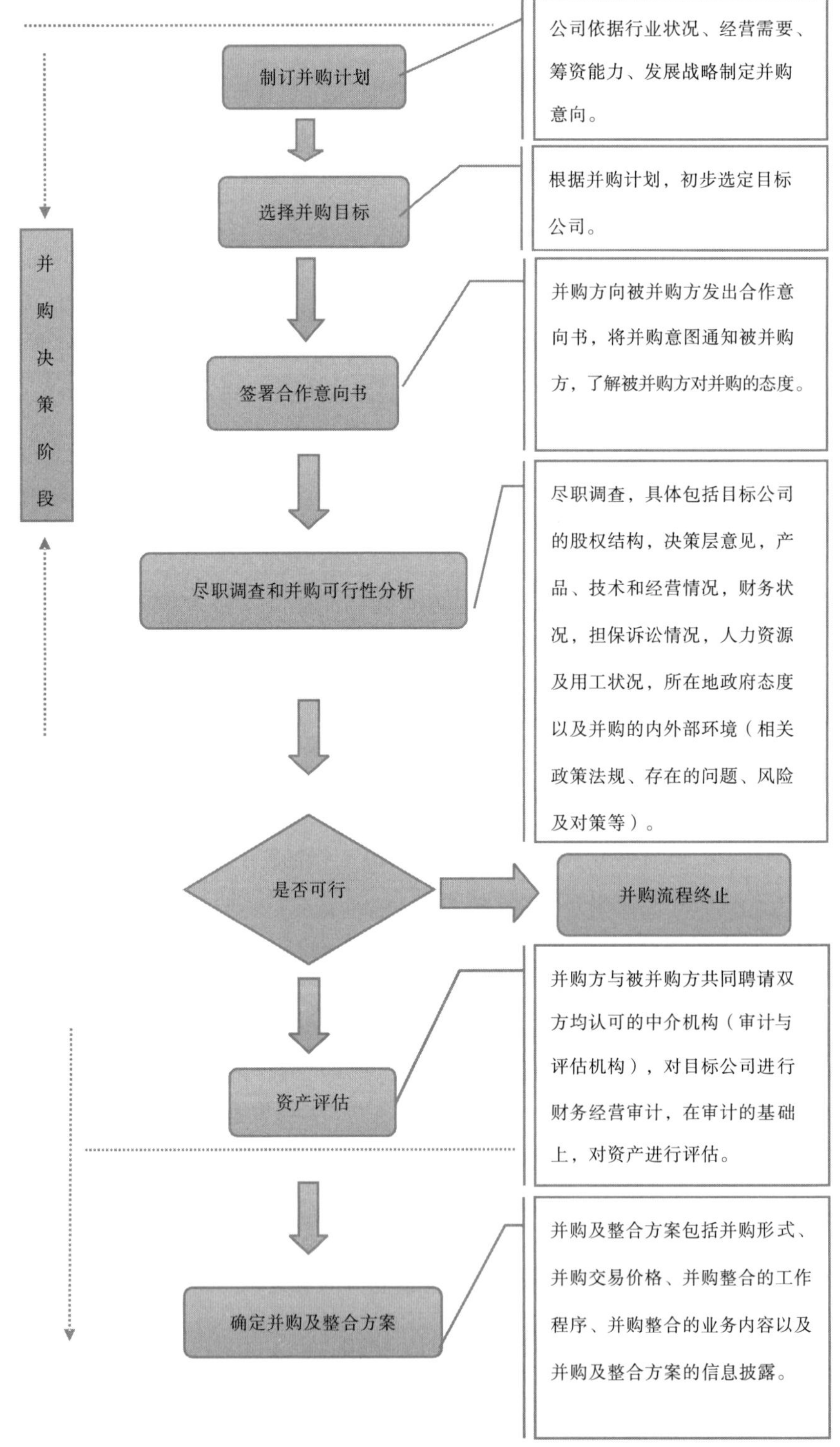

（续上图）

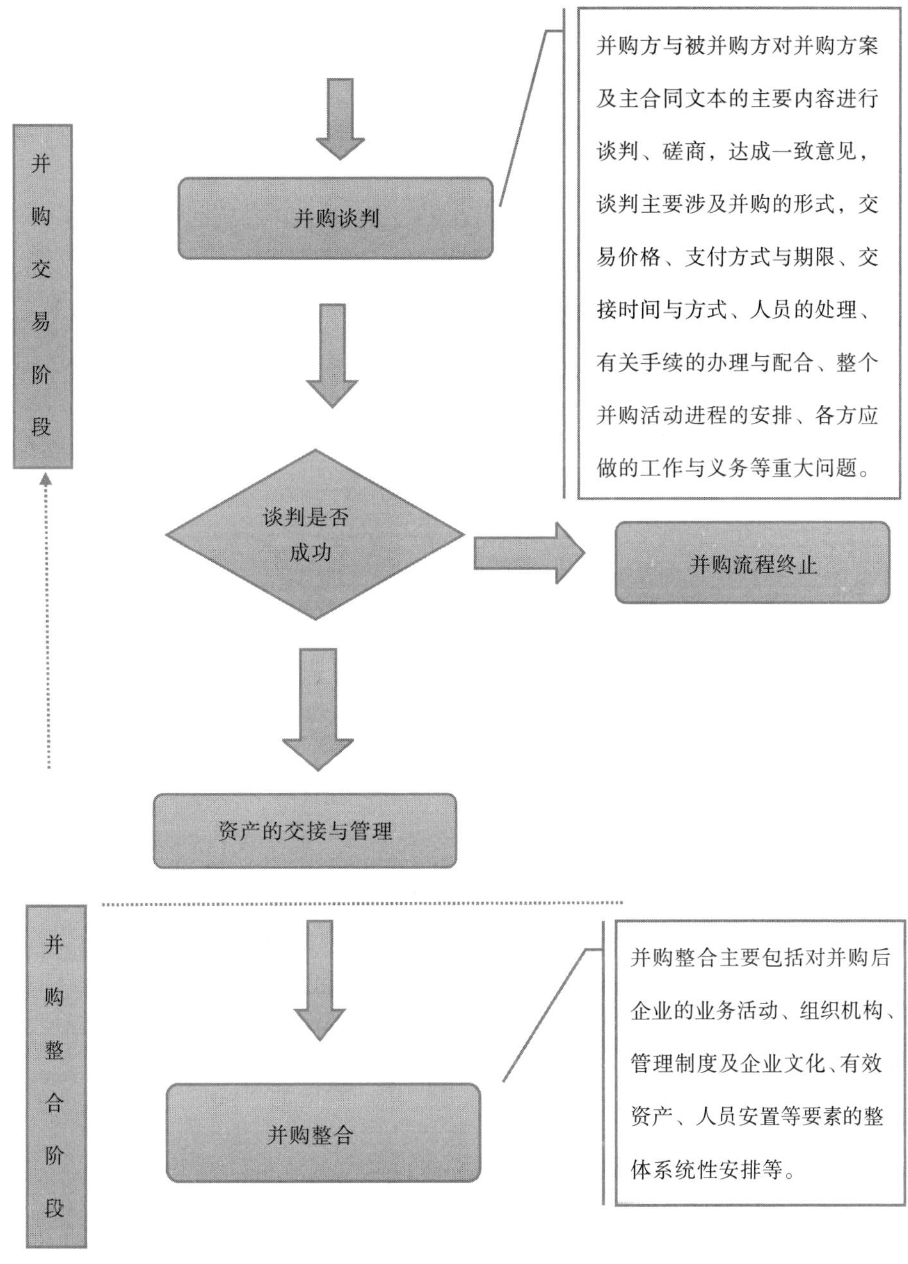


**图 1　普通内资公司并购流程图**

(2)在普通内资公司并购流程的基础上，国有参股公司并购还增加了以下流程(图2)

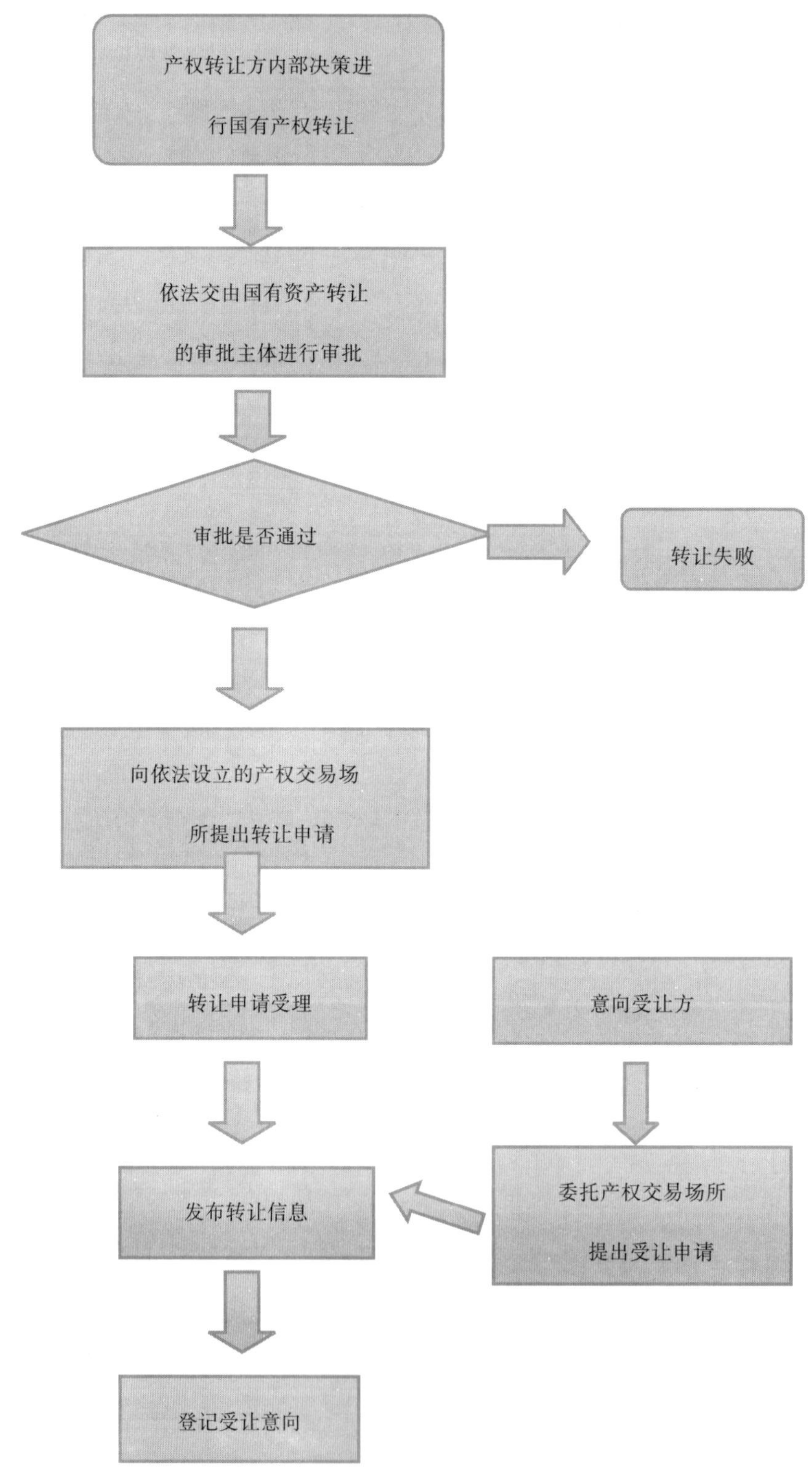

（续上图）

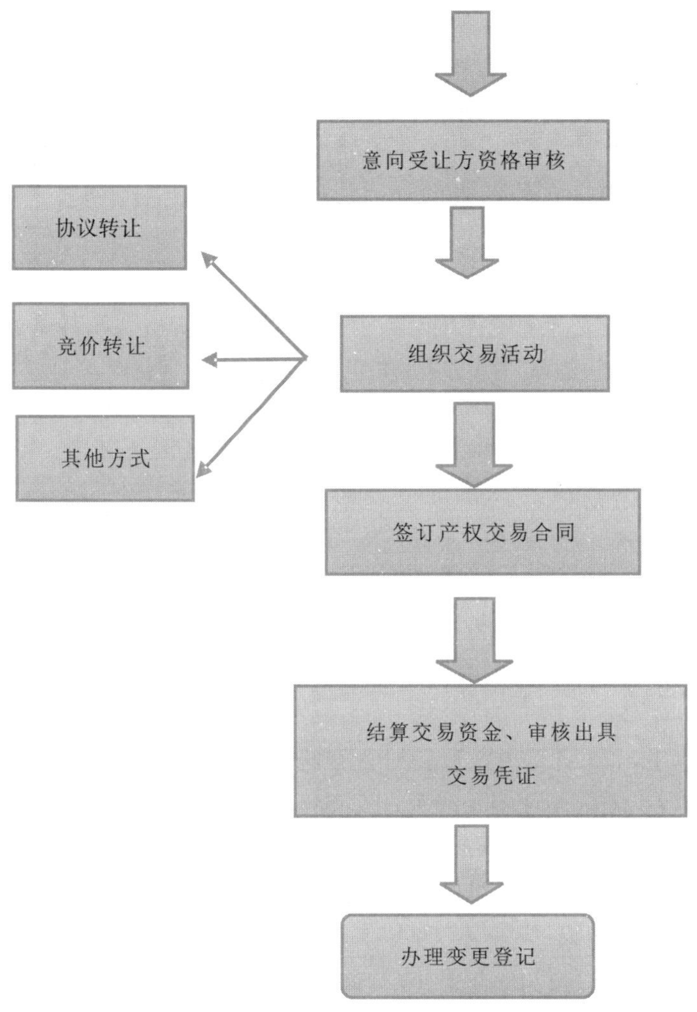


**图 2　国有参股公司并购流程图**

## 四、企业并购财务风险的定义

风险是对预期结果的不确定性。风险是客观存在的，不以人的意志为转移。在市场经济条件下，风险和收益是并存的。一般而言，企业财务活动过程中的风险和收益是呈同方向变化的，低风险只能获得低收益，高风险则往往能得到高收益。但风险并不等同于危险，危险是指可能出现坏的结果，而风险则既可能出现好的结果，也可能出现坏的结果。①

杰弗里·C.胡克认为，企业并购财务风险由并购交易融资的负债数额和将要由购买方承担的目标公司的债务数额等因素决定。并购财务风险不仅包括企业偿债能力方面下降，还包含对其经营方面融资能力的制约，风险程度衡量需要考虑为并购融资形成的负债数额

① 尹平等：《股份制企业财务风险与防范》，中国财政经济出版社 2000 年版，第 15 页。

和将要由购买方承担并购目标公司付现债务金额等因素。①

胡克的上述观点概括了财务风险的核心内容，但融资决策并不是导致并购财务风险的唯一原因，并购作为一项投资活动，在作为融资决策前，还应当作出是否投资的决策以及投资后的整合决策。如果我们从并购财务风险的来源出发，对并购财务风险形成原因进行完整分析的话，在企业的并购活动过程中，与形成并购财务风险有关的决策行为不仅包括融资决策，还包括目标公司的估值决策、并购支付方式决策、并购后的财务整合决策。这是因为：

（一）企业并购活动首先它是一种投资的行为

企业融资的前提是企业需要融资，确定了投资行为是融资的一个前置条件，投资与融资关系密切、共同影响并购企业的财务风险因素。其次，企业实施并购战略的目的，并不仅仅是保证并购活动在财务上是顺利和安全的，而是通过并购还要获取并购方需要的资源，以最终实现并购方或目标公司的企业价值增值，这才是并购的最主要战略目标。如果仅仅按融资的财务风险，来作为衡量并购活动的财务风险标准，是不完整和片面的。

（二）企业并购活动还包括一些其他财务决策

从并购的流程分析，应赋予企业并购财务风险更加广泛的内涵，并购的财务风险在并购的不同阶段所展现的影响是不同的，如：

1.在并购之前，并购方对目标公司的价值评估是否接近真实价值就直接影响着并购前期的财务风险，如果由于信息不对称导致估值的失真，也会对之后的经营管理形成一定的影响。

2.在并购过程中，如果并购方没有针对自身的特点来很好地扩展融资渠道或是采取的支付方式不恰当，就会造成资金不足或者过度支付，高额的成本费用占用了企业大量的资金并给企业的财务运作带来了巨大的压力。

3.在并购后，如果并购方没有对目标公司的财务进行充分的整合，目标公司的资产及债权债务没有得到很好的处置，使得资产难以实现优化配置，企业财务部门结构过度冗繁使得管理效率低下以及管理成本过高，都会造成企业巨大的财务负担。

综上所述，由于并购前期的价值评估、并购过程的融资支付以及并购后的财务整合引起的企业一系列财务状况及财务经营成果的不确定性，使并购的预期目标与并购实际成果实现偏离，而导致企业形成的一系列财务困境、危机或不利影响，就称为并购的财务风险。

## 五、企业并购财务风险的来源

如前所述，并购前期的价值评估阶段、并购过程的融资支付阶段以及并购后的财务整合阶段所显现的财务风险是不同的。从并购的过程看可以分为并购前、并购中和并购后三个阶段，每个阶段都有其特有的财务风险，因此，并购财务风险的来源为并购前期的风险、并购过程中的风险以及并购后整合的风险。

（一）并购前期估值的财务风险

所谓并购前期估值的财务风险是指在并购前期由于对目标公司价值的评估出现偏差而导致并购方并购决策出现失误而产生的财务风险，它可能包括两种情况：

---

① ［美］杰弗里·C.胡克：《兼并与收购实用指南》，经济科学出版社2000年版。

1.并购方对目标公司的资产价值和获利能力预期估计过高,以至于出价过高而超过了自身的实际承受能力,或者因出价过高导致并购方无收益甚至亏损,并购后尽管目标公司运作得很好,过高的买价成本也无法给并购方带来满意的收益。

2.并购方对目标公司的资产价值和获利能力预期估计过低,以至于放弃并购,从而丧失了一次获利的商业机会。

估值的财务风险是因为并购方对于目标公司存在着信息不对称。目标公司是一个外部实体,并购方要想获得质量较高的信息难度很大,目标公司可能想获得更多的并购价款而故意隐瞒一些经营状况,或者粉饰报表,对目标公司的财务进行包装。

并购方对于并购目标公司的战略认识和把握也是有限的,加上并购方对于目标公司的资产、财务资料的信息不对称,使得在评估实践中造成目标公司价值评估的不准确。并购方由于认识的局限性,再加上信息的不对称,在并购前期就会偏离原有的并购战略方向而造成巨大的潜在风险,这也是企业管理层作出并购决策时所面临的决策风险。

因而,在并购实施前期,并购方要充分认识估值的财务风险,运用科学的方法对目标公司进行合理估值,从而减少并购过程中的估值风险。

（二）并购中期融资及支付的财务风险

企业并购活动实际上是一种产权交易行为,不可避免地会涉及并购资金的筹措及支付。企业在并购过程中,并购资金的筹措及支付实际上就是企业融资与支付,企业融资和支付的手段和方法的选择是否合理,将直接给公司并购带来不确定性,并影响公司的财务风险水平。

并购一般需要大量的资金支持,强大的资金支持是企业并购必不可少的物质保障。如何在需要并购付款的节点之前,尽快筹措到资金并灵活安排支付,对于并购方来说至关重要。每一种融资方式带来的财务风险各不相同,融资方式也与并购企业采取的交易支付方式相互关联。如果企业在融资及支付的方式上出现选择失误,将给企业并购带来财务风险。

1.并购中期融资的财务风险

并购融资的财务风险主要是指由于采取融资方式而带来的不确定性,如果不能按时足额筹集并购所需的资金,会产生企业现金周转不灵现象,甚至使企业陷入资金链断裂危机。融资的财务风险主要表现在以下两个方面:

(1)融资资金支持的风险。融资资金支持的风险是指并购方能否按时足额地筹措到融资资金用于并购所造成的风险。在并购过程中,应根据企业并购的实际情况,预测并购资金的需求量和需求时间。若预测的并购资金不足以支付并购的实际资金需求量,很可能无法按时足额地支付应付款项而构成违约,形成上述财务危机。相应的,若预测的并购资金过分高于并购的实际资金需求量,会形成闲散资金的闲置和占用,给并购方增加不必要的资金成本。

(2)融资资金结构风险。融资资金结构风险是指在某种或多种融资方式下,融资给企业的资本结构所造成的风险。融资将导致企业负债比率的变化,负债比率的变化进而将导致企业资本结构的变化。当企业的融资和偿债能力存在不确定性,会导致企业出现偿债危险,存在一定程度的并购融资风险。

2.并购中期支付的财务风险

并购支付风险主要是指由于并购资金支付方式的安排不当，造成资金流动性风险和股权的稀释。在并购过程中，因为并购方的融资结构、双方在谈判中的强弱势等原因，最终并购方会采取不同的支付方式。不同的支付方式可能会导致不同的法律后果。

(1)采取现金支付方式，是被并购方最乐意接受的方式，但受制于并购方是否有足够强大的现金支付能力。在并购过程中，当支付所需资金超过并购方支付承受额时，必然会形成并购支付风险。所以，最大现金支付承受额的确定是影响并购支付风险的因素之一。采取现金支付，会形成即时的资金负担，若并购方的资金实力不足，会限制并购规模。通过对最大现金支付额的分析与决策，可以有效识别采取现金支付形成的并购支付风险。

(2)采取股权(期权)等非现金方式支付时，可能会形成对原有股权的稀释。在并购估值金额大于并购方承受额时，超出金额可考虑采取股权(期权)等非现金支付方式。采取股权(期权)等非现金支付方式会直接影响并购方的预期利益和未来收益，并且股权(期权)等非现金支付要比采取现金支付实施并购复杂。而且在并购中，目标公司的股东只有在预期并购后股权产生溢价时，才会考虑实施并购并同意采取非现金方式支付对价，从而实现并购活动双方“双赢”。采取非现金方式支付时，当目标公司原股东不愿接受时，会导致并购失败或形成财务风险。

(三)并购后财务整合的财务风险

企业并购整合是指企业并购后，通过并购方的整合管理，实现目标公司资产及债权债务的整合，同时实现组织结构、人力资源、财务资源、企业文化的整合。并购方必须及时对并购后的目标公司进行财务整合，使得并购方与目标公司的财务能够很好地融合起来。忽略企业并购后的财务整合是企业并购失败的一个重要因素，因为财务整合是并购整合中的一个核心环节，并购失败例子中有很多是因为没有进行恰当的财务整合所导致的。财务整合的失败，往往导致并购整体的失败。并购后财务整合的风险主要表现在以下几个方面：

1.财务组织机构调整的风险

在实施并购后，可能并购方与目标公司的财务组织机制很不相同，如果不对其进行整合，可能会造成并购方与目标公司财务管理的分离，目标公司的财务机构设置可能无法适应并购方的战略和发展的需要，如财务机构重置、人员短缺、控制不力等，就会导致企业财务风险。

2.财务制度风险

并购后，可能并购方与目标公司的财务制度也存在差异，合理与完善的财务制度，是并购企业财务管理工作正常进行的前提，财务制度的实施对加强财务管理，提高财务核算的及时性、准确性，提高并购方与目标公司的经营管理效益，确保资金运营安全高效具有重要意义。若未对目标公司的财务制度进行有效整合，将会动摇财务组织结构的基础，导致企业财务风险。

3.财务人员风险

另外，并购后并购方及目标公司的一些财务人员的行为也可能导致财务整合风险。例如，财务人员利用职权之便，损害并购方及目标公司利益，牟取私利，或者由于个人专业素质原因，决策失误给企业造成财务风险等。

## 六、企业并购财务风险控制

通过并购财务风险定义的阐述，得出了以下结论：

（一）并购中的三大财务风险

由于财务风险贯穿于并购行为的始终，因此要降低财务风险就必须针对企业并购的过程全面分析财务风险。本文认为并购前目标企业估值风险、并购中融资支付风险和并购后财务整合风险是企业并购的主要财务风险。这三种风险的来源彼此联系、相互影响和制约，共同决定着财务风险的大小。

（二）对目标企业估值风险的防范措施

1.充分重视企业并购中的尽职调查，建立并购估值管理流程，并通过重视与规范尽职调查、严格审查财务报表、交叉审核等方法进行财务风险控制，尽可能地规避因为财务报表局限性所带来的信息不对称。

2.依据并购方自身的发展需求，选择更为合适的并购战略，并根据并购方的战略需求调整目标公司的估值。

（三）对融资支付风险的防范措施

1.丰富融资工具，灵活安排融资得来的资金。

2.并购方应尽量选择运用混合型并购支付方式。

3.对并购项目作出可行性分析，预测并购前、并购中及并购后所需资金总额，以便提前合理安排融资及支付方式。

（四）对财务整合风险的防范措施

1.完善财务管理体系，降低财务整合的风险。

2.可以借助财务信息系统，辅助目标公司进行财务整合。

3.对目标公司的资产及债权债务进行梳理并妥善处置。

（五）企业并购财务风险控制的启示

1.企业并购一定要重视尽职调查。尽职调查可以说是企业并购必不可少的步骤。我国企业对这个步骤的轻视，已经吃过不少苦头。很多企业将律师费用、会计师费用计为成本而不是投资，虽然省了律师费用、会计师费用，但忽视了财务风险，最后可能会吃大亏，这是笔者很多客户近年来花学费买来的教训。

2.目标企业的净资产仅是估值定价的参考。在实务操作中，目标企业的净资产只是价格谈判时的参考。目标企业的最终并购价格的确定还受买卖双方议价能力、并购方的预期、战略意图等多方面因素的综合影响。

3.企业并购活动不是静态的，它是一个动态的过程，会随着具体情况的变化而变动的。不管是企业并购中的估值还是融资支付，或者是财务整合，都必须根据实际情况来进行适时的修正和调整。没有一成不变的并购方案、制度或标准，需要不断修正。从来就没有所谓标准的并购方案，每一套方案都是个性化的，是结合目标公司的背景资料和投资方的经营管理模式，根据目标定位逐步展开，并在实践中不断修订完善形成的。

4.并购财务风险实质上是人的风险，并购应当以人为本。财务风险的成因主要是由于尽职调查不力、财务结构不当、融资及支付不畅、财务整合失败等因素造成的。因而归纳起来，企业并购的财务风险可以说是与企业并购行为的整个过程相始终。在这一过程中，企业内部员工、企业以外的第三方的一些不当行为是造成企业财务风险的重要原因，会对企业预期价值和实际价值产生各种不利影响。一切并购方案的设计都要落实到人的操作上来。企业并购过程中所涉及的项目团队成员种类众多，涉及的知识面非常广。并购方案的设计和实施，需要团队、法律、财务、人事等专业的人才。企业并购意味着挑战、变革、融合，相关专业人才的能力至关重要。财务风险控制本身就是一个需要不断学习、不断实践的系统工程，企业应当常抓不懈地加强财务团队建设，以提高自身财务风险控制水平。

**参考文献**

1.*The New EncyclopediaBritannica*，Encyclopedia Britannica，Inc.volume8，1993.
2.《大美百科全书》(*Encyclopedia Americana*)(第十八卷)，外文出版社(北京)、光复书局1994年版。
3.刘文通:《公司兼并收购论》，北京大学出版社1997年版。
4.汤谷良:《企业重组与改制的财务设计》，浙江人民出版社2001年版。
5.尹平等:《股份制企业财务风险与防范》，中国财政经济出版社2000年版。
6.[美]杰弗里·C.胡克:《兼并与收购实用指南》，经济科学出版社2000年版。
7.G.Hamel.A.Heene，Competence Based Competition，*John Wiley&Sons* 1994.
8.[美]J.费雷德威斯:《并购、重组与公司控制》，经济科学出版社1998年版。
9.王北辰:《现代企业经营和发展战略》，经济管理出版社1987年版。
10.[美]马克·L.赛罗沃:《协同陷阱:并购游戏输在哪里?》，上海远东出版社2001年版。
11.蔡峰:《企业并购过程中的财务风险控制》，载《财政监督》2011年第5版。
12.谭利勇:《浅析企业财务尽职调查》，载《商业时代》2007年版。
13.常雅文:《企业并购财务风险预警体系的构建与研究》，载《商场现代化》2010年版。
14.杜攀:《企业并购风险的研究》，载《中国建材》2000年第2版。

# 股票质押式回购纠纷处置中的法律实务问题

张光辉*

近期上市公司 2018 年度业绩预告陆续公布，因商誉减值业绩大幅下跌的利空消息层出不穷，亏损额屡屡突破市场预期底线，可谓"天雷滚滚"，不少个股再度陆续出现暴跌甚至连续跌停的走势，股票质押式回购交易的风险是否会因此而持续爆发，再度引起市场的关注和担忧。

股票质押式回购交易，是一种以股票质押为手段的常见的融资模式，近年来随着中国资本市场的蓬勃发展也得以迅猛发展。截至 2018 年 11 月末，A 股用于质押融资的股票市值已超过 4.5 万亿元。近几年股市出现连续下跌的走势，不少质押股票跌破平仓值，导致进入诉讼或仲裁程序的股票质押式回购交易纠纷（以下简称"该类纠纷"）明显增多，而近期的业绩爆雷和中美贸易战等负面因素对该类纠纷的引发更是雪上加霜。

所谓股票质押式回购交易，是指符合条件的资金融入方（以下简称"融入方"）以其持有的股票或其他证券质押，向符合条件的资金融出方（以下简称"融出方"）融入资金，并约定在未来返还资金、解除质押的交易。融入方为上市公司股东；而融出方包括券商、券商子公司及其所管理的集合资产管理计划或定向资产管理客户以及信托、银行等金融机构。目前此类业务主要是券商开展得较多。

融出方为了保障业务安全，通常会在交易合同中约定三个风控指标：质押率（放款的折扣率）、预警线[当股价跌至预警线时，融出方将要求融入方补充质押（俗称"补仓"）]、平仓线[当触及平仓线时，则融出方有权直接强制抛售股票并优先受偿所得价款（俗称"平仓"）]。合同中还会约定股票价格达到或低于平仓值时，融出方有权要求融入方进行提前回购。

由于该类纠纷往往具有金额较大、社会关注度较高、专业性较强的特点，处理起来较为棘手。本文将根据笔者处理过的相关事务心得，并结合公开裁判文书，就该类纠纷中常见的法律实务问题及法院的裁判规则进行归纳和分析，以资共享和研讨。该类纠纷与券商的融资融券业务、约定式回购业务纠纷在处置和裁判规则中也有不少共通之处，各方在处理类似案例时亦可参考。

## 一、诉讼管辖问题

### （一）股票质押式回购纠纷的协议约定管辖是否有效？

该类纠纷在诉讼案由上属于质押式证券回购纠纷，根据最高人民法院《关于如何确定证券回购合同履行地问题的批复》（法复〔1996〕9 号）（以下简称《批复》）的规定：以证券交易场

* 张光辉，福建联合信实律师事务高级合伙人，电邮：zgh@lhxs.com。

所所在地或被告所在地有管辖权的人民法院确定证券回购纠纷的管辖。因此，在不存在管辖权约定条款或管辖权约定无效的情形下，原则上该类案件应适用该批复。

但实践中融出方出于风控、规避地方保护和诉讼便利性的考虑，往往会在交易合同里约定合同争议由融出方所在地法院管辖，该约定管辖是否有效呢？

股票质押式回购纠纷为履行证券回购协议产生的纠纷，属于合同纠纷的范畴。故根据《中华人民共和国民事诉讼法》第34条的规定“合同或者其他财产权益纠纷的当事人可以书面协议选择被告住所地、合同履行地、合同签订地、原告住所地、标的物所在地等与争议有实际联系的地点的人民法院管辖，但不得违反本法对级别管辖和专属管辖的规定”。也就是说，合同纠纷的当事人可以书面协议选择与争议有实际联系地点的法院管辖。案涉交易合同有关约定管辖的条款只要约定的管辖地符合上述规定、内容明确具体且起诉受理的法院未违反级别管辖及专属管辖等规定，法院会认定该约定管辖合法有效，受理的法院拥有合法管辖权。目前不少司法判例，包括较新的如广东省高级人民法院在浙江中捷环洲供应链集团股份有限公司、朱晓红股权质权纠纷案［（2018）粤民辖终838号］中，均支持了融出方所在地法院的约定管辖有效。

（二）证券公司仅为交易合同当事人，但非诉讼当事人，约定证券公司所在地法院管辖是否有效？

融出方为证券公司资产管理子公司管理的集合资产管理计划或定向资产管理客户的，券商虽非融出方，但按相应规定也应和融入方、资产管理子公司签署三方《业务协议》。该三方协议中如果把争议解决约定在券商所在地法院管辖的，那么该约定的效力如何认定呢？

比如，在贾跃亭、长江证券（上海）资产管理有限公司证券回购合同纠纷案［（2018）最高法民辖终108号］中，融出方系长江证券（上海）资产管理有限公司，相关业务合同约定管辖法院为券商长江证券股份有限公司所在地法院，融出方在融入方违约后按协议约定向长江证券公司所在的湖北省武汉市法院起诉并受理，融入方贾跃亭提出管辖权异议。最高人民法院在管辖权异议裁定中认为：长江证券公司虽然不是本案当事人，但作为诉争协议一方当事人，其住所地属于与争议有实际联系的地点。《最高人民法院关于适用〈中华人民共和国民事诉讼法〉的解释》第3条规定“法人或者其他组织的住所地是指法人或者其他组织的主要办事机构所在地”，诉争协议约定的“丙方所在地”即为“丙方住所地”，约定明确，不存在理解歧义。长江证券公司所在地法院对本案有管辖权。

## 二、违约处置中的问题

（一）违约处置顺序的问题

当融入方出现未依约偿还融资本息或购回股票等违约事项时，融出方是否必须先行处置股票方可以选择起诉或仲裁？或者当质押股票股价下跌触发平仓线时，融资方即便依约强制平仓处置质押股票，可能也无法足额弥补亏损，这种情况下，融出方能否直接选择司法途径向融入方主张偿付？这就涉及股票质押式回购纠纷提起司法程序是否应先履行其他处置手段为前置程序的问题。

就此，上海市第二中级人民法院在东方证券股份有限公司与贾跃民证券回购合同纠纷案［（2017）沪02民初505号］中认为：《股票质押式回购交易及登记结算业务办法》虽然规定了融出方可以依该办法处置质押股票，但并未限制融出方通过司法诉讼的途径来主张自己的权益。同时，根据相关股票的停牌情况、价格变动情况，融出方即便处置质押股票，亦无法足额弥补自己的损失，仍需通过司法程序追索融入方的其余财产。故不能强求融出方依《股票质押式回购交易及登记结算业务办法》先行处置股票，可直接提起诉讼。

那么融出方直接通过诉讼途径向融入方主张融资本金、利息与违约金，对质押股票能否享有优先受偿权？北京市东城区人民法院在招商证券股份有限公司与王利峰等股票回购合同纠纷案[(2015)东民(商)初字第 11735 号]中认为：具体如何处置质押的限售股票，协议未作明确约定。现融出方选择通过诉讼途径向融入方主张融资本金、利息与违约金及对质押股票享有优先受偿权，并无不当，应予支持。

（二）质押股票所属上市公司违法违规的处置问题

交易合同一般会约定，质押股票所属上市公司最近一年存在重大违法违规事件或财务报告存在重大问题等情形，融出方有权要求融入方提前回购。实践中，若质押股票所属上市公司已被监管部门出具行政处罚决定或刑事处罚决定而构成提前回购事由，各方争议不大。但在上市公司仅是被立案调查而尚未正式作出处罚决定的情况下，如何证明或认定上述情形是否已成就才是司法实践中的争议要点。上海市黄浦区人民法院在两起涉及用上市公司欣泰电气股票作为质押标的证券回购纠纷案[(2016)沪 0101 民初 20924 号、(2016)沪 0101 民初 20327 号]中认为："上市公司欣泰电气发布公告披露因公司涉嫌违反证券法律法规，现该公司已被中国证券监督管理委员会立案调查。各方当事人确认监管机构现已对其作出行政处罚决定。融出方要求融入方提前购回，符合合同约定，予以支持。"

在上述案例中，尽管融出方要求提前回购时上市公司是否存在违法违规行为尚未有监管部门的正式认定，但在诉讼过程中监管机构作出处罚决定，法院认为该证据足以证明在证券公司要求融资人提前回购时上市公司"存在重大违法违规事件"，符合合同约定的提前回购条件。法院还认为，融资人作为上市公司的大股东，对于公司是否违规应当是知晓的，也具有举证能力，融资人既未能举证证明上市公司经调查并不违法违规，也未对证券公司要求提前回购提出异议，足以认定提前回购条件的成立。上述案例的裁判规则为今后处理类似纠纷提供了较好的指导范例。

应注意的是，上述案例里上市公司的处罚决定均系在宣判前作出，故法院认定该事实的依据是充分的。但如果监管部门的正式处罚决定在宣判前仍未作出，那么法院支持提前回购条件成就的逻辑和事实依据可能就会存在一定的变数，因此从严格风险控制的角度考虑，交易合同上的约定表述应更严谨。例如，将前述诉争的提前回购情形的约定扩大至"存在因涉嫌重大违法违规行为被监管机关立案调查的情形"，实践中将避免更多的争议。

（三）质押股权被司法查封的处置问题

在交易合同中，一般会把质押股票被司法查封或强制执行事项约定为融出方有权要求融入方提前购回的事由，一旦质押股票在待购回期间被司法查封或强制执行，融出方可根据该约定要求融入方提前购回或进行场外清算，这在司法实践中已被确认有效可行。比如在万和证券股份有限公司与阳光凯迪新能源集团有限公司融资融券交易纠纷案[(2018)琼民初 30 号]中，由于涉案的凯迪公司持有的凯迪生态 16220 万股被北京市高级人民法院司法再冻结，被告(融入方)凯迪公司已无法提前购回涉案股票，原告(融出方)万和证券公司根据

《回购交易业务协议》的约定请求凯迪公司进行场外结算，海南省高级人民法院认为其主张具有合同依据并予以支持。

（四）融出方实施强制平仓所产生的额外损失承担问题

质押股票跌至或跌破平仓线后，融出方依约可及时进行强制平仓，但实践中融出方往往出于各种因素考虑，如客户央求、客户关系维护、市场波动较大时的操作难度等因素，往往不愿马上采取平仓操作，而是会跟客户进行协商沟通并给予一定的缓冲处理期，在客户不愿依约回购或采取其他替代处理措施后方才进行平仓，但如果实际平仓期过长产生的损失如何承担，或在平仓后股票价格上涨产生的价差损失的分担问题，往往会成为纠纷的导火索和争议焦点，如何处理在司法实践中也是个难点。

比如，在侯某某与某证券有限责任公司河北分公司、某证券有限责任公司质押式证券回购纠纷案[（2016）冀 0105 民初 299 号]中，融入方质押的辽宁成大股票在 2015 年 7 月 3 日股票市值达到平仓线时，融出方并未马上进行平仓，而是连续在之后的两个交易日通知融入方补充质押或者购回，融入方称无力偿还，同意平仓；但 7 月 8 日辽宁成大因重大事项突然停牌，直至 2015 年 12 月 15 日复牌；融出方并于 2015 年 12 月 21 日以每股 23.06 元的价格将股票卖出，12 月 22 日股票最高价升到每股 25.2 元。融入方认为融出方在应当平仓日（7 月 3 日）未及时平仓，要求：(1)造成其贷款所产生的利息及罚息由融入方承担；(2)融出方赔偿实际平仓价（每股 23.06 元）与平仓后的最高价（每股 25.2 元）两者之间的差价损失。

关于融出方未及时强制平仓遭遇股票停牌导致融入方承担更多的利息罚息损失问题，审理法院石家庄市新华区人民法院认为：虽然对于停牌的风险，双方均不可预测，但在具备平仓条件时，融出方未及时平仓，存在一定责任。在具备平仓条件时，融出方虽然有权进行平仓，但融出方为了维护融入方的合法权益，采取积极措施，善意提请客户注意平仓风险，尽到其应尽的合理提示及谨慎注意义务，因此，应免除融出方的部分责任。对于停牌期间，融入方的利息及罚息损失，根据公平及诚信原则，融入方与融出方各承担 50%左右。

关于融出方强制平仓后，股票平仓价格与上涨后价格之间的损失承担问题，法院认为：双方均认可在融入方逾期后，融出方有权进行单方处置。现融出方在要求融入方回购未果的情况下，采取的处置行为符合交易合同的约定，也未损害融入方的合法权益；同时，股票市场价格波动较大，对未来的涨跌趋势无法预测，故融入方主张平仓价格与上涨后价格之间的损失，没有合同及法律依据，不予支持。

上述判例对类似问题的处理提供了裁判示范，对融出方如何正确行使强制平仓权也提供了风险警示和操作导引，值得各方关注和研讨。

## 三、利息及违约金问题

（一）逾期占用期间的资金利息的计算问题

如果融入方未依约如期购回质押股票或归还融资款，逾期购回期间的资金占用利息，交易合同若有约定，按约定处理。但若交易合同未约定逾期购回的利息计算标准，按目前已有的司法裁判规则，则融出方有权按交易合同约定的购回利率计收资金实际占用期间的利息。比如，在招商证券股份有限公司与王利峰等股票回购合同纠纷案[（2015）东民（商）初字第 11735 号]中，北京市东城区人民法院认为：股票质押式回购交易，融入方未按融出方指定的期限备足资金提前购回标的证券,即未按期偿还借款,其违约行为给融出方造成了一定的损失,该损失主要为融资资金占用期间的利息损失。在双方未明确约定逾期购回的利息计算标准,即逾期利率的情况下,融出方主张融入方按协议约定的购回利率,即借款资金年化利率支付融资资金占用期间的利息,并无不当,应予支持。

### (二)违约责任金额的计算问题

当发生融入方逾期回购质押股票或其他违约情形时,交易合同一般会约定融出方可向融入方主张逾期利息、违约金、罚息等条款,融出方在诉讼时合并主张,融入方往往会以超出实际损失加重责任、利滚利违法等理由要求驳回。

股票质押式回购业务,其法律实质是以股票质押担保的借款合同,应适用《中华人民共和国合同法》有关借款合同的规定。比如,在东方证券股份有限公司与贾跃民证券回购合同纠纷案[(2017)沪 02 民初 505 号]中,法院认为:"由于当事人在协议中明确约定了违约时的各项金额的计算方法,系当事人的意思自治,应予以尊重。"因此融出方的逾期利息、违约金、罚息合并主张可以得到支持。

但是,合并主张的上限不能超过年利率的 24%。该案法院同时认为:"基于本案的交易类型,本院认为可以参照《最高人民法院关于审理民间借贷案件适用法律若干问题的规定》第 30 条之原理对该问题加以认定。该条规定:'出借人与借款人既约定了逾期利率,又约定了违约金或者其他费用,出借人可以选择主张逾期利息、违约金或者其他费用,也可以一并主张,但总计超过年利率 24%的部分,人民法院不予支持。'"

## 四、融入方配偶的连带担保问题

融入方如果是自然人且有配偶的,在融入方发生股票质押违约时,融出方往往会同时要求融入方配偶承担连带责任。根据相关司法解释的规定,融出方的主张获得法院的支持前提是需能证明如下事宜:(1)交易发生在融入方与其配偶的婚姻关系存续期间;(2)配偶对交易事宜知情或存在共同的意思表示;(3)或虽配偶对交易事宜不知情或不存在共同的意思表示,但一方质押股票所得利益用于夫妻共同生活、共同生产经营。

实践中,若配偶在交易合同的担保协议或相关知情权证明文件上有签署,则可认定配偶对股票质押事宜知情或存在共同意思表示。比如,在招商证券股份有限公司与王利峰等股票回购合同纠纷案[(2015)东民(商)初字第 11735 号]中,北京市东城区人民法院认为:依据最高人民法院《关于适用〈中华人民共和国婚姻法〉若干问题的解释(二)》第 24 条的规定,债权人就婚姻关系存续期间夫妻一方以个人名义所负债务主张权利的,应当按夫妻共同债务处理。但夫妻一方能够证明债权人与债务人明确约定为个人债务,或者能够证明属于《中华人民共和国婚姻法》第 19 条第 3 款规定情形的除外。本案中,融入方与融出方之间因股票质押回购交易形成的债务发生在融入方夫妻婚姻关系存续期间,且融入方配偶签署了知情权说明,其知晓融入方与融出方进行质押融资的事实,且融入方夫妇均没有提出有关该债务为夫妻一方与债权人明确约定的个人债务,或者属于《中华人民共和国婚姻法》第 19 条第 3 款规定情形的相关证据。综上,融入方配偶应对融入方所负的债务承担共同偿还责任。

若配偶对一方股权质押事宜不知情或不存在共同的意思表示,根据《最高人民法院关于审理涉及夫妻债务纠纷案件适用法律有关问题的解释》第 3 条规定:"夫妻一方在婚姻关系存续期间以个人名义超出家庭日常生活需要所负的债务，债权人以属于夫妻共同债务为由主张权利的，人民法院不予支持，但债权人能够证明该债务用于夫妻共同生活、共同生产经营或者基于夫妻双方共同意思表示的除外。”融出方若能证明融入方将股票质押所得利益用于家庭共同生活、共同生产经营（如融入方将股票质押所得款项用于购买汽车、房屋、其他家庭生活开销或用于共同投资、经营），则融入方配偶仍应对股票质押所产生的债务承担连带责任。

## 五、股票质押合同中格式条款的形式瑕疵问题

股票质押式回购交易金的交易合同一般是由融出方提供，作为金融机构的风控要求，融出方往往会要求使用格式合同。一旦发生违约纠纷，融入方往往会援引《合同法》对格式合同的相关规定，以格式条款的形式瑕疵问题主张违约金、罚息及律师费承担等格式条款约定无效。

《中华人民共和国合同法》第39条规定，采用格式条款订立合同的，提供格式条款的一方应当采取合理的方式提请对方注意免除或者限制其责任的条款。在股票质押式回购交易业务合同中，如果违约责任、维权费用承担等条款的字体未采用足以引起融入方注意的加粗、下划线、斜体等形式以及其他表明其已尽到特别注意义务的表述，就存在可能会被认定为“霸王条款”、约定无效的法律风险。

比如在东方证券股份有限公司与贾跃民证券回购合同纠纷案[（2017）沪02民初505号]中，法院认为：因案涉交易合同中的违约责任条款字体过小、排版过密，难以阅读识别，故认定融出方未能以采取合理的方式提请对方注意，但业务协议的从协议中违约条款字体正常，且融入方在信息获取、识别能力方面高于普通的自然人，针对其声称的无法理解违约责任条款的主张法院不予采信。尽管如此，鉴于融出方作为券商，如继续使用类似本案中存在格式瑕疵的协议文本，有可能损害其他交易相对方利益，故审理法院不予支持融出方所主张的律师费，并酌情认定案件诉讼费用的20%由融出方承担，以起到警示与惩罚之功效。

该案对融出方在实务操作中的合规和风控提出了警醒，融出方应更认真地对待业务合同中格式条款的使用，否则会存在不可控的法律风险。

## 六、质押股票为限售股的处置问题

### （一）回购到期日早于解除限售日情况下，限售股所设定质权的效力问题

限售股又称“限售流通股”，是指已经发行和上市的股票，但在一定期限内或一定条件下禁止转让，限售的原因包括法律规定、监管要求或公开承诺等，如股份有限公司限制转让期内的发起人股、董监高的持股、定增股东锁定期内的限制流通股、股权分置支付股改对价的限售流通股等。

在质押限售股的回购到期日早于解除限售日的情况下，融入方可能援引《中华人民共和国物权法》第223条的规定，认为只有可以转让的股份才可由债务人进行出质，股票质押到期后仍处于限售期内的，则该等限售股不具有可转让性，那么该等限售股上所设定的质权应当认定无效。

司法实践是如何处理融入方这个抗辩主张的呢？在银江股份有限公司诉浙江浙商证券

资产管理有限公司、李欣案外人执行异议之诉案[(2016)浙01民初899号]中，浙江省杭州市中级人民法院认为：案涉质押股票系限售股属实(属定增限售股)，但仅是禁售期内限制在二级市场买卖的流通股，并非法律、法规禁止流通的财产，并具有可转让性，因此质押融资行为系双方真实意思表示，也未违反法律法规的强制性规定(交易所发布的股票质押式回购交易业务办法仅属于行业的业务规则)，不存在无效的情形。

应注意的是，2018年新修订的《股票质押式回购交易及登记结算业务办法》第64条规定，以有限售条件股份作为标的证券的，解除限售日应早于回购到期日(股票质押到期日)。该规定就是为了规范各方的融资行为，避免与上述物权法规定发生冲突及争议，故融出方应尽可能在产品设计及办理交易时严格遵守前述之规定，以避免该瑕疵将来成为融入方的抗辩理由，导致法院作出不利的判决。

(二)作为执行标的的质押股票未到解禁日的，如何处置的问题

限售流通股的强制执行如何操作目前尚无统一的司法解释，实践中各地法院目前基本形成两种处置模式：

1.划转+期满抛售模式，即对限售股先进行司法划转，然后待限售期满后在二级市场进行抛售。江苏省高级人民法院于2018年6月制作的《关于执行疑难问题的解答》给出的处理路径是：执行被执行人所持上市公司限售流通股(股票)，可以先将限售流通股强制扣划至申请执行人账户，待限售股办理解禁手续转为流通股后再行处置。在此过程中，执行法院视情况可以冻结申请执行人该账户，防止变价款高于执行标的额时申请执行人转移变价款损害被执行人利益。

2.司法拍卖模式，即通过司法拍卖方式处置，即拍卖时明确公告股票限售信息，竞买人成功买受后承继原股票持有人的地位，即仍受到限售的约束，期满后由竞买人自行决定处置。比如，珠海市中级人民法院在[(2016)粤04执异21号]民事裁定书中认定：对限售股转让权进行限制，是为了防止限售股持有人通过转让股权牟利，损害其他投资者的利益。人民法院强制执行不存在这一问题。限售股转让的限制应当针对当事人自主协议转让，而非同样规范法院的执行行为。在东海证券公司与练卫飞股票质押式回购纠纷执行案[(2016)苏民终1228号]中，常州市中级人民法院根据东海证券的申请，裁定拍卖练卫飞质押股份3750万股(限售流通股)，并由深圳市博恒投资有限公司拍下拿走。

此外，《最高人民法院执行办公室关于执行股份有限公司发起人股份问题的复函》([2000]执他字第1号)规定：《中华人民共和国公司法》第147条(现行第141条)中关于发起人股份在3年(现行规定为1年)内不得转让的规定，是对公司创办者自主转让其股权的限制，其目的是为防止发起人借设立公司投机牟利，损害其他股东的利益。人民法院强制执行不存在这一问题。被执行人持有发起人股份的有关公司和部门应当协助人民法院办理转让股份的变更登记手续。

基于上述判例及相关规定可知，股票限售不影响债权实现，只是不能在二级市场交易。在实践操作中，对于限售期内的股票，在符合《上市公司流通股协议转让业务办理暂行规则》《上市公司股东、董监高减持股份的若干规定》有关规定，且没有其他不转让股份承诺的情况下，可以通过司法拍卖的形式进行强制执行，不受减持规定的限制，但股份受让方仍应遵守原股份限售规定或承诺。

## 七、公证债权文书的执行问题

为降低维权成本、提高维权效率，融出方与融入方签署交易合同之时，有的会在交易合同中明确约定强制执行公证条款，并一同要求将交易合同提至公证处办理具有强制执行效力的债权公证文书；当出现违约处置情形时，融出方可向公证处申请办理交易合同项下的强制执行证书，并据此向有管辖权的法院申请强制执行。

公证债权文书的执行法院如何确定呢？依据《中华人民共和国民事诉讼法》第 224 条第 2 款、《最高人民法院执行工作若干问题的规定(试行)》第 10 条第 1 款的规定，公证机关依法赋予强制执行效力的公证债权文书，由被执行人住所地或被执行财产所在地人民法院执行。关于被执行股权的财产所在地，上海市高级人民法院在大申集团有限公司执行异议案[(2017)沪执异 15 号]中认为：本案中被执行财产系上海中毅达股份有限公司股票，其发行公司住所地位于上海，按照《最高人民法院执行局关于法院能否以公司证券登记结算地为财产所在地获得管辖权问题的复函》中关于“应当将股权的发行公司住所地认定为该类财产所在地”的规定，上海是被执行财产所在地。

## 结　语

总体而言，股票质押式回购业务作为资本市场上一种常用融资模式，受监管新规以及市场环境的影响较大，虽然目前出现不少问题和风险，但监管层也正积极推出相关政策，以市场化方式缓解股票质押业务风险，推动股票市场健康发展。在该类纠纷处置中，除了上述提到的部分常见问题外，还有不少关键问题，如诉讼主体确定、诉讼时效、保全措施的使用、质押股票的孳息归属、违约金的计算期限、上市公司进入破产程序对股票质押式回购纠纷的执行影响等，需要各方在处置过程中充分掌握和理解相关法律规定及司法裁判规则，做好提前分析和预判，依法处置和维权，方能更好完成争议纠纷解决处置。

# 证券虚假陈述民事赔偿维权指南

张光辉[*]

证券市场波涛汹涌，投资风险本就不小，间或遇上不良上市公司、发行人及中介机构恶意勾结，沆瀣一气，造假欺诈，更加剧了投资风险，由此给投资人造成的巨大损失，令人愤慨。比如，以前股票市场上的银广夏、蓝田股份、东方电子造假案，近期的金亚科技、中宏股份虚假陈述案以及臭名昭著的长生生物假疫苗案等，令人触目惊心；债券市场也不平静，如"11超日债"虚假陈述案及近期的五洋建设欺诈发行债券等案件，不仅社会影响恶劣，而且造成证券价格暴跌甚至无法还本付息，不少投资人因此损失巨大，甚至血本无归、欲哭无泪。

虽然证券法早就对各种证券违法行为规定了法律责任条款，但规定得较为原则，实操性不足，投资人实际缺乏有效的法律维权手段。有鉴于此，最高人民法院于 2003 年 1 月颁布了《关于审理证券市场因虚假陈述引发的民事赔偿案件的若干规定》(以下简称《规定》)，进一步完善了证券虚假陈述民事赔偿诉讼制度，为投资人维权提供了一个有效的法律保障武器。经过十几年的发展，目前证券虚假陈述民事赔偿类型的诉讼已经模式化，案件胜诉率也非常高，投资人不再是维权无门，而应积极拿起法律武器，参与维权。

那么，因证券虚假陈述导致投资损害的投资人，应如何维权呢？且看下文分解：

## 一、什么类型的案件投资人可以起诉索赔

根据《规定》，目前人民法院可以受理审判的证券民事赔偿案件为证券虚假陈述案件，但不包括内幕交易、市场操纵、欺诈客户等其他证券违法案件。

所谓证券虚假陈述，是指证券市场信息披露义务人违反证券法律规定，在证券发行或者交易过程中，对重大事件作出违背事实真相的虚假记载、误导性陈述，或者在披露信息时发生重大遗漏、不正当披露信息的行为。具体体现如下：

1.虚假记载，是指信息披露义务人在披露信息时，将不存在的事实在信息披露文件中予以记载的行为。

2.误导性陈述，是指虚假陈述行为人在信息披露文件中或者通过媒体，作出使投资人对其投资行为发生错误判断并产生重大影响的陈述。

3.重大遗漏，是指信息披露义务人在信息披露文件中，未将应当记载的事项完全或者部分予以记载。

4.不正当披露，是指信息披露义务人未在适当期限内或者未以法定方式公开披露应当披露的信息。

可以起诉维权的虚假陈述民事赔偿案件必须是发生在国家依法设立的证券市场，目前

* 张光辉，福建联合信实律师事务所高级合伙人，电邮：zgh@lhxs.com。

主要包括但不限于上海证券交易所、深圳交易所、券商代办股份转让的柜台市场等。投资人在上述依法设立的证券市场投资证券过程中，受到虚假陈述侵害发生损失的，有权依据《规定》向人民法院起诉索赔。这里的证券品种包括股票（A 股、B 股、新三板股票等）、债券（企业债券、公司债券等）或者基金（开放式基金、封闭式基金等）及国务院依法认定的其他证券品种。

应当注意的是，在上述依法设立的证券市场以外进行的交易，以及在上述依法设立的证券市场上通过协议转让方式进行的交易（如协议转让的非流通股），因虚假陈述侵害发生损失的，无权向法院起诉维权。

## 二、投资人起诉应满足什么前置程序条件

根据《规定》的要求，投资人以受到虚假陈述侵害为由对虚假陈述行为人提起民事赔偿诉讼时，需同时提交有关机关的行政处罚决定或者人民法院的刑事裁判文书作为依据，以证明证券虚假陈述事实的存在。也就是说，虚假陈述行为人受到有关机关的行政处罚或者人民法院的刑事处罚是法院受理虚假陈述民事赔偿案件的前置程序。投资人起诉前必须满足该前置程序已成就的条件。

最高人民法院曾在 2015 年《关于当前商事审判工作中的若干具体问题》中指出："根据立案登记司法解释规定，因虚假陈述、内幕交易和市场操纵行为引发的民事赔偿案件，立案受理时不再以监管部门的行政处罚和生效的刑事判决认定为前置条件。"有些法院在受理该类案件时就放宽了对前置程序的要求。

但最高人民法院在最近作出的（2018）最高法民申 252 号等系列裁定书中却明确表明：《规定》目前仍然有效，在其未被废止或修订之前，继续适用并无错误。据此，若起诉时并未提交有关机构的行政处罚决定或人民法院的刑事裁判文书以证实存在虚假陈述行为，则不符合起诉受理条件，立案后应当裁定驳回起诉。

故投资人应在该前置程序成就后再提起起诉，以免起诉被法院拒绝受理，同时也可解决在诉讼审理过程中证明虚假陈述侵权事实的举证难题，因为在行政处罚决定书或刑事判决书中均会对虚假陈述的侵权行为及事实作出认定，投资人就无须再额外承担对侵权人虚假陈述行为和事实的举证责任，法院依据相应的行政处罚决定书或刑事判决书即可直接认定违法行为人的侵权事实，故前置程序一定程度上能减轻投资人的举证责任。

## 三、投资人符合什么条件可以起诉获赔

根据《规定》的要求，投资人只有在虚假陈述实施日及以后，至揭露日或者更正日之前买入该证券，并且在揭露日或更正日及以后卖出或继续持有该证券发生亏损的，法院才可以认定虚假陈述与损害结果存在因果关系，符合该条件的投资人的起诉及索赔才能获得支持。

所谓虚假陈述实施日，是指作出虚假陈述或者发生虚假陈述之日。

虚假陈述揭露日，是指虚假陈述在全国范围内发行或者播放的报刊、电台、电视台等媒体上，首次被公开揭露之日，揭露日最终以法院认定为准。

虚假陈述更正日，是指虚假陈述行为人在中国证券监督管理委员会指定披露证券市场信息的媒体上，自行公告更正虚假陈述并按规定履行停牌手续之日。

## 四、什么人可列为被告

根据《规定》的要求，证券虚假陈述民事赔偿诉讼的被告，应当是虚假陈述行为人，除了法定的证券信息披露的义务人，也包括负有法定的对市场不得进行虚假陈述的义务人，具体包括：

(1)发起人、控股股东等实际控制人；

(2)发行人或者上市公司；

(3)证券承销商；

(4)证券上市推荐人；

(5)会计师事务所、律师事务所、资产评估机构等专业中介服务机构；

(6)上述第(1)、第(3)项、第(4)项所涉单位中负有责任的董事、监事和经理等高级管理人员以及第(5)项中的直接责任人；

(7)其他作出虚假陈述的机构或者自然人。比如，国家工作人员、新闻传播媒介从业人员、证券登记结算机构、证券交易服务机构及其从业人员，证券业协会、证券监督管理机构及其工作人员。

## 五、投资人怎么选择诉讼方式

投资人可以选择单独诉讼或者共同诉讼方式提起诉讼。多个原告因同一虚假陈述事实对相同被告提起的诉讼，既有单独诉讼也有共同诉讼的，人民法院可以通知提起单独诉讼的原告参加共同诉讼。

多个原告因同一虚假陈述事实对相同被告同时提起两个以上共同诉讼的，人民法院可以将其合并为一个共同诉讼。共同诉讼的原告人数应当在开庭审理前确定。原告人数众多的可以推选 2～5 名诉讼代表人，每名诉讼代表人可以委托 1～2 名诉讼代理人。

## 六、投资人应该在哪里起诉

根据《规定》的要求，虚假陈述证券民事赔偿案件的级别管辖原则为“相对集中由部分中级人民法院管辖”，即投资人一审应向省、直辖市、自治区人民政府所在的市、计划单列市和经济特区的中级人民法院起诉。

在地域管辖上，适用“原告就被告”的原则，即投资人对多个被告提起证券民事赔偿诉讼的，按下列原则选择管辖法院：

1.如果多个被告中有发行人或上市公司的，则由发行人或者上市公司所在地有管辖权的中级人民法院管辖。但人民法院受理以发行人或者上市公司以外的虚假陈述行为人为被告提起的诉讼后，当事人不申请或者原告不同意追加发行人或者上市公司为共同被告，人民法院认为确有必要追加的，应当通知发行人或者上市公司作为共同被告参加诉讼，但不得移送案件至发行人或者上市公司所在地法院管辖。

2.如果被告中没有发行人或上市公司的，但有其他机构和自然人的，可以选择其中一个机构所在地有管辖权的中级人民法院起诉。

3.如果被告中仅有多个自然人的，投资人可以选择其中一个自然人所在地有管辖权的中级人民法院起诉。

4.投资人向两个以上有管辖权的法院起诉的，由最先立案的法院管辖。

## 七、投资损失如何主张及认定

(一)证券交易市场的损失赔偿

根据《规定》的规定：虚假陈述行为人在证券交易市场承担民事赔偿责任的范围，以投资人因虚假陈述而实际发生的损失为限。投资人实际损失包括：(1)投资差额损失；(2)投资差额损失部分的佣金和印花税；(3)利息，自买入至卖出证券日或者基准日，按银行同期活期存款利率计算。

投资差额损失的计算公式可以概括如下：投资差额损失＝(买入平均价－卖出平均价)×揭露日至基准日期间卖出的可索赔股票的数量＋(买入平均价－基准价)×基准日之后卖出或仍持有的可索赔股票的数量。

投资差额损失计算的基准日，是指虚假陈述揭露或者更正后，为将投资人应获赔偿限定在虚假陈述所造成的损失范围内，确定损失计算的合理期间而规定的截止日期。基准日分别按下列情况确定：

1.揭露日或者更正日起，至被虚假陈述影响的证券累计成交量达到其可流通部分100%之日。通过大宗交易协议转让的证券成交量不予计算。

2.按前项规定在开庭审理前尚不能确定的，则以揭露日或者更正日后第30个交易日为基准日。

3.已经退出证券交易市场的，以摘牌日前一交易日为基准日。

4.已经停止证券交易的，可以停牌日前一交易日为基准日；恢复交易的，可以本条第1项规定确定基准日。

投资人持股期间基于股东身份取得的收益，包括红利、红股、公积金转增所得的股份以及投资人持股期间出资购买的配股、增发股和转配股，不得冲抵虚假陈述行为人的赔偿金额。

(二)证券发行市场的损失赔偿

虚假陈述行为人在证券发行市场虚假陈述，导致投资人损失的，按上述的证券交易市场赔偿损失计算方式计赔；导致证券被停止发行的，投资人有权要求返还和赔偿所缴股款及银行同期活期存款利率的利息。

(三)不予赔偿的情形

《规定》同时也规定，虚假陈述与损害结果之间不存在因果关系的损失部分，虚假行为人无须赔偿，包括：

1.投资人在虚假陈述揭露日或者更正日之前已经卖出证券。

2.投资人在虚假陈述揭露日或者更正日及以后进行的投资。

3.投资人明知虚假陈述存在而进行的投资或者属于恶意投资。

4.投资人操纵证券价格的。

5.证券市场系统风险等其他因素所导致的损失。比如，2016年1月1日实施的“指数熔断机制”所引发的股市连续暴跌，就被不少法院认定为市场风险因素，其所导致的投资者损失部分，在计算投资差额损失赔偿数额时予以扣除，扣除比例从目前已审结的案例来看，法院一般酌情认定范围在20%～30%。

## 八、证券虚假陈述的诉讼时效是多久

虚假陈述民事赔偿案件的诉讼时效为三年，从对虚假陈述行为作出处罚决定公布之日起或作出的刑事判决生效之日起计算。因同一虚假陈述行为，对不同虚假陈述行为人作出两个以上行政处罚；或者既有行政处罚，又有刑事处罚的，以最先作出的行政处罚决定公告之日或者作出的刑事判决生效之日，为诉讼时效起算之日。

投资人须在该诉讼时效内起诉，方有胜诉权。若有时效中断、中止之事由，投资人也应妥善保留相应证据，以免丧失最终胜诉的权利。

## 九、参加诉讼需要准备哪些材料

1.身份证复印件；

2.加盖证券公司营业部印章的股票交易对账单原件或交割单原件（从首次买入该股票打印到现在）；

3.证券公司营业部出具的证券开户确认单或开户申请表；

4.联系电话手机及地址邮编。

# 债转股与律师业务

杨朝玮 *

为支持国有大中型企业实现三年改革与脱困的目标，加快建立现代企业制度，防范和化解金融风险，党中央、国务院中发〔1999〕12 号《关于实施债转股，减轻企业负担，实现建立现代企业制度目标》的文件成为债转股的政策依据。紧接着，国家经济贸易委员会、中国人民银行国经贸产业〔1999〕727 号《关于实施债权转股权若干问题的意见》应运而生。企业界闻风而动，不管是“天上掉下来的馅饼”还是国有企业“最后的晚餐”，企业界力争能够搭乘“末班车”。而律师界也积极参与国企改革，努力地拓展业务。面对这没有现成的经验，又没有相应的完善的法律法规，什么是债转股？债转股的法律特征是什么？律师又如何参与到债转股的领域中来？笔者在此粗浅探讨，旨在抛砖引玉，与同人商榷。

## 一、债转股的概念与运作程序

债转股，顾名思义便是债权转股权的简称，即债权人持有债务人的债权转换为相应值的资产作为对债务人的投资而持股，从而使债权消灭，股权产生。从该概念中可见，债转股可适用于任何债权人与债务人之间。而作为国企改革的一个重大举措的债转股，则是指在由国家组建金融资产管理公司，依法处置银行原有不良资产的基础上，对部分企业的银行贷款，以金融资产管理公司作为投资主体实行债权转股权。债权转股权是把原来银行与企业的债权债务关系，转变为金融管理公司与企业的持股与被持股或控股与被控股的关系，原来的还本付息转变为按股分红。本文为了论述方便，前者可称广义的债转股，后者可称狭义的债转股。本文的探讨主要针对狭义的债转股，在没有特指的情况下均为狭义的债转股。

债转股的运作程序，依据国经贸产业〔1999〕727 号文应分为下列三个步骤：(1)国家经贸委初步提出债转股的企业名单。对于国家经贸委如何提出初步名单，从文件上理解，可分下列几个过程：首先，在征求有关部门意见的基础上，按照文件的规定选择企业范围和条件，通过双向选择，严格把关，提出企业名单；其次，组织国家有关部门和商业银行到企业调查了解生产经营、资产负债、市场营销、企业管理、内部改革等情况，向金融资产管理公司提出符合条件的企业的建议名单；最后，商业银行及金融资产管理公司也要向国家经贸委提供被剥离的不良信贷资产企业的情况，并就债权转股权问题交换意见。(2)金融资产管理公司的独立评审和确认。金融资产管理公司对国家经贸委建议名单中的企业经过独立评审，按照选择企业的范围和条件，确认实施债权转股权的企业名单。在独立评审和确认中应注意以下两个问题：一是防止行政干预。从中国当前的国情来看，相当一部分企业存在资本金不足的问题，这与中国企业的历史发展导致企业过分依赖银行有关，行政干预是其中的一大原因。

* 杨朝玮，福建联合信实律师事务所高级合伙人，电邮：ycw@lhxs.com。

如果说债转股存在行政干预，必然使企业、银行重蹈覆辙，陷入穿新鞋走老路的经济恶性循环中。二是做好企业的评估、论证工作。此次债转股应按照高标准、严要求的精神，把好条件关的关键是做好企业的评估、论证，要充分发挥中介机构的作用，对企业的基本情况、财务状况、法人治理结构、企业前景给予准确的评定，以保证债转股的含金度。(3)审核和批准。这一步骤分以下两个过程：国家经贸委、财政部、中国人民银行联合对金融资产管理公司确认的债权转股权的企业的条件、实施方案进行严格审核；三部门审核通过后报国务院批准实施。

## 二、债转股的法律特征

债转股的实施除了前文所述的两份文件之外，国家尚未有专门的立法，《中华人民共和国合同法》中的“合同的变更”和《中华人民共和国公司法》(以下简称《公司法》)应当是债转股的法律依据，笔者将其归纳如下。

1.狭义的债转股权利主体一般产生变更，广义的债转股(排除狭义的部分)权利主体一般不产生变更。中国华融、长城、东方、信达资产管理公司获准组建并成立以后，分别收购并经营工商银行、农业银行、中国银行、建设银行的不良资产。因此，在该四家银行债权转为股份的过程中，权利主体从银行转为金融资产管理公司。而对于不组建金融资产管理公司的国家开发银行，则权利主体未产生变更。当然，金融债权的性质转化为股权，必然带动了其他关联单位或自然人的债权转为股权，这部分广义的债转股的权利主体除了权利人将权利和义务一并转让外，一般权利主体不变。

2.义务主体因重新登记而变更，法人治理结构重组。法人治理结构是指法人单位对重大战略决策、经营方针、任免总经理及财务主管、内部审计、财务监督等职能及制度。企业进行债转股，银行的债权成为金融管理公司的股权，其他的债权也部分成为对法人的持股权，企业从原有的国有企业转化为股东持股的公司，企业按照《公司法》的规定进行改制，即产生股东及董事会等，并重新进行工商注册登记，使得原来的国有企业转变为国家控股的公司。

3.权利人与义务人之间的权利义务内容产生根本性的变更，企业财务重组是指对于资本、债务、经营成本以及财务管理框架进行重组。债转股使得债务成本转为资本，降低了经营成本，财务管理框架也发生了变化。债权人在债转股的过程中，实际上成为企业的股东，依法行使股东的权利，参与公司重大事项的决定，承担了股东的义务，使得原有的债权债务的合同内容转变为持股与被持股或控股与被控股的合同义务，合同的权利义务产生了根本性的变化。

4.金融资产管理公司是企业不参与经营的“阶段性”股东。金融资产管理公司在债转股中是一个特殊的“角色”，一方面它是银行不良资产的管理者和经营者，应最大限度地保全金融资产，防范和化解金融风险，这种动机决定了金融资产管理公司的最终目的并非为了获取营利，仅是保全金融资产，支持国企改革；另一方面它又是企业的大股东，股东应最大限度地追求企业的营利能力，发展和壮大企业，实现股东的经济目的。基于这种特殊的“角色”，文件明确规定，金融资产管理公司不参与企业的日常生产经营活动，以确保处于银行与企业之间“双支持、双防范”的位置，这有别于其他股东。同时，债转股之后企业经济状况转好时，金融资产管理公司必须通过转让、企业回购、上市等退出通道将所有持有者的股权逐步出售变现。也就是在既保全了金融资产,又使企业渡过资金不足的难关的情况下见好就收,达到双赢的目的。

## 三、律师参与债转股的业务

律师可接受金融资产管理公司或企业的委托,也可接受该双方的共同委托,主要从事以下几个方面的服务。

1.对企业是否符合债转股的范围和条件进行调查并出具法律意见。对于是否符合范围的调查只要按照国经贸产业〔1999〕727号文件的五个方面,看是否是其中之一,着重点应当是条件的调查,主要须完成以下几个问题的调查:(1)产品品种是否适销对路,质量是否符合要求,是否有市场竞争力;(2)工艺装备是否达国内、国际先进水平,生产是否符合环保要求;(3)企业管理水平如何,债权债务是否清楚,财务行为是否规范;(4)企业领导班子是否善于经营管理;(5)改革措施是否有力,减员增效、下岗分流是否得到落实并得到地方政府的确认。

2.债转股实施方案的修改或草拟。债转股的实施方案是经贸委初定企业名单、金融资产管理公司评审和确认、审核和批准等三个阶段的必备文件,方案应具备如下内容:(1)企业基本情况;(2)企业债转股方案:主要产品、市场,项目装备与技术,财务状况及财务管理情况,领导班子状况,企业改革,经济效益分析及预测;(3)方案实施存在问题及建议;(4)附表:资产负债表,损益表,现金流量表,贷款构成情况表,债转股企业简要情况一览表,基建、技改项目情况汇总表,现企业人员构成表,现企业机构设置图,改制后企业机构设置图。

3.债转股协议的修改或草拟。债转股协议是债转股的最为重要的法律文件,基本内容包括:(1)当事人的自然情况;(2)债权的确认;(3)财务重组;(4)各方出资和股权结构;(5)人员的分流和安置;(6)新公司的法人治理结构;(7)关联关系与关联交易;(8)股权退出通道;(9)地方政府的措施和确认;(10)声明、保证和承诺;(11)不可抗力;(12)违约责任;(13)争议解决;(14)生效条件;(15)其他;(16)释义;(17)签章;(18)附件。

债转股是国企改革的一项重要举措,这项举措是否推广,利弊如何,经济学者各抒己见。而律师如何为债转股提供法律服务,应该说是值得我们研究的课题。

**参考文献**

1.杨效东:《债转股问题的探讨》,载《现代商业银行导刊》2000年第4期。

2.林清:《国有企业债转股的出路浅探》,载《现代商业银行导刊》2000年第4期。

3.周小川:《关于债转股的几个问题》,载《经济社会体制比较》1999年第6期。

4.党中央、国务院中发〔1999〕12号《关于实施债转股,减轻企业负担,实现建立现代企业制度目标》。

5.国家经济贸易委员会、中国人民银行经贸产业〔1999〕727号《关于实施债权转股权若干问题的意见》。

6.《中华人民共和国合同法》。

7.《中华人民共和国公司法》。

# 董事还是董事会

## ——关于《公司法》第60条第3款之"董事"的解读

柳经纬*

《中华人民共和国公司法》(以下简称《公司法》)第60条是关于董事、经理善管义务的规定。① 其中,第3款规定:"董事、经理不得以公司资产为本公司的股东或者其他个人债务提供担保。"其所谓"董事"究应作何解释?是仅指个别董事还是包括由全体董事组成的董事会?不无疑义。请看下例:

A公司是一家上市公司,A公司的董事会通过一项决议,为其股东B公司(处于A公司的控股地位)提供担保(保证),以便B公司获得C银行的一笔贷款。A公司董事会作出的为B公司的债务提供担保的决议符合公司章程的规定。之后,B公司未能偿还银行贷款,C银行遂诉诸法院,要求A公司承担连带保证责任。A公司以其担保违背《公司法》第60条第3款关于"董事不得以公司资产为本公司股东的债务提供担保"的规定为由进行抗辩,主张保证合同无效。该案经过两审法院的审理,但关于保证合同效力的结论却截然相反。一审法院认为,《公司法》第60条第3款规定的"董事"仅指个别董事,不包括董事会。本案中,A公司为B公司所作的保证是A公司董事会作出的决议,且符合公司章程的规定,应认定是公司的行为,而非董事个人的行为,因此保证合同不宜认定无效。基于上述认识,一审法院未采纳A公司的抗辩理由,认定保证合同有效,判决A公司应承担连带保证责任。然而,二审法院并不赞同一审法院的看法。二审法院认为,《公司法》第60条第3款规定"董事不得以公司资产为本公司的股东提供担保",目的是为了防止大股东利用其对公司的控制地位而损害中小股东的利益,该款规定的"董事"不仅指个别董事,也包括全体董事组成的董事会。因此,即使由董事会作出决议,为本公司股东的债务提供担保,也应在法律禁止之列。基于这种认识,二审法院作出终审判决,确认A公司与C银行的保证合同无效,并根据《中华人民共和国民法通则》(以下简称《民法通则》)以及《中华人民共和国合同法》(以下简称《合同法》)关于合同无效责任承担的规定,判决A公司对C银行的损失承担50%的赔偿责任,即承担偿还B公司借款的50%。②

很显然,在上例中,两审法院所作的不同判决主要是基于对《公司法》第60条第3款规

---

* 柳经纬,中国政法大学教授,原福建联合信实律师事务所兼职律师。

① 顾功耘主编:《商法教程》,上海人民出版社2001年版,第128页。

② 《民法通则》第61条和《合同法》第58条都规定合同被确认无效或者被撤销而无效的,有过错的一方应赔偿他方所受的损失,双方都有过错的,应当各自承担相应的责任。法院认为合同双方对保证合同无效都有过错,从而作出各承担一半的责任的判决。

定的“董事”的不同解释。由此可见，对该款之“董事”所作的不同解释[①]，不仅具有法律解释学上的意义，还直接影响对一项担保的法律效力的判定，因而也具有法律适用上的实际意义。

1.从一般语义上分析，董事和董事会是有明显区别的。董事是由股东推举产生或以其他方式产生[②]的担任“董事”职务的自然人。当一个公司的董事为多数时，多数董事组成董事会，董事会是公司的组织机构。如果从法律上分析，二者的不同更为显著。依我国《公司法》的规定，作为公司机关的是董事会，而非董事。除了规模比较小或股东人数少的有限责任公司可以不设董事会只设执行董事外，公司均应设董事会，以管理公事务。董事会依法享有法定的职权。《公司法》第 46 条和第 112 条分别列举规定了有限责任公司和股份有限公司董事会的职权，内容包括：负责召集股东会，并向股东会报告工作；执行股东会的决议；决定公司的经营计划和投资方案；制定公司的年度财务预决算方案、利润分配方案和弥补亏损方案；决定公司的内部组织机构；制定公司的基本规章制度等。至于董事，公司法除了规定董事长拥有法定代表权[③]外，并未规定一般董事对公司事务享有的职权。从我国《公司法》的规定看，一般董事对公司事务拥有的权力甚至不如经理，因为经理享有公司法规定的职权。[④] 因此，在我国公司法上，董事的地位只是董事会的组成人员（公司机关的成员），而非公司机关，这与大陆法系国家或地区的法律规定不同，后者通常规定董事是法人机关。[⑤] 在我国公司法中，如果说董事也应享有权利的话，他仅仅享有作为一个董事会成员所应享有的权利，如参加董事会并表决的权利，[⑥]在任期内不受任意解除职务的权利。[⑦] 由此可见，在我国公司法中，“董事”一词仅具有作为公司机关的组成人员的意义，不具有公司机关的意义，“董事会”则具有公司机关的意义，二者可谓泾渭分明，不宜混淆。作为公司机关成员的

---

① 就本案而言，关于《公司法》第 60 条第 3 款的解释，还可能涉及对“以公司资产提供担保”的理解。董事以公司资产为本公司的股东提供担保，是仅指物的担保（抵押、质押）还是包括人的担保（保证）？如包括人的担保，似乎没有必要强调“以公司资产”，只要规定“董事、经理不得以公司名义为本公司股东或其他个人债务提供担保”即可。

② 在德国，董事会的成员由监事会任命。参见[德]罗伯特·霍恩、海因·科茨、汉斯·莱塞：《德国民商法导论》，中国大百科全书出版社 1996 年版，第 286 页。在英美，公司董事出现空缺时，董事会可以任命董事以填补空缺；公司股东、董事以外的第三人依然可以任命公司董事。参见张民安：《现代英美董事法律地位研究》，法律出版社 2000 年版，第 9～12 页。

③ 《公司法》第 45 条第 4 款和第 112 条第 2 款均规定：“董事长是公司的法定代表人。”关于法定代表人的研究，可参见柳经纬：《论法定代表人》，载《贵州大学学报》2002 年第 1 期。

④ 依《公司法》第 50 条和第 119 条的规定，经理享有的法定职权包括：主持公司的生产经营管理工作、组织实施董事会的决议、组织实施公司的年度经营计划和投资计划、拟定公司的内部管理机构设置方案和公司的基本管理制度、制定公司的具体规章、提请聘任和解聘公司副经理和财务负责人、决定聘任或者解聘除应由董事会决定聘任或者解聘以外的负责管理人员等。

⑤ 在我国台湾地区公司的法理论上，董事和董事会均为股份公司必设的执行机关。参见梁宇贤：《公司法》，三民书局 1993 年版，第 130、136 页。依日本公司法理论，除董事会外，设有代表董事，执行公司对外业务，代表董事由董事会决议在董事中选任，可以为多人；公司章程还可以设定业务担当董事，执行公司内部事务。参见末永敏和：《现代日本公司法》，金洪玉译，人民法院出版社 2000 年版，第 141 页。

⑥ 《公司法》第 48 条、第 116 条规定，召开董事会会议，应当于召开十日前通知全体董事。

⑦ 《公司法》第 47 条、第 115 条规定，董事任期届满前，股东会不得无故解除董事职务。

董事，其行为只是个人行为，不足以构成公司行为；而作为公司机关的董事会作出的决议当属公司行为，而非董事个人行为。因此，笔者认为，《公司法》第60条第3款之“董事”应解释为作为公司机关的成员的董事为宜，不宜理解为作为公司机关的董事会。如又作董事会理解。那么基于法人机关与法人同一人格、法人机关的行为，即法人行为的民法原理，该款似乎应表述为“公司不得以公司资产为本公司的股东或者其他个人债务提供担保”，方为妥当。这样一来，与《公司法》第60条关于董事、经理善管义务的立法旨意，则相去甚远。所涉及的问题就不是董事、经理的法律义务，而是公司的民事能力问题。然而，从立法旨意看，《公司法》第60条第3款所禁止的是董事、经理的越权行为，而非限制公司为保证人或抵押人的民事能力问题。① 有的学者认为，《公司法》第60条第3款之规定，不仅是对董事、经理的限制，也是对公司的限制。这种将董事与公司混为一谈的解释，在法律解释上是很难成立的。

2.将《公司法》第60条第3款之“董事”界定为单个董事而非董事会是必要的。从法律对公司对外提保的规制来看，各国法律基于保护股东和债权人权益的宗旨，一般对公司为他人债务提供担保均加以限制。例如，在英美法的传统观念中，公司为他人债务提供担保并不属于公司之固有权力（inherent power），如果公司要为他人债务提供担保，须依有关法律规定或公司章程规定，否则属于越权行为，股东有权起诉禁止公司负责人的此种行为。大陆法系国家公司法则从资本维持和保护债权人利益的角度，认为除了为公司自分的债务而设立抵押外，公司不得为他人的债务提供担保。因为，在公司为他人的债务提供担保的情况下，债务人无力清偿债务时，公司的资产被用来清偿他人的债务，势必造成公司资本确定原则丧失意义，危及股东和债权人的利益。然而，法律并非完全禁止公司为他人债务提供担保。通常，在以下几种情况下，法律没有必要限制公司对外担保：（1）公司的目的事业包含担保业务，如专业从事担保业务的担保公司。（2）公司章程或者股东会决议授予董事会对外提供担保的职权。在这两种情况下，股东都是自愿承担公司对外担保的风险，法律对股东权益的保护没有必要扩大到股东自愿承担风险的程度。（3）如果公司对它的债权人披露了其为他人债务提供担保的事实而未引起债权人的异议。（4）公司有足够的资产来清偿自身的债务，不至于影响其债权人的利益，法律也无限制的必要。（5）在不影响债权人利益的前提下，公司为自身利益而充当担保人，如母公司为子公司的债务提供担保或者子公司为母公司（也就是股东）的债务提供担保。②

在上例中，A公司为B公司的银行债务充当保证人，是由A公司的董事会依据公司章程赋予的权限以决议形式作出的，而章程是由股东大会通过的。符合上述公司对外提供担保的第（2）种情形，应视为股东自愿承担公司为他人债务提供担保可能产生的风险，法律自无必要加以限制。

3.将《公司法》第60条第3款之“董事”界定为个别董事，而不包括董事会，与《公司法》关于董事违反善管义务的法律责任的承担也是一致的。《公司法》第214条第3款规定：“董事、经理违反本法规定，以公司资产为本公司的股东或者其他个人债务提供担保的，责令取

---

① 方流芳：《关于公司行为能力的几个法律问题》，载《比较法研究》1994年第3期、第4期。

② 曹士兵：《中国担保法诸问题的解决与展望——基于担保法及其解释》，中国法制出版社2001年版，第48页。

消担保,并依法承担赔偿责任,将违法提供担保取得的收入归公司所有。情节严重的,由公司给予处分。”显然,该款与《公司法》第60条第3款是前后呼应的。按照该款的规定,违反《公司法》第60条第3款规定应承担责任的董事只能是作为董事会成员的董事个人,而不可能是董事会。公司的董事会是不能成为责任主体的。而且,该条规定的“违法担保取得的收入”也只能指董事、经理的个人收入,而不可能是公司的收入。如属公司的收入,则无“归公司所有”之必要。《公司法》第214条第3款之“董事”不能作“董事会”理解,同样《公司法》第60条第3款之“董事”也不宜作“董事会”解释。

4.主张《公司法》第60条第3款之“董事”,应作包括个别董事和董事会的解释,其主要理由是为了保护股东尤其是上市公司的广大中小投资者的利益。诚然,公司尤其是上市公司,少数大股东基于其控制地位可能支配着董事会,他们可能通过董事会决议的方式,使公司为自己的债务提供担保。一旦他们无力偿还债务而由公司代为偿还或以公司设立抵押的财产清偿,势必会损害其他股东的利益。但是,投资是有风险的,当投资者购买公司的股份或者认购出资额而成为该公司的股东时,他就承担着不能获得投资回报的风险。公司在获得股东投入的资产后,基于其经营业务的需要,必须将这些资产投入经营,而经营本身即意味着风险的不可避免。公司为他人债务提供担保虽非一般企业之经营业务,但在经营活动中,公司相互提供担保常常是企业经营所需,有其交易上之必要,一律禁止也不利于活跃经济。① 既然投资风险和公司对外担保不可避免,那么为保护股东利益之着想,法律上所能采取的办法只能是对公司对外担保加以规范,而不是禁止。在公司法中,公司为其股东的债务提供担保属于典型的关联交易,②应纳入关联交易加以规范。因此,试图通过扩大对“董事”的解释,禁止公司董事会作出决议为本公司股东的债务提供担保,实际上是公司为股东提供担保的“关联交易行为”混同于《公司法》第60条第3款规定的“越权行为”,理论上实不可取。需要指出的是,依《公司法》第60条第3款的规定,似乎法律只是禁止董事、经理以公司资产为本公司的股东或者其他个人债务提供担保,并不禁止为非本公司股东的其他企业提供担保。但是,凡公司为他人债务提供担保,不论被担保的债务人是否本公司的股东,都存在公司资产被用于清偿债务人无力偿还的债务的风险,同样可能构成对股东利益的损害。如对该款之“董事”也可作“董事会”解释,那么无异于说,公司不得为本公司的股东或个人债务提供担保,但为非公司股东的企业债务提供担保则不为法律所禁止。这显然是无法用保护股东利益的理论加以解释的。在上例中,二审法院以保护其他股东利益为由,将《公司法》第60条第3款之“董事”解释为包括“董事会”,认定A公司的担保行为无效,并依据无效合同处理的规定,判决A公司对C银行的损失(贷款)承担50%的赔偿责任,这与认定担保合同有效使A公司承担清偿100%贷款的保证责任,不过是“百步”与“五十步”的差别,又怎么谈得上保护其他股东的利益?

需要指出的是,《公司法》第60条第3款的立法旨意应当是关于董事、经理“善管义务”的规定,但现行条文存在诸多缺陷:(1)以公司的资产为本公司的股东提供担保属于公司关联交易的问题,不应归入董事、经理善管义务的规制范围;(2)强调法律禁止以公司资产为本

---

① 钟明霞:《论公司法对公司资金运用的规范》,载《法律科学》1999年第6期。

② 柳经纬等:《上市公司关联交易的法律问题研究》,厦门大学出版社2001年版,第35页。

公司的股东提供担保的行为，容易造成司法实践中以此为标准判定担保合同效力的法律适用错误；(3)突出法律禁止以公司资产为个人债务担保的行为，容易造成司法实践中对自然人和法人的不平等态度，有违民事主体平等的民法原则；(4)突出董事、经理"以公司资产"为他人的债务提供担保，容易造成司法实践中将该款的适用范围仅限于董事、经理越权以公司资产设立抵押或质押的情形，而将董事、经理越权以公司名义为他人债务提供信用"保证"排除在该款的适用范围之外。

因此，笔者建议，修订公司法时，应将该款修改为"董事、经理不得擅自以公司名义为他人的债务提供担保"，同时建议增加关于关联交易的规定，将公司为本公司股东提供担保纳入关联交易的规制范围；增加关于公司对外担保的规定，明确公司对外担保的适用范围，以区别公司对外担保和董事、经理越权对外担保，避免法律适用的混淆。

# 独立董事的过失责任的法律思考

## ——兼评陆家豪案

林秀芹*

2001 年 9 月，因郑百文股份有限公司的上市材料和年度报告存在严重虚假和重大遗漏，陆家豪作为该司的独立董事，被中国证券监督委员会（以下简称“证监会”）处以 10 万元人民币的行政罚款。在驳回陆家豪的行政复议申请时，证监会指出，陆作为董事应对董事会决议通过的有关上市申报材料、年度报告的真实性、完整性负责，不能以担任独立董事、不参与公司日常经营管理等为由减免责任。此案提出了一系列亟待解决的法律问题：独立董事的地位和作用何在，独立董事与内部董事是否承担相同的法律责任，独立董事应对公司承担何种义务，承担法律责任的范围和依据何在。妥善解决这些问题具有重要的实际意义。否则，如果对独立董事施加过于严格的责任，可能会使许多有能力者拒绝担任独立董事，从而引起人才资源的浪费；反之，如果独立董事的责任过宽或者不承担责任，则会使独立董事制度流于形式，有违建立独立董事制度的初衷。

本文试图运用公司法原理分析独立董事法律责任的内容、特征、发展动态和若干难点，其中，主要借鉴其他国家（如英国、美国、澳大利亚等）的相关理论和实践，提出解决上述问题的适当途径。

## 一、独立董事与内部董事责任的异同——现实与理论

在现代公司中董事会是公司的决策机构和主要管理机构，通过不断地召开董事会决定公司经营的重大事项，并领导公司政策的执行，以追求公司利益的最大化。在英美法系国家，董事会中设一定数量的独立董事已经成为公司内部治理结构的一个重要组成部分。在美国，公司的大多数董事会通常是独立董事，只有少数内部董事，现在越来越多的公司只有 1～2 名内部董事。美国“机构投资者委员会”发布的指南要求：至少 2/3 的公司董事应为独立董事；加利福尼亚“公共雇员退休系统”和美国“全国公司董事协会”也要求董事会成员中绝大多数应该是独立董事。

英国 1992 年发布的“卡德伯雷报告”也极力推崇独立董事制度，认为它是完善公司内部治理结构、提高公司管理水平的重要工具。此后，伦敦证券交易所的综合报告也要求大多数非执行董事应该是独立董事，独立于公司管理层，并与公司之间不存在业务关系以及其他可能严重影响其独立判断的关系。最近，英国法律委员会及其委托的专家研究报告显示，31％的小型公司有非执行董事，而 83％和大型公司的有执行董事。反之，当公司董事长、总经理或者全体董事在公司持有大量股份时，董事会中一般不设非执行董事。此外，98％的上市公

---

* 林秀芹，厦门大学法学院教授，福建联合信实律师事务所兼职律师。

司设独立董事。在英国现有的约2200家上市公司中,有5172个执行董事、4160个非执行董事。相对而言,只有46%的非上市公司设独立董事。此外,调查表明,上市公司平均拥有8名董事,而非上市公司的董事只有4名。可见,非执行董事的设定和人数与公司的规模和股权的集中程度密切相关。在小型的、封闭式的和非上市公司,独立董事发挥作用的余地较小,因为股东通常直接管理和控制公司。相反,在股权分散的大型开放式公司和上市公司,股东难以直接管理和控制公司,因此,需要通过独立董事这一中介监督公司管理层的行为。在商业实践中,独立董事地位和作用与内部董事存在较大的差异。

### (一)独立董事与内部董事在商业实践中的差异

独立董事的地位和作用与公司的内部董事存在较大的不同。首先,内部董事是公司的雇员,与所服务的公司之间存在雇佣合同关系,需要全职地为公司服务。然而,独立董事不是公司的雇员,其法律地位不受雇佣合同或者服务合同的约束,也不需要利用全部的工作时间为公司服务。

雇佣合同是区别内部董事和独立董事的重要特征。对于内部董事,公司可以选择在雇佣合同中详细规定他对公司应尽的义务。这种合同规定的义务标准可能比法律的要求更高、更明确。比如,英国的董事雇佣合同通常规定:董事雇员应履行其义务并随时遵守公司的指令,并根据雇佣合同将其全部时间和精力投入公司事务,尽最大的努力促进公司的利益。有的合同规定,董事的注意和能力应达到一个称职董事的水平。可见,公司可以在雇佣合同中明确规定内部董事的义务。董事的职位越高,合同规定的注意程度和能力要求通常也越高。这样,公司可以根据其具体情况及有关董事的具体职责设计董事的义务。相应地,内部董事除了必须履行法律规定的义务之外,还受更加严格、具体的合同义务的约束。这意味着合同对内部董事的义务调整起着举足轻重的作用。然而,独立董事与公司不存在雇佣合同,因此,除了法定义务外,不存在对公司的合同义务。因此,法律的调整对独立董事更加重要。

其次,独立董事与内部董事的功能和职责有所不同。内部董事通常直接或者间接地参与公司的日常业务管理,享有董事会授予的广泛管理权,同时对外代表公司。然而,独立董事不参与公司的日常事务,其主要职能是监督公司管理者的行为并在制定公司策略时提供客观的独立意见。独立董事一般不能代表公司下达指令或者签署合同和其他文件,也不需要向公司行政长官汇报公司事务。在我国,有关法规详细规定了独立董事的特别职权,包括批准关联交易,提请召开股东会、董事会,聘请会计师等。

由于内部董事直接领导公司的日常业务,因此较容易获得有关公司情况的信息;而外部董事则较困难。此外,内部董事与公司具有密切的经济利益关系,其主要收入来源于与公司之间的雇佣合同。尽管独立董事通常是有报酬的,但这种酬金不是其主要或者唯一的收入来源。

与上述特征相对应,公司的执行董事负责公司的日常业务管理,犯错误的可能性较大。相反,独立董事不参与公司的日常经营管理,因此,与执行董事相比,错误风险不同。独立董事的责任主要是对公司董事、经理的行为进行监督,因此,其责任主要来源于疏于监督或者监督中存在过失。

(二)独立董事与内部董事法律地位的"一视同仁"

尽管独立董事与内部董事的地位和功能在商业实践中存在较大的差异,但是,这些差异很少在法律上得到体现。传统上,独立董事和内部董事受同样的法律约束。两种董事的法定权利、义务和责任基本相同,对公司事务负有同等的领导责任。比如,英国现行的1985年公司法没有区别独立董事和内部董事,所有董事,不论是独立董事还是执行董事,都负有同等的义务,都必须为了公司的最大利益行事。在英联邦国家,所有董事对公司负有两个方面的民事义务:首先,董事在履行职务过程中必须尽到相应的注意义务(Care)并具有一定能力(Skill);其次,董事负有诚信义务(fiduciary),即董事必须诚实地履行其职责,不得使其个人利益与公司的利益相冲突并以适当的目的行使其公司的权力。其他英联邦公司,如澳大利亚、新西兰、加拿大公司法在此方面的规定与英国公司法相似。

在实践中,法院在确定董事的责任时,通常也不愿意区分独立董事和执行董事。例如,在英国1989年的Dorchester Finance Ltd v. Stebbing中,法官福斯特责令两名独立董事对一执行董事的过失承担责任。其理由是,所有董事甚至独立董事必须参与公司的董事会并积极地参与公司事务。在该案中,这两位独立董事不够关心公司的业务。福斯特法官认为:这两位独立董事是经验丰富的注册会计师,应该勤勉地执行公司业务,仅仅偶尔到公司看看以及代表执行董事签署公司的空白支票是不够的。即使是没有会计经验的董事也要对审计员提供的报告保持相应的警惕。福斯特法官还强调:在1948年的公司法中,执行董事和非执行董事负有相同的义务。在中国,公司法并没有区分内部董事与独立董事的义务和责任。证监会对陆家豪的行政处罚也许是这种思路的体现。

(三)分析

法律对两种董事义务与责任的"一视同仁"可能受以下几个因素的影响:首先,董事会是公司的主要管理机关,同时是一个集体决策机构。董事履行对公司的职责在很大程度上必须在董事会会议的框架内进行。在董事会会议中,每一董事,不论他是独立董事还是内部董事,有同等的表决权。相应地,享有同等权利和权力的董事应对公司承担同等的义务和责任。其次,在公司中设内部董事和外部董事的目的是为了使公司的决策参考和吸收更广泛、更全面的意见,从而促进公司利益的最大化。内部董事着重从公司日常管理和发展的角度提供意见,而独立董事则从客观的外部人的角度根据其知识和经验提供相关的意见,使公司的决策集思广益。对两种董事的"一视同仁"有助于使各方面的意见得到重视。相比之下,如果对两种董事区别对待,要求某一种董事承担比其他董事更高的义务,则不利于两种董事间保持适当的平衡,可能致使某一类董事(特别是承担较高义务要求的董事)试图控制公司的董事会,使两种董事形成的"混合"董事会形同虚设,或者影响两种董事团结共事。于是,1998年英国关于公司治理的"汉裴尔报告"建议,独立董事应该负较执行董事更轻的义务,因为他们对公司事务的了解不可避免地比执行董事更少。但是,该报告同时建议,董事应该保留"为了董事会一致和团结"的共同义务,英国法院可以考虑案件的实际情形。

此外,由于不同公司的经营方式和治理机构存在很大的差异,有时独立董事与内部董事之间未必总是存在截然分明的界限,如有些兼职董事既不是内部董事,也不是独立董事。如果区别确定董事的义务和责任,则会使灵活多样的公司治理方式受到限制。

但是,两种董事在法律上完全一视同仁的原则也存在一些例外。于是,尽管法律在原则上要求独立董事和内部董事履行同等的义务和责任，但是，允许独立董事采取较少的措施完成其义务。澳大利亚法院在最近的 AWA Ltd v. Daniels 一案中，确定总经理承担过失责任，但非执行董事不构成过失。法院认为，董事应该采取适当的措施指导和监督公司的管理。但是，非执行董事不需要像执行董事那样随时了解公司的事务。此外，法院还指出，非执行董事除了法定义务外，还负有服务合同所规定的义务和责任。

## 二、董事的注意、勤勉和能力方面的义务：客观标准、主观标准和主客观双重标准

如上所述，独立董事和内部董事一样，负有注意和能力上的义务以及勤勉义务。因此，在探讨独立董事特有的情况之前，有必要考察所有董事的这些共同义务。具体而言，董事义务的适当程度可以通过三个标准确定：主观标准、客观标准和主客观双重标准。

（一）主观标准

主观标准的义务是指董事应表现根据其实际拥有的知识和经验在相应情况下应有的注意程度和水平，并不需要达到一个客观的、合理的、称职的董事的水平。据此，如果某一董事是具有专长的会计师或者工程师，其行为标准必须根据其特有的资格和水平确定。按照这种做法，董事的资格和水平越高，其履行义务的要求也越高；相反，如果董事的资格和水平越低，其应履行的注意义务也较低。长期以来，英国的法院在确定董事的注意程度时采用较低的主观标准。在 Re Brazilian Rubber Plantations and Estates Ltd 一案中，尼维乐（Neville）法官说："按照法律，一个董事的义务是按照其个人的能力和经验行使合理的注意。我认为，董事没有义务带着任何特别资格履行其义务。他可以管理一个橡胶公司而对有关橡胶的事宜一无所知。不需要对这种无知引起的错误承担责任。我认为，董事没有义务参加管理公司的业务，但是，如果他参加管理，他应该履行合理的注意以解除其义务。"霍夫曼大法官评论：在该案中，许多董事只是借用其地位、声誉帮助公司筹措资本，并不真正参与公司的管理。

"巴西橡胶园"案所确定的法律规则在 Re City Equitable Fire Insurance Co Ltd 一案中得到了英国上诉法院的赞同。罗默法官（Romer）判决："一个董事履行义务时石露要体现度过其叙识两专长的合理水平。"公司董事并不需要做任何具体的事情，不需要特别的资格，也不要通过任何考试。

支持主观标准的理由之 ·是：管理不是专门的职业，因此，董事不需要特别的技能以履行其义务。在有些情况下，公司任命一名董事是因为该董事曾经担任过公务员或者外交官，公司想利用该董事在原来职务中获得的知识和经验。比如，前外交官可能熟知公司有业务往来的外国的语言和文化，但是，这种董事对公司融资和财务知识十分有限。法律应该考虑这种董事所缺乏的知识和能力。但是，这些看法遭到了有力的驳斥。首先，单纯的主观标准不符合现代的服务合同的实际。当一个人同意提供某种服务并接受报酬时，他应该理解服务的内容。这点对内部董事和独立董事同样适用，因为这两种董事一般都接受报酬。其次，许多公司业务需要专门的知识和技能才能执行，并非平常人所能掌握。此外，在主观标准下，难以使董事对其过失和不称职的行为负责。有人认为，主观标准实际上保护水平低下、有勇无谋的董事不受追诉，使他们逃避过失的责任。相应的，主观标准容易造成公司管理水

平的降低，因为董事没有相应的知识和经验。

（二）客观标准

根据客观标准，一个董事所应表现的注意、能力和勤勉应该相当于持有董事职位的“合理的人”在相应情况下的水平，即董事的注意程度、技能水平和勤勉程度应相当于虚拟的“合理人”的水平，不论有关董事的实际知识和经验，即使某一董事因其特殊的知识和能力受到任命也是如此。如果董事的表现低于合理正常人可期待的水平，该董事的作为或者不作为构成违反法定义务。由于单纯的主观标准存在严重不足，英国法院最近采用了新型的客观标准，试图提高董事的注意义务。由主观标准到客观标准的转变体现了政府和金融机构对提高公司治理水平的期望。

此外，1993年新西兰的《公司法》第137条规定，董事的注意义务应采用客观标准。具体董事的特别资格和能力不应被考虑，即使公司任命某一董事首先是因为其特别资格。澳大利亚和加拿大公司法也有相似的规定。

客观标准适合于不知道董事拥有专门能力或者经验的情况下，但是，实践中，任命董事时很少不知道或者不考虑他拥有的经验或专长。此外，在英国，如果采用客观标准，则意味着在公司正常经营的情况下，以客观标准考察董事的行为。但是，在公司破产的情况下，却要同时考虑客观标准和主观标准。

（三）主客观双重标准

第三种标准是主观标准与客观标准相结合的双重标准，董事的行为同时受主观标准和客观标准的约束。一方面，董事的行为适当与否必须根据处在相似地位的合理人的客观标准判断。另一方面，董事的行为必须根据其个人的技能、能力和经验来判断。比如，英国的《公司破产法》第214条第(4)款规定，当董事知道或者应当知道公司将不可避免地陷入破产时，必须采取一个合理人在类似情况下将采取的所有措施减少可能对公司的债权人造成的损失；否则，董事可能被法院责令承担个人责任。在此情况下，董事的行为除了符合客观标准外，还要符合主观标准，即董事必须使用其实际上拥有的能力减少损失。例如，如果一个董事是会计师或者律师，他是否履行了注意、勤勉和能力的义务，必须根据其实际拥有的专业知识和经验判断。例如，在Re Produce Marketing Consortium (No.2)一案中，法院认为：在确定董事是否应该知道公司处于亏损时，应该考虑公司的具体情况。在小型公司中，由于财务制度简单，需要了解公司财务状况的知识、能力和经验比在大公司要求低。在另一案件Norman v. Theodore Goddard中，霍夫曼(Hoffmann)大法官明确指出：在确定董事的注意义务、考虑董事应该合理地知悉或者推断时，除了考虑履行该职务的正常人应有的水平外，应允许法院参考具体董事实际拥有的知识、技能和经验。主客观双重标准似乎是体现法律发展的方向。最近，美国最近一项具有重要影响的实证研究表明，半数以上的受调查对象支持采用主客观双重标准，不足三分之一的调查对象支持传统的主观标准。有的调查对象指出，直到最近，英国公司法对董事义务的要求较低，因此，有必要对独立董事和内部董事的行为设定适当的标准。“法律委员会”关于董事义务的研究报告建议1985年《公司法》第309条中增补关于董事注意义务和技能义务的规定，采用主客观双重标准。

（四）小结：提高董事的注意义务标准对独立董事的影响

由上可见，英联邦国家的公司法有提高董事义务的倾向。董事要表现相当于一个“合理人”在相应情况下注意、能力和勤勉的义务。在英国,如果法律委员会最近的建议被采纳,则意味着董事的行为要达到“合理”董事的水平。不论董事实际水平如何,必须达到一个客观“合理人”的标准。董事不能以其无知或者个人水平的限制作为抗辩。与此同时,董事的行为必须达到与其个人拥有的实际能力和水平相符合的标准。这些变化体现了对董事要求的提高,对独立董事具有重要意义。因为绝大多数独立董事是根据其特有的技能和经验选定的,但是,这并不意味着独立董事熟知公司治理之道或者具体公司的情况。由于独立董事投入公司事务的时间和精力有限,往往对公司事务不十分了解。在此情况下,提高独立董事的注意义务,无疑会增加独立董事个人被追诉的可能性。这可能影响有能力者担任独立董事的积极性,并使独立董事更难信任其他执行董事,从而更多地干预公司的经营管理,从而增加公司的管理成本。加拿大的一项实证研究显示,对董事个人施加个人责任已经引起董事辞职。在中国,笔者得知一名教授在陆家豪案以后毅然辞去在一家上市公司的独立董事职务。

尽管有学者指出,广泛的董事责任保险可以减少提高董事义务的副作用,避免独立董事遭受灭顶之责任,但是,增加对董事的起诉可能造成的名誉损失及应付诉讼所需的大量时间和精力仍然会对许多适当的独立董事候选人有消极作用。

## 三、独立董事的过失责任的若干具体问题

尽管独立董事的义务和责任原则上与内部董事相同,但是,由于独立董事的地位和职责与内部董事存在实际上的差异,因此,独立董事责任的侧重点也与内部董事不同。独立董事不负责公司的日常经营管理,因此不必对其没有每天到公司上班、没有不时地关注公司的事务承担法律责任。独立董事的作用主要是对公司董事、经理的行为进行监督,相应地,独立董事的责任通常表现在:在任职期间是否违反注意义务、疏于监督或者在监督过程中存在过失。下面考察英澳公司法在这些方面的做法,并分析陆家豪案的情况。

### (一)独立董事是否对“不作为”承担过失责任

在这一问题上,英国的公司法经历了较大的变化。早期的普通法与新近的董事失格法存在较大的差异。

### (二)英国“董事失格法”上的严厉态度

英国1986年的《董事失格法》对合格的董事的要求比普通法更加明确,并且更加严格。据此,法院不仅判定那些积极参与公司事务的人不适宜担任董事而且确定那些不积极参与公司事务的人为不合格。后者通常适用于非执行董事。比如,在1999年的Re Kaytech International Pic一案中,法院认为,董事的完全不作为可能构成《董事失格法》第6条所规定的不合适。新近的其他案例也表明,董事“无所事事”是法院取消董事资格的理由。如果董事不作为或者没有参与公司的事务,则可以被认为不适于担任董事。正如帕雷所指出的:这些判例的教训是“如果某人没有准备参加一个公司的管理或者没有能力这么做,则不值得冒着风险在董事会占一席之地”。在Re Park House Properties Ltd一案中,法院判决即使是在董事没有报酬(这通常适用于非执行董事)的情况下,如果董事没有采取必要的措施或者没有努力熟悉公司事务,那么,根据正常的商业准则以及立法或者法院规定的董事义务,董事都可能被确定为不合格。可见,完全的不作为可能使董事变成不合格。如果一个人接受

董事职位，但是不作为，或者没有采取措施了解公司的事务而将大多数事情交给其他犯错误的同事，那么，该董事不适合再参与公司的管理。法官认为："一个董事没有意识到他的疏忽可以引起的明显后果……不合格在这里包括：不称职、使成文法的宗旨落空避免法律试图防止的事情发生。这个制度的内容之一就是依赖于董事的称职。"

在 Re Continental Assurance Co of London plc 一案中，一名非执行董事声称他不了解公司的情况，因而被法院确定为不适合担任董事。法院认为，他的不知情体现了"严重的不称职"或者"忽视公司的事务"。

后来，在 Team Lotus Ltd 一案中，法官对非执行董事的职责作了新的描述，指出：非执行董事不需要阅读公司的每一份文件，但是，不论他们多么繁忙，他们必须知道其所读文件的意义。如果感到疑惑，应该将问题提到董事会来讨论。如果董事会没有采取该董事认为适当的措施，该董事应自己寻求独立的顾问意见或者辞职。

这些案例表明，法院在适用《董事失格法》第 6 条时，对董事的不作为采取比普通法更为明确、严格的态度。如果独立董事在任职期间内一直保持不作为，则可能被法院认为不适合担任董事。法院在决定"不合适"或者"不称职"时，会考虑董事对公司违反法定财务制度的过错程度、董事不作为的程度、缺乏监督的程度等。由于独立董事的主要问题在于疏忽大意或者没有履行监督义务，因此，法院较容易确定不作为的非执行董事不适合担任董事。但是，霍夫曼大法官认为，董事失格制度与董事在普通法上的注意义务不同，前者是关于董事会成员管理股东的生意过程中的个人责任，而后者是关于董事会作为一个集体机构的内部治理。前者的被告董事通常是滥用有限责任制度的独资公司股东或者大多数股份的实际受益人；而后者是在股权分散的情况下加强公司内部治理的一种机制。此外，董事失格法调整董事与独资企业主及其债权人之间的关系，而后者主要是调整董事与股东之间的关系。因此，董事失格法与董事在普通法上的过失责任属于两个不同的法律领域，大量成功的董事失格案件与提高公司董事的注意义务并没有必然的联系。下面将考察英国普通法关于董事违反注意义务的法律责任。

### （三）英国判例法对独立董事"不作为"的宽松态度

在早期的英国判例法中，"不作为"或者疏于监督似乎并不构成违反董事的义务。公司的兼职职员并不一定经常参加公司的会议，也无须积极参与公司事务。例如，在 Re Brazilian Rubber Plantations and Estates Ltd 和 Re City Equitable Fire Insurance Co Ltd 两个案件中，法院都认为董事不需要采取任何积极措施，无须积极参与公司管理，甚至不需要做任何具体的事情，以解除其董事义务。在前一案件中，法院认为，橡胶公司的董事没有义务征求独立人士的意见以证实卖方提供的情况。许多公司采纳与某一交易有利害关系人的陈述，董事可能怀疑卖方夸大其词，但是，并没有想到卖方会不诚实。在第二个案件 Equitable Fire Insurance 中，法官认为，担任董事并不意味着需要做任何事情，不需要任何资格，也不需要考试。董事有时什么也做不了，但是，如果股东出于"或好或坏"的原因认为某人加入董事会对公司有利，那么，这个人可以加入公司的董事会而不需要承担任何义务。他还指出："如果董事没有参与会议，并不需要承担民事责任。如果他缺席过多，他不会被再选为董事或自动终止董事职务，如果公司章程有此规定的话。但是，董事不需要对其不在场时发生的事情承担责任……"

然而，在后来的 Dorchester Finance Ltd v. Stebbing 一案中，法院并没有区分执行董事与非执行董事。法院认为，具有一些会计经验的非执行董事不能消极对待公司事务，因此，责令非执行董事对执行董事的过失承担个人责任。然而，就在不久后的 Norman v. Theodore Goddard 一案中，霍夫曼大法官指出，Stebbing 一案是一个非常极端的案例，并不代表法院一般态度的变化。

从英国的判例法来看，董事是否应该对疏于监督和没有积极参与公司的业务承担过失责任没有明确的结论。许多案例似乎表明，兼职董事的不作为不引起过失责任。霍夫曼大法官在一次学术讲座中分析了上述案例，并指出上述判例的规则是：董事不需要对其不作为承担过失责任。但是，董事接受任命代表公司从事某一项事务时，必须尽合理的注意。他还引用 Investment Management Ltd v. Maxwell(No.2)一案，解释了法院在确定董事责任时所遇到的困难。他强调：即使从理论上说，董事有注意义务并有义务采取行动，但是，很难证明公司的损失是由于一个董事没有采取一些措施防止其他董事要做的事情。首先，根据巴西橡胶案的规则，很难确定该董事违反了他对公司应尽的义务；其次，不可能证明即使他关心公司的业务，他就可能采取措施阻止其父盗窃公司的资金。只有在几项金额达 500900 的股份转让交易中，他极不明智地签署了这些对其家族公司有利的交易。在这点上，他确实做了不当的事情。因此，他应该在该数额内负责。

由上可见，在英国，要确定独立董事对其不作为的过失责任十分困难，董事一般不需要对其“不作为”承担过失责任。但是，英国的判例法在这方面尚不十分明确。

(四)澳大利亚最近的判例法原则——独立董事并非“花瓶”

与英国法院的上述态度相比，澳大利亚最近的案例表明，法院对非执行董事的要求更加严格。在受到普通法系国家广泛关注的 Daniels v. Anderson 一案中，南威尔士上诉法院的多数判决认为：AWA 公司和 DHS 审计事务所对损失具有共同的过失。其中，胡克的过失就是 AWA 公司的过失；同时，AWA 的 3 名非执行董事没有违反其义务。大多数法官还指出，非执行董事对 AWA 公司负有普通法上的注意义务。普通法上的过失义务适用于所有董事，包括执行董事和非执行董事，除非有政策原因要求不适用后者。在本案中不存在这种政策原因，因此，胡克先生与其他 3 名董事对 AWA 公司负有同等的注意义务和能力上的义务。在此基础上，法院认为，本案中的 3 名非执行董事已经做了合理的人在他们的情况下应做的事，因此，没有违反对 AWA 公司的义务。

大多数意见还对非执行董事的作用作了颇有新意的阐述。他们认为：非执行董事使他们自己担当指导(guide)和监督(monitor)公司管理的角色，他们应当根据履行这些职责的需要经常开会。非执行董事不得不加审核地依赖管理层；他们对公司的业务至少应有初步的理解，并且有义务持续地了解公司的活动。概而言之，非执行董事是公司治理结构中的关键部分，而不是好看的“装饰”。一个人在接受董事职位时，即使是非执行董事，应该有义务确保他们自己理解董事职位所赋予的义务的性质，尽管每一董事的注意和能力程度因某一具体公司的规模和活动不同而有所差异。

可见，澳大利亚法院的上述判决与英国法院的通常做法相比，较大幅度地提高了独立董事的地位和义务标准，独立董事不再是装饰性花瓶，而是现代社会制度和经济制度的一个重要组成部分。独立董事应体现客观的合理人在相应情况下的能力和水平。同时，澳大利亚法院对董事在具体公司中的地位和职能较为敏感，采取较为灵活的态度，适当考虑每一案件的具体情况，如公司规模的大小、公司业务的性质等。这种做法比较符合现代社会公众对董事，特别是独立董事的普遍期望，也较符合独立董事目前在商业实践中的地位和作用。

（五）独立董事是否可以依赖管理层或者审计员的报告作出决定

独立董事的主要职能是监督而不是经营管理，此外，由于独立董事不参与公司的日常事务，在公司事务中投入的时间和精力有限，很难全面了解公司的具体情况。因此，通常需要依赖公司管理层或者审计员提供的信息或者意见作为决策的依据。于是，独立董事可否依赖他人或者在何种程度上依赖他人的意见是一个十分重要的问题。英国最近关于法律判定董事失格的一系列案例表明，如果董事依赖于他人的意见作判断，存在很大的风险。在Team Lotus Ltd一案中，法官认为，如果非执行董事知道执行董事作了不当陈述，非执行董事不能依赖执行董事的陈述行事。即使非执行董事可以依赖执行董事意见（尤其是财金董事）的情况下，也是必须以批评的、客观的方式考虑执行董事的意见。如果存在任何可疑情况，他们必须在将来的询问中指出。此外，不论董事履行义务时需要在何种程度上参与公司业务，如果他过多地依赖其他董事的意见，则可能被认为不适合担任公司董事。

在关于董事是否违反注意义务的Dorchester Finance Ltd v. Stebbing一案中，法官福斯特强调：董事不能盲目地接受审计师提交的文件。其他国家成文法对此有更明确的规定。《加拿大商业公司法》第123条第4款规定，在下列两种情况下，公司董事依赖他人的判断不需承担违反注意义务和能力义务的责任：第一，董事善意地依赖公司职员提供的财务报告或者审计员的报告，且这些报告如实地反映了公司的财务状况；第二，董事善意地依赖律师、会计师、工程师、评估师及其他具有可信度的专业人士的报告。

新西兰公司法对董事的依赖作了更加明确的规定。1995年《公司法》第138条第1款规定，公司董事在执行职务的过程中，可以依赖下列人员提供的报告、材料、数据和意见：(1)董事有理由认为在某些方面是可靠和称职的雇员；(2)董事有理由认为是某一方面的专家或者顾问在其专业领域内提供的意见；(3)公司的其他董事或者委员在其授权范围内的报告和意见。同时，董事的依赖必须符合下列三个条件：(1)董事的依赖是善意的；(2)当具体情况表明需要就某些事项进行调查时，董事作了相应调查；(3)不知道这种依赖是不合理的。

由上可见，英联邦国家的公司法都允许公司董事——包括执行董事和独立董事，在一定程度上依赖其他董事、雇员或者审计员提供的资料和意见作出判断，只要这种依赖是善意的、合理的，即依赖董事不知道他人报告和意见存在问题，而且也没有合理的理由怀疑他人的报告和意见存在不实。如果在这样的法律背景下看陆家豪案，那么，在确定陆先生的法律责任时应考虑下列问题：(1)陆先生在公司中的具体职位和职责是什么；(2)他是否参与有关虚假材料的讨论、决议，或者公司在制作或者讨论通过上述决议时，陆先生是否在场；(3)陆先生是否有理由怀疑上市申请报告和年度财务报告存在虚假；(4)陆先生是否依赖他人的意见作出判断，在何种情况下依赖何种人士的意见。一旦这些问题得到回答，陆先生作为董事的过失责任也不难确定。

## 总　结

综上所述，独立董事在公司中的地位和作用仍然是一个谜，英澳等国家的立法对这些问题缺乏明确的规定。但是,一个明显的发展趋势是:独立董事不再只是好看的“摆设”,而是公司治理中的一个重要组成部分。因此,法律对独立董事的要求可能会提高。其次,上述讨论表明:英联邦国家都要求独立董事承担与内部董事同等的义务和责任,这种做法似乎有助于公司董事会的信任和团结,从而减少管理成本。再次,独立董事可以“不作为”,即在履行其义务时不需要采取任何积极措施。但是,如果独立董事采取积极行动,必须尽到合理人的注意义务和水平。此外,独立董事履行其义务时可以善意地依赖执行董事或者独立人士的意见。

■ 新型业务及其他

# 探索股份合作制农村集体经济组织引入独立董事制度的路径

郭明昆[*]　张孟强[**]

## 引　言

自2016年12月中共中央、国务院发布《中共中央国务院关于稳步推进农村集体产权制度改革的意见》(以下简称《农改意见》)以来,我国农村集体产权制度改革工作正有条不紊地开展着。2018年6月19日,农业农村部召开就农村集体产权制度改革进展情况举行发布会(以下简称"改革发布会")。目前改革试点工作已经进入整省、整市试点的阶段,在试点地区改革的积极带动下,通过股份经济合作制改革的一大批新型农村集体经济组织应运而生,成为新时代农村经济发展的强劲动力。但应当引起重视的是,这批新型农村集体经济组织虽已经《中华人民共和国民法总则》取得了"特别法人"的法律地位,但对其自身寻求的公司化治理方向而言,仍缺乏行之有效的管理和监督机制,因而改革发布会亦将起草、制定农村集体经济组织立法提上日程,特别是"组织机构设置和运行制度、资产财务管理制度、法律责任制度、监管制度等作出全面的规定"①。在此背景下,对于改革后的新型股份合作制农村集体经济组织特别法人②的治理研究尤为重要。

现今股份合作制特别法人大多以设立董事会③、监事会等管理监督职能部门,较符合公司化治理的基本逻辑。但是在实务中,一方面,这些新型农村集体经济组织的董事会、监事会成员均来自村民委员会或者村党委,与作为农村④基层群众管理服务职能的村民委员会通常是"两块牌子、一套人马",不利于股份合作制特别法人的独立发展;另一方面,根据《农改意见》的意见,所有经过确认的属于农村集体经济组织的成员,均纳入股份合作制特别法人中成为股东,每个股东的股权比例一致,也就是说股份合作制特别法人的股东几乎包含全

* 郭明昆,福建联合信实律师事务所高级合伙人,电邮:gmk@lhxs.com。

** 张孟强,福建联合信实律师事务所律师,电邮:zmq@lhxs.com。

① 中华人民共和国农业农村部:《农业农村部就农村集体产权制度改革进展情况举行发布会》,2018年6月19日,http://www.moa.gov.cn/hd/zbft_news/ncjtcqzdggjz/wz/。

② 为避免冗长,本文以"股份合作制特别法人"指代"新型股份合作制农村集体经济组织特别法人"。

③ 目前在全国各地区的实践中,新型农村集体经济组织设立的管理职能部门,有些为董事会,有些为理事会,有些为社委会,为避免烦琐冗长,本文以"董事会"代称其设立的管理职能部门。

④ 改革的对象亦包括大量经过村改居的社区,为避免表述的烦琐,本文以"村"代称改革对象。

村的村民，少则数百人，多则数千人，甚至上万人。在此情形下形成了股东众多且股权分散的股权结构，这种股权结构导致农村集体经济组织的相关权利集中于董事会成员手中，且缺乏有效监督、规制董事会、监事会的机制，不利于保护股份合作制特别法人全体股东的合法权益。对此，可以借鉴公众公司、金融业企业以及农村信用社改革中引入外部独立董事制度的做法，从村集体外部引入具备政府部门或相关事业单位、法律、财务会计、商业经济等专业身份的人士等加入股份合作制特别法人董事会作为独立董事。这样一方面可以监督董事会依法依规行使职权，另一方面可以利用其专业知识和资源支持新型农村集体经济组织的发展。

## 一、股份合作制特别法人概述及其公司化治理的基本条件

### （一）农村集体经济组织的概念和发展历程

1.农村集体经济组织的概念

《中华人民共和国宪法》（以下简称《宪法》）、《中华人民共和国民法总则》（以下简称《民法总则》）虽明确规定了农村集体经济组织的法律地位和市场主体资格，但并未对其概念进行界定。从现有法律规范来看，对其作出定义解释的直接规定，是广东省于2006年颁布实施并于2013年修订的《广东省农村集体经济组织管理规定》（广东省人民政府令第189号，以下简称《广东省管理规定》），《广东省管理规定》第3条指出，“本规定所称农村集体经济组织，是指原人民公社、生产大队、生产队建制经过改革、改造、改组形成的合作经济组织，包括经济联合总社、经济联合社、经济合作社和股份合作经济联合总社、股份合作经济联合社、股份合作经济社等”。

同时，从农村集体经济组织的资产范围来看，按照现行《中华人民共和国物权法》（以下简称《物权法》）第58条、第59条、第60条之规定，“属于村农民集体所有的，由村集体经济组织或者村民委员会代表集体行使所有权”，由于农村集体经济组织集体所有和特有的封闭性，其有且只有《物权法》第58条对“村农民集体”的动产和不动产代“村农民集体”进行占有、使用及处分的权利。

从农村集体经济组织的成员范围来看，结合《广东省管理规定》第15条，其成员范围主要包括两种①：第一是“原人民公社、生产大队、生产队的成员，户口保留在农村集体经济组织所在地的”；第二是“实行以家庭承包经营为基础、统分结合的双层经营体制时起，集体经济组织成员所生的子女，户口在集体经济组织所在地的”，也就是说，农村集体经济组织的成员涵盖了大部分在农村集体经济组织所在地农村生产、生活的农民，即“村农民集体”，其成员与其资产所有主体相对应，所以其成员的身份认定采用的是“排除法”，而非农民专业合作社采取的“自愿联合”的形式。

因此，农村集体经济组织本质上是公有制经济中农民集体所有制下的农民经济合作组

① 农村集体经济组织成员身份认定的方式和条件在各个地区的农村均有所差异，由于本文的篇幅所限，在此只是参照《广东省管理规定》第15条阐述两种认定基本成员的范围，对于其他特殊情形不作具体分析。实际上，笔者在进行改革工作中涉及农村集体经济组织成员身份认定时，亦接触到诸多特殊身份人员的认定条件，且各地区的农村因其特殊情况或有所不同。

织，代表集体成员行使集体所有资产所有权，其成员是集体所有资产的所有者，涵盖了大部分在农村集体经济组织所在地农村生产、生活的农民，人数众多且极具“人合”性。

2.农村集体经济组织的发展历程

中华人民共和国成立以来，农村集体经济组织在发展道路上几经变革。在改革开放以前，以生产资料个人所有制为基础的集体合作经营①，是中华人民共和国成立以后实行农村经济体制变革的第一阶段，紧接着在1958年开始逐步建立生产资料公有制、“三级所有、队为基础”的人民公社体制。此后，为调动农民的积极性，克服长期存在的管理过分集中、经营方式过分单一和吃“大锅饭”的弊端，党的十一届三中全会以来，经过全面改革确立了以家庭承包经营为基础、统分结合的双层经营体制，同时以《中华人民共和国宪法修正案》的方式确立了其根本法律地位，并一直实行至今。② 近年来，农村经济涌现出大量“经济合作”“股份经济合作”“专业合作”等形式的发展创新模式，我国现阶段开展的农村集体产权制度改革工作亦建立在股份合作经济改革创新的基础之上，现阶段的改革工作亦属双层经营体制下的、为完善农村基本经营制度的一次重要实践。

（二）农村集体经济组织的组织形式

目前，我国现阶段出现的农村集体经济组织设立的组织形式复杂多样，不仅包括根据《中华人民共和国公司法》（以下简称《公司法》）进行依法登记的有限责任公司和股份有限公司，也包括专业合作社，以及以“股份经济合作社”为代表的各种形式的股份经济合作组织等多种组织形式。

在《农改意见》出台以前，一些具有大量资产的农村，为更好市场化的运营农村集体所有的资产，在现有的组织形式的框架内改革了集体经济组织。例如，上海市闵行区在集体经济组织设立的原则上设立了公司法人，利用股东代持股份的方式或者“先成立社区股份合作社，再由社区股份合作社出资成立公司”的方式解决公司关于股东人数的突破限制。③《都江堰市农村集体经济组织管理办法》即规定，农村集体经济组织可以采取合作社法人的形式。广东省是较早进行农村集体经济组织股份合作制改革的地区，在《广东省管理规定》的积极影响下，全省已颁发农村集体经济组织证明书的农村集体经济组织23万余个，其中以经济合作社（也包含股份经济合作社等形式）21万余个④，有力地推动了广东省农村经济的发展。但需要说明的是，由于农村集体经济组织资产管理和成员认定的特殊性，以企业法人、合作社法人为载体的组织形式，必须符合前文农村集体经济组织的成员、资产范围的界定，否则不应当列入农村集体经济组织范畴。

---

① 1956年6月30日通过的《高级农业生产合作社示范章程》明确了集体合作经营制度下产生的农业生产合作社（高级农业生产合作社）的集体经济组织性质，已经成为社会主义公有制经济中农民集体所有制的实现形式。

② 管洪彦：《农村集体经济组织法人立法的现实基础与未来进路》，载《甘肃政法学院学报》2018年第1期。

③ 国务院发展研究中心农村经济研究部：《集体所有制下的产权重构》，中国发展出版社2015年版，第246页。

④ 国务院发展研究中心农村经济研究部：《集体所有制下的产权重构》，中国发展出版社2015年版，第246页。

在《农改意见》出台以后，全国各试点地区的改革均以“股份合作制”的形式为主，这也是借鉴了广东省股份合作制改革的经验。在《农改意见》的指导下，以“股份经济合作社”为代表的新型股份合作制农村集体经济组织，是经“三级所有、队为基础”的人民公社体制中改制而来，又在“统分结合的双层经营体制”上进行发展的农民经济合作组织，是我国公有制经济下农民集体所有制的创新发展形式。

（三）股份合作制特别法人的民事主体资格和市场主体资格

从《宪法》和《民法总则》等相关法律看，农村集体经济组织有明确的法律地位和性质。《宪法》第 8 条不但明确了“农村集体经济组织实行家庭承包经营为基础、统分结合的双层经营体制”，并且第 17 条规定了其“有独立进行经济活动的自主权”，从宪法层面确立了其市场主体地位。同时，《物权法》《中华人民共和国农业法》也以“集体”“农村集体经济组织”等表述，将《宪法》规定具体化，明确农村集体经济组织的法律地位。更为重要的是，2017 年 10 月 1 日开始施行的《民法总则》已经将“农村集体经济组织法人”列为“特别法人”，确立了农村集体经济组织在民法典体系下的民事主体资格。

在股份合作制特别法人作为市场主体资格的登记上，现阶段虽无直接依据的法律规定，但依据《民法总则》确立的特别法人的民事主体资格，以及《农改意见》有关“现阶段可由县级以上地方政府主管部门负责向农村集体经济组织发放组织登记证书”的要求，目前已设立股份合作制特别法人的地区，均可以由县（区）级农业农村管理部门向本辖区农村集体经济组织发放登记证书和统一社会信用代码，股份合作制特别法人可以凭登记证书到有关部门办理公章刻制和银行开户等相关手续，是其向公司化治理迈出的一大步，完善了其参与市场经济活动的功能。

换言之，在目前农村集体产权改革工作阶段设立的股份合作制特别法人，已经确立了特别法人的民事主体资格，并且具备参与市场经济的民事主体地位，并一直朝着公司化治理的方向迈进，是发展我国特色社会主义市场经济中一支不可忽视的重要力量。

（四）股份合作制特别法人的公司化治理结构及其问题

在农村集体产权制度改革后成立的股份合作制特别法人，大多以“股份经济合作社”为形式，在内部治理结构上与公司内部的治理结构相类似，主要分为权力机构、管理职能机构和监督机构。权力机构一般为股份合作制特别法人的成员大会①，管理职能机构设置为董事会，监督机构设置为监事会，治理的依据为设立之初制定的章程。而在一些已经自行进行过类似股份合作制改革的农村中，其改革设立的股份经济合作社设置的治理结构亦与之无异。② 这样的治理结构中，作为权力机构的成员大会或者成员代表大会，依据章程对股份合作制特别法人的重大经营、管理等事项作出决定；作为管理职能机构的董事会履行经营、管理的职责，是股份合作制特别法人的执行机构；作为监督机构的监事会具有监督董事会的职责。这样的治理结构，看似与公司内部的治理结构相类似，符合一般公司制组织形式的发展

---

① 由于有些农村集体经济组织的成员较多，召开成员大会较为困难，有些也设置成员代表大会行使成员大会的权利，这与农村集体选举时适用的“村民代表”如出一辙。

② 笔者所在的律师事务所是农村集体产权制度改革福建省几个试点地区的法律服务机构，笔者亦参与其中，对于其改革后集体经济组织的内部治理结构，即如文中所述。

要素，但是却有其突出的问题。

1.股权平均且股东过于分散。在《农改意见》的指导下，现阶段股份合作制特别法人的股权设置均以“成员股”为主，部分设置了“集体股”；也就是说，集体经济组织的所有成员均为股东，持股平均，不存在大股东的概念，成员大会所需决定的事项按照股权设置也为“民主集中制”。这样的股权设置让农民公平地享有集体资产量化到户或者量化到个人的股权，体现了农民所有的集体资产量化到农民手中的积极意义。但是，由于股东过多，成员大会难以组织召开，更可能因为农民知识的欠缺在“民主集中制”下难以形成对农民有利的决策，故而在此情况下成员股东们行使职权必须依靠董事会，这便极大地赋予了董事会的实际职权。

2.董事会、监事会任职人员的身份缺陷。为推进改革的顺利进行，一般设立新型的股份合作制特别法人之初，会提前拟定章程，选出董事会、监事会成员。由于股份合作制特别法人仍然由村委会、村党委两委进行推动，村两委委员的公信力也高于集体经济组织其他成员，董事会、监事会成员一般为村两委委员。在此情形下，村两委与股份合作制特别法人仍然是“两块牌子、一套人马”，两者事务繁多且相互交错，不利于股份合作制特别法人经济独立发展。同时，董事会、监事会成员容易受村两委中的身份干扰，不利于作出独立判断，特别是监事会对董事会的监督职能无法得到有效保障。

3.董事会、监事会任职人员的专业缺陷。股份合作制特别法人的设立之初衷，很大程度在于达到其融入市场竞争、发展农村经济的目的，故而股份合作制特别法人的此次改革以类公司化治理为方向，但如前所述，在其治理结构中，董事会、监事会成员均来自村两委，其成员身份大多不具备进行公司化经营的能力，即使可以聘请专业人员管理和经营公司，董事会、监事会成员亦难以对专业人员的管理、经营作出有效评价，监督和管理的职责便可能束之高阁。

## 二、股份合作制特别法人公司化治理引入独立董事制度的可行性分析

独立董事（independent director），是指“独立于公司股东且不在公司内部任职，与公司或公司经营管理者没有重要的业务联系或专业联系，并对公司事务做出独立判断的董事”①。独立董事制度起源于20世纪30年代，从西方国家的非雇员董事或非执行董事发展而来的，首创于美国。经过随后几十年的发展，成了英美法系国家公司治理结构中的重要制度。

### （一）我国各类组织引入独立董事制度的目的

我国适用独立董事制度的企业主要有上市公司和银行业金融机构。在上市公司方面，我国在2001年8月中国证监会发布了《关于在上市公司建立独立董事制度的指导意见》，规定了上市公司必须建立独立董事；同时2004年9月中国证监会发布了《关于加强社会公众股股东权益保护的若干规定》，进一步肯定并完善了独立董事制度；2014年修订的《公司法》也明确规定了建立独立董事制度。在银行业金融机构方面，银监会在《商业银行公司治理指引》（银监发〔2013〕34号）中明确要求银行业金融机构的“审计委员会、关联交易控制委员

① 姜建等：《地方法人银行业金融机构独立董事工作机制效果分析》，载《西部金融》2015年第6期。

会、提名委员会、薪酬委员会负责人”原则上由独立董事担任。《信托公司治理指引》第 19 条规定：“信托公司设立独立董事。独立董事要关注、维护中小股东和受益人的利益，与信托公司及其股东之间不存在影响其独立判断或决策的关系”“独立董事担任信托委员会负责人”。

从以上可以看出，我国各类企业组织形式设立独立董事制度的最大目的在于解决公司所有者与经营者分离的代理问题，①特别是在于保护“人数众多且股权分散的公司所有者”。同时，设立独立董事制度，能够发挥其治理行为的有效性，积极发挥独立董事个人资本和社会资本。以目前独立董事的任职来看，财务会计背景的个人可以对公司的会计信息进行监督并提供建议，法律背景的个人能够帮助公司解读和把控经营、管理的法律风险。与此同时，独立董事还为公司带来经营战略、投融资机会以及政策变化的有效信息。②

### （二）股份合作制特别法人具备引入独立董事制度的条件和适用必要性

独立董事制度设立的目的需求，恰如其分地体现了股份合作制特别法人公司化治理结构的缺陷的优化方向。在股份合作制特别法人已经具备市场化经营的法律地位和行为能力后，其治理结构的不完善无疑是参与市场公平竞争的最大挑战，而弥补其治理结构的缺陷与设立独立董事制度的适用条件恰合。

1.股份合作制特别法人股东人数众多且股权极其分散缺乏有效保护

如前所述，与公众公司“股东人数众多且股权分散”的特点相比，股份合作制特别法人有过之而无不及，一般而言，作为农村集体经济组织的股份合作制特别法人股东都在上千人，有些农村甚至上万人，且不可能产生实际控制人或者控股股东，或者大股东，在此情形下，股份合作制特别法人所有者和经营者分离而产生的代理问题更为突出，经营者的权利过大，与所有者的利益冲突更为明显。

2.股份合作制特别法人缺乏董事会的有效监督机制

如前所述，股份合作制特别法人董事会监督机制的缺陷主要来源于三个层次。第一是缺乏所有者的有效监督，股份合作制特别法人人数众多且股权极其分散的特点导致成员大会并不能有效地监督、限制董事会的行为，而且其成员作为农民，亦缺乏有效利用章程权利限制董事会行为的能力；第二是缺乏监事会的有效监督，鉴于董事会、监事会的成员大多来自村两委，监事会成员在股份合作制特别法人行使监督职权易受具有类行政管理职能的村两委身份所干扰；第三是董事会自身履责缺乏监督，这与监事会成员无法有效监督的原因一致。

3.股份合作制特别法人治理结构治埋能力的短板

由于目前改革设立的新型股份合作制农村集体经济组织特别法人的治理机构均产生于股东，而股东均大部分为农民，即便是具有知识和学历的成员进入董事会、监事会，该成员亦缺乏对股份合作制特别法人进行公司化治理的能力，而且董事会、监事会成员实践中大多来源于村两委成员，类行政事务分身乏术，这样不利于股份合作制特别法人的发展。因此，引入独立董事制度，不仅可以提供专业知识帮助管理层理解和认识股份合作制特别法人进行公司化治理中的问题和发展方向，有利于提高其治理结构的治理能力，还有助于独立董事社

---

① 祝继高等：《谁是更积极的监督者：非控股股东董事还是独立董事?》，载《经济研究》2015 年第 9 期。

② 陈运森等：《董事网络、独立董事治理与高管激励》，载《金融研究》2012 年第 2 期。

会资本的引入。

（三）农村信用社体制改革实施独立董事制度的实践基础

2003年农村信用社体制改革以来，当时的中国银监会①制定出台的《农村合作银行管理暂行规定》第31条规定"农村合作银行董事会应设立独立董事"，并要求农村合作银行比照《股份制商业银行独立董事和外部监事制度指引》（中国人民银行〔2002〕第15号）相关规定条件聘请独立董事。虽然说农村信用社体制改革也属于银行业金融体系引入独立董事制度的类型，但是农村信用社本身由农村集体经济组织发展而来，对其体制改革后独立董事的制度引入，不仅是在农村信用社改革体系中的创新实践，也是农村集体经济组织改革发展的一种创新，对我国现阶段股份合作制特别法人引入独立董事制度提供了良好的实践基础和有益尝试。

## 三、引入独立董事制度在股份合作制特别法人公司化治理的若干建议

综合前文来看，为提升股份合作制特别法人参与市场经济竞争的能力，完善其治理结构，引入独立董事制度是一条行之有效的路径。在此基础上，根据各类组织形式设立独立董事制度②的内容，并结合作为农村集体经济组织的股份合作制特别法人的特殊性，在股份合作制特别法人公司化治理中提出引入独立董事制度的一些建议。

（一）股份合作制特别法人引入独立董事制度的限制条件和自身要求

现阶段下，根据《农改意见》的要求，全国各地区农村进行的股份合作制改革均以"经营性资产股份合作制改革"为前提，改革后设立的股份合作制特别法人，特别是"城中村、城郊村和经济发达村"改革设立的股份制特别法人，具有一定的经营性资产，具备参与市场经济的实力。但有些地区的农村虽因身在试点范围内完成设立了股份合作制特别法人，却没有经营性资产，其进行的股份量化流于形式。因此，基于前述原因的考虑，加之在股份合作制特别法人制度创新之初，股份合作制特别法人发展刚起步，公司化治理尚不成熟，融入市场经济的程度尚待时间检验，股份合作制特别法人引入独立董事制度在现阶段可参考证监会在1997年出台的《上市公司章程指引》（证监〔1997〕16号）的规定，采取非强制设立的方式，基于改革的考虑，设立股份合作制特别法人引入独立董事制度的备案制度，即具有一定经营性资产、具备参与市场经济实力的股份合作制特别法人，可在设立之初提出引入独立董事制度，通过制定或者修改章程的方式设立，同时将章程报镇（街）及其相关主管部门备案。

在建立引入独立董事制度的备案制项下，股份合作制特别法人设立独立董事制度必须有其自身的条件要求，建议各省市结合各自区域发展的经济差异和特点，从股份合作制特别法人经营性资产的大小、股权设置的方式及成员股东的人数、区域经济发展的特点等方面考

---

① 根据2018年通过的《国务院机构改革方案》，银监会与保监会已经合并为"中国银行保险监督管理委员会"。

② 本文参考的制度主要包括：《上市公司章程指引》（证监〔1997〕16号）、《关于在上市公司建立独立董事制度的指导意见》（证监发〔2001〕102号）、《股份制商业银行独立董事和外部监事制度指引》（中国人民银行公告〔2002〕第15号）、《农村合作银行管理暂行规定》（银监发〔2003〕10号）、《上市公司独立董事履职指引》（中国上市公司协会2014年09月12日发布）。

虑，设置股份合作制特别法人具备设立独立董事制度的参考条件，有助于股份合作制特别法人区域化合理引入独立董事制度。

(二)独立董事的专业身份选择

上市公司和银行业金融机构关于独立董事的人员选择，除学历资格和具备履行独立董事职责要求外，主要有以下几种专业身份：(1)财务会计；(2)法律；(3)商业经济。因此，可以参考具备以上专业身份的人员，同时需要说明的是，股份合作制特别法人与上市公司、银行业金融机构仍有较大区别，在前述专业身份的选择上应当降低标准予以适用。

除了参考以上人员专业身份选择以外，根据农村集体经济组织集体所有和特有的社区性以及农村经济发展的特殊性，可以考虑将股份合作制特别法人所在区域①内政府部门特别是农业主管部门退休的专业人员②、相关事业单位及其退休的专业人员等，需要注意的是，由于现代农业发展具有区域集约发展的趋势，因此各地区可以本地区农村的特色农业发展方向的不同，对独立董事人员身份的选择进行考虑。

(三)独立董事制度的设置

1.区域独立董事制度的统筹设置

从统筹考虑的角度而言，由于农村集体经济组织在经济体量和数量上的差异，独立董事在设置上应当区别于上市公司和银行业金融机构，建议由各县一级地区根据本区域内的情况，根据人员身份的选择统一设置独立董事的选聘条件，并组织统一招录，设立区域内“股份合作制农村集体经济组织独立董事专家库”，“专家库”应当根据“财务会计”“法律”“商业经济”以及其他专业身份设立类别，再由具备设立独立董事制度的股份合作制特别法人根据专业身份的需求从该“专家库”中选聘独立董事，以避免区域内股份合作制特别法人选聘独立董事的资质与条件参差不齐，同时又便于统筹管理。

2.独立董事制度的内部设置

对于独立董事制度的内部设立而言，股份合作制特别法人应当设立至少 2 名独立董事，从而有效保持独立董事制度本身的制约作用，部分特别具有经济实力的股份合作制特别法人可以根据自身需要增加独立董事的人数。

在独立董事专业身份的选择设置上，股份合作制特别法人可以根据自身特点选择独立董事的专业身份，县一级区域设置股份合作制特别法人具备设立独立董事制度的参考条件时，亦可根据区域性经济特点提出独立董事专业身份的选择参考。

(四)独立董事任职要求与权责范围的特殊考虑

根据上市公司和银行业金融机构的独立董事制度，其任职要求一般包括：(1)专业身份的限制；(2)学历和资质要求；(3)禁止任职条件；(4)任职期限；(5)连任禁止或连任期限；(6)任职数量；(7)撤换及辞职条件；(8)出席会议要求次数、提交年度述职报告等程序性履职要求；(9)提议召开临时股东大会、征集投票权、重大事项的调查和发表独立意见等实体性职

---

① 区域限制建议一般为县级，经济联系紧密或距离较近的区域可为地市级。

② 由于《中华人民共和国公务员法》规定公务员不得“在企业或者其他营利性组织中兼任职务”，股份合作制特别法人本质上亦属于营利性组织，因此独立董事的人员身份选择不应包括公务员，但可以包括已经退休的公务员。

权。在参考以上任职要求和职权范围的基础上，根据农村集体经济组织集体所有和特有的社区特殊性，还应考虑以下几点：第一，参考禁止任职条件时应当排除农村集体经济组织的所有成员股东及其近亲属；第二，参考任职期限和连任期限时，由于前述“独立董事专家库”制度的设立，应当考虑股份合作制特别法人董事会的期限和区域设立的“独立董事专家库”的实际情况，一般不得连任，期限届满后应从“独立董事专家库”中重新选聘；第三，参考任职数量时应考虑区域内股份合作制特别法人的经济发展情况和“独立董事专家库”的实际情况，并着重考虑保障独立董事的履职能力；第四，参考独立董事程序性履职要求时，应当考虑区域内股份合作制特别法人的需要和“独立董事专家库”的实际情况，适当放宽独立董事的程序性履职要求；第五，在参考独立董事实体性职权范围时，由于股份合作制特别法人作为农村集体经济组织对农村集体成员仍承担了部分公共事务发展的职责，因此独立董事涉及重大事项的决定上，一方面要本着支持公共事务发展的原则，另一方面又应当特别关注股东成员基于农村集体的公共利益，避免股份合作制特别法人的发展侵害集体成员的公共利益。

## 结　语

全国农村集体经济组织股份合作制改革的大热潮，必然将农村经济的发展推上一个更高、更新的台阶，在这个台阶上要如何让股份合作制特别法人站稳脚跟，在公有制经济的层面上稳步向前地参与市场经济竞争，其治理结构的完善显为紧迫。本文在研究农村集体经济组织股份合作制改革的过程中，分析了其股份合作制改革的公司化治理思路，提出引入独立董事制度完善其治理结构的路径，为农村集体经济组织在治理结构完善之路上的大胆设想，不失为一种创新。但本文思考的缺陷在于，仅止步于路径引入和建议，并未提出具体行之有效的立法体系建设方案，希冀后来研究者能够以此为参考，提出更加行之有效的具体建议。也希望在农村集体经济组织立法前夕，能够对农村集体经济组织在治理结构的完善方面提出有益借鉴。

# 城市生活垃圾分类的法律规制困境及对策

## ——以台湾地区为借鉴对象

陈宣文 *

近年来，我国经济快速发展，城市人口数量急剧攀升，与之相伴而生的是城市环境污染日益严重的问题。目前，生活垃圾已成为城市环境的主要污染源之一，“垃圾围城”问题备受关注。我国试图通过对垃圾进行合理分类、收集、处理，将部分资源循环转化再利用并降低环境污染风险，最终实现垃圾的减量化、资源化和无害化处理。2000 年，国家建设部确定北京、上海、广州、南京、深圳、杭州、厦门、桂林八个城市作为生活垃圾分类收集试点城市。这一规定的目的在于对这八个城市的分类收集工作进行探索和总结，并在此基础上，为全国范围内实行分类收集工作创造有利条件，进而提高我国的生活垃圾管理和处理水平。2012 年，国家更明确提出了“十二五”期间要全面推进生活垃圾分类试点城市建设，2015 年要在 50%的设区城市初步实现餐厨垃圾分类收运处理的目标任务。但是，由于我国在城市生活垃圾分类方面的法律缺乏必要的明确性和可操作性，且实际管理较为混乱，迄今为止城市生活垃圾分类制度收效甚微。相比之下，台湾地区在城市生活垃圾分类管理上颇有建树，成绩斐然。学习和借鉴台湾地区城市生活垃圾分类立法管理的先进经验对我国大陆具有重要意义。

## 一、我国现行关于城市生活垃圾分类的法律法规

我国在各类主要的环境法法律法规中对城市生活垃圾分类的管理问题都有所涉及。中国现行的关于城市生活垃圾管理方面的主要法律法规如下：1989 年的《中华人民共和国环境保护法》在第四章“防治环境污染和其他公害”中专门规定了防治包括城市垃圾在内的污染物对环境的污染，此为城市垃圾管理及污染防治其他立法的基础；1992 年国务院颁布了《城市市容和环境卫生管理条例》系统地对城市固体废物进行管理的法令，其中第 28 条规定“对城市生活废弃物应当逐步做到分类收集、运输和处理”；2004 年修订的《中华人民共和国固体废物污染环境防治法》中第三章第三节为生活垃圾污染环境的防治，其中第 42 条作出对城市生活垃圾分类的规定“对城市生活垃圾应当及时清运，逐步做到分类收集和运输，并积极开展合理利用和实施无害化处置”；2007 年建设部颁布的《城市生活垃圾管理办法》也对垃圾分类有了较详细的规定，其中第三章第 15 条规定“城市生活垃圾应当逐步实行分类投放、收集和运输。具体办法，由直辖市、市、县人民政府建设(环境卫生)主管部门根据国家标准和本地区实际制定”，第 16 条第 2 款规定“城市生活垃圾实行分类收集的地区，单位和个人应当按照规定的分类要求，将生活垃圾装入相应的垃圾袋内，投入指定的垃圾容器或者

* 陈宣文，福建联合信实律师事务所高级合伙人，电邮：cxw@lhxs.com。

收集场所”。

就地方立法而言，各地根据实际情况，也颁布了一些地方法规、规章或政府令。以福建省为例，近年来福建省制定了一系列相关规定并付诸实践，如2012年3月29日修订通过的《福建省环境保护条例》第28条第1款明确要求“地方人民政府对生活垃圾实行分类收集，并进行综合利用和无害化集中处理”。2009年11月26日，福建省第十一届人民代表大会常务委员会第十二次会议审议通过的《福建省固体废物污染环境防治若干规定》第12条第2款要求城市规划区内逐步实行生活垃圾分类投放与分类收集、运输，并鼓励建制镇推行生活垃圾分类收集、运输和处置。此外，福州、厦门等地出台的地方性法规或规章中也含有生活垃圾分类的部分规定。

## 二、我国城市生活垃圾分类法律的实施现状——以福建省为例

迄今为止，我国城市生活垃圾分类开展已逾14年，关于城市生活垃圾分类的法律相继出台，它们的实施现状又是如何呢？下面以全国范围内较早开展生活垃圾分类收集实践的省份之一——福建省为例展开分析。

2000年，福建省厦门市被原建设部确定为首批全国8个“生活垃圾分类收集试点城市”之一，开始在全市14个片区进行垃圾分类收集试点，覆盖居民人数12.5万人。2011年，福建省人民政府又下发了《关于进一步加强全省城市生活垃圾处理工作的实施意见》，提出“十二五”期间，福州、厦门建成生活垃圾分类示范城市，并再次在全省遴选43个小区开展生活垃圾分类收集试点。但遗憾的是，福建生活垃圾源头分类工作的实施步履维艰，效果也不尽如人意。以福州为例，虽然市区多条街道旁边安放的垃圾箱上醒目标识着“可回收”和“不可回收”，但许多市民基本上未对垃圾加以分类及按标识指示投放到相应的垃圾箱里，清洁工人也纷纷表示生活垃圾分类“分不来”，多数市民更是直接表示不关心垃圾的分类。

类似的，厦门也面临着同样的尴尬，垃圾分类收集工作进展缓慢，而且，由于垃圾收集、运输、处理等各个环节受实际条件的限制，以及对垃圾分类的重视程度不够，垃圾很难做到完全分类，甚至出现了将已分类的垃圾再次混合的现象。这不仅使之前的努力付诸东流，而且在客观上增加了垃圾分类回收的工作量和工作难度。实践中却鲜有未按规定进行垃圾分类投放而被依照《厦门市城市生活垃圾管理办法》第27条第1款的规定被处罚的案例。此外，省内其他地市在生活垃圾分类方面的情况与福州、厦门基本类似，同样让人不容乐观。

我们可以看到，这些法律法规、规章和法律性文件对开展城市生活垃圾分类管理起到了一定的积极作用。但是纵观我国实行城市生活垃圾分类14年来，我国的生活垃圾分类管理状况依然令人担忧。几乎所有的城市垃圾分类工作都是宣传意义大于实际效果，更有很多城市的垃圾分类工作陷入名存实亡的境地。

## 三、由现状引发的思考：我国城市生活垃圾分类法律制度存在的缺陷

1.原则性规定多，缺乏可操作性

细看已有的关于城市生活垃圾分类的法律法规，不难发现这些法律条款存在一些不足。1989年《中华人民共和国环境保护法》中对城市生活垃圾分类并无具体规定。在《中华人民共和国固体废物污染环境防治法》和《城市市容和环境卫生管理条例》以及2007年实施的

《城市生活垃圾管理办法》中，虽然涉及部分相关内容，但多为原则性规定。同样的，《福建省环境保护条例》并未对政府违反条例规定及在生活垃圾分类收集方面不作为是否需要承担责任，以及具体应承担何种法律责任作出明确具体的规定。《福建省固体废物污染环境防治若干规定》的实施条款并未使用“应当”“必须”等凸显规定刚性的表述，而是用“逐步”代替，缺乏时间推进表，从而使实施的时间无从得知。描述原则化，可操作性不强，多为鼓励、倡导性规定，缺乏实施细则和配套措施。这是现有法律法规的普遍特点。

2.缺乏配套措施，与各地区具体状况不相适应

目前，全国只有一部关于垃圾分类的配套法律法规，即《废弃电器电子产品回收处理管理条例》，而地方性法规在各地区发展并不均衡，虽然北京、广州、深圳等地已制定了有关垃圾分类的地方性法规，但大多数地区出于还未起步或刚刚起步的阶段，仅仅参照全国的规定展开执行。再者，各地虽然颁布了垃圾分类方面的法律法规，但这些法规大多缺乏有力的政策扶持和配套的执行措施，特别缺乏明确的责任主体和相关具有约束力的奖惩机制，也没有建立后续收运处理的配套设施，这对于城市生活垃圾分类的实践开展很难提供一个标准和依据。例如，《福建省固体废物污染环境防治若干规定》的罚则部分，未对违反本条规定设置相应的法律责任，致使该规定的实施更多地依赖于自觉行动，停留在倡导性层面。这类过于简单且缺乏针对性的规定极易沦为一纸空文，仅仅是纸上谈兵，而难以对各地区处理城市生活垃圾分类实际过程中发生的问题指明方向。

3.主管部门职能缺失，相关群体配合不良

城市生活垃圾分类推行效果不理想，政府管理者大多将原因归结为市民缺乏分类收集的意识，没有养成分类收集的习惯等。在意识背后，管理者往往忽略了自身应在其中起到的作用。现有国务院建设主管部门和省、自治区人民政府建设主管部门理应建立健全对城市生活垃圾分类处理的监督管理制度，直辖市、市、县人民政府建设(环境卫生)主管部门应当对本行政区域内城市生活垃圾的分类、收集、运输和处理回收布置进行监督管理。但是在实践中这些应有的管理往往是缺失的，主管部门的监管职能并没有得到充分的发挥。

政府虽然在一些城市颁布了具体的垃圾分类标准，但政府没有进行广泛而深入的宣传，也导致了垃圾分类进展的缓慢。一是市民对垃圾分类的标准并不明确，即使一些市民按照颁布的垃圾分类进行了分类投放，因缺乏后续分类收运处理的配套设施，环卫部门在收集、运输垃圾时仍然将市民分类好的垃圾再次混为一体转运和混合处理，削弱了分类效果，打击了市民的积极性。二是城市中特殊群体对落实城市垃圾分类兴致缺乏，积极性欠佳。如流动人员群体普遍“关心赚钱，不关心环保”。他们一般为的是赚钱返乡，普遍缺乏城市归属感，置身于不成为“家”的临时居所，周边环境整洁与否就显得不那么重要了。一部分低收入群体也并不理解。低收入群体对居住、生活现状不满，倾向于将不利处境归咎于政府，从态度上对政府主导的行动持抵触情绪，认为“饭都吃不饱，还垃圾分类”，更不用谈支持垃圾分类付诸实践了。

## 四、我国台湾地区城市生活垃圾分类制度管理状况

我国台湾地区人多地少，随着20世纪七八十年代经济的飞速发展，垃圾污染处理也曾是其一直深受困扰的问题。台湾地区对生活垃圾分类收集管理的探索与许多大陆城市几乎

是同时开始的，但是十多年过去了，与许多大陆城市相比，台湾地区尤其是台北市的城市生活垃圾分类管理已经取得令人瞩目的成就。

台湾地区生活垃圾分类管理在实现垃圾的“减量化”与“资源化”方面取得了显著成绩，但是这种成果并不是一蹴而就的，从无到有、从单一管理手段到多种政策综合运用，台湾地区花费了近三十年的时间才最终实现。很多人将之归结为台湾地区市民比大陆市民具备更高的环保意识，这恰恰忽略了环保意识或垃圾分类意识形成背后的体制机制。台湾地区城市生活垃圾分类收集之所以能够取得成效，与其立法以及城市管理当局建立的保障城市生活垃圾分类收集目标实现的种种机制密不可分。

## 五、对我国城市生活垃圾分类立法的经验借鉴

台北市城市生活垃圾分类收集管理的成功经验证明，我国许多城市所面临的生活垃圾困境并非城市化进程中不可避免的结果。从源头上进行垃圾分类收集，是实现垃圾处理减量化、资源化、无害化，解决我国城市生活垃圾困境的一个关键环节和前提。

1.完善相关立法，制定实施细则和配套法规

俗话说：“无规矩，不成方圆。”要开展垃圾分类收集这样一个大规模的、长期的、需要全社会共同参与的活动，切实可行的规章制度、实施方案、对违反者的处罚方式以及相关的配套政策是必不可少的。在立法层面，要参照国内外其他城市在垃圾分类收集工作中的成功经验，结合我国实际情况制定城市生活垃圾分类的实施细则和各种配套法规，完善立法体系。在不断修订完善现行法律的基础上，应加紧制定与城市生活垃圾分类回收有关的管理条例，如《城市生活垃圾分类回收管理条例》等等。

此外，应在我国的城市垃圾分类政策中详细规定明确的城市生活垃圾的分类标准。我国的垃圾分类政策中的垃圾分类标准，其最大的缺陷之一就是分类标准不能为居民们所理解。多数居民在判断一种垃圾属于何种类别时，依照的往往是自己的生活经验，而非政策制定者确立的分类标准。制定规范与遵守规范的人对垃圾分类的理解有偏差，运作起来就必然产生混乱，也就偏离了分类的初衷。立法者就有必要根据各地区居民生活水平、消费结构的不同，列举不同类别的垃圾，确立不同城市执行城市生活垃圾分类政策的标准，使规则更明晰，并通过宣传使其为居民们所了解和熟悉。使过于原则的法律法规，变为可操作的具体规范。

2.建立归责制度，加强监管职能

美国法学家伯尔曼曾经说过：“法律必须被信仰，否则形同虚设。”而促使其真正被信仰的重要因素之一，就是具有完善且严密的法律责任制度。立法应对个人、企业、政府及其相关部门在城市生活垃圾分类回收利用中应负的法律责任和应尽的法律义务进行明确规定，同时还应当针对政府及其相关部门、企事业单位和个人拒不执行城市生活垃圾分类规定所应承担的责任作出明确规定。

其一，明确生产者的法律责任。为了充分体现“谁产生、谁依法负责”的原则，应该将生产者责任制度通过立法确定在垃圾分类处理的法律法规中，将生产者的责任扩展到产品的整个生命周期，规定生产者（包括销售者）产品的回收、循环和最终的处置责任，能够从源头上促进垃圾减量化和资源化。

其二，明确居民的法律义务。居民生活垃圾占城市生活垃圾相当大的比例。我国对垃圾分类的知识宣传力度和配套设施建设一直不到位，居民对生活垃圾分类的意识比较淡薄、积极性不高，垃圾分类回收情况不容乐观。因此，应当通过立法确定居民对垃圾分类的义务。

其三，明确主管部门的监管职能。国务院建设主管部门和省、自治区人民政府建设主管部门应当建立健全对城市生活垃圾分类处理的监督管理制度，直辖市、市、县人民政府建设（环境卫生）主管部门应当对本行政区域内城市生活垃圾的分类、收集、运输和处理回收布置进行监督管理，对于在城市生活垃圾处理过程中的违法行为，应视程度的不同将给予相应的行政处分、经济上的制裁甚至追究刑事责任。

3.推行环境经济管理手段

对于城市生活垃圾分类的管理，应该由命令和控制逐渐转变为利用经济方式加以规制。从实践经验来看，垃圾分类工作的一大障碍在于，“参与与否”以及“分类好坏”与居民、企业的切身利益关联不大。以法律方式，借助市场杠杆，将垃圾处理成效与各相关主体的经济利益关联起来，可以调动各方力量积极参与。

由于城市生活垃圾管理一直作为公益事业，完全由国家买单，已经成为政府的沉重负担。其不但阻碍了垃圾源头减量，也严重限制了城市生活垃圾处理产业的发展。目前很多大中型城市已经开始收取垃圾处理费，但仍存在不少问题。我国大陆可以尝试借鉴台湾地区“垃圾费随袋征收”的措施，将垃圾分类收集和垃圾费征收相结合，以法规建立利益关联，形成“多扔垃圾多出钱”的垃圾收费机制，以此激励和引导市民主动进行垃圾分类。但需要注意的是，由于不同地区经济发展水平不同和人民意识水平各不相同，垃圾收费应该注重方式的多样性和发展的渐进性。先示范后推广，先宣传后实施是较为可行的方式。

与此同时，我国可以利用经济杠杆推动垃圾分类收集向社会化、市场化、产业化方向发展。仅靠现有的经济诱因不能够提供足够的垃圾分类内在动力，这在目前的社会生活中已被证实。只有那些经济价值较大的垃圾才能得到有效分类，即便家庭中不进行分类，拾荒者也能将这一部分垃圾分离出来。所以必须提高经济激励，对那些目前来看没有多大经济回报的垃圾提供分类补贴，促进这部分垃圾的分类。

以上我们分析了台湾地区垃圾分类的制度和取得的实效，对我们有很大的启发。我们应该看到，我国已经是世界第二大经济体，如果我们仍然以过度消耗、牺牲环境为代价拉动经济发展，将会得不偿失，后患无穷。现在，垃圾分类工作已经迫在眉睫，至少城市生活垃圾分类要马上落实，逐步推动农村生活垃圾分类和事业特别是工业垃圾分类。

通过立法途径，完善相关法律法规和配套措施，建立、健全垃圾分类从中央到地方的监督机构和执行机构；加大财政支持，拨专款致力于垃圾分类工作；加大政府宣传力度，提高国民垃圾分类意识、环境保护意识。有法可依，执法从严。把资源节约型和环境友好型的举措真正落到实处，真正实现变垃圾分类为资源，如此一来，才可缓解我国城市生活垃圾分类管理中多年的困扰与矛盾，取得社会、经济与环境效益相结合的良好成效。

## 参考文献

1.卞雯雯、王婷、丁燕平：《城市生活垃圾分类的制度比较及对我国的启示——以日本、我国台湾地区为借鉴对象》,载《改革与开放》2012 年第 14 期。

2.《垃圾分类举步维艰 十年努力仍“原地踏步”》,载《江苏安全生产》2011 年第 3 期。

3.范瑞迪:《论我国环境法公众参与制度的缺陷及其完善》,载《环境科学与技术》2014 年第 14 期。

4.黄小洋:《城市生活垃圾分类现状及对策建议》,载《绿色科技》2012 年第 4 期。

5.建设部城市建设司:《关于公布生活垃圾分类收集试点城市的通知》(建城环〔2000〕12 号),2000。

6.李洁、徐丽艳、谢毓焕:《循环经济视野下的城市生活垃圾处理法律研究》,载《中国环保产业》2013 年第 7 期。

7.廖如珺、黄建忠、杨丹蓉:《中国城市生活垃圾分类处理现状与对策》,载《职业卫生与病伤》2012 年第 27 期。

8.Lu LT, Hsiao TY, Shang NC, Yu YH, Ma HW.MSW Management for Waste Minimization in Taiwan:The Last Two Decade.*Waste Management*,2006,26(6):661-667.

9.彭霄:《城市生活垃圾分类的法律治理》,载《理论界》2014 年第 4 期。

10.《“十二五”全国城镇生活垃圾无害化处理设施建设规划》(国办发〔2012〕23 号)。

11.苏祖鹏、朱艳艳:《城市生活垃圾分类制度存在的问题及法律对策——以福建省为视角》,载《漳州师范学院学报(哲学社会科学版)》2013 年第 3 期。

12.谭文柱:《城市生活垃圾困境与制度创新——以台北市生活垃圾分类收集管理为例》,载《城市发展研究》2011 年第 7 期。

13.王树义:《可持续发展与中国环境法治:循环经济立法问题专题研究》,科学出版社 2007 年版。

14.吴宇:《从制度设计入手破解“垃圾围城“——对城市生活垃圾分类政策的反思与改进》,载《环境保护》2012 年第 9 期。

15.许焕岗、李彦富:《台湾生活垃圾分类散记》,载《科技潮》2011 年第 11 期。

16.徐礼来、崔胜辉、吝涛等:《台湾地区生活垃圾管理体系及其对大陆的启示》,载《中国人口:资源与环境》2011 年。

17.叶俊荣:《环保自力救济的制度因应:“解决纠纷”与“强化参与”》,载《台大法学论丛》1991 年。

18.张舜梅:《城市生活垃圾收费制度设计研究》,华东师范大学 2006 年硕士学位论文。

19.张忠诚、孙瑜、谢红等:《借鉴台湾环保经验　推进“两型”社会建设》,载《政策》2013 年第 11 期。

# 可持续发展战略与我国环境资源立法的完善

卢炯星*

## 一、可持续发展战略的提出与我国环境资源的立法

1972年联合国在斯德哥尔摩召开了有114个国家代表参加的"人类环境会议",该会议标志着人类环境时代的开始。会议产生了与可持续发展概念相近的思想;1987年"联合国环境与发展委员会"发表了《我们共同的未来》。该报告提出了"可持续发展"的概念,即"既满足当代人的需求,又不危及后代人满足其需求的发展"。该报告标志着可持续发展思想的成熟;1992年,巴西里约热内卢联合国环境与发展会议通过《关于环境与发展的里约热内卢宣言》和《21世纪议程》,第一次把可持续发展由理论和概念推向行动。1992年6月,联合国环境与发展大会把可持续发展作为未来共同发展的战略,得到了与会各国政府的赞同。

联合国环境与发展会议之后,我国于1992年8月制定了环境与发展应采取的十大对策,明确提出走可持续发展的道路;1994年3月,我国发布了《中国21世纪议程——中国21世纪人口、环境与发展白皮书》,从人口、环境与发展的具体国情出发,提出了中国可持续发展战略、对策及行动方案。环境保护是可持续发展的核心内容之一,也是《21世纪议程》的一项主要内容。

1996年3月,第八届全国人民代表大会第四次会议通过的《中华人民共和国国民经济和社会发展"九五"计划和2010年远景目标纲要》把实施可持续发展作为现代化建设的一项重大战略,使可持续发展战略在中国经济建设和社会发展过程中得以实施。① 可持续发展的核心是发展,可持续发展的重要标志是资源的永续利用和良好的生态环境,可持续发展要考虑当前发展的需要,又要考虑未来发展的需要,不以牺牲后代人的利益为代价来满足当代人利益的发展;可持续发展要求人们改变传统的生产方式和生活方式,改变人类对于自然的态度,在开发和利用自然资源的同时,必须注重对环境资源的保护。实现可持续发展必须以法律作为保障。

改革开放以来,我国的环境与资源立法取得较大的成绩,基本上形成以《中华人民共和国宪法》为核心,以《中华人民共和国环境保护法》为基本法,以环境与资源保护法律、法规为主要内容以及缔结参加国际环境与资源条约、公约和协定,进行国际合作的较为完整的环境资源法的法律体系。

1999年修订的《中华人民共和国宪法》规定:"国家保护和改善生活环境和生态环境,防

---

* 卢炯星,厦门大学法学院教授,福建联合信实律师事务所兼职律师。

① 参见中华人民共和国国务院新闻办公室:《中国的环境保护》,1996年6月。

止污染和其他公害。""国家保障自然资源的合理利用,保护珍贵的植物和动物。禁止任何组织和个人用任何手段侵占或者破坏自然资源。"

1979年颁布了《中华人民共和国环境保护法》,确立了经济建设、社会发展与环境保护协调发展的基本方针,规定了各级政府、一切单位和个人保护环境的权利和义务,规定了环境监督管理,保护和改善环境,防治环境污染和其他公害,违反环境保护法的法律责任等。

改革开放以后,由全国人大修改和通过了许多环境保护专门法律以及与环境保护相关的资源管理的法律,其中包括《水污染防治法》《大气污染防治法》《噪声污染防治法》《固体废弃物污染防治法》《海洋环境保护法》《野生动物保护法》《水土保持法》《水法》《土地管理法》《森林法》《草原法》《渔业法》《农业法》《文物保护法》等。

由国务院制定并公布或经国务院批准而由有关主管部门公布的有关环境与资源保护的单项法规,其中包括为了执行环境与资源基本法和法律而制定的实施细则或条例;对环境资源保护工作中出现的新领域或新问题所制定的单项法规,如《水污染防治法实施细则》《森林法实施细则》《环境噪声污染防治条例》《征收排污费暂行办法》《海洋倾废管理条例》《国务院关于加强乡镇、街道企业环境管理的规定》等。

另外,由地方人民代表大会和地方人民政府为实施国家环境保护法,结合本地区的实际情况,制定和颁布了600多项环境保护地方性法规。我国还制定了环境质量标准、污染物排放标准、环境基础标准、样品标准和方法标准,建立了环境标准的法律体系。到1995年年底,我国颁布了364项各类国家环境标准。①

为了加强环境资源保护领域的国际合作,维护国家的环境权益,承担应尽的环境保护义务,我国缔结和参加了《保护臭氧层维也纳公约》《控制危险废物越境转移及其处置的巴塞尔公约》《核材料实物保护公约》《南太平洋无核区条约》《联合国气候变化框架公约》《东南亚及太平洋区域植物保护协定》等几十项国际条约、公约、协定。

虽然我国已经基本上形成环境与资源法的法律体系,但是,随着社会主义市场经济体制的建立,市场主体为了达到个人的经济利益,往往忽视社会效益和环境保护,产生新的环境污染,我国环境和资源的立法也存在一些问题,需要进一步研究加以克服。

## 二、实施可持续发展战略中我国环境与资源存在的若干问题

在20世纪30年代至60年代,世界环境污染公害事故和公害病显著增加,发生了马斯河谷烟雾事件、多诺拉烟雾事件、伦敦烟雾事件、日本水俣病事件、日本四日市哮喘事件、日本米糠油事件、日本疼痛病事件、美国洛杉矶光化学烟雾事件等"旧八大公害事件";80年代又发生了一系列新的公害事件,如意大利塞维索化学污染事故、美国三里岛核电站泄漏事故、墨西哥液化气爆炸事故、印度博帕尔农药泄漏事故、苏联切尔诺贝利核电站泄漏事故、瑞士巴塞尔赞多兹化学公司莱茵河污染事故以及全球大气污染和非洲大灾荒合称为"新八大公害事件"②。

---

① 中华人民共和国国务院新闻办公室:《中国的环境保护》,1996年6月。

② 我国学者将30年代至60年代发生的八大公害事件称为"旧八大公害事件",将80年代发生的八大公害事件称为"新八大公害事件"。

近年来，我国学者对全球的生态环境问题进行研究，提出严重威胁社会经济发展的全球性生态环境问题主要有七个方面：(1)“三废”物质污染；(2)噪声污染；(3)水资源污染；(4)土地沙漠化；(5)温室效应；(6)大气臭氧层破坏；(7)核污染。①

我国在环境污染的防治和资源保护方面，虽然取得了较大的成绩，但是还存在以下问题：

### (一)我国生态环境存在恶化现象

自改革开放以来，我国经济实力在不断提高的同时，生态环境却在恶化。大气污染居高不下；水资源持续短缺，水质污染明显加重；土地退化与耕地占用严重；森林减少，水土流失加剧，草原退化、沙化面积不断扩展；自然灾害发生频度加快，污染事件不断增多……突出的景象是：水土流失的危害已经扩大到全国耕地面积的 1/3；500 多条主要河流和几乎所有的湖泊受污染面积在 82%以上；全国城市的居民正呼吸着总悬浮微粒日平均值比国际标准高出 10 倍以上的污浊空气；而被称为“母亲河”的黄河下游，一年中有 200 天可以被改称为“母亲沙滩”。1998 年夏季长江全流域持续两个月的水灾造成了巨大损失，这也与生态环境遭破坏有很大关系。②《中华人民共和国国民经济与社会发展“九五”计划和 2010 年远景目标纲要》中指出，“九五”计划期间，中国将重点解决“三河”(淮河、海河和辽河)、“三湖”(太湖、巢湖和滇池)、“两区”(酸雨污染区、$SO_2$ 控制区)的污染控制问题。③

### (二)我国环境保护投资不足

我国环境保护投资中存在的问题是环境投资总量小，历史欠账太多。“八五”期间国家环保投入 1102 亿元，按 1990 年价格计算，占国内生产总值的比重下降到 0.69%，没有达到“八五”计划 0.85%的目标，不但远低于发达国家水平，也低于发展中国家的平均水平。我国目前总的环境投资缺口大约为 2500 亿元，而现在的投资额仅占需要投资额的 6.30%。

发达国家环境投资通常要占到 GNP 的 1.5%以上，如美国每年用于环境保护的投资在 800 亿美元以上，日本在 700 亿美元以上，美国每年用在水污染和大气污染治理上的费用超过了 1500 亿美元。据一项对 80 年代中期情况的研究，中国环境污染每年造成的经济损失达 382 亿元，部分自然生态环境破坏造成的经济损失每年达 500 亿元，两项合计达 882 亿元，占同期国民生产总值的 15.64%。而据联合国环境规划署资料，美国等发达国家环境污染引起的经济损失占国民生产总值的比例一般为 3%～5%，可见我国环境污染比发达国家严重。④

我国现行的环保投资体制是在计划经济体制下和向市场经济过渡时期建立的。随着可持续发展战略的实施和适应两个根本转变，存在一个如何适应市场经济体制下国家投融资体制改革相配套的问题。

我国环保投资体制改革滞后于整个国民经济投资体制改革。1984 年年初，国家规定了环境保护的八条资金渠道，这标志着我国环保投资体制改革的开始。1986 年国家又进行了环保补助资金“拨改贷”试点，1988 年国务院发布了《污染源治理专项基金有偿使用暂行办法》，同时又试点

---

① 刘健：《生态环境保护和可持续发展战略》，载《理论前沿》1998 年第 24 期。

② 王乔、周全林：《我国开征环境保护税的总体思考》，载《江西社会科学》1999 年第 3 期。

③ 夏杰长：《我国环境保护的财税政策探析》，载《南方经济》1999 年第 1 期。

④ 赵旭：《试论环境保护投资的现状问题与对策》，载《投资研究》1998 年第 1 期。

建立环境保护投资公司。从目前现状来看，这些环境投资体制改革和试点涉及的范围有限，改革力度不够，远远不能适应国家可持续发展战略对环境投资体制改革的要求。

（三）我国环境与资源立法存在的问题

1.我国的环境与资源立法，尚缺乏将可持续发展的战略作为环境与资源法的指导思想

1999年3月修正的《中华人民共和国宪法》，以国家根本大法的形式规定了国家保护环境、防止污染和其他公害以及国家保护自然资源的原则，但是，不足的是没有明确将可持续发展作为环境和资源保护的指导思想。《中华人民共和国环境保护法》、自然资源法以及其他有关环境保护、防治污染和自然资源保护的法律、法规，都存在这些问题。我国于1992年8月制定环境与发展应采取的十大对策，1994年3月我国发布的《中国21世纪议程——中国21世纪人口、环境与发展白皮书》以及1996年3月第八届全国人民代表大会第四次会议通过的《中华人民共和国国民经济和社会发展“九五”计划和2010年远景目标纲要》都把实施可持续发展战略作为现代化建设的一项重大战略。说明我国的环境与资源法律和环境与资源的国家政策之间存在脱节的现象。

我国在80年代制定的单项自然资源法中，由于在指导思想上没有把生态环境保护作为重要的立法目的，对自然资源开发中的生态环境保护缺乏具体的规定，致使这些自然资源法律难以适应生态环境保护的需要。

2.我国的环境和资源立法，不能完全适应社会主义市场经济的要求和社会发展的需要

我国于1992年逐步建立起社会主义市场经济体系，而环境与资源立法，相当一部分是1992年之前的计划经济体制下制定的。以《中华人民共和国环境保护法》为例：《中华人民共和国环境保护法》中一些带有计划经济特征的法律规定已明显地与发展社会主义市场经济的要求不相适应。在可持续发展的战略目标下，必须强化环境资源保护在政府决策中的分量，增加环保投入，为环境资源计划管理提供现实办法。现行法律确立的行政区划管理为主的管理体制，已造成了污染范围的扩大，跨区域及跨流域的污染情况严重而得不到有效遏制，由城市为主的污染逐渐向农村蔓延。

目前执行的超标排污收费制度，只是对超过浓度标准排放污染物者征收排污费，这种超标排污收费制度实质上是计划经济体制下的以资源分配、无偿使用为主要特征的产品经济在环境保护流域的具体体现。排污者只要不超过污染物排放标准，就可以无偿使用环境纳污能力资源，这在很大程度上加剧了资源浪费和环境污染。

我国现行的《中华人民共和国环境保护法》《中华人民共和国大气污染防治法》等环境法律、法规中的环境保护投资条文，与市场经济下环境事权分配和国民经济融资体制不尽符合，需要进行调整和完善。

3.我国环境与资源立法之间存在法律、法规的不统一

我国环境法与资源法之间存在不统一的现象。例如，《中华人民共和国环境保护法》第6条规定国家环境保护局和地方各级环境保护局是环境保护工作的主管部门，统管全国或地方的自然资源保护工作和污染防治控制工作，然而在各自然资源法律、法规中只规定了各自然资源专管部门的职责和权限，却未规定环保主管部门的权限，这种立法倾向显然是把环保主管部门排除在自然资源保护管理部门之外的，这与环境保护法的规定是冲突的，从而造成环境保护主管部门和环境保护监管部门之间的权责不清的状况。

根据《中华人民共和国标准化法》的规定，强制性标准必须执行，对违反者要处以罚款甚至追究刑事责任。而现行环境法只要求超标排污者缴纳排污费，即并不认为超标排污系违法行为。这就直接违反了《中华人民共和国标准化法》的规定，造成法律体系内部的不协调。

我国虽已制定了各种环境区域的环境噪声标准，但并未将其列入《中华人民共和国环境噪声污染防治法》中；《中华人民共和国水污染防治法》将水环境质量标准和污染物排放标准的制定权力划给各级政府环保行政主管部门。这些做法的结果使得大量的相关法规散见于国务院和各级政府的行政法规和部门规章中。实质上是法出多门，重规章而不重法，这不能不说是我国环境法律体系结构上的一个缺陷。①

4.我国缺乏一部自然资源的基本法，即《自然资源法》

我国在80年代以来颁布了几部自然资源的法律，包括《中华人民共和国水法》《中华人民共和国土地管理法》《中华人民共和国森林法》《中华人民共和国草原法》《中华人民共和国矿产资源法》《中华人民共和国渔业法》《中华人民共和国野生动物保护法》等，这些法律比较单一和分散，不能满足我国可持续发展的需要，迫切需要制定一部综合性自然资源管理法律，广泛、全面地对自然资源和自然生态环境进行保护。

5.我国还缺乏环境与资源教育的立法

实现可持续发展战略，需要全国人民提高保护环境和资源的意识，进行环境和资源的教育、宣传，使人们自觉保护环境，防治环境污染，合理利用和保护自然资源。要从小学开始进行环境与资源的教育，中学要开设环境和资源保护课程，大学要开设环境资源保护法课程，使人们从小养成保护环境资源的习惯。但是我国目前缺乏环境与资源教育的立法，须进一步加强。

## 三、可持续发展与我国环境资源立法的完善

为了实施可持续发展战略，我国现有的环境与资源法律、法规必须进行修改和完善，以适应我国可持续发展战略的需要。

### （一）修改有关环境与资源的法律，适应可持续发展的需要

由世界自然保护同盟、联合国环境规划署和世界野生生物基金会合编的《保护地球——持续生存战略》明确提出：各国应通过一个关于可持续的全球宣言和盟约，使各国对可持续生存的道德准则作出承诺，并应将可持续生存原则纳入他们国家的宪法和立法之中；所有国家应保护人权、子孙后代利益及地球生产率和多样性的环境法综合体系；应对现行的法律和行政的控制进行审查，改进其弱点；到20世纪末，所有地方都应完成对国家法律的审查，目的是重新制定法律，适应持续生存的需要。因此，我国的环境与资源立法，根据以上的精神和我国的实际情况，应进一步加以修改和完善。

1.修改《中华人民共和国宪法》

我国宪法中目前还没有可持续发展的条文，应在适当的时候加以修改，增加可持续发展的条文。因为可持续发展以保护自然资源和环境为基础，发展与资源和环境保护是相互联系的，它们构成了一个有机的整体，应在国家的根本大法中规定。

---

① 张善信：《中国环境保护法理若干问题》，载《中国软科学》1999年第2期。

2.修改《中华人民共和国环境保护法》

我国现行《中华人民共和国环境保护法》由于制定时间较早，没有可持续发展的内容，应加以修改和补充，将可持续发展的战略作为环境保护法的指导思想，增加可持续发展的内容，以适应保护环境与资源的需要。另外，环境保护法中还存在计划经济的内容有些不适应市场经济要求的，应进一步修改；环境保护法中在规定综合性目标的同时，还规定了具体法律措施，其结构中仍然保留了大量的实施法的内容。《中华人民共和国环境保护法》的内容已经溢出了作为基本法的内容范围；其中还存在一个突出的问题就是对自然生态和资源保护的原则性规定太少，以致该法呈现出了浓厚的污染防治法色彩，这些在修改环境保护法时，应给予特别注意，在修改时应给予协调。

3.修改有关环境与资源的法律、法规

我国现行的环境与资源的法律、法规，在修改时，应注意以下问题：一是要以可持续发展作为修改环境与资源法律、法规的指导思想，注意资源的可持续利用，加大环境资源的保护力度，将可持续发展的战略贯彻修改环境与资源法律的始终。二是对计划经济体制下环境与资源法律与社会主义市场经济不适应的部分进行修改；在环境与资源立法中引入经济手段，对环境与资源进行管理。目前，我国社会主义市场经济体系逐步建立，价值规律和商品经济将在社会经济活动中发挥越来越大的作用。因此要引入市场机制，更多地依靠市场经济手段来解决环境问题。国家应制定有利于环境的产业政策，通过产业结构调整减少环境污染和破坏；建立并完善有偿使用自然资源和恢复生态环境的经济补偿机制。要按照"排污费高于污染治理成本"的原则，提高现行排污收费标准，促使排污单位积极治理污染。三是对环境资源保护工作中出现的新领域或新问题进行立法。四是借鉴国际上环境与资源立法的经验，引进环境与资源保护方面先进的手段、技术，环境与资源的立法内容与国际条约、国际公约的内容相一致，加强环境与资源立法的国际合作与交流等。

（二）进一步加强有关环境资源保护的立法

1.制定统一的《自然资源保护法》

世界上许多国家已经或正在制定自然资源管理的法律，我国制定自然资源法的条件已经逐步成熟。自然资源法的主要内容应包括：制定自然资源法的目的、基本原则，自然资源的所有权和使用权，自然资源的管理主体及管理体制，自然资源的开发、利用和补救，自然资源的保护，不当利用自然资源的责任，自然资源与生态环境保护，自然资源有偿利用及收费制度，自然资源税，保护自然资源的教育以及违反自然资源法的法律责任等。

制定《自然资源法》的目的是实现自然资源和物质资源的可持续管理。合理利用和开发自然资源，满足社会经济、文化、物质生活的需要，同时能满足下一代的合理需要。自然资源法应修正计划经济体制下的自然资源无偿使用的做法，以社会主义市场经济对资源合理配置原则进行运作，以经济手段的法律化来管理自然资源，做到经济发展和自然资源开发保护同时进行。

2.加强国家对环境资源投资的宏观调控，制定《环境污染税法》和《环境保护投资法》

据预测，从1995年至2000年中国在环保方面的总投资需求将达4000亿元。① 根据联

① 赵旭：《试论环境保护投资的现状问题与对策》，载《投资研究》1998年第1期。

合国预测，到 2000—2025 年，全世界用于环境方面的投资，如果保持占国民生产总值的 1%，可以大体上减缓环境恶化；上升到 2%，可以得到初步控制；上升到 5%左右，可以达到完全控制；上升到 8%～10%，方可实现环境的良性循环。而我国财政对环保的投资份额偏小，仅占国民生产总值的 1%。① 在市场经济体制下，国家必须对环境与资源的保护进行有效的宏观调控，制定有关的产业政策，并且利用财政、税收等手段作为产业政策实现的手段，加强环境保护投资的宏观调控。

采用财政手段加强环境与资源立法，制定有关《环境污染税法》。要实现中国的跨世纪环保政策目标和可持续发展战略，国家必须应用财政手段对排污者课征环境保护税，以促进经济增长方式的转变，这是解决环境污染的根本之策。根据我国实际，《环境污染税法》应对以下污染进行征税：(1)水污染税。对工业废水的排放量进行征税。(2)二氧化硫税。对企业排放硫的数量作为课税依据。(3)燃料税。以燃料产品的销售数量为计税依据。(4)垃圾税。对排放工业固体废物的，以工业固体废物的排放量进行征税。

《环境保护投资法》主要内容如下：以可持续发展战略为指导，制定环境保护投资发展目标和中长期发展规划和战略，包括制定全国和各地区、行业的环境投资发展战略，环保投资的总体规模、投资方向；环保投资筹集，包括政府财政预算；排污费收入；发行中长期环境债券或股票；适当利用外资，采用 BOT 投资方式，解决环保基础设施建设资金；建立环保基金；争取国际金融组织、外国政府的优惠贷款和援助；环保投资资金及基金的管理和投资效益管理；环境保护投资总量和结构；环保投资的信息系统；违反环境保护投资法的法律责任等。

3.制定《环境与资源教育法》

《环境与资源教育法》的主要内容包括：环境与资源教育法的立法目的；环境与资源的宣传教育：各级宣传部门和新闻媒介应把可持续发展战略的宣传作为一项重要任务，努力提高全民族的可持续发展和环境保护意识，特别是对青少年的可持续发展和环境与资源保护的教育；地方各级政府要加强环境与资源保护宣传教育，提高各级领导干部对可持续发展和环境保护的综合决策能力，增强各级领导干部和人民群众的环境意识。动员全民广泛参加环境管理和建设，建立、健全人民群众对环境保护工作的监督机制，检举和揭发各种违反环境保护法律、法规的行为。对于破坏环境和资源者，要依法承担经济责任、行政责任。情节严重的，依法承担刑事责任。

综上所述，我国的环境和自然资源保护和环境与自然资源的立法已经取得了一定的成绩，但还存在一些问题。应将可持续发展战略作为我国环境与资源立法的指导思想，修改《中华人民共和国宪法》、《中华人民共和国环境保护法》及环境与资源的法律、法规，进一步完善我国环境与资源的立法，制定《自然资源保护法》《环境污染税法》《环境保护投资法》和《环境与资源教育法》，进一步完善我国环境与资源的立法。在适当时候，将我国环境保护法律体系、自然资源保护法律体系、自然灾害防治法律体系三者结合为一个基本的部门法律体系，统一称为“环境与资源法”。

---

① 昝志宏：《我国环境保护的财政对策》，载《财政研究》1997 年第 4 期。

# 两岸物流产业合作及律师的作用初探

## ——以冷链物流合作为例

周晓娟*

海峡两岸经贸合作进一步加深以及海峡两岸直航的实现，为两岸物流合作的发展奠定了良好的基础。2010年《农产品冷链物流发展规划》的出台，标志着作为物流产业重要组成部分的冷链物流被提升到了国家战略的层面。我国台湾地区冷链物流产业起步较早，发展较快；大陆冷链物流产业起步较晚，尚处于发展初期。从经济角度看，冷链物流产业是一个蓬勃发展的产业；从法律角度看，冷链物流产业是一个法律服务需求大并需进一步完善相关制度的法律领域。在这样的形势下，如何加强两岸之间的合作，进行优势互补，并发挥律师的作用，成为两岸物流法律服务的重要内容。

## 一、冷链物流概念及其发展时代背景管窥

### （一）冷链物流界定

冷链是根据物品特性，为保持其品质而采用的，从生产到消费的过程中始终处于低温状态的物流网络。冷链物流是指从产品的生产、加工、包装、储藏、运输、装卸、陈列销售到购买后之储存，产品皆处于恒温状态下，以保持产品应有销售价值的一个过程。① 冷链物流作为一门综合性和交叉性极强的应用科学，是以冷冻工艺为基础、以制冷技术为手段的低温物流过程。

适合冷链物流的商品一般分为三类：一是初级农产品，包括蔬菜、瓜果、肉类、家禽、蛋、水产品、花卉等；二是加工后的食品，包括速冻食品、禽、肉、水产等包装熟食、冰激凌和奶制品等；三是特殊类型商品，包括药品和疫苗。

### （二）两岸冷链物流合作发展的时代背景

2009年3月10日国务院发布《物流业调整和振兴规划》，意味着物流业的发展已经得到了国家层面的支持，如何发展我国物流业是今后一个时期国家的工作重点之一。在各方人士均致力于探究如何发展我国物流产业之际，《海峡两岸经济合作框架协议》（以下简称ECFA）的签订无疑为两岸物流业的合作提供了政策支撑。为了推进ECFA的实施，两岸进一步公布了推进产业合作的共同意见，冷链物流作为其中的先期合作项目之一，已经成为进一步促进两岸经贸往来的重要抓手。2012年12月，在海峡物流节上，两岸冷链物流产业合作联盟宣布成立；2013年6月，两岸冷链物流合作交流会议在我国台湾地区举行。这都暗

* 周晓娟，福建联合信实律师事务所高级合伙人，电邮：zxj@lhxs.com。

① 陈火全：《后ECFA时代两岸冷链物流合作研究》，载《哈尔滨商业大学学报（社会科学版）》2012年第6期。

示着冷链物流的发展将是中国物流产业发展不可或缺的一个重要环节。

## 二、大陆冷链物流产业发展现状初探

### （一）大陆冷链物流发展迅速

随着人民生活水平的不断提高和消费习惯的日益变化，以水产品、花卉、畜产品及果蔬等为代表的冷链物流正逐渐升温。大陆物流运行保持较快的平稳增长态势，物流的需求持续增加，增势更加平稳。中国物流与采购联合会发布的数据显示，2012 年全国物流业增加值为 3.5 万亿元左右，同比增长 9.1%；初步预测，到 2013 年年底我国社会物流总额和物流业增加值的增长幅度约为 10%。

### （二）腐损率高，冷链基础设施建设亟待完善

目前，大陆大部分果蔬、肉类、水产品等基本上还是在没有冷链保证的情况下运输，因此导致大陆果蔬产品在物流过程中的腐损率有 25%～30%，而我国台湾地区控制在 5%以内，美国只有 2%。综观其原因，冷链基础设施的不足是一大方面。大陆冷链设备的配备率只有 10%，发达国家的硬件配备率在 90%以上；现有冷库总量和人均存量均偏低，而且冷藏运输环节较为薄弱，冷藏保温车、机冷车和冷藏集装箱的拥有量低。

### （三）冷链物流市场空间巨大

目前，大陆有规模较大食品企业超过 3 万家，大中型批发和零售法人企业逾 9000 家，农副产品批发市场逾 5000 家，肉、禽、蛋、水产品超 1000 家。而国内实际冷藏容量仅占货物需求量的 20%～30%。西方发达国家和地区的发展经验证明，人均 GDP 达到 4000 美元后，冷冻冷藏食品市场将呈现快速发展的特点。① 而我国大陆 2011 年的人均 GDP 已达 5432 美元，标志着我国大陆冷链时代的到来，冷链物流将进入快速成长时期，冷链物流市场发展空间巨大。

### （四）政府重视引导

随着 2010 年《农产品冷链物流发展规划》的出台，冷链物流被提升到了国家战略层面。ECFA 签订后，我国大陆又出台了一系列促进冷链物流发展的政策，笔者略列如下。

**表 1　大陆促进冷链物流发展政策概览**

| 时间 | 文件 | 要点 |
| --- | --- | --- |
| 2009 年 | 《物流产业调整和振兴规划》 | 要求进一步加强农副产品批发市场建设，完善鲜活农产品储藏、加工、运输和配送等冷链物流设施，提高鲜活农产品冷藏运输比例 |
| 2009 年 | 《冷链物流企业服务条件评估》<br>《水产品冷链物流服务规范》<br>《医药生物冷链物流运作规范》 | 明确物流领域中冷链物流技术、服务及管理等层面的国家标准 |

① 陈火全：《后 ECFA 时代两岸冷链物流合作研究》，载《哈尔滨商业大学学报（社会科学版）》2012 年第 6 期。

续表

| 时间 | 文件 | 要点 |
| --- | --- | --- |
| 2010年 | 《关于加大统筹城乡发展力度进一步夯实农业农村发展基础的若干意见》 | 统筹支持重点农产品批发市场建设和改造，落实扶持政策，发展农产品大市场，将冷链物流提升到国家高度 |
| 2010年 | 《农产品冷链物流发展规划》 | 规划2010—2015年，在全国范围内，扶持新建和改建冷库库容1000万吨，在“十二五”末期极大缓解我国冷藏技术设施不足的问题 |
| 2011年 | 《国务院办公厅关于促进物流业健康发展政策措施的意见》 | 鼓励大型企业从事农产品物流业，加快建立主要品种和重点地区的冷链物流系统等 |
| 2012年 | 《冷链物流分类与基本要求》<br>《药品冷链物流运作规范》<br>《食品冷链物流追溯管理要求》<br>《易腐食品机动车辆冷藏运输要求》 | 标志着我国大陆冷链物流行业市场将得到进一步规范和制约 |

## 三、我国台湾地区冷链物流产业发展初探

### （一）我国台湾地区冷链物流产业特征

我国台湾地区现代冷链物流从20世纪80年代末、90年代初开始出现。最初由低温食品制造商业务向下游扩展而建立，后通过货运公司、零售渠道、传统的进口商、代理商、批发商等进一步完善起来。虽然近几年我国台湾地区的经济不景气，但冷链物流仍然以每年高于5%的增长速度发展。[①] 我国台湾地区冷链物流大多以供应链的形式出现，由农渔牧业源头开始，至食材供应商制作食材，再至食品加工业加工成商品，之后依据买方需求进行销售，运送至食品流通业，最后送至消费者手中。在此过程中所有产品之仓储、运输全都属于物流业务，形成了从生产者到消费者的全程冷链，服务范围极广。

### （二）我国台湾地区冷链物流技术较为领先

由于起步时间较早，我国台湾地区冷链物流企业在冷链低温作业等物流技术方面较为领先，具体体现如下：(1)参考美国冷链协会发布的《冷链质量指标》(以下简称“CCQI”)，并应用企业标杆管理技术建立冷链相关程序及标准，协助物流行业维持一致的品质水准；(2)运用运输资源共同化技术与相关行动化技术提升物流效率化能力，包括运输调度能力、运输全程控管能力与交验资讯回馈能力；(3)应用低温物流箱、RFID、HT等相关设备及预警技术建立保鲜模式，以支持供应链全程之品质提升。

① 杨林：《台湾地区物流业及其标准化发展报告——兼谈台湾地区冷链物流》，载《中国标准导报》2012年12月。

（三）成立专门的行业组织——冷链协会（Cold-chain Center）

我国台湾地区效仿澳洲、美国等先进国家和地区成立了冷链协会，以便推动冷链产业的整合规划。冷链协会由政府倡导，与民间共同出资，官产学研都积极参与。冷链协会设立了公共平台，除了提供冷链物流服务商参加组织外，还根据 CCQI 准则，为物流业者提供辅导，培养冷链专业人才，推广冷链理念，谋求业界共识和市场整合。

（四）我国台湾地区物流业的类型划分

根据垂直整合与水平整合的不同，依据经营业者的差异，我国台湾地区的物流业主要可以分为以下几种类型：

1.由连锁加盟业者自行成立的物流中心（Distribution Center built by Retailer）。这种由连锁加盟业者自行成立的物流中心，系零售商或连锁加盟业者为了提升对旗下连锁商店的配送效率所设。由于零售商对产品的需求不定，故商品较难格式化，但在客户稳定的条件下，其订单处理、配送与财务等作业上较为统一。

2.由制造商成立的物流中心（Distribution Center built by Maker）。这种物流中心联结了生产物流与销售物流，以方便生产、制造的商品配送。其特色是产品较为固定，易于规格化和标准化，且作业较为单纯。

3.由传统批发商成立的物流中心（Distribution Center built by Wholesaler）。这种由传统批发商成立的物流中心，重点在于商品的掌握，功能与形态介于上述两者之间。

4.由货运公司转型后成立的物流公司（Transporting Distribution Center）。这种类型的物流中心，早期以货品的转运为主，近年的业务范围逐渐由单纯的货运转型发展成为商品共同配送中心。

## 四、两岸冷链物流合作的现实可能性及实现路径

从前述两岸冷链物流发展的特征分析，两岸的产业互补与合作条件优势明显。大陆冷链物流还没形成完整的链条体系，但是在市场资源上存在一定的竞争优势；我国台湾地区的冷链技术较为完备，经验丰富，但是在市场资源上需要大陆的合作。因此，加强两岸冷链物流的合作，构建两岸冷链物流体系，打造出一条畅通两岸各地食品和农产品的“冰通道”，促进两岸更广阔更深入的产业合作具有积极的先试意义。具体可从以下几个方面进行。

（一）两岸冷链物流合作的顶层设计

法制环境直接攸关两岸冷链物流合作进程的推进。两岸冷链物流合作，目前基本聚焦在物流技术的提升上，法制环境的建设稍显滞后，亟须加强重视。我国现行调整物流行业的法律规范散见于法律法规、规章和国际条约、国际惯例以及各种技术规范中，而规范冷链物流各环节市场主体行为的法律法规体系尚未建立。冷链物流各环节的设施、设备、温度控制和操作规范等方面缺少统一标准，造成我国冷链物流法律体系出现无序无章的局面，因此作为两岸物流合作的一个重头戏——冷链物流合作迫切需要专门、系统的法律制度出现。两岸应携手共同制定推进两岸冷链物流合作的法律规范，包括但不限于制定完善两岸冷链物流企业的准入制度、冷链物流供应链各个环节的制度保障等等。

(二)通过两岸行业协会及物流企业整合现有物流资源,更新观念,走物流社会化道路

我国台湾地区冷链物流企业的冷链物流技术较为领先、基础设施设备先进、物流服务信息化和客户化水平较高,但我国台湾地区劳动力成本高,市场不断萎缩的情况仍然存在。大陆冷链物流企业已日渐具备物流网络的操作经验,并且大陆还得天独厚地拥有良好的地理资源和劳动力资源优势。因此,两岸冷链物流企业可以在两岸行业协会及物流企业的帮助下,通过共建冷链物流中心或物流园区、并购整合或合资入股以及建立冷链物流战略联盟等形式,整合两岸冷链物流资源。具体而言,大陆冷链物流企业可以借鉴我国台湾地区先进的冷链物流技术和丰富的冷链物流管理经验,提升冷链物流服务水平;我国台湾地区冷链物流企业可以共享大陆的冷链物流市场份额,降低冷链物流成本,规避风险,从而形成两岸优势互补,实现两岸冷链物流业的双赢。

(三)加强现代物流人才的培养,以适应物流业快速发展和竞争的需要

冷链物流的运作管理具有科学、技术和安全的专业特性,涉及多门类学科知识,如物流供应链、冷冻工艺学、制冷技术、机械技术等。① 我国台湾地区冷链物流起步较早,职业教育体系较为发达,两岸可以通过两岸高校、冷链物流企业的产学合作,以高校物流管理专业为基础,共同培养冷链物流专业人才。另外,两岸高校与冷链物流企业可以通过合作建设冷链物流实训基地,既可以为高校物流管理专业学生提供实训场所,培养冷链物流的技能型人才,又可以对冷链物流企业人员进行在职培训,提高冷链物流操作技术。

## 五、律师在两岸冷链物流合作中的作用

(一)律师应利用自己的专业素养,为两岸冷链物流法制建设建言献策,襄助完善立法

2013年3月25日,中华全国律师协会出台的《律师协会参与立法工作规则》开始实施,制定该规则的目的在于"引导和促进律师行业参与立法,提高律师参与立法的工作质量,完善工作程序,及时、有效地向立法机关反映律师行业的立法建议",鉴此律师应积极参与立法工作,襄助完善立法。故律师应将其在为两岸提供冷链物流法律服务的过程中积累的经验以及研究成果,贡献于冷链物流相关法律的制定及完善中。

(二)律师应当充当起两岸冷链物流企业合作的保卫者

律师在两岸冷链物流企业合作中主要有两个方面的作用,简述如下:

1.为两岸既有冷链物流企业的合作保驾护航。两岸目前已有许多冷链物流企业存在,但由于两岸企业信息并不畅通,因此非常需要律师通过作为现有冷链物流企业的法律顾问或法律服务提供者,为两岸冷链物流企业在冷链物流业务方面的合作保驾护航。

2.为两岸投资者到对岸设立或共同设立冷链物流企业保驾护航。目前,台资进陆或陆资进台的制度尚处于发展初期,两岸的投资者对该部分制度及招商引资制度尚未非常熟悉,因此就需要律师充当两岸投资者的指路灯,协助两岸投资者到对岸设立或共同设立冷链物

① 马贞荣:《基于供应链管理的农产品冷冻物流模式研究》,载《知识经济》2011年12月。

流企业。

（三）律师应当充当起两岸冷链物流行业协会之间沟通的桥梁

目前两岸均成立了关于物流行业的行业协会，但是两岸间行业协会交流还不够密切，律师可以充分利用自己作为法律工作者的身份，与行业协会进行充分对接，促进行业协会间的信息沟通与交流。具体而言，律师可以作为行业协会的代表，与对岸行业协会进行沟通交流，互相交换物流行业的信息及经验，促进两岸行业协会的合作。

（四）为两岸冷链物流企业纠纷的协调解决提供专业法律意见

在纠纷解决过程中，无论是协商、调解还是仲裁、诉讼，律师属于介于司法机关与民间的法律服务中介组织，作为熟悉两岸有关规定的专业法律人士，应当尽早介入，参与纠纷解决，这样才能更快、更好、及时、有效地协调两岸冷链物流企业合作过程中产生的纠纷，以减少有关当事人利益的损害。

冷链物流行业是今后国家工作的一大重点，两岸冷链物流行业发展各有优劣，应加强两岸冷链物流的合作，进行优势互补，构建两岸冷链物流体系，打造出一条畅通两岸各地食品和农产品的“冰通道”，促进两岸更广阔更深入的产业合作；在这个过程中要发挥律师作为法律服务提供者的作用，为两岸冷链物流产业的合作发展保驾护航。

# 用好用足立法权　乘风破浪正当时

## ——兼论提升我市立法质量

邱兴亮[*]　白　茹[**]

立法，乃“经国之大业，不朽之盛事”，是处理、解决社会冲突最重要的一种政治活动。我市人大及其常委会20年来，孜孜矻矻，依法行使经济特区立法权，成果丰硕，备受肯定。

随着以经济体制改革为重心的全面深化改革春潮竞相涌流，我市经济特区立法任务无疑将日益繁重。职是之故，笔者从立法理念、立法准备、立法起草、立法技术、立法程序以及立法效率等诸方面，提出些许浅见，期冀对提升、完善立法质量有所助益，祈望经济特区立法能百尺竿头，更进一步，促进社会公平正义，增进厦门广大市民福祉。

## 一、借全面深化改革东风用好用足经济特区立法权

依据我国现行《中华人民共和国宪法》《中华人民共和国立法法》等法律规定，我市既有经济特区立法权，亦有较大的市立法权。较大的市立法权，享有者不知凡几；经济特区立法权，则屈指可数。立法空间广泛，立法优势明显，令人艳羡，职是之故，铆足劲充分发挥经济特区立法权的优势是当下一项重要课题。

从1994年3月22日第八届全国人大第二次会议决定授予我市经济特区立法权，迄今20年来，我市已先后制定法规100余件，现行有效88件。表1所列我市人大及其常委会2012年、2013年此两年公布的7项经济特区法规（其中，2013年共通过5项法规），凸显我市充分发挥经济特区立法优势之总体进路，深值赞许。

**表1　我市人大及其常委会2012年、2013年此两年公布的7项经济特区法规**

| 时间 | 法规名称 | 发布日期 | 实施日期 | 条文数 | 附则条文数 | 是否规定制定实施办法、具体办法 |
| --- | --- | --- | --- | --- | --- | --- |
| 2012年 | 《厦门经济特区中小企业促进条例》 | 2012年10月31日 | 2013年1月1日 | 55 | 2 | 否 |
| | 《厦门经济特区文化市场管理条例》 | 2013年12月29日 | 2013年3月1日 | 31 | 1 | 否 |

* 邱兴亮，福建联合信实律师事务所高级合伙人，电邮：qxl@lhxs.com。

** 白茹，福建联合信实律师事务所律师，电邮：br@lhxs.com。

续表

| 时间 | 法规名称 | 发布日期 | 实施日期 | 条文数 | 附则条文数 | 是否规定制定实施办法、具体办法 |
|---|---|---|---|---|---|---|
| 2013 年 | 《厦门经济特区气象灾害防御条例》 | 2013 年 9 月 3 日 | 2013 年 10 月 1 日 | 41 | 1 | 否 |
| | 《厦门经济特区商事登记条例》 | 2013 年 12 月 27 日 | 2014 年 1 月 1 日 | 42 | 2 | 是 |
| | 《厦门经济特区促进两岸区域性金融服务中心建设条例》 | 2013 年 12 月 31 日 | 2014 年 3 月 1 日 | 54 | 2 | 是 |
| | 《厦门经济特区大型群众性活动安全管理条例》 | 2013 年 12 月 31 日 | 2014 年 6 月 1 日 | 43 | 3 | 是 |
| | 《厦门经济特区机动车停车场管理条例》 | 2013 年 12 月 31 日 | 2014 年 4 月 1 日 | 44 | 2 | 否 |

笔者以为，用好用足经济特区立法权，宜把握和注意以下几个方面的问题：

### （一）我市之经济特区立法面临千载难逢的良好机遇

习近平总书记最近强调，凡属重大改革都要于法有据。在整个改革过程中，都要高度重视运用法治思维和法治方式，发挥法治的引领和推动作用，加强对相关立法工作的协调，确保在法治轨道上推进改革。周旺生教授认为，同一般地方立法相比，经济特区地方立法带有明显的破格性、先行性，有时还带有一定程度的试行性。有鉴于此，经济特区立法，既要紧扣“经济”，更要凸显“特区”，凸显“先行先试”。《中共中央关于全面深化改革若干重大问题的决定》（以下简称《决定》）中明确宣示的“经济体制改革是全面深化改革的重点”基调，凸显“经济”和“改革”，与经济特区的使命和责任完全契合；《决定》明确提出的“鼓励地方、基层和群众大胆探索，加强重大改革试点工作”“以积极主动精神研究和提出改革举措”，以及“只要经过了充分论证和评估，只要是符合实际、必须做的，该干的还是要大胆干”、不可“谨小慎微、裹足不前，什么也不敢干、不敢试”，与经济特区“先行先试”的特质完全契合。因此，我市身为经济特区，在全面深化改革中大有可为，当不负众望，义无反顾，胆子要大，步子要稳，充当改革的马前卒，真正发挥经济特区的“实验”“示范”作用，经济特区立法同样大有可为。当一马当先，切实担负起完善中国特色社会主义法律体系试验田的责任。

从数量上看，20 年间我市共制定经济特区法规 100 余件（截至 2010 年深圳市制定特区法规 155 项），平均每年 5 件，有相当大的提升空间。“多少事，从来急；天地转，光阴迫。一万年太久，只争朝夕”，因应全面深化改革春潮，提升立法效率，满足立法需求，密集出台特区法规，依法治市、依法行政，势在必行。根据《决定》的内容和精神，结合我市在经济体制改革和对外开放过程中的具体情况和实际需要，我市经济特区立法宜抓住“牛鼻子”，宜聚焦于完善现代市场体系、深化财税体制改革、构建开放型经济新体制、促进城乡区域协调发展、加快生态文明制度建设等方面的立法，凸显“美丽厦门”经济体制改革之“特色”，凸显我市经济特区立法之“先行先试”。我市闻“推进公司注册资本登记制度改革”之声而动，敢为天下先，先行先试，率先出台《厦门经济特区商事登记条例》，可谓著例。

（二）充分发挥人大作为立法机关的主动性

《决定》明确提出“推进人民代表大会制度与时俱进”“健全人大讨论、决定重大事项制度”。全国人大大会发言人傅莹日前亦明确表示：“全国人大及其常委会一个很重要的职责就是要为全面深化改革提供法制保障。立法引领改革，就是要围绕人民群众关心的重大改革事项，该制定法律的就制定法律，该修订法律的就修订法律，该废止的就废止。要让我们的重大改革都于法有据，使改革在法治的轨道上顺利地向前推进。”因此，人大应充分发挥立法机关的主动性等特质。

鉴于大多数法规草案由各行政部门负责起草，各行政部门往往因本位主义作祟，只强调本部门的利益，缺失整体性的考量，导致狭隘的部门保护主义现象。《决定》明确要求要全面看问题，要克服部门利益掣肘。职是之故，人大行使经济特区立法权时，宜切实加大草案法规审查力度，以杜绝只强调本部门利益的狭隘的部门保护主义现象，切实防止“部门利益法制化”。

（三）破解“成熟一个制定一个”的迷思

这些年来，在中国的立法实践中，普遍采行“成熟一个，制定一个”的立法方法，我国立法学专家周旺生教授认为这种立法方法不宜简单肯定和提倡，不宜作为一种常规的立法方法加以运用。

当前，改革进入攻坚期和深水区，《决定》要求进一步解放思想，看清各种利益固化的症结所在，找准突破的方向和着力点，拿出创造性的改革举措，要敢啃硬骨头，敢于涉险滩。

职是之故，在经济特区立法上，当以改革举措是否促进社会公平正义、增进人民福祉，是否符合全局需要，是否有利于党、国家、我市事业长期发展为旨，“向前展望、超前思维、提前谋局”，积极稳妥地以“同步立法”甚或“超1立法”为主，逐渐摒弃“成熟一个制定一个”“滞后立法”的理念。

（四）谨守立法权限

近几年来，我市充分发挥经济特区立法权优势，以经济特区立法为优先考量，此总体进路深值赞同，唯若不加区分，一概采行经济特区立法而罔顾经济特区立法权与较大的市立法权的分野，则不能忽视可能随之而来的指摘及负面效应。公允而论，以经济特区立法权限认真检视前述7项经济特区法规，是否每一件均适宜采行经济特区立法，不无检讨余地。

在充分发挥经济特区立法权之优势时，仍宜有所为、有所不为，总体上尽量遵循“市场经济领域多数考虑经济特区立法，诸如城市管理等社会立法领域主要考虑较大市立法的原则”，以免招致不必要的窒碍。

（五）破除“法律万能”的迷思

正如市场的归市场，政府的归政府；立法亦然，有些适合立法规制，有的则更适宜由道德或其他方式规制。因此，立法者须考量法律是否为解决问题的唯一且恰当的手段。

全面深化改革，既关涉经济体制，亦关涉政治体制；既涉及物质生活，又涉及精神生活，法律并非万能，无法大包大揽，无法全面规制，故宜“人大的归人大，政府的归政府，市场的归市场，社会的归社会”，立好当立之法，不立无用之法，更不立“恶法”“笨法”。

（六）经济特区法规宜具有较强的可操作性

检视前述7部经济特区法规，过半法规在“附则”中规定“市人民政府应当根据本条例制定实施办法”或类似词句。

一方面，经济特区法规系针对经济特区的具体情况和实际需要而制定的，宜具有较强的可操作性，由政府部门制定实施办法的情形宜越少愈越；另一方面，若在制定法规过程中，确需由政府部门制定实施办法的，亦应遵循“同步原则”，政府部门宜同时完成实施办法的起草，且实施办法宜与法规同时公布，以免政府部门迁延制定实施办法或法规，因缺失实施办法而效果不彰。举一个不是很恰当但能够说明问题的例子，我市人大制定的2011年6月1日起施行之《厦门市物业管理若干规定》第54条规定，市人民政府根据本规定制定实施细则，然迄今为止，实施细则仍阙如，凸显制定实施细则之条文宜慎用。另一方面宜加大督促政府制定实施细则之力度，以免法规之效果大打折扣。

（七）用足用好立法权还在于法规的适时修正、废止

傅莹日前说，本届人大常委会着力提高立法质量并完善法律体系，过去是要解决有没有法的问题，今后要把重点放在解决法律管不管用的问题。因此，在大胆“先行先试”制定新法规的同时，也要与时俱进，适时修订、废止现有的法规，以进一步提高法规的可执行性、可操作性。

## 二、认真做好立法准备

（一）宜建立立法预测组织

欲了解我市广大市民的真正需要，欲调整日益复杂化、多样化的社会需求，欲进一步增强法规的可执行性、可操作性，有必要加紧立法预测研究，注重立法预测实践。

当务之急是要建立一个立法部门、行政部门、法学教学研究部门和司法部门四方共同参与的立法预测组织，群策群力，运用科学的方法，根据社会经济、政治、文化的发展规律，做好立法预测工作。

（二）立法计划（立法规划）宜切实“海纳百川”

鉴于立法计划是立法者完成立法工程的施工蓝图，是对未来立法项目的设想和安排，鉴于立法计划要体现和反映立法政策，要依照立法政策拟订；鉴于在一个民主社会，从公共政策的酝酿到立法政策的确定，其影响之因素是多元化及错综复杂的，职是之故，编制立法计划，宜集思广益，博采周咨，广纳建议，且真正做到从善如流。

我市业已建立在全市范围内向各单位、各民主党派、专家学者和广大市民公开征集下一年度立法建议的制度，可资赞许。唯具体操作上，宜有所完善。盖因从时间上看，广州市在上半年即公开征集来年的立法建议（其2013年4月28日公开征集2014年度立法计划建议项目，征集时间为2013年5月6日至7月15日，给予之时间两个多月，相当充裕）；而我市公开征集立法建议的时间通常在下半年，且征集时间略显仓促，效果可能受到影响。

鉴于年度立法计划宜具体、精确及具可操作性，鉴于一年一度公开征集立法建议已然形成制度，则宜将征集年度立法建议的时间大幅提前，宜采取各种有效举措激发广大市民积极

参与，以集合智慧，取得更大实效。此外，全面深化改革周期较长、涵盖面广，诸多方面亟待立法规制，立法任务十分繁重，须未雨绸缪，早做筹划，为更好地集合民智民慧，可以考量开展中期立法计划之立法建议的公开征集（如浙江省2013年2月即公开征集2013—2017年五年立法建议项目）。

另外，尽快推进立法征求意见采纳情况说明制度的探索和完善。浙江省人大公开征集未来五年立法建议项目之公告中提及的“对留下联系方式的提建议人，法工委将根据情况予以反馈；同时，根据情况，在适当时候邀请部分提建议人参加专题座谈会，当面听取意见”等做法，可资借鉴。

## 三、做好立法起草

《决定》明确提出“健全立法起草、论证、协调、审议机制，提高立法质量要求”之要求，故欲提升我市经济特区法规的质量，不能不认真而科学地研究法案起草问题。

笔者以为，就法规起草，以下几个方面尤值重视：

### （一）起草人切实明了自身之责任

“立法千古事，得失寸心知”，起草人肩负“适时、程序正当、法制调和、法律效果、语言明确、法条简洁、内容易懂、人民可接受、准备辩论”等九项责任，既要细心注意促使立法的意图能够充分地达成，亦要留心不会招致意想不到违反立法原意的结果，尚要克服“对事实之相对无知”“对意旨的相对不确定”“语文先天之不确定”等“先天性的障碍”以及时间不够的压力，不能不孜孜矻矻，戒慎恐惧。

因此，一方面，有必要从基础做起，不遗余力地提升起草人的素质；另一方面，积极尝试采行委托起草、合作起草等形式，提升法规草案的质量和效率。

### （二）避免不必要的重复规定

我国地方立法实践中，“小法抄大法”“后法抄前法”、缺失地方特色的现象相当突出、相当普遍，饱受诟病。肩负“先行先试”使命的我市在制定经济特区法规的过程中，尤宜竭力避免此种情形。宜本着“宁缺毋抄”的精神，找准亮点，“草”出新意，凸显“经济特区”特色。

### （三）重视法规的成本效益分析

习近平总书记日前强调，对重大改革尤其是涉及人民群众切身利益的改革决策，要建立社会稳定评估机制。遇到关系复杂、牵涉面广、矛盾突出的改革，要及时深入了解群众实际生活情况怎么样，群众诉求是什么，改革能给群众带来的利益有多少，从人民利益出发谋划思路、制定举措、推进落实。职是之故，具体到立法层面，即应以促进社会公平正义、增进人民福祉为出发点和落脚点，高度重视法规的成本效益分析，对涉及人民群众切身利益的法规，做好社会稳定评估，确保出台之法规有利于推进而非窒碍改革，有利于促进而非损害社会公平正义，有利于增进而非侵害群众利益。

此外，在法规起草过程中，尚宜注意不能太过理想主义，预先在立法时设法为执法者排除困难，不得滥用溯及既往之立法，以维持法的时效性及安定性。

## 四、精进立法技术

周旺生教授强调，立法技术对立法、法制乃至整个社会发展，有弥足珍贵的价值。遗憾的是，在我国，立法技术问题的研究在总体上尚属薄弱。衡诸我市经济特区立法的成果，在立法技术层面，也尚有诸多有待提升、完善之处。

笔者"班门弄斧"，以为立法技术方面以下几点值得关注：

（一）宜明了及遵循立法技术基本原理

立法技术之基本原理荦荦大端如下：(1)法秩序维持原则。包括遵守立法裁量界限原则、所管事项原则、条约效力优先原则、后法优先原则、特别法优先原则。(2)强制性原则。(3)实效性原则。(4)一般法律原则。包括但不限于平等原则（禁止恣意原则和行政自我约束原则）、比例原则、诚实信用原则、信赖保护原则、公益原则。衡诸我市经济特区立法权的性质及权限，衡诸习总书记的前述讲话精神，实效性原则、法秩序维持原则、平等原则等尤值重视。

（二）娴熟运用立法技术以收事半功倍之效

囿于篇幅，本文仅略陈以下几点特别值得注意之事项：

1.表达正确性乃立法技术之首要任务

法规内容的明确性和合宜性，是立法技术的第一要求。

2.宜恪守"一条一文主义"之原则

一条只宜有一主题，同一个中心思想的内容，应规定在同一条文中。此外，在一个条文中不要规定太多项，每一项中最好只有一个句子，每一句中最多只表达一个思想。

3.宜统一用字用语乃至标点符号的使用

鉴于法规用字用词应力求一贯和统一，鉴于法规起草主体并非唯一，故统一用字用语乃至标点符号的使用，对各起草主体草拟法规统一用字用语具有重要参考价值。

台湾地区立法机构为统一法律用字用语，先后认可"法律统一用字表""法律统一用语表"及"立法惯用语及标点符号"的做法，可资借镜。

4.宜明了法规、法规内容编排原则

一方面，法规编排，宜遵循秩序之原则、经济之原则以及明确之原则等原则。另一方面，法规内容编排宜遵循"普通（一般）规定常置于特别规定之前""重要条款常置于次要条款之前""永久性规定常置于临时性（暂时性）规定之前""原则性规定常置于细节性规定之前""实体性规定常置于程序性规定之前"等顺序。

5."法律责任"不可含混不明

法律责任攸关人民权益，其遣词用字宜反复推敲，做到明确、具体，避免歧义。

6.附则之重要性不亚于本则

附则为法规的最后一章，与规定实质内容的法规本则比较，极易被忽视。唯若稍加深入研究，即会发觉附则之重要性不亚于本则。附则中的过渡规定、授权制定实施办法、施行日期等内容，多属对该法规实施不可或缺的技术性规定，是实际运用法规时的重要决定方法，具有重要的意义与机能，绝对不可忽视，丝毫不容小觑。

检视前述7个经济特区法规之"附则"，条文最多的3条，最少的仅1条，较为简陋。以《厦门经济特区商事登记条例》为例，其之施行，关涉数以万计商事主体之利益，而自公布之日（2013年12月27日）至施行之日（2014年1月1日），仅短短三四天时间，可能令人措手不及。"过渡规定"（其草拟在立法技术中系最难的部分之一）的设计、草拟即属必要。因此，法规起草过程中，宜对附则予以高度重视，宜周全规定附则内容。

厦门经济特区商事登记条例

来源：厦门人大　2013-12-30 08:38:00　字体大小：[大][中][小]

厦门市人民代表大会常务委员会公告

第九号

《厦门经济特区商事登记条例》已于2013年12月27日经厦门市第十四届人民代表大会常务委员会第十四次会议通过，现予公布，自2014年1月1日起施行。

厦门市人民代表大会常务委员会

2013年12月27日

图1（来源：网络）

7.善于利用附录

（三）积极借镜国外立法技术有益经验

《决定》提出改革可以“借鉴国外有益经验，勇于推进理论与实践创新”，立法技术是一种政策合法化的科学方法，是一种技术性规则，大力借鉴国外先进立法技术，并无不当，极其必要。

1.借鉴立法技术新模式

立法先进国家采行的立法技术新模式，包括但不限于日落立法、综合法案立法、法律包裹立法、实验性立法以及基本法立法模式，值得参酌。其中法律包裹立法，颇值我市经济特区立法借镜，我市宜积极、大胆地采行该立法技术，以有效纾解面临巨大的制定、修正、废止法规的压力。

2.体例统一化、标准化以及立法工作表格化控制

国外较为普遍采行的法规体例统一化、标准化以及德国以表格控制立法工作的每一个环节等做法，均有其合理性、科学性，宜大力借镜，为我所用。

## 五、全力完善立法程序

完善健全的立法程序对于保证立法质量的提升有着至关重要的作用，法治价值不仅体现在立法内容本身，同时还应体现在立法程序的正当性中。立法程序的正当性包括以下三方面的内容：立法程序的公平性、民主性以及秩序合理性。

实现立法程序的公平性、民主性以及秩序合理性的路径，一言以蔽之，在于人民代表切实密切联系群众，充分发挥代表作用，切实履行立法职责，在于“法律出台前评估”等一系列行之有效的举措，在于切实落实《决定》提出的“完善人大工作机制，通过座谈、听证、评估、公布法律草案等扩大公民有序参与立法途径”等要求。

（一）市人大代表切实代表全市人民制定经济特区法规

当下，人民尚未直接行使立法权，系将立法权委托给人大代表或有关主体代为行使。因

此，一方面，市人大代表具有代表性，宜切实代表人民；另一方面，各人大代表宜担当好“立法角色”，切实依法履行立法职责。

（二）切实扩大广大市民有序参与立法途径

我市以实实在在的行动，不断改进和完善立法方式，通过召开座谈会、论证会、听证会、网上征求意见、公民旁听等多种形式，积极引导公众有序参与立法活动。

1.利弊参半、喜忧参半的“听证”

听证在立法程序中具有如下六方面的作用：发现事实，正当程序，政治沟通，教育公民，缓和社会紧张情绪，衡量政治态度。但听证制度之公开性、强制性也存在诸多缺点。《厦门市人民代表大会及其常务委员会立法条例》（以下简称《厦门市立法条例》）第34条业已明确规定“听证会”形式。

笔者以为，一方面，既然《决定》已经明确提出“听证”方式可以采行，则完全可以提上议事日程，完全可以大胆试水，积极探索建立契合我市实际情况的立法听证制度；另一方面，也要注意到听证存在的弊端，注意扬长避短，趋利避害。

2.公布法律草案公开征求意见

《厦门市立法条例》第35条规定：列入常务委员会会议议程的法规案，应当将法规草案在报刊或者互联网上公布，征求意见。公布法律草案已经形成一项制度，唯其实际效果难谓乐观。

图2显示，《厦门经济特区商事登记条例（草案）》向广大市民和社会各界公开征求意见的时间为7天（2013年11月15日至21日）[《厦门市社会保障性住房管理条例（修订草案）》等征求意见时间亦然]。

**《厦门经济特区商事登记条例（草案）》公开征求意见**

发布时间：2013-11-18 09:00:00　字体大小：[大][中][小]

**厦门市人大常委会办公厅关于《厦门经济特区商事登记条例（草案）》公开征求意见的通知**

根据《厦门市人民代表大会及其常委会立法条例》第三十五条规定，为进一步提高法规审议工作质量，现将《厦门经济特区商事登记条例（草案）》全文公布，征求社会各界意见。有关单位和各界人士可以在2013年11月21日前，通过以下二种方式提出意见：　（一）通过信函方式将意见寄至：厦门市湖滨北路６１号行政中心西楼823室（邮政编码：361012），并请在信封上注明“厦门经济特区商事登记条例草案征求意见”字样。　（二）通过电子邮件方式将意见发送至：zhuanghuaming@xmrd.gov.cn

厦门市人大常委会办公厅

2013年11月15日

**图2（来源：网络）**

此外，据了解，每次就法规提出意见的市民寥寥无几，参与之积极性相当淡漠，宜高度重视并采取有效举措改进。从全国人大法律草案征求意见的时间来看，为1个月时间，显然较为宽裕，因此，市人大宜延长公开征求意见之时间，并切实采取其他有效举措，积极引导公众有序参与立法活动，俾使更多市民参与立法，使“坚持科学立法、民主立法”的理念得到更好的践履。

## 六、多管齐下提升立法效率及实效

完全有理由相信，随着全面深化改革的持续推进，每年将有数量不菲的经济特区法规亟待创制或修正，层出不穷的立法需求将排山倒海而来，从我市2014年的年度立法计划来看，1年将审议7项正式立法项目，该数量可能滞后甚至大大滞后于我市全面深化改革的立法需求。

### （一）扩充、优化立法者和立法工作人员队伍

“打铁还需自身硬”，立法者的状况与国家立法、法治乃至整个社会的状况息息相关。依周旺生教授的观点，应当从足以胜任充当立法人员的阶层、职业、人员中，如从受过良好教育的法律工作者、实业界人士、教育科学领域以及其他文化领域出类拔萃的人士中，挑选立法人员，并对现有立法人员进一步加以培训。

此外，从我国台湾地区的经验来看，立法委员除享有公务上的权利及身份上之特权外，依法负有不得兼职及不得无故不出席之二种消极义务，立法委员不得兼任官吏，亦不得兼任与立法委员职务不相容之职务，该做法有其相当合理之处，宜采取稳妥的、渐进的举措，使越来越多的人大代表能够集中精力因应日益繁重的立法工作。

### （二）建立完备的“立法幕僚支援系统”

立法先进之国家，均建立强大的立法幕僚支持系统，作为后盾，以迅速获致公正、科学、客观的资讯与分析，值得参酌、借镜。

### （三）完善常设委员会夯实内力

常设委员会在立法程序中有“专家立法、监督行政机关、内部整合、搜集资讯、筛选法案”等五大功能，委员会的完善，无疑将极大地有利于促进立法效率。

### （四）高度重视立法技术

宜高度重视立法技术的运用，以大大提升立法效率，收事半而功倍之效，此前已详述，于兹不赘。

### （五）善于借助外力

1.大胆采行委托起草

立法引导改革，可以预见，随着全面深化改革的步步推进，法规不但在量的方面有大幅度的增加，在质的方面也提出了更高的要求，因此，在排山倒海的立法需求面前，立法者事必躬亲，殆不可能，假手他人，诚有必要，故委托起草不失为一种好的借力方式，唯委托起草并不适合任何法规。

2.借助法学教学研究机构、律师行业等外力

以律师行业为例，全国广大律师积极参与立法过程，提出立法意见和建议，为有效提高立法工作的针对性、及时性和提高立法科学化、民主化水平发挥了积极作用，如参与《中华人民共和国行政诉讼法》《中华人民共和国证券法》等法律法规的修改完善工作以及国家环境、资源、能源等重点领域的立法工作。2013年3月25日，中华全国律师协会出台《律师协会参与立法工作规则》，该规则旨在引导和促进律师行业参与立法，及时、有效地向立法机关反映律师行业的立法建议，故律师在立法中发挥的作用将日益凸显。

目前，全市有近 2000 名律师，宜加大力度引导广大律师积极参与经济特区立法，法律职业共同体一道勠力同心，群策群力，提升立法质量。

(六)依托厦门大学等高校培养立法专才

立法不仅是一项意义非常重要的工作，也是一门科学，一些国家如美国、加拿大、英国、印度和欧洲大陆有的国家的法学院系，还开设法案起草课程或相关课程，注重培养专门的法案起草人才，故宜高度重视立法学研究，宜充分发挥厦门大学立法学研究中心等卓越的高校资源，开设立法系列课程，大力培养立法专才。

(七)以科学的立法后评估机制促进立法质量的提升

有必要以科学、合理的立法后评估制度促进立法质量和立法水平的提升。最后，完善人大工作机制、转变人大工作作风，加强对人大工作新情况新问题的调研，加强对“一府两院”的监督，加大与国外立法机关的交流合作等举措，也有利于提升立法效率及立法效果。

“潮平两岸阔，风正一帆悬”，在全面深化改革的时代大潮中，相信市人大定能锐意进取，抓住契机，紧紧依靠全市人民，集合全市人民智慧，用好用足经济特区立法权，促进人民福祉，将我市打造成“法治之市”。

# 一起保险纠纷理赔的代理

叶振旺*

## 一、案情简介

投保人(本案中也是被保险人、受益人)卫某于1996年11月29日向某保险公司投保主险并附加“人身伤害意外险”,附加险保险金额为60万元,投保人依约按期足额缴付保险费。1998年9月21日,被保险人卫某遭遇意外车祸,并于当日入住某市中医院骨伤科治疗,经诊断为右踝关节骨折伴脱位。次日,受益人卫某电话通知保险公司,保险公司随即介入处理该保险事项。1999年3月23日,受益人向保险公司交齐了保险条款规定的全部资料,要求保险公司理赔。1999年4月22日,保险公司委托××市人民检察院进行法医鉴定;1999年6月3日,××市人民检察院作出法医伤残鉴定书,认为伤者卫某未达到伤残标准。次日,保险公司以“本案与合同约定残废条件不符”为由,作出不予给付保险金的决定,受益人不服,认为应当参照《人身保险意外伤害残废给付标准》第162项“一下肢三大关节中,有一关节遗存显著运动障碍(180天内)”按10%赔付的规定,赔付6万元。经协商无效,遂委托代理人向法院提起诉讼,引发讼争。

## 二、保险公司答辩要点

在审理过程中,保险公司提出了如下主要答辩意见:

第一,该保险只有在因意外事故致残的情况下才予以赔付,被保险人未致残,故不能赔付,提供伤残鉴定书是受益人的法定义务。

第二,受益人提出理赔申请时间正好是事故发生日之后180天,说明受益人认可了180天定残期的规定,而保险公司收到申请后也立即向××市人民检察院申请鉴定。

第三,纠纷双方系共同委托××市人民检察院进行法医鉴定,该院法医鉴定应作为本案是否理赔的唯一依据。

## 三、代理人的代理意见

针对保险公司的答辩,代理人发表了如下代理意见:本案原被告对双方存在保险合同关系以及事故发生,在保险责任期限内并无异议,被告对原告已经交清保险费及被保险人遭受的是意外的伤害也无异议。因此,本案的焦点在于原告是否履行了应该履行的理赔程序以及是否可以依照保险法的规定确认原告在180天内右踝关节遗存显著运动障碍的问题。

---

* 叶振旺,福建联合信实律师事务所律师,电邮:yzw@lhxs.com。

下面代理人力图全面详细阐述这两个问题。

(一)原告履行了自己应尽的通知义务,并且提交了符合条款规定的文件

《保险条款》第8条规定:被保险人在保险有效期内发生保险责任范围内的死亡或伤残后,受益人应持保险单、交费凭证、事故证明、被保险人死亡证明或保险人认可的县(区)级以上医疗机构出具的伤残证明,受益人身份证明及保险人认为必要的其他有关证明材料向保险人提出保险给付申请。原告在发生保险事故之后的第二天,即电话通知了保险公司。之后,保险公司即派人到医院前来处理本次保险事故,这在庭审过程中已经查证属实;也就是说,原告已经履行了通知义务,保险公司也立即介入本次保险事故的查证。原告此后向保险公司提交了条款所明示列明的全部资料。需要说明的是,保险条款规定的是"伤残证明"而非"伤残鉴定书",在整个保险条款中没有任何一个条款或文字规定投保人应当自己进行鉴定并提供伤残鉴定书,在180天内保险公司也从未提醒或要求投保人应当进行鉴定。

投保人提供的中医院的病历、疾病证明书、出院证明、X光片5张等系符合保险条款规定的县(区)级以上医疗机构的伤残证明。因此,原告已依照合同的规定提供了全部的合法、有效的证明文件,履行了《中华人民共和国保险法》(以下简称《保险法》)第22条规定的其所能提供的全部材料的义务。

至于被告在庭审过程中主张的投保人应提供交接凭证上列明的所有材料才可理赔,却是一种霸王主张,因为稍具常识的人都看得出,交接凭证上的一些东西是原告根本无法提供的材料,如"死亡诊断书"。如果保险理赔程序真是这样的话,那么,没有一个人能获得保险金。

因此,在理赔程序上,原告尽到了全部应尽的义务。而如果被告认为应当进行伤残鉴定,却又不提醒原告,只有被告清楚,原告不清楚也无须清楚,被告并在此后拖延鉴定的时间,其居心何在,不得而知。

(二)被告违反了《保险法》第4条"从事保险活动必须遵守法律、行政法规,遵循自愿和诚实信用的原则"

实际上,保险公司的业务员在推销保险时,就片面夸大了保险的作用,而原告是外地到某市做事业的人,也希望万一发生意外时能对自己及家人有一个保障。于是,在资金困难的情况下仍然买了保险,但是,保险公司在订立保险合同时,却并不对"伤残"两字就是他们认定"残废"进行说明,更不提供为保险合同重要组成部分也是今后理赔所依据的基本标准:《××保险公司人身保险意外伤害残废给付标准》(投保时加盖被告裁缝章的保险合同资料明白无误地证明了这一点)。保险公司的行为违反了保险法为保护投保人利益而做的特殊规定,违反了诚实信用的原则。这种行为使得投保人在以为只要因意外伤害事故受伤后即可获赔的心理下投了保(当然,原告理赔的依据并不建立于此),如果当时保险公司对"伤残"两字作明确说明并提供赔付标准的话,原告要不要投保就值得思考了,保险公司的行为无形中又损害了自愿的原则。

代理人阐述这些事实的目的是想说明两个问题:

1.保险公司并不真如其所标榜的"客户是上帝,真诚为客户,平安到万家"那样行事,在本案中有诱使客户投保的行为,保险公司应承担因其行为而带来的消极后果。

2.保险公司未明确说明伤残两字的含义,并未提供给付标准从而未能对给付标准中一

些可以导致保险公司免除责任的规定或字眼进行明确说明，因此，可以参照《保险法》第 17 条规定的立法精神，对可能造成保险公司免责部分的条款、规定、文字可以不予确认其效力。

（三）对“自遭受意外伤害保险事故之日起 180 日内伤残，保险人按照《××保险公司人身保险意外伤害残废给付标准》（以下简称《给付标准》）的规定给付意外伤残保险金”的认识

代理人认为，对这句话的合理解释应当是“在 180 天内，只要存在《给付标准》所列明的情况，保险公司就应当按《给付标准》予以赔付”。保险公司认为伤残就是残废完全不能令人接受，如果保险公司认为应当是残废才给付的话，那么，就应当明确规定 180 天内残废或致残，却又为什么要规定为伤残呢？该保险就应明确规定为“意外伤害致残险”却又为什么规定为“人身意外伤害险”呢？

事实上，“伤残”两字解释为“伤或者残”或者“伤和残”也完全可以，而解释为“因伤致残”只是保险公司的片面解释，投保人完全可以不接受。这就好比“悲欢”两字可以解释为“悲或者欢”或者“悲和欢”一样，而解释为“因悲致欢”却是那么的别扭，因此，对“伤残”一词的解释一方面由于保险公司事先未明确告知应当解释为因伤致残而使保险公司的解释无效，另一方面应依照《保险法》第 30 条的规定，做有利于原告的解释。

事实上，只要存在标准中列举的情况，都应当被认为是伤残的表现；否则，保险公司又何必将其列举其中呢？因此，判断原告在 180 天内是否存在《给付标准》列举的情况是本案保险公司应否理赔的关键。

代理人认为，原告的伤情符合《给付标准》第 162 项的规定，即“一下肢三大关节中，有一关节遗存显著运动障碍”。

医院的证明证实了这样一个事实：原告的右踝关节骨折伴脱位，施行了用两根长钢针和一螺纹钉进行的内固定术，稍具常识的人都不会认为，在骨折伴脱位的情况下，在右踝关节紧紧地用两根粗钢针和一粗螺纹钉固定住的情况下右踝关节还能灵活运动。原告提供给保险公司的 5 张 X 光片也明确表明原告在 180 天内右踝关节的情况。

至于医院的出院总结记载的“切口愈合良好，摄片复查，右踝骨折位良好，内固定无松动”，只是说明右踝关节当时的一种静态的情形，而未涉及右踝关节的动态情况，用一种静止状态的情况来判断原告的脚不存在显著运动障碍显然是站不住脚的。因此，仍应依照运动时的状况来判断是否存在显著运动障碍。而原告的关节用钢钉、螺纹钉紧紧固定住（如果不施行内固定术，关节无法固定，一运动就会导致关节脱位），外面还打上石膏，连动都不能动，显然是存在显著运动障碍的。

另外，代理人想说明的一点是，即使存在需要器械的帮助才能活动的情况，也不应否认运动障碍的存在，就好比人的脚跛后原本很难走动，但用了拐杖后，就较易走动，但却不能否认人腿本身显著运动障碍的存在。

在 180 天内原告右踝关节存在显著运动障碍的最有力的证明是医院的复查报告，该院是原告右踝关节病痛的治疗及动手术单位，最了解原告的情况，该院复查证明“原告的右踝关节在 180 天后仍活动欠佳，因车祸导致右踝关节功能障碍持续了七个月”的事实，因此，原告右踝关节在 180 天内有运动障碍，且至少持续了 180 天。

至于显著与否，很难界定，应依照《保险法》第 30 条的规定，做有利于被保险人的解释。

“遗存”一词，仍应建立在180天内这个大前提上，也就是说180天内存在显著运动障碍。

因此，代理人认为，原告在180天内存在右踝关节遗存显著运动障碍的事实，应按10%得到赔付。

（四）对被告答辩状及庭审答辩的辩驳

1.被告认为只有致残情况下才赔，原告认为，整个保险条款中并未作这样的规定，保险公司也从未明确告诉过投保人只有致残时才赔。因此，只要被保险人在180天内在符合标准规定的情况下即应理赔。

2.××市人民检察院《法医伤残鉴定书》不能作为本案保险公司是否理赔的依据。

(1)该鉴定书上明确写明委托单位是被告

被告代理人在庭审中解释委托单位之所以只写被告的原因是检察院的习惯性写法，代理人不敢苟同。代理人认为，谁委托就是谁委托，不存在习惯性的问题。被告代理人的说法显然是不妥当的。事实上，整个过程中，保险公司从未与原告协商过鉴定方面的事，更不存在共同委托的事实，被告应对其主张负举证责任，但被告却对此无法举证，因此，不足采信。单方委托的鉴定结论不应作为本案的依据。

(2)时间问题

应当特别注意的是，该鉴定书的检验时间是1999年4月22日，是根据1999年4月22日的情况做的鉴定，这个时间超过了180天，因此，此时的情况不能作为确定保险公司是否理赔的依据。代理人认为，应严格把时间界定在保险条款规定的180天内；否则，180天后的事情根本无法判断和意料。为说明这个问题，代理人想简单举个例子，如《给付标准》第90项，颈部瘢痕在10 cm以上按10%理赔，但过了180天后可能由于美容事业的发展，可以通过手术消除，或者经过岁月的流逝而被掩盖，难道保险公司可以据此认定不属于保险责任吗？如果这样的话，保险公司只能等被保险人死亡之后才确认是否要赔，这样的保险有何意义？诸如此类的例子在《给付标准》中是很多的，代理人举例是想说明，应严格把时间界定在180天内，按180天内的情况对照标准列举的情况进行赔付。至于180天后，因医学技术的发展或者人的生理机能自我调控而使得伤残的症状减轻甚至不复存在的情况都不应影响《给付标准》列明情况的认定。

因此，检察院鉴定书鉴定的是200多天后的情况(其依据的是1999年4月22日“目前”的情况)，此鉴定书鉴定时间超期，不能作为保险公司是否理赔的依据。

(3)内容问题

该鉴定书未提及是否存在显著运动障碍的问题，而这恰恰是保险公司是否应理赔的最为关键的问题。鉴定书认定右踝关节未见明显畸形，这句话本身能证明原告的右踝关节在180天后仍存在畸形(实际上，在检验时并未拍片，只是眼观，是很难看到皮肤内的右踝关节的畸形情况的)，认定活动功能基本正常，恰恰也证明了原告的右踝关节在180天后仍然存在不完全正常的情况。但最为关键的是，这份鉴定书并未就是否有运动障碍作判断，更不可能去判断180天内被保险人右踝关节是否遗存显著运动障碍的问题，那么这份鉴定书凭何下结论认定原告未达到伤残标准？

(4)职权问题

依照《中华人民共和国人民检察院组织法》的规定,人民检察院无裁判民事纠纷的权力,而该院的结论实质上是裁判了民事纠纷,履行了人民法院或仲裁机构的职能。人民检察院的法医结论超越了他们的职能范围,依照市政法委〔1999〕30号文第4条的规定:"市公安局、市检察院、市法院的法医鉴定机构和法医鉴定人员应按本单位的案件管辖职能范围进行法医鉴定。超出本单位办案职能范围的法医鉴定书,有关办案单位可不予采用。当事人未经办案单位同意,自行委托公、检、法法医鉴定机构或法医鉴定人员作出的法医鉴定结论,办案单位可不作为证据使用。"

综上,××市检察院法医鉴定报告不能作为本案中被告是否应当理赔的证据。

3.答辩状中认为:"原告于1999年3月23日向答辩人提出理赔申请,正是受伤后的第180天,这正说明原告是认可了关于180天定残期的规定的。"

代理人认为,这只是被告的想当然,原告只知道提供符合规定的医院出具的180天内伤残证明,保险条款未明确规定180天的定残期,保险公司也从未告知原告需要在180天时定残,何来原告认可之说辞?被告认为伤残证明就是伤残鉴定书是有意偷换了概念,如果被告认为一定要在180天之日做定残鉴定,显然只有被告最清楚这一要求,被告又为何不提醒原告,却又强加于原告(因为依照保险条款并未有原告须做鉴定的明确规定,且被告不提供给付标准,原告从何而知要做鉴定,做哪方面的鉴定?)。被告认为要在180天时进行定残,却又为何直到要鉴定的前一天才通知原告去做"检查",而这时已经过了1个月的时间。被告在庭审时主张收到申请书即向检察院申请鉴定,对此主张被告未能举证。因此,被告拖延他们认为的应当做鉴定的时间,责任在被告,而其目的则不得而知。

4.原告事先不清楚标准的规定,在事故发生后,只能被动地对照标准列举的情况要求理赔,这不是自相矛盾的做法,而是无奈的做法。

因此,被告辩称双方协商,共同委托××市人民检察院进行伤残鉴定的说法没有依据,不能成立;被告认为原告之投保为人身伤害意外保险,该保险只有在因意外事故致残的情况下才予以赔付,该主张由于不能依保险条款做此必然解释,且事先未明确告知原告应做此解释而不能成立;被告关于原告认可180天定残期的主张没有依据不能成立;伤残证明即伤残鉴定书系偷换概念,该主张不能成立;被告关于××市人民检察院《法医学伤残鉴定书》应作为本案理赔的唯一依据的主张,代理人此前已对此鉴定书进行分析,其主张不能成立。

被告答辩的全部理由都不能成立。

因此,被保险人在180天内右踝关节遗存显著运动障碍可以依照事实和法律进行认定,原告履行完保险条款规定的程序义务,被告应当依法依保险合同给予赔付。

## 四、一审判决结果

一审法院的法官在对本案进行认真负责的评判后,支持了原告的诉请,判令保险公司应支付保险理赔金6万元。

## 五、本案的思考

近年来,保险业发展极为迅速。在社会安定和人民生活的稳定方面发挥了良好的作用,但是，由于保险意识的差距，也由于一些保险推销人素质上及做法上存在不少问题，部分业务员只要把保险推销出去什么话都可以讲，而发生纠纷后服务未跟上，导致了不少纠纷的发生。因此，如何进一步规范保险市场已势在必行，国内保险公司应尽力完善自己的管理，强化自己的优质服务。

否则，若保险市场开放，在竞争中将处于不利的地位。

虽然本案的最后结果尚未明了，但就本案而言，可以带来如下思考：

作为保险公司，如何加强对保险条款的说明、解释，就显得极为重要；否则，责任免除条款将不发生效力，因为《保险法》第 17 条“保险合同中规定有关于保险责任免除条款的，保险人在订立保险合同时应当向投保人明确说明，未明确说明的，该条款不产生效力”。

同时，目前保险公司使用的条款较陈旧，条款存在不完善的地方。比如，本案中保险公司认为人身意外伤害险只有在残废情况下才赔，但通观其条款，只有伤残这一不确定的规定，没有明确的伤残规定。

再如，保险公司认为其条款所述的伤残证明就是伤残鉴定书，但是，为何不在条款中直接注明伤残鉴定书而用伤残证明呢？依照《保险法》第 30 条的规定“对于保险公司的条款，保险人与投保人，被保险人或者受益人有争议时，人民法院或者仲裁机关应当作有利于被保险人和受益人的解释”，保险公司作为格式合同的提供者，作为专业的公司，理应更清楚保险的有关规则，承担更大的义务。现在有不少的保险条款已经不能适应保险法和新合同法的规定，因此，保险公司应考虑如何完善其条款的确定性与完整性，而不应在事后按惯例进行思维并作解释；否则，将承担消极的法律后果。再者，保险公司应加强其聘用保险推销员的专业及营销素质的培训，近几年，由于竞争机制的引入，各保险公司大举招聘业务员，招聘的人员当中，良莠不齐，在营销过程中，部分业务员只顾把保险推销出去，对客户死缠烂打，采用了一些夸大甚至有违投保人自愿原则的做法，造成客户反感。这种只顾个人及短期效益的做法有害于该保险公司整体形象及长远利益，也导致了不少不应有的纠纷发生。因此，如何加强推销人员的专业及营销素质是值得保险公司认真考虑的问题。

本案对于投保人而言，在投保时应认真分析条款，了解自己能获理赔的范围有多大，综合设计自己投保的险种，以免自己的保险目的同选择的险种相背离。同时，受益人要严格地依照保险条款以及保险法的规定，履行自己在程序上的义务，以免造成不利的后果。本案受益人认真、及时、全面地履行保险条款及法律规定的义务，是其在一审判决中胜诉的关键。

# 论汇率改革对金融监管的冲击及法律对策

林志佳*　陈宇峰**

汇率是一国货币政策的重要组成部分,它作为一种重要的金融变量,联结了各国商品、金融市场,成为引导资源全球合理配置的枢纽。① 有学者指出,货币政策虽然不能算是金融调控法的正式渊源,但是作为非正式渊源却是合理的。② 因而从某种意义上说,汇率政策也可算作是金融调控法的渊源之一。由于金融调控法和金融监管法之间存在密切的联系,③汇率改革的进行对于我国的金融监管必然产生一定的影响。当下我国金融监管体系仍然处于变动之中,制度也不健全,金融市场发展相对滞后,在人民币升值市场预期的影响下,国际套汇投机资本会通过各种渠道进入我国。如果人民币升值,将使这些投机资本的套汇成为可能,并将导致国际套汇投机资本的继续进入。此外,大量短期资本流入证券市场逐利,也将成为金融市场动荡的潜在因素,容易引发货币和金融危机。在此情况下,我国的金融监管将面临更加严峻的挑战。

## 一、汇率改革的必要性分析

### (一)固定汇率制度已无法适应我国的现实发展

我国长期以来实行固定的汇率制度,在早期这种制度有利于我国对外经济贸易的发展,然而随着世界经济环境的变迁及我国经济的快发增长,它也显现出无法避免的局限性。有学者指出,在现行的国际货币体系中,采取固定汇率制度安排的发展中国家为了维持固定汇率和国际收支的稳定,不得不以牺牲国内经济增长、实现充分就业为代价。④ 由此可见,由于固定汇率制度仅限于两种货币之间的对价,采取固定汇率制度的国家的经济容易受另一国经济周期的影响。相比改革开放之前,我国的经济已经取得了举世瞩目的成就,同时与世界经济的联系也大大的加强,但是经济发展中所遇到的瓶颈也逐步显现。我国长期的盯住

* 林志佳,福建联合信实律师事务所律师,电邮:lzj@lhxs.com。

** 陈宇峰,福建联合信实律师事务所高级合伙人,电邮:cyf@lhxs.com。

① 范立强、曹阳:《论现行国际货币体系中发展中国家固定汇率制度选择的困境》,载《生产力研究》2007年第1期。

② 刘志云、卢炯星:《金融调控法与金融监管法关系论》,载《西南政法大学学报》2005年第7卷第4期。

③ 刘志云、卢炯星:《金融调控法与金融监管法关系论》,载《西南政法大学学报》2005年第7卷第4期。

④ 范立强、曹阳:《论现行国际货币体系中发展中国家固定汇率制度选择的困境》,载《生产力研究》2007年第1期。

美元的固定汇率制度导致大量美元的流入，让国内的货币供应量一直处于高速增长的状态，加大了通货膨胀的压力。高建良也指出，在中国金融进一步开放、融入金融全球化的进程中，固定汇率制容易受外部投机冲击，具有内在的不稳定性，①可见固定汇率制度让我国的金融监管面临着困境。这从另外一面昭示了固定汇率制度的局限性，已然无法适应我国现实的需要，汇率改革势在必行。

（二）人民币升值压力迫使汇率制度发生变迁

1997 年亚洲金融危机之后，人民币实际上一直处于贬值的压力下。由于实行盯住美元的固定汇率制度，1 美元兑换人民币基本上稳定在 8.28 元左右。直到日本抛出由于人民币定值过低导致其出口不振的说法，要求人民币升值的呼声才渐起。甚至有些评论称，全球通货紧缩是因为中国出口的影响。实际上，中国的出口量在全球出口总量中的比重不足 5%，与日、美占 30%～40%的出口量相比，究竟谁影响全球的物价昭然若揭。然而，为维护他们本国的利益，美、日等国不断给中国政府施加升值压力，强烈要求人民币升值。人民币升值是一把双刃剑，如果因势利导，采取正确的对策，就能像以往一样，充分利用升值的正面影响，克服升值的负面影响。②

笔者认为，人民币升值的内在压力是客观存在的，升值压力既有来自国际社会的，也有源自国内经济的因素。国内的背景主要是出于适应经济发展，减少贸易顺差，促进国际收支均衡发展，提高货币政策的独立性，促进外汇市场培育与汇率改革互动发展的需要。但这都不是人民币升值的主要原因，人民币在全球失衡中所起的作用被显著夸大，来自国际社会的压力才是人民币升值最大的压力。国际社会要求人民币升值的主要原因笔者归纳为以下几个方面：第一，人民币实际汇率自 1994 年年初中国实行有管理的、单一的浮动汇率制度以来，实际上已经有了很大幅度的贬值；第二，长期的贸易顺差，中美贸易失衡日趋严重，贸易摩擦进一步加剧促使美国国会的贸易保护主义倾向抬头；第三，中国廉价商品大量出口冲击了其他国家的市场；第四，世界性的经济紧缩；第五，伴随着 IMF 的介入、货币操纵的指责以及舒马提案的提出，国际上要求人民币升值的鼓噪不断升级。基于上述国内国际的升值压力，人民币汇率改革的步伐逐渐加快。

（三）经济战略调整需要汇率制度的同步发展

改革开放以后，我国大力发展对外贸易导致贸易额逐年上升，既加快了我国经济的发展，又提高了就业率。然而，近年来的现实表明我国经济的发展太过依赖对外贸易的发展，国民经济由此也遭遇了增长瓶颈。因而国内关于经济战略调整的讨论渐起，扩大内需成为调整经济战略的重要手段之一。由此在对外贸易上我国作出相应的调整，国际贸易更趋向于考虑本国的经济现实。汇率在对外贸易中扮演着重要的角色，因此我国经济战略的调整需要汇率制度的同步发展，才能更好地促进我国经济的发展。

## 二、汇率改革背景下我国金融监管的现状

自 1995 年开始，我国金融业一直实行严格的分业经营模式，金融监管也逐步发展了一

① 高建良：《人民币汇率体制与金融安全》，经济管理出版社 2006 年版，第 200 页。

② 刘昌黎：《论人民币升值对中国经济的影响与对策》，载《彦根论丛》2004 年 9 月。

整套的分业监管体系。但由于国内外金融竞争的加剧、相关法律法规的内在不足以及金融衍生工具等金融创新的出现，目前我国已经出现混业经营的趋势。金融监管模式实际上也随之发生着改变，混合经营的出现让原本脆弱的金融监管显得更加捉襟见肘。然而在我国汇率制度逐渐发生变迁的背景下，我国的金融体系还不是很完善，面对完全开放的国际金融市场，汇率的波动直接影响着国内宏观经济和行业的发展状况，金融机构经营的外部环境，尤其是商业银行在自身资产负债匹配产品、创新方面必须作出调整。① 具体而言，在汇率改革的背景下，我国金融监管体制主要呈现以下特点：

（一）金融监管法律体系不健全

1995年之后确立了分业监管的基本模式，继而国家逐步颁布了一系列的金融监管法律文件，如《中华人民共和国中国人民银行法》《中华人民共和国银行业监督管理法》《中华人民共和国商业银行法》《中华人民共和国保险法》《中华人民共和国证券法》等都陆续发生效力。这些法律在颁布后的一段时间内的确起到了一定的监管规制作用，不过也都存在着一定的不足，留有很多余地。特别是其中但书的规定，给金融业混业经营留下了空间，成为当时立法的一个关注焦点。正是由于这种空间的存在让金融各行业有机可乘，混业经营又开始逐渐产生，交叉业务不断增加。例如，2005年4月中国工商银行、中国建设银行、交通银行三家商业银行获得批准分别成立基金管理公司，这实质上反映了银行业向证券业的扩展。事实上，银行业、保险业、证券业之间的相互扩展也在悄然发生着。在此情况下，金融监管方面的立法远远跟不上行业的变化，出现了滞后的问题，这就让我国的金融监管法律体系在应对各行业实际时，仍然显得不够健全。

（二）风险防范应急机制缺失

在金融全球化的不断发展下，金融自由化进程也在不断加快，金融创新层出不穷，这些不稳定的因素加大了我国金融监管的难度。汇率改革进程中汇率变动较大，国际投机资本乘虚而入，这对金融市场来说也是一个极为不稳定的因素。这时风险防范应急机制显得特别重要，然而我国目前的风险防范应急机制却极为不完善。我国目前的金融风险监管对商业银行日常经营的风险性监管和规范性监管涉及较少，主要采取的是合规性监管，通常是集中性的监管，没有长期性及持续性，无法发挥真正的监管功效。

（三）金融监管运作效率低下

我国监管工作存在监管目标笼统、落实难度大，监管职能缺位导致管理真空和摩擦等问题。这些问题的长期存在导致我国金融监管各部门内部不能快速有效地运作，相互之间的联系与协作也屈指可数，兼容监管效力低下的问题逐渐显现，无法满足监管的实际需要。如此低下的监管效率让金融监管在面对人民币升值时反应迟钝，既不能快速地采取有效措施，也无法达到监管目标。

（四）金融监管真空地带凸显

我国的金融监管法律体系是以分业监管模式来设计和制定的，以2003年《银行业监督管理法》的颁布为标志，分业经营、分业管理的金融监管格局在法律和制度上得以最终确立。然而，我国的金融业现状却是随着世界金融的发展趋势发展的，渐渐从分业经营向混业经营

① 黄侃：《浅析人民币汇率改革》，载《商场现代化》2006年9月（上旬刊）。

发展，商业银行、保险公司、证券公司之间的业务合作不断增加。金融创新的稳步发展研发了许多新的金融产品，很难将他们归入其中某一特定类型，由此监管机构出现了互相推诿或者多重监管的情况。这时就形成了一块监管的真空地带，无法加以有效的规制。在汇率改革的冲击下，这些真空地带更加凸显，给金融监管带来了难题。

## 三、汇率改革对我国金融监管的冲击

汇率改革在当下已然是势在必行，无论是我国的经济现实压力，还是国际社会所带来的对人民币升值的压力，都彰显了汇率改革的必要性。但是，由前述可知我国目前的金融监管体制却存在诸多问题，远远不能适应汇率改革的需要。与欧美等发达金融市场不同，我国金融市场发展的历史较短，仍然处于市场发展的初级阶段，市场上金融产品的创新和发展仍然落后于实体经济的发展需求。① 因此，汇率改革进程中产生的一些负面影响，不可避免地会对我国金融监管的安全带来冲击。主要表现在以下几个方面：

### （一）汇率改革让国际流动性资本有机可乘

汇率改革进程中汇率波动让国际流动性资本有机可乘，给我国金融市场带来冲击，导致金融监管的难度加大。在金融经济领域中，利率平价理论成为衡量各国股票、债券和基金等金融资产的相对收益率的尺度，引导着国际资本的流动。② 我国汇率改革中汇率难免出现波动，人民币升值压力的存在使得人民币很可能是在升值，这种升值预期的存在让大量的流动性投机资本进入我国金融市场，图谋通过汇率变动来套取利润。对于这种短期的资本流动我国又缺乏管制手段，因此要深刻关注这些资本的流动存在很大的困难。这时的金融监管根本是微不足道的。

### （二）汇率改革迎合投机资本预期

汇率改革迎合投机资本的预期，可能制造资产泡沫，给金融机构带来不安定性，从而增加金融监管的难度。金融脆弱说认为银行的利润最大化目标促使他们在系统内增加风险性业务和活动，导致系统的内在不稳定性，因而需要对银行的经营行为进行监管。③ 投机资本正好迎合了银行等金融机构的利润最大化目标，资产泡沫的可能性也因此而加大。资产泡沫让银行的信贷发生危机，这时候银行可能出现破产，其余金融机构也会受此影响。可见，汇率改革可能导致金融市场的混乱，让原本就显得脆弱的金融监管步履维艰。

### （三）汇率改革中出现的外汇缩水危机将震荡金融市场

汇率改革最终让人民币升值，使得我国的巨额外汇储备面临着缩水的危机。我国的外汇储备呈逐年递增的趋势，巨额的外汇储备让我国在对外经济上有了保证，但是汇率改单也面临着缩水的危险。在当今金融国际化不断加强的背景下，外汇储备不仅是我国参与国际贸易的重要保证，也是维护我国金融安全的手段之一。因而，我国巨额外汇储备的缩水将对我国的金融市场产生震荡，让金融监管的难度加大。

---

① 吴弘、杨红芹、刘春彦：《次贷危机对我国金融监管法制的启示》，载《东方法学》2009 年第 3 期。

② 范立强、曹阳：《论现行国际货币体系中发展中国家固定汇率制度选择的困境》，载《生产力研究》2007 年第 1 期。

③ 胡维波：《金融监管的理论综述》，载《财经政法资讯》2004 年第 1 期。

（四）汇率改革影响对外金融投资的实际收益率

汇率改革中汇率风险的存在会影响对外金融投资的实际收益率。① 对外金融投资有利于缓解我国的流动性过剩，对于因人民币升值而大量涌入我国的资本项目是一个缓冲，可以减少金融机构的投资风险。国内的金融安全是对外金融投资的保证，而对外金融投资的发展对维护国内金融安全也有一定的促进作用。但是汇率改革进程中不可避免地存在一定的风险，让对外金融投资的资本收益缩水，不利于国际金融市场的发展，也会对我国的金融市场产生影响。

## 四、汇率改革背景下金融监管所应革新的法律对策

（一）逐层健全金融监管法律法规

我国金融监管的法律体系分为三个层次，一是金融法律，二是金融行政法规，三是金融行政规章。这三个层次互相配合，共同构成了我国的金融监管法律体系。在金融业混业经营的国际潮流下，我国也出现了同样的趋势。而我国目前的金融监管法律体系乃是针对分业经营而制定的，虽然给混业经营留有兜底的特许经营余地，但部分的放开显然已不能适应现实的需要。同时，汇率改革给金融市场带来许多不确定因素，现有法律体制下的金融监管已无法应对汇率改革的冲击。因此，健全金融监管的法律法规十分必要。对于整体性的法律应考虑全局的现实状况，而对于各个行业内部的法律则应在充分调研该行业现状下作出妥善的修改，以达到能够泰然应对汇率改革冲击的效果。对于前述的真空地带也应在立法上作相应的调整，将其纳入金融法律体系的规制之下。

（二）逐步完善风险防范应急机制

风险防范应急机制的建立让金融监管在面对汇率改革冲击时能够运用紧急风险防范措施妥善应对不利后果，其在各国金融监管的立法中比较常见，而在我国却是比较陌生的，现行的法律体系之中对其的规定也极为不健全。世界上许多国家的成功经验值得我国借鉴，其中澳大利亚和美国的风险评级系统特别值得关注。该制度要求金融控股公司按照规定的时间、项目、格式以及口径向监管机构上报财务报表和有关资料，监管机构根据其数据和风险评级方法，分为低风险、中低风险、中高风险、高风险、极端风险五个等级。② 另外，1996年巴塞尔银行监管委员会制定的《有效银行监管核心原则》对于风险防范应急机制的建立作出明确的规定，同样可以从中提取有利于我国金融监管发展的成分。该文件规定为识别、计量、监测和控制或缓解各项重大的风险，应当建立与其规模及复杂程度相匹配的综合的风险管理程序为我国的风险防范应急机制提供了模板。同时，其他各国的一些先进风险防范机制同样值得借鉴，因此加大对各种风险防范制度的研究意义重大。

（三）适度管制国际资本项目流动

在汇率改革进程中，在人民币对美元升值预期增强的情况下，要遏制更大规模的短期国际资本流入，就必须加强资本项目管制。增强资本项目管制不仅有助于遏制短期国际资本流入，增强国内货币政策的自主性，而且能够减少金融机构的风险，具有一举两得的功效。

---

① 詹欣：《人民币升值背景下中国对外金融投资问题探讨》，载《中州学刊》2009年第1期。

② 陈向阳、林健斌：《各国金融监管体系的对比及对我国的启示》，载《广西金融研究》2008年第5期。

当然，过度地管制国际项目资本的流动有违经济的基本规律，不利于我国对外经济贸易的发展。因此，在金融监管革新中通过立法的方式，应坚持适度地管制国际资本项目流动，加强跨境金融资产和金融资本的监测、加强违规的查处等，逐步建立国际收支平衡，防止官方外汇储备的过快增加。

(四)尽力实现汇率改革与金融监管改革同步发展

实现汇率改革与金融监管改革同步发展的最好方式是建立信息共享制度。如前所述，汇率改革与金融监管关系密切，汇率改革的进行对金融监管带来了一定的冲击，而金融监管的良性进行则有利于促进汇率改革的进行。因此，金融监管体制的改革应充分考虑汇率改革的影响，实现金融监管改革和汇率改革的同步发展。针对二者所进行的一系列活动信息和资源应实现共享。实现信息共享，不仅有利于在汇率改革的进程中深切关注金融监管的发展，而且有利于金融监管妥善应对汇率改革的冲击，实现二者的良性共存。此外，信息共享也能实现资源的相互利用，以此提高金融监管的效率。

# 破解房地产税立法改革难题的设想

陈　莹*

## 引　言

2013 年，十八届三中全会公告提出“加快房地产税立法并适时推进改革”。2014 年，中共中央政治局会议审议通过的《深化财税体制改革总体方案》将房地产税作为税制改革的重点之一。2015 年，全国人民代表大会常务委员会正式将房地产税法列入立法规划。在全面推进“营改增”试点和一线城市房价大幅上涨的背景下，房地产税立法改革不仅被赋予了完善地方税体系的重任，更承载着调控房价促进社会公平的期望，因而牵动着全社会的敏感神经。然而，根据发展中国家房地产税立法改革的经验和教训，如果对房地产税的税基评估问题没有充分的认识和准备，那么因税基评估环节出现的问题将可能直接导致房地产税立法改革的失败。因此，税基评估问题是我国房地产税立法改革不可回避的难题。

## 一、房地产税立法改革方向共识

我国目前房地产保有环节的税收主要包括房产税和城镇土地使用税两个税种。除已试点房产税的城市（上海市和重庆市）外，房产税和城镇土地使用税目前分别仅对营业性的房屋和土地征收，而对个人所有非营业性（包括自住和闲置）的房屋和土地免征。其中，房产税根据房屋和土地的历史成本扣除规定比例后的余值计税，城镇土地使用税根据土地面积计税。由于房产税的税基已经包含土地的价值，所以房产税实际为房地产税，这也导致房产税和城镇土地使用税存在重复征税。

尽管我国目前尚未正式出台房地产税立法改革的具体方案，但房地产税立法改革的方向已基本取得社会共识：一是应合并房产税和城镇土地使用税为房地产税；二是应对个人超标准（如市价、套数或人均面积等）的非营业性（包括自住和闲置）房地产征税；三是应基于房地产的市场价值（而非基于历史成本）计税。显然，上述立法改革方向有利于简化房地产税法并促进社会公平，符合税收的公平和效率原则。据悉，全国人民代表大会正在起草的房地产税立法草案也大致体现了以上方向。

## 二、房地产税立法改革面临的税基评估难题

根据我国房地产税立法改革的方向，未来房地产税不仅要把大量非营业性房地产纳入征税范围，而且要对大量房地产的市场价值进行评估。这对于房地产税立法改革而言，不仅意味着评估数量的剧增，而且意味着评估难度的加大。具体来看，房地产税立法改革将面临

* 陈莹，福建联合信实律师事务所高级合伙人，电邮：cyy@lhxs.com。

的评估难题主要有：面对剧增的征税对象，如何降低评估产生的过高征税成本；面对千差万别的房地产，如何确保评估结果的客观和公正；面对房地产市场价值的不断变化，评估如何确保准确和及时。

显然，面对大规模的房地产，只凭传统的单宗评估很难解决问题。因此，我国早在2003年就开始探讨并逐步尝试推行批量评估法。批量评估法是以房地产估价理论为基础，依托计算机、地理信息系统等技术，运用预先制定的评估模型，一次性对多宗房地产进行的快速、大批量评估活动。通过批量评估，可避免评估人员在评估过程中的主观影响，从而在短时间内对大规模的目标房地产进行相对准确的价值评估，使评估结果更为客观和公正。目前，我国部分城市主要在房地产存量交易环节采取批量评估法。但从实践情况来看，面对未来的房地产税立法改革，批量评估法还存在很多问题和困难。例如，前期准备工作时间长，工作量大，成本过高；房地产信息系统数据库的建立和完善难度较大；专业技术人才力量薄弱，储备不足；目标房产修正系数的确定工作量较大，对工作的细致程度要求较高；无法完全反映不同房地产市场价值的真实差异，且评估价值滞后于市场价值。

由于批量评估法无法彻底解决税基评估难题，不仅导致上海市和重庆市的房产税改革试点无法推广，也推迟了我国房地产税立法改革的步伐。参与房地产税立法改革的很多专家也认为"税基评估是房地产税立法改革的关键"，而评估机构如何设置也是中央政府和地方政府争议和分歧的焦点。很多国家就因为在评估环节上出现问题而导致房地产税立法改革的失败。显然，在房地产税立法改革的税基评估环节，必须要有好的解决方法，才能推出房地产税的立法改革方案。

## 三、采用自我估价法破解税基评估难题的设想

针对现行批量评估法所存在的问题，如果采取自我估价法，有利于解决税基评估面临的问题。该方法的具体设想如下：

一是自行申报价值。其是由作为纳税义务人的房地产所有权人定期（按年或月）自行向税务机关申报房地产的市场价值。通常情况下，税务机关直接依据房地产所有权人申报的房地产市场价值计税。

二是相关信息公开。税务机关将房地产所有权人自行申报的房地产价值及相关信息（包括房地产的权属、面积、地段、学区、格局、楼层、朝向、设施、装潢等）通过政府信息平台公开。为适当保护房地产所有权人的隐私，在向社会提供信息免费公开查询之前，要对申报登录的信息进行"去识别化"处理。例如，采取"门牌号码区间值"的区段化方式或者采取附近的地标、机构的地段化方式"去识别化"。

三是两倍出价交易。为防止出现房地产所有权人有意低报房地产市场价值的逃税行为，规定房地产所有权人必须接受其自行申报的房地产市场价值两倍的购买出价。也就是说，如果有人出价超过两倍房地产所有权人自行申报价值时，房地产所有权人必须同意转让。之所以确定为两倍的市场购买出价，一是为保障居民生活安定和社会和谐，避免出现频繁的房地产强制交易给居民生活带来的不便和困扰；二是在强制交易情况下，保障居民重新购房和搬迁的新增费用。

## 四、自我估价法设想的优点

相比我国目前对房地产存量交易的批量评估方法，自我估价法的设想不仅具有很多优势，而且具有现实可行性。

第一，可大幅降低税务机关的征税成本。自我估价法由房地产所有权人自行申报纳税，税务机关无须再设立评估机构和配备评估人员，从而能有效降低因评估带来的征税成本。虽然采用自我估价法，评估成本由房地产所有权人承担，但由于房地产所有权人通常对自有房地产的市场价值较为关心，且通过城市中大量的房地产中介公司可以很容易对自有房地产的市场价值作出评估。因此，房地产所有权人对自有房地产市场价值定期评估的成本极低，也能及时有效地应对房地产的市场价值变化。此外，由于房地产市场价值自行申报，不需税务机关参与，避免了税务机关在评估过程中可能产生的腐败、寻租和不公现象。

第二，可大大减少低报税基的逃税现象。市场购买出价的存在有效防止了房地产所有权人低报税基的行为，可大量减少逃税行为。例如，假定一套房产的市场价值为 500 万元，如果房产所有权人据实申报为 500 万元，市场购买出价必须达到 1000 万元，这样基本不存在被强制交易的风险；如果房产所有权人低报为 250 万元，市场购买出价为 500 万元，因市场购买出价相当于市场价值，这样就可能面临房产被强制交易的风险。因此，房产所有权人为保障自有房产不被强制低价交易，自行申报的价值应至少在 250 万元之上。可见，在信息公开且强制交易的制度设计下，税务机关只需对少数不接受两倍市场购买出价的房地产所有权人进行重点检查，以确定其是否存在低报税基逃税的情况。一旦税务机关确认存在逃税行为，应予以严厉处罚。而对房地产所有人申报的房地产价值，只要不存在两倍市场购买出价者，税务机关则都应予以认可，不应再进行调整。可见，该方法通过信息公开，实现了社会监督，在我国具有较强的可行性。

第三，可实现互惠双赢的房地产交易。表明来看，基于征税目的的两倍市场购买出价的强制交易似乎侵犯了房产所有权人的权益。但在房地产所有权人据实申报房地产价值的情况下，两倍市场购买出价的强制交易有利于把该房地产配置给对其评价(偏好)最高的人，实现社会福利最大化，从而使绝大多数强制交易变为互惠双赢的自愿交易，可大大提升经济效率。此外，从现实可行性来看，美国历史上就曾为开征个人所得税而修改其宪法，以解决个人所得税和宪法存在的冲突，我国为房地产税立法改革而修改《中华人民共和国物权法》以解决“强制交易”问题，也并非没有可能。

### 参考文献

1.[乌克兰]威尼·瑟斯克:《发展中国家的税制改革》，张文春、匡小平译，中国人民大学出版社 2001 年版。

2.[美]理查德·A.波斯纳:《法律的经济分析》，蒋兆康译，中国大百科全书出版社 1997 年版。

3.[美]哈维·S.罗森:《财政学》，平新乔译，中国人民大学出版社 2009 年版。

4.王瑞林、邓晓:《我国房产税征收中批量评估所面临的困难和对策研究》，载《生产力研究》2011 年第 5 期。

5.漆亮亮、陈莹:《房产税改革应有新思路》，载《中国国情国力》2011 年第 3 期。

# 我国遗产税征收的新思路

## ——基于富裕家庭财富结构的分析

陈　莹*

在我国经济增速放缓的背景下，社会财富差距更加成为社会关注的焦点。自改革开放以来，为调节社会财富差距，遗产税不时被专家学者提起，围绕遗产税的争议也从未停止过。赞成者认为，立法征收遗产税可直接缓解当前日益恶化的社会财富差距，而且能在源头上遏制社会财富差距的代际传递，从而保障社会的机会公平和起点公平。反对者则认为，遗产税征收成本高而收入有限，缩小社会财富差距的作用极为有限，而且立法征收遗产税会使富人加速资本外逃，从而损害我国的长期发展。仔细分析，赞成者和反对者均暗含着把国外遗产税立法模式作为我国遗产税立法蓝本。然而，税法改革应是通过改变现行税法以适应现实国情，而非通过改变现实国情来适应新税法。因此，我国不应以国外遗产税立法模式作为我国遗产税立法蓝本，而应基于我国富裕家庭财富结构情况，探讨适合我国国情的遗产税立法征收新思路。

## 一、我国富裕家庭财富结构的分析

在任何国家，遗产税都只是针对富裕家庭征收，因此，富裕家庭财富结构的情况及特征是探讨遗产税立法征收的最重要基础。我国富裕家庭财富结构具有如下两个明显特征。

1.房地产在富裕家庭财富结构中占比最高

近年来，关于我国居民财产分布状况的实证研究显示，房地产价值在城镇居民财产总额中占据了绝对的主导地位，2010 年就已达到 76%。此外，相关实证研究进一步从财产分层视角进行考察后发现，越是富裕的家庭，其房地产价值占其财产总额的比例越高，最不富裕 10%家庭的房地产价值占比只有 50%左右，而最富裕 10%家庭的房地产价值占比高达 93%。西南财经大学中国家庭金融调查与研究中心的最新研究也大体印证了类似的观点。该中心于 2014 年发布的《中国家庭财富的分布及高净值家庭财富报告》显示：从全国来看，房地产占非金融资产比重最高为 71.1%；从资产前 5%的富裕家庭来看，房地产为非金融资产的主要构成部分，比重高达 61.1%；从资产前 1%的富裕家庭来看，房地产占比仍高达 42.2%（见表 1）。考虑到 2015 年开始我国一线城市和部分强二线城市房价的新一轮快速上涨，房地产在富裕家庭财富结构中的占比有可能会进一步提高。

* 陈莹，福建联合信实律师事务所高级合伙人，电邮：cyy@lhxs.com。

**表1　我国富裕家庭的财富结构情况**

| 资产 | | 全国家庭平均 | 资产前5%的家庭 | 资产前1%的家庭 |
|---|---|---|---|---|
| 金融资产 | | 8.1% | 7.4% | 6.7% |
| 非金融资产 | 工商业资产 | 16.2% | 30.2% | 48.8% |
| | 房产 | 71.1% | 61.1% | 42.2% |
| | 汽车 | 3.6% | 3.4% | 3.4% |
| | 其他 | 9.1% | 5.3% | 5.5% |
| 负债 | | 5.8% | 4.6% | 5.3% |
| 净资产 | | 94.2% | 95.4% | 94.5% |

（数据来源：西南财经大学中国家庭金融调查与研究中心：《中国家庭财富的分布及高净值家庭财富报告》，2014）

2.房地产是造成社会财富差距的最主要因素

近年来，关于我国居民财产差距的实证研究还显示，房地产是造成社会财富差距的最主要因素，房地产价值对城镇居民总财产分布差距的贡献率已从2002年的65.7%上升到了2010年的90.9%。在我国城镇居民家庭总财产构成中，房产的集中率高于总财产的基尼系数，也就是说总财产价值越高的城镇家庭或个人拥有的房地产价值在全部房地产价值中所占的比例更高，因而它对总财产的分配不均等起到了扩大的作用。李实等人的研究认为，房地产价值对总财产分布差距变化的贡献率最大，高达113%；房地产价值在其集中率保持1995年水平不变的情况下，相对份额的大幅度上升解释了总财产扩大幅度的近80%。梁运文等人的研究认为，自有房屋估计价值对财产分布不平等的贡献率则达到了60%，是财产分布不平等的主要来源。考虑到2015年开始我国一线城市和部分强二线城市房价的新一轮快速上涨，房地产对社会财富差距的贡献率有可能会进一步提高。

## 二、我国对遗产继承行为立法征税的现状

我国现行税法对亲属之间的财产继承和赠予基本免税，仅对亲属之间（除法定继承人外）的房地产继承和赠予征收契税。因此，我国契税在一定程度上已具有房地产遗产税的性质。

1.对亲属之间（除法定继承人外）的房地产继承和赠予征收契税

根据《中华人民共和国契税暂行条例》的规定，房屋和土地使用权的赠予均应缴纳契税。此外，根据《国家税务总局关于继承土地、房屋权属有关契税问题的批复》（国税函〔2004〕1036号）的规定，对于法定继承人（包括配偶、子女、父母、兄弟姐妹、祖父母、外祖父母）继承土地、房屋权属，不征契税；非法定继承人根据遗嘱承受死者生前的土地、房屋权属，属于赠予行为，应征收契税。因此，我国目前仅对法定继承人的房地产继承免征契税，除此之外的亲属之间的房地产继承和赠予均要征收契税（见表2）。

表 2　我国现行亲属之间的房地产继承和赠予适用的契税税率

| 房地产转让 | | 契税税率 |
|---|---|---|
| 赠予 | 直系亲属和供养亲属 | 3%～5% |
| 继承 | 法定继承人 | — |
| | 遗嘱继承人 | 3%～5% |
| | 受遗赠人 | |

（资料来源：根据相关税法整理）

2.对亲属之间的房地产继承和赠予免征其他主要税收

根据我国税法的相关规定，房屋产权所有人死亡，法定继承人、遗嘱继承人或者受遗赠人依法取得房屋产权，免征增值税、土地增值税和个人所得税；房屋产权所有人将房屋产权无偿赠予配偶、父母、子女、祖父母、外祖父母、孙子女、外孙子女、兄弟姐妹、对其承担直接抚养或者赡养义务的抚养人或者赡养人，也免征增值税、土地增值税和个人所得税。可见，我国对亲属之间的房地产继承和赠予免征主要税收。

## 三、我国遗产税立法征收的新思路

鉴于我国富裕家庭的财富集中于房地产，我国遗产税立法征收应有不同于国外遗产税法模式的新思路。

1.遗产范围：仅将不动产纳入应税遗产

国外遗产税法通常规定，应税遗产包括公民死亡时遗留的各类财产，包括不动产、动产和各种财产权利。《中华人民共和国继承法》也规定，遗产包括公民死亡时遗留的各种个人合法财产。然而，因我国富裕家庭财富构成过度集中于房地产，加之房地产对社会财富差距扩大的贡献率，建议应税遗产应仅为公民死亡时遗留的不动产。即使在税收征管能力较强的美国，遗产税也名为“estate tax”，在某种程度上就反映出该税也是以继承的不动产为主要征税对象。

2.税种设置：无须立法开征新税

国外遗产税法往往辅之以赠予税法，以防止人们通过生前赠予来逃避遗产税。我国目前仅对法定继承人的房地产继承免征契税，除此之外的亲属之间的房地产继承和赠予均要征收契税。因此，如果只将不动产纳入应税遗产，我国就不必立法开征新税，只需取消对法定继承人的不动产继承不征契税的规定，就可在事实上使契税成为对不动产继承征收的遗产税。

3.税率设计：与不动产赠予相同的比例税率

国外遗产税法通常实行超额累进税率，税负较高，如美国现行遗产税最高一档边际税率高达 55%。理论上而言，如果寄望遗产税调节社会财富差距，那么不动产继承和赠予的税负应不低于不动产交易的税负。遵循低负担原则，我国对不动产继承和赠予的契税税率应不高于不动产交易的税负持平，建议统一采取 10%的单一比例税率。相比国外的遗产税法，10%的单一比例税率处于较低水平。这方面已有先例，我国台湾地区 2009 年的《遗产税法》改革，即将原超额累进税率（最高一档边际税率高达 50%）改为 10%的单一比例税率。

4.减免优惠:设置合理的征收门槛

国外遗产税法通常都设有豁免扣除等征收门槛优惠。为防止因对不动产继承普遍征收契税而“误伤”广大普通民众,我国应对不动产继承设置合理的征税门槛。建议在一定价值或面积内的不动产继承可免征契税,仅对超过规定价值或面积的不动产征收契税。由于契税属于地方税,具体的征税门槛可由各地方政府自行决定。

综上,本文提出的我国遗产税立法征收新思路非常简单,即无须开征新税,只需取消对法定继承人的不动产继承不征收契税的规定,并对法定继承人的不动产继承与赠予统一征收税率为 10%的契税,而对其他财产的继承和赠予暂时放弃征税。本文提出的遗产税立法征收新思路虽不尽完美,但适合我国国情,能有效推行。待将来各方面条件成熟后再立法征收更为完善的遗产税。

## 四、新思路的优势分析

相比以国外遗产税法模式为蓝本的思路,本文提出的遗产税立法征收新思路具有较多优势。

1.无立法障碍,且民众易于接受

由于只需对属于规范性文件的《国家税务总局关于继承土地、房屋权属有关契税问题的批复》(国税函〔2004〕1036 号)进行微调,无须通过全国人民代表大会立法开征新税,所以不存在立法障碍。此外,由于无须立法开征新税且 10%的契税税率较低,加之对规定价值或面积内的不动产继承免征契税,因此经过必要的前期税法宣传,可大大消除广大普通民众对税负增加的顾虑,从而降低民众的抵触情绪,使对不动产继承征收契税的政策平稳推出。

2.不增加征税成本,符合效率和公平原则

由于我国富裕家庭财富结构的情况及特征,仅对继承和赠予的不动产征收契税,能在一定程度上调节社会财富差距,符合社会公平原则。由于只将不动产纳入应税遗产征收契税,因此可利用现有契税征管力量在不动产权属发生变动时征收,而这几乎不增加征税成本,符合征税效率原则。此外,对法定继承人的不动产继承采取与现行不动产赠予相同的契税税率,这不仅使税法简化,且不扭曲人们在生前赠予还是死后继承之间的决策选择,符合经济效率原则。

3.有效调控房地产市场,促进实体产业健康发展

在我国土地使用权存在使用期限的背景下,只对不动产继承征税,而对其他财产的继承和赠予放弃征税,将有可能大大降低富裕家庭投资国内房地产的热情。虽然我国目前确有富有人群及其资金外流,但是从没有遗产税的我国流向多数有遗产税的发达国家(如美国、加拿大、英国等),可见遗产税因素并非影响资金流动的主要原因。因此,对不动产继承征税,不仅可有效调控国内一线城市和部分强二线城市过高的房地产价格,还有可能促使资金更多回流实体产业,从而促进实体产业健康发展。

4.增加地方财政收入,深化财税体制改革

遗产税立法征收新思路会增加来自不动产继承的契税收入,而契税作为地方税,可增加地方财政收入,这将有力配合“营改增”的全面推进,并为将来房地产税立法并成为地方税主体奠定基础。此外,由各地方政府自行决定具体的免税价值或面积,有利于激励地方政府改

善公共服务，提升不动产价值，从而增加潜在税源。因此，本文提出的新思路有利于调整中央和地方政府间的财政关系，进一步理顺中央和地方收入划分，促进权力和责任相统一，建立事权和支出责任相适应的制度。

**参考文献**

1.西南财经大学中国家庭金融调查与研究中心:《中国家庭财富的分布及高净值家庭财富报告》，2014 年。

2.梁运文、霍震、刘凯:《中国城乡居民财产分布的实证研究》，载《经济研究》2010 年第 10 期。

3.李实、魏众、丁赛:《中国居民财产分布不均等及其原因的经验分析》，载《经济研究》2005 年第 6 期。

4.万海远:《争议遗产税》，载《南风窗》2014 年第 14 期。

5.漆亮亮、薛荣芳:《论我国遗产税制的现实选择》，载《税务研究》2005 年第 5 期。

# 个人信息的民法保护研究

陈　昱*

随着互联网技术的不断发展,信息的传播更加快速、便捷,为人们的工作和生活带来很多便利,人们的工作效率也得到了极大的提升。在我们享受信息时代所带来的便利的同时,网络技术的高速发展也不可避免地产生了一些负面影响,其中一大问题即是公民个人信息的泄露。中国青年报社会调查中心通过民意中国网和新浪网进行了在线数据调查,参与调查的人数近两千人,其中八成以上的受访者表示自己的个人信息曾遭不同程度的泄露,七成以上的受访者表示经常接到骚扰电话,半数以上的受访者表示个人信息的泄露已经到了严重影响自己生活的地步。以上数据结合实际情况表明,个人信息的频繁泄露给人们的生活带来很大的困扰,成为社会的不稳定因素,是我们必须要面对和解决的难题。

## 一、个人信息的法律属性

个人信息是指可以识别的个人的信息,包括自然人的姓名、性别、住址、出生日期、手机号码、身份号码、收入、工作情况、医疗记录、人事记录、照片等。个人信息的主体为自然人。个人信息同时具有人格权属性和财产权属性。

### (一)个人信息的人格权属性

一方面,个人信息可以识别个人身份,特定的个人信息与特定的个人一一对应。比如,每个人都有其特定的身份号码和指纹,通过这些信息可以识别个人身份,并关联到其他信息,如特定个人的姓名、年龄、住址等。个人信息始终是客观存在的,体现了人格权的属性。另一方面,个人信息的收集、处理与利用涉及个人人格尊严,因此个人信息具有人格权属性。

### (二)个人信息的财产权属性

个人信息具备商品的属性,具有使用价值和交换价值。随着数字全球化的发展,数字大时代已经到来,多项个人信息经过采集、整理后可以得出客户数据信息库,收集客户数据信息库对企业的发展有着极大的帮助,很多企业愿意购买这些客户数据信息库。可见,个人信息具有财产权属性。

## 二、造成个人信息泄露的主要原因

造成公民个人信息泄露的原因有很多,主要包括以下几个方面:

### (一)行业监管不力

一些有机会接触大量个人信息的行业,如医院、房产中介、网络卖家等,这些行业虽然有相关规定对公民的隐私权进行保护,但是某些工作人员法治观念薄弱,加之行业监管不力,

---

* 陈昱,福建联合信实律师事务所高级合伙人,电邮:cy@lhxs.com。

部分工作人员通过出售公民个人信息牟利的现象十分普遍。

### (二)缺少强有力的法律保护

目前我国还没有出台有效的法律专门对泄露个人信息的行为进行规定和制约,现行法律涉及范围过窄,漏洞较多,难以对泄露个人信息的行为进行有力的打击。

### (三)公民个人信息保护意识不强

公民个人信息保护意识不强同样也是造成公民个人信息泄露的主要原因之一。在信息时代,很多公民贪图一点小优惠随意向他人透露自己的个人信息,最终这些信息往往被随意倒卖。

## 三、我国民法对个人信息保护的现状

当前,我国涉及对个人信息保护的民法立法主要包括《中华人民共和国民法通则》(以下简称《民法通则》)和《中华人民共和国侵权责任法》(以下简称《侵权责任法》)。《民法通则》规定,公民的人格权受到侵害,有权要求侵权人停止侵害,并可以要求赔偿损失。《侵权责任法》也规定了人格权受到该法的保护。另外,《侵权责任法》规定,利用网络侵害公民权益的,同样受到该法的追究。一般情况下,对公民个人信息的侵犯基本都是通过网络途径,所以,该条同样是对公民个人信息的保护。

从当前立法现状看,虽然相较之前的规定有所进步,但是我国关于个人信息保护的立法仍远远不够。近年来侵犯公民个人信息的案例频繁发生,不断被媒体曝光,在社会上带来很多负面影响。2013 年 2 月,四川省于某利用网络平台倒卖公民个人信息,非法获利近万元。2014 年 3 月,康某利用开发国家邮政局项目数据库之便,非法获取并倒卖数据库中的公民个人信息 1 万多条,获得非法收入几百元。2015 年 4 月,杭州的冯某利用某品牌天猫旗舰店客服人员的身份,在不到 10 天的时间内,出售近万条买家信息,包括买家的姓名、地址、身份号码等,非法牟利 4 万余元,同时导致众多客户接到诈骗电话,其中多人受骗。

个人信息的泄露同时导致"人肉搜索"的频发。"人肉搜索"常常被用于锁定某些道德事件中的人物,如"姜岩案"中的"负心男"王菲。这些具体事件中道德低下的人的家庭住址、联系电话、工作经历等个人信息都被网民挖掘出来并公布于众,甚至他们的父母、恋人、孩子的个人信息也一起遭到曝光。当事人要面对的是网民们洪水般的谴责和指责,甚至威胁。当事人及其家属的个人信息遭到泄露,隐私权、名誉权受到严重侵害,受到的损失却往往无法得到赔偿。

## 四、案例分析

以"姜岩案"为例,一位名叫姜岩的女子因丈夫出现外遇,想不开跳楼自杀。姜岩生前使用的博客被网友发现,上面记录着姜岩丈夫王菲外遇的全过程以及姜岩的内心活动。愤怒的网友们将王菲定义为"负心汉",继而发起人肉搜索,将王菲及王菲的情人的个人信息在网上披露出来,包括家庭住址、手机号码和工作单位。某网站和某论坛不仅不予以删除,还对其行为进行评论,谴责王菲的不道德行为。王菲不堪其扰,一怒之下将揭露其个人信息的网站及论坛告上法庭,要求网站和论坛立即停止侵权行为,并赔偿相关损失及精神损失费。法院最终支持了王菲的请求。

另外,"人肉搜索"也经常用于挖掘明星的隐私。某些演员、歌星小有名气后,其个人信息往往遭到曝光,包括曾用名、曾就读学校、家庭背景、情史等。某些明星的黑历史被曝光出来后,虽然能利用法律武器维护自己的权益,将披露者告上法庭,即使案件胜诉,产生的负面影响往往无法消除。比如2014年3月,一组疑似某已婚男性明星与一位未婚女性明星的出轨照遭到曝光,发布照片的某周刊扬言将披露出更多细节,此事即为轰动媒体的著名"周一见"事件。两位当事人均为处于事业上升期的著名影星,此事对他们的工作影响极大,在社会上造成了极大的负面影响。虽然当事人宣称要通过诉讼程序维权,但此事件造成的负面影响已经无法逆转。可以说,公众人物个人信息的泄露往往会造成非常巨大的影响。

"人肉搜索"是一把双刃剑,在使用不当的情况下很可能演变成人身攻击行为。即使当事人作出不道德甚至不合法的行为,当事人的人身权依然受到法律的保护,其个人信息也不能被他人侵犯。不过,"人肉搜索"代表了公民的言论自由权,是公民自由行使权利的具体体现,同样应当受到保护。虽然不能干涉公民的言论自由,但是可以通过相关措施尽量保护公民的个人信息,使公民的隐私不受侵犯。

## 五、我国个人信息保护的完善

### (一)在民事立法中明确规定个人信息权,加大对个人信息的保护力度

构建个人信息权更有利于公民个人信息的保护。公民享有个人信息权,个人信息权是以个人信息为客体的权利。《个人信息保护法》尚在制定中,将个人信息权利作为一项独立的权利行使,也是顺应时代潮流的体现。

个人信息权的主体只能是自然人,法人不享有个人信息权。个人信息权的内容主要包括个人信息控制权、个人信息查询权、个人信息更正权和个人信息救济权,个人信息的主体享有合理使用自己的个人信息的权利,享有向相关部门查询个人信息的权利。当个人信息登记有误时,可以行使更正权;当个人信息被侵犯时,可以请求司法机关予以救济。只有深刻地理解个人信息权的内涵,才能更好地行使个人信息权。

综上所述,有必要在民事立法中规定个人信息权,加大对个人信息的保护力度。

### (二)制定《个人信息保护法》,为个人信息保护提供完备的法律依据

企业非法收集、倒卖公民个人信息数据库的行为给人们的正常生活带来了很大的困扰,新闻媒体频频对作出违规行为的企业进行曝光,但效果一直不太明显。原因之一在于对公民个人信息的保护没有上升到法律层次,不利于对违法行为和违法人员的打击。虽然《中华人民共和国刑法》和《中华人民共和国行政法》对公民的个人信息保护作出了相关法律规定,但是涉及的内容较少,法律的漏洞也比较多。很多违法者利用这一点大肆谋财,在社会上造成了极其恶劣的影响。因此,我国制定《个人信息保护法》,将对公民个人信息的保护上升到法律层面是非常有必要的。

《个人信息保护法》应当对侵犯公民个人信息的行为进行详细、具体的规定,并依据具体情节制定合理的救济途径。

### (三)完善救济和制裁措施,加大打击力度

涉及保护公民个人信息的法律法规及相关政策比较分散,需要各部门依职权对违法行为进行打击。关于公民对个人信息侵权行为的申诉,工商部门和消费者协会等相关机构应

积极受理，并给予足够的重视。另外，可以制定、完善网上举报制度，核实侵权行为后应对侵权行为和侵权者及时曝光。情节严重的，公安机关应介入调查，并对侵权者进行相应的处罚。对于未经当事人允许，私自出售公民个人信息的企业，应予以警告和罚款的惩罚，情节严重的可以处以吊销营业执照的处分。对于利用职务便利非法收集、贩卖公民个人信息的工作人员，情节严重的，可以处以剥夺其参加相关工作的资格的处分。只有加大打击力度，提高侵权者的犯罪成本，才能让侵权者认识到法律的权威，从事侵权行为得不偿失，从而减少非法收集、买卖公民个人信息事件的发生。

### （四）加大宣传，增强公民个人信息保护意识

工商部门和消费者协会等相关机构应加强宣传，提高公民的自我保护意识。可以借助媒体舆论的影响，让群众理解泄露个人信息是非常危险的行为。有条件的部门可以在当地进行普法知识讲座，将提高公民的自我保护意识作为重点，使人们对采集个人信息的行为提高警惕，从内部防止个人信息的泄露。

## 参考文献

1.王皓：《我国个人信息权的法律保护研究》，载《现代经济信息》2013 年第 22 期。

2.李彤：《浅析侵犯公民个人信息犯罪的预防》，载《学理论》2013 年第 3 期。

3.刘长秋、史晓芳：《公民信息保护法律问题研究》，载《观察与思考》2014 年第 8 期。

4.侯希文、鲁汉蓉：《公民个人信息泄露应对机制初探》，载《兰台世界》2012 年第 17 期。

# “五个共同”功能视角下的平潭综合实验区管委会构造创想*

于静涛**　郑清贤***

为了推进两岸区域合作，平潭综合实验区（以下简称“实验区”）的开放开发将实施两岸“共同规划、共同开发、共同经营、共同管理、共同受益”合作新模式（以下简称“五个共同”两岸合作新模式）。该模式区别于世界上现行任何一种区域合作模式，闪耀着中华儿女为了推动祖国和平统一大业而不懈思考的智慧之光。根据该模式设计者的初衷，实验区管委会将具体负责推动实践这一独特模式，因此实验区管委会的建构模式及实际运行成效将对“五个共同”两岸合作新模式的推进进程与落实程度产生直接影响。故笔者认为，从理论角度对实验区管委会建构进行理性思考，并不能随着当前实践的简单界定戛然而止，反而应随着实验区开放开发实践的发展而不断深化，并以其研究成果“反哺”实践，进而促进“五个共同”两岸合作新模式得到全面、有效的贯彻落实。基于此考虑，笔者对实验区管委会的构建进行了如下思考，形成了一得之见，以求教于方家，冀望收抛砖引玉之效。

## 一、“五个共同”两岸合作新模式概述

### （一）“五个共同”两岸合作新模式的内涵

“五个共同”，即在实验区实行两岸“共同规划、共同开发、共同经营、共同管理、共同受益”合作新模式，其内涵就是两岸同胞全过程、全方位参与平潭开放开发，合作建设共同家园。① 其本质特征是“主权统一、治权共享、以我为主”。即在主权统一的前提下，实验区的两岸同胞可以逐步由经济领域共同管理，向社会领域乃至政治领域共同管理过渡，实现治权共享。②

“五个共同”是在主权统一的前提下探索两岸合作新模式的大胆尝试。对实验区的两岸共同规划、共同开发、共同管理，实现了两岸之间广度最宽深度最大的融合与交流。“主权统一、治权共享、以我为主”的理念能够在实验区营造出最有利于台湾地区投资者产生认同感

---

* 本文系 2012 年福建省社会科学规划项目“‘先行先试’背景下的平潭综合实验区管委会行政组织架构研究”（项目编号：2012B004）的阶段性研究成果。

** 于静涛，福建江夏学院法学院副教授，福建联合信实律师事务所兼职律师。

*** 郑清贤，福建省涉台法律研究中心助理研究员、福建江夏学院法学院兼职副教授、中共福建省委党校闽台关系研究中心客座研究员。

① 福建省委常委、副省长陈桦在 2012 年 2 月 14 日在国新办新闻发布会上的发言，http://www.pingtan.gov.cn/show.aspx? ctlgid=456721&id=2624，最后下载日期：2014 年 10 月 28 日。

② 平潭综合实验区建设法制保障课题组：《平潭综合实验区总体发展规划法制保障若干问题研究》，载《海峡法学》2012 年第 2 期。

的经济、社会环境，从而为两岸合作交流制度创新探索更为有效的路径。

“五个共同”的核心内涵是两岸共同参与。“五个共同”旨在吸收两岸先进的规划、开发、管理观念，吸纳两岸对平潭开放开发的建议和意见，集中两岸人民的共同智慧，吸引台湾地区行业公会、园区机构、财团、企业及台湾地区知名人士等积极参与平潭的投资经营及产业园区或台湾地区居民社区的管理，以共同推动实验区的建设与发展并从中获得双赢的收益。两岸人民是实验区开放开发的共同参与主体。

（二）“五个共同”两岸合作新模式的特点

20 世纪 90 年代以来，为了深化改革，国务院针对各地经济社会发展的不同情况和要求，批准设立了一大批综合改革试验区，包括“经济区”“综合改革试验区”“新区”“综合配套改革试验区”等等。据不完全统计，截至 2014 年 11 月，国务院已经批准了 12 个全面型的“综合配套改革试验区”①、5 个“综合改革试验区”②和 11 个国家级“新区”③。

与上述区域所实行的改革措施相比，实行“五个共同”两岸合作新模式的实验区具有如下不同之处：

1.时代背景方面。实验区是在两岸关系和平发展大趋势之下，为顺应两岸全方位交流合作的潮流，实现从经贸领域合作转向寻找区域合作试点的有益探索而被提出并设立的。而综合配套改革试验区则是在改革开放已进行了 20 多年，社会主义市场经济体制处于不断完善阶段，改革进入了综合配套阶段，亟须对人口、资源、社会、环境、政府管理职能等多方面关系进行统一调整这一背景下，被提出并于 2005 年正式见诸政策的。

2.实施主体方面。“五个共同”合作新模式的实施主体既有大陆居民，又有台湾地区同胞，甚至还有港澳居民和其他外国人士。而后者的实施主体则主要为大陆居民。

3.内容方面。“五个共同”合作新模式下两岸同胞既全过程参与，又全方位参与。适用的对象包括两岸经济、文化、社会等领域交流合作，属综合实验。但其“先行先试”亦应被限定在政策实践方式的领域之中，其在政策制定层面的创新则空间有限，只能在政策实施模式的方面寻求更多的创新和突破。④ 后者则侧重于经济体制的改革创新，其不仅可以在政策实践方式方面进行创新，还可以突破现行政策，进行政策内容的合理创新。

4.原则方面。只要符合“一国两制”的根本方针，符合宪法的原则和法律的基本精神，有

---

① 12 个全面型的“综合配套改革试验区”具体为：上海浦东新区综合配套改革试点、天津滨海新区综合配套改革试验区、重庆市全国统筹城乡综合配套改革试验区、成都市统筹城乡综合配套改革试验区、武汉城市圈全国资源节约型和环境友好型社会建设综合配套改革试验区、长株潭城市群全国资源节约型和环境友好型社会建设综合配套改革试验区、深圳市综合配套改革试点、沈阳经济区国家新型工业化综合配套改革试验区、山西省国家资源型经济转型综合配套改革试验区、厦门深化两岸交流合作综合配套改革试验区、黑龙江“两大平原”现代农业综合配套改革试验区。

② 5 个“综合改革试验区”具体为：浙江义乌国际贸易综合改革实验区、温州市金融综合改革试验区、广东省珠江三角洲金融改革创新综合试验区、泉州市金融服务实体经济综合改革试验区、泉州莆田民营经济综合改革试点区。

③ 11 个国家级“新区”具体为：上海浦东、天津滨海、重庆两江、浙江舟山群岛新区、甘肃兰州新区、广州南沙新区、陕西西咸新区、贵州贵安新区、青岛西海岸新区、大连金普新区、四川天府新区。

④ 熊文钊、郑毅：《试论平潭综合实验区的性质、法律地位及若干立法问题》，载《海峡法学》2012 年第 3 期。

利于实验区发展的改革，有利于促进两岸合作交流，有利于维护台海地区和平，有利于祖国和平统一，就可以大胆去尝试、去创新。后者则必须在大陆现行立法规定的范畴内开展改革创新活动，不得与现行法律规定相违背。

5.目的方面。前者在于为新时期两岸合作探索新领域、开拓新内容、摸索新路子，为促进两岸融合提供新鲜经验、奠定坚实基础。而后者是要在现有改革获得巨大成功的基础上推动中国经济发展中一些重点领域、关键环节和社会综合体制方面的改革取得实质性突破，促使形成具有国际竞争力的区域，创造推动区域经济协调发展的新体制、新机制、新模式，为全国改革开放提供可复制、可推广的经验和示范。

6.面临的困难方面。前者难在“共同管理”，包括由谁管理、管理什么和如何管理。① 目前突出表现在如何创新合作方式，推进实验区与台湾地区区域实行有效对接、进行密切的合作共建。后者面临的困难则在于如何理顺改革过程中各个层次主体的相互关系，建立改革中统筹兼顾、公平高效的体制机制。

通过上述比较，可以归纳出“五个共同”两岸合作新模式具有如下特点：

1.适用领域的广泛性。涵盖经济、文化、社会、政治等多领域，必须创新经济、社会、行政等管理制度。

2.适用对象的高度敏感性。“涉台无小事”，“五个共同”却以对台为主要着力点，其敏感度可想而知。

3.探索内容的复杂性。“五个共同”合作新模式是在中国特色社会主义法律体系已经形成、大陆涉台立法方面已经初步形成体系的时代背景下进行的，需要突破众多现行立法规定。

4.合作情况的全面性。两岸同胞在实验区的合作贯穿于实验区开放开发的全过程中，涵盖实验区建设的各领域。其中，“全过程参与”是指从实验区的发展规划到具体领域的项目开发建设、经营管理和利益共享，两岸同胞都全面参与；“全方位参与”是指两岸开展经济、社会、行政管理等领域的广泛合作，这也是构建两岸共同家园的核心价值所在。②

## 二、当前实验区实践“五个共同”两岸合作新模式的具体进展

自2009年7月设立以来，经过4年多的艰辛努力，目前，实验区的基础设施已明显完善、生态环境大为改观、体制机制创新取得新进展、产业发展初具规模、对台交流合作不断深化。下一阶段，实验区的建设将进行“四个转变”，即从基础设施建设为主向产业发展为主转变，从全面展开向重点突破转变，从相对粗放管理向规范管理转变，从以资金投入为主向投入和体制机制创新两手抓转变。③

---

① 孙春兰：《努力建设两岸同胞的共同家园——平潭综合实验区开发建设的调查与思考》，载《光明日报》(理论版)2012年1月10日。

② 李鸿阶、林在明：《平潭两岸共同家园建设定位与推进策略——基于两岸“共同家园”的理念和战略层面》，载《福建金融》2012年第10期。

③ 兰锋：《坚定不移，全力推进 在推进两岸深度融合中发挥更大作用》，载《福建日报》2014年4月19日。

（一）机构建设方面

为了推进实验区开放开发工作，中共福建省委、福建省人民政府决定并经中央机构编制委员会批准设立了实验区管委会以及其他机构，共同推进实验区开放开发事宜。其中实验区管委会居龙头地位。

2013 年 7 月 25 日福建省第十二届人民代表大会常务委员会第四次会议通过的《福建省人民代表大会常务委员会关于加快推进平潭综合实验区开放开发的决定》（以下简称《决定》）第 3 条规定，实验区管理委员会是省人民政府的派出机构。

根据《决定》第 3 条的规定，按照省人民政府的授权，实验区管理委员会依法行使设区的市人民政府经济社会管理权限以及中央、省人民政府特别赋予的管理权限，统一领导和管理实验区开放开发。

根据《中共福建省委办公厅、省人民政府办公厅关于印发平潭综合实验区管理体制方案的通知》（闽委办〔2010〕74 号），实验区管委会的主要职责为：负责探索和实践两岸交流合作先行先试体制、机制，负责制定实验区经济和社会发展规划并组织实施，负责投资、国土资源、建设、交通、环保、经济贸易等行政管理，承担有关社会管理和公共服务职能。

此外，根据开放开发的工作需要，管委会经批准相继设立了“一办、两部、九局、三中心、三片区局”等职能部门以具体负责实验区开放开发相关事宜。其中，“一办”指管委会办公室；“两部”指台湾地区工作部和党群工作部；“六局”指经济发展局、环境与国土资源局、交通与建设局、公安局、财政金融局、社会事业局；“三个片区管理局”指澳前片区管理局、金井湾片区管理局和潭城片区管理局；“三中心”指国库支付中心、招投标中心和行政服务中心。同时，各职能局各自根据开展工作需要又下设了一批业务局处，如环境与国土资源局下设有规划局、房地产交易中心等；经济发展局下设有统计局、安监局和招商局；交通与建设局下设有森林园林局和森林公安局，等等。

同时，为了理顺实验区管委会及其职能部门与所辖的平潭县政府及其职能部门的关系，消除因行政层次的增加而造成责权不一，影响行政效率，实验区目前正在进行“区县整合”，冀望通过“虚县实区”“强区虚县”的方式，采取由管委会组成人员兼任平潭县及其各部门领导的形式，使管委会既在县中又在县外，实现区县的融合，做到既发挥区的主导作用又发挥县的主体作用，既实现权力的合理化配置又有效利用县的合法化地位。

（二）“五个共同”两岸合作新模式推进方面

共同规划方面：在充分吸收境内外尤其是台湾地区中兴工程顾问公司规划成果的基础上，形成了总体发展规划，且已经国务院批准。共同开发方面：围绕建设两岸共同家园的定位，坚持“三多”，即坚持多层面、多形式、多主体对接；突出“三中”，不仅对接大财团、大企业，更注重对接台湾地区中下层民众、中小企业、中南部民众；力推“三放”，即探索实施“放地、放权、放利”模式①。三年注册台资企业从 4 家增加到 140 家，投资总额超过 37 亿美元。其

① 放地，就是在平潭划定一些区域，由台湾地区的市县或者机构按照总体规划来进行开发或者和我们共同开发。放权，就是在放地的区域里由台湾地区同胞来进行管理，在其他一些区域请台湾地区同胞来参与管理。放利，就是要让到平潭来的台湾地区同胞和台湾地区的企业以及和平潭合作的台湾地区的市县和机构获得实实在在的利益。

中，宸鸿科技已经正式投产，台达电子、冠捷科技也已入驻。由台湾地区世新大学与福建师大合办、设在实验区的海峡旅游学院已经正式招生。共同管理方面：面向台湾地区招聘管委会副主任和 5 名区直部门副职，已有 300 名台湾地区专才在平潭创业就业。此外，在平潭就业生活的台胞从几十人增加到目前的 1000 多人，有 300 名台胞在平潭购房、近 200 名台生在平潭就学。康德台胞社区建设正在推进中，康德文化广场·台湾夜市已正式开业运营。

## 三、当前实验区实践"五个共同"两岸合作新模式过程中面临的法律问题

目前，"五个共同"两岸合作新模式在平潭并没有得到实质性的全方位推进，究其原因，系存在如下问题：

### （一）实验区管委会方面

管委会具备什么样的行政主体资格，决定了管委会应具有的法律地位，也决定了管委会以何种名义进行行政管理以及承担行政责任的主体等问题。[①] 当前，作为福建省人民政府派出机构的定位，给实验区管委会在行使上述闽委办〔2010〕74 号文所规定的职权，带来一系列负面影响：第一，作为派出机构，实验区管委会并不能以自己的名义独立行使职权，而只能要么以福建省政府的名义，要么以所管辖的平潭县政府的名义作出行政行为。但实践中有时为了提高行政效率，管委会又不得不越俎代庖，自行对所辖行政事项作出决策迅速、程序简化的反应，从而导致超越了派出机构权限的现象经常性发生。第二，作为派出机构，实验区管委会并不能以自己的名义独立对其行政行为承担法律责任，而只能要么由福建省政府，要么由平潭县政府为其行政行为的法律后果"买单"。这反过来会导致如下后果：一是福建省政府及其组成部门在对实验区管委会决定授权时不得不进行谨慎斟酌、反复考虑，以尽量减少因自己的授权而为管委会行为"买单"的可能性，使实验区管委会无法获得更为自由的授权权限来开展工作。在行使行政职权的过程中，往往因需呈报省政府及其部门而导致运转不顺畅，无法满足实验区快速发展形势提出的行政高效要求。二是不利于调动和发挥原有平潭县政府及其工作人员的积极性，造成目前实践中广泛存在"大量的事没人干，大量的人没事干"的现象。第三，管委会的职责范围缺乏明确的法律依据，存在权力内容易于变动的风险。目前，管委会的权力主要依靠省政府及其部门的行政决定，权力具体内容含糊，权力边界不明，往往会在实践中造成一个行政区域内管辖事项的积极冲突或消极冲突[②]。

### （二）台湾地区方面参与不足

上文已述，两岸同胞全过程、全方位地参与实验区的开放开发是"五个共同"两岸合作新模式的核心。而要在平潭实践并最终实现完全意义上的两岸"共同管理"，必须有两大指标支撑，即"共同管理"的主体和客体。"共同管理"的主体要求有相当数量的台湾地区主体参与共同管理，且参与管理的深度、广度和高度要达到一定的程度；"共同管理"的客体要求有

---

① 陈振明、李德国、樊晓娇、郑阳锡、张璐：《平潭实验区行政主体资格与管理权能的界定》，载《东南学术》2014 年第 2 期。

② 邢亮、于静涛：《平潭综合实验区管委会的建构模式探析》，载《海峡法学》2011 年第 4 期。

足够规模的台湾地区民众在平潭投资兴业、就业生活。[①] "五个共同"两岸合作新模式的全面推进，离不开台湾地区方面的积极参与和主动作为。然而，自实验区设立以来，始终处于福建省"一头热"的境况，究其原因主要在于：

1.台湾地区行政当局态度不积极。对于实验区的态度，台湾地区当局首先是保持沉默，2012 年 3 月后又将实验区开放开发视同大陆推行"统战"的策略，加上担心被"攻击""矮化"的顾虑，"陆委会""经建委"相继作出系列负面回应，并对台湾地区组织机构与个人到实验区进行投资等方面提出警示性建议，还祭出"两岸人民关系条例"中有关惩罚性规定的"大旗"，要对在实验区任职的台湾地区居民进行处罚，以遏制台湾地区居民参与实验区事务管理。因为根据台湾地区"两岸人民关系条例"第 33 条之规定，台湾居民不能担任"陆委会"公告禁止的大陆党务、军事、行政或具政治性机构的职务，台胞到实验区担任公务员，会受到台湾地区当局的法律制裁。[②] 实践中，台湾地区当局也确实据此处罚过在大陆任职的台湾地区居民。2012 年，台湾地区曾证实有 169 名台湾人在大陆担任党政军职，"陆委会"最后只开罚一人的做法引发绿营不满。最后，"陆委会"对一名任职于厦门高新技术创业中心副主任的台湾人，在 2013 年 12 月开罚 10 万元新台币。[③] 由于台湾岛内特殊的政党政治生态，加之选举效应考虑，以及统派团体在岛内势力的式微和"统一"言论的非主流化，台湾地区地方市县以及其他政党方面，也普遍存在或"被抹红"，或"被统战""被矮化"之类顾虑，使得其对实验区的开放开发采取"冷处理"方式，反应淡淡。

2.台湾地区民间积极性不高。目前虽然到实验区考察、洽谈寻找投资机会的台湾地区组织和个人越来越多，但其多是企业、社团、个人或研究团体，而且最终落地的项目仍然相当有限。就台湾地区居民个人而言，从某种程度上说，台湾地区专业人才选择在大陆就业和生活，是以放弃台湾地区可以取得的较高权益为代价的。而且此种状况在短期内恐怕难以改变，这显然大大地遏制了台湾地区专业人才赴大陆就业的热情。迄今为止，台湾地区重要团组 700 多批次、超过 1 万人次到平潭考察洽谈，但在平潭落地的台资企业仅有 278 家，实际居住在实验区范围内的台湾地区居民约 1000 人，在平潭购房的台胞约有 300 名，在平潭就学的台生有近 200 名。这与全面推进"五个共同"两岸合作新模式的要求还有较大差距。

## 四、全面推进"五个共同"两岸合作新模式对实验区管委会功能的特殊诉求

实验区管委会构建的特殊意义在于管委会是实现两岸"共同管理"、深度合作的重要载体，[④]其重要作用是探索建立合作方式灵活、合作主体多元、合作渠道畅顺、合作效果显著的新机制，为两岸交流合作开辟新路、拓展空间、提供示范。[⑤] 因此，在实验区开放开发

---

① 黄仁雁：《顶层设计两岸"共同管理"平潭综合实验区研究》，福建农林大学 2013 年硕士学位论文。

② 《台禁止台湾人大陆担任公职，最高可罚 50 万》，华夏经纬网 2010 年 2 月 4 日，http://www.s1979.com/gangaotai/201002/041713904.shtml.

③ 向蕾：《绿营不满陆委会放过"挂职者"》，载《环球时报》2014 年 10 月 13 日。

④ 于静涛、陈明添：《公法人路径下平潭实验区管委会组织架构的思考》，载《海峡法学》2012 年第 4 期。

⑤ 戎章榕：《平潭的两岸"共同管理"如何破题》，载《统一论坛》2012 年第 3 期。

和落实“五个共同”两岸合作新模式的全过程中，实验区管委会除了应履行前文所引用的闽委办〔2010〕74号文所赋予的职责，具体行使实验区开发建设和经济管理、公共管理和社会管理、人事和人力资源管理、财政资金管理等职能之外，其实际上还应当承担如下几种特殊功能：

（一）两岸管理合作平台功能

按照《发展规划》设定的发展定位，实验区将发展成为两岸交流合作的先行区，其管理主体应有两岸参与就成为题中应有之义。而且平潭作为“比特区还特”的综合实验区，创新点和突破点要体现在共同管理上。① 有关“合作”的含义，《现代汉语词典》将其解释为“二人或多人一起工作以达到共同目的”。因而，实验区的合作管理绝不能简单地理解为从实验区管委会中拿出个把职位以聘用个别台湾地区居民，也不能仅满足于实验区管理机构已吸纳个别来自台湾地区的雇员的现有层面。合作管理应当是一种在互信互利基础上的两岸利益诉求的平衡表达，两岸主观能动性的共同发挥，两岸管理智慧的共同结晶。② 故，作为实现两岸“共同管理”、深度合作的重要载体的管委会，从其成员构成方面讲，不宜采取简单吸收台湾地区居民、组织或由台湾地区居民、组织充当顾问依附于现行管委会的形式，它必须而且应当成为两岸参与主体平等表达各自意志并遵循少数服从多数的民主原则对管理范围内的事务进行决策的组织机构。借助于该平台的有效运作，两岸相关具体合作事项的对话主体、对话层次、对话方式、协商事项的确定等，才能得以确定并顺利进行。

（二）保障服务功能

由于历史的原因，两岸分隔已有60多年，在这个过程中两岸同胞各自形成了不同的价值观念和行为习惯，在两岸合作进行实验区开放开发的整个过程中出现这样或那样的情况或问题，乃至产生异议和分歧，都属意料之中。为此，作为实现两岸“共同管理”、深度合作的重要载体的管委会，必须承担起服务型政府所应当承担的管理、保障、服务等功能，并为实验区开放开发营造良好的发展环境，尤其是优良的投资软环境。管委会应当力图杜绝行政机关常有的机构臃肿、人浮于事、推诿扯皮、低效运转、官僚作风等问题，应当享有履行职责所必需的完整职权授权及其立法保障。其应当获得包括对管辖区域内的行政组织进行编制、规制的行政组织权和适当的独立决策权、财政权、人事任免权以及外部交流与合作的权力等在内的行政自主权。同时，管委会的机构设置必须遵循《发展规划》所提出的精简、统一、效能原则，尽可能减少行政的中间环节，缩短行政流程，以提高行政效率。

（三）综合协调功能

上文已述，两岸之间在价值观念、行为习惯等方面存在差异，故两岸在合作推进实验区开放开发过程中不可避免地会在处理具体事务方面产生分歧。因此，管委会责无旁贷地应当承担沟通合作各方观点、消除彼此间分歧、寻求各方共识的功能。必要的政策优势是实验区开放开发顺利推进且取得成效的重要推动力。因此，实验区落实“五个共同”两岸合作新模式的过程乃至实验区开放开发的整个过程同时也是管委会不断向有关方面争取优惠政策的过程。在该过程中，管委会需要妥善处理与相关各方的关系，尤其是建立与台湾地区合作

---

① 方易：《平潭综合实验区治理机制创新的思考》，载《东南学术》2014年第2期。

② 于静涛：《平潭综合实验区“共同管理”主体架构的形成性思考》，载《海峡法学》2011年第2期。

方的良好互信，实现有效沟通；积极争取国家有关部委、省政府及其所属部门的支持；协调与来自大陆、港澳台、国际的投资者以及各方建设者的合作；化解潜在的或者已经发生的各类纠纷。

## 五、法定机构定位下平潭综合实验区管委会建构设想

### （一）机构遵循原则

1.台湾地区参与原则。前文已述，"五个共同"两岸合作新模式的核心价值在于台胞的全程参与和全面参与，如果台湾地区民众在实质性参与方面缺席，则实验区将与普通的经济开发区毫无区别，"五个共同"两岸合作新模式也就失去了存在的必要性。

2.依法设立原则。法定机构存在的前提是有一部专门为其量身定制的法规，且该法规对其设立（包括目的、适用范围、组织机构等）、权利权力、职责任务、管理运作、财务管理、监督管理等内容都作了详细而明确的规定。因此，笔者建议，福建省在未来的实验区条例立法中应当对实验区管委会的上述内容作出明确规定，以为其有效运转提供必需的规范依据。

3.科学决策原则。管理学大师赫伯特·A.西蒙曾经说过，"管理过程就是决策过程"①。实验区管委会的一项重要职权就是对落实"五个共同"两岸合作新模式以及实验区具体开放开发过程中涉及的事务进行决策。一旦决策失误，将耽搁实验区落实"五个共同"两岸合作新模式的进程，并对该决策所涉范围内的两岸实验区建设者的切身利益带来不必要的甚至是无可挽回的损失。为了最大限度地避免决策失误，减少决策带来的损失，实验区管委会的决策应当确立决策过程中的协商民主机制，广开言路、集思广益，及时反馈、择优采纳，以民主之程序保障决策之科学②。

4.程序正当原则。程序正义是实质正义的保证。"形式的正义（或作为规则性的正义）却排除了一些重要的非正义。因为如果假定制度确实是正义的，那么执政者应当公正不阿，在他们处理特殊事件中不受个人、金钱或别的无关因素的影响就是十分重要的事情。"③没有合法、公开、公正、科学的管理程序，就无法保证管理内容的科学性和公正性。④ 实验区是由具备不同价值观念、行为方式的两岸同胞合作进行的管理，如果再缺失合法、公开、公正、科学的管理程序，则不可避免地管理层内部矛盾将无法控制和化解，共同管理的科学性和有效性自然也无从保证。

### （二）机构组织形式

基于《发展规划》对于实验区发展目标的特殊定位和全面落实"五个共同"两岸合作新模式所产生的对实验区管委会所应承担功能的上述特殊诉求，我国当前行政组织法的理论和现行行政组织的范畴似乎无法找到与之相匹配的行政主体。而两岸在实验区开放开发过程中的利益并不完全一致，双方之所以进行合作，只是因为能够从中找到各自利益的契合点，

① ［美］赫伯特·A.西蒙：《管理行为》，詹正茂译，机械工业出版社 2004 年版，第 6 页。

② 杜力夫：《论两岸区域合作中的"共同管理"》，载《"一国两制"研究》2012 年第 2 期。

③ ［美］约翰·罗尔斯：《正义论》，何怀宏、何包刚、廖申白译，中国社会科学出版社 1988 年版，第 59 页。

④ 杜力夫：《论两岸区域合作中的"共同管理"》，载《"一国两制"研究》2012 年第 2 期。

而让实验区开放开发有序推进并从中获益则是双方利益的“最大公约数”。在当前海峡两岸特殊政治关系的背景下，针对当前实验区开放开发中必须形成强政府、大政府新格局的要求，既必须加强政府能力，又必须发展壮大社会力量以理顺政府与企业以及社会之间关系的现状。为全面推动落实“五个共同”两岸合作新模式，有必要借鉴西方国家已经大量采用的“公法人”制度，并对照其要求对现行实验区管委会进行相应的改造，从而最大限度地规避两岸政治关系波动对实验区全面落实“五个共同”两岸合作新模式可能带来的负面影响，为实验区管委会践行“五个共同”两岸合作新模式赢得尽可能大的灵活空间。具体而言，对实验区管委会可以采取“委员会”的公法人架构模式。委员会的形式具有依法设立、独立运作并规范治理等特点，能集思广益，对问题有较周全的考虑。同时，各方面的利益和需求可在委员会内反映出来。更加重要的是，权力在委员会内受到制约而至平衡，能够防止个人专政等现象出现。其适用于因多方利益代表的存在，需要实行集体决策的组织。因此，作为两岸合作重要载体的实验区管委会应当尝试采取委员会制的架构方式——由大陆和台湾地区驻平潭代表人员共同组成“管理委员会”来实施日常管理。①

（三）机构成员来源

当前，台商投资企业协会这一台商组织在台商投资集中的地域已经具有一定的社会影响力，但台商协会与地方政府之间有效的互动管理机制尚未完全建立起来，二者之间的博弈尚未完全实现与共同管理对应的权力配置形式和权力运作方式。② 按照《发展规划》的设想，未来实验区就发展成为台商投资集中区和台胞聚居区，台胞在实验区总人口中将占有相当比重。同时，担任法定机构这一公法人的工作人员不属于大陆公务员范畴，因而台籍人士担任实验区管委会的管理人员原则上不受台湾地区法律限制，③从而为台湾地区居民参与实验区管委会日常管理提供了可能。故，作为两岸同胞行使管理实验区事务平台的实验区管委会在其人员构成中除了有大陆居民外，还应当具有一定比例的台胞。而且，为了确保台湾地区居民的权益能得到重视和有效体现，管委会组成人员中台湾地区方面的理事应不少于理事总数的三分之一。

## 结 语

实验区实施“五个共同”两岸合作新模式，为两岸和平统一和融合发展提出了一条创新思路、描绘了一条探索途径、建设了一个实践平台，是一个伟大的创举。④ 为了降低两岸合作的敏感度，消除因两岸关系波动而影响实验区落实“五个共同”两岸合作新模式，吸引更多的台湾地区居民、组织参与实验区建设，针对实验区当前推进“五个共同”两岸合作新模式过程中面临的问题，决策者有必要解放思想，突破传统思维定式，冲破现行行政主体理论的框框，大胆引入法定机构这一新制度，并对实验区管委会进行必要的改造，以适应实际工作的需要。

---

① 于静涛、陈明添：《公法人路径下平潭实验区管委会组织架构的思考》，载《海峡法学》2012年第4期。

② 曾丽凌：《论两岸区域“共同管理”的现实推进及相关问题》，载《福建警察学院学报》2012年第6期。

③ 汪家赓：《平潭综合实验区建设之共同管理论纲》，载《发展研究》2012年第11期。

④ 黄仁雁：《顶层设计两岸“共同管理”平潭综合实验区研究》，福建农林大学2013年硕士学位论文。

# 论地方立法二级格局的变化

## ——基于福建省设区的市立法实践的考察

华　燕*

修改后的《中华人民共和国立法法》(以下简称《立法法》)在第72条中以六款的篇幅,架构起我国地方立法体制的基本格局。其中,第1款明确省级人大及其常委会的立法权限,即"根据本行政区域的具体情况和实际需要,在不同宪法、法律、行政法规相抵触的前提下,可以制定地方性法规";第2款明确设区的市的人大及其常委会的立法权限为"根据本市的具体情况和实际需要,在不同宪法、法律、行政法规和本省、自治区的地方性法规相抵触的前提下,可以对城乡建设与管理、环境保护、历史文化保护等方面的事项制定地方性法规,法律对设区的市制定地方性法规的事项另有规定的,从其规定"。随后其他款项进一步明确了市级地方立法权行使的程序要求及实践安排。上述条款虽并没有改变我国地方立法省市二级格局形态,但从具体立法权限分配的内容中,不难看出地方立法二级格局的实质内容发生了较大变化。

## 一、《立法法》界定的地方立法体制新格局

### (一)市级地方立法主体扩容,使市成为独立的立法层级

修改后的《立法法》删掉了"本法所称较大的市是指省、自治区的人民政府所在地的市,经济特区所在地的市和经国务院批准的较大的市"的条款,进而用"设区的市"取代"较大的市"。使享有地方立法权的市级人大,由《立法法》修改前的49个①,增加为285个设区的市、30个自治州及4个不设区的市地级市②,共计338个。数量的增多,使市成为一个独立完整的立法层级。

《立法法》修改以前,较大的市的数量有限,分布较散,修改后的我国《立法法》授予所有设区的市地方立法权,随着省级人大常委会确权工作的开展,行使立法权的设区的市的数量会逐渐增多,其分布格局也会由"点"及"面",渐成体系。而省级立法主体,则与修法前并无二致,仍保持为23个省、5个自治区及4个直辖市,共计32个。从而使两级立法主体的比例由原先1∶1.5的比例(32∶49)剧减为1∶10.5。

对于具体省份而言,以福建省为例,全省共有福州、厦门、泉州、漳州、宁德、龙岩、南平、三明、莆田九个设区市。其中,福州作为省会城市、厦门作为经济特区市,原本就享有立法

---

* 华燕,福州大学法学院副教授,福建联合信实律师事务所兼职律师。

① 具体包括27个省会市、18个经国务院批准享有地方性法规制定权的较大的市以及4个经济特区所在地的市。

② 分别为中山、东莞、甘肃嘉峪关和海南三沙。

权，基于《立法法》的修改，新增地方立法主体有 7 个，享有地方立法权的市级人大由原先的 2 个增长为 9 个，两级立法主体的比例由原先 1∶2 的比例减为 1∶9。

(二)市级地方立法权限缩减，使省市立法事权上呈现差异

修改前，较大的市享有的立法权限为“根据本市的具体情况和实际需要，在不同宪法、法律、行政法规和本省、自治区的地方性法规相抵触的前提下，可以制定地方性法规，报省、自治区的人民代表大会常务委员会批准后施行”。立法采用排除法的方式界定较大的市的立法权限范围，即只要是国家专属立法权范围之外的事项，在满足一定条件下，较大的市都可以立法；修改后的市级地方立法权限范围则明确突显为“可以对城乡建设与管理、环境保护、历史文化保护等方面的事项制定地方性法规”。界定方式从“排除法”转变为“列举法”，明显限缩了市级立法权限范围。特别需要说明的是，上述立法限制不仅针对新增立法权的设区市，同样也作用于较大的市。

但同样的限制并不作用于省级立法主体，省级立法权限仍适用原先排除式立法下的广泛授权。立法在省市两级立法权限上的区别对待，改变了原先不同层级立法权限“上下对口，左右对齐”的样态。《立法法》修改前，由于省、市、县人大的职权事项是完全相同的，区别只在于程序、适用地域和范围上。而《立法法》的修改则使省市两级立法在权限范围上出现了差异。

综上所述，《立法法》第 72 条明显建构起地方立法体制的差序格局，即从数量上看，省市两级立法层面上呈现出下宽上窄的金字塔结构；但在立法权限范围上，则呈现出下窄上宽的倒金字塔结构。

## 二、两级立法在权限范围上的涵盖关系

《立法法》习惯从立法主体上确立地方立法的概念，但至于地方立法到底应当涉及哪些范畴，即地方立法的客体包括哪些，则在《立法法》中还是一个相对模糊的概念。① 修改后的《立法法》首次尝试就地方立法的客体予以明确，即体现为第 72 条第 2 款中规定的设区市的地方立法权限限于“城乡建设与管理、环境保护、历史文化保护等方面的事项”。但这一规定仍具有较强的概括性和不确定性，在实践中极易产生困扰。

(一)法定立法事权的具体内涵

“城乡建设与管理、环境保护、历史文化保护”究竟包括哪些事项？我国《立法法》并没有明确。

在上述三类概念中，“城市管理”一词的含义最富争议性，可作广义和狭义两种不同理解。广义上的城市管理是市政府以城市为对象，为实现特定的目标对城市运转和发展所进行的控制行为的总和，包括城市基础设施管理、城市行政管理、城市经济管理、城市社会管理和环境管理等五个方面；狭义的城市管理将内涵界定在市政管理上，主要是政府部门对城市的公用事业、公共设施等方面的规划和市政建设的控制、指导。在我国《立法法》的修改过程中，设区的市的立法权限范围也几经变化。在该法修订一审稿中，设区的市可以就“城市建设、市容卫生、环境保护等城市管理方面的事项制定地方性法规”。此时，“城市管理”是“城

① 张淑芳：《地方立法客体的选择条件及基本范畴研究》，载《法律科学》2015 年第 1 期。

市建设、市容卫生、环境保护”的上位概念，两者之间是包含与被包含的关系，“城市管理”一词应作广义上的理解。在该法修订二审稿中，设区的市的立法权限被修改为“城市建设、城市管理、环境保护等方面的事项”，“城市管理”与“城市建设”“环境保护”之间成了并列关系，“城市管理”一词只能作狭义的理解。在该法修订表决稿中，设区的市的权限范围进一步被修改为“城乡建设与管理、环境保护、历史文化保护等方面的事项”，将城市建设与城市管理合二为一，并表述为“城乡建设与管理”。显然，这基本延续了二审稿的规定。① 而且在审议中，有代表认为，将设区的市的立法权限限定在“城市建设、城市管理、环境保护等方面，范围太窄，应当根据设区的市的实际需求，将立法权限的范围扩大到公共服务、社会管理、民生保障以及教育、卫生、社会保障等方面。② 可见，通过历史解释和文义解释的分析，“管理”一词应该做狭义上的理解。

基于此，正如有学者所指出的，设区的市的立法权限范围具体主要包括以下事项：城乡规划方面的事务、有关房地产事务的建设与管理、基础设施的建设与相关事务的管理，如能源供应、排水供水、交通运输、邮电通信、城乡环保环卫、防卫防灾等事务，环境保护方面的事项及历史文化保护方面的事项。

如表 1 所示，福建省新增立法权的七个设区市均已正式行使立法权，截至 2016 年 10 月，有如下立法文件经正式颁布或已进入正式立法程序。

**表 1　福建省新增地方立法主体立法实践状况一览表**

| 设区的市 | 立法成果 | 进展 |
|---|---|---|
| 龙岩 | 《龙岩市人民代表大会及其常务委员会立法条例》 | 2016.4.1 批准实施 |
| | 《龙岩市古民居古村落保护条例(草案)》 | 2016.6 初审通过 |
| | 《龙岩市烟花爆竹燃放管理条例(草案)》 | 2016.9.19 初审通过 |
| 南平 | 《南平市人民代表大会及其常务委员会立法条例》 | 2016.4.1 批准实施 |
| | 《南平市朱子文化遗存保护条例(草案)》 | 2016.8.26 初审通过 |
| 宁德 | 《宁德市人民代表大会及其常务委员会立法条例》 | 2016.4.1 批准实施 |
| | 《宁德市畲族文化保护和发展条例(草案)》 | 2016.8 初审通过 |
| 泉州 | 《泉州市海上丝绸之路史迹保护条例(草案)》 | 2016.8.23 三审通过 |
| | 《泉州市人民代表大会及其常务委员会立法条例》 | 2016.4.1 批准实施 |
| 漳州 | 《漳州市人民代表大会及其常务委员会立法条例》 | 2016.4.1 批准实施 |
| 三明 | 《三明市人民代表大会及其常务委员会立法条例》 | 2016.4.1 批准实施 |
| 莆田 | 《莆田市人民代表大会及其常务委员会立法条例》 | 2016.4.1 批准实施 |

上述立法规范，除作为地方立法权行使基本规范的《立法条例》外，其余立法所涉事项，均在法定立法事权范畴之内。

### (二)三类法定事项外的立法权归属

根据全国人民代表大会常务委员会副委员长李建国在第十二届全国人民代表大会第三

① 程庆栋：《论设区的市的立法权：权限范围与权力行使》，载《政治与法律》(沪)2015 年第 8 期。

② 武增：《2015 年〈立法法〉修改背景和主要内容解读》，载《中国法律评论》2015 年第 1 期。

次会议上所作的《关于〈中华人民共和国立法法修正案(草案)〉的说明》,之所以将权限限定为"城乡建设与管理、环境保护、历史文化保护等方面的事项",是因为考虑到上述范围比较宽,从以往 49 个较大的市已制定的地方性法规涉及的领域看,规定的范围基本上都可以涵盖。

然而,实证分析的结果并非如此。以下以福州市人大及其常委会制定的地方性法规为例展开。

经统计,截止到 2015 年 3 月修订后的《立法法》实施前,福州市人大及其常委会共制定颁布有效地方性法规 62 件(法规具体名称及分类结果详见表 2),具体立法事项内容分布如图 1 所示,其中涉及城乡建设与管理的地方性法规共计 34 件,占总数的 55%;涉及环境保护及历史文化保护的地方性法规均为 3 件,各占总数的 5%;涉及其他事项的地方性法规为 22 件,占总数的 35%。

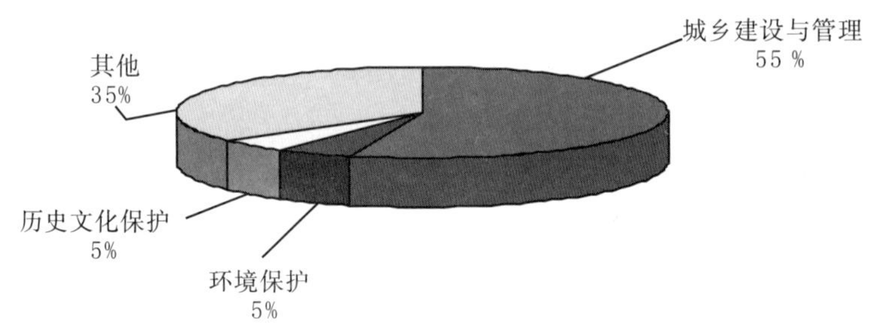


**图 1　福州市地方性法规所涉事项分布图**

从图 1 中不难看出,福州市关于城乡建设与管理、环境保护、历史文化保护等事项的地方性法规占到了法规总数的 65%,的确构成了地方立法的主体内容,但其远不能涵盖地方立法的全部事项,尚有 35%的立法在上述三类之外。

在正常的状态下,法规数量与立法需求基本是正相关关系,上述 35%的数据意味着市级立法主体在法定三种类型事项之外,还存在着其他立法需求。修改后的我国《立法法》规定设区的市只能就城乡建设与管理、环境保护、历史文化保护等事项制定地方性法规,抑制了相当一部分立法需求。虽然从实践中看,新增立法主体行使立法权的内容并未超出法定三类事权范围,但这种审慎的自我克制并不必然意味着客观上没有需求。

那么,对于这些《立法法》列举范围之外的立法需求,该由谁来满足?市级立法主体是否得自主立法,或须由省级主体统一立法?

我们认为,《立法法》的明确列举并非将市级立法权限绝对限缩为所列举的三类中。

首先,市级立法主体对城乡建设与管理、环境保护、历史文化保护之外的事项行使立法权,具有组织法上的依据。《地方各级人民代表大会和地方各级人民政府组织法》第 8 条规定:"县级以上的地方各级人民代表大会行使下列职权:(1)在本行政区域内,保证宪法、法律、行政法规和上级人民代表大会及其常务委员会决议的遵守和执行,保证国家计划和国家预算的执行……(3)讨论、决定本行政区域内的政治、经济、教育、科学、文化、卫生、环境和资源保护、民政、民族等工作的重大事项……"可见,市人大的管辖事权并非仅限于城乡建设与管理、环境保护及历史文化保护,社会管理和公共经济管理,尤其是包括人口管理、社会治安管理、社会公共事业管理、社会保障管理等内容,也是一个城市自身事务的重要组成部分,没有理由将其绝对排除在设区的市立法权限范围之外。而且,作为地方权力机关,其亦有责任贯彻执行上位法,而执行性立法的权限显然也超出了三种法定类型。

其次,肯定市级立法主体对法定三种类型之外的事项享有立法权,与《立法法》条款也不矛盾。《立法法》第72条规定,"可以对城乡建设与管理、环境保护、历史文化保护等方面的事项制定地方性法规",其中"等"字的存在给市级立法权的扩张解释留下了合法的空间,即将"等"作"等外等"解释,将"城乡建设与管理、环境保护、历史文化保护"理解为提示性而非限定列举内容。

## 三、两级立法在序位上的先后关系

如上所述,同时需要说明的是,我国《立法法》规定设区的市可以就城乡建设与管理、环境保护、历史文化保护等方面的事项制定地方性法规,目的并非为了限制省级立法机关的权限,省级立法主体同样可以就本省范围的城乡建设与管理、环境保护、历史文化保护等事项制定地方性法规。省、设区的市之间的这部分立法权限在很大程度上是重合的。

省市两级立法主体在立法事项范围上,存在高度重合,确切地说,市级立法权限事项几乎为省级立法主体所基本涵盖。那么,针对同样的立法事项,在立法序位上,是否存在先后关系?

有观点主张在此问题上可采用辅助原则。所谓辅助原则,是指强调事务应当优先由能够圆满完成目标的最低层级的单位来处理,个人能予以解决的问题,就由个人来解决,而不应由国家或者社会来解决;社会能予以解决的问题,就由社会来解决,而不应由国家来解决;地方能予以解决的问题,就由地方来予以解决,而不应由中央来解决。将辅助原则运用到省、设区的市之间的立法权限划分上,省、设区的市之间重叠的立法权应当先由较低层级的设区的市来行使,在设区的市能够较好地进行规制时,省级立法主体不应行使立法权;只有在设区的市依靠自身能力无法解决的情况下,才应由省级立法主体行使立法权。①

我们认为,辅助原则是行政管理中的适用原则,但立法权与行政权的价值目标、运作机制迥然有别,直接在立法活动中适用辅助原则将造成实践困扰。

首先,辅助原则不符合我国地方立法权的本质。立法的根本任务是制定规则,法制的统一性要求规则的普遍适用。我国单一制为主的行政区划制度,决定了一般地方立法权是在坚持和确保法制统一性大前提下,为突显地方特性而存在的。换言之,我国一般地方立法权并非实行地方自治的方式手段,其行使目的乃在于更好地贯彻国家立法,或是尊重适应地方个性需要,基于此,地方立法以执行性和地方性(自主性)为主要基调。对于执行性立法而言,其必然以上位法的先行存在为前提;而地方性(自主性)立法,强调的是地方特色,潜在地排除了上位法进行统一规范的必要性与可行性。但需要说明的是,在此意义上,并非是在法律上否认上级立法主体的立法权限,而是基于立法必要性与现实操作性考虑,上级主体不行使立法权。这显然有别于辅助原则所强调的上位法的备位地位。

其次,辅助原则的适用不符合立法经济的考量。低层级立法先行,受规则约束的范围有限。若要使省级行政区域内各县市均有相应规范可遵行,势必要求各市级立法主体均须启

---

① 程庆栋:《论设区的市的立法权:权限范围与权力行使》,载《政治与法律》(沪)2015年第8期。

动立法程序；而法出多门，势必又易造成立法的不统一，容易产生立法资源的浪费与损耗。从既有立法实践来看，如前文表 1 所示，福建省七个新增立法主体，各自均制定《立法条例》，且从其规范内容上看，相似度极高。这不可不谓是立法的重复与资源的浪费。另外，从现实来看，设区市虽已普遍享有立法权，但其大多缺乏立法经验，贸然将地方立法权倚重于低层立法主体，在立法质量上不无疑虑。

最后，立法实践本身也否认了辅助原则的构想。从表 2 可见，在福州市人大制定颁行的现行有效的 62 部地方性法规中，执行性立法有 25 件，占 40%；自主性立法有 13 件，占 21%；先行立法 24 件，占 39%。具体如下图 2 所示。在上述三类立法中，执行性立法明显以上位法的出台为前提，自主性立法则缘于地方特性事务，不存在上位法统一规范的必要。相对而言，较符合辅助性原则的要求的是先行立法部分，即在尚未制定上位法的情形下，低层级的立法主体可先行立法。但显然，先行立法占地方立法整体的比例并不太高，以辅助原则作为确立不同层级立法主体立法先后序位，缺乏实证上的支撑。

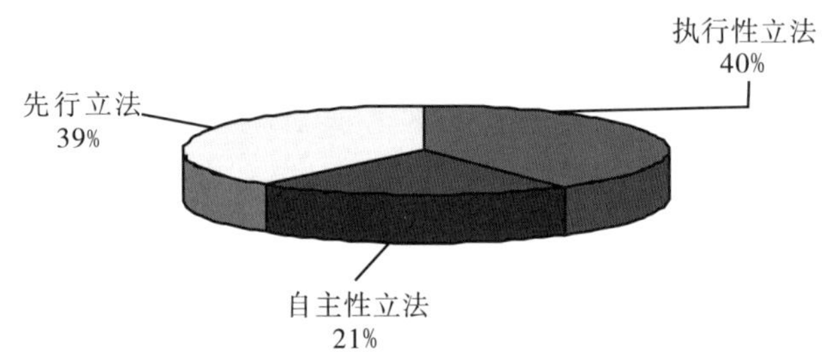


**图 2　福州市地方性法规立法类型分布图**

综上，我们认为，不同层级立法主体在立法顺序上，并不存在截然的先后关系，上一层级立法主体更不应该处于补充、备位状态；相反，应确立以高层级立法为主、低层次立法仅在本地方特殊需求前提下行使补充立法权。具体来说，就省市两级立法权的行使而言，省级立法主体行使立法权能够更有效率、更好实现目标或者达到更好效果的事项（如纯粹的程序性事项，关于程序性事项的规定具有普遍适用性，各个市完全没有必要都制定自己版本的程序，由省级立法主体制定统一的程序即可）、超出市的行政区域，具有综合性的事项及设区的市的立法可能会损害其他市的利益或整体利益的情形，有必要由省级立法主体统一立法。①其他事项上，虽不排除市级立法权限，但其实际行使仍应以存在地方特殊需求为前提。

## 结　语

《立法法》的修改，虽形式上未改变地方立法两级体制，但对地方立法体制的内容产生了较大的影响。地方立法主体的扩容，使市成为相对独立的立法层次；而法律明确界定市级立法权限范围，突显了不同层级立法主体间的权限差异。从地方立法实践来看，设区的市在立法事项上保持了审慎的克制，未超出《立法法》列举的三类范围；但从客观发展上看，法定事项是否足以满足设区的市立法需求，尚不无疑虑；在地方立法权的行使序位上，也宜遵循地

① 程庆栋：《论设区的市的立法权：权限范围与权力行使》，载《政治与法律》（沪）2015 年第 8 期。

方性、执行性原则,有效合理地实现不同层级间的立法权限界分。

**表 2　福州市地方性法规(62 件)类型列表**

| 范畴 | 法规名称 | 性质 |
| --- | --- | --- |
| 城乡建设与管理(34 件) | 《福州市城乡规划条例》 | 执行性立法 |
| | 福州市园林绿化管理条例 | |
| | 福州市城市内河管理办法 | |
| | 福州市消防管理若干规定 | |
| | 福州市物业管理若干规定 | |
| | 福州市河道采砂管理办法 | |
| | 福州市城市供水管理办法 | |
| | 福州市海上交通安全管理条例 | |
| | 福州市水工程管理条例 | |
| | 福州市流动人口计划生育管理办法 | |
| | 福州市市容和环境卫生管理办法 | |
| | 福州市城市道路建设与管理办法 | |
| | 福州市城市房屋拆迁管理办法 | |
| | 福清融侨经济技术开发区条例 | 自主立法 |
| | 福州市经济技术开发区条例 | |
| | 福州保税区条例 | |
| | 福州长乐国际机场保护条例 | |
| | 福州市蔬菜基地保护条例 | |
| | 福州市地下热水(温泉)管理办法 | |
| 城乡建设与管理(34 件) | 福州市公共场所控制吸烟条例 | 先行立法 |
| | 福州市气象探测环境和设施保护规定 | |
| | 福州市人民防空警报设施管理办法 | |
| | 福州市城市排水设施建设与管理办法 | |
| | 福州市保护城市中学小学幼儿园建设用地若干规定 | |
| | 福州市城市公园管理办法 | |
| | 福州市风景名胜区管理条例 | |
| | 福州市预防和查处窃电行为条例 | |
| | 福州市城市部分社会事业设施建设和保护规定 | |
| | 福州市除四害条例 | |
| | 福州市河道防洪岸线管理若干规定 | |
| | 福州市城市古树名木保护管理办法 | |
| | 福州市殡葬管理办法 | |
| | 福州市绿化保护带若干规定 | |
| | 福州市城市房屋产权产籍管理办法 | |
| 环境保护(3 件) | 福州市环境保护条例 | 执行性立法 |
| | 福州市大气污染防治办法 | |
| | 福州市闽江河口湿地自然保护区管理办法 | 自主性立法 |
| 历史文化(3 件) | 福州市历史文化名城保护条例 | 执行性立法 |
| | 福州市茉莉花茶保护规定 | 自主性立法 |
| | 福州市寿山石资源保护办法 | |

续表

| 范畴 | 法规名称 | 性质 |
| --- | --- | --- |
| 其他(22件) | 福州市法律援助条例 | 执行性立法 |
| | 福州市科学技术进步若干规定 | |
| | 福州市专利保护与促进若干规定 | |
| | 福州市劳动争议处理若干规定 | |
| | 福州市全日制民办教育若干规定 | |
| | 福州市统计工作管理条例 | |
| | 福州市人民代表大会常务委员会任免国家机关工作人员条例 | |
| | 福州市人民代表大会及其常务委员会立法条例 | |
| | 福州市农业技术推广若干规定 | |
| | 福州市关于集会游行示威的若干规定 | |
| | 福州市荣誉市民称号授予条例 | 自主立法 |
| | 福州市人民代表大会代表建议、批评和意见处理办法 | |
| | 福州市人民代表大会常务委员会立法听证办法 | |
| | 福州市保障台湾同胞投资权益若干规定 | |
| | 福州市行政服务条例 | 先行立法 |
| | 福州市志愿服务条例 | |
| | 福州市中小学校学生安全防范和伤害事故处理条例 | |
| | 福州市食用农产品质量安全管理办法 | |
| | 福州市私营企业权益保护条例 | |
| | 福州市结核病防治条例 | |
| | 福州市私营企业工会若干规定 | |
| | 福州市商品条码管理办法 | |

# 资格罚之反思

华　燕*

《中华人民共和国行政处罚法》第 8 条对处罚的种类作了明文列举，具体包括警告、罚款、没收违法所得、没收非法财物、责令停产停业、暂扣或者吊销许可证、暂扣或者吊销执照、行政拘留及法律、行政法规规定的其他行政处罚。为了研究的细化，学界根据不利处分作用的载体不同，将各具体处罚形式进一步概括为申诫罚、财产罚、资格罚和人身罚等类型。其中，所谓资格罚，被认为“亦称行为罚或能力罚，以限制或剥夺被处罚人特定行为能力为特征的一种行政处罚，具体包括暂扣许可证或执照，吊销许可证或执照、责令停产停业等形式”①。该认识似乎也得到了立法机关的认可，在全国人大常委会法制工作委员会国家法、行政法室编著的《〈中华人民共和国行政处罚法〉讲话》中也明确“吊销许可证和营业执照、责令停产停业等行为罚，也称能力罚”②。可见，在通常理解中，资格罚被视作对行为能力的限制或剥夺，且在概念表述上，对行为罚、能力罚不作区分。

然而，笔者认为，上述认识模糊了资格罚的实质，概念表述上的混同也不利于真正深入把握资格罚的内涵，本文拟从基础概念的区分入手，揭示资格罚的实质乃权利能力的限制或剥夺，并进一步结合立法规范，梳理资格罚的内在层次性。

## 一、行为罚或能力罚

如上所述，从处罚作用的客体来分，行政处罚区分为精神罚、人身罚、财产罚、资格罚等类型。其中，精神罚，以警告、通报批评等为代表，作用于相对人名誉、荣誉等精神性利益；人身罚，即以行政拘留为典型，作用于相对人的人身自由；财产罚，顾名思义，即作用于相对人的财产，如罚款等。按此分类逻辑，则行为罚，应作用于相对人的行为，使相对人由此承担一定的作为或不作为义务，如责令停产停业；资格罚或能力罚，则强调对相对人特定法律资格、法律能力的限制与剥夺，如吊销许可证或执照。正如有学者所指出的，以限制或者剥夺被处罚人从事某种活动的资格为内容的行政处罚，其实质是对行为能力而非行为的限制，行为能力与行为并非同一概念，故而将行为罚与能力罚相提并论，是不妥当的。③ 这种混淆直接导致了对权利与权利能力概念的混同。

### （一）分析前提：权利与权利能力的区分

有学者从分解权利要素的角度回答是“权利是什么”，即认为权利可能是一种利益、主

---

*　华燕，福州大学法学院副教授，福建联合信实律师事务所兼职律师。

①　冯军：《行政处罚法新论》，中国检察出版社 2003 年版，第 117 页。

②　全国人大常委会法制工作委员会国家法、行政法室编：《〈中华人民共和国行政处罚法〉讲话》，法律出版社 1996 年版，第 32 页。

③　杨解君：《秩序、权力与法律控制行政处罚法研究》（增补本），四川大学出版社 1999 年版，第53 页。

张、资格、力量或自由。[①] 而权利能力是指在法定的权利和义务关系中成为主体的能力，它不是指行使权利的能力，而是指成为权利主体的资格，即“能拥有权利”的资格。权利能力是指“成为权利和义务载体的能力”。法律上所谓的能力，是指在法的世界中作为法律主体进行活动，所应具备的地位或资格。[②]

从某种程度上说，权利能力本身就是一种权利。其实质也表现为法律所肯定的利益，同样包含利益、主张、资格、力量或自由等要素。然而，权利能力并不等同于一般意义上的权利。正如有学者所指出的，权利总是意味着比较具体的东西，能力总是意味着比较抽象的东西；权利通常是既定的现象，能力通常是未定的现象。所以，权利经常是面向过去的，而权利能力经常是面向未来的。[③]

首先，权利能力是基础性的元权利。权利能力并不意味着权利本身，而是行使权利的能力。作为一种“获得具体权利和义务的抽象的能力”，它是一种“最原始的权利”[④]，是得以从事法律上行为的前提、资格。在此基础上，派生出某一具体的法律关系中从事某种行为的权限，即是派生性的、具体的权利。权利能力的有无，即法律人格的有无，直接决定着主体在法律上的地位，即其是否得成为“法律上的人”，其回答的是“人之所是”这一根本性的问题；而权利的有无，则意味着主体在法律上活动空间的大小，进而判断“人之所有”的利益多少。

其次，权利能力是一种抽象性、概括性的权利。权利能力，乃“凡堪供权利义务驻足集散之资格”，权利能力的设计乃在于满足符合权利（权利）总归户之需要，以实现诸多同种或异类之权利义务，本就有相加或相关之可能。权利能力之设计，提供驻足集散地，同时便利加减，如同设计权利义务汇综同时多种权利驻足者。从非暂短性而观，显示权利能力在设计上兼具储存之功能；从同时多种权利驻足而观，显示权利能力在设计上亦具不虞容量之功能。[⑤]

最后，权利能力意味着一种可能性。如上所述，权利能力意在提供主观权利的聚集地。但是，主观权利要“现实地”聚集于某特定主体上，却还须以特定法律事实作为中介。如图1所示，权利能力本身并不能直接通向权利，权利能力的存在是享有权利必要而非充分条件，权利的实现享有，除要求具备权利能力之外，尚须特定法律事实的成就。具有权利能力，意味着生物人可成为法律人，即成为法律主体，但仅具有权利能力，并不使法律主体自然上升“法律关系主体”（权利、义务主体）。[⑥]

---

① 夏勇：《权利哲学的基本问题》，载《法学研究》2004年第3期。

② 孙建江：《自然人法律制度研究》，厦门大学出版社2006年版，第6页。

③ 徐国栋：《权利能力制度的理想与现实——人法的英特纳雄耐尔之路》，载《北方法学》2007年第2期。

④ 黄风：《罗马私法导论》，中国政法大学出版社2003年版，第95页。

⑤ 曾世雄：《民法总则之现在与未来》，中国政法大学出版社2001年版，第83页。

⑥ 张翔：《自然人格的法律构造》，法律出版社2008年版，第13页。

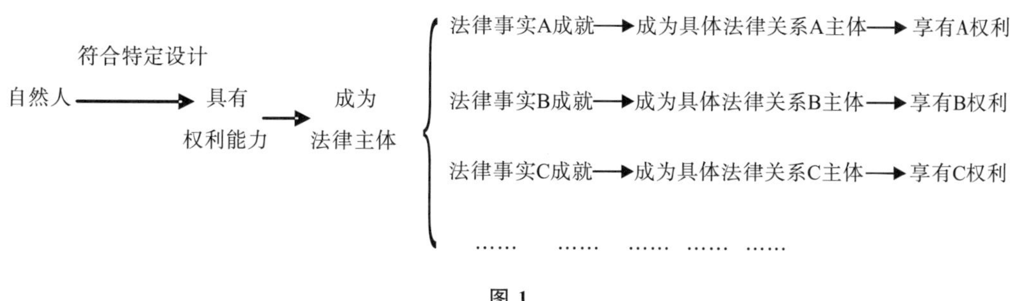


图 1

表 1

| | 内容 | 特征 | 主张结果 | 实质 | | |
|---|---|---|---|---|---|---|
| 权利能力 | 成为法律主体的资格 | 原始性 | 抽象性 | 面向未来的可能性 | 法律主体 | “人之所是”的身份判断 |
| 权利 | 法律主体可主张的资格 | 派生性 | 具体性 | 作用既存的现实性 | 法律关系主体 | “人之所有”的利益判断 |

### (二)行为罚与能力罚的区分:处罚的不同层次

如上所述,权利是主张利益保障的资格,而权利能力则是主张权利的资格。显然,这两种资格处于不同层次、具有不同法律蕴含。丧失具体权利,意味着行为人丧失了参加某具体法律关系的资格;而权利能力的丧失,则直接意味着行为人法律人格的减损,甚至影响其法律主体身份的成立。如果说,权利的丧失,仅是使权利人装扮了在特定法律舞台剧中扮演某特定“角色”的可能;而权利能力的剥夺,则意味着其从根本上被剥夺了“演员资格”。权利能力的制度设计,产生了法律主体;具体权利的行使,则意味着特定法律关系主体的存在。当“失权”所失为权利时,其强调的是对现实利益的剥夺,是“把已做成的事情取消掉”;而当所失为权利能力时,则使受罚者在未做某事之前就面向将来的不能做它,其直接剥夺了相关的一切可能性。①

而对该两种不同层次利益的限制与剥夺恰恰构成了行为罚与能力罚的区别之所在。行为罚的结果,仍使权利人丧失了具体行为权利,而能力罚的实质在于剥夺了权利人的某种权利能力。行为罚(尤其是消极意义上的行为罚)与能力罚,虽然从法律后果上看,均表现为相对人由此丧失了特定的行为自由。然正如前文所述,根据被剥夺的内容及失权影响,失权可区分为两个不同层次,即以丧失具体权利为内容的权利实效意义上的失权,及以限制部分资格、从而使有不良行为的人不得作为某些种类的法律关系的主体的人格减等意义上的失权。行为罚与能力罚的区分,恰恰体现于此:责令停产停业,即表现为丧失具体经营权利的初层次的失权,此时处罚标的为相对人的行为权利,基于该处罚,相对人负担了不作为的义务。也就是说,在停产停业期间,受处罚的当事人不得进行生产、作业或者工作,但法律资格并没有剥夺,在其符合法律法规和行政规章规定的标准或者要求以后,无须重新申请许可证或者

① 徐国栋:《民法的人文精神》,法律出版社 2009 年版,第 93 页。

营业执照就可以继续进行生产、作业或者工作。① 而吊销许可证和营业执照，则是后一种意义上的失权，该处罚标的为相对人的法律能力，由此相对人丧失了从业某种活动的可能。

## 二、行为能力，抑或权利能力?

行政法学界通常理解，能力罚是行政机关对违反行政法律规范的行政相对人所采取的限制或剥夺特定行为能力的制裁措施。相对人某一方面的行为资格或行为能力受到限制或剥夺，也就意味着限制或剥夺了行为人从事某项活动的权利。② 然而，笔者以为，能力罚所作用的对象，并非相对人的行为能力，而实为对相对人权利能力的限制。

行为能力是主体能够凭借其行为取得权利承担义务的一种能力，它反映的是一种主体的内在的意志能力，是法律对主体基于其意志而作出的行为的承认。在我们的理论中对行为能力采取三分的区别方法，一个人属于何种行为能力人一般是有所确属的，法律已经预先对于各种情况的主体的行为能力进行了确定。既然如此，那么又如何说能够剥夺一个正在监狱服刑的犯人的行为能力呢？这种剥夺如何能够实现呢？这在理论上是说不通的，因此上述国家的理论认为在上述的某些情形下失权剥夺的是主体的行为能力是不正确的。而我们说权利能力是主体承担权利义务的前提资格，我们现在的做法是对权利能力进行抽象的赋予，在具体的情形发生时则对它进行限制。且权利能力因主体的身份等因素不同而产生的范围大小不同，失权所失去的恰恰是这样的一种权利能力，是对主体一定范围内的权利能力的剥夺。这种剥夺往往是主体由于滥用了某种身份、技能或其他的不良行为而导致的由国家公权力对该主体的该范围内的权利能力的剥夺。③

从能力罚的实质上看，吊销许可证和营业执照，意味着对行政许可的反作用。在现代社会中，有些领域实行许可制度，在这些实行许可制度的领域或事项中，公民或法人并不当然享有从事特定活动的权利，只有获得国家授权的行政机关的许可，方才具有从事特定活动的权利，而证照就是国家许可的法律文件，也是相对人拥有此项权利的法律凭证。吊销证照的法律意义就在于使权利人的特许权丧失，由于这种丧失是一种惩罚形式，所以说吊销证照是剥夺其特许权利。④ 正如有学者所言，许可证是个人或者组织从事某项活动的法律依据，在某种程度上也代表了公民或者法人的某种权利能力或者资格得到国家的认可，因此对许可证的扣留和吊销就剥夺了管理相对人从事该项活动的权利。⑤ 既然，行政许可是对某种权利能力的赋予与认可，那么作为行政许可反作用的吊销许可证，自然即构成对某权利能力的限制与剥夺。

综上，能力罚，作为某种意义上"失能"制度⑥，意味着"人格减等"意义上的失权人在某种程度上根本性地丧失了主张某类权利的资格，即权利能力受限制。

---

① 胡锦光:《行政处罚研究》，法律出版社1998年版，第38页。

② 皮纯协、余凌云等:《行政处罚法原理与运作》，科学普及出版社1996年版，第81页。

③ 孙建江:《自然人法律制度研究》，厦门大学出版社2006年版，第25～26页。

④ 杨小君:《行政处罚研究》，法律出版社2002年版，第194页。

⑤ 汪永清主编:《行政处罚运作原理》，中国政法大学出版社1994年版，第102页。

⑥ 徐国栋:《民法哲学》，中国法制出版社2009年版，第142页。

## 三、资格罚的层次性

法定行政处罚种类针对不同违法情形而设置，内含着不同程度的否定性评判。各具体部门行政法规范中也通过对各处罚种类运用的具体规定，体现了处罚内在的层次性。即使是均以相对人行为为客体的处罚措施而言，也体现了处罚力度上的层次性。

以下以《中华人民共和国律师法》为例，就处罚的层次性予以展示。

第四十七条　律师有下列行为之一的，由设区的市级或者直辖市的区人民政府司法行政部门给予警告，可以处五千元以下的罚款；有违法所得的，没收违法所得；情节严重的，给予停止执业三个月以下的处罚：

(1)同时在两个以上律师事务所执业的；

(2)以不正当手段承揽业务的；

(3)在同一案件中为双方当事人担任代理人，或者代理与本人及其近亲属有利益冲突的法律事务的；

(4)从人民法院、人民检察院离任后二年内担任诉讼代理人或者辩护人的；

(5)拒绝履行法律援助义务的。

第四十九条　律师有下列行为之一的，由设区的市级或者直辖市的区人民政府司法行政部门给予停止执业六个月以上一年以下的处罚，可以处五万元以下的罚款；有违法所得的，没收违法所得；情节严重的，由省、自治区、直辖市人民政府司法行政部门吊销其律师执业证书；构成犯罪的，依法追究刑事责任：

(1)违反规定会见法官、检察官、仲裁员以及其他有关工作人员，或者以其他不正当方式影响依法办理案件的；

(2)向法官、检察官、仲裁员以及其他有关工作人员行贿，介绍贿赂或者指使、诱导当事人行贿的；

(3)向司法行政部门提供虚假材料或者有其他弄虚作假行为的；

(4)故意提供虚假证据或者威胁、利诱他人提供虚假证据，妨碍对方当事人合法取得证据的；

(5)接受对方当事人财物或者其他利益，与对方当事人或者第三人恶意串通，侵害委托人权益的；

(6)扰乱法庭、仲裁庭秩序，干扰诉讼、仲裁活动的正常进行的；

(7)煽动、教唆当事人采取扰乱公共秩序、危害公共安全等非法手段解决争议的；

(8)发表危害国家安全、恶意诽谤他人、严重扰乱法庭秩序的言论的；

(9)泄露国家秘密的。

律师因故意犯罪受到刑事处罚的，由省、自治区、直辖市人民政府司法行政部门吊销其律师执业证书。

第五十一条　律师因违反本法规定，在受到警告处罚后一年内又发生应当给予警告处罚情形的，由设区的市级或者直辖市的区人民政府司法行政部门给予停止执业三个月以上一年以下的处罚；在受到停止执业处罚期满后二年内又发生应当给予停止执业处罚情形的，由省、自治区、直辖市人民政府司法行政部门吊销其律师执业证书。

律师事务所因违反本法规定，在受到停业整顿处罚期满后二年内又发生应当给予停业整顿处罚情形的，由省、自治区、直辖市人民政府司法行政部门吊销律师事务所执业证书。

从上述三条文中，不难看出立法者的立法思路为：先根据违法行为内容的危害性，将违法行为作了不同程度的区分，具体体现为第 47 条、第 49 条各自列举的诸类事项；而在每一条款所列事项内部，又根据同一行为内容可能存在的不同情节，进一步区分配置罚责。具体如下图所示，直接展示出各类型处罚的不同惩戒力度，即针对相对人的一般违法事项一般情节，行政主体通常进行警告或予以罚款；如是严重违法行为，或是一般违法行为的加重情节，则须以责令停止执业为惩戒；若相对人行为危害更甚，如实施犯罪行为，或是严重违法且情节恶劣，则行政主体应吊销其执业证书。由此，构建了处罚的三个层次，即图 2 所示的：

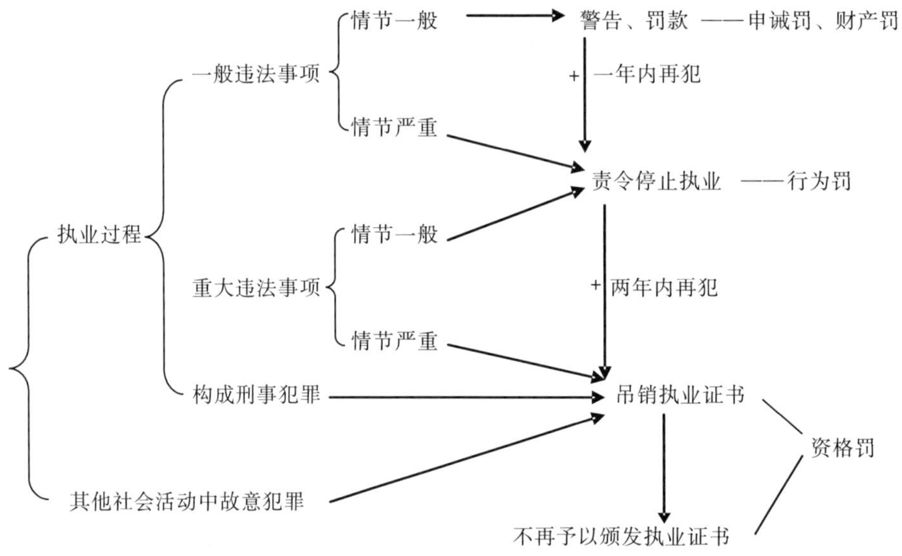


**图 2**

第一层：轻微违法——警告罚款。

第二层：较重违法（包括违法内容一般但情节恶劣，违法内容严重但情节一般，及一年内多次实施轻微违法行为）——责令停止执业。

第三层：严重违法（包括刑事犯罪，违法行为内容严重且情节恶劣，及两年内多次实施较重违法行为）——吊销执业证书。

其中第一层内容，与本主题无关，我们不作讨论。而第二、三层的处罚内容，均直接以相对人行为自由为作用客体，上述层次性展示，恰恰与本文前述资格罚的内在层次性相应合。

如前文所述，相对人丧失行为权利或资格，又进一步区分为行为罚意义上的具体行为权利的丧失，与能力罚意义上的某类行为资格的丧失。上述第二层次中的停止执业，即表现为受处罚律师的执业自由在一定时间内的丧失，是具体行为权利的丧失，而其律师资格与律师身份并未受到影响；而在第三层次中，一旦被吊销执业证书，即意味着相对人丧失了律师资格，丧失了以律师身份参加社会活动的能力。正是在这个意义上，有学者清晰地指出，责令停产停业是对权利的限制，而吊销许可证和执照是对资格的剥夺。① 上述层次上的界分，显然印证了本文前述关于行为罚与能力罚性质的辨析，从而显见资格罚的特定法律意蕴。

然而，特别值得注意的是，相对人被吊销律师执业证书的后果，事实上不止于其丧失律师身份，回复到普通公民身份，根据《中华人民共和国律师法》第7条的规定，"申请人有下列情形之一的，不予颁发律师执业证书……(2)受过刑事处罚的，但过失犯罪的除外；(3)被开除公职或者被吊销律师执业证书的"。这意味着，相对人被吊销律师证书还将进一步永远丧失重新申请获得律师身份的可能。显然，这是更深一层的失权，而这个意味上的失权，甚至已经超出了行政处罚的目的。

---

① 刘善春主编：《行政处罚法释义与案例评析》，中国政法大学出版社1996年版，第162页。

# 大数据时代的个人信用信息保护

## ——以个人征信制度的完善为契机*

吴旭莉**

当今社会，信息既是交易的支持基础，又同时成为一种交易客体。在大数据时代，一种新兴的经济模式正迅速发展——档案库和数据存储网站悄悄地收集数万亿网上行为记录，等待时机进一步开发、利用这些信息。① 2018年8月20日，中国互联网络信息中心发布的《中国互联网络发展状况统计报告》(第42次)显示，截至2018年6月30日中国互联网用户规模达8.02亿，互联网普及率达57.7%，②众多互联网服务商积累了海量的网民行为数据。物联网、移动互联网、云计算等信息技术的快速发展与应用，使得基于大数据而构建的社会信用体系具备现实性。本文以我国个人征信制度的发展与完善作为研究对象，分析个人征信发展过程中面临的问题，尤其是个人信息保护问题，以期为中国个人征信制度的完善及个人信用信息保护有所裨益。

## 一、中国个人征信制度的发展现状

较之欧美发达国家，我国个人征信制度起步较晚，但恰因起步于互联网、大数据、云计算技术大力发展的时代，注定了我国个人征信制度的发展有着自身特色，具有时代元素。

### (一)中国个人征信制度的创新特色

2018年5月23日，百行征信有限公司在深圳挂牌，这是国内第一家市场化的个人征信企业。该公司由中国互联网金融协会以及芝麻信用等八家征信公司组成③，注册资本为10亿元人民币。其中，中国互联网金融协会占股36%，其余八家公司各占股8%。早在2015年1月，央行曾通知这八家公司做好经营个人征信业务的准备，但试点名单公布27个月后央行征信管理局表示，由于互联网金融业态不稳定以及社会公众对个人信息保护要求越来越高，这八家公司离监管要求差距尚远，将不分别发放个人征信牌照。百行征信公司的成立

---

* 本文得到厦门大学课题“个人信用信息适度公开、合理运用与个人信息权的保护”及国家留学基金的资助。

** 吴旭莉，厦门大学法学院副教授，福建联合信实律师事务所兼职律师。

① [美]迈克尔·费蒂克、戴维·C.汤普森：《信誉经济：大数据时代的个人信息价值与商业变革》，王臻译，中信出版集团2016年版，第5页。

② 《中国互联网络发展状况统计报告》(第42次)，http://www.cnnic.net.cn/hlwfzyj/hlwxzbg/hlwtjbg/201808/t20180820_70488.htm。

③ 八家征信公司分别为：芝麻信用管理有限公司、腾讯征信有限公司、深圳前海征信有限公司、鹏元征信有限公司、中诚信征信有限公司、考拉征信有限公司、中智诚征信有限公司以及北京华道征信有限公司。

开启了我国个人征信的创新之路，中国特色的个人征信制度主要包括以下特点：

1.个人征信模式创新，公私征信体系并存。在百行征信成立之前，我国仅有上海资信有限公司（1999 年 7 月成立）与央行个人信用数据库（2005 年 8 月联网运行）为公众提供个人征信服务，以央行数据库为主导。截至 2017 年 7 月，央行征信系统已覆盖全国 9.32 亿自然人，提供 45.21 亿次个人征信报告查询。① 新成立的百行征信从其股东组成结构考察，以中国互联网金融协会为最大股东，尽管存在一定的官方背景，但毕竟是一家股份制企业。央行个人信用数据库主要收集与金融消费相关的个人信用信息，而百行征信根据自身特点可收集央行征信数据库未能覆盖的领域，二者各有分工，相互补充，共同拓展个人征信服务业务。② 我国的个人征信体系形成公共征信与市场化征信并存的双轨制体系。

2.个人信用信息的采集效率高、客户刻画真实。在信息互联互通的征信模式下，互联网消费平台、社交平台、金融数据平台、线下交易平台、反欺诈业务平台及第三方征信机构等为个人信用信息的采集提供了便捷途径。从消费平台可采集的个人信息包括姓名、性别、电话号码、住址、婚姻状况、开户银行、消费习惯等。从社交平台及其所拓展的周边服务可定位用户的社交圈，为用户进行性格画像。其他平台或多或少接入政府公共部门的数据：从市场监督管理平台可获悉个人投资企业的持股状况以及企业经营状况，从商业银行系统可获取个人信贷及所参与其他金融活动记录，从税务信息系统可获得个人缴交各类税收情况，从法院的司法信息系统可获知个人参与的所有诉讼记录以及裁判执行情况等。百行征信集上述平台的功能于一身，又与人人贷、苏宁消费金融等 15 家从事互联网金融与消费的机构签订合作协议，③这些机构将与百行征信共享信息，为客户提供全面、准确的个人信用信息产品。

3.利用数据挖掘技术，实现个人征信数据资源再生利用。互联共享的信用信息为数据分析提供了海量的样本，数据挖掘技术可以从这些海量的、随机的、模糊的、碎片式的信息中提取不为人知、隐含其中的有用信息和知识。④ 对看似零散的数据进行分类、归纳、关联分析后，通过可视化手段，再生成有价值的征信信息。互联网技术的运用，可以使数据挖掘在几小时甚至几分钟内完成客户的信用信息处理，⑤不仅能更准确地提取客户的信用情况，还可以提供更具体、更丰富的信用产品及服务，实现信用信息资源的再生利用。

（二）个人征信及个人信息保护立法现状

目前，我国规范个人征信的法律主要是 2013 年 1 月由国务院颁布的《征信业管理条例》，该条例旨在规范企业与个人的征信活动。根据该条例，央行及其派出机构作为国务院征信业监管部门依法监督管理征信业。该条例第 2 条同时明确国家机关及其他具有管理公共事务职能的组织在履行职责过程中采集、整理、公布企业或个人相关信息的，不属条例监

---

① 贾康：《基于大数据的征信建设探讨》，https://www.easyfang.com/a/20180604375996/。

② 刘国刚：《互联网金融背景下我国个人征信行业发展实践及展望》，载《金融理论探索》2018 年第 2 期。

③ 刘双霞、宋亦桐：《“信联”百行征信开业渐近　官网已正式上线》，http://www.sohu.com/a/243408837_319643。

④ 范建华：《信息保护的重要手段——数据挖掘——以银行业环境为例》，载《金融经济》2012 年第 4 期。

⑤ 涂永前、王晓天：《大数据背景下个人征信信息保护的立法完善》，载《互联网天地》2017 年第 5 期。

管范围。2016年5月，央行征信管理局下发《征信业务管理办法(草稿)》，该草稿从信息的采集、整理、保存、加工、提供、使用及征信业监管等方面对征信业进行详细规定，但该办法至今未出台。

近年来，为解决大数据时代所面临的个人信息保护问题，我国法律从刑事、民事、行政各层面采取了一系列措施。继2009年2月《中华人民共和国刑法修正案(七)》中新增第253条之一侵犯公民个人信息罪后；2015年8月《中华人民共和国刑法修正案(九)》第17条再次就个人信息的刑法保护进行补充，非法提供、出售、窃取个人信息，不论是单位或个人皆可被处罚。2013年10月，《中华人民共和国消费者权益保护法》第二次修正时，在消费者权利中规定消费者享有个人信息依法得到保护的权利；在经营者义务中规定经营者收集、使用消费者个人信息应遵循的相关义务。2017年6月1日施行的《中华人民共和国网络安全法》从国家网络安全战略高度对个人信息进行保护。2017年10月1日开始实施的《中华人民共和国民法总则》在第五章"民事权利"中规定了"个人信息权"。2018年8月27日提交初审的《民法典各分编草案》中，设有人格权编，其中设专门章节规定隐私权与个人信息权。[①] 2018年8月31日通过的《中华人民共和国电子商务法》第23条规定电子商务经营者应当依照法律、行政法规的规定收集、使用用户的个人信息。近期，全国人大已将《个人信息安全法》与《数据保护法》列入立法规划，[②]期待在各界人士的推动下，保护个人信息的专门法能早日出台。

2018年5月1日，由全国信息安全标准化技术委员会制定的《信息安全技术 个人信息安全规范》(以下简称《个人信息安全规范》)开始实施，这是我国现行的个人信息安全国家标准。英国《金融时报》评价称，在欧盟《一般数据保护条例》(*The EU General Data Protection Regulation*，GDPR)的启发下，中国意外成为亚洲数据保护的领先者。[③]

## 二、中国个人征信制度亟待解决的问题

发展个人征信业势必涉及个人信用信息的收集与运用，个人信用信息作为最有经济价值的个人信息之一受到来自不同利益群体的觊觎。互联网时代个人征信数据化发展趋势，大大降低了个人征信产品的采集成本，提升了个人信用信息的使用价值，但与之相伴而产生的问题亦不容忽视。在个人征信业的发展过程中，个人信用信息面临的问题主要包括：

1.无论是征信业立法还是个人信息保护的规范，我国相关法律规范的法律位阶都较低，难以适应新形势发展。《征信业管理条例》由国务院颁布，属行政法规，出台至今五年有余，虽不算久远，但这五年多来，我国数据产业的飞速发展使得该条例已明显滞后。尽管《个人信息安全规范》的实施令我国的个人信息保护在亚洲领先，但中国与欧美发达国家之间在个人信息保护方面依然存在明显差距，个人信用信息保护更是面临诸多挑战。

---

① 朱宁宁：《六编1034条民法典各分编草案亮相》，载《法制日报》2018年8月28日。

② 《十三届全国人大常委会立法规划》，http://www.npc.gov.cn/npc/xinwen/2018-09/10/content_2061041.htm。

③ Louise Lucas: China emerges as Asia's surprise leader on data protection: Europe's GDPR rules prompt work to improve regulation across the region, *Financial Times*, May 30, 2018.

近期，欧美发达国家关于个人信息的保护不断推出新规定。2018 年 5 月 25 日 GDPR 生效，这是欧盟《关于保护个人信息处理以及自由移动的指令》（“95 指令”）的升级版。2016 年通过后，预留 2 年缓冲期，以便各成员国充分准备、适时调整监管机制以契合 GDPR 的要求。美国在 2015 年 2 月发布《消费者隐私权法案》（*Consumer Privacy Bill of Rights Act*，CPBR）政府讨论稿，旨在为商业环境下的消费者个人信息保护提供示范。2018 年 3 月 23 日，美国通过《澄清境外数据的合法使用法案》（*Clarifying Lawful Overseas Use of Data Act*，CLOUD ACT），对个人数据的跨境流动进行规定。6 月 28 日，加州议会通过《2018 加州消费者隐私法案》（*The California Consumer Privacy Act of* 2018，CCPA），以应对 Facebook 深陷“数据门”事件后的危机。CCPA 被认为是全美最严厉的个人数据保护法案，将于 2020 年 1 月 1 日起生效。该法案堪称美版 GDPR，有的条款甚至更为严苛。

互联网数据技术的发展，我国个人征信业发展的新变化，国际上推陈出新的规则，令本已处于较低法律位阶的《征信业管理条例》《个人信息安全规范》难以适应新形势要求。应当研究国际社会的先进经验，适时推出符合中国国情的个人征信及个人信息保护法规。

2.个人信用信息需求广泛，非法采集、销售信用报告的情形严重。中国互联网协会于 2016 年向中国网民做过一次全面调查，84％接受调查的网民称有个人信息被泄露的经历，54％的被调查者认为信息被严重泄露。① 个人信用信息由于其经济价值，更是面临被非法收集、过度收集、不当泄露、违法交易以及二次开发等问题。例如，2016 年 5 月，厦门公安机关在一 QQ 群中发现一则代查个人征信记录、房产信息、优质公务员名单的广告。依此线索，警方截获近百万条个人信息、40 多万份个人信用报告，每份报告售价 2～5 元。② 尽管司法机关已在严厉打击非法销售个人征信报告的案件，但类似的案件依然时有发生。

当今中国互联网金融、消费甚为发达，除银行、电商巨头外，还有许多小贷公司、P2P 平台、小型电商等共享互联网经济资源。一些公司由于各种原因无法或不愿接入央行数据库，或者其本身经营产品的合规性存在疑问，无法从正规渠道取得个人信用报告，进而转向地下市场。尽管登录央行征信中心官网首页就可以看到醒目提示，该中心未授权任何第三方应用程序（手机 App）查询个人信用信息，但中国手机用户还是可以在应用系统上找到多款 App 查询个人征信，不少 App 的下载次数达 1 万次以上，有的甚至达百万次，③足见非法交易市场之大。如何在促进个人征信业发展过程中，既合理收集、开发、运用个人信用信息，又能保护个人权利不受侵害成为迫在眉睫的课题。

3.个人征信监管制度跟不上时代发展步伐，出现监管真空。个人信用信息的共享对征信市场至关重要，但对消费者则可能产生负面影响，因此有必要对个人征信业从业者进行有效监管。在百行征信成立前，央行个人征信数据库是我国最重要的个人征信服务机构，而央行及其派出机构同时又是征信业监管机构，这种管理者与被管理者同属于一个部门的情形，

---

① 《〈中国网民权益保护调查报告 2016〉：54％的网民认为个人信息泄露严重》，http://www.isc.org.cn/zxzx/xhdt/listinfo-33759.html。

② 《厦门警方抓获 6 名嫌疑人　缴获近百万条个人信息》，载《海西晨报》2016 年 6 月 6 日。

③ 《惊动央行发文警禁，APP 征信窃取信息究竟有多疯狂》，https://baijiahao.baidu.com/s?id=1603231762435575657&wfr=spider&for=pc。

容易出现监管权责不明的现象。从监管机构的设置看，在个人信用信息主要来自金融交易的时代，央行基本可满足个人征信监管需求，还可避免多头监管所产生的弊端。但随着我国最新个人征信制度的发展变化，个人信用信息收集跨越多部门、多领域，个人征信活动已发展到央行所能掌控的金融系统之外，这些领域的征信活动或将游离于监管。监管不到位甚至监管失效，①使得滥用个人信用信息、侵害个人信息权利的事件时有发生，确有必要进一步从立法层面完善个人征信制度。

4.权利边界模糊以及救济手段缺失，个人征信被侵害者维权困难。《征信业管理条例》主要从管理征信行业的角度规范征信活动应遵循的规则，该条例仅在第3条笼统规定从事征信活动不得侵犯个人隐私，在征信业务规则中对个人信息主体的同意权、异议权与投诉程序有简单规定。但是，该条例没有从个人信息保护角度界定个人征信主体的权利体系，更缺乏相应的权利救济程序。《个人信息安全规范》同样没有权利救济程序。在实务运用场景中，互联网时代众多服务提供的是人机对话，没有客服向用户做面对面的说明，个人信息运用规则极不透明。一些平台要求客户授权查询个人信用信息，而客户进行授权时，有关客户权利的提示含糊、不明确，人们不了解或难以理解个人有哪些具体权利，不知个人信用信息是否将用于其他用途、数据是否可被再度使用；或者平台界面极度不友好，设计复杂的提示与说明，客户阅读极度不便；或者不授权无法进行下一步的操作，无法使用产品。在侵犯客户权利时，由于时常在告知与说明中采用要求客户授权第三方查询个人信用信息的模式，屏蔽真实的信息使用人，一旦发生纠纷，由于立法缺失，难以追责，客户维权困难。②

鉴于我国个人征信领域的个人信息保护存在的上述问题，本文将进一步梳理我国个人征信主体的具体权利，并就完善个人征信领域的个人信息保护提出建议。

## 三、个人征信主体的具体权利规范与保护

"权利本位"是近现代法哲学的基石。③ 法律对个体权利的确认，意味着社会对该个体的认可，规范该个体权利的法律便成为该群体特定的行为准则，④个人征信主体权利的实现以权利的规范与保护为核心。较之《征信业管理条例》对个人信息保护一带而过的规定，《个人信息安全规范》规定了个人信息权利体系，在技术标准层面确定征信企业在个人信息的收集、处理、共享、使用、流转、披露等信息处理环节的行为准则。一些学者认为《个人信息安全规范》在软法层面填补了网络安全规则的空白。⑤

### （一）个人征信主体的权利体系

根据《个人信息安全规范》的规定，个人征信主体的权利主要包括：

1.同意权。《征信业管理条例》第13条规定个人信息采集应经本人同意，但没有进一步展开规定。《中华人民共和国消费者权益保护法》第29条规定经营者收集、使用消费者个人

① 周秀娟：《论互联网金融个人征信的法律监管》，载《电子科技大学学报（社科版）》2017年第2期。

② 彭婷婷、谢新泉：《互联网消费金融背景下征信监管问题探析》，载《征信》2017年第2期。

③ 张文显：《法哲学范畴研究》，中国政法大学出版社2003年版，第335页。

④ 葛洪义：《探索与对话：法理学导论》，山东人民出版社2000年版，第205～206页。

⑤ 吴沈括、霍文新：《个人信息安全规范国标填补规则空白》，载《网络传播》2018年第2期。

信息应当根据《个人信息安全规范》第 5.3 条要求，同意权涉及收集、委托处理、对外共享、转让以及公开披露等环节。个人征信主体有权在个人信息被收集前被明确告知所收集的个人信息将用于何种产品、收集方式、频率、存储地点与期限、数据安全以及是否对外共享、转让及公开披露等，只有获得信息主体同意后方可收集。收集个人敏感信息[①]，应当获得信息主体的明示同意。同时，根据《个人信息安全规范》第 7.7 条的规定，此等同意权可以撤回。在关于同意权的规定中，例外规则值得关注。在《个人信息安全规范》第 5.4 条中详细列举 9 种无须征得个人信息主体授权同意即可收集个人信息的情形，该条款中还包括兜底条款。这些例外情形主要与国家利益、国防安全、公共利益、公共安全有关，或者个人信息来自公众渠道，如新闻媒体、政府信息公开等渠道。《个人信息安全规范》第 8.5 条还规定有共享、转让与公开披露环节授权同意的例外情形，与收集环节的前 6 种例外情形一致。

2.最小化、匿名化与去标识化。《中华人民共和国网络安全法》第 41 条规定网络运营者收集使用个人信息时应当遵循合法、正当、必要原则，对与其提供的服务无关的个人信息禁止收集。《个人信息安全规范》第 5.2 条在此基础上进一步规定，收集个人信息应当与产品具有直接关联、自动采集的信息应当符合必需的最低频率、间接获得的个人信息应当符合必需的最少数量要求。在个人信息保存环节也有最小化要求，信息保存期应当是必需的最短时间。超出必要保存期限的个人信息应当删除或作匿名化处理。在《个人信息安全规范》中，匿名化与去标识化是两个重要的保护个人信息安全的方式。经匿名化处理的个人信息，其信息主体无法再被识别且无法再复原；而去标识化的个人信息，其处理技术更为复杂，在保留个体颗粒度的基础上，运用哈希函数、加密、假名等方法替换个人标识，嗣后借助其他额外辅助信息可再度识别信息主体。[②]

3.信息访问权。信息访问权是信息主体所具有的访问被信息控制人所掌握的个人信息文档的权利。[③] 这项权利在《中华人民共和国网络安全法》中没有明确规定。根据《个人信息安全规范》第7.4条的规定，个人信息主体有权要求个人信息控制人提供其所持有的个人信息及其类型、个人信息的来源及其使用目的及已获得上述个人信息的第三人身份或类型。新近出台的《中华人民共和国电子商务法》第 24 条规定了用户对个人信息的查询权，这也是用户信息访问权。《中华人民共和国电子商务法》从规范电子商务经营者行为的角度，规定用户信息查询程序，从而保护消费者个人信息安全、保护消费者知情权。

4.更正与删除权。《征信业管理条例》第 25 条规定了信息主体的异议与征信机构的删除程序。《个人信息安全规范》第 7.5 条规定，个人信息主体发现个人信息不完整或有错误时，可以要求信息控制者补充或更正信息。根据《个人信息安全规范》第 7.6 条的规定，对个人信息控制人违法收集信息、违法使用、向第三方共享或转让信息或公开披露信息的，个人信息主体有权要求信息控制人或第三方及时删除。

---

① 参见《个人信息安全规范》附录 B，个人敏感信息主要是指一旦泄露、非法提供或滥用可能危及人身和财产安全的信息。

② 董贞良：《GB/T35273-2017〈信息安全技术个人信息安全规范〉解读》，载《中国质量与标准导报》2018 年第 6 期。

③ Graham Greenleaf, *Asian Data Privacy Laws: Trade and Human Rights Perspectives*, Oxford University Press 2017, p.215.

5.安全事件的被告知权。在安全事件发生后,个人信息主体有权获悉安全事件的内容及可能造成的影响、信息控制人是否已采取相应措施或即将采取的处置方案、自主防范及降低安全风险的建议、相关补救措施以及个人信息保护机构的负责人及其联系方式等。《征信业管理条例》未就安全事件告知程序进行规定。

(二)从"隐私权"到"个人信息自决权"的发展

从《个人信息安全规范》官方公布的参考文献可知悉,该规范参考GDPR、经济合作发展组织(OECD)的隐私保护框架(Privacy Framework)、亚太经合组织(APEC)的隐私保护框架(Privacy Framework)、欧盟与美国的隐私保护协议(EU-U.S Privacy Shield)以及美国CPBR的规定。该规范参照国际标准,汇集国内顶尖信息研究机构以及相关信息公司的研究成果,虽然其效力层级还只停留于部门规章层面,并不是法律;只是个人信息安全标准,还没有具体的处罚措施,但尽管如此,中国还是迈向了个人信息保护的漫漫征途。[①]

从世界范围观察,个人信息保护的立法正悄然超越原有的隐私权保护的狭窄范畴而逐步转向个人信息的自决权基础。早在1971年德国学者Steimuller就提出资讯自决权的概念,旨在规范电脑通信技术日益发达背景下德国政府收集个人资讯的行为,强调个人有权自主处分自己的个人资料,有权决定是否将个人资料交付并由他人使用。[②] 在1984年联邦德国的"人口普查案"[③]中,个人信息自决权付诸司法。信息自决权包含三个核心内容:(1)法律保留,即限制信息主体的权利必须由立法许可。(2)隐私保护。(3)目的限制原则,收集及使用信息应受到严格限制。[④] 美国学者Charles Fried研究隐私权时提出,信息隐私保护不应局限于阻却他人获取个人信息,而应当关注信息主体的自我控制权利及自主决定信息的使用与流转。[⑤] 在信息保护研究与发展过程中,倾向于隐私保护的观点一度占据绝对优势地位。隐私权自从美国滥觞以来,旨在保护个人秘密不受侵犯,抵抗外来因素对私人生活与信息的窥探与侵犯,其从整体而言是一种被动的、防御性权利。例如在CPBR中,美国通过隐私风险动态评估加强个人信息使用的风险控制,结合隐私风险界定各方主体的责任。[⑥]

近年来,个人信息控制论逐渐成为个人信息保护理论的主流。[⑦] 例如,在GDPR正文中通篇没有使用隐私的概念,而是强调个人对信息的控制权;与此同时,CCPA中亦多处包含消费者自决权的内涵。个人信息自决权则重在强调个人得以自主、自由地决定如何使用个人信息,[⑧]从而保障个人的自由人格。未经本人同意而处理个人信息,对个人人格难免产

---

① Graham Greenleaf, Scott Livingston: China's Personal Information Standard: The Long March to Privacy Law, *Privacy Laws and Business International Report*, 2017(150), pp.25-28.

② 许文义:《个人资料保护法论》,台湾三民书局2001年版,第49、54页。

③ 联邦德国人口普查案:1983年联邦德国制定《人口普查法》,宪法法院经过激烈讨论,基于一般人格权,依据《基本法》第1条第1款及第2条第1款,明确提出个人信息自决权。参见:BVerfG 65, 1.

④ 周佳念:《信息技术的发展与隐私权的保护》,载《法商研究》2003年第1期。

⑤ Charles Fried: Privacy, 77, *Yale Law Journal*, *January*, 1968, pp.485-486.

⑥ 范为:《美国〈消费者隐私权法案〉中适应大数据发展的个人信息保护新思路及对我国的启示》,载《网络空间法治化的全球视野与中国实践》,法律出版社2016年版。

⑦ 高富平:《个人信息保护:从个人控制到社会控制》,载《法学研究》2018年第3期。

⑧ 谢远扬:《信息论视角下个人信息的价值——兼对隐私权保护模式的检讨》,载《清华法学》2015年第3期。

生难以预料的影响，偏离个人原本的人格塑造预期。因此，个人有权控制个人信息对外披露程度，同意权、同意的撤回权等正是个人依照法律决定个人信息是否被收集及使用的体现。个人信息自决权已跨出隐私权保护的被动局面，成为一种控制型、管理型的个人信息保护机制。①

## 四、完善个人征信制度中个人信用信息保护的建议

《个人信息安全规范》为征信业提供了个人信用信息保护的行为指南，个人征信企业应当以该规范为标准，审查各工作流程是否符合安全规范，保护个人征信主体的权利。同时，我们要清醒地认识到我国个人征信业发展中的不足，借鉴欧美发达国家的经验与教训，结合个人信息权的保护，完善我国个人征信制度。

### （一）关注个人信息保护立法的国际趋势，提升立法层级

如前所述，《征信业管理条例》及《个人信息安全规范》的法律位阶均较低，不足以全面担当起维护信息主体权利的使命。在征信业管理方面，期待央行征信管理局继续推动《征信业务管理办法》的制定。同时，我们看到《个人信息保护法》已列入全国人大的立法规划。这部保护个人信息的专门法应当以个人信息自决权为主导并具有国际视野。数据时代企业全球化运营趋势以及数据的跨境流动使得越来越多企业受到GDPR、CLOUD及其他数据保护规则约束，这要求我国个人信息保护规则应当尽快提升为法律并国际化。

GDPR全面提升“95指令”的效力层级。“95指令”不能在欧盟境内直接适用，还需各成员国通过立法程序将其规则转化为国内法。从具体适用观察，各欧盟成员国由于文化传统及法制环境不同，在执行上存在较大差异。而根据GDPR第99条的规定，该条例自实施之日起，在欧盟各成员国范围内直接具有法律约束力，并且具有优先于各国国内法的效力。②与此同时GDPR实行宽泛管辖原则，扩大管辖范围。GDPR第3条规定，GDPR不仅适用于设立在欧盟境内的企业，而不论其行为是否发生在欧盟境内，只要为欧盟境内的数据主体提供数据或服务，不管是否有偿；或监控数据主体在欧盟境内的行为均受GDPR管辖。

美国CLOUD法案的实施，将使美国的信息主权从领土边界拓展到技术可控边界。③加州新近通过的CCPA充分保护消费者信息自决权，如消费者有权知悉被收集的所有个人信息的情形（收集范围、收集目的、是否出售给第三方）；消费者有权拒绝企业向第三方出售个人信息；消费者有权要求删除个人信息；企业可向消费者提供服务优惠换取消费者允许企业出售这些数据；即便消费者选择不分享个人信息亦有权享受同等的服务与价格；更重要的是，只要存在个人数据泄露的情形，消费者即可提起诉讼。反对人士提出法案应在2020年生效前进一步修改、完善，若准许任何数据被泄露个人均可起诉企业，这种权利显然过于宽泛，将严重限制企业发展。Facebook、Amazon等互联网企业更是提出反对意见。④

---

① 洪延青：《评〈网络安全法〉对数据安全保护之得失》，载《信息安全与通信保密》2017年第1期。

② 彭星：《欧盟〈一般数据保护条例〉浅析及对大数据时代下我国征信监管的启示》，载《武汉金融》2016年第9期。

③ 张新宝：《我国个人信息保护立法主要矛盾研讨》，载《吉林大学社会科学学报》2018年第5期。

④ 《加州通过“全美最严”网络隐私保护法　硅谷企业表质疑》，http://www.xinhuanet.com/world/2018-06/30/c_129904098.htm。

个人信用信息的运用与保护之间始终存在冲突：过分强调个人信息保护势必削弱数据的流动性、增加个人征信从业者的成本；但没有限制地过度使用个人信用信息又不利于个人权利保护。以欧盟与美国的个人数据保护控制标准的对比为例，由于欧盟将个人信息权利归结于基本人权的宪法权利立场，其个人信息保护标准与力度显然高于美国的规定。欧盟通过建立一套严整的制度规范个人数据，而美国则更侧重将个人数据保护问题交给市场与行业自律，难以简单评判何种做法更加合理，但的确有学者认为严格的个人数据保护制度在一定程度上制约了互联网行业的发展。玛丽·米克尔的《2018年互联发展趋势报告》指出，在过去的5～10年中，互联网行业发生巨大变化。5年前，只有2家中国互联网公司的市值（或估值）位列全球互联网公司百强（其中百度列34位、腾讯列71位）；如今全球市值前20名的互联网公司由美国与中国瓜分，美国11家、中国9家，而作为世界最重要经济体的欧盟没有一家企业进入榜单。① 虽说经济的发展与法律环境的关系非常复杂，难以一概而言，但欧盟严格的数据处理标准所带来的互联网行业发展的迟缓确实是不争的事实，让我们认清个人数据保护亦存在经济成本。我国《个人信息保护法》已列入立法规划，该法应当如何定位、如何界定个人信息权的本质、采用何种个人信息控制模式都是值得我们深思的。

主持编制《个人信息保护法》（专家建议稿）的周汉华先生指出制定个人信息保护法应借鉴欧、美等国际社会的经验，引入个人信息控制权概念、明确个人信息主体权利、构筑以保护个人信息安全为目标、覆盖信息处理全过程的个人信息保护法律。② 个人信息权保护应建立在个人信息自决权的基础上，《个人信息安全规范》中的同意权、信息访问权、更正与删除权等权利应当得到充分、实质遵行，而不仅仅是权利宣言。同时，尽管个人信息的保护将让位于国家安全与公共利益，亦要把握好国家安全与公共利益的边界，维持个人信用信息权保护与个人征信共享与使用之间的利益平衡。公共权力应当确定出于公共需要，公共权力应当有助于法律权利的实现，而不应当成为法律权利实现的桎梏。③ 在个人信用信息公开与个人信息权发生冲突时，在维护社会公共利益的前提下，应充分考量信息主体的权益，运用最小化、匿名化、去标识化原则，选择副作用最小的方式，以促进最佳利益格局的形成。

我们亦要注意到个人信息的自决与控制不能漫无边际，无限制的个人信息自决权将使人们失去在交往过程中所需的信息基础，④合理的拒绝规则（或选退规则）可以缓和刚性的个人信息自决权带来的弊端。⑤ 期盼在各界人士的努力下，吸收发达国家的最新经验与教训、具有合理权利边界、以个人信息自决权为核心的《个人信息保护法》能早日出台。

### （二）借鉴发达国家经验，优化个人征信监管模式

从发达国家征信业发展的经验分析，良好的个人征信业发展环境，应当有一个良好的征信监管体系对个人征信的发展进行科学管理。从世界范围上看，个人征信机构的运作模式

---

① 参见 Mary Meeker，Internet Trends 2018。

② 周汉华：《探索激励相容的个人数据治理之道——中国个人信息保护法的立法方向》，载《法学研究》2018年第2期。

③ 谈李荣：《金融隐私权与信用开放的博弈》，法律出版社2008年版，第107页。

④ 杨芳：《个人信息自决权理论及其检讨——兼论个人信息保护法之保护客体》，载《比较法研究》2015年第6期。

⑤ 任龙龙：《论同意不是个人信息处理的正当性基础》，载《政治与法律》2016年第1期。

主要分公共征信系统模式以及私营征信系统模式，而这两种典型模式分别以欧洲大陆国家及美国作为代表，其各自的征信监管模式亦各有特点。①

以法、德为代表的欧陆公共征信模式中，央行在征信活动以及征信监管中扮演着重要角色，②欧盟各国监管当局多数采用被动监管模式。③ 在被动监管模式下，GDPR 作为对个人数据运营与流动进行监管与处罚的重要依据引起广泛关注，其在个人数据监管方面的举措将使个人征信监管体系更加复杂。GDPR 的跨境管辖效力是按照数据主体的数据分布状态实施管辖，改变以往按国家或地域确定管辖的原则，从事个人征信业务的企业在处理欧盟客户业务时，在数据跨境的情形下，尤其应当审慎对待，否则将可能面临巨额罚款。

GDPR 第 51 条规定，欧盟成立欧洲数据保护委员会（the European Data Protection Board，EDPB）行使欧盟数据保护最高机构的职责，各国设立或加强原有的独立数据监管部门以适应新形势要求。数据保护专员制度（DPO）的设立要求，对原有征信机构的监管亦将产生影响。公共征信机构作为个人数据的控制者与处理者亦是被监管对象，只有及时调整自身定位，检视自身的个人信息隐私保护政策，充分考虑数据跨境、跨组织流动所产生的影响，保护数据主体在 GDPR 下的权利才是应对 GDPR 规则生效的正确举措。④ GDPR 第 55 条至第 58 条界定监管机构的权限与职责，监管机构可要求数据运营商提供必要信息以便调查，以审计、认证实施审查、访问数据或实际进入数据运营商经营场所等方式进行调查；可以向可能违反条例者发出警告、训斥；要求泄露数据者告知个人数据泄露情况；命令暂停数据接收或移转等。监管机构有权启动司法程序，将违反条例的行为诉诸司法机构或启动、参与其他法律程序。

在《公平信用报告法》（*Fair Credit Reporting Act*，FCRA）的框架下，美国的征信监管部门联邦贸易委员会（FTC）与消费者金融保护委员会（CFPB）在各自职责范围内履行监管职责。美国征信业在经历初期非法采集民众信息等恶性事件后，各种监管办法已十分齐备，但即便如此，美国征信业的违法事件还是时有发生，监管部门依旧不断开出罚单。美国征信业亦紧随数据时代发展与时俱进。在 FCRA 体系下，明确其适用范围只针对个人信用风险的评估。⑤ 而在大数据时代，各种利用互联技术的创新产品层出不穷。成立于 2008 年的 Credit Karma 公司（Google Capital 于 2014 年对其进行风险投资）作为创新企业，以个人消费者作为服务对象，其所提供的基础信息是免费的，不属个人征信机构，不受政府个人征信监管部门监管。⑥ 创新使得诸多事实征信产品游离于政府监管之外。

较之具有上百年历史的欧美征信业，中国个人征信业尚处起步阶段。百行征信的成立，使我国个人征信具有公私结合的双轨制特点。征信监管制度的建设应当结合大数据征信发

---

① 姚佳：《个人金融信用征信的法律规制》，社会科学文献出版社 2012 年版，第 94 页。

② 李曙光：《中国征信体系框架与发展模式》，科学出版社 2006 年版，第 152 页。

③ ［德］尼古拉·杰因茨：《金融隐私——征信制度国际比较》，万存知译，中国金融出版社 2009 年版，第 156 页。

④ Kirkwood Andrew. Are You Ready for the GDPR? Credit Management，Stamford（Apr 2017）：p.24.

⑤ 李贞彩：《大数据征信的监管思路：来自〈公平信用报告法〉的启示》，载《征信》2016 年第 11 期。

⑥ 刘新海：《美国个人征信互联网服务新趋势研究》，载《征信》2015 年第 12 期。

展的新特点，以个人信息利益保护为原则，科学界定征信产品的监管范围，建立符合时代特色的监管体系，在央行征信监管部门的牵头下，结合“信用中国”建设，建立跨地区、跨行业的个人征信联合监管机制。

（三）健全个人征信主体的权利保护与救济体系

个人征信主体权利保护体系的建立包括明确个人征信主体的权利范围，同时应建立完善的处罚与赔偿标准及司法救济程序。由于《个人信息安全规范》仅是全国信息安全标准化技术委员会颁布的安全规范，涉及领域为信息安全标准问题，其性质与层级决定该规范不能规定相关处罚标准与司法救济程序，《征信业管理条例》第38条对违法征信机构的最高罚款限额为人民币50万元，无民事赔偿标准。反观欧盟的GDPR以及美国FCRA框架下的行政处罚及民事赔偿规则，巨额的罚款与赔偿使征信从业者尤其是跨国公司，不得不认真面对个人数据主体的权利及相关隐私保护政策。

根据GDPR的规定，监管机构有权将违反条例、侵害个人数据权利的行为诉诸司法程序；同时，GDPR第83条还规定了行政处罚的一般条件，设置两档处罚金额，一档是1000万欧元或企业上一财年全球营业总额的2%；一档是2000万欧元或企业上一财年全球营业总额的4%；皆取二者中的较高者。处罚金额巨大，足见欧盟对个人数据保护之力度。在2018年5月25日（GDPR生效当天），Facebook与Google就卷入面临39亿欧元及37亿欧元罚款的诉讼。① GDPR的实施对大数据、云计算行业提出了更为严苛的要求。

美国征信监管部门对个人征信企业的违规惩罚十分严厉。FTC曾以消费者无法查询本人信用信息申请为由对Experian、Equifax以及TransUnion这三家个人征信巨头开出高额罚款。② 近期登录FTC官网，在首页即可查看到2017年发生的涉及1.43亿美国民众个人敏感信息泄露事件。尽管Equifax称该事件系因黑客攻击，并即刻采取让用户免费查询信用报告、冻结信用以及尽快报税等措施，③但仍将面临诉讼。④ 三大个人征信公司都曾被CFPB处罚过，2017年，Equifax及TransUnion因出售给消费者信用评分被罚2310万美元，⑤ Experian同样因出售消费者信用评分被罚款300万美元。⑥ 除罚款之外，CFPB的监

① Chuong Nguyen, Facebook and Google racked up $8.8 billion in lawsuits from one day of GDPR, Digital Trends, May 26, 2018, https://www.yahoo.com/news/facebook-google-racked-8-8-184527690.html.

② 相关的具体情况，请参见United States v. Equifax Credit Info. Services, Inc., No. 1:00-CV-0087 (N.D. Ga. 2000); FTC v. Experian Mktg. Solutions, Inc., No. 3-00CV0056-L (N.D. Tex. 2000); United States v. Trans Union LLC, 00C 0235 (N.D. Ill. 2000)。

③ Seena Gressin: The Equifax Data Breach: What to Do, https://www.consumer.ftc.gov/blog/2017/09/equifax-data-breach-what-do.

④ Nate Raymond: West Virginia sues Equifax over data breach, Reuters Market News April 13, 2018, https://www.reuters.com/article/equifax-cyber/west-virginia-sues-equifax-over-data-breach-idUSL1N1RP1UF.

⑤ James Rufus Koren: Equifax, TransUnion fined for selling consumers credit scores not used by most lenders, Los Angeles Times, http://www.latimes.com/business/la-fi-cfpb-credit-scores-20170103-story.html.

⑥ CFPB: CFPB Fines Experian $3 Million for Deceiving Consumers in Marketing Credit Scores, https://www.consumerfinance.gov/about-us/newsroom/cfpb-fines-experian-3-million-deceiving-consumers-marketing-credit-scores/.

管方式还包括发警告信敦促征信机构自查整改、行政和解等。FTC 与 CFPB 亦曾联合执法，2015 年 4 月，美国绿树服务公司（从事不动产按揭服务）因涉及非法贷款服务以及不法催讨债务侵害个人信息等被处以赔付受到不法影响的消费者总计 4800 万美元的赔偿以及 1500 万美元的民事罚款，二者合计 6300 万美元。① 数额之巨，的确足以令人警醒。

在我国，个人信息被侵害，绝大多数以刑法案件进行处罚，行政处罚案例难以公开查询，民事赔偿缺乏标准，个人维权困难。个人信息被侵害后如何提起民事诉讼、诉讼过程中相关证据规则、举证责任分配、民事赔偿标准、精神损害赔偿是否适用等问题均缺乏相应规范。在实践中，是否侵犯个人隐私权成为判断个人信息侵权成立与否的标准。北京朝阳区法院以该院 2003—2017 年审理的 74 件涉及个人信息的案件为样本进行研究发现，2003 年至 2005 年间原告胜诉或部分胜诉比为 75.7%，而近 3 年该比例却降至 47.3%。② 2017 年 12 月，江苏省消费者保护委员会起诉北京百度网讯科技有限公司消费民事公益诉讼一案③，原告代表消费者就个人信息安全被侵害提起公益诉讼。嗣后，因被告整改而基本符合个人信息保护规范，原告撤回起诉。从法院仅预收 80 元诉讼费可推知起诉更多涉及停止侵害，而未涉及侵权损害赔偿，这与我国相关法律的缺失不无关系。只有尽快切实建立损害赔偿标准与惩罚机制，建立完善的权利救济程序，才能真正保护个人信息权，促进个人征信业的健康发展。

### （四）发展行业协会，促进行业自律，推动个人征信业发展

从欧美国家征信业发展的趋势与经验可见，个人征信业的发展，政府主动监管十分有限。究其原因，除因在 GDPR 以及 FCRA 等严格监管体系下企业遵守法律规范外，西方政治经济学中政府不过多干预经济，保障市场充分竞争，依靠行业协会，充分发挥行业自律的行业治理方式也是重要原因之一，值得借鉴。

美国开设征信机构无须资质审核，不设准入门槛，不用进行审批，也没有征信牌照，其征信行业自律发展模式及实效确值关注。政府监管过多，会抑制征信企业的创新能力；政府监管过少，征信企业又可能不顾及个人用户的权利，导致信用风险。征信行业协会的发展可以平衡政府监管与行业发展之间的矛盾，通过行业协会章程规范行业从业标准、从业人员的准入、信息共享、产品共同研发等规则，以行业技术交流与培训等方式促进行业共同发展，在发展中自律、在自律中发展，④从而推进个人征信产品的合规运作，维护用户的信息权利。

行业自律规则具有柔性管理的特色，可有效缓解征信业务创新过程中监管行为与征信市场行为出现的矛盾。以上述 Credit Karma 公司的业务范围为例，在 FCRA 体系下，尽管

① FTC：National Mortgage Servicing Company Will Pay ＄63 Million to Settle FTC，CFPB Charges：Green Tree Servicing Allegedly Deceived Homeowners，Many of Whom Were Already in Financial Distress，https://www.ftc.gov/news-events/press-releases/2015/04/national-mortgage-servicing-company-will-pay-63-million-settle.

② 张蕾：《北京朝阳区人民法院：涉公民信息民事侵权案件增多　原告胜诉率却下降》，http://www.takefoto.cn/viewnews-1625305.html.

③ 详见江苏省南京市中级人民法院（2018）苏 01 民初 1 号民事裁定。

④ 白云：《个人信用信息法律保护研究》，法律出版社 2013 年版，第 252 页。

美国征信业形成多部门综合监管体系，但仍然难以覆盖到这一领域。① 大数据时代征信业务随着科技的发展不断创新，组织形式、经营业态、运行环境都会不断变化，良性的征信监管模式应当是监管部门与征信机构之间的关系处于动态调整与不断博弈中。政府对征信的监管往往较为刚性，行业自律规则等柔性管理措施恰好可以在政府监管与新兴的征信市场之间设置缓冲带，增进监管的适应性。应推动征信行业协会建设，发挥行业自律功能，各征信机构彼此相互监督，形成政府监管与行业自律相结合的综合监管模式，促进个人征信业的健康发展。

随着中国信用社会的建设，大数据平台的运用使得信用管理与人们的日常生活越来越贴近。例如，2018 年 7 月 5 日，在厦门市信用办的主持下，厦门信息集团大数据运营公司承建开发的覆盖厦门市 18 周岁以上市民的个人信用积分“白鹭分”可在线查询，②这是我国目前第一家集政府的公共信用评价与市场化的第三方信用评价为一体的个人征信运用场景。在新技术与新政策的影响下，个人信用信息的查询将越来越便捷，个人信用信息的运用场景也会越来越广泛，传统的个人征信模式将不断被突破。政府以公共事业管理者的身份收集个人信用信息较之一般征信企业更为便捷与全面，尽管不属于个人征信业的被监管范畴，但政府主导下的个人征信亦应当与一般征信企业一样注重保护个人信息安全，应当既考量社会信用建设的公共需求，又能维护个人信息权利，在兼顾二者利益平衡的基础之上，建设具有中国特色的社会信用体系，促进社会经济健康、有序发展。

---

① 王景富：《美国征信市场监管体制研究及启示》，载《征信》2017 年第 9 期。

② 邬眉、陈晓丹：《厦门市民个人信用“白鹭分”正式发布，将覆盖诚信生活各领域》，http://www.taihainet.com/news/xmnews/shms/2018-07-05/2154525.html。

# ■ 附表

表 1 信实重大荣誉

| 荣誉名称 | 授予单位 | 授予时间 |
|---|---|---|
| 福建省律师行业文明服务窗口 | 福建省司法厅 | 2000 年 |
| 部级文明律师事务所 | 中华人民共和国司法部 | |
| 2010—2011 年度优秀青少年维权岗 | 中华人民共和国司法部 | 2010 年 |
| 2007—2009 年度福建省优秀律师事务所 | 福建省司法厅、福建省律师协会 | 2011 年 |
| 2006—2010 年度全市法制宣传教育先进单位 | 中共厦门市委宣传部、厦门市公务员局、厦门市司法局、厦门市依法治市办 | |
| 先进基层党组织 | 中共厦门市司法局党组 | |
| 2008—2010 年度全国优秀律师事务所 | 中华全国律师协会 | |
| 全国化解社会矛盾维护和谐稳定成绩突出事务所 | 中华人民共和国司法部 | 2012 年 |
| 2012 年度优秀律师事务所 | 厦门市司法局 | 2013 年 |
| 2010—2011 年度福建省优秀律师事务所 | 福建省律师协会 | |
| 2012—2013 年度福建省文明诚信先进律师事务所 | 福建省律师协会 | 2014 年 |
| 2014—2016 年度青年文明号 | 共青团厦门市委员会 | |
| 履行社会责任先进律师事务所 | 福建省律师协会 | 2016 年 |
| 捐资兴学尊师重教银质奖章 | 厦门市人民政府 | |
| 2014—2015 年度福建省优秀律师事务所(泉州分所) | 福建省律师协会 | 2017 年 |
| 厦门市律师行业先进党组织 | 中共厦门市律师行业委员会 | 2018 年 |
| 2016—2017 年度省级青少年维权岗 | 福律省创建“青少年维权岗”活动组委会 | |
| 公司/商事领域:东部沿海(福建)Band 1 | 钱伯斯(Chambers and Partners) | |
| 厦门市直机关先进党组织 | 中共厦门市委市直机关工作委员会 | 2019 年 |
| 2015—2018 年度厦门市优秀律师事务所 | 厦门市律师协会 | |

**表 2　信实律师重大荣誉**

| 荣誉称号 | 获奖人 | 授予单位 | 授予时间 |
| --- | --- | --- | --- |
| 第一届福建省十佳青年律师 | 王　平 | 共青团福建省委、福建省司法厅、福建省律师协会等 | 2000 年 |
| 厦门市劳动模范 | 王　平 | 厦门市人民政府 | 2002 年 |
| 为民办实事法律援助工作先进个人 | 廖　逸 | 福建省司法厅 | |
| 1997—2007 年度消费者权益保护工作先进工作者 | 邱兴亮 | 厦门市人民政府 | 2007 年 |
| 2007 年度优秀党务工作者 | 陈　莹 | 中共福建省律师协会委员会 | |
| 第二届福建省优秀青年律师 | 邱兴亮 | 共青团福建省委、福建省司法厅、福建省律师协会等 | 2008 年 |
| 全国保护未成年人特殊贡献律师 | 兰子禄 | 中华全国律师协会 | |
| “法律服务和法律援助工作为构建社会主义和谐社会服务”主题实践活动先进个人 | 王　平 | 中华人民共和国司法部 | 2009 年 |
| 当代律师风采奖 | 兰子禄 | 福建省律师协会 | |
| 第三届厦门市优秀中国特色社会主义事业建设者 | 王　平 | 厦门市人民政府 | 2010 年 |
| 全国律师行业创先争优活动党员律师标兵 | 陈　莹 | 中华人民共和国司法部律师行业创先争优活动指导小组 | 2011 年 |
| 厦门市直机关 2009—2010 年度优秀共产党员 | 陈　莹 | 中共厦门市委市直机关工作委员会 | 2011 年 |
| 优秀共产党员 | 廖山海 | 厦门市司法局 | |
| 优秀党务工作者 | 黄　煌 | 厦门市司法局 | |
| 厦门市优秀巾帼志愿者 | 段　梅 | 厦门市妇女联合会 | |
| 2007—2009 年度福建省优秀律师 | 陈　昱 | 福建省司法厅、福建省律师协会 | |
| | 邱兴亮 | | |
| 首届福建省优秀志愿者 | 兰子禄 | 福建省精神文明建设指导委员会 | |
| 福建省五一劳动奖章 | 兰子禄 | 福建省总工会 | 2012 年 |
| 厦门市首届公诉人与律师论辩赛优秀辩手 | 陈有限 | 厦门市人民检察院、厦门市司法局 | |

续表

| 荣誉称号 | 获奖人 | 授予单位 | 授予时间 |
| --- | --- | --- | --- |
| 2010—2011 年度福建省优秀律师 | 陈　莹 | 福建省司法厅、福建省律师协会 | 2013 年 |
| | 廖山海 | | |
| | 兰子禄 | | |
| 福建省劳动模范 | 兰子禄 | 中共福建省委、福建省人民政府 | |
| 厦门市法律援助工作先进个人 | 唐志良 | 厦门市人民政府 | |
| 2012 年度厦门市优秀律师 | 陈　昱 | 厦门市司法局 | |
| | 廖山海 | | |
| | 邱兴亮 | | |
| 2012—2013 年度福建省文明诚信先进律师 | 陈　莹 | 福建省律师协会 | 2014 年 |
| | 陈　昱 | | |
| | 邱兴亮 | | |
| | 廖　逸 | | |
| 2012—2014 年度厦门市优秀志愿者 | 邱兴亮 | 厦门市精神文明建设指导委员会 | |
| 厦门市第二届公诉人与律师论辩赛优秀辩手 | 陈柳茵 | 厦门市司法局、厦门市人民检察院 | |
| | 郝成禹 | | |
| 2013 年度厦门市法律援助十佳案例 | 唐志良、曾　霞 | 厦门市法律援助中心 | |
| 2012—2013 年度消费维权突出贡献奖 | 邱兴亮 | 厦门市消费者权益保护委员会 | |
| 2012—2013 年度消费维权优秀律师 | 游　钰 | 厦门市消费者权益保护委员会 | |
| 厦门市直机关优秀共产党员 | 陈　莹 | 中共厦门市委市直机关工作委员会 | 2016 年 |
| 2015 年度最美消费维权人物提名 | 邱兴亮 | 中国消费者协会、工商总局消费者权益保护局、中国消费者报社 | |
| 履行社会责任先进律师个人 | 唐志良 | 福建省律师协会 | |
| | 廖　逸 | | |

续表

| 荣誉称号 | 获奖人 | 授予单位 | 授予时间 |
| --- | --- | --- | --- |
| 2016 年度最美消费维权人物 | 邱兴亮 | 中国消费者协会、工商总局消费者权益保护局、中国消费者报社 | 2017 年 |
| 首届福建青年律师辩论大赛团队亚军 | 王庆娟、王　毅、黄若阳 | 福建省律师协会 | |
| 首届福建省青年律师辩论赛优秀辩手 | 王庆娟 | 福建省律师协会 | |
| | 王　毅 | | |
| | 伍小杰 | | |
| 优秀共产党员 | 潘帝全 | 中共泉州市司法局机关委员会 | |
| | 廖　逸 | | |
| 福建省第二期优秀青年律师人才 | 陈有限 | 福建省律师协会 | |
| | 黄　煌 | | |
| | 郭明昆 | | |
| | 康嘉盈 | | |
| 优秀党员律师 | 陈柳茵 | 中共厦门市律师行业委员会 | |
| 2014—2015 年度福建省优秀律师 | 邵建新 | 福建省律师协会 | |
| | 叶佳昌 | | |
| | 黄　煌 | | |
| 第二届福建省青年律师辩论赛最佳辩手 | 许斯雅 | 福建省律师协会 | |
| 第二届福建省青年律师辩论赛优秀辩手 | 邱蔡乐 | 福建省律师协会 | |

续表

| 荣誉称号 | 获奖人 | 授予单位 | 授予时间 |
| --- | --- | --- | --- |
| 全国千名涉外律师人才 | 陈　莹 | 中华人民共和国司法部 | 2018 年 |
| | 崔苗苗 | | |
| | 郭明昆 | | |
| | 熊闽良 | | |
| | 许智明 | | |
| | 叶佳昌 | | |
| | 张　琳 | | |
| | 唐鑫伟 | | |
| 2017 年度全市统战信息工作先进个人 | 邱兴亮 | 中共厦门市委统战部 | |
| 2017 年度市政协信息工作先进个人 | 邱兴亮 | 政协厦门市委员会办公厅 | |
| 2017—2018 年度福建省优秀律师 | 邱兴亮 | 福建省律师协会 | 2019 年 |
| | 陈　莹 | | |
| | 杨式敏 | | |
| | 廖　逸 | | |
| | 童长欣 | | |
| 2017 年度福建省(杰出)青年岗位能手 | 郭明昆 | 共青团福建省委 | |
| 福建省第三期优秀青年律师人才库 | 郭明昆 | 福建省律师协会 | |
| | 陈有限 | | |
| | 康嘉盈 | | |
| | 许斯雅 | | |
| | 叶　诚 | | |
| | 胡金貌 | | |

续表

| 荣誉称号 | 获奖人 | 授予单位 | 授予时间 |
| --- | --- | --- | --- |
| 福建省涉外律师人才 | 陈　莹 | 福建省司法厅 | 2019 年 |
| | 崔苗苗 | | |
| | 郭明昆 | | |
| | 熊闽良 | | |
| | 许智明 | | |
| | 叶佳昌 | | |
| | 张　琳 | | |
| | 唐鑫伟 | | |
| 厦门律师行业特殊贡献奖 | 王　平 | 厦门市律师协会 | |
| 2015—2018 年度厦门市优秀律师 | 陈　莹 | 厦门市律师协会 | |
| | 陈　昱 | | |
| | 杨少勇 | | |
| | 叶佳昌 | | |
| 2015—2018 年度厦门市积极履行社会责任律师 | 唐志良 | 厦门市律师协会 | |
| 2015—2018 年度厦门市优秀青年律师 | 郭明昆 | 厦门市律师协会 | |
| 厦门市第十批拔尖人才 | 邱兴亮 | 中共厦门市委、厦门市人民政府 | |

**表 3 信实律师的协会、社会任职情况**

| 姓名 | 信实律师的协会、社会任职情况 |
| --- | --- |
| 王 平 | 福建省律师协会破产重组法律专业委员会主任；厦门市政协委员；厦门市律师协会副会长；厦门市破产管理人协会会长；厦门市仲裁员协会会长、厦门仲裁委员会仲裁员 |
| 陈 昱 | 福建省律师协会理事、律师教育及业务指导委员会委员、合同法律专业委员会主任；福建省司法厅、福建省律师协会海峡西岸经济区律师服务团成员；厦门市律师协会律师管理考核专门委员会委员、行政法专业委员会主任；厦门市湖里区人大代表；厦门大学法学院兼职硕士研究生指导教师；厦门仲裁委员会、福州仲裁委员会仲裁员；厦门市涉台法律服务律师库成员；民进湖里区基层委委员、综合支部主委 |
| 邱兴亮 | 福建省律师协会理事；厦门市政协委员；厦门市律师协会常务理事；厦门法学会理事；厦门大学法学院兼职硕士研究生指导教师；厦门市人才工作咨询专家；厦门市社会保险监督委员会委员；厦门市人民检察院人民监督员；厦门市信访事项复查复核专家库成员；厦门市消费者权益保护委员会委员；厦门仲裁委员会仲裁员；民建福建省委监督委员会委员；民建厦门市委常委 |
| 廖山海 | 福建省律师协会考核及奖励委员会委员、金融保险法律专业委员会副主任；厦门市律师协会监事；厦门大学法学院兼职硕士研究生指导教师；厦门市小额贷款公司及融资性担保公司准入审核专家库成员；厦门市劳动人事争议仲裁委员会专家咨询委员、兼职仲裁员 |
| 吕 平 | 福建省律师协会刑事诉讼法律专业委员会副主任；厦门市律师协会刑事专业委员会副主任；厦门大学法学院兼职硕士研究生指导教师；厦门市司法局社区矫正专家库成员；厦门市人民检察院涉法涉诉信访专家库成员 |
| 杨式敏 | 厦门市律师协会青年律师工作专门委员会委员、劳动专业委员会副主任；厦门市劳动人事争议仲裁委员会兼职仲裁员；厦门市思明区人民法院律师调解员；厦门市消费者权益保护委员会消费维权律师团成员 |
| 杨朝玮 | 福建省人民检察院人民监督员；厦门市律师协会维权委员会委员、涉港澳台专业委员会主任；厦门市湖里区政协委员、纪委特邀监督员；九三学社湖里区委副主委、第一支社主委 |
| 陈有限 | 福建省律师协会建设施工法律专业委员会委员；福建省闽商资本联合会理事；厦门市律师协会律师管理考核专门委员会、房地产专业委员会委员；厦门市翔安区人民法院首批特邀调解律师 |
| 熊闽良 | 厦门市贸易救济法律事务中心特聘专家；厦门大学法学院兼职硕士研究生指导教师、管理学院毕业生就业指导兼职导师；厦门市劳动人事争议仲裁委员会兼职仲裁员 |

续表

| 姓名 | 信实律师的协会、社会任职情况 |
| --- | --- |
| 邵建新 | 福建省律师协会知识产权专业委员会委员、福建省法学会知识产权法研究会理事；厦门市律师协会知识产权专业委员会副主任；厦门大学法学院兼职硕士研究生指导教师 |
| 叶佳昌 | 国际破产协会会员；福建省律师协会惩戒委员会、"一带一路"专业委员会委员；厦门市律师协会纪律专门委员会、金融业务专业委员会委员；厦门市破产管理人协会个人会员 |
| 张光辉 | 厦门市律师协会金融业务专业委员会委员；厦门市中级人民法院、思明区人民法院律师调解员；厦门市消费者权益保护委员会消费维权律师团成员；民盟厦门法制委员会委员 |
| 黄　煌 | 福建省律师协会证券法律专业委员会委员；厦门市律师协会金融专业委员会委员；厦门大学法学院兼职硕士研究生指导教师；厦门仲裁委员会仲裁员 |
| 王　坚 | 福建省律师协会房地产专业委员会副主任；厦门市律师协会建设工程与房地产专业委员会副主任；厦门市医患纠纷调解委员会调解员 |
| 郭明昆 | 福建省青年联合会委员；厦门市律师协会海商海事专业委员会委员；厦门市医患纠纷调解委员会法学专家；民盟厦门法制委员会委员 |
| 张　琳 | 福建省企业法律顾问协会副会长；厦门仲裁委员会仲裁员；厦门企业和企业家联合会顾问团成员；民建厦门市委经济研究会副会长 |
| 洪月琴 | 厦门市律师协会劳动专业委员会委员；厦门市湖里区、翔安区人民法院律师调解员；厦门市劳动人事争议仲裁委员会兼职仲裁员 |
| 杨少勇 | 厦门市律师协会律师管理考核专门委员会委员；厦门市破产管理人协会个人会员 |
| 陈　莹 | 厦门市律师行业党委委员；厦门市律师协会理事；厦门仲裁委员会仲裁员 |
| 唐志良 | 厦门市律师协会调解委员会副主任；厦门市湖里区人民法院特邀调解员 |
| 荆建忠 | 厦门市律师协会行政法专业委员会委员 |
| 许智明 | 厦门市律师协会公司法专业委员会委员 |

续表

| 姓名 | 信实律师的协会、社会任职情况 |
| --- | --- |
| 叶志琳 | 厦门市律师协会刑事专业委员会委员 |
| 李朝晖 | 厦门市医患纠纷调解委员会调解员 |
| 廖　逸 | 福建省律师协会监事；泉州市律师协会副会长、青年律师工作委员会主任、惩戒委员会委员；泉州市破产管理人协会副会长；泉州市人大常委会涉法信访特邀律师；泉州市人民检察院涉法信访特邀律师 |
| 张进玉 | 福建省律师协会破产重组法律专业委员会委员；泉州市律师协会建设工程和房地产法律专业委员会委员；泉州市人民检察院申诉案件公开审查听证员、涉检信访案件调解员；泉州新社会阶层代表人士联谊会常务理事 |
| 潘新水 | 福建省律师协会劳动与社会保障法律专业委员会委员；泉州市律师协会教育委员会、考核及奖励委员会、建设工程和房地产法律专业委员会委员；南安市农村土地承包仲裁委员会仲裁员 |
| 潘帝全 | 福建省律师协会民商法律专业委员会委员；泉州市律师协会青年律师工作委员会委员、金融保险证券法律专业委员会副主任 |
| 唐鑫伟 | 泉州市律师协会涉外及涉港澳台侨（“一带一路”）法律专业委员会委员 |
| 吴培育 | 泉州市律师协会农村与农业法律专业委员会副主任 |
| 张雄池 | 泉州市律师协会农村与农业法律专业委员会委员 |
| 黄银扬 | 南安市乐峰潭边慈善会常务副会长 |
| 李　航 | 福建省律师协会破产重组法律专业委员会委员 |
| 兰子禄 | 福建省律师协会未成年人保护法律专业委员会委员；龙岩市律师协会理事、未成年人保护专业委员会主任；龙岩市政协委员；龙岩市工商联副会长、法律服务中心主任；龙岩市公安局特邀监督员；龙岩市农民工法律维权顾问团成员；民建福建省委法制委员会副主任；民建龙岩市委法律支部主委 |
| 童长欣 | 福建省律师协会综合事务委员会、宣传联络及文化建设委员会、刑事法律专业委员会委员；龙岩市律师协会秘书长、理事；龙岩市律师协会教育培训委员会、财经委员会、考核与奖励委员会、惩戒委员会委员；刑事法律专业委员会副主任 |

续表

| 姓名 | 信实律师的协会、社会任职情况 |
| --- | --- |
| 郭海天 | 福建省律师协会刑事诉讼法律专业委员会委员；龙岩市律师协会权利保障委员会委员、民事专业委员会副主任 |
| 曹昌辉 | 福建省律师协会行政法律专业委员会委员；龙岩市律师协会行政法律专业委员会委员 |
| 洪亚斌 | 福建省律师协会公司法专业委员会委员；漳州市律师协会惩戒委员会、经济专业委员会委员；漳州市破产管理人协会理事；民建漳州市委律师支部副主任 |
| 杨伟雄 | 漳州市律师协会涉台港澳侨、刑事专业委员会委员；民革漳州市委委员、综合二支部主委 |
| 黄锡珍 | 三明市律师协会理事、教育委员会委员、破产重组法律专业委员会主任；三明市江西商会副会长 |
| 杜元会 | 三明市律师协会破产重组法律专业委员会委员 |
| 范培水 | 福建省人民检察院人民监督员；莆田市律师协会监事 |
| 胡金貌 | 莆田市律师协会建设工程及房地产法律专业委员会副主任、刑事法律专业委员会委员 |
| 陈丽萍 | 莆田市律师协会女律师工作委员会委员 |